中国图书馆学报

创刊六十周年文选

（1957—2017）

上 册

《中国图书馆学报》编辑部 编

国家图书馆出版社

图书在版编目（CIP）数据

《中国图书馆学报》创刊六十周年文选：1957—2017：全二册/《中国图书馆学报》编辑部
编. --北京：国家图书馆出版社，2018.10
ISBN 978 – 7 – 5013 – 6379 – 7

Ⅰ.①中… Ⅱ.①中… Ⅲ.①图书馆学—中国—文集 Ⅳ.①G250 – 53

中国版本图书馆 CIP 数据核字（2018）第 050372 号

书　　名　《中国图书馆学报》创刊六十周年文选（1957—2017）（全二册）
著　　者　《中国图书馆学报》编辑部　编
责任编辑　高　爽　王炳乾　唐　澈
封面设计　耕者设计工作室

出　　版　国家图书馆出版社（100034　北京市西城区文津街 7 号）
　　　　　　（原书目文献出版社　北京图书馆出版社）
发　　行　010 – 66114536　66126153　66151313　66175620
　　　　　　66121706（传真）　66126156（门市部）
E-mail　　nlcpress@ nlc. cn（邮购）
Website　　www. nlcpress. com ——→投稿中心
经　　销　新华书店
印　　装　北京华艺斋古籍印务有限公司
版　　次　2018 年 10 月第 1 版　2018 年 10 月第 1 次印刷

开　　本　787×1092（毫米）　1/16
印　　张　62. 25
字　　数　1500千字

书　　号　ISBN 978 – 7 – 5013 – 6379 – 7
定　　价　498. 00元

编纂说明

1. 内容及体例

《〈中国图书馆学报〉创刊六十周年文选(1957—2017)》(以下简称《文选》)共收录文章 130 余篇,选自《中国图书馆学报》1957—2017 年刊发的文章,反映了不同时期中国图书馆事业发展和图书馆学研究的状况。

《文选》按不同历史时期排列,每一时期由"概述"开篇,总结各个时期图书馆事业发展和学术研究的特点以及选目情况,然后按发表年代和刊期顺序排列所选文章。文章只保留正文,不收录原有的摘要和参考文献。同时,修订了原文排版时的错误,但对于不同历史时期的语言习惯,保留了原貌。

2. 策划缘起

1957 年 4 月,《图书馆学通讯》创刊,1961 年改名为《图书馆》,1965 年停刊。1979 年复刊,刊名仍叫《图书馆学通讯》。1991 年改名为《中国图书馆学报》(以下简称《学报》),2017 年《学报》迎来创刊六十周年。

60 年来,《学报》秉承严谨、自律、求实、创新的学术精神,以传播科研成果、促进社会进步为己任,以战略性、前瞻性、思想性以及深度的实践研究为特色,促进理论创新、学术创新,为推动图书情报学的研究和图书馆事业的发展做出了贡献。

在《学报》创刊六十周年之际,《学报》编辑部策划了这套《文选》,旨在总结过去,前瞻未来,梳理学术研究轨迹和学术发展脉络,同时也作为对所有作者的回馈和感谢。此项策划得到国家图书馆领导的认可和支持。

3. 选目及编纂

编辑部首先汇总整理本刊 1957 年第 1 期至 2017 年第 6 期刊登的所有文章目录和原文,参考本刊曾经评选出的优秀论文目录,包括创刊 35 周年优秀论文目录《〈中国图书馆学报〉优秀发文(1957—1991)》(8 篇)、《〈中国图书馆学报〉1992 年优秀论文》(3 篇)、《〈中国图书馆学报〉1993 年优秀论文》(3 篇)、创刊 50 周年优秀论文目录《〈中国图书馆学报〉优秀论文目录(1979—2006)》(37 篇)。同时,参考"中国知网"中文章的下载率和被引率。最后确定初选目录 218 篇,供编委和专家参考。

2016 年 4 月 6—8 日,《〈中国图书馆学报〉创刊六十周年文选》编辑研讨会召开,邀请本刊的部分编委讨论选目及编纂体例等问题。首都图书馆倪晓建教授、华东师范大学范并思教授、上海社会科学院王世伟研究员、武汉大学肖希明教授、北京大学李国新教授、南京大学叶鹰教授分别就《文选》选目、分期、编纂体例等问题提出方案。苏州图书馆邱冠华研究馆员、国家图书馆出版社图书馆学编辑室主任金丽萍副编审也应邀参与讨论。

与会专家根据1949年中华人民共和国成立以来，尤其是过去60年我国图书馆事业和图书馆学发展的特点，最后确定《文选》分五个时期选目编辑：1957—1964年（注：1965—1978年停刊）、1979—1990年、1991—2001年、2002—2008年、2009—2017年。倪晓建教授、肖希明教授、王世伟研究员、叶鹰教授、李国新教授分别负责各个时期的选目和概述撰写，范并思教授统筹指导。

4. 致谢

首先，感谢为本刊投稿的所有作者，正是你们贡献了智慧，贡献了学术研究成果，才支撑起《学报》这个学术交流平台，也推动了我国图书情报学研究不断向前发展。

其次，感谢《学报》的历届编委，你们是《学报》这个大家庭中不可或缺的重要成员，是《学报》一步步成长和发展的主要参与者和推动者。

最后，感谢为《学报》审稿的所有专家，《学报》刊登的每篇文章，都有你们贡献的智慧和心血。

《文选》的编辑和出版得到国家图书馆出版社图书馆学编辑室的大力支持，在此一并致谢！

《中国图书馆学报》编辑部

2017年12月

总目录

上　册

下　册

1957—1964：图书馆学研究的新起点

倪晓建

中华人民共和国的成立,揭开了中国图书馆事业的新篇章。图书馆作为文献的收藏以及面向社会服务的部门,1949—1966 年间,在收集整理保存文献、为科学研究服务、为人民大众服务等方面做出了重要贡献。

1949 年 10 月中华人民共和国成立之后,随着社会稳定和经济发展,图书馆事业也有了良好的开端。1950 年 12 月,中央人民政府文化部《1950 年全国文化艺术工作报告与 1951 年计划要点》中指出:"整顿并充实中央、各大行政区及省市现有的图书馆。在有条件的村、镇设立图书室,发展农村图书网。"1951 年国家文物局图书馆处规定,对于已经存在的各级图书馆,应给予一定的合理经费,加以整顿和充实,同时应重点大力培植省立图书馆。1953 年 7 月 17 日,文化部社会文化事业管理局制定的《省(市)级图书馆试行条例(草案)》下发各省(市)图书馆征求意见。以上文件是基于当时的社会条件和社会环境提出的,为省市级图书馆以及村、镇等农村图书馆的建设和发展提供了政策依据。

1956 年 1 月 14 日,周恩来总理在《关于知识分子问题的报告》中指出:"为了实现向科学进军的计划,我们必须为发展科学研究准备一切必要的条件,在这里,具有首要意义的是要使科学家得到必要的图书、档案资料、技术资料和其他工作条件,必须增加各个研究机关和高等学校的图书费并加以合理的使用,加强图书馆、档案馆、博物馆的工作,极大地改善外国书刊的进口工作,并且使现有的书刊得到合理的分配。"《报告》促进了图书馆文献资料收集和整理工作的进展。

1956 年 12 月《中华人民共和国高等学校图书馆试行条例(草案)》颁布,为高校图书馆工作提供了发展依据。

根据图书馆为社会主义建设服务、为科学研究服务的方针,1957 年 9 月 6 日,国务院全体会议第 57 次会议批准《全国图书协调方案》,提出了建立中心图书馆、编制全国图书联合目录的工作要求,根据要求分别在北京、上海成立两个全国性中心图书馆,天津、武汉、沈阳、成都、广州等地相继成立地区性中心图书馆,协调本地区公共图书馆系统、高校图书馆系统、科学院系统的图书馆开展图书的交换、联合目录的编制、业务人员的培训等工作。

1961 年中央发出了《关于在农村进行社会主义教育的指示》,大批图书馆工作人员下乡与农民同吃同住同劳动,在思想上发生了变化。这一时期,图书馆界在做好文献资源建设、建立新的分类体系和目录体系的同时,重点进行农村图书馆、工会图书馆的建设。

图书馆事业发展,实践上和理论上均需要交流的平台。1956 年《中国科学院图书馆通讯》创刊,1957 年 4 月《图书馆学通讯》创刊。这一时期的学术研究主要呈现以下特点:①理论研究初现繁荣;②图书馆工作及动态通讯是主要研究内容;③联合目录的编制和研究引领学术前沿;④继续重视图书分类的研究;⑤依然重视与图书馆学相表里的文献学的研究。《图书馆学通讯》由北京图书馆主编,1957 年 4 月出版第 1 期,1961 年改刊名为《图书馆》,1965 年停刊。这一时期,该刊围绕图书馆事业发展和图书馆学研究,刊登了一系列重要的研究成果。

一、图书馆学理论研究

中华人民共和国成立以来,随着图书馆学科地位的确立,图书馆学的理论研究较为活跃。1956 年教育部批准北京大学、武汉大学进行四年制本科图书馆学教育。中国科学院哲学社会科学部经过研究制定的《一九五六——一九六七哲学社会科学规划草案》,将图书馆学的研究规划列入 15 个学科之中,提出要研究图书馆学和目录学的理论,研究中国图书馆史、图书馆学史、图书馆事业史和目录学史。北京大学、武汉大学先后举办多次学术研讨会。北京图书馆向全国图书馆界提出"百篇论文运动"。研究的范围包括读者工作、图书分类、目录体系、文献工作、藏书建设、中国图书馆史、目录学等。朱天俊先生撰写了《目录学对象浅探》,谢灼华先生发表了《论"古越藏书楼"在中国近代图书馆史上的地位》,顾廷龙先生发表了《版本学与图书馆》,袁翰青先生发表了《现代文献工作基本概念》,这些研究在当时对活跃图书馆界学术气氛起到了积极作用。

二、图书馆工作及动态通讯

在工农业运动及"百花齐放、百家争鸣"双百方针指导下,经过实践和探讨,确立了图书馆为工农兵服务的方向,解决了图书馆为谁服务的这一根本方向问题。黄宗忠先生的《略谈"人民公社图书馆"》以及张树华老师的《十年来读者工作回顾》,较详细地反映了当时基层图书馆工作的实况。

由于历史原因,和全国其他行业一样,图书馆界主要向苏联学习。1955年,苏联专家雷达娅来中国传授苏联图书馆学方面的知识,我国选派彭斐章、鲍振西、佟曾功、赵世良、郑莉莉等赴苏联学习。雷达娅先后在北京大学及全国各地做专题报告达30多场,内容涉及公共图书馆、工会图书馆、少儿图书馆、分类编目、读者工作、参考工作、干部培养以及图书馆学的学科建设和课程设置等,对中华人民共和国成立初期的中国图书馆事业建设以及读者服务的广泛开展起到了积极的作用。彭斐章等留学人员回国后,他们在高校教育部门、文化部图书馆管理部门、公共图书馆以及科学院图书馆工作,对我国的图书馆管理、学科建设以及读者服务、参考咨询等发挥了积极的作用。胡耀辉先生在全国各地介绍苏联图书馆事业发展情况,朱天俊先生撰写了《对于列宁的"马克思主义"参考书目的初步研究》,彭斐章先生发表了《苏联省图书馆书目工作的组织》以及《学习列宁关于目录学的宝贵遗产——纪念列宁诞辰90周年》,赵琦、鲍振西撰写了《列宁图书馆的书目咨询工作》。这些文章对当时的图书馆工作发挥了重要的参考作用。

值得说明的是,1957年《图书馆学通讯》创刊之初刊登了一些介绍联合国教科文组织和世界各国图书馆发展活动的文章。除了苏联和东欧等国家和地区外,还介绍了美国、英国、丹麦、日本、印度、印尼等国的图书馆动态。这些文章篇幅虽不长,但在当时环境下实属难得。但是由于特殊的历史环境,这些交流和介绍仅是昙花一现,随即被淹没于政治浪潮之中(见:范并思.图书馆学理论道路的迷茫、艰辛与光荣——中国图书馆学暨《中国图书馆学报》六十年[J].中国图书馆学报,2017(1):4-16)。

三、联合目录的编制及研究

根据《全国图书协调方案》,编制联合目录是当时的主要工作任务。为了协调联合目录的编制工作,在全国中心图书馆委员会下专门成立了全国图书联合目录编辑组。这一时期,毛坤先生发表了《试论联合目录》,阐述了联合目录的发展及编制方法,邓衍林先生撰写了《编制联合目录的几个基本问题》一文,论述了联合目录的类型、著录等问题,适时地指导了全国联合目录的编制工作。这一时期影响较大的联合目录有《全国中文期刊联合目录》《全国西文期刊联合目录》《中国丛书综录》等。各种专题联合目录以及地区性联合目录的编纂,对馆际互借、各系统间图书馆的合作、提高文献利用率以及为科学研究服务都产生了很大的影响。有些联合目录至今仍是文献检索的重要工具。

四、图书分类法的制定和研究

图书分类历来为图书馆和学者所重视,利用书目中的分类,可窥见历代文化发展的变化,书目中的分类不仅是对图书的划分,也是对当时学术类别的类分,书目可起到学术史的作用。正因如此,学者把图书分类的研究放在图书馆工作中的重要位置。武汉大学皮高品先生的《编制图书分类法的几个基本问题》、北京大学刘国钧先生的《分类、标题和目录》、广东省图书馆杜定友先生的《图书分类法的路向》等都是关于分类法及图书的分类的研究。在我国的图书分类史上,他们不仅在学术上有深入的研究,而且在"中国图书分类法"的编撰上都做出了一定的贡献。因为图书分类是图书馆工作中重要的内容,加之历史及政治的原因,原有的图书分类法已不能适应当时各图书馆的图书分类工作,急需在社会主义思想指导下,编撰新的图书分类法。1953 年《中国人民大学图书馆分类法》首先问世,1958 年,又编辑了《中国科学院图书馆图书分类法》。两部新分类法问世的同时,文化部为了解决中小图书馆的实际需要,在文化部的组织下,又编辑了《中小型图书馆图书分类表(草案)》。在此基础上,1959 年文化部、教育部、北京图书馆等单位组成了大型图书馆图书分类法领导小组,集全国力量研究制定新的图书分类法。

五、文献学研究

在科学发展史上,图书馆与文献学、目录学等学科相为表里,共同发展。学者的研究需要图书馆的文献,他们在学术生涯中始终伴随着文献的收集、鉴赏、整理,并在对文献的利用和研究中,撰写了一批高水平的学术文章,这些文章不仅提高了图书馆藏书的质量,也丰富了图书馆学、文献学、目录学研究的内容,同时对图书馆的学术地位及社会影响也产生了积极的作用。在古典目录学研究方面,王重民先生撰写的《〈七志〉与〈七录〉》,对魏晋南北朝时期的书目编撰、书目分类及提要撰写进行了深入研究,特别是通过两部书目分类的研究,分析了当时的文化类别和学术状况。钱亚新先生撰写的《略论章学诚对我国索引工作的贡献》,研究了我国古代索引工作的思想及实践,不仅丰富了我国索引工作的内容,也确定了我国索引工作在世界索引工作中的地位。胡道静先生的《稀见古农书别录》，仿效刘向、刘歆《别录》对图书著录、撰写提要的做法，对古代珍贵农书进行研究，为了解和认识古代农学书，发挥农学书的作用产生了积极影响。郑振铎先生不仅是一位著名的藏书家，同时也是著名的文献学家，善本鉴赏家，在学界享有崇高地位，他的《西谛藏书题跋选录》就是他对藏书整理研究的成果，文章收录郑先生《录鬼簿》等28种古籍的题跋，这些书多为罕见本，题跋以数十字至数百字的篇幅对图书的版本、卷篇残缺、学术价值、历代书目的著录情况等进行考订，具有极高的学术价值。从中我们可以在图书史、版本学、目录学、文献学以及郑先生严谨的治学态度等方面得到教益。吴晗先生的《忆西谛先生》为我们进一步了解和认识郑振铎先生有一定帮助。

编制图书分类法的几个基本问题

皮高品

我国图书馆事业发展到现阶段——在为适应国家社会主义经济文化发展需要的现阶段,我们图书馆工作者越来越感觉到在自己面前摆着一个重大任务。

全国辛苦勤劳的人们根据国家建设的需要,普遍地蓬蓬勃勃地展开了科学研究工作,科学家们都发挥着他们的积极性和创造性,争取在十二年之内使许多重要科学门类赶上或接近世界科学的先进水平。这就更能提早完成把我国建设成为一个强大的社会主义工业国这个光荣任务。

图书馆在承担这个光荣任务中起着特殊的作用,是可不言而喻的。任何一门科学的研究,总是从搜集图书资料开始,总是需要阅读有关这个研究的图书。因此,都渴望图书馆能充分的满足他们这样的需要。

全国图书馆也都正在积极的计划着,进行着有效的措施:一方面要满足一般人民对于图书的广泛要求,一方面尽量的揭露藏书内容,便利科学研究工作者的选择吸取在科学技术上的一切成就。

这也就是摆在我们图书馆工作者面前的主要任务。不可否认的,没有把各图书馆的图书整理成为一种有科学系统的次序,那么,要想在这个大进军中起到它应该有的作用,就非常困难了。但是,到目前我们还没有一种有科学系统的分类法作为各图书馆整理图书的依据。

文化部社会文化事业管理局在 1956 年 4 月 16 日到 26 日召开了中、小型图书馆图书统一分类法座谈会,开始集体商讨这个亟待进行的工作。在会上集中讨论图书分类法基本类目,大类,和大纲的问题;辅助表和号码的问题。大家争辩甚是激烈,对某些问题仍存在着不同的意见。

1956 年 6 月分类法编辑小组大体上根据这次讨论的结果,出版了《中、小型图书馆图书分类法草案初稿》,分寄各图书馆征求意见。在接到《草案初稿》后,我提了一些意见请编辑小组参考。

是的,由于"时间匆促,其中未免有不够详细,不够正确甚至有错误的地方"。因为《草案初稿》原是为了征求意见,它的缺点和错误不在本文讨论范围之列。不过,为了便于举例,在几个地方有时也涉及《草案初稿》。

编制图书分类法是一个非常复杂细致的工作,它的好坏对于完成我们的任务要起决定性的作用,因此,写出这篇文字来谈谈编制图书分类法的几个基本问题,请大家指正。

一、分类法体系的问题

分类体系是图书分类法的一个最根本问题。唯有这个问题获得解决，我们才有可能达到我们图书馆为广大人民，为科学研究工作服务的目的。要建立这样一个分类体系，学习毛主席和恩格斯对于分类的科学原理会使我们得到解决这个问题的道路。

毛主席说："什么是知识？自从有阶级的社会存在以来世界上的知识只有两门，一门叫做生产斗争知识，一门叫做阶级斗争知识。自然科学，社会科学，就是这两门知识的结晶，哲学是关于自然知识和社会知识的概括与总结。"

这和恩格斯对于物质运动形态正确的科学的分类是一致的。

恩格斯把所有物质运动形态分为：①机械的，比方，行星的运行，子弹的运动，以及其他大小物体在空间的移动。②物理的，比方，热，光，声，电，磁，等等运动。③化学的，比方，原子的化合与分解，物质的互相转变。④生物的，比方，新陈代谢，生长死亡，等等。⑤社会的，比方，生产力和生产关系的发展，阶级和阶级斗争，等等。⑥最高和最复杂的一种物质运动形态，思惟运动，比方，从古代唯物论和辩证法，到唯心论，再到辩证唯物论。

①至④是自然界的运动形态，⑤是社会的运动形态，⑥是思惟运动形态。恩格斯这样根据唯物辩证法的原理解决了分类问题，这个问题在他以前是没有人能解决的。根据这一客观标志——物质运动形态——一切科学可分为三个基本大类：自然科学，社会科学和哲学。

一种适用于新中国图书馆的分类体系，必须以这三类为基本序列是无可置疑的。

根据物质运动形态从简单的，低级的到更复杂的，高级的发展规律，我们把最高和最复杂的物质运动形态排在最前列，再依次到低级的，简单的物质运动形态。那么，这个基本序列就是：哲学，社会科学，自然科学。

这是我们首先要确定的，再从这个基本序列出发来确定基本大类。我们究竟需要多少大类呢？这不能不根据基本序列各自专门领域的划分来决定。关于基本序列各自专门领域的划分，我的意见是这样的：

1. 哲学

哲学这一名称依照观点的不同，可以指马克思主义的哲学，也可以指旧哲学。我认为在哲学这个基本类目之下可以把它们区别开来成为两个大类。

马克思主义的哲学虽然属于社会科学的范畴，但它是研究自然现象和社会现象一般规律的，是关于自然界和人类社会发展的根本普遍法则的科学。没有它做基础，任何一门学问正像恩格斯所说一样不能前进一步。因此，把马克思主义独立成为大类居于最前列，后面是旧哲学。

我把马克思主义和旧哲学区别开来，并把旧哲学排在马克思主义后面，我是这样理解的。

先讲为什么把它们区别开来。

（1）马克思主义根据斯大林的定义是："关于自然和社会的发展的科学，是关于被压迫和被剥削群众革命的科学，是关于社会主义在一切国家中胜利的科学，是关于共产主义社会建设的科学。"和旧哲学有着本质的不同。

(2)辩证唯物论和历史唯物论是马克思主义的哲学理论基础,共产主义的理论基础,马克思主义政党的世界观。这个唯一科学的世界观的产生,标志着哲学史上旧时期的终结。

(3)旧哲学在很长的历史时期中,不是一种科学,因为它不能正确的反映客观世界及其发展规律。由于有了辩证唯物论的产生,哲学(马克思主义的哲学)才成为真正的科学,人类才获得了正确的世界观和思惟方法,一切科学从而获得无限发展的前途。它是哲学史上完全新时代的开始。

(4)马克思和恩格斯——列宁写道——在哲学上从始至终都是党的。在全部哲学中唯物论和唯心论斗争的背后,总是存在着两个互相敌对的社会阶级的斗争。马克思主义哲学的党性是不容和旧哲学之代表资产阶级党性利益混同的。

(5)全部哲学的基本问题,就是存在对思惟,物质对精神关系的问题,即物质和精神那是第一性的问题。哲学家们依照他们如何答复这个问题而分成了两大阵营,即唯物论和唯心论。我们可以说全部哲学史就是这两大阵营斗争和发展的历史,也就是唯物论和唯心论,辩证法和形而上学斗争的历史。整个人类历史,不论在政治上,在科学中都存在着这两派哲学思想的斗争,它们必须区别开来。

再讲为什么把哲学排在马克思主义后面。

马克思主义是一个完整的世界观,是包罗一切自然现象和社会现象真正的科学世界观。辩证唯物论就是这样的世界观。我们知道辩证唯物论同其它科学一样有它的思想根源和社会条件的。它主要的是批判改造黑格尔唯心辩证法和费尔巴哈唯物论以及批判地继承过去全部理论遗产而成。

在马克思主义以前,唯心哲学总是把存在和认识对立起来,割裂开来,企图在存在之外论证"观念""绝对观念",一类不存在的东西存在在什么超验界,便利了唯心哲学的怀疑论,不可知论的传播。

和唯心哲学错误的论点完全相反,马克思主义正确的把存在和认识统一起来,揭示认识是主观对客观的反映,创造辩证唯物论,克服了以前一切哲学的片面性和局限性。

在马克思主义以后唯心哲学的流派很多,比方,经验批判论,实用论等都替帝国主义找理论基础,是马克思主义的死敌,都需要彻底加以粉碎。因此,把哲学(唯心论,旧唯物论)排在马克思主义后面,作为批判和揭露的对象。

马克思主义这一大类包括马克思主义经典著作,即马克思、恩格斯、列宁、斯大林、毛泽东经典著作。再就是马克思主义三个组成部分,即辩证唯物论,政治经济学说,科学共产主义,它们是有机的相互联系着的。唯物论是共产主义的逻辑基础,共产主义就是实践的唯物主义,它们都结合表现在"资本论"中。

这三个组成部分正如列宁所指示的:"……不能在这个由一整块钢铁铸成的马克思主义哲学中除去任何一个基本前提,任何一个本质部分。"这三个组成部分集中分类(下面注明互见分类号码)居于首位最是合理。

2. 社会科学

社会科学是关于人类社会的科学,研究自然运动形态除外一切运动形态,即研究社会生活,经济,阶级斗争,国家,法律以及其观念的上层建筑,哲学,宗教,文学,艺术,等等。这一基本大类包括下列各大类：

（1）经济科学。经济是基础。新经济关系的出现，必然需要新的政治经济学，引起新型国家和新型法律的出现。政治经济学涉及各阶级经济的政治的重大利益，它是阶级性的，党性的科学。马恩通信集指出："政治的，法律的，哲学的，宗教的，文学的，艺术的及其他的发展，都以经济的发展为基础。"政治经济学是研究物质财富的生产和分配的社会关系。

财政学是研究社会生产的价值方面。社会主义国家的财政制度是根据再生产理论的原理以及社会主义经济法则有计划的实施分配和再分配全民收入。

统计学是研究社会经济的现象和过程，用数字把它们表现出来。列宁指出：统计必须和社会经济紧密结合，不能离开政治经济关系的本质。脱离了政治经济分析的统计学只是空洞的为统计而统计的东西。

因此，把政治经济学，财政学，统计学组成为经济科学一大类。

（2）政治科学。经济和政治是不可分离的整体，只是为着研究便利起见在方法上把经济问题和政治问题分开来，成立为大类。

我们知道政治的存在和阶级及国家的存在分不开。因为没有阶级和国家就不会有政治。

国家是社会发展到一定阶段上有了阶级矛盾和阶级斗争以后的产物。国家是这一阶级统治另一阶级的政权组织，它的任务是保护统治阶级的利益，巩固它并镇压和消减敌对阶级的反抗。基础之所以建立自己的上层建筑——国家，就是为了这些。不论在怎样的社会中，国家的本质总是阶级统治的工具。国家既是阶级统治的工具，那么，整个"国家机器"都是为统治阶级服务的。

这个"国家机器包括军队、警察、官厅、法庭、监狱等等。这些是统治阶级实行统治的权力机构"。争取这个权力机构的斗争是政治的中心问题。

国家机构，国家行政，党对阶级的领导，政府对生产的领导，国和国之间的相互关系，等等问题都属于政治的领域。即是说，政治包括经济基础的全部政治上层建筑，叫作政治科学类。

我们知道，法律和军事的图书在数量上是相当多的。新分类法既然采用拉丁字母和数目为分类号码，这两类都成立为大类，这样就更能适合于实际的应用了。

（3）文化教育。教育是和人类社会同时产生和发展的。它是具有阶级性的，是阶级斗争的工具。阶级总是为自己建立"教育机器"来培养工作干部，因此，脱离阶级而独立存在的教育是不存在的。但它是不依赖它所生存的具体历史条件而独立的。我们不能说所有教育形式（家庭的和学校的，普通的和职业的），所有教育观念，所有教育机构，不论它们服务的作用是为谁，都把它们看作当代的上层建筑之列。比方，在我国宗教的观点及其组织就是实际的例子。在资本主义国家，工人阶级所建立的教育机构不是为巩固而是为破坏这个上层建筑服务的。由于它具有这些特殊特征使它与其他社会现象区别开来而和文化成为独立大类。

（4）语言文字学。语言也一样是和人类社会同时产生和发展的。它和一切社会现象相区别的特征就是：语言之替社会服务，乃是作为人们交际的工具，作为交流思想的工具，作为达到相互了解的工具。即是说语言是以特殊的方式替人民在日常生活，社会生活以及一切活动范围，比方，经济，政治，文化各方面服务的。语言不是阶级性的，永远是全民性的。

由于语言具有这样的特征，也只有语言才具有这样的特征，所以它是一门独立的科学，应当单独成立一大类。

（5）（6）文学和艺术。文学和艺术是具有特殊形式的东西。没有这种形式就不能叫做文艺。它们之所以和非文艺的东西有所区别就在于它们有这样特种的形式。也就是说，文艺的书籍是靠形式来表现内容，传达思想的；或者说，文艺的书籍是思想内容和形式结合在一起通过形式表现出来的。因此，文学和艺术都成立为大类。

（7）历史科学。历史科学是根据历史唯物论的一般规律研究在不同时代和不同国家或民族的社会发展过程。它尽量具体地，真实地叙述一个国家或民族的一切社会生产和生活的现象，从而揭示这个国家或民族的社会发展规律。

全部人类历史是劳动人民创造的。首先是人类和自然界斗争的历史，人类共同劳动共同和自然作斗争，后来社会分化为敌对的阶级，从这时候起就包括阶级斗争的历史，和政治密切的联系着。

马克思和恩格斯在《德意志意识形态》一书里面说：“……当我们由两方面去看历史时，可把它分为自然的历史及人类的历史。然而这两方面是不可分地联系着，只要有人的存在，那么，自然的历史及人类的历史便互相制约着。自然的历史，即自然科学，在这里我们不谈，我们来谈人类的历史。”

由此可见，历史科学的内容是十分具体而又多种多样，它的对象非常广泛，比任何一门社会科学的对象都广泛得多。它多多少少概括了所有其它社会科学的资料。

因此，把历史科学排在社会科学的最后，这样又可和自然科学衔接了起来。

（8）宗教、无神论。资产阶级的分类法把宗教独立成一大类排在哲学之后，或和哲学合并成一大类，是和无产阶级的苏联图书分类法草案把宗教史、无神论独立成一大类处在完全不相同的立场。资产阶级的立场是唯心论的。唯心论对于哲学基本问题的回答必不可免的要引导到超自然神秘的起源这个观念，神的观念。

宗教是由于社会矛盾的结果而发展起来的。在历史上，尤其是中世纪，历史运动是采取了宗教色彩的，宗教和历史在发展的过程中往往互相关系着。培根分类法把宗教史列为历史的类目是有他的一定道理的。

在今日宗教是“看作一个进行科学研究，政治揭露和思想斗争的对象”，是看作暴露资产阶级借神的观念掩饰和巩固他们的剥削制度神圣化的反动本质。因此，把宗教排在历史的后面。

无神论是否定宗教，否定超自然的神，对于神的观念进行斗争的一种世界观。无神论是在自然科学的繁荣的基础上发展起来的，反过来促进自然科学的发展。因此，把无神论和宗教排一起，紧接排在自然科学之前。

3. 自然科学

自然科学是以自然现象为对象研究自然客观规律的科学。自然界之间可以观察得到的各种各样的现象是代表运动着的物质各种不同的形态。自然科学就是研究这些运动形态的科学的总称。

毛主席说自然科学是生产斗争的知识。生产斗争的知识有理论性的，有技术性的。理论性的指数学，物理，化学，地质，植物，动物等等知识而言。技术性的指医、农、工等等知识而言。

所以,自然科学从广的含义上讲是指:①数学,非生物界的科学(包括数理科学和地质、地球科学);②生物界的科学(即生物科学);③技术科学(包括医药科学,农业科学,工业科学)三个部分。

我们都知道,因为有了自然科学的发达,才有医、农、工各种技术科学的发达。没有科学上的进步,技术上的进步几乎是不可能的,而科学的产生以及科学上的进步同时是在技术实践的过程中修改和充实而产生而进步的。那么,把理论性的科学和技术性的科学统一在一起,这是正确的。

但我们所谓理论和技术的统一是说科学需和技术相结合,科学需面向实际,直接为生产劳动服务;从生产劳动总结经验来修改和充实自己。并不是像若干资本主义国家的分类法把自然科学和技术科学混合排在一起,才算是理论和实践相结合。

自然科学中每一门科学:数学,力学,物理,化学,天文等等彼此之间的关系和技术科学之间的关系是多方面的。比方,化学研究所有化学现象的基本原理。化学家为要研究一种物质,首先就要知道它含有些什么成分。这种研究是要应用物理方法的。因此,化学和物理是关系最密切的学问。生物体内经常不断地进行着各种生理活动,产生的化合物绝大部分是有机化合物。所以,化学和生物学也是关系很密切的学问。许多工业上的活动,像炼钢,采煤,提炼石油等都和化学分不开。农业方面像土壤肥料的问题和化学也分不开。医学方面像药物的研究也和化学分不开。我们日常所见的像铜铁生锈,食物腐坏,燃烧,爆炸,等等都和化学有关。把有关这些化学现象的资料集合在一起,在方法上不是分类法的问题而是分类目类的问题。假使我们要在分类法体系上解决像这样一类的问题,那就正如克连诺夫所指出的:"必是破坏科学的血统关系,把建筑的事,建筑学,铁道建筑,音乐,歌曲等列入物理了。"

由此可知,资本主义国家的若干分类法把若干技术科学和自然科学合并一起是不正确的,技术科学应单独列为医学,农业,工业三大类。工业即我们所指的狭义的技术科学,包括工程,工艺。

4. 总类

上列是依学术体系把图书分为若干大类。还有一类依写作的形式或体例而编的图书是一般性的,综合性的,不能分入以上任何一个大类。因此,独立成一大类,称为综合性图书类,或总类。

这样,新中国图书分类法的体系是由四个基本序列各自专门领域内所划分的大类组织而成。这些大类一共二十一个,它们的顺序是:

马克思主义

哲学

社会科学(总论)

经济科学

政治科学

法律科学

军事科学

文化、教育

语言文字学

文学

艺术

历史科学

宗教、无神论

自然科学(总论)

数理科学

地质、地球科学

生物科学

医药科学

农业科学

工业科学(技术科学)

总类

二、一般基础知识的问题

编制图书分类法不是一般性的业务工作,而是一种具有学术性的工作,这是大家都知道的。担任这个工作的人,必须具备各门学问一般基础的知识。

一个人对每一门学问都有一个基础知识,是一件不可能的事。他不可能在科学上是一个万能者。

但是,编制图书分类法又必是全面的涉及所有科学,要把它们组织成适合于图书分类的一种体系。担任这个工作的人,就须兼备必要的各门学问的知识,新的旧的知识。这是编制图书分类法的一个先决条件。

自然,我不反对一个人或三五个人单独的担任这一工作,假使他或他们具备了这个条件。不过,直到现在,我们图书馆工作者中还没有发现有这么广博学问的人。

因此,对于担任这个艰巨的工作,我们不能不有一个自知之明的估价。仅仅我们图书馆界几个工作者要想把分类法的编制工作做好,使它达到一定的水平,真是难乎其难,简直可以说,不可能。一个人或三五个人的知识总是有限的。

我认为假使把我们图书馆工作者组织起来,分别担任编制一个类或一个类的一个分目,然后分别送请各有关专家学者共同研究,再由对分类法研究有成就的专家们组织分类法编制小组来总其成,这个工作是能达到一定水平的。

不然,仅仅把它当作简单的工作来处理,老是像以前的那一套,由个别或三五个图书馆工作者来编制,而不和专家学者们广泛的联系,研究商讨;那么,我可以说,所编出来的分类法是会令人失望的。

我举两个例子来说明编制图书分类法不能不对各门学问有一个基础知识:一是刘国钧分类法增订稿对原子物理学的分类,一是中、小型图书馆图书分类法对汉语、中国语言文字学的分类。

1. 刘国钧分类法增订稿 339 原子物理学

为了使说明说得更清楚些,我把增订稿一些和原子物理学有关的类目一并列出如下:

333　物质

333.1　物质构造

（.11）　量子论入 339.8

（.13）　量子力学入 339.83

.15　气体力学;统计力学

.16　以太（删）

（.2）　原子物理学（原分子物理学改）入 339

（.22）　分子入 339.2

（.23）　原子入 339.4

（.24）　电子入 337.9

.26　游子（删）

337　电学;电磁学

.9　电子物理,质子及其他质点

339　原子物理学

参看 348.2 理论化学

.2　分子物理

.3　固体物理

.4　原子物理

.5　放射学

.6　原子核物理

.7　宇宙射线

.8　量子论

348　理论化学;物理化学

.2　物质构造（原原子及元素改）

.21　元素

.216　周期律（原作.26）

.22　原子;原子化学;原子构造（原原子律改）

.23　电子（原原子量改）

.24　量子

.245　统计力学

348.25　原子光谱

.26　原子核（原周期律改）

.27　放射活动及原子分解

把分子物理,固体物理列为原子物理学的子目。把电子物理,质子及其他质点列为电学,电磁学的子目。物理化学的物质构造下列元素,原子,电子,量子,原子光谱,原子核,原子分解。像这样编类,看不出它是根据什么理论基础。

我们一般所了解的,原子物理学是研究和阐明原子的复杂结构的学问。原子是由一些基本粒子或质点所组织成的。这些质点有:原子核和环绕在它周围的电子。原子核是由带阳电的质子和不带电的中子组成的。此外,在原子中还有介子,阳电子,光子,等等。

假使把这些基本粒子按照它们质量大小来分,可以分为四类:①光子;②电子,中微子;③介子;④中子、质子、超子。这些基本粒子是能相互转变的:质子变为中子,中子变为质子,阴电子和阳电子变为光子,光子变为阴电子和阳电子。

由于基本粒子的相互转变性,它是具有一种特殊的运动形式,和分子热运动,波动电磁运动,等是有区别的。

由此可知,增订稿把分子物理,固体物理列为原子物理学的子目,把电子,质子及其它质点列为电学、电磁学的子目,都是错误的。

因为人的感官的局限性,不能直接感觉到微观客体,因此,不能不凭借仪器以及应用于它们的聚集活动的统计理论。而这种统计的理论在今日越来越精确的研究,可以作出实际上完全正确的预见。增订稿把统计力学和气体力学同列为 333.1 物质构造的子目 333.15,也是错误的。统计力学应列为量子论的子目。

为了实际应用起见,所有关于原子构造方面的问题应集中在原子物理学,但需在物理化学的原子类目下作"见……"著录。

综括起来说,刘国钧法增订稿对于原子物理学的分类是有缺欠的。主要的一个原因不能不说是编者对于原子物理学的知识还不够,似乎也没有把这个分类送请有关专家学者共同研究,因此,编得不好。

2. 中、小型图书馆图书分类法 J1 汉语、中国语言文字学

这一类的全部类目是:

J1 汉语、中国语言文字学

J11 语言
    民族共同语、国语、普通话等

J113 方言
    古代方言、现代方言

J12 文字
    字形、字义、同意义的字、同音异意的字、检字法、速记法等

J129 文字改革与汉字规范化
    注音符号,汉字简化,拉丁化文字等

J13 字典

J14 语音
    音韵学、国语字音研究、学习国语的方法、拼音法、声律、韵律诗律等

J15 词汇
    成语、口语、地方口语等

J16 语法
    古代语法,现代语法、语言上常用词的解释,如名词、动词、形容词、副词等

J17 修辞、作文

修辞的方法、句子做法、作文方法、文体,白话、文言、应用文作法、书信、标点符号、成语用法等

J19　读本

Z2　辞典、百科全书

各种字典,分入"J 语言文字学"中

假使依照 J1 和 Z2 把下面列举的几部书分一分类,我们就会发现一些问题。任大椿撰《小学钩沉》,江恒源著《中国文字学大意》,蒋和撰《说文字源集注》,章炳麟著《文始》,王怡著《国语发音学》,王怡等编《国语字典》,方毅著《国音学生字典》,释守温撰《三十六字母》,庄适编《国文成语辞典》,陆费逵编《中华大字典》,王云五著《王云五大辞典》,萧子琴等编译《模范法华字典》,陈昌浩等编《俄华大辞典》,以及《尔雅》《小尔雅》《方言》《广雅》等书怎样分,不能说没有问题。

我们知道,《尔雅》《小尔雅》《方言》《广雅》都是把同意义的字编在一起而成的字典。比方:

《尔雅》:初哉首基肇祖元胎俶落权舆,始也

　　　　怡怿悦欣衎喜愉豫恺康妉般,乐也

《小尔雅》:渊懿邃赜,深也

　　　　　颁赋铺敷,布也

《方言》：　党晓哲,知也

　　　　　娥嬴,好也

《广雅》：　古昔先创方作造朔萌芽本根蘖瓐荤昌孟鼻业,始也

　　　　　乾官元首主上伯子男卿大夫令长龙嫡郎将日正,君也

我们问:这些书的分类号码是 J12 呢？还是 J13？还是像《方言》为 J113？不能不确定。

我们知道:陆费逵编的《中华大字典》和王云五著的《王云五大辞典》;萧子琴等编译的《模范法华字典》和陈昌浩等编的《俄华大辞典》是同一个类型的字典。我们问:是不是把陆费逵编的,萧子琴等编译的字典分在 J13？王云五著的,陈昌浩等编的辞典分在 Z2？

我认为不能这样分。字典就是字书,是解释字的形,声,义的。因为是解释字的,所以叫字书。字书是旧时一般字典的通称。字典的名称很多,最早的字典叫篇,比方,《史籀篇》。以后又叫仓,比方,《三仓》。又叫雅,比方,《尔雅》。又叫通,比方,《正字通》。又叫诂,比方《经籍纂诂》。又叫:字海,字统,字林,字源,等等名称很多。

现今的字书,大都用字典这一名称,一般分为:字,词,辞。比方,陆尔奎编:《新字典》,王烈编:《理化词典》,朱起凤编:《辞通》。词是本字,辞是借用,词辞通用,经传就是这样的。

辞典在现今来说多附有插图,也附有表报统计数字,也有专门名字甚至书名,对专门科学名辞也有较详的解释。虽是这样,但它仍然保持字典的本色。因此,字典和辞典都应列入 J 类。这是指普通字典辞典说的,至于专门字典辞典则依类分。比方,《理化词典》根据中、小型图书馆分类法,分入 P06。

以上的举例很清楚的说明了编制图书分类法是要对每一门学问都有一个基础知识,并有和专家学者共同研究的必要。我们不否认专家学者不免有"见树不见林"的偏向,但是,为要使树之能成林,这些"见树不见林"的专家学者的合作或帮助是需要的。没有他们的合作,要想把分类法编好,那是一件很困难的事。在编制的过程中,我们会经常碰到一些问题要请

教他们。虽是这样,整个工作必须靠我们自己来做。这不仅是我们要把树组织成林,我们更要把它们组织得完善。这就涉及编制图书分类法技术性的问题了,即图书分类法组成部分的问题,以下再讲。

三、图书分类法组成部分的问题

图书分类法和他种分类法基本上的不同点在于它的特殊结构:有分类表,还有号码,辅助表,和索引。现分别叙述如下:

1. 分类表

新中国图书分类法的体系是以马克思主义理论做基础的。因此,一切原则性的决定都从这个基础上出发。分类表的编制所遵守的一些最基本原则也要建立在这个基础之上。

这些原则就是:阶级性,国家性,科学性,联续性和统一性;总括地说就是:思想性和技术性。

图书分类法的阶级性是说这个分类法为谁服务。必须明确,它是为工人阶级服务,从而在分类表中显示出马克思主义的优越性,贯串着阶级斗争的精神。也就是说:把关于马克思主义理论的类目,以马克思主义世界观为唯一指南的类目,进步派别的类目,以及新时代各类类目(第一级,第二级,等等类目)排在前面,把作为揭发和批判对象的唯心主义的,形而上学的,以及各种反映资产阶级反动和剥削意识形态的类目排在后面。

所谓国家性,无疑的是说我们的分类法是为我们图书馆用的,是从一般图书馆而不是从个别图书馆的要求出发的,是和我们的藏书不可分割的联系着,把关于我们的图书排在前列地位。

它的科学性要求它要以社会发展规律为出发点,在编制时要预计到类目的增改不致使它的体系整个改编,同时又不致破坏它的体系的逻辑性。

这些基本原则决定了分类表的主要内容,它的战斗性,普遍性,以及预见性。

由于有了这些基本原则,新分类法在本质上完全不同于一切旧的分类法。以上的说明都非常明显的表现了这点。

因此,这里所讨论的是它的另一方面的问题,怎样使类目在它们排列的顺序中,在它们相互关系上表示着联续性和统一性,或者说,怎样使分类表的排列具有一种有条有理的可以理解的性质。

这就引起了这样的问题:技术性的问题,它是分类工作者所遇到的一个很困难而又不能不研究和解决的一个有关键性的问题。在研究和解决这一问题,就必须从客观实际出发,即从图书本身出发。

从理论上来讲,分类表应该根据所有具体的图书来编制来组织。但这是不能的。我们不可能把世界各国所有出版的图书列举出来,这也不需要,并且也不够,因为学术是发展的。

因此,中心问题不在于罗列一切的图书,而在于:用科学的理论做基础把各种各类的图书依照图书的内容和图书特有的形式组成一种体系来部勒图书。

图书,从类别来看,是多种多样的。这样纷纭繁多的种类是按它们内容的特征由总体到个别逐层来区分的。

所谓内容的特征是指这一类之所以区别于其它各类的一种基本属性,即是说,把属性相同的分做一类。整个分类表是根据各种不同的属性逐层的区分为第一级,第二级,第三级,等等各级类目。类目和类目之间的系属关系也是本着这种原则来进行的。

比方,植物类分为隐花植物和显花植物。显花植物分为裸子植物和被子植物。被子植物分为单子叶植物和双子叶植物。双子叶植物分为离瓣类与合瓣类。离瓣类分为中子纲、毛茛纲、蔷薇纲等等。毛茛纲分为睡莲科、毛茛科、木兰科、蜡梅科等等。

再如,脊椎是脊椎动物的基本属性,是脊椎动物和无脊椎动物区分开来的一种特征。

再如,创造生产工具和生产资料是人的基本属性,是把人和动物区分开来的特征。

再如,交换值是货币的基本特征。

分类表类目的区分主要的是以这种基本属性或类别做标准的,这也构成每一级类目和其上下级类目的系属关系。

但是,仅从类别上来区分是不够的,必须进一步从图书内容范围方面,外部形式方面,读者对象方面等各方面的特征来区分。

我们知道任何一本图书在内容范围上必然的涉及一种或多种题材,其中有些是有国别性或区域性的,有些是有时代性的,有些在语言文字上是有区别的,有些是集体的创作,有些是个人的专著,有些限于一种文体,有些包括许多文体。

即是说,图书的排列可以是多次式的:可以是国别的,时代的,或其它形式的。因此,分类表相应的采用国别或区域,时代,语文,合著,专著,文体各种不同的区分方法。

比方,历史,哲学,以及其它各类之有历史性的都可依国别分,国别之下必要时依时代细分。

文学一类的书是不能依内容来分的。因为,文学的内容所反映的,或社会问题,或历史事实,或生活认识,或暴露社会罪恶,或反映革命思潮,所以不能依内容分,只可依文体分。

除了采用这些方法区分外,还要采用字顺、读者、版本等等方法。

比方,在生物学,种类是采用系统分法,科属则按它们名称的字顺拼列。无机化学元素是按照它们的化学符号字顺排列的。

儿童读物是以读者的需要作标准,善本书是以版本作标准来区分的。

此外,还根据各类特有的情况采用不同的区分方法。比方,在医药类除了采用类别方法区分外,还采用人体部位区分法。

总之,分类所根据的特征是多式多样的,各类都应根据各自不同的特点采用不同的区分方法。

由此可以看出,只有结合这些各式各样的不同的特征于统一的分类表,才能适合于多样性复杂性的图书的分类。

在分类表的每一级的类目中,或每一阶层划分的进程中,不论采用那一种特征来进行,不应变换这个特征。这是一般性的规定,为要利用剩余过多号码的缘故,在同一阶层上也可采用不同的特征。但必须是:具有不同特征的类目要上下分列,互相混合。

此外,每一级类目之间必是互相排斥。比方,无机化学分为非金属元素和金属元素。这种划分是科学的,是根据最本质的特征来划分的,所划分出来的类目是互相排斥的。非金属元素不能同时是金属元素。每一种元素不是属于前者,就是属于后者,而不能既属前者又属后者。

由于分类表全部的组织不是一次式的,而是多次式的,也由于类目间的交互关系,不可避免的同一类目往往列入两个或更多的门类。

比方,地理是叙述地面上一切现象的科学。它是一门综合性的科学,所叙述的事实是以天文、物理、地质、海洋、气象、生物、人类、经济、政治、文化、文物等等所得的结果为内容的。每一和它有关的科学都分别作独立的研究,所以有天文地理、自然地理、生物地理、经济地理、政治地理、土壤地理等等。这些专门地理在地理类在各有关专类都列为类目。

同样,原子在物理在化学都列为类目,西方哲学史在哲学史,在西方哲学;昆虫在动物学,在农业动物类;比较解剖学在生理和构造动物学,在医药科学,在兽医学都列为类目。

为了把这些类型的相关类目联系起来,同时便利分类时的选择和参考,因此,在这些类目下注明互见、见、宜入、参见等等字样。类目下注有互见字样的,必须根据书的性质选择其中的一个。

那些类目需要或应该注明互见字样是要看类目的基本特性来定的。原子这一类目就是一个具体的例子。原子的研究,有物理方面的,有化学方面的,也有应用方面的。因此,在这些类都列一原子类目,下注互见字样。

有些类目在这一类应该列为类目,在另一类也应列为类目,但以分入这一类较宜,所以在另一类之下注明见或宜入字样。比方,西方哲学史在哲学史和西方哲学之下都应有类目,一本西方哲学史的书以分入西方哲学之下为宜,所以在哲学史下注明西方哲学史见——。

有些类的书和另些类的书往往互相关联,分类时必是互相参见才能决定。因此,在两方类目下注明参见字样。一本关于昆虫学的书应该分入动物学,还是应该分入农业动物类是要根据书的本身以及图书馆的性质来定的。

2. 分类号码

今日我国图书馆藏书的数量,有的图书馆多至几百万本。这些书都要排列起来才便利应用。按照什么样的次序排列最能收到这种效果呢? 无疑的,按照类别顺序即分类排列,是能使各个图书以及和它有关的各个特别问题的图书排成这样的顺序,一看就知它们之间的联系,这样就得到应用上的便利。分类排列已成为图书馆界颠扑不破的定论了,图书分类要依照一种方法,图书分类法。图书分类法的体系就是图书在书架上顺序的反映。

一本书的类属关系和顺序要在这本书上标志出来才能排架。单看这本书的书名,既看不出它的类属关系,也不能明白它的先后顺序。因此,我们不根据书名来排列。

图书既然根据分类体系来分,那么,能不能把类目写在书上按照类目来排呢? 不能。

类目是知识门类的符号,不是序级先后的符号,把类目写在书上,一般地说只能告诉我们这本书的内容,不能告诉我们它的先后顺序。

唯一的方法是:用一种序级符号来代替类目。一本书有了这种符号,它在书架上的顺序先后就可以确定了。

代替类目来使用的符号我们叫作分类号码,它的功能是使类目先后的关系清晰的得以表现出来,同时使图书在书架上的次序一望就知它的先后。

采用什么样的符号对我们来说最是适合呢? 不用说,阿剌伯数目。阿剌伯数目已成为世界上通用的符号,比起任何一种序级符号:一二三四,ABCD,Ⅰ Ⅱ Ⅲ Ⅳ,等等应用的范围都普遍得多,广泛得多。谁学过算学的,谁就懂得它的先后次序。从结构上来说,比起其它序级符号也简便得多。它之具有世界性，不是偶然的。

但是，阿剌伯数目只有十个，新分类法第一级的类目即大类有二十一个。号码的分配受到一定的限制，这是无法避免的。

中、小型图书馆图书分类法采用字母和数目混和制。这样，每一个大类都可用一个字母做符号。在今天来说，采用字母和数目混合制是有一定社会条件的，也有它一定的现实意义。

我们文字改革的工作已进入了试用拼音方案这个阶段。拼音方案所采用的是目前世界上最通行的拉丁字母，每一个中国人民都要学习它。因此，采用字母和数目为分类法的号码，就不会有什么不便了。

新分类法采用混合制，减除了分配号码的困难，这就无需乎再采用在它以外的其它序级的符号。在它之前或后加上别种符号，不论是括弧也好，短横也好，三角，廾，等等也好，写、认、用都不便利。次序更不自然，因为它们都不是序级的符号。分类号类愈单纯愈简化，工作效率就愈高是一定不移的道理。

3. 辅助表

类目中很多的类目是采用形式的，区域的，时代的，语文的，等等细分的。所有这些都得立为类目，占一位置。这就引起了这样的结果：类目的无数重复使分类表的体量特别增大了。各家分类法因此依照各自的特征编制各种细分表，作为分类表的辅助表。

这样，只要在类目下注明按照某表细分字样就可以了。凡是采用同一细分表的类目，它下面的细目在顺序上在号码上都是相同的，一致的。一致性是它的基本特征。这就对于我们的记忆和运用有着很大的帮助。

因为它含有助记的性质，所以也叫助记表。

辅助表的采用在种类上各家分类法都不相同，应用的范围也不一样。主要的有这样几种：形式细分表，地理或国别细分表，时代细分表，还有它种细分表。有的细分表可适用于任何类目，有的只可适用于若干特殊类，不适用于其它各类。

新分类法究竟应该采用那几种辅助表，首先必须明白这些辅助表的意义和性质，然后结合实际的需要来规定。

（1）形式细分表

每一门科学都可能有这样体裁的书，比方，目录，字典，杂志，年鉴，丛书，以及这样写作的书，比方，原理，概论，评论，研究，历史，等等。

每一门科学的这一类型的书都是同一形式，图书分类法利用这种形式编制一种形式细分表。它是辅助表中应用范围最广泛的一个表，是新分类法应有的一个表。这个表和总类在范围上是不一样，但在意义上却相同，类目名称很多都相同。因此，相同的类目在顺序上，号码上（新分类法是用字母和数目）都应相同，才具有助记的性质。

形式细分表的号码我认为应该用〇作标志，〇前面有字母后面有数目的就是形式细分。

这和十进制分类法是不相同的，十进制分类法的形式细分不能和混合制一样来理解。因为，十进制都是在百位数之后用小数，号码不够用，于是在某种情形之下把〇用作一般的号码，形式细分因此就要用两个〇。至于那一级类目的形式细分用一个〇，那一级的类目用两个〇，没有一定的规定，使〇的用法混淆复杂化，失去了助记的用意。

新分类法既然采用混合制,形式细分的号码就可一律用一个〇。这样,只要一本书应该按形式细分的,就根据形式细分表加形式号码,不必再犹疑斟酌加一个〇,还是加两个〇,还是不加。

(2)国别细分表

经济,政治,法律,军事,教育,地质,动物,植物,等等,不论那一门科学,凡含有地域性的,都需依国别或地理细分,才可表示出它的地域特性。

由于含有区域性的类目比较多。编制一个国别细分表是有必要的。有了这个表,凡类目需要依国别细分的、其下都注明"依国别细分表细分"字样。

自然,像哲学,历史,语文,文学,等等已是依地域列为类目,不再应用本表。

这个表是以国家为次序而编的一个表。国家次序的排列我们是不能同意资本主义国家分类法传统的把欧洲美洲某几个国家作为重心,列在首要地位,说是什么:从重要的到不重要的,从先进的到落后的,或是掉过头来,从不重要的到重要的,从落后的到先进的。

我们也不同意在图书分类法中完全采用社会制度把各国分为:社会主义国家,人民民主国家,资本主义国家,和弱小民族殖民地半殖民地国家。这种把社会主义和平阵营同帝国主义战争阵营划分开来,在今日的政治形势来看是正确的。它可适用于一部分的类目含有区域性的划分,但不能适用于另一部分。

比方,政治经济学,法律,教育,等等的研究是以社会制度为出发点,反映社会主义国家经济制度,法律制度,教育制度,等等的优越性,是不应用一个尺度和资本主义国家的制度混同起来。这些类目采用社会制度来划分是正确的,也有这样划分的必要。

但另一部分类目,比方,地质,人种,动物,植物,等等是不能采用社会制度来划分的。我们不能说英国的地质,人种,动物,植物,等等是资本主义国家的,苏联的是社会主义国家的,我们的是人民民主国家的。

何况,在历史类,在地理类采用社会制度为划分的标志,事实上就成问题。

我们都知道:朝鲜,德国,越南,由于以美帝为首的帝国主义的干涉和侵略暂时处于分裂的状态,它们的历史和地理怎样分。这些国家的人民都在为自己国家的统一,独立,民主,自由进行坚强的斗争,不久的将来是会实现他们的愿望的。

还有像菲律宾,马来亚,日本等等国家的人民都在为自己祖国的独立而斗争,不久的将来也会成为民主的国家。

还有像希腊,伊朗等在名义上是独立国,而实际上已沦为美英的半殖民地。

就以民主阵营的国家来说,苏联已向共产主义社会迈进,我们的国家就要进入社会主义社会,这种发展非常的快。因此,采用社会制度作为国别划分的标志对于一部分的类目是不适合的。

那么,是不是采用两种国别细分表呢? 一般地说,没有这个必要。含有区域性的类目中,凡以社会制度而不是以国家为研究对象的,反映社会制度特点的,都按照各自的情况直接把细目列出,或注明按照某一类目国别细分。这样,就只需用一个国别细分表了。这个表的编制与否是需要根据具体的情况来定的。

(3)时代细分表

由于马克思发现了社会发展的客观规律,也就是历史发展的客观规律,不论从那一个个别国家的历史发展来看,都是符合这个客观规律的,也都是这个社会发展一般规律所体现的特殊形态。

因为,历史的过程在每一个别国家中都不相同,它们历史时代的划分自然就不一致了。所以把任何一个历史时代的划分作为所有国家历史时代划分的基础都是不适合的。

资本主义国家的分类法,比方,美国国会法世界史时代的划分是以欧洲历史中几个划时代的事件为划分的标志的。它以476年为古代史和中古史划分的年代,1453年为中古史和近代史划分的年代。

这种划分对于欧洲大多数国家的历史是可以的。476年是西罗马帝国灭亡的一年,也是欧洲奴隶社会大崩溃的一年。1453年是东罗马帝国崩溃的一年,是欧洲各国兴起的一年,也可说是商业资本主义兴起的一年。1914年是第一次世界大战开始的一年,是帝国主义开始走向灭亡的一年。

把这些年代作为我国历史过程的划分就不可以了。比方,476年是欧洲史划时代的一年,但在我国是南北朝刘宋的年代。虽然,东晋南渡和南北对峙在我国史上也是一件大事,但不是以476年为南北朝分野的一年,更不是像西罗马帝国灭亡一样标志着一个崭新的历史时代的分期——奴隶社会进入封建社会这样基本不同社会制度的转变。

由此可知,我们不可能编制一个国际时代表完全适合所有国家历史发展的过程。因此,凡类目中需要依时代细分的,就根据各自的特征把细目列出:依世纪分,或朝代分,或依社会制度发展时期分。

此外,特别作家号码表,中国县名表,有其一定的意义是需要编制的。特别作家在分类表中列有专号,他的著作以及研究他的著作的作品须集中分类的,不用著者号码表是要用特别作家号码表的。马、恩、列、斯、毛经典著作都有专号亦采用本表。

中国的方志,地图,等等需按县名细分的,都采用中国县名表。

至于所谓文字细分表,语言细分表,文学细分表,没有编制的必要,可仿我国或苏联语言文字学、文学类目细分。

(4)相关索引

分类表包括各种知识门类的全体,它们是排在这样的顺序中和相互的关系上,使图书的题材成为一种有系统的排列。

由于一本书在书架上只能放在一个地方,从而分类表所反映的就不可能是各门知识的全部相互关系,而是最主要的关系。也就是说,分类表所反映类目的相互关系要受到实际应用的局限。

因此,不得不利用别种方法来补救,使它更好的为用者服务。这种方法就是相关索引。

相关索引是分类表的钥匙,是辅助分类表的。没有相关索引,任何一种分类法,甚至一种好的分类法是要丧失它的一半价值的。它是分类法不可缺少的一个组成部分。

分类表的范围涉及了学术的全部,分类工作者要想全部掌握和熟悉确是一件不容易的事,也可说不可能。许多许多科学方面的专门类目也不是分类工作者所能都知道的,因此,他就不知道某些类目属某些类了。他不知道一本专门性的书讨论什么,应该分在那一类是常有的事,于是也就不知把它分在那一类。有了相关索引,这些方面的困难是可以克服的,虽然不能全部克服。

此外,一本书的题材虽然知道是属于那一类,比方,妇女职业与劳动是属于政治方面的,这是知道的;但是,它的号码是什么,就不容易记清楚了。这固然可以在政治学类前后翻查找出它的号码,但查相关索引就更快了,并且还可知道在那些相关类目找到更多的材料。

一本书的题材有时可以分到两个或以上的类,不熟悉这些类的分类工作者,想要他选择其中的一个最能表示这本书的特点,当然不容易。有了相关索引就可帮助他克服这种困难了。

此外,还有这样的现象,不同的分类工作者,或同一个分类工作者在不同的时候可能把同一本书或同性质的书分到不同的地方。一个分类工作者在同一个地方担任同一个工作许多年,分书一致的程度显然要高些,但仍然有把同一本书或同性质的书在不同的时候根据不同的观点分在不同地方的危险。

我们都知道一本书的内容不都是专论某一个问题的某一方面,他往往涉及了一个问题的几个方面。假使在这一年都在讨论这个问题的某一方面,分书时自然会根据这一方面来分;但在第二年大家讨论的是这个问题的另一面,分书时又会根据新的观点来分了,于是同一本书或同性质的书就会分到不同的地方了。

但事实上除了分类工作者缺乏专门知识外,同性质的书常常分到同一个地方。其所以能这样的,由于有了相关索引,它也是为了满足这样的要求而编的。它具有这样的特征能使有关某一问题的同一方面的书分到同一个地方。正确地运用这一工具能使分类工作者以及读者获得很大的便利。

从上面所列举的几点,可以清楚的看出:相关索引在分书过程中的实际意义。它的重要性和必要性是无可争辩的。

自然,编制一种精确全面的相关索引,这种工作是非常繁难的。不只是把分类表已有的类目和与它们相关的类目列入,也要把和它们不同名称的类目分类表没有的都列入。这就不容易了。

资本主义国家杜威法的相关索引是经过长期的研究,各大图书馆提供材料,以及许多专家学者的帮助,才有第十四版那样的索引。但还不能达到精确全面的要求,也不可能达到这个要求,这是由于为他的阶级性所限制。

我国各家分类法的索引都因缺乏经验,自然不够精确全面了。我们更没有发挥集体的力量,这是关键所在。

今日的问题:必是结合各方面的力量,才能编出一个完善的相关索引。也只有结合各方面(图书馆工作者,科学家,学者)的力量,在各方面所积累的经验基础上,才能编出合乎科学理论的分类法,才能解决今天实际的需要。

(选自《图书馆学通讯》1957 年第 2 期)

"拒绝率"问题

李钟履

一、什么是"拒绝率"？

"拒绝率"是个相当陌生的名词，查了一些中外文参考材料，都没有发现，虽然苏联国立列宁图书馆在1926年便建立了对读者借不到书的检查制度。但是，自1954年以来，这个名词却不断出现在我国一部分图书馆工作者的口头上，特别是北京图书馆，其推广组在1955年初便制备了"图书拒绝率记录单"，并开始把读者借不到的图书记录下来，通知有关部门并促其迅速补充或加快整理，以供应读者。

"拒绝率"究竟是什么？从广义和狭义上讲，或从理论和实践上讲，可有三种不同的解释。其一：在读者全部借书要求中，不管其是否会向图书馆提出，其未能借到的部分所占的百分比，便是拒绝率。这一广义或理论的解释，自读者借书实际未能满足的角度来讲，是有其一定的道理的，但在工作实际上却不易掌握，因而也难以计算精确；同时，对于读者的要求也应加以考虑分析，有所区别。其二：在读者向图书馆提出的全部借书要求中，其未能借到的部分所占的百分比，便是拒绝率。这一比较狭义的解释，从"拒绝"之产生于正式提出的"要求"来讲，在理论上似乎更趋合理了，但在工作实际上也有其不尽合理处，例如读者提出的要求恰是某一图书馆所根本不可能入藏或不应该提供的图书，这按理就不宜算作拒绝。其三：在读者向图书馆正确地提出的全部借书要求中，其未能借到的部分所占的百分比，便是拒绝率。这一狭义的解释，无论从理论或实践上讲，都是比较合理的。因此，我们推荐这一解释作为拒绝率的定义。（请参阅乌戈曼：《为充分满足读者的要求而斗争》一文的译文，第2—3页。载《全国图书馆工作会议参考文件》1956年7月，中华人民共和国文化部社会文化事业管理局编印）。

按拒绝率，如前所述，原是指的未借到的图书所占的百分比，而不应是其他，但在我们一部分图书馆工作者日常的谈话、作检查、搞统计或写报告中，往往又有意识或无意识地用来指未能满足读者的现象或未能借出的图书。这当然是不够切合的。但是，由于"读者借不到书"或"读者借不到的图书"两个词句都比较复杂，不如"拒绝率"这个名词言简意赅，因而遂为大家所乐用。我个人的意见，为了照顾便利和习惯，这样用是可以的，但拒绝率的定义和解释，还应有如上述。

有人说，"拒绝率"一般是和"流通率"等类名词相对地提出的。因此，可能有人会问：既然流通率是以借出量和馆藏总数为根据来计算的，为什么拒绝率又以未借出量和借书总要求为计算根据呢？我认为这没有什么讲不通，因为计算流通率是为看全部藏书的流通情况，而计算拒绝率则为看借书被拒绝的情况。不过，有人以未借出量和"借阅总人次"或"借阅总册次"为计算根据,我认为还须略加解释,因为那样的措辞不能指明是已借到书的总人次或总册次,抑要求要借的总人次或总册次,应该再明确一下才好。

可能也会有人对"拒绝率"中的"拒绝"二字有意见,认为中华人民共和国成立后的中国图书馆都以充分满足读者的要求为奋斗目标,哪能拒绝读者借书呢?是的,一般图书馆工作人员是不会也不愿这样做的,但就客观效果来讲,读者要求,特别是正确要求之未能满足,实际上也和被拒绝了并不二致。况且,请看下面读者借不到书的一些原因吧!有的情况之严重,简直和故意拒绝了读者也差不了多少。因此,"拒绝率"这个名词,过去中外虽然少见,但我们为了提高警惕,为了工作上的便利,还是不妨采用的。

但是,在这里我们也需要把读者借书被拒绝的情况弄清楚,以便作记录或作统计时有所准绳。要知道,拒绝读者借书要求的原因有主、客观之分。所谓客观原因,一般说来,即一个图书馆所根本不可能入藏的书,如尚未出版的书、藏书范围以外不应入藏的书等(有时也要看情况以满足读者的要求),而读者偏偏要借,因而被拒绝了;或根本不应该提供的书,如极端反动、淫秽或荒诞的书等,而读者偏偏要借,因而被拒绝了;或故意不守借书规则,如毫无理由地要多借书或强借规定不出借的书等,因而被拒绝了,等等。所谓主观原因,即图书馆应该或可能借给读者的书,但因主观努力不够或工作上存在许多缺点,而未能借给读者。客观原因一般可以不作拒绝率记录或统计,主观原因则必须作记录和统计,以便据以计算拒绝率并作为改进工作的依据。

拒绝率根据什么单位来计算较为合理,也是值得研究的一个问题。据我所知有三种不同的主张:以图书种数为计算单位;以借阅册数为计算单位;以借阅人数为计算单位。兹分别说明如下:

(1)以图书种数为计算单位。这种主张的理由是:拒绝率的统计和研究,其主要目的在于检查馆藏图书之是否能够满足读者的需要,而读者的需要,主要在于寻求某一种或若干种图书之有无,因之,图书的品种和复本的多少,才是决定拒绝率大小的主要因素。由于复本也是以品种为依归,所以以种数为计算单位较为合理。

(2)以借阅册数为计算单位。这种主张的理由是:一般中外图书馆的借阅统计多是以册数为计算单位,而且也是比较精确的办法,所以,为了照顾实际,便于工作,采用册数为计算单位较好。

(3)以借阅人数为计算单位。这种主张的理由是:图书馆的服务对象是读者,因此,多少读者借书得到了满足或失望而去,实是图书馆所最应该关心的问题。如此,则计算拒绝率时以人数为单位,实是应该的。

我的意见,从理论上讲,第一种主张是比较合理的,但计算不易精确,因为一种多卷册书往往多次连续出借。第二种主张在实行上的确比较容易且精确,但借出与未能借出的册数往往不能相比,因为借出的100册可能只有50种,而未能借出的100册书很可能不是同样50种。第三种主张在观察读者被拒绝的情况上是比较直接的,但不能直接反映主要应该纠正的原因。因此,我以为每种计算单位都不妨使用,因为三者都各有利弊,但以采用第一种较好,因为它更能说明问题并便于解决问题。但是,也必须照顾实际,就是说,如果全国必须采用统一的计算单位的话,那我以为还是以册数为单位比较容易行得通,因为拒绝率的统计,终不便脱离一般实际借阅统计单位而另搞一套的(三种单位如能同时并用,当然更能从各个角度说明问题,但实际做起来却相当麻烦,而且也似乎没有这种必要)。

拒绝率的计算方法如下：

实际借出的册数		未能借出的册数		要求借阅的总和		未能借出的册数		拒绝率
900	+	100	=	1000	÷	100	=	10%

二、为什么要统计和研究拒绝率？

第一，我们从事图书馆事业的人，大概一般都熟悉列宁的如下的一段名言："公共图书馆的骄傲与光荣，不是在于它有多少珍本，多少十六世纪的版本或十世纪的手稿，而是在于，它在人民中间流通书籍有多广泛，吸引了多少新读者，满足对书籍的一切要求有多迅速，外借了多少图书，吸引了多少儿童来阅读和利用图书馆……"从这一段话里，我们可以清楚地看出，我们新时代、新社会的图书馆（包括各种类型的图书馆）决不许可再有藏书楼的作风，而是应当利用它们的藏书，根据各自不同的服务对象，以多种多样的方式，来满足读者对于图书的要求。如果达不到这个目的，完成不了这个任务，例如经常使读者借不到他所需要的图书，拒绝率很大，显然可见，这是与列宁的原则——社会主义阵营图书馆的原则，背道而驰的。因此，必须统计和研究拒绝率，以便采取措施，纠正缺点，减少拒绝率，更好地为广大人民服务。

第二，我们正在加速建设着我们社会主义的祖国。我们社会主义的建设是多方面的，而每个方面都需要利用大量的图书资料。例如我们设立一个工厂，就需要有关于工厂基本建设、生产管理、技术规程等等方面的图书资料。又如我们开展一个社会主义改造方面的运动，就需要有大量的图书资料作为宣传武器……所有各方面的建设，都需要图书馆来很好地予以配合，而配合主要就是通过迅速而及时地充分供应图书资料。为了保证做到这一点，必须经常检查我们的供应情况，即是通过拒绝率的统计和研究，以改进我们的供应工作。

第三，自从党和政府提出向科学进军的号召以后，图书资料对于科学家们更显得重要了。周总理在《关于知识分子问题的报告》中说："具有首要意义的是要使科学家得到必要的图书、档案资料、技术资料"。也有科学家把图书资料比作行军的粮草。从周总理的指示和科学家的比喻中，更可以看出图书资料对于科学家的重要性。因此，图书馆必须满足科学家对于图书资料的要求，帮助他们胜利地完成向科学进军的伟大历史任务。如果使科学家经常有借不到书的苦恼，那图书馆显然是极其不应该的，而且是严重失职的。怎样能做好这一工作呢？统计和研究拒绝率便是优良和有效办法之一。

第四，我们图书馆的各项工作，都是围绕着一个中心目标——充分满足读者的需要，来进行的；同时，各项工作又都是有机地密切地互相关联着的。因此，借阅情况的好坏，不能认为只是借阅部门所应独自担负的责任。由于检查拒绝率的实践证明，读者借不到图书的原因，在一般情况下，多是由全馆许多部门所共同造成的。所以有人说，检查拒绝率是揭露全馆各项工作缺点的关键。为了全面地彻底地改进工作起见，必须经常进行对于拒绝率的统计和研究。

此外,需要统计和研究拒绝率的原因当然还有,但仅从以上几点看来,每个图书馆都不应忽视这一工作,应当经常地认真地进行这一工作。只有这样做,图书馆在为读者,特别是在为科学家们服务上,才能有更大的贡献。

但是,中外古今的图书馆对这一问题又是怎样看法呢?我们知道,资本主义国家的图书馆一般只是统计实际借出图书的数字和实际借到图书的人数,对于读者借不到的图书和未借到书的读者则是很少关心的。中华人民共和国成立以前的图书馆是亦步亦趋地在学着资本主义国家的作风,谈不上真正对读者的关心。中华人民共和国成立以后我们虽然根本扭转了过去的作风,但对拒绝率这个问题,重视还是不够,所以在过去很少听见某一图书馆对这一问题进行过彻底深入的检查(北京图书馆在1956年下半年才进行了这种检查)。苏联在十月革命胜利以前,也是只统计借出去的图书,但在十月革命以后,情况就大不同了,早在1925年,国立列宁图书馆便对读者借不到书的原因进行了研究,次年,便制定了对读者借不到书的检查制度。"近来",据乌戈曼1953年在其所著《为充分满足读者的要求而斗争》一文中说:"苏联各大图书馆正在不同的程度上统计和研究读者借不到书的问题,并对它进行斗争。"(出处见前)不可讳言,目前在我国各图书馆中读者借不到书的现象还是或多或少地存在的,我们必须对这一不良现象从速展开不调和的斗争。

三、造成拒绝率的一些原因

统计和研究拒绝率,并不是仅仅为了求得拒绝率的基础数字或百分比,更重要的是为了分析研究造成拒绝率的原因,以便根据这些原因,来制订减少拒绝率的有效办法。根据这一要求,则图书馆所最应该注意和分析研究的,乃是那些造成拒绝率的主观原因。主观原因是非常复杂的,在初作拒绝率检查时,有的原因往往容易被忽略。为了供各馆参考起见,现在把个人所知道的一些原因,介绍如下,自然这不可能是全部的原因。

(一)借阅部门造成拒绝率的原因

(1)借书限制太多,如不准借阅的图书太多。

(2)借书制度不健全,如借书数量太大、借期过长等。

(3)借书方式贫乏,如缺乏预借办法、不善于利用馆际互借等。

(4)执行借书制度不严格,如不按手续出借、不执行到期归还制度等。

(5)辅导工作缺乏或做得不够,不能帮助读者查得所需要的图书或不能代读者纠正借书单上的错误等。

(6)不熟悉馆藏或各科知识缺乏,明明馆中有书,但拒绝了读者。

(7)与馆中采编部门缺乏联系,不知道新到图书及其整理情况。

(8)业经借出的图书不能及时向读者反映,或借书根据保管不科学,不能迅速反映出借情况。

(9)丢失图书或目录片不能及时发觉,造成有书无片或有片无书等现象。

(10)遗失的图书不及时报请注销,造成有片无书现象。

(11)读者还回的图书不及时归库上架,且管理紊乱,不能查寻。

（12）代读者保留图书而不通知书库，或保留图书超过规定时限。

（13）不及时将读者的需要反映给馆中有关部门，促其迅速补充、整理或提供。

（14）流动书库或其他部门提用图书过多，影响来馆读者借用，或辅助书库提用图书太少，不能满足读者要求。

（15）书库排架办法不完善，查找图书困难。

（16）图书经常倒架，有书难找。

（17）书库管理人员粗心大意或文化业务水平低，把图书排错了（有时被外人入库排错）。

（18）书库管理人员文化业务水平低或工作不认真负责，库中有书而找不到。

（19）取书上架分工不当或缺乏责任制，出错后互相推诿，不易纠正错误。

（20）书库收到的书不能迅速上架，且无次序，有书难寻。

（21）书库不按期进行清点，造成有片无书或有书无片等现象（没有可靠的排架目录，也影响书库的清点工作）。

（22）出库图书手续不完备，或缺乏妥善和迅速处理借书记录等办法，难以迅速得知图书的下落。

（23）图书已经破损不能出借，但仍不迅速报销、修理或补充，以致有片而不能借书。

（24）送装订修补的图书不能及时向读者反映，或装订时间过长。

（二）编目部门造成拒绝率的原因

（1）收到图书不能迅速编目，造成积压，而积压的图书又无完善管理办法，难以查寻。

（2）编目手续过繁，组织分工不科学，不采用机械化办法，以致编目过程太长，影响读者借阅。

（3）目录体系不完备，组织不完善，或头绪太多、技术复杂，以致有书而不能查或查而不可得。

（4）分类表不完善，或分类工作不精确、不细致，有书而查不到。

（5）编目方法不科学，著录有错误，检查困难，或查得目录片但借不到书。

（6）工作粗心，漏制必要的目录片。

（7）目录检字法不通俗或排片有错误，检查困难。

（8）写索书号或贴书标不细心，有错误，但又缺少校对，以致目录与原书不符，书角号与书标不符，或一种书几种片子的索书号不一致。

（9）目录片上的号码或字体过于潦草或艺术化，使人看不懂，容易写错借书单，因而借不到书。

（10）目录片上的索书号或字迹已模糊不清，但仍不改写或更换目录片，使人容易写错借书单，找不到书。

（11）汉字简化后，没有采取便利检查的必要措施。

（12）图书尚未入库上架，便公布了目录，或应公布的目录而不公布，造成有目无书或有书无目等现象。

（13）书已不能提供借阅（如遗失、损坏、改编、装订、提存、调拨、交换等），但不撤出目录片或撤的不完全。

（14）目录片已遗失或根本不完全，但不补制，使有书而不能出借。

（15）改编工作频繁，手续不清，留书过久，撤片不净，改片不彻底，或与借阅部门缺乏联系。

（三）采购部门造成拒绝率的原因

（1）采购原则、标准不明确，或执行不认真，以致所购图书不合读者需要或缺乏系统，重要典籍不备。

（2）不善于掌握出版、发行和书业等情况，产生应备书有漏购现象。

（3）采购人员业务水平低或缺乏主动，不能多方访求图书，以供应读者需要。

（4）不熟悉馆藏，不能及时补充所缺图书。

（5）不调查研究读者需要，缺乏和借阅部门的联系，或对读者提出的需要和借阅部门反映的情况不重视，不及时补充图书。

（6）不善于使用购书费，以致供非所求。

（7）图书进馆不能及时整理登记，造成积压，且无完善管理办法，不能提供使用。

（8）缺乏图书交换和调配工作或工作做得不好，不能增辟图书来源。

（9）不能利用复制工作，以补充难以觅致的图书。

（10）检查全部藏书的记录缺乏或不完善，不能掌握全部藏书。

（11）移送图书的手续缺乏或简陋，有书而不能追查。

（12）采购、登记不统一，图书分散，找书不便。

（13）内部管理制度不健全或不合理，如有的书未经送至借阅部门便由采购部门借出了，或移送图书工作中有错误，影响读者借阅。

（14）复本率规定得不合理，或不符合具体情况，或掌握执行不当，不能符合读者的实际需要。

（15）采购未能照顾本馆的特点，致有图书不敷应用现象。

在列举了以上一些原因以后，还须说明几点：

①上面的原因只是就图书馆中几个主要业务部门而谈的，除这几个部门以外，凡是与读者和图书有接触的部门都可能有造成拒绝率的情况。②上面列举的原因当然不完全，也可能有人认为某些原因不是造成拒绝率的原因。③上面的原因不一定每个图书馆完全都存在，但也不见得任何一种都没有，很可能多多少少地都存在一些。④上面所列举的，如前所述，都是些主观原因。另外还有不少客观原因，如购书费缺乏、由于客观情况影响而买不到书、分编工作人手奇少、借阅工作只配备生手、缺乏房屋存书……不一而足。客观原因虽然有的可以不作拒绝率看待，虽然克服比较困难，但还是应该积极努力，创造条件，争取克服它们。⑤有些原因虽然是由读者自己造成的，如写错了索书号、把目录片抽走、进库把排架搞乱，等等，但这只能怨我们工作人员辅导不够。⑥必须注意，上面这些原因，不仅可使读者向图书馆正确提出的要求遭受到拒绝，其自行查寻的图书也可能遭受拒绝。所以主观原因是可以造成双重拒绝率的，是极其要不得的。

四、怎样减少拒绝率？

统计和研究拒绝率，如前所述，主要在根据造成拒绝率的原因来制订减少拒绝率的有效办法，以便更充分地满足读者的需要。在这一意图中，我们只希望减少拒绝率，降低拒绝率，并没有说要完全消灭拒绝率，如果这样说，那是不符合实际的。因为任何一个图书馆，它无论藏书多么丰富，也不可能把古今中外的图书典籍全部收藏而无遗。此外，在整理流通过程中，由于必须经过一定的手续，而这些手续往往又是非常精密而细致的，和必须经过一定的时间，而这时间也往往是不易准确掌握的，也难以绝对避免不产生拒绝读者的情况。然而，我们却不应以此为借口而忽视了拒绝率的统计和研究以及对它的斗争，相反地，必须统计和研究拒绝率并积极地、经常地、认真地展开对于拒绝率的斗争，争取把它减少到最低限度。

拒绝率的造成，也如前面所述，一般是应该由许多部门共同负责的，因为现代图书馆的各个部门都是有机构成的一部分，它们之间是密切地相互关联着的；此外，它们的工作也最科学、最细致，有一套科学的操作规程，一步紧接一步地进行工作，所以，一个部门如果搞不好，必然会影响到其他部门，即所谓牵一发而动全身。因此，在向拒绝率作斗争中，不应该仅仅责成任何一个部门来独负其责，必须全馆各部门齐心协力，互相配合，共同努力来完成这一任务。但是，因为拒绝率的产生原是直接发源于读者的要求，因此，凡是面对读者的部门，更确切点说，借阅部门便责无旁贷地要首当其冲，因而也必须多做一些工作。

减少拒绝率的办法，一般可从以下三个方面着手：①不断进行定期检查；②建立经常记录和补救制度；③加强预防工作。兹分别述之如下。

（一）不断进行定期检查

不管是否业经建立经常的记录和补救制度，规定到一定时期（一月、一季、半年或一年——期限愈短愈好），作一次拒绝率的总检查。在这种检查中，首先要经由借阅和其他面对读者的部门把读者未能借到图书的一切根据，无论它是文字的（主要是借书单）或口头的（主要是面对读者部门工作人员的亲身经历）搜集齐全，然后再就这些根据加以分析研究，必要时召集所有有关部门和有关人员共同进行研究和讨论。也可以召开读者座谈会、借书机关团体代表座谈会或图书馆同行座谈会，广泛征求意见，以辨明所以使读者借不到图书的真正原因。得出造成拒绝率的原因后，再由有关部门或人员，根据不同原因，一一分别制订改进方案，由领导上监督认真执行。

（二）建立经常记录和补救制度

凡是读者的正当需要，不管向什么部门或用什么方式提出，如果未能得到满足，都要一一记录下来，并及时反映给有关部门，促其加速补购、整理或提供。在这种记录单上，可以印上号次、借书日期、书名（或类别）、著者、出版项、经售处、借书人姓名或单位名称、地址和电话、不能出借原因、处理结果、备注等项。下面是北京图书馆推广组的"图书拒绝率记录单"，可做参考。

图书"拒绝率"记录单

借书日期： 年 月 日 第 号

书名：		著译者
出版项：		经售处
借书单位：		地址和电话：
不能出借原因：		
购到日期：	年 月 日	未购到原因：
备注：		

北京图书馆推广组制(1955年1月)

这种记录单,至少须备正副二张,一张送有关部门,一张留底,以便经常检查,并据以催促有关部门迅速处理。有关部门将书购到、整理完竣或可以提供时,即按记录单号码通知借阅部门,借阅部门再据以通知读者来馆借用。此外,还须注意,凡是由借阅或其他面对读者的部门造成的拒绝率,也必须一一记录,以便定期作责任检查。

(三)加强预防工作

预防工作是减少拒绝率的根本要图,它要求图书要充足,管理要完善。因此,必须加强图书馆的几项基本工作。

首先是加强采购工作。加强的方法主要有以下几点:①根据本馆的方针任务、具体情况、固有特点和服务对象,正确地制订并执行采购原则、标准和计划;②经常地了解藏书情况、流通情况、读者需要情况(应和借阅部门加强联系),并利用社会力量,及时补充必要的图书;③充分地掌握出版、发行和一般书业情况,主动采取多种多样的措施,加强采购工作;④有计划地、有效地进行书刊交换和调配工作;⑤组织完善的分工,采用先进的登记办法,制订科学的操作规程,以加速图书进馆后的整理,缩短工序过程,争取无积压,不紊乱。

其次是加强分编工作。可就以下几项着手:①采用比较标准合用的分类表、著者号码表、编目条例和检字法,建立必要的基本目录和辅助目录,加强目录组织,提高目录质量;②善于组织分工,采用流水作业,尽可能地使一些工作机械化,制定先进工作指标,加强工作细心,争取工作迅速,保证收到的图书无积压,不出错;③建立经常的目录检查制度,争取片子不错排,做到有书必有片,有片必有书,避免片子字迹模糊不能使用等现象;④尽可能地避免返工或返工过程太长,严防手续紊乱;⑤加强与借阅部门的联系,了解一定时期读者的迫切需要和较大量的需要,妥善安排先后缓急,对分编图书定出重点;⑥充实帮助使用目录的各种说明和工具。

第三是加强借阅和辅导工作。我以为应当这样做：①健全借阅制度,减少不必要的借阅限制,扩大借书范围,简化借书手续,在合理的范围内减少借书数量及缩短借期;②以多种多样的办法使读者能借到图书(如充分利用馆际互借、建立预约借书制度等);③扩充阅览室,充实辅助书库,改善管理办法,加强服务工作;④建立完善科学的出纳制度,认真执行到期催还制度,争取还回的书及时归库上架,及时办理注销手续;⑤熟悉馆藏和目录,了解读者需要,加强辅导工作,主动协助使用目录,加强推荐图书工作,认真代读者检查并纠正借书单;⑥密切与采编部门的联系,加强读者需要的反映工作;⑦采取科学的、便利的排架方法,添制完善的排架目录,建立责任制,争取排架、取书两不错;⑧按时进行库藏清点工作;⑨善于保养图书,延长图书的寿命;⑩端正服务态度,加强责任心,关心读者;⑪加强工作的细心和准确性;⑫提高工作人员的文化业务和语文水平。

五、结　语

"拒绝率"虽然是一个比较新的名词,然而却是一个相当老的敌人,它经常在破坏着读者和图书馆之间的关系,影响着读者的学习和研究,阻碍着图书馆的光荣任务的胜利完成。遗憾的是,它的害处至今还没有普遍引起图书馆界应有的注意和重视,更谈不到经常进行检查和改进,这是极其不应该的。为了充分发挥我们图书馆在祖国社会主义建设中应起的作用,为了促进我国科学工作迅速赶上国际先进水平,为了帮助我们广大人民顺利地进行学习和工作,我们图书馆工作者不能再容忍这种现象继续存在下去了,应该马上奋起采取有效措施和它进行坚决的斗争,争取把它减少到最低限度——自然,谁要能想出办法把它完全消灭掉,那更是本文意图之外的收获了!

（选自《图书馆学通讯》1957 年第 3 期）

试论联合目录

毛 坤

联合目录的意义和功用

联合目录是将若干图书馆所藏的书刊,合并编排而成的一种统一目录,以便于读者参考和图书馆间彼此互相利用。各国、各地联合目录现在所知道的已为数不少。本文的目的不在详述各种联合目录,而是着重讨论联合目录的编制方法。

联合目录的功用如下:

(1)便利广大读者和科学研究工作者的参考和利用。

(2)便利图书馆间开展馆际互借工作。

(3)联合目录内容条目多而完备,适于征引选择之用。

(4)联合目录能将人所不知其名称和藏庋处所的孤本和罕见的书刊公布出来。

(5)从联合目录里可知什么是孤本罕见的书刊而使人知所爱护,什么是通行习见的书刊而使人知所选择。

(6)使订购书刊者知所选择,以便配补、补充。

(7)使人知道哪种书刊可以另行处理或销号。

(8)便于新编书刊目录者的参考。

(9)可以给著作家和出版家以指导,哪种书刊尚缺应著应印,哪种书刊已有应缓著缓印。

(10)可以使关心书刊的人,如读者、作者、出版者、发行者、图书馆员等的关系更形密切。

(11)能启发人民阅读和利用书刊的兴趣。

(12)便利图书馆间的交换工作。

(13)在编制联合目录过程中可以使:

①政府进一步加强对于图书馆事业的领导与支持,如关于经费、组织、领导、法令等方面;

②图书馆与图书馆间的联系更为密切;

③各图书馆的馆员多发生联系、接触与了解;

④各图书馆所用的分类法、编目法、出纳法等可能渐趋于一致。

联合目录发展述略

昔刘向受诏校书,每一书竟,表上辄言臣向书,长水校尉臣参书,太史书,太常博士书,中外书,合若干本以相比较,然后杀青。其注重点虽在校雠,但从收集各处的书这一点看来,很有联合目录的意味。

清修《四库全书》，其原书来源有内府本、各省采进本和私家藏本。这比向歆之广收众本更近于联合目录了。

自图书馆兴起后，虽尚无大规模的联合目录，然局部的亦往往有之。如1931年北京各图书馆即编有北京地区各图书馆所藏西文书刊联合目录共四册，前三册为书籍，后一册为期刊。编制体例亦有可取处。中华人民共和国成立后对这一工作很重视，除各地图书馆陆续编制了一些地区性和专题联合目录外，科学院及高教部系统图书馆都在编制着规模比较大的联合目录（如全国高等院校西文期刊联合目录等）。更可喜的，在国务院科学规划委员会的领导下，于今年9月初正式成立了全国图书联合目录编辑组（附设在北京图书馆内），并已开始了工作。计正在及计划编辑的有下列六种专题联合目录：中国近代革命史图书联合目录、中国医药图书联合目录、中文政法图书联合目录、水产海洋图书联合目录、中国古农书联合目录、全国方志联合目录，并要求在1958年底完成。（航空工程图书联合目录也正计划进行编辑）。

德国柏林普鲁士国立图书馆联合目录收有16个图书馆的书，内约有2 250 000条。德国法兰克埠及美因两地图书馆联合目录所网罗的图书馆较普鲁士联合目录更多，内容不下400万条。美国国会图书馆主编的美国各图书馆联合目录，约收书700万种。海牙皇家图书馆主办的联合目录，收荷兰图书馆30个，约750 000条。荷兰德佛特高等技术学校主办的联合目录，收专门图书馆33个，约60 000条。瑞士百伦国立图书馆主编的联合目录收瑞士图书馆123个，约有1 000 000条。瑞士沮利克中央图书馆主编的联合目录收有20个图书馆的书。日内瓦公立及大学图书馆主编的联合目录收有53个图书馆的书。伦敦国立中央图书馆联合目录约有1 200 000条以上。英国威尔斯地方局所编联合目录收有54馆的书，约500 000条。此外，奥地利、挪威、丹麦、瑞典、匈牙利、比利时等国皆编有联合目录。

以上只是指普通书籍联合目录而言，此外尚有各种专类书籍联合目录的编制，其中尤以杂志联合目录为多。杂志联合目录以1859年米兰城所编者为最早。牛津亦出版一种杂志联合目录，但未注明出版日期，大抵总在1871年以前编印。1927年所编的美国图书馆杂志联合目录及1931年的补编中载有一杂志联合目录的目录，收杂志联合目录240种以上。正编收225个图书馆的杂志约75 000条，补编又加收64个图书馆的杂志，条目亦不少。1943年这个联合目录由纽约威尔森公司出版，全册3063面。美国又将1815—1931，1932年内美国85个图书馆所藏的外国杂志收入。此外各国的杂志联合目录也不少，可参看巴佛氏（Pafford）书第92面。

编制联合目录的组织与方法

照现有各国联合目录的编制，其组织与方法颇不一致。然有二事关系颇大，即有无中心主持机关和各参加的图书馆有无各种现成的目录。中心机关的设立极关重要，譬如著录条例欲求一致，即须有此种机构规划。德国联合目录即由柏林国立图书馆主持一切进行事宜。有印本目录者中心机构可将其收集剪贴混合排列。其中所用著录方法虽往往不同，整理费时，但较凭空新编易于着手。关于中心机构及印本目录，利用的方法亦不尽同。如普鲁士联合目录即未利用印本目录。佛兰克埠的联合目录及布鲁塞国际资料学会的联合目录则只利用各种类型图书馆的印本目录。瑞士百伦的联合目录利用各种类型图书馆的印本目录而有一办公中心,但未以某图书馆为中心。海牙联合目录则既有中心组织又利用印本目录。各因其具体情况而异,亦势所必然。

为明了实施情况起见,兹举德、荷、英三国编制联合目录的情形于下。

德国联合目录1898年开始进行,1930年开始出书。共参加图书馆16个,藏书500余万册。其著录范围凡东方文字的书、有调无词的乐谱、学校毕业论文、单幅地图及版画、无关学术的个人记载均不收。1930年以前的书全收,以后的书则另编续编。其第一册于1930年9月出版,内容约有12 000条。全目预定出15册,至1939年出版了14册。我北京图书馆订有一部。其编目条例由中心机关国立柏林图书馆先拟一著录规则送发各馆,又将其目录作一份(卡片)分批轮流送交各馆,某馆有某书者于该书条目上作记号,无条目而某馆有书者新作条目加入之。各批如是轮流,最后仍还柏林,全部归还柏林后即合并整理编成联合目录。全稿卡片700余万张,由柏林图书馆请福旭博士(Fuchs)主持总纂,另设襄理七人,助手十余人,打片校印相当矜慎。经费由普鲁士州政府补助。

荷兰联合目录亦如德国,倡于各图书馆负责人。1921年海牙皇家图书馆及四个大学图书馆人员推举代表建议教育部请编联合目录。教育部赞助其计划设立了一国家图书馆服务委员会来主持。1922年即开始编制四大学联合目录。工作地点在皇家图书馆。后陆续加入的图书馆达30个。但皇家图书馆却并未加入,因它不愿印行它的目录。加入的各馆大都有较完备的印本目录,皇家图书馆收集两份以供剪贴。未剪之前先由皇家图书馆校阅一次,作必要的改正。剪贴之后去重集合,其法将各馆有者用印盖于一张条目之上。剪贴工作系交一妇女监狱来做,后瑞士亦仿行此法。各馆续出的印本目录续编、补编亦随即加入。加入的各馆略担任少量费用,大部分费用由皇家图书馆担任。

英国图书馆印本书目比较少,亦无中心机关,但有一强有力的图书馆协会。其联合目录的编制,以地方图书馆区用力最大。以英国东南区为例,包含东南各州的(伦敦州除外)郡立、市立、县区立图书馆一百余个。各个图书馆大小不同,藏书有仅2000册者,亦有多至十六七万册者,但均属同型,而各个独立,不相统辖关联。1932年各馆组一委员会商讨合作编制联合目录的事。1933年即开始编制。中心设于伦敦中央图书馆内,用编目员四人,但不属于该馆。收集加入各馆的书刊约308 000册,125 000种。共抄打四份,一份留于中心,叫做留中本,三份轮流,叫做轮流本。又将加入各馆依其藏书的多少,分为三等。同时将所有目录分为三种基目,依馆藏图书的多少,分别发给第一种、第二种或第三种基目。各馆有书者在基目上注有,有书而基目上无者另作目录直送中心。基目又分若干批,每批约2000条。全部轮流完毕即过于留中本上,再加入各馆特有的目。如此三年方才完结。费用由卡勒基基金会供给,补助2500磅,加入各馆亦略出微资补其不足。

以上三种联合目录书籍与杂志同收,但各国对于杂志多另编联合目录,且杂志联合目录实宜于另编。杂志联合目录较书籍联合目录的编制为难,譬如杂志著者的采定远难于书籍著者的采定,且仅据某一期或某短时间内的杂志,多少项目不易决定。现各国编成的杂志联合目录至少在数百种以上,兹仅述以下三种杂志联合目录编制的经过以见一般。

(1)The Prussian union catalogue of foreign periodicals(普鲁士外文期刊联合目录),以下简称P. U. 。

（2）The American union list of serials（美国连续出版物联合目录），以下简称 A. U.。

（3）The union list of periodicals in British universities（英国大学所藏期刊联合目录），以下简称 B. U.。

P. U. 1914 年柏林各图书馆曾组织编制一次，1921 年决定出一新版及编制外文杂志的工作。中心机构于 1923 年 1 月发出征询问题，各馆复目在 8 万与 10 万条之间，因无的款，工作进行甚慢。1924 年 10 月得纳替德国科学联合会的补助，于是校除重复再送各馆核对。及各馆退还，中心再加整理印成校样。1927 年再将校样送 40 个较大的图书馆校正，然后陆续出版，直至 1929 年始出全。目中所收外文杂志现行者、停刊者均有。大抵为各馆 1914 至 1924 年间的杂志。而国际劳工局及国际联盟 1924 年以后所出的杂志亦已收入。工作中再三送稿到各馆令其改正，虽费时费事，然能由各馆精确改正，亦有其一定的好处。

A. U. 美国自 1913 年起即欲编一全目，1927 年始由美国图书馆协会及纽约威尔森公司合作将全目出版。除协会及公司各出相当的经费外，罗克菲勒基金会补助 1 万元。其编制程序于 1927 年版序中可见。自始至终凡印校样三次。第一次叫初校本（checking edition），将各馆可能入藏的刊目列入，分批送交各馆，令其详述而增加之。第二次叫复校本（provissional edition），将各馆所有杂志的卷期及其独有而初校本未经录入者均录入之。第三次叫末校本（final edition），将复校本改正后再分批分发各馆校正。其初意不过欲收 4 万余条，40 个图书馆，后因杂志及图书馆陆续增加，至 1927 年已有 75 000 条，225 个图书馆。对于著录上的特点，特为注意，凡两处著录不同者，必详加比校，择用其正确者。不同语言约有 70 种之多，可见编辑时工作的繁重，参考材料的众多。编辑详情可看：F. K. W. Drury：The Epoch making union list serials 和 F. G. Louis：Limitations of the union list of serials （Library Journal，5：3. 1928. 14-16 （Drury）and 128-9）。

1927 年第一版后继续增补，1943 年威尔森印版已收图书馆 600 个，凡 120 000 种。并特别注重全套杂志的著录。此版并扩收有研究性的年刊、有编号的专题论文、儿童杂志以及原觉庸俗未收而今有改变可收者。其不收者则有政府出版品（杂志及专题论文除外）、会社、大学、机构等的行政报告、年鉴、报纸、法律报告及摘要、农业及农业试验站的出版品、地方教派、劳动、友好组织、工会、商会、国际或某国的会议大会纪录报告、公司刊物（house organ）（除有科技性者外）、毕业生名录、校际学生及研究生友好协会刊物、嘲讽（trench papers）及其他只有暂时性的刊物。此版共 3065 面，其 3053 至 3065 面为 D. C. Haskell 所编的联合目录之目录（包括报纸）最为有用。此版原截至 1940 年 12 月 31 日，第一补编及第二补编已收至 1949 年。补编中亦略有新种增加，惟不甚多。

B. U. 始于 1925 年，由各大学组织委员会来办理。款由英国卡内基基金会补助。请一编目员，以国立中央图书馆为中心，编目员轮流到各馆工作，四年经过 52 个图书馆，在牛津曾住一年，在布里斯塔只住三个星期。编目员的工作 80% 系抄录各馆目录，余则自编，陆续送中心，四年后回中心整理。另有 42 个较小的图书馆则编目员未去，由各该馆自行抄目送与中心合并整理。全目所收约百馆，5 万条，稿存国立中央图书馆，直到 1936 年印出，1937 年发行。此即所谓 Roupell，M. C.：Union catalogue of the periodical publications in the university libraries of the British Isles. London，National Central Library，1937. 712p. 此目准确注明何志在何馆，全目虽依刊名名称排列，但变名、异名、会社名、机构名及地域城市等名均作有大量的参照条目，以便检查。此目主要适用于英国，然有一部分杂志未收入美国及坎拿大杂志联合目录者,对于彼二国亦有用处。

英国杂志联合目录除上述者外,最近又出一种更为完备。即 J. D. Stewart 的 British union catalogue of periodicals. London, Butter-worths, 1955. 现仅出第一册(A-C),所收约 400 个图书馆,著录约 14 万条。著录排列等规则颇详,参照亦多,同时提出编制联合目录的问题亦不少,很可供我们编制杂志联合目录的参考。

编制联合目录中的问题

范围问题。所谓范围亦可以说是联合目录的种类问题。以包括的地域来说,有世界联合目录,如布鲁塞国际目录学会所做的,但它近于目录,并未预备都注出何书在何处。而且世界联合目录只可以说是一种理想,要实现是很难的。其次就是国别联合目录和地方联合目录,如上面所讲的,是可以实现的。以时间来说,则古书联合目录、新书联合目录等是,各有功用。以内容来说,则各类的书刊皆可作联合目录,如科技,如农桑等是。以种式来说,如善本书,如查禁书之类。另外还有以语言及其他特点编撰联合目录者,各就所需,对于学术上的参考研究,均增便利。又所收图书的质量亦宜注意。有书籍、杂志、小册、小说、非小说、本国文书、外国文书均收者,有只收前述各种中的一种或数种者。从理想来说,固宜兼收并蓄,若从工作便利和实际应用来说,则分编择录仍宜有相当的限制。

稀有本与通行本问题。一般的意义,某书在世界上存在多者为通行本,存在少者为稀有本。这里所说的世界确以全宇宙为世界。联合目录中的世界则以加入的图书馆为世界。凡加入的各馆只一二馆有者,即可叫作稀有本,有三分之一或二分之一以上有者,即可叫作通行本。而图书馆的性质大世界的通行本往往多不肯收,大世界中的稀有本往往多方谋之。这与联合目录中的意义有所不同? 至于联合目录中应多收稀有本抑应多收通行本,说法不一。有人以为联合目录的用途在于普及和互借,应多收通行本;有人则以为既是通行本则随处可得,何须联合目录为之著录? 我以为联合目录的功用在于补普通目录的不足,在于辅助学者进行研究,稀有本通行本兼收并蓄,都有好处。且不由联合目录著录就根本不知何书为稀有本或通行本,以联合目录中知道了哪是稀有哪是通行,则稀有者可以翻印、重刻、爱惜而使其不稀,通行者使人知所抉择。惟资本主义国家或资产阶级社会,编制联合目录时稀有本多隐留不肯录出。像我们社会主义国家,就没有这种缺点。至于最近出版的书,联合目录是否应尽量收入或选择收入或竟不收,我的意见,凡出版已三年左右的书,它的名称和内容恐已为人所习见,可以酌量收入;最近出版的书可以少收或不收,原因:一则最近的书可以自购或由其所在图书馆购藏,一则最近的书各馆正自需用,亦尚不愿编入联合目录出而互借。

选编问题。要编全目事实上不易办到,因为即说是全目而杂志小说等或另编或仍不收,故所谓全目亦只是一种选目而已。但选目亦有困难。第一,新书、旧书、稀有本、通行本选择的标准难定。第二,若以读者的需用多少为标准,只能表示过去的情形,不能表示将来的情形。第三,有主张虽各馆皆有其书,只有一二或少数馆藏曾被借用,则只著录于此少数馆下藏有是书。但别馆如不著录,一旦需要时人不知别馆有,若向此少数馆借阅,将供不应求。故编选之间仍宜以全为主,以选为辅。若能以各馆的特藏专籍为选目之法,亦资实用。

加入图书馆的质量问题。两个联合目录相比,所收条目即使相等,但加入者若为 50 个小图书馆，则比 50 个大图书馆为难，因其人才、经费、组织以及著录方法均不及大图书馆的完备易理。又若加入各馆比较集中在一地者较之分散在各地者易于处理。要之，加入的馆须审其性质（大学、公共、专业等）、大小（有十万册、有百万册等）、数量（二百个、三百个等）、所在地域（在某城区内、分散全国等）的异同，结合编制该项联合目录的目的，然后再决定取舍。

维持及利用问题。联合目录虽经编就印行，仍宜专人时加增订，方能及时。如 1931 年北平图书馆联合目录所说："此后当以卡片续补，相当时期内再印行补篇。"至于利用的方法，首先要有指导利用的人。使用联合目录与使用普通目录微有不同。或曾经训练或曾亲身加入联合目录工作的人，如能负责教人利用联合目录，当事半功倍。利用的人查出所欲阅读的书刊在何馆储藏，即可借阅。处地近者可直到入藏的馆借阅。在资本主义国家中某种书刊须有人介绍方可阅看，在社会主义国家中无论怎样名贵的书刊，只要在馆内大抵均可借阅。除非密件，但密件一般并不著入联合目录。处地远者可以互借，或由个人向全国或某区统一代借处转借，或由其个人所属的机关图书馆互借，此即所谓馆际互借。互借亦不方便者，可用胶片摄照或用其他方法复制。

联合目录的著录与排列

联合目录的著录

联合目录著录的详略。在目录学上著录的情况有较详、适中、较略三种情形。其决定要看我们所编目录的用途而定。联合目录的最大功用为便于互借，各馆以为只要有其书刊可以指借即足，固不必求详细。但如多数印本目录本来颇详，编联合目录者而要为之节略仍费人力。对于专家学者的研究则著录愈详愈好。又联合目录须随时增订，若创始即略，增订时困难必多。惟如各馆印本目录，略者多而详者少，则略之者尽使之详，往返磋商，甚费时日。合作事业胥望速成，历久不就，往往气馁。权衡轻重，以详略适中者为宜。

著者书名等的采定。这须根据通行的编目法。旧法如伪中央图书馆编目法，较近出者如北京图书馆的编目条例（油印本）、省市图书馆工作人员进修班学员实习报告——省市图书馆中央图书著录规则草案（1957 年），皆可参考。西文则有"图书馆技术"及英美图书馆协会合编的编目规则可供参考。中西文著录要点不外著者、书名、板本、图卷、注释五项，虽多变化，仍易掌握。惟团体机关著者变化无穷，虽条款甚繁，实难一致，要当深思熟虑，多见多闻，方可免于出错。

注释分析与参照。凡对著者、书名等五项有欲说明者，均可采用注释。行文可不拘一格，总以明白尽意为主。凡书全部可入两处三处者，可分别著录于所欲著录之处。凡书中的某一部分甚有价值，须得特别提出著录者，可将该部分提出著录于其应在的地位，此即所谓分析著录。因各项主要条目采定的不同，排列起来就会前后各异，对使用者有极大的不便，甚至于无从查起。救济之法，即多作参照，凡可能会去查的条目，都给他立一条目在那里，或将全部条文注出，或将其指引到正式著录的地方去。

藏馆及册页卷期。在联合目录中所著录的书刊必须注明何馆藏有全部或某一部分，始有意义。但藏馆、册页、卷期,因各馆不能一致,故著录的方法最为复杂,书籍较简杂志则繁。若只数馆即可称丁书、陶书。若距地不远,馆数不多,即可称川大、川师、西师、西农。馆数一多,距地又广,则非列表编号不可。若有数十百馆,最好以阿拉伯数字连续编号列成馆号对照表,以供检核,但意义不明,又可能与页卷期数目相混。故一般多采用馆名名称字母缩写代表之,如1931年北平各图书馆所藏西文书籍联合目录 CA 代表农业大学,NUP 代表北京大学。亦有将馆名缩写,前后次序略加调整者,如英国杂志联合目录用 BAU、BG、BP、L、O,各代表一馆。总之,编联合目录者不可不注意馆名符号,以便注记藏馆,若能简单明白,且有意义可寻者更佳,至于馆藏的书,同书不同版本、册页以及有其他歧异不能断定为一书者,须另外注明,以免求非所欲。上面说杂志最难注记,兹举英国联合目录一条为例,以供参考。

某某杂志 A B3-46 C3-6,8-40 D(w17)E6-8*,14-18 F1-22(5,14*)Giii8-vi6 H(7*)

解释如下:A 馆藏有全套或所藏直到现在。B 馆藏有 3 卷至 46 卷。C 馆藏有 3 卷至 6 卷及 8 卷至 40 卷,D 馆藏有此刊全套但缺第 17 卷。E 馆藏有 6 卷至 8 卷及 14 卷至 18 卷,但 6 至 8 卷不全。F 馆藏有 1—22 卷全套,但其中 5 及 14 卷不全。G 馆藏有 3 集 8 卷至 6 集 6 卷止。H 馆藏有全套,但其中只第 7 卷不全。

以上不过是一个公式,兹再举实例以明之:

Advocate,The. The Austin car owners' journal. 《Austin motor company.》1-16^8, Birmingham. Dec 1911 – Aug. 1927 then the Austin magazine and advocate, ns 1-. London, Oct. 1927-. BAUii15-;BGii20-21* 22-;BP;Li;13^3-;Oii 1-9^8

解释:BAU 馆有第 2 集卷 15 至现在;BG 馆有第 2 集卷 20—21 不全,又有 22 卷直到现在;BP 馆有全套;L 馆有第 1 集从卷 13 第 3 期起全套。O 馆有第 2 集卷 1—9 及 9 卷第 8 期。

Aluminium world 《and brass and bronze industries;and brass and copper industries》,The. 1-8, New York. Oct. 1894-Dec. 1902, then with the Brass founder and finisher and the Electroplaters' review b Metal industry, 1-38^5, June 1903-May 1940, then Metal finishing 38^6-. June 1940-. BPb3-7,34-;BTb4-7;BUb1^7-7^7;LBAb39-(w45);LPab*;SPb24-44—[Supplement] Organic finishing. 1- Oct. 1939-BP 1939-44;LMB12^3-.

解释:BP 馆有 b 名者(即 Metal industry)3—7 卷及 34 卷以后;BT 馆有 b 卷 4—7;BU 馆有 b 卷 1,第 7 期至卷 7 第 7 期;LBA 馆有 b 第 39 卷及其以后,惟缺第 45 卷;LP 馆有 a 及 b 全套,但间有不全者;SP 馆有 b 卷 24—44;BP 馆有 1939—44 之补篇;LMB 馆有第 12 卷第 3 期及其以后。

联合目录的排列

排列是指联合目录的条目业已收齐编定而要将这些条目依照一定便检的方法排列起来。这中间中文和外文,书籍和杂志,各有其本身的特点,排列不能一概相同。排列方法最普通的有依分类排列者,有依著者排列者,亦有依书名或标题排列者。先看中文书籍联合目录要依哪种排法才比较好些呢?据我所知还没有一种较好的排列法。中国对于著者不如西人习惯,一般记书名者多。但若用书名为主要排列依据,则问题亦不简单,随便翻阅一本编目法,可以看到关于书名常常变化莫测。若用分类排列,现今分类本身尚成问题,分类之后又例须有著者或书名索引方易检查。个别馆藏目录尚可采用,联合目录巨大,人力物力恐难支持,而其功用亦与个别馆藏目录不同,故不甚相宜。至于标题排法,若照美国威尔森累积式目录索引作法,著者、书名酌量双采，又多加参照，固不失为一可行之法，然条例作法尚难通行。外文书籍联合目录，大抵可用著者排列，必要时酌作参照。只日文及俄文书籍，因字母次序不同，以单独另排为宜。外文杂志联合目录排列方法通行者均以刊名首字（冠词除外）次序先后排列，惟或兼采机关名，或采国名、地名，或采专名、要字，并行不悖，亦宜尽量加作参照，以利探寻。

排检方法。联合目录的排列无论著者、书名或索引都须要有一种排列的规则或检字法。中文书刊只要是一种检字法，差不多都可以用来作根据去排列。从前统计，说是已有一百多种检字法了，通行的也不过几种，如杜氏的形位法，洪氏的庋撷法，周氏的末笔法以及五笔、四角等数种而已。近日通行者仍是先依笔画再依点横直撇之法。北京图书馆曾将常见常用的字分笔画加点横直撇列成一表，用起来颇为实际，检寻之际虽觉稍慢，但易知易行，亦颇有优点。有人主张用汉语拼音排检，排检起来可能较他法迅速，然排前尚须加工译出，又一时尚未通行，实施之日恐尚须等待些时日。至于书目排列规则，不同于字典，应先拟定最常用的规则一二十条以为依据。外文排列除分类依号码大小外，一般均用字顺排列。字顺排列看似简单，施之于繁重的书目，亦十分复杂。西文讲字顺排列的书甚多，国家亦有郑重其事制为标准者，如英国的字顺标准排列法。中国科学院西文期刊目录凡例中亦定有排列规则数条，虽未尽致，精华已在，扩而充之，亦可应用。

校对印刷等。关于组织、人选、经费等，以前各节业已约略谈到。今欲补充者，编制联合目录须预定一定的时限完成，须作精细的校对，须有经济美观实用的印刷的设计。并要规定常用习见的符号及缩写。如取自书名各页以外者用《 》，取自该项书刊之外者用[ ]，不全者用 * ，不著年月者用 nd，出版地不详者用 np，新集用 ns 等是。又西国文字其形式虽大抵相同，但个别次序及字体形状，同异不齐，排列时宜归划一。故应将所用各国文字字母作音译对照表，以便核对。

（选自《图书馆学通讯》1957 年第 6 期）

编制联合目录的几个基本问题

邓衍林

国务院科学规划委员会最近制订的关于图书协调、档案资料、仪器供应和化学试剂等协调改进方案,已由国务院批准公布(见人民日报 1957 年 11 月 10 日)。这四个方案无疑是改进科学研究工作的基础条件的重要措施。

全国图书协调方案所提出的目前主要工作:首先①建立中心图书馆;和②编制全国图书联合目录。

关于编制全国图书联合目录的工作,在方案中明确指示在全国中心图书馆委员会下成立一个全国图书联合目录编辑组,附设于北京图书馆内。它的任务是:①了解、调查全国各图书馆藏书和编目情况;②制订联合目录编辑计划;③起草联合目录编目条例;④加强和各馆有关联合目录工作的联系,布置、检查和督促工作;⑤综合各馆书目,作最后的编排、校订、出版等工作。这个统一协调方案,是建设我国社会主义的图书馆事业的一大措施,因而如何发挥我们的工作积极性,有效地保证这项工作的顺利进行,从而促进我国科学事业的发展,就成为我国图书馆工作者当前的主要政治任务。

联合目录的基本意义,是充分发挥图书馆资源和潜力,以便更好地为科学研究服务,是为国家总书目工作创造有利的基础条件,是使图书目录事业走向合作化、科学化和国家化的起点。

编制全国图书联合目录的特点,是汇总全国各个参加图书馆的全部藏书或部分藏书使之成为一个统一的目录,其主要功用是:

(1)揭示全国书刊品种的分布情况,勘查全国图书资源的全貌,以奠定国家总书目的初步基础,为科学研究创造有利的基本条件。

(2)便利馆际互借和复制工作,发挥全国藏书互通有无的高度利用率和流通量。

(3)协调书刊选购,避免不必要的重复,免致浪费,实践勤俭办馆作风,为国家节约外汇。

(4)积极地配合国家建设计划,有方向有计划地建立各馆的特藏,重点突出地反映各馆藏书,以加强并巩固中心图书馆的主要任务,分工合作地为科学进军而服务。

(5)增进馆际合作关系。由于在编制联合目录过程中,各馆不断的联系和经常的交往,无疑地可以交流许多经验,以改进各馆的工作方法和增进各馆间的合作精神。

(6)促成图书目录事业国家化。了解全国藏书情况,发挥图书资源利用率,加强藏书质量,增进馆际合作和工作方法的改进,都是促成图书目录事业国家化所必具的因素和动力。图书目录事业现代化和国家化的基本原理,要在党和政府的领导下,有方向有计划地集中力量,分工合作,消除书籍的无组织状态,采取"由散漫到集中,由片断到积累"的科学化原则和细水长流的劳动精神,以搞好图书馆工作,为劳动大众和科学工作者而服务,以发挥我国图书馆事业在社会主义建设中的积极作用。编制全国图书联合目录是一项规模宏大,操作细致的书目劳动,同时也是一项具有高度组织和长远计划的学科工作。现在就编制联合目录的几个基本问题,提供一些初步意见,请求指教。

一、明确类型问题

编制联合目录第一个基本原则,首先就是要计划考虑编辑哪一类型的联合目录。所谓联合目录的类型,一般说来是指地域性而言,即区域性的或全国性的联合目录。其他综合性的或专科性的、图书的或期刊的联合目录,是指联合目录的种类而言。

"联合目录",顾名思义,是指联合多馆的藏书目录,所以首先必须明确地域的范围,了解和研究全国书藏地区分布的情况。

我国地区辽阔,图书资料分散,中华人民共和国成立以来各馆图书大量增加,各地区馆藏分布不匀,图书积压的情况仍属严重,整理方法不统一,目录编制质量不一致,各馆之间尚缺乏更好的联系,这些实际情况,都是考虑联合目录类型的主要因素。

以地区说,地区愈小当然联系愈方便,藏书量也较少,当然进行也较易速成。汇集若干地方的小型联合目录,岂不自然而然地就形成了全国性的联合目录了么? 其实问题并不是如此简单,因为县市馆藏书性质不同,多半是新出版的图书,彼此重复的多,藏书量不大,目录水平也不高,把这些零星的书单子凑起来并不等于一部完整的全国联合目录,对于科学研究的用处也不大;更重要的,靠许多小型馆来长期供应维持,限于人力财力,是不可能的。

就我国藏书的具体情况看来,大部分藏书都集中在几个较大的城市,如北京、上海、南京、武汉、广州、西安、成都和沈阳等地。百分之八十的书刊都收藏在各大型公共图书馆、高等学校图书馆和科学院图书馆。书籍既集中,人力也荟萃。以各重点区域为联合目录的中心基础,来发展全国性的联合目录是比较有利的。

苏联的全苏大型图书馆俄文联合目录(1908—1947)就是采取重点先编,分区断代的办法来进行的,就是先由国立列宁图书馆、谢德林图书馆和科学院图书馆等四馆分工合作。共收 120 万种图书,费时七年而底于成。

德国普鲁士国家图书馆主编的"德意志总目录"(Deutscher Gesamtkatalog),为欧洲第一部国家联合目录。其编辑方法是由一馆总揽,分批向各馆查核。历时 20 年,于 1922 年完成。继由"柏林图书周报"(Berliner Titedrucke)刊登补篇,于 1931 年开始印行,至 1939 年共出版了 14 卷,仅及著者字顺 A-Beethordung。后因第二次世界大战而终止。全部稿片亦遭战祸罹劫。战后民主德国 Halle 大学区州立图书馆于 1949 年重编该区联合目录。另有 Hanover 技术科学图书馆亦编有"科技期刊总目"(Gesamtkatalog Technish-Wissen-schaftlicher Zeitschriften)。

英国的办法是以各区域中心馆为基础,各馆每新到一书即另复制卡片一份,向英国国立中央图书馆汇报。美国由国会图书馆设联合目录部主编全国联合目录事宜,由各馆经常向其汇报。其汇报方式,采用卡片或书单,近日则多用缩摄卡片。加拿大 76 个图书馆联合目录全部用缩摄各馆卡片方式进行,故进行极为迅速,但费用却较大。

瑞士和荷兰等国地区小,易于协调,它们的联合目录工作,书目技术水平及成绩亦在英美等国之上。瑞士全国联合目录的特点,是以联合目录的形式代替了国家书目的功用。

　　总结苏联和欧美资本主义国家编制联合目录的经验,都是采取全国性的类型。苏联是重点计划式的,最可取;德国普鲁士是包办式的,费时最长,而功亏一篑;英国是分区合作式的,易于自流;美国虽以国会图书馆为中心,但各馆采取自由主义,不易掌握;瑞士是集中式的,且组织健全。

　　我国地区辽宽,藏书多集中在大馆(但有积压),就目前情形而论,似乎应该选择重点,分区进行,采且清且整,联合汇报的方式,来进行编制全国性的联合目录。首先组织可能的力量,分赴南北各重点馆,协助各馆清理,消除积压;学习苏联的先进经验,采取由重点到全面的办法,来进行全国联合目录的编制工作。

二、著录范围问题

　　著录范围问题是资料范围的选择取舍问题,同时也是取决于联合目录的性质与体裁的问题。这个问题可分为两个方面:①哪种联合目录优先编印;②书籍内容的选择。

　　哪种联合目录优先编印,须取决于国家建设的需要和精简节约的原则。就一般情形讲,期刊优先于书籍,因为期刊刊载科学研究的最新资料;外文书刊优先于本国出版的书刊,因为可以调协使用,节约外汇。苏联和民主德国就是优先编印外文期刊和外文科技联合目录,其他欧美各国亦多如此。

　　在书籍内容的选择上,本国文字的书籍,也不采取"以全为尚"的办法。就实际情况而言,漫无限制、毫无选择地将一切通俗书籍、小册子全部一一著录,是不合理的,会使联合目录过分庞杂,损害其使用价值,并徒增许多编制和印行上的困难。

　　关于联合目录著录资料的范围,一般的条例,①凡有显明时间性而内容庞杂的读物,不予著录。如儿童、通俗读物、中小学教科书和小册子等;②小说另编专目处理,或由专家选择确有文学价值的小说择要著录;③关于地图、乐谱,依照苏联和德国的经验均另行处理;④我国少数民族语文书刊应另编专目来处理,以减少编辑和印刷上的困难。

三、断代编制问题

　　断代编制是按书刊出版先后断代处理。联合目录的主要任务,既为协助科学研究而便于馆际互借,并藉收书刊协调而节约外汇的效果,那就要考虑出版物的时间性与科学研究上的需要情况,而定先后处理的次序。

　　大体上说,科学和技术的资料,当然以愈新愈应急需,即以研究历史、社会政治或国际关系等方面而论,也似乎以近代史的资料利用率比古代资料来得高。以资料的利用率来作为资料分期的断代根据,是比较合理而合乎科学原则的。

　　根据欧洲图书馆学者研究德国和瑞士科学工作者使用联合目录的统计(1953),申请寻查1800年以前出版书籍者仅有6%或7%;美国科学图书馆协会的初步估计,1941年以后出版的科技期刊利用率超过60%,1800年以前的书刊利用率和欧洲相等,约为6%。

　　欧洲各国编制联合目录的时间断代问题,其处理的趋势如下:

（1）期刊著录力求全备，因为期刊论文为科学研究的原始资料；

（2）人文科学的书在 1800 年以前出版者，概不著录；

（3）社会政治和法律等类（除国际条约外）仅收 1900 年以后出版的书籍；

（4）关于自然科学和技术工程的书籍，有的选自 1929 年以后出版的，有的以第二次世界大战为断代。

这种硬性的断代划分，是不适合我国要求的，欧洲的图书馆学者也有人认为这不是一个很科学的原则。书目编制工作当然可以断代处理，但其取舍标准，要根据每个国家的文化发展和科学研究的客观要求和现实情况为原则，不能但凭图书馆的主观估计作硬性的区分。

苏联各大型图书馆所藏俄文图书联合目录，其时限断自 1908 至 1947 年，即先从苏联十月革命后 40 年间的全苏俄文藏书着手，然后逐渐回溯既往。这个断代的原则，是符合历史客观性的。

全苏国立外文书籍图书馆去年出版的三种科技、文学和艺术外文书籍联合目录，其著录原则是 1949 至 1955 年入藏的新书优先编制，并将逐年刊行补编，以应科学研究的参考急需。这个原则是合乎现实要求的。苏联编制联合目录的先进经验，是值得我们学习的。

关于如何解决断代编制的问题，根据苏联的先进经验，大约可以归纳为下列三个原则：

（1）总的原则：先新后旧，断代分期处理。具体地说，先编有关近代的史料，由近及古。

（2）外文期刊和书籍优先编制，以符合科学研究的现实要求。

（3）关于本国文字的书籍，根据本国书籍文献的发展和流传的客观条件，结合全国藏书分布的实际情况，决定断代分区进行编制联合目录的原则。

编辑全国图书联合目录，依据书籍流传现存品种和藏书分布情形以为断代分区的客观标准，是比较容易进行的。

例如：（1）民国以后的旧版线装书的品种大约共有 10 万种，大部分集中在北京各大型图书馆，因此线装书当以北京为基础，以上海、南京等地为补充，比较容易进行。

（2）1911 至 1949 年出版的平装书约有 5 万册。当时的出版中心在上海，个人片面的看法，新中国成立以前出版书可以上海和南京为基础，以北京为补充。

（3）中华人民共和国成立以后出版的新书品种和册数都大于新中国成立前二倍至三倍，至少有 10 万种。这部分新书可以暂时不编联合目录，可用全国新书总目汇编（1949—1957）的方法来代替联合目录。以后由国务院或文化部拟订并加强全国书刊总登记的法律制度和扩大新书储存中心的方式，以及刊行新书通报累积本和出版年鉴等措施来加强并健全全国总书目的工作。

总之，①旧书可用"断代分区"的整理方法来进行；②新书应做到"从此不乱"；③外文书刊采用"速战速决"的办法。

四、全面进行，分题选印问题

这是关于编制联合目录的进行步骤和编制方法的问题，主要解决的就是"分题进行"还是"综合进行"的技术问题。我个人初步认为采用"全面进行，分题选印"的折衷办法，较易进行，而且可以解决读者需求和工作实践的矛盾。

联合目录的组织排列问题,一如普通目录,可分为:①字顺排列;②分类排列;③主题排列。主题排列因为目前还没有完备合用的标题总录,暂时不加讨论。

一般情形,期刊联合目录多采用刊名字顺排列,问题比较单纯。但是图书联合目录究以字顺或分类哪种较为便利而适宜,则颇有研究的价值,因为全国联合目录是一项规模宏大而操作细致的建设工作,兴工之先,应该通盘加以研究。

(1)字顺排列。从编辑、总汇、校补、校正等一系列的技术工作看来,字顺排列方法比较容易进行,因为这个方法比较机械而单纯,干部训练易于熟练,编辑、汇总可以节省许多时间和精力,且易求精确统一,并使书目工作的水平合乎一定规格的要求。

(2)分类目录在满足读者的要求和便利参考上,无疑地高于字顺目录。不过各馆距离遥远,干部水平不齐,分类方法不一致,而所编又非一题,各馆积压又多,很容易形成"多头丝乱"的紊乱现象。编制分类式分题目录,限于条件和事实上的困难,是一个很现实的问题。

(3)全面进行,分题选印的办法,就是采取"著录详明""分类粗疏"的方式来进行。以字顺排列为基础以类目为辅助索引。采取全面进行著录,细录粗分的工作方法,以解决"读者要求"和"工作实践"的矛盾。

为了便利科学工作者并满足其要求,以合乎国家科学规划的指示,专题联合目录是应首先考虑的;但从全国图书馆藏书情况和干部训练的具体情形看来,编制字顺目录则比分类专题目录便于进行,易于速成。

为了结合"要求"与"情况"来解决编制全国联合目录的排列方法问题,我认为应当学习苏联的先进经验,仿照全苏俄文图书联合目录的字顺排列,结合我国具体情况,依据图书出版时代,并结合藏书地区的特征,分别缓急,且整且编,断代分区地来进行。进行步骤,应选定一馆为基础,确定某一时代与某一类别或类型的图书,由其先行完成著者(或书名)的字母目录卡片,分送选定各馆校补,彻底清查,摸清藏书家底,再行根据国家科学规划的选题方针,结合各该学科的专家进行分类或编制分类辅助索引,逐步分题选印。

这样做,比较全面而且简化,方法虽机械而易于控制,著录也容易统一而精密。但其唯一的缺点,也可以说只是表面上的缺点,就是在开始的头一二年,可能没有具体的表现,因为各馆都在做基本的准备工作,但就全部完成的计划的时间方面来估计,不会太迟缓。我个人的初步估计可能有错误,不够全面,也许不正确,希望读者多方研究。

五、关于整理旧书问题

中国旧书也就是所谓线装书,各馆积压很多,情形很严重(编者:自1956年以还,各馆已突击整理了很多)。如果不赶紧整理,急切上架,长久睡在书库中是不合适的。必须迅速组织一批力量,整理这些旧书,使之发挥作用,为科学研究而服务。

谈到旧书,各馆所藏册数不少,大型图书馆多至470万册,少则百万册不等。但就品种而论,最多10万种,也许可能不到10万种。收藏地域以北京为第一,北京则北京图书馆、北京大学图书馆等入藏为最多。编制旧书联合目录,应先从这两个图书馆着手,可能收到事半功倍之效。

整理旧书,根据我个人的愚见,分类的问题不大,著录的问题较多。分类可从习惯,照经、史、子、集四部分类,虽然是一陈旧而粗疏的分类法,但适合于中国旧书的传统特征,倒不失为一个可采用的分类法,但旧书的著录问题可不简单,著者、书名和刻版,存在许多复杂的情形,旧书的编目条例应有一统一的精密规定。

考察中国旧书实质,编制旧书联合目录的粗浅意见,著录应详明,分类可粗疏。现在进一步研究整理旧书的步骤问题。

我们要解决进行步骤的问题,首先要分析旧书的实质问题。根据四库全书的统计,四库著录的书 3470 部(79 018 卷),存目有 6819 部(94 034 卷)。共计 10 289 部。其中计经部约占 20%,史部约占 20%,子部约占 28%,集部约占 32%。

又据 1933 年南京国学图书馆所藏书目的统计,该馆共藏书计 36 277 种,56 481 部,兹列表如下:

百分比	部类	种数	部数	备注
12%	经	4295	8697	单行本 2415 部 丛书本 6286 部
23%	史	8007	12 308	单行本 6258 部 丛书本 6050 部
35%	子	12 068	20 615	单行本 6727 部 丛书本 13 818 部
30%	集	9907	14 861	单行本 7643 部 丛书本 7218 部
100%	总计	36 227	56 481	单行本 23 043 部 丛书本 33 365 部

根据以上统计的情况,归纳中国旧书实质,有以下几个特征:

(1)经、史、子、集四部类的品量相当稳定而平衡:

经部量下降　四库 20%　国学 12%

史部量微升　四库 20%　国学 23%

子部量上升　四库 28%　国学 35%

集部量微降　四库 32%　国学 30%

(2)种数与部数的比例 1:1.6,即每一种书平均有两种不同的版本(包括丛书本在内)。

(3)单行本与丛书本的比例 4:6。

经部　1:2.6　史部　1:1

子部　1:2　　集部　1:1

丛书本占全部丛书数量 60%,单行本占 40%,而丛书本以经部和子书为最多,史部与集部各为一与一之比。

我们根据旧书实质的特征,假定丛书和经部书暂不整理,就可减去整理量三分之二。拟定一个分步的计划,那就容易着手进行了。

六、建议编印"外文书联合目录通报"

关于联合目录印行的问题,一般采取下列方式:

(1)期刊联合目录。苏联和欧美各国采用书本式印行方式,每若干年发行补编或年刊。

(2)图书联合目录。专科性的联合目录多采用印行方式发表,以广流传,一般多注重外国文科技资料的广泛而迅速的介绍。

(3)本国文字的全国联合目录,多用卡片式储存在国家图书馆或某一中心大馆。如列宁图书馆,美国的国会图书馆和英国的国立中央图书馆。因藏书太多,目录积累庞大,不易印行。普鲁士联合目录已印行十四卷,不幸被毁。

(4)全国联合目录最大的困难:①在于初步建立;②各馆继续不断的供应和支援;③联合目录的长期维持。因为全国性联合目录体积庞大,不易印刷。各国都设有联合目录中心组织或联合目录部,附设在国家图书馆或大型科学图书馆。其任务:①编辑排比;②继续维持;③书目服务;④协助互借;⑤协助复制。

我们正在进行全国图书馆联合目录的工作,并且计划首先编印外文期刊和外文图书的联合目录,这是最正确的方针。

关于外文图书,事关科学研究和节约外汇,我个人建议编印一种《外文书联合目录通报》作为经常的联合目录补编和新书通报,以便更好更及时地为科学研究服务。

关于创编"外文书联合目录通报"的初步意见如下:

(1)建议利用北京图书馆所编的《书目月报》西文部分扩充为《联合目录通报》的基础,按期发表各参加馆汇报的新书和新订期刊品种。如有可能,可自 1958 年 1 月 1 日开始,1957 年底以前各馆入藏的西文书归入联合目录正编。

(2)如有可能,将通报已刊印的资料汇印年刊,作为联合目录的每年补编本。

(3)刊行通报的目的:①全国西文书联合目录的定期刊物;②年报补编;③"集中编目制"的尝试,减轻全国各馆整理西文书籍的具体困难;④增进为科学研究的实际效用。

(4)为全国联合目录工作奠定一个稳固的基础,以便逐步建立全国性的书目参考、馆际互借和复制的中心。

(5)通报排印格式建议采用双栏排印法,但单栏排列亦可,以不超过 11 公分为限,以便各馆剪贴作为书目卡或资料卡之用。通报可发行:①图书馆本(单面本);②通行本(双面印)。

(6)全国参加各馆的馆称代号可改作汉语拼音字母或用阴文刻的①②③……数字作代号,以免外文汉字混杂排版的困难,并且可节约四分之一的排印费(汉英文字杂排的排版费高)。

(7)编印通报,每书著录各给一个分期的顺序号。凡已曾著录的书而各馆以后补入者,只记顺序号以代书号,并加馆藏代号,作为每期的补遗。

(8)每年刊印《通报年刊》累积本,分类排列或字顺排列均可,但必须要有辅助索引。如分类排比就必须附有著者字顺索引,以合书目规格。

年刊本每书可给一个按年的固定顺序号,以便利馆际互借,因为只标顺序号,可节省重写书名或著者的时间。版本不同的书各给予顺序号的支号。

以后如有可能，可按国家每个五年计划，刊印五年累积本，这当然要视国家的财力而定。

为了便利联合目录的长远顺利进行起见，鉴于各国的经验，全国性的联合目录工作是长远性的、继续的，主要的在争取参加馆的长期合作，永久共存，最忌趋于"自流"。为了争取长远合作免于"自流"，要加强联合目录中心组织的工作，尽量减轻参加各馆的汇报负担。比如说，要求每馆每藏一本新书，即汇报两张卡片，这对于中心编辑机构自有其便利，同时，从表面上看，二张卡片也非难事，但是，期间长远书也多了，要各馆经常记得并复制二张卡片，恐怕就不是那末简单，为此，我个人建议一个比较简易可行的办法：

建议统一各馆新书通报的书目标准规格以代卡片汇报制。

（1）号召各馆加强"新书通报"制度，以便参考。利用各馆的西文书通报作为联合汇报资料和与兄弟馆交流新书消息的资料。

（2）改进各馆新书通报印行的格式，并制定统一规格。印行格式以每栏不超过 11 公分，最好采用双栏编印法。

（3）这样做的好处：①各馆可以不用寄送卡片，中心机构也免得将不用的卡片分馆退回；②中心机构只多做一点剪贴或过录工作；③兄弟馆也可以彼此相互利用剪贴作为参考资料目录。

标准化是科学化的基本条件，用为建议，备供参考。

结语：关于编制联合目录的问题很多，如有关联合目录的发展情况，联合目录编制的格式和期刊著录的符号，工作进行的程序与方法，中心机构的组织与维持问题，等等，都是重要问题。本期所载毛坤和钱亚新诸位先生的论文，均已有精深而广泛的讨论，本文限于篇幅，故不赘述。

（选自《图书馆学通讯》1957 年第 6 期）

略谈"人民公社图书馆"

黄宗忠

一、大办公社图书馆是五亿农民的迫切要求

文化部副部长钱俊瑞同志在去年 12 月 11 日参观了我们武汉大学图书馆学系下放湖北浠水县的二、三年级同学在该县十月公社所办的"人民公社图书馆"和"食堂阅览室"，并给同学们做了许多指示。他要求同学们一定要把浠水县的人民公社图书馆办好。钱部长对人民公社图书馆的成长给予这样亲切的关怀，实际上就是对我国五亿以上农民的文化生活的巨大关怀。

文化是劳动人民创造的。但是几千年来，我国广大的劳动人民长期在政治上、经济上被封建统治阶级压迫着、剥削着。他们过着饥寒交迫的生活，因此在文化上也被统治阶级剥夺了。中华人民共和国成立后，九年来，我国人民在党的领导下，各方面都取得了巨大的胜利，人民生活有了显著的提高。物质生活提高后，人民就自然地要求文化还老家，要求掌握文化科学技术知识。1958 年我国工农业生产以史无前例的速度大发展，粮食、钢铁都比 1957 年增产一倍。随着经济建设高潮的到来，文化革命和技术革命也形成了一个新的高潮。目前，我国农村处处是文化之海，人们在高声歌唱，他们赞美新的生活，歌颂共产党和毛主席给他们带来的幸福。这是农民心里感情的自然流露。从地狱到天堂，怎么不歌唱呢？群众性的诗歌运动就是这样产生的。农民为了写诗、抒发感情，所以迫切要求扫盲、要求学文化。另一方面，为了农业高产和工业迅速发展，使公社工业化、农业机械化，农民要求迅速掌握科学技术知识。五亿农民提出了这个要求，如何满足他们呢？除了全民办教育外，再就是要大量供应图书。这就必须设立人民公社图书馆网，才能满足五亿农民的要求。

人民公社已在全国普遍建立。它是我国社会主义社会工农商学兵相结合的基层组织，也是我国现阶段最基层的政权组织，同时它又将是我国共产主义社会的组织单位。随着社会主义建设的发展，我国的成年人个个将是大学生，高等学校要遍地开花；公社工业化、农业机械化的发展，将使农民的劳动时间减少，学习和休息时间增加。半工半读将成为全国教育的普遍形式。这样，图书就成为每个人不可缺少的东西；公社图书馆也将成为公社组织机构的一个重要部分。

公社图书馆的建立，不但是目前五亿农民的迫切要求，也是他们由社会主义过渡到共产主义的文化生活中极其重要的因素。

我国的图书馆事业，在中华人民共和国成立前是为统治阶级服务的，因此根本就不会考虑农民的需要。中华人民共和国成立后，在农村建立了许多图书室，但如何办好这些图书室这一点作得很不够，图书馆学的研究也只重视省市以上图书馆。那么从今天看来，如何办好

人民公社图书馆应该是我国图书馆工作者的一个重要任务。因为这是关系到我国 80% 以上人口的需要的问题。

二、人民公社图书馆的性质、方针、任务

人民公社图书馆的性质：第一，是在党领导下由社自办的群众性的文化组织。人民公社图书馆的建立和一切活动都应在党的领导下进行。因它又是公社举办的，所以一切资金的来源、干部的调配、设备等都由公社自己解决。公社图书馆是公社全体社员所有的文化组织，每个社员都有义务来办好它，也都有权利来享受它的图书。第二，公社图书馆是党在农村对广大社员进行马列主义毛泽东思想的传播、党和政府的政策与决议的宣传以及对社员进行共产主义教育的基地。第三，公社图书馆是我国现阶段公共图书馆系统的基层组织。

人民公社图书馆的工作方针，首先是为无产阶级政治服务、为生产服务。任何图书馆都要为一定的阶级服务。我们的图书馆就是为无产阶级政治服务，为社会主义建设服务。图书馆的工作如果离开了政治、离开了生产，那就失去了它的意义，也不可能使它得到发展。第二，开门办馆、勤俭办馆。公社图书馆必须向全体社员开门，为全体社员服务，并想尽各种办法满足社员对图书的需求。另外，必须是勤俭办馆、节约资金、不浪费一文钱，认真贯彻多快好省的原则。第三，普及与提高相结合，有普及就有提高，要提高就必须先普及。目前，我国农村情况是许多地区已扫除文盲，有的还没有，因此当前应该以普及为主，但同时也应该考虑到今后的发展。因此大队以下的图书馆应该以普及为主，公社图书馆是普及与提高并重，联社图书馆可适当地以提高为主。

人民公社图书馆的主要任务，首先是宣传马列主义、毛泽东思想，宣传党和政府的政策、决议与指示。这是图书馆的首要任务。因为马列主义、毛泽东思想、党和政府的政策决议是我们一切工作的指南。第二，对全体社员进行共产主义教育，不断的提高社员的共产主义觉悟，培养社员高度的共产主义风格，敢想敢干、工作不讲条件、劳动不计报酬、我为人人、人人为我的精神。第三，帮助社员普及和提高科学技术知识，在普及的基础上提高，从而促进工农业生产的发展。第四，普及和提高社员的文化知识。在没有扫除文盲的地方，要配合扫盲，巩固扫盲成果。但文盲扫除之后，就应该马上注意提高。如浠水已出现许多农民诗人，图书馆就要帮助他们进一步提高。

三、人民公社图书馆的组织领导

（1）人民公社图书馆的组织系统，一般应该是和人民公社的行政组织相适应。目前我国人民公社的组织形式，有的是一县数社，有的是一县一社，有的是一县数社组成一联社。这三种形式目前都存在。根据党中央的指示，一县数社组成一联社是最好的形式。县联社的行政组织就是原来县的政权机关。这样就形成了四级，即县联社—公社—生产大队—生产队。人民公社图书馆的建立也应该与这个系统相适应，即联社图书馆（即县馆）—公社图书馆—大队分馆—中心图书站—图书阅览站（即现在的食堂阅览站、田间阅览站、农忙阅览亭）。

公社图书馆网的建立,应该是有人的地方就有图书,使人们有时间就可以看到书。所以在食堂、在田间、在行人较多的路旁、在会场等地设立阅览站是非常重要的。另方面由于人民公社的发展,城乡之间差别的逐渐消灭,因此必然要求居民点集中。事实上现在许多人民公社已开始将居民点集中。集中的范围都是以大队为单位。如湖北省应城县红旗人民公社,武汉市郊区的红焰大队等。大队集中居住之后,人口都在 6000 到 1 万左右。在这个居民点里,有学校、文化组织等。因此大队分馆就要考虑这些发展和需要。生产队的图书组织,从目前和将来看,我认为设立中心图书站较好。目前农民居住还是分散,最集中的地点是食堂。所以生产队应该在附近的一个食堂内设立中心图书站,然后在本生产队的其他食堂设立阅览站。中心图书站一方面负责本食堂的流通,另方面负责领导其他几个食堂的图书工作与图书交换,并担负起和大队分馆的联系。将来集中居住以后,可能是一个生产队或几个生产队一个食堂。如湖北浠水洗马公社圻阳大队现有 35 个食堂,集中居住以后,就可能只有几个食堂。因此生产队以下图书组织就要变动。所以,大队以下的组织是以大队分馆—中心图书站—阅览站较好。

(2)人民公社的各级图书馆(站)是在同级党组织领导下的。其具体工作则由同级文教部门来领导。同时各级图书馆要接受上一级图书馆的业务辅导,如联社图书馆接受省图书馆的业务辅导。上一级图书馆应该主动的在业务上辅导下一级;联社图书馆要加强对公社以下图书馆的业务辅导。联社、公社、大队所办的工厂、企业、学校机关图书室,在业务上受同级图书馆辅导。

(3)干部配备。人民公社图书馆的干部不宜脱产过多,一般联社图书馆 3—5 人。公社图书馆 1 人,大队图书分馆半脱产一人,中心图书站和阅览站应规定一两个业余积极份子来专门负责。大队以下的图书站是接近群众的前哨,要使图书更好地流通到群众手里,起到推动生产、提高文化科学技术知识的作用。图书站干部必须与群众一起参加劳动。只有这样,才能深入了解群众的需求。各级图书馆还要特别注意培养业余兼职的馆员。

(4)图书馆和新华书店、人民出版社、文化馆、俱乐部、共青团、妇女联合会的协作。公社图书馆的工作,实际上就是群众工作。除了党的绝对领导外,还必须加强同有关部门的协作,绝不能把图书馆的工作孤立地去进行。公社图书馆应与新华书店很好地协作,把群众的需要反映给新华书店,采购群众需要的书;同时新华书店也要将新出版的好书介绍给图书馆。湖北省浠水县从联社到大队部都成立了人民出版社,浠水县出版社在 1958 年出版了 18种书,销售量都很大,受到浠水农民群众的欢迎,农民喜爱本地的和自己的东西,因此图书馆应该经常向出版社建议、要求出版农民群众最喜爱的书,出版社也要建议作者写群众最需要的书。公社图书馆要依靠文化馆的俱乐部、共青团、妇女联合会来开展图书活动,通过这些组织来发展读者,组织、了解和教育读者。

⑤人民公社图书馆的建筑与设备:目前应以因陋就简,利用旧的建筑设备为原则。应该提倡不花国家一文钱办好图书馆。但是有的公社在建设共产主义新村时,就应该考虑人民公社图书馆的地址和建筑。图书馆的地址应该在全社中心、人口集中、交通方便的地方。图书馆的建筑物也要尽可能注意经济、实用而又光线空气都好。

四、人民公社图书馆的图书来源

（1）图书经费的来源，主要是从公社公益金拨出。公社图书馆应该每年作出全公社图书经费的预算，送交公社党委批准。湖北浠水县十月公社图书馆计划 1959 年拨出公社图书采购费一万元。这一万元又作了具体分配。有些地区若目前还不能全靠公益金来解决，可以采取群众捐献的办法。群众要求图书很迫切，只要图书馆去组织一下，群众是会热情支持的。许多民办图书馆的图书就是这样捐集起来的。

（2）馆藏的特点是首先解决当前的要求，但也必须顾到今后的发展，也就是要普及与提高相结合。联社、公社、大队图书馆应该有所分工，有所区别。联社图书馆应该以提高为主，公社图书馆是普及与提高相兼顾，大队以下图书馆以普及为主。联社图书馆是全县的文化中心。这里有大学、中学、农业中学、研究所、科普协会等，所以应该以提高为主。公社图书馆担负着和大队互借图书的工作，所以就要有普及的图书，同时公社又有学校、公社干部、工厂等，所以还要有提高的书。大队以下图书馆主要是普及，因为农民刚扫盲，巩固扫盲是主要的。如果需要深一点的书，可向公社、联社图书馆借。因此联社图书馆担任了全联社的提高任务。但从整个联社全面情况来说，普及还是主要的。

（3）采购原则。人民公社图书馆采购图书要掌握下列几个原则：第一，党性原则，也就是说政治思想性要很强，要厚今薄古。目前公社图书馆应采购党关于人民公社的决议与指示，关于共产主义教育，关于社会主义英雄模范等书。第二，为政治服务、为生产服务，紧密的配合中心任务、结合生产。如目前展开共产主义教育，全民学哲学，就可以购这方面的书；另外要购水稻、小麦、棉花等高产技术经验这一类的书。第三，人民公社图书馆应该注意收集本地文献，收集本公社内出版的刊物，收集本公社作者的作品。第四，适当地照顾图书的系统性和完整性。

（4）采购方法：除联社公社外，大队图书馆也应有购书权，他们应该就地采购及在本联社、公社、大队的新华书店采购。采购的方法是利用推荐目录。没有推荐目录就到新华书店选购。有条件的可以向新华书店订购，但这种方法只适用于联社。

（5）目前很多公社图书馆刚建立，藏书很少，有的经费又不多，因此应该发动群众献书（"献一本，看百本"）和存书（将私人的书存入图书馆，所有权仍归个人但损坏不赔偿）。再就是以互借交换的办法来解决。联社图书馆的书要流通到社级的图书馆；各公社、大队之间更要广泛地组织图书交换互借。

五、人民公社图书馆的图书管理

管理的总原则应该是简单便利，既能解决当前问题，又能适应今后的发展。目前公社图书馆藏书不多，最多的是几万册。但今后发展是很快的。如浠水县联社图书馆今年准备发展到 10 万册（现在 3 万册）。几年之内就会发展成为一个中型图书馆。

图书的技术加工，主要应该是联社、公社、大队分馆来做。中心阅览站和阅览站一般不用做。加工手续应力求简便实用。

公社图书馆应有统一的分类法。编目要简单明了。联社图书馆可以采用卡片目录;公社图书馆采用活页式目录或书本式目录;大队分馆可采用开架或半开架,不用目录,必要时也可用书本式目录。

六、图书的宣传与流通

图书馆工作的最终目的,是使图书得到最大限度的流通,是要更快地把好书、新书送到读者手里为读者所利用。也就是说,只有使图书充份为读者所利用,并对读者的思想、工作和学习发生了良好的作用,图书馆才算完成了任务。因此我们要反对某些人只顾技术加工工作而不注意流通工作的作法。这二者应该紧密结合。流通工作必须作好,当然技术加工做得好也有利于图书流通。

图书的流通工作怎样才算好呢?当然首先要看图书流通的数量和次数。不过只看这些也是片面的,还要看流通图书的质量,流通的是什么样的书。如果流通率高,质量也好,就算流通工作作好了。作好图书流通工作的第一点,就是要大力宣传图书、推荐好书和帮助读者选择图书。图书宣传的方式应该是多种多样的(如口头宣传、大字报、黑板报、读者园地、漫画、推荐目录、幻灯、图书展览以及故事会、报告会、读书运动、读书会、座谈会等等),还要争取各部门(如红专学校)一起来宣传图书。

第二点要把书送上门,送到田畈、工地、会场、食堂、学校、茶亭。哪里有人,哪里就有书,书随人走。目前浠水县用的文化袋是最有效的形式之一。文化袋不仅只放图书,也可以放些文娱用具(如扑克等),这样可能更受群众欢迎。

第三,作好外借工作。图书必须给读者借回家,如果光是阅览,还不能满足读者的要求,也不能充分发挥图书的作用。外借的手续,必须简便。可以根据具体条件逐步推行无人借书的方法。

第四,要开展馆际互借工作。公社图书馆的藏书数量一般都还不多,同时复本很多,这就要求作好图书互借与交换工作。首先加强联社范围内的互借工作,然后逐步与邻近公社联社以至省馆等建立借书关系。

七、指导读者阅读

全国公社社员在扫除文盲后,要求图书的愿望异常迫切,因此摆在公社图书馆面前的任务,是如何正确地指导读者阅读。从目前看来,这一工作只靠图书馆员是不够的,必须充分发动红专学校的教师及其他文教工作者来共同进行辅导。他们最了解社员的文化情况和需要,社员也最能接受他们所介绍的图书。因此应该很好地利用这批力量。

进行读者辅导首先要了解读者的思想情况、文化程度、工作情况等。了解的方法,必须是深入群众,同群众一起劳动,作群众的小学生。如果同群众建立了感情,群众就很容易接受辅导和提出他们的要求。

除个别辅导外，还要作好集体辅导。要发挥图书对每个社员的作用，使每个社员都能受到图书的益处。因此要求辅导的方法要多种多样。除辅导识字的人自己看书外，还要组织集体读书，即一人读大家听，使不识字的人也能参加。"谈书"是一种值得推荐的方式，其办法就是几个人一组，每人看一本书，看完后大家在一起漫谈，所谓"读一本，得十本"。还有"说书""唱书""广播书"等等，也是集体辅导的好办法。

八、业务辅导和干部培养

联社、公社、大队图书馆都担负着业务辅导和干部培养的责任。业务辅导的任务在于帮助下级馆、站能更好地使图书配合中心、推动生产，更好地为读者服务。绝不能把它单纯理解为图书馆技术上的辅导。

业务辅导的方法：第一，集训干部。根据需要，不定期的举办各种训练班。但时间不宜过长，一般只宜 3—10 天。联社训练公社干部，公社训练大队以下干部。训练的方法应着重于总结经验、现场参观。第二，种试验田。联社、公社、大队图书馆的工作都要有试验田，通过一点摸索和总结经验，然后推广，带动全面。第三，巡回辅导。这种辅导是要帮助解决实际问题和改进工作的。其办法最好是分片包干、分工负责。

（选自《图书馆学通讯》1959 年第 1 期）

十年来读者工作的回顾

张树华

  图书馆能否成为党和政府向人民群众进行社会主义、共产主义教育的有力助手,能否成为广大人民学习先进科学技术知识、丰富文化生活和进行自我教育的文化基地之一,关键在于它对读者服务工作开展得如何。

  中华人民共和国成立以后,图书馆性质的根本变化,首先反映在读者工作中。还在中华人民共和国成立之初,党就明确提出了图书馆为无产阶级的政治服务、为生产服务、为工农兵服务的方针。根据党的方针,各图书馆首先从读者工作方面展开了巨大的改革工作:彻底改变了旧式"藏书楼"的作风,向广大劳动人民打开了大门,大力开展了图书流通工作,千方百计地把图书送到劳动人民的手中。其中最突出的,是流动图书站大量的建立和图书宣传、阅读指导工作的初步开展。

  在学习苏联的基础上,东北图书馆(现辽宁省图书馆)首先创办了流动图书站,把各种优良图书主动地送到工厂、工地、农村、机关、学校和居民中。接着许多地区的公共图书馆也都继续开展了这一工作。它不仅提高了流通率,扩大了图书馆的影响,而且丰富了劳动人民的文化生活,提高了他们的文化知识水平,推广了先进生产经验,鼓舞了劳动人民的生产热情,有力地推动了社会主义建设。

  在广泛流通图书的基础上,有些图书馆逐渐开展了图书宣传和阅读指导工作。例如,北京图书馆为配合党的政治宣传任务和中心工作,举办了很多图书展览和图书陈列——"马克思诞辰135周年纪念展览""列宁逝世30周年纪念展览""第一个五年计划展览",等等。这些展览不仅宣传了图书,而且向读者进行了生动的教育。此外,北京图书馆等还经常举办报告会等活动,用来评介作家和作品,推荐优秀的图书。山东省图书馆则广泛组织了读书小组和借书小组,并利用"读书计划"(推荐书目)指导读者有计划、有目的地学习,帮助读者提高知识水平和读书效果。

  馆内阅览工作也有了很大的改进。例如,废除了限制劳动人民利用图书馆的规章制度(特别是押金借书制度),开始实行读者登记制度,简化了借书手续,延长了开放时间。此外,还设立了各种阅览室:如普通阅览室、报刊阅览室、科技书籍阅览室、儿童阅览室等,以满足不同读者的不同需要。值得提出的是:许多图书馆设立了马列主义书籍阅览室或时事阅览室,利用书刊主动地配合党和政府的各项政治运动或中心工作,向人民群众进行政治思想教育。这些服务读者活动的开展,彻底改变了旧式图书馆的面貌,开辟了新型图书馆的道路。

  1956年,党提出了"向科学进军"的伟大号召。如何更好地为科学研究工作提供必需的图书资料,就成为图书馆所面临的一项重要任务。为此,中央文化部及时地召开了第一次全国公共图书馆会议。会上,明确地提出了图书馆事业的两项基本任务:既要向广大人民群众广泛流通图书,传播马克思、列宁主义,进行文化教育工作,又要向科学研究工作者提供图书资料,促进科学的迅速发展。会后,各省、市图书馆、高等学校图书馆和科学研究机关图书馆都广泛地开展了为科学研究服务的工作。如:①设立科学阅览室或参考室,集中各种科技书刊和工具书,便利科学工作者的查阅。②改进图书借阅办法:印发科学工作者借书证,扩大借书范围,延长借书时间,并加强了与科学机关或科学工作者的联系。③加强书目索引的编制工作,如南京图书馆和南京科学机关图书馆、高等院校图书馆等 23 个单位合编了《外文科技期刊联合目录》。其他地区的图书馆也大量编制了古今中外各类书刊的书目索引,并充分利用这些资料解答读者的咨询。④开展馆际互借工作,使各图书馆互通有无,以便最大限度地满足读者对于科技书刊的需要。这一时期,各类型图书馆在为科学研究服务方面积累了许多经验,取得了一定的成绩,使图书馆的读者服务工作前进了一大步。

1958 年,在整风运动取得伟大胜利的基础上,全国工农业生产掀起了一个万马奔腾、气势磅礴的"大跃进"高潮。为了配合社会主义建设事业的"大跃进",同年 3 月在北京召开了"全国省、市、自治区图书馆跃进大会"。接着,图书馆界也出现了"大跃进"的局面。党及时地、进一步地强调了"开门办馆"的方针。在党的正确方针指导下,图书馆员鼓足了干劲,响亮地提出了"一切为了读者"的口号,把图书馆的读者工作推上了一个崭新的阶段。这一时期的读者工作可谓气象万千,百花争艳。归纳起来,可有以下几个特点:

(一)紧密配合中心工作和生产任务送书上门,做到"生产到哪里,书到哪里"

如大炼钢铁时,鞍山市图书馆积极投入了"为钢而战"的热潮中。他们不仅深入各个车间,直接了解工人们的生产情况和阅读需要,而且也深入技术室和厂长办公室,从工程师和厂长那里了解生产中的关键问题,并且主动地配合生产编制小型的推荐书目,把书和书目同时送到职工的手中,做到了"送书上门"和"送书目上门"。此外,在广大的职工中间还广泛地开展图书宣传和阅读指导活动:举办哲学座谈会、"好书推荐"的广播、技书解答栏等,启发职工们根据书本中的提示,围绕生产中的关键问题,大闹技术革命,以推进生产,做到了"送图书活动上门"和"送读书方法上门"。把期刊资料中介绍外国先进生产经验的论文摘录或翻译出来,送给工程师和技术员们参考,做到了"送期刊上门"。把借书处送到工厂去,在厂内办理借还图书的手续,以节省职工们往返借书的时间,做到了"送借书处上门"。鞍山市图书馆配合钢铁生产而采取的"十上门"的服务方法,有效地推动了该厂的生产,提高了职工读者的技术水平。如一炼钢厂工人王毅,阅读了《马丁炉炼钢》一书后,结合自己的实际经验,创造了"快速补炉机",改善了工人的劳动条件,对于改进生产有很大贡献。

济南市图书馆配合全市开展的技术革命运动,深入工厂,了解各厂生产中的关键问题,主动地配备图书提供各厂参考。如济南建钢机器厂准备生产新产品:大卡车,作为向国庆的献礼,但缺乏理论根据和有关的技术资料。图书馆了解到这些情况,立即送去了"汽车问题解答""汽车设计"等书,并代为购来卡车装卸全图一幅,帮助该厂解决了生产中的难题。

由于图书馆深入实际,主动配合中心工作和生产任务开展图书活动,有力地推动生产,因此深受党政领导的重视和人民的欢迎。

(二)调动一切积极因素,千方百计扩大图书流通,为读者服务

为了最大限度地发挥图书馆藏书的作用,满足人民日益增长的文化要求,各图书馆大力加强了图书流通工作。根据 1958 年"全国省、市、自治区图书馆跃进大会"的统计,仅 28 个省、市、自治区图书馆的图书流通量就由 1957 年的 17 137 126 册次增加到 1958 年的 56 673 486 册次,增加了 214.9%。

跃进以来,图书流通工作的最大特点是充分贯彻群众路线的原则,调动一切积极因素,扩大图书流通率。如宜兴县图书馆,除了在城郊建立 40 多个农村流动图书站,直接为农民服务,还在轮船上、旅馆、理发店和医院里广泛地建立了流动站,由轮船、旅馆的服务员和理发师、护士们兼作图书管理员。使人们在乘船、等候理发或旅途休息时,随时随地可以阅读图书。这种做法受到群众热烈的赞扬。如理发师雷万春说:"图书馆送来了图书,不但能使顾客一边看书,一边等待理发,而且能帮助群众提高觉悟,增长知识。"护士们反映:"病员有了图书看,使他们精神上得到调剂,减轻了疾病的痛苦和寂寞。"这种流动图书站的建立,不仅扩大了图书流通量,而且也取得了轮船、旅馆的服务员,理发师和护士们的协助,使图书流通工作变成一个群众性的工作。

借书处和阅览室工作也有了很大的改进。首先是加强了服务读者的措施。如:①延长了开馆时间。由 8 小时延长到 12 小时左右。一般图书馆大都做到了"常年开馆、日日服务"。②广泛开展了个人外借、集体外借、电话借书、邮包借书等服务项目。有些高等学校图书馆为了便利学生借书,还在学生宿舍区或学生生产劳动的地区建立流动图书站或借书站。③为了满足读者对于专门书籍的需要,一些公共图书馆、高等学校图书馆和科学图书馆还设立了专业阅览室或研究室。如地质部图书馆在 1959 年设立了四个专业研究室:区域地质、大地构造研究室;岩石矿物研究室;地质古生物研究室;地质勘探研究室,以满足地质研究人员的需要。此外,各类型图书馆之间还建立了规模庞大的馆际互借网。仅北京图书馆就与全国各省、市图书馆,高等学校图书馆、科学研究机关图书馆等 240 多个单位建立了馆际互借关系。馆际互借的开展,充分发挥了图书的潜力,满足了读者对于某些专门书籍的要求。

其次是简化了图书借阅手续,进一步取消了限制读者的规章制度。值得提出的,是图书开架制度的采用(关于图书开架问题目前我国图书馆界尚有不同意见的争论)。跃进以来,为了适应形势要求、便利读者借阅、加强图书宣传、扩大图书流通、吸引更多的读者,许多图书馆采用了图书开架制度。开架借书的形式有两种:一种是将馆藏中对于读者有益的各类图书,全部实行开架。如辽宁省图书馆、北京航空学院图书馆等,均采取了全部开架的方式。另一种是部分开架,即将馆藏中某几类图书(最多的是政治类和文艺类图书)实行开架,或举办大型图书展览,让读者选借展出的书刊。实行图书开架制度后,不仅便利了读者,扩大了图书流通率,而且可以使馆员腾出手来,加强图书宣传和阅读指导工作,更加密切了馆员与读者的联系。

(三)展开群众性的读书活动,宣传图书,指导阅读

1958 年工农业生产的大跃进,带动了文化工作的大跃进。生产发展了,群众就要求掌握更多的知识,享受更多的物质生活和文化生活。为了满足劳动人民的文化要求,加强对广大工农群众的社会主义与共产主义教育,促进文化革命、技术革命的开展,掀起阅读优良书刊的风气,曾在全国很多城市和乡村广泛地开展了群众性的读书活动和阅读指导的活动。

群众性的读书活动,多半是在各地党政领导下,由共青团、学联、图书馆、文化馆和新华书店等单位联合举办的。读书活动的开展曾经受到广大群众的欢迎。如上海市的"鲁迅奖章读书运动"办法公布后,立即有成千上万的群众参加了这项读书活动。上海新安电机厂全

厂职工700多人,就有300多人参加。上海九江中学和上海市67中学的学生大多数都参加了这一活动。河北省昌黎县开展"共产主义读书运动"后,全县成立了很多读书会,估计有10万人左右参加了读书活动。

群众性的读书活动,在广大群众中树立了"多读书"和"读好书"的风气。过去长期睡在书架上的政治书刊和通俗科技书刊,现在也大量流通开了。许多优秀的文艺书刊,如:《红日》《红旗谱》《青春之歌》以及讲述黄继光、刘胡兰等革命英雄故事的书刊,都被借阅得一空。这些优秀书刊的广泛流通,有力地教育了群众,鼓舞了革命干劲,推动了生产。如昌黎县城关一街的16位老年人,阅读了红军长征故事后,向领导上提出参加炼钢夜战的要求。他们说:"学习老八路,夜战不算苦;想想老红军,浑身有精神。"果乡炼焦妇女第五连,学习了"刘胡兰"一书后,受到很大的教育。她们立即将五连改名为"刘胡兰战斗连",决心学习刘胡兰的英雄事迹,在生产上立功劳。结果,由过去每人每天洗煤1000斤提高到1300斤,成了全厂的高产单位。

读书活动也有力地配合了技术革命。如:在甘肃引洮工程中陇西工区民工张克让,看过《先进水利工具改革》一书后,发明了筛沙工具,提高工效七倍。临洮工区孙成梅看过《机械图样》一书后,创了"滚珠磨圆车",使工作效率提高到十倍以上。这里随便举一两个例子,其它例子还很多。

读书活动的开展,促使图书馆展开了大规模的图书宣传和阅读指导工作。许多图书馆在读书活动的过程中,深入工厂和农村指导工农群众的阅读。如上海市人民图书馆把图书讲座、图书展览会、故事会等活动都移到工厂里举行。昌黎县图书馆深入农村,开展了以"讲故事、谈感想"为主要方式的指导阅读活动。在读书活动中,图书馆和广大群众一起创造了许多新的群众性的指导阅读方式,如"读书笔记展览""读书心得结合书评剪辑的墙报""好书之窗"等。这些指导阅读的活动深受读者的欢迎。此外,通过读书活动也加强了个别指导阅读的工作。如上海国棉十厂的图书馆馆员,在读书活动的过程中,经常深入车间、职工住宅和单身宿舍等地,组织职工漫谈读书心得,指导他们进行有系统有目的的阅读。经过馆员的指导,许多过去不爱读书的人,都参加了读书活动,养成了读书习惯。一些刚刚学会识字的人,经过读书活动,巩固了扫盲成果,提高了文化水平。

(四)利用各种书目、索引,宣传图书,指导阅读,提供生产上和科学研究工作中所需要的图书资料

跃进以来,书目工作彻底改变了过去脱离政治、脱离生产、脱离工农兵的倾向,开始进一步面向实际,主动地配合政治运动和中心工作来编制书目。在书目的形式上,克服了过去贪大求全的缺点,广泛地采用了小型多样的方式。如旅大市图书馆配合"社会主义建设总路线"的宣传和学习,编制了"把总路线的红旗插遍全国""东风压倒西风""向技术革命进军""向红透专深的目标前进"等小型书目单,并主动地利用它们来宣传图书、指导阅读,有力地配合了中心工作。

许多图书馆在编制书目时,还把书目中所反映的书刊内容摘要写出。如鞍山市图书馆,不仅将有关全国各炼钢厂的先进生产经验和先进人物事迹的书刊编成书目单,而且也将这些经验和事迹的具体内容摘要写出,汇编成小册子,送到工人手里。这些材料有效地教育了工人,推动了生产。如鞍山第一炼钢厂六号炉助手吴长亮,从"红专传单"(带有内容介绍的

书目）中看到上海钢铁三厂青年工人韩忻亮的先进生产事迹后说："韩忻亮的事迹对我们启发很大。原来我们也想扩大装容量，但把握不大。看了这份材料，我们胆子大了，提出了把六号炉的装容量由一百五十吨扩大到二百吨的合理化建议。"

此外，省、市以上的公共图书馆、高等学校图书馆和科学技术图书馆，也都大量编制了各种文字的科技书刊的书目索引，以满足生产、教学和科学研究的需要。

总之，跃进以来我国图书馆的读者工作，无论在服务质量或数量上都有了巨大的提高。读者工作的跃进，使得图书馆不仅有效地配合了党和政府的中心工作，而且也更加密切了与广大人民的联系。

＊ ＊ ＊

十年来，读者工作的主要经验就是在党的领导下，要坚决贯彻"为无产阶级的政治服务、为生产服务、为工农兵服务"的方针。读者服务工作的好坏，决定于它是否政治挂帅，是否紧密结合党的中心工作，十年来（特别是"大跃进"以来）的事实证明：哪里的读者工作有了党的领导，哪里的读者工作就能广泛而深入地开展，也就能得到人民群众的欢迎。反之，读者工作就会冷冷清清，工作就无法开展。十年来读者工作坚持为政治、为生产、为工农兵服务的过程，也就是读者工作中展开两条道路和两种方法的斗争过程。读者工作中两条道路、两种方法的斗争表现在下列几方面：

（一）是"开门办馆"，不是"等客上门"

开门办馆是社会主义图书馆的方向性问题。党一开始就强调指出：图书馆要向广大人民群众打开大门。因为社会主义的图书馆是无产阶级手中掌握的工具，因此，它必须毫不懈怠地利用图书这一强有力的武器，为广大的工农群众服务。但是，在跃进以前，"藏书楼"式的作风在读者工作中还有一定的影响：不少图书馆还没有走出大门，"等客上门"的作风相当严重，某些馆员看不起图书流通工作，认为这是"没有出息"的工作，甘愿坐在图书馆里死守摊子。然而这种不良的影响很快就被"大跃进"的浪潮冲垮了，现在已经很难看到"等客上门"的图书馆和看不起图书流通工作的馆员了。必须指出，1957年某些右派分子说："图书馆大力开展通俗读物的流通推广工作，这是图书馆事业领导路线上的错误。"不难看出：这些言论实质上就是反对读者工作为工农兵服务。我们认为：向广大工农群众打开大门，大力流通推广适合他们阅读的通俗书刊，这正是社会主义国家图书馆与资本主义国家图书馆根本区别的地方，正是我们的坚定不移的方针，也正是中华人民共和国成立后读者工作取得巨大成就的根本原因。我们不但过去向工农群众打开了大门，今后还要更进一步做到"开门办馆，送书上门"，千方百计地为广大人民服务。

（二）是积极指导阅读，还是放任自流

图书馆不仅要把图书借给读者，而且还要在读书内容和读书方法上关心读者，指导他们阅读。我们强调图书馆要对读者的阅读给予指导，是因为社会主义的图书馆是协助党和政府向人民群众进行政治思想教育和文化教育的重要阵地。因此，它必须经常以马克思列宁主义和无产阶级世界观去教育读者，必须通过图书的宣传和推荐给予读者有益的指导。另一方面，我国读者为了更好地更有效地参加社会主义建设事业，他们也迫切需要图书馆的帮助，选读好书，不断地提高社会主义觉悟和文化水平。但是有些人却认为，图书馆应当完全让读者自由地去选书,馆员的责任只是客观地满足读者的要求,不要给予读者任何影响和指导。表面看来,这些论点似乎很客观,但仔细一分析,却是深受资产阶级办馆思想的影响。当然,读者的正当要求是应当尽量满足的。但问题不尽如此。事实证明,我们不用无产阶级思想去教育读者,不积极推荐好书、指导阅读,则读者就会受到非无产阶级思想的侵蚀,例如,整风运动前的一段时期,由于某些图书馆放松了指导阅读工作,因此许多带有"封建糟粕"的书刊,如"三言""二拍""清宫琐记"等书,就在读者中间大量流通开来,对读者起了不良的影响。整风运动后,各图书馆加强了指导阅读工作,开展了群众性"读好书"活动,因此读者中阅读优良书刊的风气大增,这些优良书刊有力地提高了读者们的思想觉悟和知识水平。

(三)是发动群众开展工作,还是关起门来,孤军作战

群众路线是党的根本工作路线。读者工作本身就是一种群众性的文化工作,因此必须充分贯彻群众路线的原则。读者工作的群众路线原则表现在两个方面:一是关心群众,最大限度地满足群众对于图书的要求,千方百计地为读者服务;一是广泛地吸引群众参加读者工作。图书馆能否广泛地吸引群众参加工作,这是读者工作能否搞好的关键之一。有些图书馆不相信群众,不敢放手发动群众参加读者工作,结果工作冷冷清清,而馆员却忙得不可开交。相反的,有些图书馆放手发动群众,广泛地吸引读者积极份子与馆员一起来搞图书流通、推广和宣传工作,如前面介绍的宜兴县图书馆的作法。结果工作轰轰烈烈,使得图书馆的工作获得了广泛的群众基础,收到了良好的效果。

十年来的读者工作经历了尖锐的两条道路和两种方法的斗争。在斗争中,积累了许多工作经验,创造了不少新的工作方法,使得图书馆事业在配合党的各项中心工作、帮助人民提高文化和科学技术水平、活跃群众文化生活等方面起了很大的作用。读者工作的开展使得图书馆在广大人民中间生了根,开了花,真正成为人民生活中不可缺少的一部分了。

总之,十年来的读者工作成绩是巨大的。但是从领导和群众的要求来看,还远远落后于形势的要求。为了进一步开展读者工作,今后进行读者工作时,首先要继续坚决地贯彻党的"为政治、为生产、为工农兵服务"的方针,密切地联系党和政府的各项中心工作,不断地提高读者工作的思想性和服务质量,使读者工作在配合社会主义建设和科学研究工作中,在提高人民群众的政治觉悟和文化水平中发挥更大的作用。

其次,要结合中国的实际情况,继续学习苏联。认真地学习苏联图书馆为读者服务的原则和方法,学习它们工作的计划性和组织性,学习它们密切联系读者和关切读者的精神。并把苏联图书馆的先进经验和理论与我国图书馆的具体情况结合起来,加以创造性的运用,以便摸索出更多更好的,适合于我国图书馆需要的服务读者的经验。

(选自《图书馆学通讯》1959 年第 10 期)

目录学对象浅探

朱天俊

目录学的研究领域是什么？它有什么作用？目录学作为一门科学，其体系怎样？目录学作为图书馆学系的一门课程，究竟又应如何建设？这些由教学和科学研究工作实践中所提出的迫切问题，归根到底，要人们首先明确回答目录学对象是什么。考察目录学历史的发展，分析当前人们对目录学的了解与解释，见解不同，说法不一。这样，一方面致使迅速求得对目录学统一看法变得困难起来；另一方面，多种说法，反映了人们从各自不同的角度提出了对目录学的见解，这又大大可以启发人们思想，为认真解决目录学对象问题，提供了有利条件。本文试图对目录学对象作初步探讨，提出自己的浅见，与同志们一道，共求目录学沿着正确途径，健康、迅速地发展，以利指导我国社会主义目录事业的实践。

一

人类在社会实践活动中需要改造自然、征服宇宙和进行阶级斗争的知识。一切可靠的科学地反映客观事物的知识，都是从直接经验发源的。但是人们却不能事事通过自己的实践，取得直接经验，事实上多数知识都是别人或前人积累起来的间接经验。怎样取得间接经验呢？在古代，伴随着文字的出现，产生了图书。从那时起，图书成为记载知识、促进经验传播的工具，读书成了人们获得间接经验的重要方式之一。

社会不断的发展，劳动分工细密了，促使人类活动多样化，人们关于周围世界的知识日益扩大和复杂起来；随着科学从萌芽阶段进入各门科学的产生，作为记载知识的图书，其内容也日益纷繁起来。这样，一方面人们在变革现实中需要借助于更多的图书，获得多方面的知识；另一方面，图书的日渐增多，愈益使人们为了适合各自需要利用图书变得困难起来。人们通过长期的社会实践，逐步积累了多种多样的方式方法，来解决这种社会生活中出现的问题，并相应地建立了若干理论体系，产生了若干学科，目录学就是其中的一种。它是以记录图书为手段，达到利用图书的目的，来具体解决社会图书众多和人们对图书需求之间的矛盾的。但是，古今中外图书是那样广泛复杂，人们利用图书又是那样各各不同并有鲜明的目的性。那么，到底为什么人记录什么图书，能使图书得以充分利用？为了充分利用图书，又需要记录什么和如何记录图书呢？这里出现了记录图书和利用图书二者之间的关系：既是一致的，而又是不一致的。其所以说二者是一致的，这是因为记录图书是根据社会需要，人们正是为了利用图书才记录图书的。无利用图书就毋需记录图书；无正确记录图书，当然也就无从充分发挥图书的社会作用。其所以说二者是不一致的，这是因为社会需要经常处于变化之中，图书品种层出不穷，并在成年累月地增加着。有时人们记录的图书，并非必然能为人们所需要。有时人们所需要的图书，往往还未加以积累和记录。二者一致的一面，人们容易看到；二者不一致的一面，常常不为人们所注意。记录图书和利用图书之间的这种关系，就构成了目录学的对象，从而使我们确认，目录学是以利用图书为目的来探索记录图书的规律的一门学科。其作用在于促进图书流传，通过图书流传来传播科学文化，宣扬一定思想体系的观点，服务于当前的生产斗争和阶级斗争。

图书，早在印刷术发明以前，就是反映社会意识的重要因素。印刷术的采用，更加提高了图书的社会职能。各种社会思想，新与旧的斗争，科学和技术中的发现，都能够借助于图书获得广泛的和迅速的传播。在阶级社会里，图书就其思想内容和思想倾向性来说，是有阶级性的。因而，按什么观点，记录什么图书，向什么人宣传什么图书，这里都反映着鲜明的阶级性。公元前6年由刘歆等编成的古代书目《七略》，就是我国汉朝政府文化教育工作的一大措施。该书目记录图书的中心思想是：罢黜百家，表章六经，推崇儒术，实行思想统治。清代乾隆年间，由一批御用文人根据皇帝意旨，禁毁了许多图书，在编纂《四库全书》的同时，编成了《四库全书总目录提要》。他们记录图书的原则是，凡对清代统治者有利的，列为上品，"悉登编录，罔致遗珠"；凡无碍政事，不关紧要的，作为中等，谓之"亦长短兼胪，见瑕瑜之不掩"；而对"言非立训，义或违经"的，"则附载其名，兼匡厥谬"。清代统治者认为"言非立训，义或违经"的图书，其中就有许多正是与他们意愿相反，对当时社会有进步意义的、含有民族思想的著作，这是我国优秀的文化典籍的一部分。清代统治者之所以如此处理，为的是让世人不知其面目，达到彻底阻碍新思想传播的目的。1896年梁启超编制的《西学书目表》，1897年康有为编制的《日本书目志》，都是为了配合他们政治上的改良主义运动而记录图书，以便系统地宣传西方资产阶级的社会政治学说，科学技术和有关日本明治维新运动的图书。由此可见，从来没有一种记录图书是"超阶级"的毫无目的的活动。它是由编者的阶级利益所决定的。这一特点贯穿着记录图书过程的始终，是我们所丝毫不能忽视的。资产阶级目录学家都有着自己的阶级倾向，但是他们避而不谈，甚至说什么中国"历来目录学者之误""传统观念阶级思想之深也"。我们则公开承认这一点，并明确表示，今天我们记录图书的活动取决于我国社会主义革命和社会主义建设的需要，取决于对人民进行社会主义、共产主义教育的任务。

由此可见，记录图书不是什么孤立地脱离社会需要和一定阶级利益的活动；而是把记录图书作为一种与社会实际需要相联系并服务于一定阶级的政治、经济、文化、思想斗争的活动。因此，经常广泛不断地调研社会需要，深入了解读者对图书的具体需求，并据此确定记录图书的原则和方法，就成了解决记录图书和利用图书关系的前提。从这一点出发来研究社会需要和读者要求，才是有意义的；而且这里明确规定了研究社会需要和读者要求的目的和内容。

当研究如何通过记录图书达到利用图书的目的的时候，我们认为，既要记载、评介图书中所包含的各种思想观点、科学知识，也要描述、鉴定所借以反映图书内容的图书形式。但是，多数西方资产阶级目录学家，则主张只要记载图书的形式，而不记载图书的内容。例如，19世纪末20世纪初英国目录学家福开森就认为，"目录学家应当研究书的版次、特点、出版地、印刷人、印刷时代、字体图解、版本大小、校勘、装订、收藏者、分类、收入何种丛书，及见于何种目录。他所注意的是书的客观对象，而不是书的内容的道理"。

刘国钧先生也曾经认为，"志书籍者，诚不能免于涉及著述之内容，所涉及者以能辨别著作之宗旨为止。若批评其得失，讨论其是非，则治专门学者之事，非目录学所能及也"。

很显然，按照福开森的主张，则必然引导人们只追求图书形式的记载，而放弃图书中所阐述的思想内容的剖析。如果在实际工作中沿袭着这种陈腐观点，就必然会走上脱离政治、脱离现实，形式主义地记录图书的歧路。

与这种观点相反，中国目录学传统思想之一，是记录图书要"辨章学术，考镜源流"。所谓"辨章学术，考镜源流"，就是强调图书内容的记录。当然，旧时代的"辨章学术"，是辨封建的学术思想；"考镜源流"是考封建的学术源流，都是为封建地主阶级文人治学服务的。今天，我们从根本上扬弃旧时代"辨章学术，考镜源流"的指导思想而吸收其合理的方法，加以革新，并用马克思主义批判的革命的精神，指出图书作者的思想派别，对其论述的内容加以学术上的剖析，这不能不认为是一种正确记录图书，有效地利用图书的原则和方法。

刘国钧先生的主张也是值得商榷的。诚然，探讨图书中的科学内容，是各学科研究工作者的任务。但是，从目录学的作用看来，记录图书恐怕也不能仅以能"辨别著述之宗旨为止"。不过问图书内容的是非得失，就不能真正揭示图书内容，有效地实现目录学的职能。问题不在于要不要而在于如何"批评其得失，讨论其是非"。我们认为，经常密切注视学术评论动态，善于利用各门科学研究的成果，并加以自己的分析判断，"批评其得失，讨论其是非"，也不是"非目录学所能及也"的事。而且，学术评论的评述图书和目录学的评述图书，只是目的性不同，角度不同。学术评论的评述图书，是为了剖析图书中所反映的科学结论，探求科学真理；目录学的评述图书，则是为了揭示图书的内容实质，促进图书的利用。看不到这两种评述图书的差别，把二者混为一谈，是不符合实际的；但过分强调这两种评述图书的差别，认为二者之间隔着一条不可逾越的鸿沟，这也是不正确的。

我认为，记录图书就是在政治标准第一的前提下，做到高度思想性和科学性相统一，图书内容和图书形式相结合，就是从思想史的高度来揭示社会图书财富的政治倾向性，及其所包含的思想观点和知识内容，并对它们的是非得失有着鲜明的态度，运用马克思列宁主义的观点和方法，对它们加以检验鉴定，并描述各种图书的形式特征。与此同时，按其各批相关图书的特点和特定范围读者的要求加以系统化，帮助人们正确理解和批判地掌握社会图书财富，从而促进图书的利用，服务于现实的斗争。

二

回溯我国历代目录学家的思想，有的重在辨章学术，考镜源流，提要钩玄，指导治学；有的重在辨别真伪，校雠异同，考订版本，收藏鉴赏；有的重在采其序跋，广为集纳，述而不作，提供参考；有的重在纲纪群籍，厘次部类，簿属甲乙，便于查考。这种目录学思想的不尽相同，反映了人们对目录学对象认识的差异，因而历代目录学内容也就不完全一致了。目录学发展到今天，根据上述研究对象的范围，我认为：目录学的内容应包括目录学基本理论的研究，记录图书的原则、形式及其利用的研究。

关于目录学基本理论的研究，其中包括目录学的对象、任务，调查研究现实社会生活中对图书需求的原则，书目类型、社会职能及其体系，我国社会主义目录事业建设及其组织原理等诸方面。

关于记录图书的原则、形式及其利用的研究，其中包括认识图书的原则，揭示图书的方法，书目、索引、文摘、辑录、书籍述评等编写的方法，书目评论，书目参考工具的组织与利用等诸方面。

结合各门学科图书的特点，研究各种专科图书的记录、利用的原则和方法，这是各种专科目录学的任务。它们已各自成为各门科学的辅助学科，一方面为各门科学工作者所经常利用，对各门科学的发展有一定的促进作用；另一方面在很大程度上随着各门科学的发展而日益丰富着自己的内容。因此，各专科目录学都是目录学的分支。

目录学史是目录学的另一分支。目录学史的任务就是根据马克思列宁主义文化学说，首先着重总结中华人民共和国成立以来我国社会主义目录事业的建设成就及其基本经验。具体研究我国历史上各时代目录学思潮，各主要目录学家的目录学思想，记录图书的经验，特别是对他们所编制的书目著作给以正确的评价，从而达到批判继承目录学遗产，丰富目录学理论。还要考察外国目录学发展状况及趋势，作为发展我国当前目录事业的借鉴。

至于目录学和各相关学科的关系，我认为：

目录学和思想史关系特别密切。列宁指出，评述图书非联系思想史不可。只有从思想史高度来考察图书，我们才能深刻地揭露图书内容的思想倾向，确定其科学价值，从而达到正确的记录和合理的利用。

目录学和图书分类学的关系，也颇为紧密。图书分类学是以全面研究图书分类理论、方法及其历史为其职能的。在研究目录学特别是目录学史时，都要求具备这方面的知识比较广阔和深入。

目录学和图书史也很有关系。图书史是研究图书在各个时代各个历史时期的社会政治作用，图书的发生发展及其演变的过程。精通图书史，可以更好地从历史上认识图书，有助于图书的记录和利用。

目录学也常常利用史料学的知识，来批判分析史料性质的图书，确定其来源、阶级性和用途，及其可靠程度与实际价值。

目录学在比勘篇籍文字、辨别图书真伪、鉴别版本源流等方面，又常借助于校勘学和版本学的知识。

目录学和图书馆学的关系更为直接。因为在现时，图书馆工作中应用目录学知识最多，并且形成图书馆特有的工种，如通常称之为书目工作和编目工作。因此，今天研究目录学不能脱离对图书馆学的了解。既然书目工作和编目工作是图书馆工作的重要组成部分，当人们考查图书馆学内容时，又必须包括这两项工作的知识。目录学和图书馆学之间出现了若干交叉的现象。有些同志据此提出目录学从属图书馆学的主张，这是值得商榷的。目录学的对象及其特定的研究领域，已如上述，则目录学岂止是图书馆编目工作和书目工作的知识呢？从两门学科各自研究对象和历史发展来看，它们实是各不相同，各自独立，但又相辅相成，相互促进的。

在这里，我们要提到目录学作为图书馆学系的一门基础课程的建设问题。其方向虽不能局限于图书馆工作的有关部分，但着重联系图书馆实际来阐述目录学，对于培养图书专业干部是完全必要的。因而这也是课程建设上带有原则性的一个问题。

三

在国内关于目录学对象的争论中，有一派意见认为目录学对象是目录，他们说："目录学是一种研究图书目录编制理论和方法的科学。"或说"目录是目录学对象，而目录所记载的是书籍，因此目录学很自然也要研究图书"。最近又有同志说"目录学是研究用书目索引的方式，向读者通报图书和宣传图书的规律的科学"；认为目录学组成部分是：目录学基本理论、书目史料学、书目编制法、书目考查法等。尽管持有这种见解的同志不同意目录学对象单纯是目录的看法，但就他表述的目录学内容的实质看，他的见解还是一种"目录是目录学对象"的变通说法。

我们分析这种见解，是有其历史根据的。"早在19世纪下半期和20世纪中，多数西方目录学家都把目录学理解得很狭窄，认为目录学只是图书目录和编制这种目录的方法"。目录学的发展表明，这种见解陈旧了，不能正确反映生动的实际工作的多样性，编制图书目录仅只是记录图书和利用图书的一种形式，怎能以一点概括全面呢？有些同志确定目录学对象只是目录，因而不得不把报道科学情报资料的文摘、快报、文献评述、科学总结都统作目录看待，名之为"科学情报书目"，作为目录的一种类型来加以研究。毋庸赘言，文摘、快报、文献评述等都是记录科学技术文献，反映科学技术最新成就的常用形式，它们具有促进文献利用的特点，当然应视为目录学研究的范围。但却不能同意由于这些形式是目录的一种类型，因而列入目录学范围的见解。因为仔细分析文摘、快报、文献评述等，从内容到形式，都非"目录"概念所能概括得了。我们和这种意见的分歧，不单纯是由于对"目录"理解不一致而引起，更重要的是对目录学领域内出现的新现象，我们究应如何对待的问题，是以"目录学研究目录之学"的框子去套实际工作发展中层出不穷的新事物、新问题呢？还是实事求是地正视这些新事物、新问题而给与正确的科学解释呢？可以断言，在丰富的工作实践中，记录和利用图书的方法和形式是不会局限于现有这些的，根据一定的目的、任务和读者需要，人们是会用多种多样记录图书的方法来创造更多的为人民喜闻乐见的形式的。例如，上海图书馆编制的"阅读参考资料"，就可视为是一种新颖的记录图书、辅导阅读的形式，如果也称之为"目录"，恐怕有些勉强吧！

其所以不赞成"目录学的对象是目录"这一观点的理由就在于，它有可能给目录学的研究领域套上固定的框子，有了这个固定的框子，就会对新事物因套不上而轻轻放过；或勉强套上而又不能对新事物予以合理的说明。例如，把文摘、快报、文献评述等称之为"科学情报书目"，其本意是想对它们作出科学概括，但结果适得其反，反而变成不科学的了。这对目录学研究抑或实际工作都是不利的。

还有一派意见，主张目录学研究对象是图书。下面的观点就是一个典型。他们认为，"目录学的对象简单的说，是书，详言之，则关于书的材料、书的形式、书的内容皆是"。

这种观点，来源于19世纪英国资产阶级目录学家贺恩的思想。贺恩就认为，"目录学者，简言之，书籍评述之事也，详言之，研究关于书籍之一切知识也。列举之有四端：1.关于组成书籍之材料；2.关于在书中所论述之内容；3.关于书籍版本之优劣及其价值；4.关于书籍分类之位置等是也"。这种观点，是不符合现代科学发展的实际状况的。

按照这种观点，就等于把目录学范围扩大到茫无边际、无所不包的地步。这样，实际上就否定了目录学特有的对象和内容。事实上，研究组成书籍的材料，是图书学的任务之一，研究书籍中所论述之内容，是各门科学的职能；关于书籍版本之优劣及其价值的研究，已构成版本学，关于书籍分类位置的研究，则属于图书分类学的范围。它们均已形成或属于各种科学，并不构成目录学的内容。

当然主张这四方面不构成目录学的内容，并不排斥在记录图书时常常需要藉助于这些知识，以达到有效地利用图书的目的。问题不在于记录图书时要不要利用这些知识，而在于不能把记录图书所利用的这些知识归之于目录学的研究内容和范围。

我们不能把研究目录学所需要的知识和目录学研究的对象混为一谈。为了对各门科学进行深入细致的研究，区分各种复杂相联系的事物的特点，是很重要的。抓不住各自的特殊矛盾，必会使一切都混同起来。

（选自《图书馆》1961 年第 2 期）

忆西谛先生

吴　晗

西谛先生离开我们三周年了。他那坦白的面容,爽朗的笑声,历历如在目前。

我和他相识快三十年了。那时候我还在清华大学历史系念书,他是燕京大学文学系教授,在清华兼两点钟课,我听了他的课,从此便相识了。

西谛先生那时候已经出版了他所著的文学史,和鲁迅先生合作搞笺谱,名气很大。但是,他从来没有架子,既没有我们清华某些镀过金的洋教授威风,也没有那时候社会上有些自命为大学者的不可一世的神气。他和蔼可亲,谈话时总是笑。特别对青年人,只要有一长可取的,便加意鼓励,总是说:"好极了!好得不得了!"这两句话,后来竟成为他的口头禅。在他逝世前不久,在缅甸国庆的酒会上,他、夏衍同志和我几个人在一起谈话。因为前些日子我发表了《谈烟草》一文,夏衍同志也发表了谈花草果木的文章,谈话自然地集中在这个方面。西谛先生在谈话中又接连地说:"好极了!好得不得了!"我们还故意和他开玩笑。谁知道这竟是我们最后一次见面,最后一次谈话呢!

我是他的学生,可是他从不以老师自居,而以志同道合的朋友待我。

1933年秋天,西谛先生创办《文学季刊》,约了几个人作编辑,我记得其中有巴金、冰心、朱自清等人。我那时才是大学四年级的学生,因为经常在《清华周刊》《清华学报》《燕京学报》写些文章,也把我约上了。大家一谈,都很赞成,刊物便办起来了。我在创刊号上发表的《〈金瓶梅〉的著作时代及其社会背景》,他也夸奖说:"好极了!好极了!"相反,清华的有些教授看了,却不大以为然。有一个老教授曾对我说:"你研究《金瓶梅》,讲清时代也就算了,何必讲时代背景呢?"这句话需要解释一下,话里有话,原来那个时代是不许讲马列主义的,不但不许讲,连时代背景之类也是忌讳的。这是一个鲜明的对照。

我是个穷学生,无事不进城。有事进城,也上不起饭馆吃饭。有一次进城,办完事,等回校的公共汽车,在东安市场旧书摊徘徊,忽然碰见西谛先生,他也在买旧书,一见面便说:"吃饭了没有?"我说:"没有。"他就请我到五芳斋吃饭。记得这次吃了鲥鱼,是生平第一次吃。两人边吃边谈,天南海北,谈得没个边。从此便越发熟了,见面无所不谈了。

过了几个月,西谛先生离开燕京,到上海去了。1937年,日本帝国主义侵略中国,芦沟桥挑衅,占领北平。清华大学和北京大学、南开大学组成西南联合大学,在云南昆明开学。我先在云南大学当教授,后来又回到清华,长住昆明,和西谛先生的来往便中断了。

正当日本帝国主义疯狂进攻,国民政府连战连败,对敌屈辱,一味退让,对内却磨刀霍霍,掀起几次反共高潮,和全国人民为敌的丑恶面目逐步暴露的时候,我们在昆明创办了《民主周刊》,西谛先生在上海也创办了《民主》。道路相隔几千里,却不约而同,在两个地方同时办了反对蒋介石、呼吁民主、要求和平的刊物。我和西谛先生虽然没有通信,这两个刊物却又把我们联系在一起了。

　　1946 年,日本帝国主义投降以后,西南联合大学解散了,三校师生都复员北上,我也取道上海回到北平。一到上海,首先去拜访西谛先生,一见面高兴极了,除了叙述日伪统治上海时期,他的困难遭遇以外,还谈了当前的工作。他说《民主》不准备再办下去了。要取得民主,实现和平,得采用另外一个方式。他已经参加了民主促进会,要进行长期的斗争。此外,在学术工作方面,他正在编辑《中国历史参考图谱》,几十年来搜集了不少资料,要做一个初步总结,便利研究历史的人们。他的书房里,书都让了位了,一格格摆满古代陶俑,主要是唐代的陶俑,有几个特别精美的三彩陶俑。他又指着连声说:"好极了,好得不得了!"为了购买这些陶俑和必要的资料,他欠了不少债。在编辑过程中,他自己奔走,请人照相,自己动手剪、贴、写说明,一个人单干,他说:"这是手工业方式,可是,有什么办法呢?"说着又笑了。接着又谈到在抗战前:他曾特地到南京中央研究院历史语言研究所,访问了傅斯年,要求看一看殷墟和其他考古资料,谁知道竟被一口拒绝,不能看。"你看,发掘经过多少年了,自己不研究,也不许人家研究,不止是资本垄断了,连学术也垄断了。这就是国民党!不如此又怎么叫国民党呢?"说时很气愤,说完,他又笑了,接着说:"总有这一天,这些被长期封存在库房里的资料会重见天日的,会有这一天!"我说:"是的,不要很久,会有这一天。"

　　也正在这时候,国民党通过美帝国主义的帮助,用美国飞机、美国军舰运输国民党军队,源源北上,准备大举进攻解放区。和军事进攻相配合的是政治恐怖,7 月 11 日在昆明暗杀了李公朴,接着在 15 日又暗杀了闻一多。形势很紧张。我在上海,和同志们一道,参加了反蒋、反内战的斗争,到同济大学、大同大学、中教联、小教联作报告,欢送到南京请愿的代表和游行。西谛先生再三告诉我:"要警惕啊,提防有尾巴!"并且详细描述了自己在上海多年来和特务斗争的经验。他对这些人,也有一句口头禅,那就是"坏极了!可恶极了"!西谛先生的爱和憎是非常分明的。

　　1948 年 8 月间,我又到上海来了。原来准备第二天就趁飞机到香港,和在香港的朋友们一道进入解放区的,不料当天的报纸登载了到香港买飞机票得凭相片的消息,香港是去不成了。当天晚上就去看西谛先生,他立刻用电话通知一些朋友,一起在他家吃晚饭,商量办法。这次在上海停留了个把月。他谆谆告诫,行踪一定要严守秘密,切不可以在公开场合露面。有一次,他陪我买一支自来水笔,铺子里问要不要刻名字,我说要,提笔刚写了吴字上半的口字,西谛先生立刻抢笔过去,代我写了"辰伯"二字,还白了我一眼,意思是怪我太粗心了。

　　他知道我在等待机会进入解放区,又不能出来活动,十分无聊,就把他编辑的《玄览堂丛书二集》和《明季史料丛书》送给我,要我宁可在家读书,不可出门。通过他,叶圣陶先生、周予同先生、王伯祥先生还陪我逛了一趟苏州。

　　1949 年初,我回到了北平。不久,西谛先生也到北平来了。久别后的喜悦是无法形容的。我们同住在北京饭店。有一天晚上,大家谈得高兴,一瓶酒喝完了,又到外面买了十斤酒,统统喝光。

　　此后,见面的机会多了,谈天、访古、买旧书,经常在一起。有一次,为了寻找明景泰帝的坟墓,我们两人在西郊南郊找了一天。后来竟然在颐和园附近找到了,重新修缮,建为公园。记得有一次一起到琉璃厂,赵万里先生也同去,看到一本好书,赵先生要替北京图书馆买,西谛先生也抢着买,结果还是被西谛先生买了。他对旧书是有选择的,第一要插图本,第二是有关戏曲的,第三是小说,只要是他所没有的,便千方百计想法买,价钱贵一些也不在乎。以此，不少爱买旧书的朋友们，对他颇有些意见。他也知道朋友们有意见，笑着对我说："这有什么关系，以后还不是国家的。"果然，他逝世以后，全部藏书一万五千多种都归了北京图书馆。

他藏书之多，我是知道的。这些年来，他收到一些好本子，也经常找我欣赏。但是，他住的地方并不宽敞，除了书架上的书以外，大部分都装在箱子里，并且还有一部分寄存在上海。最近读了他的《西谛书目》，共二十七册，没有分类，是找人按摆书的地方和书箱藏书编列的，题签"西谛书目"是他的亲笔，中间也有个别地方经他改动。细读之后，才知道他的兴趣之广。藏书中主要类别有戏剧、小说、画谱、宝卷、弹词、考古、金石、文集、诗集、词集、目录、方志、丛书等等，而以戏剧、小说、插图本书为最精。除此而外，他也注意社会经济史料，例如抄本的《光绪十九年嵊县保甲烟户丁口册》《贵阳府属道里册》《都匀府亲辖村塞道里册》《平越府属、黎平府属物料价值》，和刊本的《北新关商税则例》《闽海关常规则例》《同治十年广和号刊丸散膏丹集录》，等等。这一万五千多种书，是他一生缩衣节食，四处搜访，极一生精力得来的。他为国家积累了这笔财富，对国家对人民作出了贡献。

三年前，在缅甸使馆酒会之后，知道他出国去了，也和往常一样，以为不久可以回来。谁知不多几天后，在北京车站上，碰见夏衍同志，他容色惨白，低声对我说："告诉你一个不好消息，振铎死了。"这简直是晴天霹雳，一时被这消息震惊得说不出话来。第二天见报，才知道飞机失事的详情。三十年的老师和朋友，就此永别了！经常关心我，鼓励我，学术上和政治上的同志，就此永别了！

我参加了他的追悼会，也参加了送葬行列，送到墓地，眼看他骨灰下葬。但是，纪念文字总是写不出来，因为一提笔就难过，就流泪，写不下去。这么一个体格健壮、永远乐观、生龙活虎般的人，怎么能忍心写他死去呢？三年了，我没有写文章。

我每一次进历史博物馆，总是想到西谛先生，他要活着，该是如何喜悦。

我每一次参观革命博物馆、军事博物馆，也不由地想到西谛先生，他要活着，该是如何喜悦。

同样，我每一次在报纸上看到收藏家捐献给国家以名贵图书和器物的消息，也不由自主地想到西谛先生，他要活着，该是如何喜悦。

西谛先生，你的藏书已经成为全民的财产了。你的未竟的事业，有成千上万的人在继承着。我想，你要是知道了，也还会说"好极了！好得不得了！"的。我们就以此告慰你在天之灵吧！

（选自《图书馆》1961 年第 3 期）

西谛藏书题跋选录*

郑振铎

一、日月刻度通书一卷

清道光二十六年刻本　一册

此为今存之第一部中西合璧历书,于东西文化交通史上关系极大。予从郭石麒处得之,为之狂喜不已。石麒盖从吴县胡玉缙氏遗书中搜得者。胡氏书已尽为南北各书贾所购,散于各地,予于此书外,仅获清代文集数十种耳。民国三十一年一月二十二日幽芳阁主记。

二、素园石谱四卷

明林有麟编　明万历刻本　四册

《素园石谱》,明刊本殊罕见,初印者尤少。此本予于十五六年前得之北平,仅有第三及第四卷。不意顷复于忠厚书庄得第一、二卷,恰成全书,且恰是不远复斋旧藏之一部,诚奇缘也。癸未冬十月十六日纫秋居士书。

三、清晖阁批点玉茗堂还魂记二卷

明汤显祖撰　明刻本　四册

昔李开先藏词曲甚富,自称词山曲海。黄莪圃亦多收词曲,自颜其所居曰"学山海之居"。予弱冠而好收书,历三十载,所得所见不下二三万种,就中亦以词曲为多。惜以家贫多累,每睹好书未能尽收耳。尝得《杨升庵夫妇散曲》《夏桂洲词》《陶情乐府》《碧山乐府》《沜东乐府》《夏旸词》诸书,均明刊本也。劫中复得秦时雍《秦词正讹》半部,尤为得意;而明刊传奇所收亦多,《西厢》《还魂》二种尤着意罗致异本,尝于南北各肆搜得明刊《西厢》各本凡十四五种,刘龙田本最为罕见,独以未有嘉靖以前刊本为憾耳。遂从《雍熙乐府》中辑得《西厢》全曲,后孙君楷第以活字印出,世人乃稍睹《西厢》本来面目。至《还魂》一记,今人所知者都为冰丝馆删本。暖红室所刊亦是翻冰丝馆本。《六十种曲》收《还魂》二部,一是原本,一是改本,知者已罕。至明万历原本则见者益少矣。予有万历刊石林居士序本,白棉纸印最

为精好，插图出虬村诸黄手，尤流丽可爱，线条细如毛发，而人物神态活跃有声色，他本皆不及远甚。冰丝馆本插图即出于此本。继又获《清辉阁批点玉茗堂还魂记》一种，则为冰丝馆本批点所自出，予尤宝爱之。自罹劫以来，予旧藏书烬于兵火者半，出以易米者亦半，书库中物垂垂尽矣。独此二种及其他词曲诸本守之未失。纫秋。

四、汝水巾谱一卷

明朱术洵撰　明崇祯刻本　一册

《汝水巾谱》为张菊生先生所贻。明人有《冠谱》，见四库存目，予尝见一旧钞本。此《巾谱》别是一书，四库未收，且刊刻极精，洵异品也。

纫秋。

五、录鬼簿二卷续篇一卷

明抄本　二册

十七八年前，赵斐云先生自北平南下访书。时马隅卿先生方归四明读书。我辈偶发豪兴，欲至甬访之，借以登天一阁观未见书。海上台风适大作，未能成行。便先至杭州，转绍兴，至宁波。中途赶车，独雇大汽车一，飞驰而去，西湖鉴湖之胜，皆不暇揽之矣。至则与隅卿先生日夕欢谈，意兴豪甚。隅卿出札记数册相视，皆有关小说戏剧之掌故与史料也。予与斐云大喜过望，竟抄数十则。又有《明代版画刻工姓氏录》一册，予睹之如获异宝。隅卿云：此录创始于陈大镫氏，王孝慈得之，复加增补若干人。隅卿从孝慈处抄出，又就所知补入若干。予请于隅卿，穷半日之力，复传录之。就所忆及者，又补入若干。隅卿更就予所补入者补入焉。此数日放诞高论，旁若无人，自以为乐甚。夜寓隅卿老宅东厢，屋顶作半穹形，大似明代版画中之图式，古趣益然。予尝笑谓二君曰：是入王伯良校注"西厢记"之画中矣。隅卿日奔走谋一登天一阁，而终格于范氏族规，不得遂所愿。盖范氏尝相约，非曝书日即子孙亦不得登阁也。于是我辈乃谋访鄞地各藏书家，尽数日之力，于冯孟颛、朱鄮卿、孙蜗庐诸氏所藏，皆得睹其精英焉。孟颛所藏姚梅伯稿本甚多，予抄得姚氏《今乐府选全目》，殊为得意。鄮卿藏曲子亦不少。蜗庐于书深藏秘锢，而于我辈则尽出其佳品。《女贞观重会玉簪记》是白绵纸本，劫中曾出现于沪市，予无力收之，为徐君伯郊所得。而为余辈所最惊心动魄相视莫逆于心者，乃是明蓝格抄本《录鬼簿》一书，后附无名氏《续录鬼簿》一卷，为研究元明文学史最重要之未发现史料。余辈丐求携归细阅一过，蜗庐慨然见允，他书遂亦无心相赏矣。立携书归，竭三人之力，于灯下一夕抄毕。后此抄本北大曾付之影印。又于大酉山房见姚氏之《今乐考证》，亦矜为秘籍。后为隅卿所得。北大亦尝为之付印。此行所获良多，归装固不俭也。隅卿所藏书尽散，蜗庐所藏顷亦为杭贾挟之沪上求售，予见明蓝格抄本《录鬼簿》，不能不动心，索六十万金，乃举债如其数得之。亟函告斐云，斐云云，将为一跋以记之。予乃述我辈访书经过，以示斐云。呜呼！当时少年气盛，豪迈不可一世，今友朋之乐尽矣，谁复具好书之癖如我辈者？而斐云与予亦垂垂老矣！

三十五年十月二十八日郑振铎。

六、石仓历代文选二十卷

明曹学佺编　明崇祯刻本　十六册

《石仓诗选》余求之二十余年，尚未得其全。礼府藏本已东去，是终天之憾。此《石仓文选》尤为罕见，虽价昂却不能不收。书出宁波，疑是天一阁物。

一九五六年九月十五日　西谛记

此石仓国初文选二十卷，未见诸家藏目著录。来薰阁主人陈济川从鄞大酉山房林集虚处得之。我一见即惊为秘籍，亟挟之而归，价百金殊昂，然不遑计及之矣。玄览堂所聚总集中，此是白眉。

程本丘文（卷十九）多有关滇南史地，于研究边境少数民族文献之人颇有用。

七、新刻山海经图二卷

明刻格致丛书本　二册

此格致丛书本也，却不多见。予已有明镌有图本《山海经》二种，董会卿得此书于上海，予见之，亟向之购得，并此乃得三矣。胥是模糊影响、向壁虚造之谈，颇富想象之力，亦多创作之艺，论美术史者固应收之也。

一九五六年十月十七日西谛记

八、夷门广牍存五十五种

明周履靖编　明万历二十五年刻本　四十三册

周履靖编的《夷门广牍》收入奇书异籍不少，惟全书究竟有多少种，迄无总目。涵芬楼影印本是最多者，但仍非全书。其中讲修真的几种，稍涉亵语，便有意删去不印。惟亦有无意失收者，像这个残本里的《续易牙遗意》，就是一个例子。予收得《广牍》零种不少，却未能配全。此一本是今春由萧新祺送来的，亟收之，他颇懂书，常访得异本归予，价也不甚昂也。

一九五六年十月二十二日西谛。

九、天章汇录不分卷

清陈弘谋编　清培远堂活字印本　四册

见此书于来薰阁案上。陈济川云是活字本。录清代御撰书题跋目录，甚罕见。顷方于效贤阁取来。予翻阅一过，即挟之以归。这是陈弘谋所排印的，中缝有"培远堂"三字。研究目录学的人殆皆未见此书。虽所录都为习见之作,而其体例则是一种创作也。

一九五六年十一月四日灯下,西谛记。

十、玉台新咏存六卷续玉台新咏五卷

明嘉靖刻本　三册

此嘉靖刊本《玉台新咏》十卷,《续玉台新咏》五卷,诸家书目皆未见著录。带经堂从广州购书数百种,中有此书,予一见即收之,虽中缺五至八卷,亦无伤也。欲夺之者颇众,但终归予有。西谛一九五六年十一月十日灯下。

《木犀轩旧本书目》有嘉靖仿宋本,当即此书。

一一、哲匠金桴存四卷

明杨慎撰　明隆庆刻本　四册

此明隆庆刊本《哲匠金桴》五卷,写刻至精,是《佩文韵府》等书的先声。各家书目皆未载。一九五六年十二月二十二日下午晴空碧静,心意畅恰。偕王君崇武至隆福寺文渊阁得"水明楼""纺授堂"诸集,骤若贫儿暴富,快意之极。复同往中国书店询常熟所购邓志谟五局传奇消息。店中人云:书已寄到,即取出阅之,果是百拙生之作,即挟之归。他们复取出明板书数种,《哲匠金桴》亦在其中。予以其罕见,虽缺失卷首,亦收之。似斯类奇书,稍纵即逝,固不能论全缺也。西谛记。

一二、钓台集三卷

明杨束编　明万历刻本　一册

此明万历刻本《钓台集》三卷,疑非全书。序云十卷,但目录实只三卷,不知何故?惜未得他本一证之。王富山从宁波购得残本书不少,此亦其一。又有明刻《国雅》数册,恰能配齐前收之不全本也。

一九五六年十二月二十三日西谛记。

一三、唐皮日休文薮十卷皮从事倡酬诗八卷

唐皮日休撰　明万历三十六年许自昌刻本　四册

许自昌刻皮日休《文薮》十卷,《倡酬诗》八卷,予得之北京来薰阁。数年来予发愿欲治唐人诗,惜所得不多,未敢即行着手。然俟材料俱备,则将待之何年何月乎?只好一面广搜诸本,一面进行校读耳。许氏所刻诸唐人集,予已得不少,今复获《皮氏文薮》,自是快意,不

知何时始能并得陆鲁望《甫里集》也。一九五六年十二月二十四日灯下西谛记,时万籁俱寂,枯笔着纸之声可闻也。

一四、纺授堂集共二十六卷

明曾异撰　明崇祯刻本　八册

《纺授堂诗集》八卷《二集》十卷《文集》八卷,明曾异撰著。《禁书目录》入全毁目中。带经堂从福建购来,我一见即收之,故价乃奇昂。得读奇书,即是一福,固不必问值也。一九五六年十二月二十五日灯下西谛记。

一五、水明楼集十四卷

明陈荐夫撰　明万历刻本　六册

隆福寺带经堂从福建购得好书不少,此陈荐夫《水明楼集》,与曾异撰《纺授堂集》乃是其中白眉,而皆为予所得,自诧书运不浅也。一九五六年十二月三十日灯下西谛记。

一六、唐书志传通俗演义存七卷

明熊大木编　明周氏大业堂刻本　七册

余尝于三年前从孙实君处得明周氏大业堂刊本《唐书志传通俗演义》六册,虽是不全本,亦以重值收之,盖明刊小说书最为难得,大业堂镌小说不少,余一本都无,故遇此书尤不肯放过。今晨偕晓铃访书隆福寺,晓铃云:粹雅堂颇有零本好书,因同过之。主人张君出此相示云:彼旧曾经营三友堂,知三友堂所得小说戏剧书多归余。孙实君之唐传亦系彼所售予,中缺五六两本,今此第六本理应亦归之余。余额之,乃以四十金取归,不知其第五本何时可得也。西谛。

一七、爱琴馆评选诗慰存十四家

明陈元衡编　清澄怀阁刻本　四册

余先得陈元衡《国雅》,但历访南北各肆,求《诗慰》却不可得。即董某复刻本亦未有。顷乃于上海来薰阁得原刻《诗慰》四册,虽残缺不全,亦欣然收之。曾至北京图书馆抄得《诗慰》全目,计初集二十家,此本存者凡十四家。二集续集八家则此本均无有。北京图书馆藏本所缺高淳邢孟真的《石臼后集》一卷,此本却有之。海内有此书者,恐无第三家也。此书入《禁书总目》(全毁),故流传甚少。一九五七年一月十日西谛记。

一八、代言选五卷

明倪元璐撰　明刊本　四册

倪元璐集今传世者凡数种,独此三刻《代言选》五卷,乃陆贽制诰苏轼内外制的同类,却未见传本。一九五七年一月十九日傍晚至隆福寺修绠堂,检阅案上乱书,得之,大喜携归。王思任、文震孟、王铎三序尤能阐发作者的用心。觉斯以书名,予数见其墨迹,无当意者,此序却写得潇洒飞动,大见精神,名下诚无虚士也。西谛记。时方集数残本《石仓》《大明一统名胜志》,细细查对,尚阙十余卷,未得成一完书,殊见闷损,而夜已深矣。

一九、文体明辨存三卷

明徐师曾编　明建阳游榕活字印本　一册

宋元活字本书,今不可得而见矣。今存的最古活字本,都是明人所排印的。唐人集以铜活字印者近百家,《太平御览》《太平广记》均有明活字本。无锡安氏、华氏均用活字印书。蓝印活字本《墨子》最为显赫,却不知为何地所印。予收明清二代活字书不少,明代所印的虽都为残本,却多半是不见著录者,此《文体明辨》亦是残书,乃明建阳游榕制活板印行,雕板史上又多一重要的人物矣。

一九五七年一月过三友堂得之,彼方自山西收书归来。西谛。

二○、乾隆戊戌年缙绅全书不分卷

清乾隆刻本　四册

前见滂喜斋潘氏有《康熙缙绅录》,诧为罕见,跋之者颇多。三年前,予于杭州得《崇祯缙绅录》,则当为今知的最早的一部了。顷于琉璃厂邃雅斋复见乾隆戊戌(四十三年,公元一七七八年)的"缙绅全函",虽时代较晚,而内容包罗甚广,于舆图外,每府均注出要缺、中缺、简缺及风俗、学校、土产和养廉银数。每县更有地丁银数、杂税银数、仓谷石数和办公银数,是大好的清代中叶经济史料也。不仅仅记载职官姓氏而已,因亟收之。与崇祯一部,并庋于架上。时一九五七年二月二十日,日色大佳,渐透春色,久郁的情怀也殊是畅适。西谛记。

二一、唐人选唐诗六种

明万历刻大字本　六册

唐人选唐诗向来只见有汲古阁刻《御览诗》《箧中集》《国秀集》《河岳英灵集》《中兴间气集》《搜玉小集》《极玄集》《才调集》八种。后获明仿宋刻本《国秀集》,乃知选刻唐人诸选,其风亦自南宋书棚创之。又得明刻本《才调集》,则知明刻亦非一二种。顷从北京中国书店得此本,所存几箧中、国秀、河岳英灵、中兴间气、搜玉及极玄六种,系明万历年间刻大字本,又出仿宋汲古诸本外,书囊无底,信然也。一九五八年二月十六日上午于开会后偕赵斐云、夏作铭二君同游书肆,获之,甚是高兴。时风日晴和,大似仲春佳。晨此书久久杂庋乱书堆中,无人过问,一旦脱颖而出,大是庆幸。西谛。

二二、蔡中郎文集十一卷

汉蔡邕撰　明万历元年茅一相刻本　六册

《蔡中郎集》以明华坚活字本为最罕见,今则收入《四部丛刊》中,家有其书矣。次为徐子器本,又次为余汝成本,此书则为茅一相编刻本,斟酌诸本异同,颇为精善,惜世少知者。予从北京隆福寺修绠堂得之,与徐余二本并储诸玄览堂中,好书日少,即得此明刻亦复自喜。西谛,一九五八年二月十七日丁酉除夕。

二三、贞白集存一卷

梁陶宏景撰　明嘉靖三十一年黄省曾刻本　一册

予锐意欲收六朝及唐人集,惜入手已迟,所得无多,不能不兼及断简残编。此《陶贞白文集》,虽仅存下卷,重其为五岳山人刻本,故亦购之(从修绠堂购得)。西谛,一九五八年二月十七日丁酉除夕。

二四、高常侍集十卷

唐高适撰　明正德刻本　二册

《高适集》明活字板本,凡八卷,有诗无文。又有张逊业东壁图书府本,亦只有诗二卷。以后翻刻张本的诸明刊《十二家诗》,像许自昌、杨一统所刻的也都是二卷本。四库收的是十卷的影宋钞本,于诗八卷外,第九、十两卷是文,最为完备,惜未有复刻本。曾在北京隆福寺修绠堂架上,见有明正德嘉靖间复宋刻本一部,亦是十卷,有诗有文,一时匆促,未及购之。今天是夏历戊戌年元旦,偕赵万里君游厂甸,偶忆及此书,因亟往修绠堂取之归,玄览堂所储唐人集又多一善本矣。一九五七年夏曾在藻玉堂取得一部明正德刻本《王昌龄集》,凡三卷,每半页十行,行十八字,与此本正同。闻正德时,曾刻王、高、孟、岑四集,惜予仅得王、高二集,颇疑此种十行十八字本盛唐人集当不止是四家,且似不限于盛唐一代。朱警刻的《唐百家诗集》,亦是十行十八字,疑均出于南宋的书棚本。朱本有王昌龄、孟浩然二家,却无高、岑,不知何故。研讨唐诗刻本是一大学问,非广搜异本、多集资料,不易有可靠的结论也。一九五八年二月十八日灯下郑振铎记。

二五、六朝诗集五十六卷

明嘉靖二十二年薛应旂刻本　十二册

一九五八年二月十九日到琉璃厂藻玉堂购得此书，方治汉魏六朝人诗，得此明刻六朝人集中的白眉，喜可知也。西谛。

予于数岁之前，方动广搜六朝唐人文集之念。唐集多而较易见。六朝文集则于汪世贤、张燮、张溥诸本外，绝无所得。即张燮所刻七十二家，亦可遇不可求。予所有者不过二十余家耳。至《蔡中郎集》《曹子建集》《二俊集》《陶渊明集》则异刻较多，予亦未能尽得之。去岁之春，始得嘉靖刻本刘孝绰、刘孝威集；其夏，又得梁武帝、梁简文帝集，皆是半页十行十八字本。梁武帝集前并有嘉靖癸卯（公元 1543 年）薛应旂序，乃知诸集皆应旂所刊。他究竟刻了多少种，是否有所本，则不可知。入春以来，书运甚佳，既得明万历本《唐人选唐诗六种》于中国书店，复得明茅一相刻本《蔡中郎集》于修绠堂，深感书囊无底，佳本仍不难得也。今晨过厂甸藻玉堂，王子霖云：有薛刻六朝人集，甚是精善，即出以相视，乃是薛刻全书也。凡收六朝人诗二十四家，于梁武帝、简文帝、二刘外，有梁宣帝、梁元帝、后周明帝、陈后主、隋炀帝、陈思王（四卷）、阮嗣宗（三卷）、嵇中散、陆士衡（七卷）、陆士龙（四卷）、谢康乐、谢宣城（五卷）、谢惠连、鲍照（八卷）、江文通（四卷）、何逊（二卷）、沈约、阴铿、王子渊、庾信（二卷）等二十家。颇疑是从宋书棚本复刻。北大图书馆所藏李氏书中亦有此本，亦是二十四家。明人所刻汉魏六朝人集，当无早于此刻者。明末闵氏汇刻《萧梁文苑》一书，也是以这部书为底本的。暇当用汪张诸本细校一下。西谛又记。

二六、新镌女贞观重会玉簪记二卷

明高濂撰　明黄德时刻本　二册

将近三十年了，当我第一次见到这部书的时候离开现在。那时，赵斐云将赴宁波访书，马隅卿恰好闲居在家乡。斐云约我同行。我少年好事，一诺无辞。海上飓风适大作，不能作海行。乃经杭州、绍兴，乘大汽车达宁波。我们住在隅卿老宅的东厢，昼夜豪谈。谋登天一阁不得，则访书于冯孟颛、朱鹯卿、孙祥熊三家。孟颛、鹯卿皆尽出所有，以资探讨。孙君独吝，迟迟乃出明蓝格抄本《录鬼簿》后附有续编者，及明白绵纸刻本《女贞观重会玉簪记》二书。二书出它皆黯然失色。我们相顾动容，细细翻阅数过，于《玉簪记》的插图，尤为欣赏不已。然终不得不捧书还之。独于《录鬼簿》则不忍一释手，以其中的戏剧资料均为第一手的，少纵即逝。乃向主人力请一假，约以次日归赵。孙氏慨允我们之请。我们心满意足，抱书而回。就在当夜，拆书为三，由我们三人分写之，这是值得通宵无眠地来抄写的。这部抄本后来由北京大学付之影印，人人均可得见之了。过了十多年，在一九四六年冬天，杭贾赴鄞购得《录鬼簿》及《玉簪记》，欲以归予。我久不购书，且方在穷乡，亦无力以得之。然如见老友，实在舍不得放开它们。不得已乃举债以得《录鬼簿》，却无能并获《玉簪记》了。后闻《玉簪记》已为徐伯郊所有，则不复更作收藏想。不意年初上海古籍书店函告云：有白绵纸本《女贞观重会玉簪记》欲得之否？颇疑即是前书，姑函索阅，书至果即是孙氏物也。三十年梦魂相思，终得有之，能不谓为书缘有合乎？十多年前，鱼与熊掌势不可得兼，不意十多年后，二书竟能璧合。此书索价至四百金，可谓昂甚，然不能不取之。聚书满家，独此二物萦系心头，似灿灿作光。不仅书是白眉，即遇合亦甚奇也。一九五八年四月十四日郑振铎记，时小园中红梅正含苞欲放，丁香、海棠均茁嫩叶，而郊外柳色已黄，春光徘徊，中人欲醉。

二七、新镌赤心子汇编四民利观翰府锦囊八卷

明刻本 二册

此明代坊间编刊的日用书之一，亦是建本而出于徽郡者。冶秋为予得之。此类书予收得不少，将作一综合的研究。一九五八年四日二十日西谛记。

二八、新镌古今大雅北宫词纪六卷南宫词纪六卷

明陈所闻编 明万历刻本 十二册

予于三十余年间，先后收得陈所闻选的《南北宫词纪》八部之多。初收的几部，但求其少烂板断板而已。后乃进而求其初印无缺字者，但终不免每卷均有缺页、并页之处。《北宫词纪》卷五及卷六的目录中，间有各附插图一页的，得之已为之惊喜不置，不意最后乃获初印的《北宫词纪》和《南宫词纪》各半部，《北宫词纪》卷首并有诗人姓氏三页，插图四页，但其中仍有并页之处。数年之后，复得一初印的残本，恰好配成全书。其《南宫词纪》卷四的第四十九页、第五十页各本皆缺者，复于别一本里凑齐之，于是这本百衲衣似的《南北宫词纪》乃终于成为一部完整无缺的本子了。像这样完整的《南北宫词纪》恐怕是很少见的，可能是人间无二的本子也。不讲版本之学的人其能想象得到一书之求全求备，乃艰苦至此乎？这不是什么好奇好事之举，研究元明文学者能舍散曲不谈么？谈散曲者能不备这本《南北宫词纪》么？作为科学研究的必备之书，其能没有最完整不缺的好本子作为研究的根据么？把这部书好不容易地凑成为完整不缺的一部，当不是什么没甚意义玩弄版本的事。今天中国书店把这部书装订好送来，整旧如新，乃可阅读。于灯下细细翻看，颇自喜慰，遂提笔漫记如上。一九五八年九月三日深夜西谛记。

（选自《图书馆》1961 年第 3 期）

谈谈振铎同志搜集和收藏的戏曲书

赵万里

已故文化部副部长郑振铎同志是五四运动以后著名的作家、文学活动家、卓有成就的中国文学史的研究工作者，并且是一位名闻中外的藏书家。他的藏书方面很广，其中古典戏曲书籍，不仅数量非常可观，而且在全国私藏范围内，质量也居首位。

远在 30 多年前，那时振铎同志正在北平燕京大学和清华大学教书，曾将自藏戏曲书籍为中国文学系同学举办了一个中国古典戏曲书籍展览会，会上最吸引人的要算明代刘龙田刻本《西厢记》和玩虎轩刻本《琵琶记》。振铎同志对刘龙田刻的《西厢记》看成是个嘉靖年间刻本，因此自认为这是流传到现在的最早的刻本《西厢记》（那时弘治十一年北京刻本《西厢记》尚未发现），其实这话未必可靠。刘龙田书肆的活动时期约在明万历中期，他家刻的《三国志传》《胤产全书》《千家姓》《古今玄相》《诗经发颖集注》《文房备览天下难字》《伤寒活人指掌》《伤寒论》等书数十种，无一不是万历年间刻本，《西厢记》似乎不可能是例外。玩虎轩是明代后期徽州人汪光华开设的书铺，除了《琵琶记》，还刻有曲选《征歌集》和其他通俗文艺书籍。玩虎轩本《琵琶记》中的插图，精美异常，《南浦送别》等幅，工致妍丽，尤为动人。这部书，大家公认为图文并茂的徽派版画的代表作。

振铎同志对搜集元明杂剧资料方面最巨大的功绩，要数他在 1938 年中国人民最艰苦的岁月里，他在上海克服了无数障碍，抢救了一部明代赵清常抄校本《古今杂剧》，终于使它全数脱险。原书 72 册，现存本缺少 8 册，仅存 64 册。其中收着元明杂剧 242 种，包括元人关汉卿、王实甫、马致远、白仁甫、高文秀、郑德辉、李文蔚、秦简夫、孟汉卿、戴善夫、郑廷玉，明人贾仲名、杨文奎、朱有燉、康海、杨慎等著名戏曲家的作品，和元明两朝佚名作家的历史剧和神仙剧多种。其中一半以上是外间未经流传的仅有的本子。这一发现，轰动了当时整个戏曲界和文艺界。商务印书馆特地根据此书精选了 144 种，编印为《孤本元明杂剧》一书，可惜其中某些内容为王季烈等改易，失去了真相。1957 年振铎同志为了纠正商务印书馆印本的缺点，又把它重新影印出版。这就是大家见到的《古本戏曲丛刊》第四集的《古今杂剧》了。

1938 年振铎同志收得明抄本《古今杂剧》后不久，就把原书送到那时北京图书馆上海办事处保存。直到现在，这部书就成为北京图书馆所藏古典戏曲中最宝贵的善本，永远属于人民所有。我们摩挲陈编，缅怀过去，不能不对振铎同志表示无限的敬意。

振铎同志对明清曲本的搜集工作，成绩也相当可观。除了《琵琶记》《牡丹亭》《燕子笺》《长生殿》《桃花扇》等著名曲本的各种版本，有见必收，详细著录外，他如施惠的《幽闺记》、朱权的《荆钗记》、薛近兖的《绣襦记》，苏复之的《金印记》、徐复祚的《红梨记》、周复俊的《红梅记》、汤显祖的《紫箫记》、高濂的《玉簪记》、金怀玉的《桃花记》、陆江楼的《玉钗记》、孟称舜的《娇江记》《贞文记》、孙仁孺的《东郭记》、史槃的《宋璟鹣钗记》等，都有外间罕见的藏本。这些藏本，多数是明朝后期南京书坊和苏州、杭州、徽州、吴兴等地书坊刻印的。明朝万历年间南京三山街一带书坊刻印的曲本，风行南北，销路远及国外。刻印量最大的书坊有五家：唐氏富春堂、文林阁、世德堂、广庆堂和陈氏继志斋。陈氏继志斋主人名大来，他家刻印的元明杂剧和明代传奇最多，还广选元明散曲编为《南北宫词纪》一书。振铎同志藏的《南北宫词纪》，初印、完整、缺叶少，书中还附有木刻画若干叶。这些特点，是他家藏本所罕有的。

17 世纪中叶，正当明清之际，民族矛盾和阶级矛盾非常尖锐。那时以苏州为中心，许多职业剧作家从实际生活和斗争中吸取营养，从历史故事和传说中遴选题材。他们之中多数剧作家跳出了玉茗堂炼辞琢句的藩篱，不在字面上下功夫。其中李玉的作品，思想性最强，他一共写作了 30 多个传奇，现在能够见到的刻本，有《一捧雪》《人兽关》《永团圆》《占花魁》《两须眉》《清忠谱》《眉山秀》等七种。振铎同志在《古本戏曲丛刊》第三集的序言里，对这一时期这些作品推许备至。他写道：

> 这部三集所收传奇，以明清易代之际的十八位大作家的剧本为主。李玉他们，像关汉卿、高文秀、郑德辉，是以写作剧本供应剧团的演出为生的。他们的创作力，极为充沛，取材极为广泛。在他们的手里，任何内容的题材，都运用得生动活泼，深入浅出。他们写锈户传娇的情事，也写热闹非凡的大戏。没有比这个时代这些作家们的剧本，更受梨园子弟们欢迎的了。这些作家们大多数是苏州人，用的是水磨调的昆山腔，对白还用的是苏州话，但照样流行于全中国。

振铎同志平时在谈论中甚至把李玉他们的创作活动和元初以大都（北京）为中心关汉卿、王实甫为首的创作活动相比拟。按照政治标准第一、艺术标准第二这一基本原则来衡量当时苏州派剧作家的作品，我们觉得振铎同志这一科学的评价，是有其独到的见地的。

远在二十七八年前，振铎同志曾在苏州发现百种手抄曲本，其中一部分就是梨园行流传下来的苏州派剧作家的作品。振铎同志重价收得后，如获异宝，特地写了《钞本百种传奇的发现》一文来引起人们注意（《中国文学研究》）。其中外间罕见的作品有李玉的《千钟禄》《太平钱》，叶时章的《英雄概》《渔家乐》《艳云亭》《乾坤啸》，朱素臣的《朝阳凤》《十五贯》《未央天》《聚宝盆》《翡翠园》，毕万侯的《竹叶舟》，丘园的《幻缘箱》《一合相》，张大复的《醉菩提》《吉祥兆》《重重喜》，陈二百的《称人心》，等等传奇。由于振铎同志的大力发掘，以后在北京藏书家和梅氏缀玉轩、程氏玉霜簃的藏曲中，又续有发现。现在印入《古本戏曲丛刊》第三集的十多家的曲本，就是现存的这一时期这些作品最大的结集。

总之，振铎同志一生所搜集和收藏的古典戏曲书籍，名目繁多，限于篇幅，不能一一备举。今后全国文学艺术界，在党的"百花齐放、百家争鸣"方针的指引下，一定会从这批文化遗产中吸取养料，推陈出新，在社会主义文化建设中发挥它们应有的作用。

（选自《图书馆》1961 年第 3 期）

版本学与图书馆

顾廷龙

图书馆学和目录学,为科学研究者特别是图书馆工作者需要研究的两门科学,这是大家公认的,还有版本学和校雠学,也很重要,也需要大力开展研究工作。校雠学在过去有人写过《校雠学史》及《校雠学》等专书,成为一门专门科学是没有问题的,而版本学,虽则常有人称为"版本之学",但只认为它是目录学的一部分。我以为自有图书以来,从时间说,年代久远而获得长期的流传,是一书必有许多本子相嬗递的;从空间说,传播广泛,无远弗届,国内一印再印,国外也有各种文字的翻译。因此,要了解哪个本子好和哪个本子差,这个本子从哪个本子派生而来,其中问题很多,事实上需要加以成立一门科学。

什么叫作"版本之学"? 有人把它看得很狭,好像仅仅限于究讲宋元旧刻。讲究宋元旧刻,固然是"版本之学"的一项内容。但是在雕版以前的简策、缣素,一写再写,不也就是不同版本吗? 现代铅印和影印的出版物,一版再版,不也又是不同版本吗? 依我看来,版本的含义实为一种书的各种不同的本子,古今中外的图书,普遍存在这种现象,并不仅仅限于宋、元古籍。在 9 世纪以前,经过不断的传写,在印刷术发明以后,经过不断的刻印,因而产生了各种不同本子。有了许多不同本子,就出现了文字、印刷、装帧等等各方面的许多差异。研究这些差异并从错综复杂的现象中找出其规律,这就形成了"版本之学"。所以版本学的内容实在是相当丰富的,如关于图书版本的发生和发展,各个本子的异同优劣,制版和印刷的技术,版本的鉴别,装订的演变以及研究版本学的历史等等,应该可以成为一门专门的科学。

北齐颜之推在《颜氏家训》的《勉学》一篇里记载了一则有关版本的故事:

> 江南有一权贵,读误本《蜀都赋注》,解"蹲鸱芋也",乃为"羊"字。人馈羊肉,答书云:"损惠蹲鸱",举朝惊骇,不解事义,久后寻迹,方知如此。

此因读误本,造成笑柄,所谓"差以毫厘,谬以千里",可见选择版本的重要。清代学者卢文弨云:

> 书所以贵旧本者,非谓其概无一讹也。近世本有经校雠者,颇贤于旧本,然专辄妄改者,亦复不少。即如九经小字本,吾见南宋本已不如北宋本;明之锡山秦氏本,又不如南宋本。今之翻秦本者,更不及焉。以斯知旧本之为可贵也。

卢于宋本《白虎通》虽有误字而尚多佳胜,尝云:"一二误书,尚可循形与声而得其本字。若近世本则不加思索而径改矣。"这就说明了本子的优劣,非经校勘不可。段玉裁云:

> 校书之难,非照本改字不讹不漏之难也,定其是非之难。是非有二:曰底本之是非,曰立说之是非。必先定其底本之是非,而后可断其立说之是非。二者不分,缪辑如治丝而棼,如算之淆,其法实,而瞀乱乃至不可理。何谓底本?著书者之稿本是也;何谓立说?著书者所言之义理是也。

所称"底本",又称"必先定底本之是非",是谓究极根源,求得其祖本,以明其是非。近人张元济辑印《四部丛刊》和《百衲本二十四史》,尽力搜集旧本以求校正今本,有很多新的发现。例如:《四部丛刊续编》中《愧郯录》各本都缺十叶,后得祁氏澹生堂钞本半部,其中就有此十叶,得以弥补了向来的缺憾。又如《史记》,在宋刻黄善夫本未出以前,当推殿本校印最好,但经张氏校勘下来,发现殿本误夺甚多。如《孝武本纪》:"后常三岁一郊是时上求神君"下,黄本索引正义,比殿本多出二百又三字。还有《汉书》宋景祐本在《外戚传》上,一叶之中,颜师古注比殿本增出十二段四百十一字。其它各书也各得补正甚多。以上所说,都为版本学的作用。

"版本之学"始于何时?观于商周彝器、秦诏莽量,往往有同文异范的,如《虢叔钟》《史颂敦》之类,此可谓版本的权舆。直至西汉,则扬雄、刘向用不同本子的书籍,大事校雠。当春秋战国之世,中国学术,是从"官守"变而为在"私门";从"致用"变而为"明理",在"尊旧闻"变而为"贵自发舒"。诸子百家,开展争鸣,学术昌明,撰著纷出。到了汉武帝时,罢斥百家,表章六经,号令文章,焕然可述。成帝河平三年(公元前26年)秋,诏光禄大夫刘向校经传、诸子、诗赋,步兵校尉任宏校兵书,太史令尹咸校数术,侍医李柱国校方技。刘向死后,子刘歆继续前业。校书需讲版本,才能比勘文字。刘氏所校各书,搜罗的本子,有中书、外书、太常书、太史书、臣某书等等。《列子叙录》说:"所校中书《列子》五篇,臣向谨与长社尉臣参校雠太常书三篇,太史书四篇,臣向书六篇,臣参书二篇。"又说:"中书多,外书少。章乱布在诸篇中,或字误,以'尽'为'进',以'贤'为'形',如此者众。及在新书有栈校雠从中书已定。"《晏子叙录》说:"所校中书《晏子》十一篇,臣向谨与长社尉臣参校雠太史书五篇,臣向书一篇,参书十三篇。"又云:"中书以'天'为'芳'又为'备','先'为'牛','章'为'长',如此类者多。"刘向为校雠学之创始者,实亦为版本学之创始者。到了宋代,版本学得到进一步的发展。岳珂校刊《九经三传沿革例》称以家塾所藏唐石刻本、晋天福铜版本、京师大字旧本、绍兴初监本、监中见行本、蜀大字旧本、蜀学重刊大字本、中字本、又中字有句读附音本、潭州旧本、抚州旧本、建大字本、俞韵卿家本、又中字凡四本、婺州旧本,并兴国于氏、建余仁仲凡二十本,又以越中旧本注疏、建本有释注疏、蜀注疏,合二十三本,专属本经名士,反复参订。这是校雠家之言版本的。藏书家尤袤广搜众本,尝编《遂初堂书目》著录了不同版本,如成都石刻本、杭本、旧监本、京本、高丽本、江西本、川本、严州本、吉州本、越州本、湖北本、旧杭本、旧本、川本小字、川本大字等,这是藏书家之言版本的。到了明末清初,藏书之风渐盛,研究版本之学亦大盛,毛晋、钱谦益、钱曾、何焯、季振宜等相继而起,并有撰述。乾嘉以还,考据之业,可谓鼎盛,于是研究版本之学,也得到更进一步的发展。当时做研究工作的人,必研究版本;藏书家也必研究版本。卢文弨、钱大昕、段玉裁、阮元、顾千里等,是为校雠而研究版本的;近人余嘉锡介绍他们的工作情况说:"一事也,数书同见,此书误,参之它书,而得其不误者焉;一语也,各家并用,此篇误,参之它篇,而得其不误者焉。文字、音韵、训诂,则求之于经,典章、制度、地理,则考之于史;于是近刻之误,宋元本之误，以及从来传写本之误，罔不轩豁呈露，了然于心目，跃然于纸上。"这是一派。鲍廷博、吴骞、陈鳣、黄丕烈等，是为搜集版本而从事校雠的；所谓"识书之道，在广见博闻，所以多留重本"，又称"古书源委，必籍它书以证明之"（黄丕烈语）。这是又一派。还有邵懿辰、莫友芝等，从事知见传本之研究，一目之下，详列众本，不仅版本的源流，可以考见，而且版本的存佚，也可探索。这是又一派。自汉而宋而清，是版本学从创始到发达的三个时期。

中华人民共和国成立以来，古籍的整理和出版，在毛主席《新民主主义论》中所指示的用批判的态度清理我国文化遗产的方针指导下，取得了很大成绩。清理我国古代文化遗产，是建立社会主义新文化的重要条件之一。我们清理文化遗产，为了继承它和发展它。凡是整理出版的古籍，首先要调查各种版本，再进行校勘和注释。有人说，整理古籍，要从校勘、训诂、辨伪，直到分析、批判、解剖、总结，要形成一条战线，互相配合。打个比喻：校勘、训诂、辨伪，是后勤工作，分析、批判、解剖、总结，是前方工作。没有后者，前者就没有目的；没有前者，即古籍未经初步整理，难以卒读，真伪莫辨，后者就没有"粮草"。因此，校勘、辨伪，都很重要，实为先行者。也就是现在我们对于"版本之学"更为重视的缘故。1957年新整理出版的《资治通鉴》，是根据元胡三省的音注本，加以校点，并参考章钰的《胡刻通鉴正文校刊记》择要附注在正文之下，总结了过去各家的校勘工作。1956年郭沫若等编著的《管子集校》，参考了现存的各种版本。郭沫若云："余曾广泛收集各种版本，并四处调阅各种稿本。此种物质条件为前人所不能具备者，非居今日，殊不可得。"梁启雄等编著的《韩非子浅介》，也经过各本详校的。根据王先慎的集介，但集介校得不够细，有新的错误，再访求了宋明各本和日本各本重校一次。影印方面，也必访找最好底本，再事检阅，印刷不清，或有残缺的，仿觅同样版本，加以配补，使成完整。如1961年中华书局影印的《宋本十一家注孙子》，根据上海图书馆藏本，其中有不清楚或破损之处，借北京图书馆藏本补足，使成完本。又如缩印的《百衲本二十四史》，也比原印本为善，原本《魏书》卷109《乐志第十四》阙第十二叶，现在据陈垣辑补的印入了；《宋史》卷360至385，列传119至144，原用明成化本配的，现在其中的《岳飞列传》，已觅得元刊本补入。总之，现在整理出版的古籍，既根据各种本子校勘过，或加些注释，各书前面都有一篇出版说明。说明很重要，这书的著者、内容、版本，用新的观点来介绍，对读者很多启发，要比原来各个旧本都好。

不仅古籍有版本问题，新书、外文书同样也有版本问题。例如人民出版社出版的《毛泽东选集》第一卷有1951年北京第一版，1952年7月第二版，上海曾三次印刷；第二卷1952年3月北京第一版，同年8月第二版，上海第一次印刷；第三卷1953年2月北京第一版，1953年5月第二版，上海第一次印刷，第四卷1960年9月北京第一版，上海第一次印刷。第一卷、第二卷和第三卷，在第二次重印时，由于《矛盾论》从第二卷移入第一卷，注释排版格式和页码，都有所改变，因此曾作为第二版印行。第四卷出版，将不再印行第二版，但是为了照顾多数读者方便，第四卷的注释、排版、格式和页码衔接，都按照第二版处理。此外有普及本、精装本。毛主席在各个革命时期所写的重要论文，每篇都有很多印本，内容虽少出入，而装帧版型的风格各有不同。从各地印本的众多，可看到广大人民是迫切要求学习的。影响之大，是史无前例的。仅据上海图书馆所藏初步统计：《论持久战》就有16种本子，《论联合政府》有56种本子，一种本子又有若干版。抗战期间好些地区曾编印过《毛泽东选集》，1944年中共晋察冀日报社出版过五卷本，1947年中共晋冀鲁豫中央局出版过六卷本等。又如范文澜的《中国通史简编》，1941 年出版，1949 年三联书店沪初版，1949 年修订本第一编人民出版社北京第一版，1953 年北京第二版。1953 年上海重印一版，全面修订，几同重写。倘今天学习通史，再用三联本，就枉费精力了。又如郭沫若的《石鼓文研究》，1936 年上海商务珂罗版，所附《石鼓文》拓本，影印甚精。1954 年人民出版社重印时，作者加一弁言，叙述了获得拓本的经过，综述了考订的成果，为商务本所未有。又如戈公振的《中国报学史》，有 1927 年商务初版，1935 年重排第一版本中有插图多幅。1955 年北京三联重印时，前面增印了戈宝权的前言，介绍作者生平和思想转变，但插图制版不便，均未印入。从上述几种书的版本看，某些早期印本，应作为文献保存的；有的需要同时参考的，如《石鼓文研究》及《中国报学史》等。如果不讲究版本，《中国通史简编》只看三联本而不看修订本，文章中引用起来，就会造成错误，如果讨论问题，更会造成无的放矢。

外文书也有版本问题，例如马克思的《资本论》，德文本第一卷 1867 年初版，1873 年第二版作了些修改，又在各处新加了注文，1883 年第三版，1890 年第四版。1872 年有法文译本，最切要的地方有所改订，1886 年有英文译本。德文本第二卷 1885 年第一版，1893 年第二版，把第一版误排的一些地方订正了，若干文体上疏忽的地方除去了，若干重复的短句删除了。德文本第三卷 1894 年初版。这是外文方面有许多本子。中译本也有许多本子，像第一个中译本，为 1930 年陈启修所译，根据的是考茨基的俄文译本，曾歪曲了马克思原著，故在译文中错误与歪曲很多。直到 1938 年郭大力、王亚南合译成三卷本，1947 年再版，1948—1949 年读者出版社出版了东北版，1950 年北京三联书店出版了上海第一版三卷。1953 年由人民出版社出版三卷，第一版到 1956 年出了第七次印本。随后即另印了 50 面的《〈资本论〉第一卷译文的一些更正》小册，译文改动之多，可想而知了。这些版本问题，实为读者不可不知的。

中华人民共和国成立以来，我们的出版物不断改进和提高，新书版本问题很为重要，因此，文化部特在出版事业管理局之下成立了"版本图书馆"。看它编辑的《全国总书目》所收图书，包括全国各出版社出版的初版新书、改版书和一部分机关、团体、学校出版的图书。凡修订本、增订本、第几版修订再版等情况，目录上都分别注明。这就说明了"版本之学"已成了专门的科学了。

版本学与图书馆的关系最为集中，最为密切，因此，图书馆工作者特别应该加强研究。采购工作者，必须熟悉版本。就古籍说，某书历来传世者有多少版本，现在某本稀见，某本习见，某本校勘精善，某本粗疏，某本由某本出，辨其源流。例如章学诚的《文史通义》和《校雠通义》两书，有钞本十余种，刻本十余种，现在最通行的两本，一为商务印遗书本（商务尚有《万有文库》本），一为中华印《四部备要》本。商务本出于刘氏嘉业堂刊遗书本［刘刻印本亦有二：初印不足本（32 册），后有增刻本（40 册）］，而刘本系出沈复粲藏钞本最足本；中华则出于湖南菁华阁本，与《文史通义》之文字及篇目颇有出入，应以刘刻为善，是商务本胜于中华本。1956 年古籍出版社出版的刘公纯标点本《文史通义》，根据刘本比旧刻本增内篇一卷、补遗八篇，后附补遗续五篇，则较商务本为尤胜。掌握了这些复杂情况，采购起来，就心中有数。保管工作者，必须熟悉版本，根据不同版本的情况，来掌握不同的保管方法。如希见本、加工本（批校，题跋）、伪装本、特装本等，应该和一般的版本书有所区别的。书目工作者，必须熟悉版本，一书的若干不同版本，有系统地反映在书目中，特别在著录上把一书有两种不同版本的,并列一起,可以一望而知。如《鸣沙石室佚书》有珂罗版,有石印本。为了窥见真本面貌,从事校勘,须要珂罗版;若仅一般检阅,只要石印本。因此书目中须作简明的区别。阅览工作者,必须熟悉版本,根据不同读者的需要,提供不同的书刊。如以《资治通鉴》一书为例,对一般读者的索阅,我们应以新出的标点本示之;老年读者的索阅,因其目力较差,可以崇文书局复胡克家刻本示之;从事校勘的读者,可以鄱阳胡克家复元刊本示之;研究《通鉴》版本的读者,可以商务影印的百衲本示之,其中各种宋本都有。以不同的版本满足不同的对象,这样各得其所了。当然,几乎每一种书都有它的版本问题,决不是一个人可能完全了解的,但是应该重视这个问题,适当地钻研几个门类,那是完全可以办到的。

中国讲"版本之学"起源很早,逐步的发展,研究对象很明确,内容很丰富。过去藏书为私人所有,非有特殊交情看不到的,而且也看不到很多的,名流学者尚且如此,劳动人民和一般知识分子更无法见到了,以致这门学问难以开展。还有一些自命不凡的人,往往鄙视版本,以为版本仅仅是讲宋元旧刻,几行几字,边阑尾口等等,便讥讽地说,版本学就是那末一些罢了。现在放开眼界看看,是不是那末一些呢?我看郭沫若的话最为真切。只有在今天社会主义的社会里,在党和政府领导之下,才能更好地从事版本学的研究,与整理古籍和其它研究工作分工合作,相互配合,更好地为科学研究服务。不要为版本而版本,是很必要的。我们应该在清代学者研究的基础上加以发展,这就有待于大家的努力了。

(选自《图书馆》1962 年第 1 期)

《七志》与《七录》

王重民

一、王俭的《七志》

我国图书目录事业在中古时期的齐梁极盛时代,官僚地主的私人藏书也出现了普遍兴盛的状况。编制私人的藏书目录虽说还没有形成风气,但利用私人藏书来补充官修目录,企图编成著录比官修目录更丰富,更完备,分类体系更符合当时图书的发展情况和参考需要的全国综合性系统目录,则好像成了一个小小流派。王俭、刘杳、阮孝绪等著名的目录学家都各自用了毕生的力量来进行这样的工作。王俭的《七志》,阮孝绪的《七录》是这一时期内两部最有成就最有影响的目录巨著,压倒了这一时期内一切的官修目录。所以我们对于《七志》和《七录》应该特别加以研究,分析和阐述。

王俭在公元452年降生在一个大官僚地主的世族家庭里,六岁,承袭了他父亲豫章侯的爵位。约在公元468—469年间,宋王室把他招作驸马,并做了秘书监的秘书郎,很快就超迁为秘书丞。王俭少年时候所走的道路,正是当时世族子弟们所走的道路,不过王俭走的更快,更高。可是,王俭在秘书监的工作和在目录学上的贡献,是和一般世族子弟不同的。

宋秘书监的藏书目录——《宋元徽元年(473)四部书目录四卷》,就是王俭做秘书丞的时候编成的。这一年,他才22岁。秘书监的藏书目录,都是管书人员经常所编的登记目录,王俭拿来修改一下,便可进呈或公布,是没有什么稀奇的。《宋书·后废帝记》记载着王俭在这一年(473)8月里上他所撰的《七志》三十卷(《南齐书·王俭本传》作四十卷),则是应该注意的一件大事。

《七志》在目录学史上的地位和它的学术价值是有定论的,可是王俭能在22岁的时候完成这样的目录,就有点稀奇了。所以我们研究和分析王俭的《七志》,应该首先阐明下面的两个问题:①王俭在完成秘书监《四部书目录》的同时,为什么另撰《今书七志》,《七志》和《秘阁四部书目录》的体系为什么不同?②王俭在封建社会中是一位有文学兼有学术思想的政治活动家,但目录的实践工作需要踏踏实实,用心动手去做,王俭22岁以前既然不可能做出这样出色的系统目录,那末,《七志》的编纂过程又是怎样的呢?把这两部问题阐述清楚,也就说明了《七志》的体系、内容、本质和价值。

《南齐书·王俭本传》说他“依《七略》撰《七志》四十卷,上表献之。表辞甚典”。《隋书经籍志序》说《七志》有“九篇条例,编乎首卷之中”。献表和九篇条例,应该把他做《七志》的目的,采辑资料的方法,《七志》的主要内容(如分类体系)和编辑过程等,都有详细的阐述;而且必然提到他为什么在官修目录之外另撰《今书七志》和《今书七志》的分类为什么又返回《七略》的体系?现在这两篇重要文献都遗失了,我们就需要利用其他历史文献,来做新的探索。

如前所述:秘书监的《四部书目录》是按照四分法的成规,著录秘书监的现有书籍的,其中的利弊,王俭是有一定的经验和认识的,必然在实践中引起了他的不满,他才采用了与官修目录相反的途径,按照《七略》的分类体系,广泛的著录当时所有的图书,以成"一家之言"。王俭抱有新的目的,才跳出了官修目录的局限,以"今书"为对象,这才编出了对于当时更有现实意义的新的系统目录。在这样的历史发展情况之下,《宋书》对于王俭在公元473年完成《七志》的纪载,我颇疑猜是有问题的。这一年所完成的,恐怕不是《七志》,而是秘书监的《四部书目录》。正因为他不满意那些陈陈相因的《四部书目录》,所以在完成之后,才开始另做《今书七志》的。而且从这一年(473)以后,王俭对图书编目的实践经验丰富了,协助他进行这一工作的门生故吏越来越多了,直到他死(489)的16年中间,都是他在门生故吏的协助下,纂修、补充和修订《七志》的时间。只有这样,才符合于纂修《七志》的历史过程。

王俭是宋王室的驸马,却帮助萧道成纂夺了宋王朝的政权,成为南齐政府中一个文化教育上的领袖人物和政治活动人物。他还自命他的"博闻多藏"是胜过一切时人的。可是当时以博学著称的陆澄,对王俭就提出了这样的疑问:"令君少便鞅掌王务,虽复一览便谙,然见卷轴,未必多仆。"陆澄又提出了一些学术上的问题和王俭辩论。王俭便招集了何宪等来商量,但是还没有胜过陆澄。这说明王俭是政治上的活动人物,对于阅读图书的时间是不多的,但他能够和有学识的门生故吏相商讨,得到他们的协助,仍然能够领导文化教育,并且很好的完成了《七志》的编纂工作。何宪、孔逷都是博学的目录学家,由于他们善于协助王俭,被称为是王俭的三公。《南史·何宪本传》说他"博学该通;群集毕览",并且举了这样的一个例子作为形容:"任昉、刘沨共执秘阁四部书试问其所知,自甲至丁,书说一事,并叙著作之体,连日累夜,莫见所遗。"公元485年,王俭又兼任了国子祭酒,裁撤了揔明观,在王俭家开了学士馆,皇帝命令把四部书都送到王俭家里去。王俭有这样好的图书条件,有何宪、孔逷等目录学专家做助手(当时的另一位目录学家贺纵,编成《补注今书七志》70卷,可能也给王俭做过助手),他本人又是有文学和有学术思想的人,这些都是《七志》所以成功的主要原因。但有了这些条件,不经过努力,不经过相当长的编纂时间,还是不能成功的。根据旧的历史纪录,公元473年,王俭22岁的时候,就完成了《七志》,是不合历史发展过程的。毋煚的《古今书录序》说,"刘歆作《七略》,王俭作《七志》,逾二纪而方就",毋煚这话不可能虚构,大概是根据《七志》的献表或其他古文献的。从王俭做秘书郎,开始收辑图书目录资料,到489年他死的时候,是有20多年,毋煚的话是不错的。

《七志》的分类体系又回复到《七略》,王俭的思想和做法,有一些是具有开倒车的表现。但王俭是一个政治上的活动人物,他的学术思想和目录工作是紧密的配合着当时的政治而为封建统治阶级服务的,所以《七志》的体系和内容就必然不是完全的复古或开倒车,凡他对《七略》所做的变通和改革,都应该先做具体的分析,才能了解它的现实的政治意义。《七志》在《七略》的六略之外,补撰了《图谱志》,又把后出的道经、佛经做了两个附志,所以《七志》的内容实际上是九志,即①经典志,②诸子志,③文翰志,④军书志,⑤阴阳志,⑥术艺志,⑦图谱志,⑧道经,⑨佛经。卷首的九篇条例,就是阐述九志的内容和分类意义的。九篇条例已经和《七志》一同散佚,只有《七录序》和《隋书经籍志序》引存了一些片辞只句,还可看出他更改类名的理由。

依九篇条例所述,类名的变化主要是依随着图书的变化和学术思想的内容来正名,而在小类的移易和史部书籍的处理中，才充分反映了王俭的世界观。

两晋六朝时代，中国的封建社会已经达到了巩固和成熟的时期，封建伦理成为巩固和发展封建社会基层组织——家族的重要思想，所以"孝经"和"丧服"就成为经学中的两个研究重点，来分别人与人的亲疏和尊卑关系，进一步为人剥削人寻找并明确封建上的理论根据。这时候，在太学里为"孝经"立了博士，遭到了有书呆子气的陆澄的反对，他说"孝经小学之类，不宜列在帝典"，王俭就利用目录学的知识，来维护这一措施。王俭说："仆以此书明百行之首，实人伦所先。七略艺文并陈之六艺，不与仓颉凡将之流也。"因此，王俭在《七志》的"经典志"中把"孝经"提升为第一个类目。刘向、刘歆以"易经"是阐述变化之原的，所以在六艺略中以"易经"居五经之首。王俭以"孝经"为"百行之首，人伦所先"，又移居"易经"之首。这为了配合封建政治，变换经典的排列次序，是极其明显的。陆德明虽说不赞成王俭改变过的排列次序，却指出，"时有浇淳，随病投药"，认为政治目标有了变化，分类和排列次序就应该做相适应的变化。可见这样的一条原则，在我国古代的目录学家中是都很了解的。三国以后，在经学上消灭了今古文的争论。刘向、刘歆、班固以来，宣传并维护进步学派的优良传统不存在了，荀勖的四分法，王俭把"孝经"移在"经典志"的第一类，都是适应封建思想体系，使目录学进一步为封建统治阶级服务而做出的变化。两晋六朝以来，我国传统目录学中进步思想性的降低，应该说，在王俭身上表现的最明显。又王俭的时代，历史书籍已经有了极大的发展，但他取消荀勖以来所建立的史部，仍然依据《七略》把史部书籍附在"经典志"春秋类的后面，这样的做法，可能不是削弱而正是想提高史部书籍的地位，但这对于当时四部书的发展情况是背道而驰的。阮孝绪在《七录序》中已经指出："刘氏之世，史书甚寡，附见春秋，诚得其例。今众家纪传，倍于经典，犹从此志，实为繁芜"。《七录》成书后于《七志》者不过 30 年，《七录》的"经典录"著录图书 4710 卷，"纪传录"著录 14 888 卷，不是一倍而是三倍多，《七志》中的比例应该相去不远。又《七录》的春秋类著录图书 1153 卷，若是把14 888 卷的历史书籍附在 1153 卷的春秋类之后，真是"实为繁芜"，不成体统了。《七志》中的比例也应该相去不远，若不是为了思想上或政治上的问题，王俭是不会这样固执的。王俭的主要变革（包括把史部书籍仍附在春秋之后，因为对四分法来说也是变革），不应该仅从保守或复古去理解，因为那是表面的，其中的主要原因，还在王俭的政治立场，和他的为当时的封建统治阶级服务的人生观和世界观所规定。

如上所述，王俭的《七志》是在三国以后我国目录工作者丧失了宣扬进步书籍优良传统的时代中，大力宣扬封建典籍而为当时的封建统治阶级服务的，那么，它的优点何在呢？我以为它的主要优点（在封建社会中宣扬封建典籍只是一般情况，而不是主要特点），是著录了极其丰富的现实书籍（即所谓"今书"），并且采用了传录体的叙录，弥补了《晋中经簿》以来的简单著录不能满足读者需要的缺点。

从东晋渡江到《七志》完成约有 170 年的时间，在这 170 年中，渡江以前的旧籍日就散亡，新的著作大量产生。又刘裕从北朝得来的 4000 余卷文化典籍中，有的是江南所没有的旧籍，有的是北朝人士的新著，在这样的大变革中，极需要有一部新的全国综合性目录，来集中著录这些现实书籍（"今书"），并反映它们的内容。王俭的《七志》正好完成了这一任务，所以在王俭以后的四五百年中，对于南齐以前的文化典籍来说，《七志》是最有参考使用价值的一部目录。直到公元 8 世纪初年（开元初，大约在 715 年），马怀素在为唐朝作整书编目的规划时还说，"南齐以前坟籍，旧编王俭《七志》以后著述，其数盈多。望括检近书篇目，并前志所遗者,续王俭《七志》"。马怀素认为《七志》著录南齐以前的"今书"是划时代的,他企图也要把"近书"编成一部划时代的大目录,以续王俭《七志》。这里应该说明的,马怀素想续的王俭《七志》,不是要按他的九个大类来分类,而是要从《七志》著录的"南齐以前坟籍"编起。马怀素所提的这一意见,充分反映了《今书七志》的特征(《唐会要》卷三十五载开元七年九月敕,"今丽正殿写四库书,各于本库每部为目录,其有与四库书名目不类者,依刘歆《七略》,排为《七志》",这是怕书库的管书人员不懂书,等待以后再作总的处理)。

《晋中经簿》和它以后的官修目录都没有解题,都只是简单的著录;王俭编《七志》采用了传录体的叙录,尽可能弥补了这个缺陷。《七志》的传录体的叙录,李善注《文选》曾经引用了七条,大致是晋宋以来"文章志"的做法,并且其中有一些就是本于"文章志"的。李善引的七条都在"文翰志"内;"文翰志"以外各志中的叙录也应都是传录体的方式,如《经典释文序录》引"蜀才是王弼后人",就是例证。《隋书经籍志序》说《七志》"亦不述作者之意,但于书名之下,每立一传",又《簿录篇小序》说:"王俭作《七志》,阮孝绪作《七录》,并皆别行。大体虽准向、歆,而远不逮矣。"把《隋书经籍志》作者两处的意见参互起来,他认为王俭采用的"于书名之下,每立一传"的传录体的叙录,是不能表达出图书的"作者之意"的,这种做法"大体虽准向、歆",但比起刘向、刘歆全面揭露图书内容,反映"作意"的叙录,是"远不逮矣"!这种评论当然是正确的。但在官修目录采用简单著录方式盛行的时代,王俭能够撷取"文章志"和其他解题目录中长处,把传录体的叙录使用到综合性系统目录中来,提高了系统目录的参考使用价值,是仍然应该作为《七志》的优点之一来看待的。

二、阮孝绪的《七录》

阮孝绪的出身,大致和王俭一样,于公元 479 年降生在一个大官僚地主的世族家庭里。但王俭是政治上的活动人物,阮孝绪则终身不做官,这又是他们二人不相同的地方。

阮孝绪年 7 岁过继给叔父阮胤之;胤之"有遗财百余万",阮孝绪都不要。阮孝绪 25 岁的时候,对于图书目录就有了一定的知识和修养,并以清高隐逸有了声名。著名的图书目录学家任昉正做秘书监,很钦仰阮孝绪,想去拜访,又恐怕不肯接见,远远的望着阮孝绪的住宅说:"其室甚迩,其人甚远。"可是阮孝绪对于当时著名的私人藏书家就不这样了。总是百般的设法去亲自看他的藏书,或者要到他的藏书目录。阮孝绪这种酷爱图书,不图名利的性格,是使他对于图书目录之学逐步深入的动力。他在《七录自序》里这样说过:"孝绪少爱坟籍,长而弗倦,卧病闲居,旁无尘杂。晨光才启,缃囊已散;宵漏既分,绿袠方掩。犹不能穷究流略,采尽秘奥,每披录内,省多有缺。然其遗文隐记,颇好搜集,凡自宋齐以来王公缙绅之馆,苟能蓄聚坟籍,必思致其名簿。凡在所遇,若见若闻,校之官目,多所遗漏,遂总集众家,更为新录。"公元 513 年,秘书监傅昭想荐举他,阮孝绪仍然拒绝了。大概是傅昭知道阮孝绪对于图书目录已经有了渊博知识和很深的修养,估计他为了接近政府的藏书,可能肯来做一任清官;而阮孝绪所以仍然拒绝,可能是对于官修目录的缺点已经有了深刻的认识,而对于私人藏书的源头丰富,可以补充官书的不足,已经有了"总集众家,更为新录"的雄伟计划。《七录自序》中说他编辑《七录》是公元 523 年开始的,但他开始搜集资料,制定计划,应该是很早的。从 513 年到 536 年(阮孝绪卒)的 20 多年中间,都应该是他准备和编写《七录》的时期。

齐梁时期是我国中古前期图书目录事业最盛的时代,阮孝绪的时期又是齐梁时期图书目录事业最盛的时代。阮孝绪 11 岁的时候王俭死了,21 岁的时候《文德殿五部目录》完成了。而且在这时候,《七略》《晋中经簿》和东晋宋齐以来的官修目录都完整的保存着,这就给了阮孝绪比王俭更优越的时代条件。阮孝绪潜心深思,讨论研核,撰成比《七志》著录更为丰富,分类更有条理的《七录》,使《七录》达到了这一时期中全国综合性系统目录的最高峰。

阮孝绪《七录自序》中没有说明他是怎样修改或补充《五部目录》的,应该说是一个缺点。《文德殿五部目录》是秘书省系统以外的一部最出色的目录,它的分类没有受到四分法的限制,共著录了正御本 23 106 卷藏书,在中古前期中第一次超过了《晋中经簿》的数量。《史通点烦篇》说,"阮孝绪《七录》,书有文德殿者,丹笔写其字"。这就完全说明了《七录》用《五部目录》做底本的编纂方法。阮孝绪采用了南朝两百年来积累成的一部官修目录做基础,又采用了图书源头最丰富的私人藏书及其目录作补充的依据,加以阮孝绪个人对于目录实践工作的踏实、勤恳,这就使《七录》成为这一时代中最杰出、最有参考使用价值的一部全国综合性的目录巨著。

现在可以论《七录》的成就和特征了。我以为要揭明《七录》的成就和特征,应该从下列两个方面去推求:一是《七录》总结了并改进了刘向、刘歆以来的分类表,并在他新规定的图书类目内,著录了当时所有的图书。二是阮孝绪在解题方面没有采用王俭的传录体,而是尽可能的编写了和《七略》大致相仿佛的简单说明。

《七录》内篇五录的分类,基本上是因袭着《文德殿五部目录》的分类表的;外编二录,也斟酌了佛道典籍目录中最新的分类法。《七录》重新规定的分类表,是既总结了历史的发展过程上的成就,又斟酌了当时学术思想和文化典籍的现实情况,凡所标题立目,都是经过了详细的思考和讨论的,这在《七录自序》中已有明白的阐述。《史通·因习篇》说,"阮氏《七录》,以田范裴段诸记,刘石苻姚等书,别创一名,题为伪史",这说明"伪史类"是《五部目录》中所没有,而为《七录》所新创的。我们试一回溯自《晋中经簿》创立了史部书的大类以后,其中的子目并没有创立起来。从此以后,随着历史书籍的发展,也就必然逐渐增立类目。但王俭的《七志》没有史志,史部书的类目恐怕没有新的增立。文德殿的《五部目录》应该是在建立史部书的类目过程中一部很重要的目录(其余四部的类目,也应该有较大的修订)。现在又经过阮孝绪的修正补充,使我国系统目录的分类表益臻完美。《七录》的分类体系是上承《五部目录》,下开《隋志》的;《七录》虽亡,《古今书最》把它的分类表完整的保存下来,是这一时期内分类学史上极可宝贵的史料。

《七录》所著录的丰富图书资料,《古今书最》也按照大类和小类留给我们一个详细的总数,同样是观察我国图书发展史的极可宝贵的资料。《七录》内篇五录共著录了图书 3453 种,5493 帙,37 983 卷,比《五部目录》的 23 106 卷多出了 14 877 卷。阮孝绪在公元 523 年正式编写《七录》,上距《五部目录》的成书(505)不过十八年。在这十八年中,不是新书增长了一万四千多卷,而是文德殿正御书内缺少这一万四千多卷;这一万四千多卷分散在国内的私人藏书中;而被阮孝绪利用私人藏书和藏书目录补充出来的。这一方面反映了私人藏书源头的丰富和阮孝绪参考编订的勤恳;另一方面反映了政府藏书的不充实和历代封建王朝的所谓访求遗书并没有真的完成任务。试看《古今书最》中所记汉晋以来的目录,都记明其中多少部书存,多少部书亡,这说明阮孝绪编《七录》,是利用当代藏书目录来补充《五部目录》,利用古代目录来考察书的存亡异同的。凡是《七录》中所著录的图书,都经过他详细的比勘研核,都是现实的存书,所以阮孝绪在大类小类中所举的图书数量都是可以信任的。可是姚名达《中国目录学史》,拿阮孝绪的佛法录和宝唱所录的华林园佛经卷数相比,认为"孝绪唯据诸家名簿,并非尽有其书,故其所收卷帙虽巨,未必可靠",这是由于过于信任了封建政府的收书力量,而低估了全国的私人藏书是取之不尽的源头。如当时著名的藏书家任昉,《梁书》本传说他:"聚书至万余卷,率多异本。"他在《五部目录》完成的第三年(508)死了。"高祖使学士贺纵,共沈约勘其书目,官所无者就昉家取之"。正是一个最好的例证。这说明了全国各地的官僚地主藏书家,他们每家所藏的总数虽说都不如政府藏书,但却有可以补充政府藏书的地方。忽视了这一点,就不能说明公私藏书的关系,也无法认识我国公私藏书在发展过程中所起的种种变化。阮孝绪的时代,私人藏书虽说还没有压倒官家藏书,而已经有条件利用私人藏书来补充官修目录,并且压倒官修目录了。

下面再论《七录》的解题。《七录》的原来著录形式和解题形式没有了,根据群书征引的佚文,知道阮孝绪的《七录》是有解题的,而且《七录》的解题是学习《七略》的简单说明的。如《经典释文序录》引的"姚信字元真,吴兴人,吴太常卿";"周生烈字文逢,本姓唐,魏博士侍中";等等,在解题中所记录的这一类的必要的撰人事迹或书本残阙情况,都是很重要的。从这些地方推测,《七录》的解题是反映了一些纪录图书形式和内容的重要情况的。那么,《隋书经籍志序》一则批评说"割析辞义,浅薄不经",再则批评说"大体虽准向歆,而远不逮矣",是不是有些不公平?而阮孝绪自己对他的这一工作的估价却又很自豪的说:"总括群书四万余卷,皆讨论研核,标判宗旨。"是不是有些不合实际,过于自负呢?别人的批评和个人的认识为什么有这样多的距离呢?我认为,在这些不同的意见当中,正反映着我国图书目录事业的发展规律,在图书的数量和物质条件发生了较大的变化时期,编目的方法也必然要随之起一些变化。刘向、刘歆时代先校书,后编目,在校书的阶段编写出了揭露全书大意的叙录,成为编目时做简单说明的最好依据,那样把校书编目作为一个统一的过程,是为当时的图书流通和钞写等物质条件所决定的。荀勖时代只校定了一小部分新书定本,有许多书没有叙录,这就使他不能不编没有解题的简单目录,从而降低了目录的质量,而使校书与编目的两个工段不发生多大关系和影响。宋、齐、梁三代虽说也曾校书,而与编目已经完全不发生什么联带关系了。王俭和阮孝绪是在失去了校书叙录作为编目依据的时代,而毅然拒绝简单的目录编辑形式,要用个人的力量来编成有解题的全国综合性系统目录,这当然会遇到极大的困难而不能达到刘向、刘歆的水平的。所以王俭采用了传录体,以便利用《文章志》或其他有解题的目录,而阮孝绪则在王俭的基础上,加上个人的最大努力,尽可能揭露出撰人的必要事迹和书本流通情况,以达到《七略》所做的简单说明的形式。《古今书最》附载了阮孝绪的个人著述7种,其中有《序录》2帙,11卷,这应该是阮孝绪个人读书时仿照刘向校书的叙录而做成的东西,他对于图书"讨论研核,标判宗旨",当见于这两帙的《序录》之中,而《七录》内的一些简单说明,应该是从他自己的《序录》内节取的。《七录》总括群书四万余卷,而能都做出必要的简单说明,在那样的时代条件之下,算是做到了相当高的水平,的确成为当时目录中的一部巨著;可是若和刘向校书的《七略别录》比较起来,又可以说是"割析辞义,浅薄不经""大体虽准向歆而远不逮矣"的。但和当时的官修目录比较起来,和王俭的《七志》比较起来,还是在一定程度上揭露了图书的内容,记述了图书的物质情况,在这一时期内是胜过一切目录的。当图书数量发展到了四万多卷,已经超过《七略》的三倍,而由阮孝绪个人完成了这样的巨著,更是难能可贵的。

　　总之，在解题方面，《七录》的成就是胜于《七志》的。但在这样的做法之下很难再进一步，所以到了下一时期（中古后期），编写目录的解题就和编写校书的叙录分开；编写有解题的系统目录也和编写藏书的登记目录分开了。我国系统目录在这样人力组织和编写方法改变之后，方才又提高了一步。

（选自《图书馆》1962 年第 1 期）

图书分类法的路向

杜定友

　　1876 年《杜威十进法》出版后,1891 年克脱氏发表《开展法》,1901 年有《国会法》,当时被称为三大分类法。20 世纪初期又发表了新的三大分类法:1906 年《勃朗氏主题分类法》,1910 年《比列士书目分类法》和 1933 年《阮冈纳赞冒号分类法》。我国新型的图书分类表,1956 年起草至 1957 年出版,稿经三易,实用后,发现问题不少。1960 年进行大型表的编制,自 J 字以下类次改动了,又影响全局。《杜威法》初版仅 42 页,至 1942 年第 14 版增为 1927 页,1952 年第 15 版减为 872 页,1958 年第 16 版又增至 2439 页。在图书馆学上,其他各类图书都没有增修十几版的,只有分类法是这样,一版又一版,一法又一法,这说明什么问题呢?

　　欧洲各国图书馆采用分类目录是历史传统,但近来各大图书馆的分类目录都增附了类目索引卡片,以便读者可以依着类目名称字顺找到类码后,再去找分类目录。而科学图书馆和大型综合性图书馆的科技图书部分,由于科学的发展和科学研究上趋向于综合利用自然,新兴科目分隶为难,纷纷进行主题目录的编制。这又说明什么问题呢?

　　图书分类法是图书馆藏书的根本大法,百年大计,而至今还没有一套办法可以完全满足读者的要求,充分适应时代的需要,这就是图书分类法当前的严重问题!

　　在第二次世界大战以后,社会上发生了巨大的变化,科学上反映了飞快的发展,作为反映社会意识形态的图书分类法,还是老一套的什么系统性等级性,怎能不落在时代的后头呢? 现在的图书分类表,非但不能适应目前波动复杂的局面,而且给图书馆业务带来了不可克服的困难。

　　那么,是不是取消图书分类法呢? 不是的。我们要图书分类法为我们服务得更好。这就关系到今后图书分类法的路向问题。

　　图书分类法以科学分类法为基础,反映了客观现象运动形态的发生与发展过程,而各个客观现象又不是孤立的静止的,因此分类法把各门科学在一定的思想体系之下,系统地序列出来,这是完全必要的,只有这样,才能把无数的类目归纳起来,以便组织藏书为读者服务。因此,图书分类法的问题不在应否采取系统序列的形式,而在系统序列的深入程度和实用价值。分类法的问题在于盲目地依照科学系统,分到十七八级。大型表如果没有类目索引,则类目的从属关系,分类员自己也摸不清楚,叫读者怎样去查找呢?《杜威法》第 14 版太详了,第 15 版马上减少,但 16 版又加详了,这样或详或略,问题是不会解决的,因为分类法本身存在着问题,不单在类目的详略和安排的位次上。

　　比如:宗教在基本序列中,以前是自成一类,说是尊重少数民族的习惯。现在又把宗教大类取消了,附入哲学类内,也有它一定的道理。从前以宗教列在社会科学之末,说宗教是"衰颓的被批判的对象",为什么现在又"提升"到最高级上层建筑——哲学里呢? 以宗教列入哲学,说是它与唯心论有密切的关系,那么资本主义的政治经济学也是与唯心论有着密切的关系,为什么不列在哲学里呢?这样,把类目搬来搬去,一时这样说,一时那样说,这套"大道理"读者是不感兴趣的,他只要找一本《佛教史》或《金刚经》看看。宗教的位次,分类表的编者自己还闹不清,所以说,分类表是"被迫使用"的。我们这样编,读者只得这样找。问题就出在这里。

宗教在科学系统上应有其本身的客观的位次。我们的分类法以马克思列宁主义理论为根据。毛主席说:"哲学则是自然科学、社会科学的概括和总结。"现在把宗教作为哲学的属类,它当得起"概括和总结"吗?哲学以"一般规律性"为研究对象,宗教是"一般规律性"的科学吗?宗教与唯心论有关,并不等于宗教就是哲学里面的一个部门。恩格斯说:"最高秩序的思想体系,距离经济基础最远,则采取了哲学和宗教的形式。"宗教与哲学都是属于上层建筑的范畴,而不是同一件东西。以宗教和唯心论有关而列入哲学类内,是没有根据的。这并不是宗教一类的问题,而是类目的组织不是编者可以任意调出调入,而"自圆其说"的,必须求之于马克思列宁主义的原则。这就是分类法必须以马克思列宁主义为根据的理由。马克思列宁主义是"放诸四海而皆准"的科学,是有广泛群众基础的。只有根据马克思列宁主义,才能适合群众的要求,才能为群众所了解。

图书分类表是读者群众找查图书的工具。图书馆的任务在满足读者的要求,通过分类目录很快地找到读者所需要的图书。研究半导体的学者,他需要占有所有关于半导体的材料,而且要马上找到它。他不会考虑到半导体在科学系统上是属于第几级,是自然科学还是应用技术?因此,在分类表的编制上,斤斤于等级性、系统性,分辨什么"以理论为主,以技术为主",对读者来说,是"不急之务"。

分类法好比是容纳图书的框框,框框是有一定的容量的,由于近代科学的勃兴,出版的鼎盛,有时框框被塞满了,框框是搭在一定的架子上的,而架子则有一定的结构。但由于近代社会的变化,边缘科学和尖端科学的发明,这个架子已有"头重脚轻"的现象,使"危楼欲堕",而科学出版上的"奇峰突出",这个架子已有些支撑不住了。图书分类法所面临的局面,就是这样。

图书分类表是为读者找书便利而编的,但我们所编的表是带有号码的科目一览表,而不是图书分类表。为什么呢?因为我们编表的时候,"心中无书""心中无读者"。所以分类表编好后,一拿出来接触到图书和读者,就发生问题。比如:在编语言学类的时候,我们就埋头照抄语言学教科书里的语言系统表,一一配以号码,分什么南亚语系、南印语系、南岛语系、阿尔泰语系、乌戈尔语系。读者想找一本缅甸语,在什么系呢?分类员拿到一本印度尼西亚语教科书,它是南亚语系,还是南岛语系呢?表上列了400多种语言,它们的从属关系都是陌生的。找起来,非从头找起不可。这是便利吗?如果心中有书,心中有读者的话,就该到图书馆去看看:有多少语言学书?有哪些类型?语言学书一般是怎样写法的?读者所经常借阅的是哪些语言学书?以哪几种语言为多?再查查世界上各种书目关于语言学书怎样分类?再看看一般学校所教、广大读者所学是哪几种语言?图书馆所藏的语言学书以哪几国语言为最多?因为我们是在处理图书,而不是在编语言的系统表。我们不能要求读者先行学习了全部科学体系才去找书,不能"强迫"读者了解了印欧语系、斯拉夫语族、西部语支之后,才可找到一本俄语教科书。我们要求一个更直接更简便的方法。

主题目录是比较直接找书的方法。找俄语的,就找"俄"字。不过,各门科学不是孤立的。俄语和其他外国语也有一定的联系。但在主题目录里,俄语排在E字,英语排在Y字,这在研究上也是不便利的。主题目录也有一定的缺点。

由于分类目录与主题目录都存在着问题,就出现了二种新的方法:活动分类系统和分类主题目录。

分类法的架子是定型的,而架子的结构是受到标记符号的约制的。必须摆脱这个"桎梏",分类法才能自由活动,以适应迅倏万变的社会和科学的发展。活动分类系统就不为标记符号所限。类号只作为排卡之用,没有等级性和号码长短的拘束,类目可以随时增加减少。调上调下,只要把卡片重新组织安排,而不影响书码和排架制度。只有这样,才能解决类目的新增和调动的问题。

分类主题目录把全部目录卡片,分为若干大类,一般是10—20类,同类的照类目字顺排列,而没有从属关系,比如:自然科学类的物理学依"物"字排,化学依"化"字排。化学类的细目也是这样。新兴科目可以在大类之下,随时加插进去。只有这样,才能适应时代的要求,编者易编,找者易找。

这二个方法都以固定排架法为条件。但在我国图书馆的情况下,一般都没有超过200万册,没有采用固定排架法之必要。固定排架法不能在书架上直接找书,对于科学研究是有妨碍的。因此,活动分类系统难于采用,而分类主题目录又失之太宽。化学与物理有一定的发展过程。化学的无机与有机也有一定的联系。一律照字顺排列,也是有困难的。

分类主题目录如果能保持基本类与基本类进一步细分(即三级类)的体系,书架上也维持一定的系统排列,那么分类主题目录可能是唯一的出路。

因此,分类问题实有从新考虑之必要。分类系统的深入程度应有一定的限度。从前那样分到十七八级,我认为是需要放弃的。细类号码全被订死,以至新增门类无法安插,也应设法予以补救,保证分类表有充分扩张的可能性。旧表所谓具有无限扩张的可能性,除了留空号码外,实际上是细分的可能性而不是安插新增门类的可能性。留空的号码位次,不一定适合新增的门类;一旦号码填满,扩张的可能性也就消失了。分类表的一再修改,其原因在此。

查1949—1954年全国总书目著录了动物畜牧兽医的书338种,其中总论性的(即一书包括各种动物或专论方法技术的)有212种,关于个别动物的(即一本书讲一种动物的)有126种(约占三分之一强),而后者里面关于牛、猪、羊、鸡、马、兔六种动物的书占101种,而骆驼、猴、虎等八种动物只有书25种。这虽然是部局的统计,也可以看出动物学书的一般情况。但分类表按照科学系统,由原生动物开始,分开门纲目科,列了好几百种动物,把牛分入第七级(Q798.424),这显然是不切实际的。大部分的号码是挂空的,不会有许多书,而重要的生产资料每一本都带上七位号码,使工作上发生困难。把动物细分作什么原兽亚纲、真兽亚纲、啮齿目、偶蹄目,一般读者是不了解的。如果把动物分为"鸟、兽、虫、渔"四大类,每类依动物名称组织目录卡片,图书馆藏有哪几种就排几种,读者要找"牛"的,就在兽类中找"牛"字,不是直截了当吗?我们从前为分类而分类,罗列了大纲小目,连篇累牍,拖长号码,浪费篇幅,增加了编类、辨类、归类的困难,延长了图书与读者见面的时间,这是我们要负责的。

我个人认为,分类法必须简化,在一定范围内充分利用字顺排列法,走向新型的分类主题目录的发展道路。如果还是老一套的作法,即使化千人之力编出表来,也不可能逃避旧表的命运:刚出版,又要改了。

(选自《图书馆》1962 年第 2 期)

略论章学诚对我国索引工作的贡献

钱亚新

一

　　清人入关之初，中国的经济、文化受到了一次浩劫，汉人的民族意识也遭遇了极大摧残。经过康熙、雍正、乾隆三朝，由于当时政局的统一和安定，对中国经济、文化的发展造成了良好的条件。到了乾嘉之际，国内工商业经济得到更大的发展，文化、艺术在形式上也更显得繁荣。但是清廷对汉人民族复兴的思想和运动，却变本加厉地加以防范，禁止讲学结社，大兴文字之狱，与此同时还大力提倡脱离现实意义、脱离政治斗争的学院派的烦琐考据的学风，并前后编辑了不少大类书、大丛书，以转移汉人反清斗争的目标。如康熙时编纂了《古今图书集成》一万卷；乾隆时编集了《四库全书》，共钞写七部，每部共收 3590 种书，79 897 卷，约有 77 493 万多字，装成 36 227 册。这些大类书、大丛书的编辑，虽然在客观上起了整理和保存中国古代文献的积极作用，但从清朝统治阶级来说，目的却在于：一方面借此消灭反清文献，打击反清活动；另方面也借此扭转学风，转移人们现实斗争的视线。因而考据学派，也就是所谓"汉学"形成了。真正研究现实社会的问题成为不可能，一些学者也只能把精力与思想耗费在古典文献的整理与考订上去。这些就是章学诚一生时代的背景。

　　章氏名学诚，字实斋，浙江会稽（绍兴）人。他生于清乾隆三年，卒于嘉庆六年（1738—1803 年）。在这 60 多年中，正是"专攻汉学，不谈义理"的时代。因此，他虽竭力反对汉学，而对我国古代文化史学、学术史学、文学、方志学、校雠学都具有深湛的研究，丰富的经验，但并未为当时的人们所重视；相反地，却受到别人严厉的谴责。他在《家书二》中曾说："史学义例，校雠心法，则皆前人从未言及，亦未有可以标著之名。"这些话并非有意识的夸大标榜，却是很中肯的自我评价。他在那封家书中还说："爱我如刘端临，见翁学士询吾学业究何门路，刘则答以不知，盖端临深知此中甘苦，难为他人言也。故吾最为一时通人所弃置而弗道，而吾心未尝有憾，且未尝不知诸通人所得亦自不易，不敢以时趋之中，不无伪托，而并其真得者，亦忽之也。"这种守己乐道、重视创作的精神，尊重别人学有所得的态度，首先值得我们向章氏学习的。

　　《文史通义》和《校雠通义》可说是章氏的代表作品。他死了以后，这两部重要著作，直到 1832 年才刊行于世，然而影响不大。到了 1920 年，浙江图书馆刊行他的《章氏遗书》，却引起了人们的注意。两年后，吴兴刘氏嘉业堂根据王宗炎所编、沈曾植所藏的钞本以及其他撰述，再加上补遗、附录、校记等刊行了另一部的《章氏遗书》，计 50 卷。这个本子不仅集章氏撰述的大成，而且有关章氏著作的重要文献也采录较全。因此章氏更为人所注目，但对他的生平、思想和学术却仍很少有人研究。本文拟就章氏对我国索引工作的贡献，略述管见，就正同好。

二

　　索引也译"引得",我国原称通检或韵编。这是选取书中一切可求之义、可治之名、可稽之数,立为条目,注以解释和出处,依照一定方法排列而成的表。它的主要任务在于揭露书中资料,使人们通过它迅速查得需要的原文,以作参考。

　　我国的索引工作,并非始于章氏。但是他对这项工作,既有理论,又有实践。早在1773年,章氏在《与族孙守一论史表书》中曾说:"仆在和州时,病诸史列传人名错杂,难于稽检,曾令人将明史列传人名,编韵为书。初意欲取全史人名,通编为韵,更取诸篇人名重复互见者,编注其下,则不特为读史要领,且为一切考订关人事者作资粮也。后以为功稍繁,先将列传所著人名,编为一卷,今录本呈览。足下如治年表之暇,再能将二十二史列传人名,亦仿此例编之,可与年表互相经纬。"

　　从这封信里应该强调的,首先是章氏提出编制《二十二史列传人名韵编》的计划及其目的、方法和预期的效果。其次是为什么他没有完成计划而只先编了一卷《明史传列人名韵编》。再次他曾把这一卷韵编抄给他的族孙守一,同时还鼓励守一照他的办法来完成他的计划编制《二十二史传列人名韵编》。所可惜的,这卷《明史列传人名韵编》虽然有正副抄本,但是没有留传下来。

　　1779年章氏所撰《校雠通义》全部完成。他在《校雠条例第七》之中,论述古今校书官守专业有所不同后指出,为了要收校书的速效,必须先编一种工具。他这样的强调说:"窃以典籍浩繁,闻见有限,在博雅者,且不能悉究无遗,况其下乎?以谓校雠之先,宜尽取四库之藏,中外之籍,择其中之人名、地号、官阶、书目,凡一切有名可治、有数可稽者,略仿《佩文韵府》之例,悉编为韵,乃于本韵之下,注明原书出处及先后篇第,自一见再见以至数千百,皆详注之。藏之馆中,以为群书之总类,至校书之时,遇有疑似之处,即名而求其韵编,因韵而检其本书,参互错综,即可得其至是。"这正是现代的群书综合索引,的确是校雠工作上的一种绝好工具。

　　章氏为什么要提倡编制这种群书的综合索引?我们认为,这是他针对当时专门汉学而发的批评。所谓汉学,其主要内容不外是:讲训诂,则研审文字,辨析毫芒;谈考证,则循求典册,穷极流别;论校雠,则搜集古笈,参差离合。章氏是讲究"史学义例,校雠心法"来与时相抗的,他对这些终日埋头故纸堆中,寻章摘句,品词审字的人,评之为不知为学的目的地,更不知知识的发展应该从阅读研究,解决问题,进而至于著述创作,经世致用。其实,从事汉学的,如果事先能具备这样一种群书的综合索引,把所要考证的人名、地号、官阶、书目,凡一切有名可治、有数可稽的对象包罗无遗,那末"渊博之儒,穷毕生之力而不可究殚者,今即中才校勘,可坐收于几席之间"。这完全是可能的。因此,章氏的尖锐深刻的批评确是切中时弊的。

　　1787年,由于友人的介绍和启发,章氏到河南开封见毕沅,并向他建议编纂《史笈考》。毕沅对章氏很器重,后来又同意他的建议,于是1788年就在开封开局编纂《史笈考》,由章氏主其事。从此以后,章氏就随着毕沅的官署所在地进行这项工作。1790年,毕沅在武昌编修

《续资治通鉴》，章氏也曾参加襄助。

到了 1792 年，章氏仍在武昌续编《史笈考》。就在这年，他撰成了《历代纪年经纬考》和《历代纪元韵览》。后者就是前者的索引，其《编辑凡例》共计六条如下：

一、是编前列表文分为六格，韵中亦照此排次。

一、历代帝王之名字及即位年月、干支、崩年若干岁，在位若干年，改元若干次，俱载于某帝第一改元之下。如一东之大同梁武帝，只书其大同几年，其他有注，见三十陷天监下云云，余仿此。

一、年号同者甚多，如一东之大同，有梁武帝及辽太宗，俱系正统，但于梁武帝上书正统二字，其辽太宗空一格直下，不另冠正统字样，以免重复。他如列国窃据等号，亦照此例。

一、依韵者，以便稽查耳。不能以历代之前后编次，缘年号字样，散见于各韵，不得不错综倒置。

一、每韵用字多寡不一，如一东用七字、共二十八号。同字完后，再列中字、通字、隆字，以是朝代之前后及正统列国等，亦只于一字中分前后，并非以进通之窃据，转列于永隆正统之前，阅者当会意焉。

一、是编所列钱文一门，与钱法考、钱谱、泉志不同，所载者不过有钱文字样，或即用改元之字及另取字样者，其他如布刀轻重，概不具载，或以遗漏致诮，予亦自知难免耳！

章氏在凡例中，首先明确指出编制这《韵览》的主要目的，在于便检，因此作为标目的年号的排列，就不得不与原来的时次，有所错综倒置。章氏强调这一点，正足以说明他真正掌握了索引的规律及其应有的任务。从凡例看来，这索引的内容分为两部分：第一部分是表文，指出《韵览》著录的范围，包括正统、列国、窃据、篡逆、外国、钱文六格。由于章氏受了封建史学传统的影响，所谓正统、窃据、篡逆三格的区分是应该批判的。其中除第六格钱文外，其他五格是记载各个朝代或开国帝王的简史。第二部分是《韵览》本身，其条目有正有副。指出某帝王第一改元的条目是正的，指出这帝王其他改元的条目是副的。例如：

　　正统 梁高祖武帝肖衍字叔达南兰陵人齐中
天监兴二年壬午四月即位国号梁都建康为候景所
　　弑年八十六在位四十八年改元七　十八年

这就是梁武帝第一改元"天监"的条目，也就是正条目。又如：

　　　　　正统 梁武帝注见三十陷天监下　十二年　辽
大同
　　　　太宗注见后会同下　一年

这就是梁武帝其他改元的条目，也就是副条目。各条著录事项，都是依据凡例第二条而决定的。章氏这样做法，不仅充实了条目的内容，加强了它的作用，而且有独创的精神，这决不能与今日的陈规等量齐观。至于各条目的排列，完全以凡例第三、四、五条为据。如"天监"以"监"字为对象，排在去声三十陷；"大同"以"同"字为对象，排在上平一东。条目排列以首字时，称为齐头式；以末字时，称为齐脚式。《韵览》采用后一方式，便于当时的使用，却不合乎现代的要求，可不言而喻。

这《韵览》作为《历代纪年经纬考》的索引，无庸赘言，但是它到底有哪些作用呢？我们认为通过它可以查出下面这些材料：①有关列入第一部分"表文"中的中外年号及其时限；②与年号有关的帝王的庙号、名字，及其即位年月、干支、崩年、在位年数、改元次数等；③有关列入《历代纪年经纬考》中的各个改元的名称、干支及其时限等；④有关钱文的资料。现在拿《桃花源记》中第一句"晋太元中"为例，试问这晋是西晋还是东晋？这"太元"是属于哪个帝王的年号？共有多少年？干支的起迄怎样？这个帝王的名字又叫什么？

"太元"的"元"字，属于上平十三元，在十三元这个韵目内，先从西汉武帝的"建元"经过"后元""始元"等等年号，可以查得：

> 正统 吴大帝注见七麌黄武下 二年 东晋烈
> 太元 宗孝武帝注见七阳宁康下 二十一年 列国
> 前凉张骏字公庭实之子明帝太宁三年立自称
> 凉王在位二十一年

据此，"太元"这个年号曾有三个帝王用过。现在所要查的，当然不是吴大帝，也不是前凉张骏，而是东晋烈宗孝武帝。但只靠这条著录还不能满足我们的要求，好在其中指出"注见七阳宁康下"这句话，因此，在七阳这个韵目内，又可查得：

> 正统 东晋烈宗孝武帝名曜字昌明简文太子
> 宁康壬申七月即位为张贵人所弑年三十五在位二
> 十四年改元二 三年

通过这样的检查，不仅解决了上文所提出的几个问题，同时还提供了其他资料。然而要进一步确定"太元"的干支起迄，还应该查对一下《历代纪年经纬考》。在这考里，可以依朝代的先后查得东晋孝武帝第一改元的"宁康"始于癸酉，迄于乙亥，计三年。从丙子到丙申，则为"太元"，计二十一年。这样，有关"晋太元中"这句所发出的几个问题，就可完全回答出来了。实际上，如果以《历代纪年经纬考》中各个年号为对象时，也可由《韵览》查出有关的资料的。因此，章氏在《历代纪年经纬考序》中所谓"表以经之，韵以纬之，反复互求而举无遗漏，于以考验史文，旁推传记，极于金石题识，竹素遗编，可以参质异同，决定疑似，亦习编摩者不可缺"，诚非虚语。

1792年，毕沅《续资治通鉴》修成，章氏代毕沅写信给钱大昕，请提意见。信中论及拟为《续资治通鉴》撰述《别录》一篇，并欲推广而及于《资治通鉴》时，曾自称这个建议"其说甚新"。《别录》到底是什么东西？章氏在同年所写的《史篇别录例议》中回答了这个问题。他指出：

> 《别录》之名，仿于刘向，乃是取《七略》之书部，撮其篇目，条其得失，录而奏上之书，以其别于本书，故曰《别录》。今用其名以治纪传、编年之史，亦曰《别录》，非刘氏之

旨也。盖诸家之史,自有篇卷目录冠于其首,以标其次第。今为提纲挈领,次于本书目录之后,别为一录,使与本书目录相为经纬,斯谓之《别录》云尔。盖与刘氏之书,名同而异用者也。

但是怎样提纲挈领,使《别录》与本书目录相为经纬呢? 也就是说,这种《别录》应如何编制呢? 对于纪传之史的《别录》,章氏认为应该这样编制:

> 于纪传之史,必当标举事目,大书为纲,而于纪、表、志、传与事连者,各于其类附注篇目于下,定著《别录》一编,冠于全书之首,俾览者如振衣之得领,张网之得纲,治纪传之要义,未有加于此也。

对于编年之史的《别录》,却应该这样编制:

> 今为编年而作《别录》,则如每帝纪年之首,著其后妃、皇子、公主、宗室、勋戚、将相、节镇、卿尹、台谏、侍从、郡县守令之属,区别其名,注其见于某年为始,某年为终,是亦编年之中可寻列传之规模也。
> 其大制作、大典礼、大刑狱、大经营、亦可因事定名,区分品目,注其终始年月,是又编年之中可寻书志之矩则也。
> 至于两国聘盟,两国战争,亦可约举年月,系事隶名,是又于编年之中可寻表历之大端也。
> 如有其事其人不以一帝为终始者,则于其始见也,注其终详某帝;于其终也,注其始详某帝可也。其有更历数朝,仿其意而推之可也。
> 另外,对于纪传和编年史中与事相关的诏诰、章奏、书牍、文檄、辞赋、杂文等,则应该:"摘取篇名,别为凡目,自成一类,殿于诸类之后,以见本末兼该之旨。"

根据上文所引,首先当明确这种《别录》不是别的,实际上就是记传或编年史书的分类索引。其次当理解这种《别录》的著录范围和方法:记传以标事为主,凡与某事有关联而散见于纪、表、志、传中的材料,都注其篇目,集中在事条之下;编年以标人为主,兼及大事,凡与某人某事有关联而散见于分年之中的材料,都注其起迄年月,集中于各条之下。再次,当注意章氏强调在编年中"必于每帝为篇而不总括全代",这是吸收《春秋》分纪十二,传亦从而区分,取其近而易核之长的缘故。这种《别录》编制的方法,其独别之处,就是能把苦于篇分的记传,以事为主,用互著之法联而合之;把苦于年合的编年,收人为主,用区别之法分而著之。这样,既能分合相济,又能详略互纠;既便于检查,又利于治学。章氏所谓"载笔之士,或可因是而恍然有悟于马班之家学",当是指此。综合章氏这些论述,我们深切地认识到《别录》不是某些人所说的"史料重组,人事汇编",而正是记传和编年二者的分类索引。这不仅仅为便利检查书中的资料而设想,同时也指出钻研这些史籍的门径。这就更可以说明章氏倡议编制《别录》,实具有重大而深刻的意义。"其说甚新"的自我评价,非常切当。可惜,当时的人们对此未曾重视而使之实现,时至今日难道我们还能轻易放过而不加以推广吗?

三

根据以上这些史实,我们认为章氏对我国索引工作,主要有下面几点贡献:

(1)促进索引工作向前发展。我国图书索引工作,并非始于章氏。即以列传人名索引而论,早在明朝崇祯十五年(1642 年),就有傅山所撰的《两汉书姓名韵》问世。但创议编制诸史列传人名的综合索引,却以章氏为首,编制群书中名目的综合索引,也当推章氏为滥觞。虽说他的族孙守一未能继承他的索引工作加以发扬,然而章氏友人汪辉祖所编的《史姓韵编》《三史同姓名录》《九史同姓名略》等,却是受其直接影响而产生的。及嘉庆初年,阮元曾集合许多学者编成了一部《经籍纂诂》,可使用者"展一韵而众字毕备,检一字而诸训皆存,寻一训而原书可识"。其后又有陶治元等辑的《皇清经解敬修堂编目》,不著撰人的《皇清经解续编目录》等五六种同类的索引,但都限于《皇清经解》正续二编及其版本,因此用处不够广大。但间接地受章氏的影响,那是显然的,到了 20 世纪 20 年代前后,我国索引工作一时又有所发展。为了当时的需要,有关索引的专著开始发表了;为了要使我国古籍便于检查、使用和研究,许多专书索引问世了;为了满足对新文化知识科学技术的迫切要求,综合的或专科的论文索引大量地编制出来了。其中如《二十五史人名索引》的编制,不仅为《二十五史》一书具备了检查、使用的工具,而且扩充了《史姓韵编》的范围和补正了它的缺点。这样,就把我国索引工作更向前推进了一步。回顾以上这段简史,可以证明章氏对于我国索引工作的向前发展,曾直接间接起过促进的作用。

(2)建立索引工作的理论基础。章氏认为编制列传人名索引,首先可以便于稽检,如其能把全书中有关某人重复互见的出处,偏注其下,那末既可为读史的要领,又可为一切考订有关人事者作参考。但是章氏对于索引功能的看法,还不止此。他又认为如其能为纪传和编年史书编制了一个提纲絜领的《别录》放在本书目录之后,这不仅可使它们分合相济、详略互纠,而且对于读者既便检省,又利治史。而更重要的,章氏还认为编制索引,不只是一种编辑工作,而且是一种撰述工作。他为汪辉祖的《三史同姓名录》《史姓韵编》等撰序宣扬以后,并在给汪氏的另一信中,特别强调撰序的目的,主要在于"俾阅是两书者,大开眼孔,知有经史专门之学,各自理会大本领,成古今来大著作,毋以比类征事,文人游戏手眼亵玩此书,方为不负吾兄十数年功力"。他是多末重视索引工作,这非有真知灼见,是不可能讲出这样深切透辟的话来的。应该指出,章氏对索引工作所发表的理论,还是在 18 世纪 80 年代,既能为读者便检设想,又能为补充图书的不足打算,更能为提高索引工作的学术地位立说,这不仅在当时,发人深思,即在今天,仍有现实意义。如其与西方学者称索引为"迷宫的引路"之说相比,更要先进得多,优越得多。因此,章氏在索引理论工作上,实为我们打下了良好的基础。

(3)创立索引工作的科学方法。编制任何索引,首先要有的放矢,确定范围。在这方面,章氏的思想非常明确。如《明史列传人名韵编》和《历代纪元韵览》,它们的范围,一以人名,一以年号。他如群书索引之以名数,纪传、编年之各以事以人为主,都是一清二楚,毫不含糊。

构成一条索引,必须具备标目、注释、出处三个部分。虽然章氏创议的群书索引和《别录》，没有实现，而且所编的《明史列传人名韵编》也不传于世，但是看到他论述编制这些索引的凡例，完全合于上面的要求。即以《历代纪元韵览》而论，也非常合于法度。如上文所举的"宁康"一条，"宁康"就是标目；"东晋……三年"就是注释；其中好像没有出处，实际上"壬申七月"就是指这条索引的所在地位。再"宁康""太元"都是东晋孝武帝的年号，但它们的注释，却有不同，一个详细，一个简略，这样，就把它们的主次分清楚了，重复的注解省掉了，互相的联系表明了。这些做法，绳之以现代索引著录的方法，可说毫无逊色。

为了要达到检查迅速，必须要求索引条目的排列采用一定而为大众所熟悉的方法。以《历代纪元韵览》为例，这是先以韵排，再以时次；标目全同时，则以格分；在必要时，还用参见法，以便由此及彼，找寻材料。《韵览》排列的方法是条理分明，井然有序。至于采用分类排列的《别录》，因为未成事实，兹不臆论。

根据上面所提索引的范围、著录的凡例，以及条目的排列三者而论，章氏在索引工作上所采用的一系列方法，虽不能说已登峰造极，但合于科学规范，毋庸置疑。

总之，章氏对我国索引工作所遗留下来的，虽只有《历代纪元韵编》一种硕果，但因为他敢于倡议，敢于提出新颖的理论，敢于建立科学的方法，所以在我国索引学术史上，应该肯定他立言立法的贡献，应该给予其应有的地位。

（选自《图书馆》1962 年第 3 期）

分类、标题和目录

刘国钧

　　图书馆为了发挥馆藏图书的最大效用,必须将其所藏每种图书的内容向读者揭露出来,以便读者能够选用他所需要的图书。这有两种方式。其一是把每种书所论述的对象,即主题,直接用语言——标题表达出来。这样就不仅可以揭示出每种书的基本内容,还可以揭露出关于同一主题有些什么书。这就是图书标题法。另一方式是按照书中内容的科学性质,分门别类,把它们组织成一个体系。这样就不仅揭示出一书的基本内容,不仅揭示出同一科目有些什么书,而且还可以揭示出关于各个科目的图书之间的相互关系和联系。这就是图书分类法。由于这两种方式的不同,在图书馆产生了两种目录:主题目录和分类目录。

　　标题法和分类法都是揭示图书内容的方式。但它们是从不同的角度出发的。标题法只注意于揭示书中论述的问题、研究的对象。分类法则还要揭示出书中所论述的问题、所研究的对象属于什么科学门类,同其它的问题和对象有什么关系等等。直接性是标题法的主要特征;系统性是分类法的主要特征。在标题法中,各个主题是各自独立的,它们之间的组织关系基本上是形式上的,即字顺的。在分类法里,各个类目是互相倚赖的,下位类的意义必须借助于上位类才能明确,上位类的意义必须通过下位类才能体现;类目之间的组织关系是实质上的联系,是客观的内在联系。由于这两种方式的特性不同,所以主题目录和分类目录在图书馆实际工作中对读者有不同的作用。两种目录各有优点和缺点。究竟哪一种目录更合读者需要,一直是图书馆学界一个争论的问题。

　　在我国,图书分类目录从汉代的《七略》一直行用到现在各图书馆。只是在20世纪初年才从西方传入了主题目录,但直到目前仍然只有少数图书馆用它来编制西文图书目录。近几年来,由于某些原因,暴露出了分类目录的缺点。因此,有些人开始对主题目录显出兴趣,对分类目录感到不足。最近杜定友先生一连在三篇论文中提出了分类主题目录(他也称之为分类主词目录)的主张。显然他是想保持两种目录的优点而消灭其缺点的。他把分类目录的缺点归咎于图书分类法的编制失当,而图书分类法的编制失当则"在于盲目地依照科学系统,分到十七、八级"。因而他在提出分类主题目录的同时,也提出"分类法必须简化,在一定范围内充分利用字顺排列法,走向新型的分类主题目录的发展道路"。这是一种很有意义的主张,很值得进一步探讨其可能性和实用价值。下面打算分三个方面来探讨一下。

分类与标题

　　分类法和标题法是从不同角度用不同方式来揭示图书内容的,所以产生了两种目录。可是在现代图书馆实践中却发生了一种很有趣的现象;这就是,在标题法中含有分类法的因素,在分类法中含有标题法的因素。

先说标题法中的分类法因素。本来标题法的基本要求是关于同一主题的书必须集中于一处。就这一点来说,标题也就是分类的一种形式,因为所谓类就是一群在某一点上相同的事物,分类也就是集中某一点上相同的东西于一处。所以当主题目录初传入我国之时,有人把它叫做"类名目录"。但是标题法起初是把各个主题认作各自独立的概念的,它们之间没有系统,而分类则要求有一定的系统。在实践中,标题法从书中的研究对象出发,以研究对象为主题;分类法从书中内容的科学属性出发,将研究对象置于一定学科之内。这就把分类法和标题法分开了。可是事实上,客观事物之间是有联系的;研究一种事物或一个问题的人不能把它的研究对象孤立起来。例如,讲机器制造的书也适用于拖拉机、排灌机的制造。因此,在标题法中就发展出参照法:从"机器机造"引见"拖拉机""排灌机"等。而这恰恰是表达了分类法中的包容关系;拖拉机制造是机器制造的一项内容。标题法中的参照,可以说是分类法中从属关系和并列关系的体现。如果按照编制得法的主题参照跟踪追查起来,可以列出一个没有号码的分类表。从这一点来说,现在有些人,如拍娣(Pettee),认为标题表是一部隐藏的分类表,是有理由的。因此,现在的标题法是包含了分类法的因素的。

再说分类法中的标题法因素。本来现在的图书分类法是以科学体系为基础的。它要求按科学的分野来区分图书。但是科学之间的关系是多方面的,而图书分类法则只能是单线的。在把多边关系变成单线排列时,有些可以两属或三属的问题只能归入一个上位类,这时往往采取按主题归类的办法。例如,有些分类法把军事工程归入军事科学类,而不归入技术科学;把汽车、飞机的制造分别归入交通运输类中的陆路交通运输类和航空交通运输类,而不归入机械工程类;把小麦黑锈病归入农作物中的小麦类,而不归入植物保护中的病害类。从科学体系的观点来看,这些做法并不一定完全符合要求。但是从读者使用图书的观点来看,这样做是比较方便的。在这里,分类法的实用原则决定了类属的关系,而从方法上看,这就是标题法原则在分类法中的运用,并不是任意的、人为的组合。所以现代的分类法也包含着标题法的因素。

这个现象证明单纯依靠标题法或分类法都不能解决读者用书的问题,因而产生了双方兼顾的企图。过去的分类主题目录就是这种企图的表现。杜先生的主张显然也是这种性质。不过,杜先生的主张同过去的分类主题目录有所差别。一般的分类主题目录是只分几个大类,而将每一大类内一切细目不分等级,一律按字顺排列,所以在西文叫做字顺分类目录。杜先生则主张先按分类系统分到第三级,然后将其余细目按字顺排。

字顺分类目录不能解决读者按主题索书的要求。因为细目的划分还是受到学科分野的限制。同一对象可以从不同科学的角度去研究:如水,可以从化学,也可以从地质学、卫生学等角度去研究它;牛,可以从动物学,也可以从畜牧学、兽医学的角度去研究它。由于学科分野的限制,不能将关于水或牛的材料完全集中在一处,达不到标题法的要求。但是字顺分类目录可以避免按分类号查书的困难。杜先生的分类主题目录也正是这样。

分类法的特征本来在于它的系统性。这应该是贯彻始终的。如果系统的划分只到第三级为止,以下采用主题字顺排列,不知道这些所谓主题受不受上位类的限制?当不同的学科从不同角度研究同一个主题的时候,不知是把关于它的图书资料集中在一个类的下面,还是分隶在各门学科之下?如果集中一处,这个类的里面就出现了许许多多不属于本类的图书资料,破坏了、紊乱了学科的领域,读者在查阅这个类的时候会感到方便吗?如果分隶在有关学科,那么,仍然达不到集中同一研究对象的资料的目的,破坏了标题法的原则。这在实质上只不过是把目前分类法中按分类号码排列的细目变为无分类号码的字顺排列,而不是真正的主题。因此,把分类法和标题法并起来,是无济于事的,既不能系统地揭示一门科学内容及其有关的图书资料,又不能集中关于同一事物、同一对象的图书资料。所以,要么一律按分类原则进行,要么完全按标题原则进行。把两者揉在一起,成为所谓分类主题目录,是达不到便利读者的目的的。

我们目前的分类目录在为读者服务方面有缺点,是不必讳言的。但造成这种情况的原因很多,分类法的不完善不过是其中之一。其它像归类错误,前后参差,没有参照,没有索引,滥用附加号,指导片编制失当等等工作上的缺点,也有待于改正。但更重要的原因,是由于我国科学研究的日趋深入。一方面,科学研究工作者从事细小专题的研究的日益加多。粗枝大叶的分类已不能满足科学研究工作者的需要。另一方面,各种事物的综合研究日益发达,边缘科学又层见叠出,根据科学分野的分类体系不能完全满足需要。他们希望目录能够集中专题和主题的图书资料。所以主题目录的编制就被提到日程上来。现在所要解决的问题,是在备有分类目录的条件下如何编好主题目录(美国的标题法是在没有分类目录的条件下制定的),而不是在分类目录中掺入更多的主题成分,当然更不是放弃分类目录而代之以主题目录。主题目录只能是分类目录的补充。

必须分析一下读者用书的需要。读者要什么就给他什么,不要让他转弯抹角地去摸——这是图书馆工作者的很好理想。这个理想看来简单,说来容易,但实行起来却不那么简单容易。可以说,图书编目工作的复杂性正是由于要满足这一看来简单的要求而产生出来的。其原因就是读者的具体需要是非常复杂的。当一位读者对图书馆员要关于牛的图书资料时,他心里可能只想要一本关于牛的具体的书,这是可以用书名目录或著者目录回答的。他也可能是要关于牛的全面资料,这最好是用主题目录来回答,不过这也可以通过分类目录的字顺主题索引(不是所谓类名字顺索引)来回答。但是他还可能只要关于牛的某一方面的图书资料,如牛的饲养、牛病治疗等;这时在分类目录中畜牧学家畜类的牛类或兽医学家畜病痛类的牛类去找,就直截了当了。如果利用主题目录来回答这类问题,就要在"牛"这个标题之下分出"饲养""疾病"等副标题;否则在许多张关于牛的卡片中去查一本关于养牛或牛病的书的卡片,对读者是不方便的。但是,这样做,实际上正是将关于牛的图书资料再加以分类,不过不用分类号的形式表示而已。这正是标题法中分类因素的另一表现。另外,我们固然有需要牛的图书资料、猪的图书资料的读者;但也有需要哺乳动物、家畜饲养或兽医学图书资料的读者,他们不仅要关于这些方面的一般性著作,而且要深入每种哺乳动物、每种家畜中去。他们希望把关于猪、牛、马的各种动物学著作,或者饲养学著作,或者兽医学著作分别集中起来。如果我们只按猪、牛、马来分别集中图书资料,又将怎样解决他们的问题呢?总之,读者的需要是极为多式多样的。所以主题目录和分类目录是不可偏废的。编目工作中各种不同的方式方法,正是各自从不同角度来分别满足不同需要的。企图用一个方式来满足读者的多式多样需要,是难以行得通的。

图书分类与科学分类

杜先生似乎把现在图书分类目录的缺点完全归咎于图书分类法。图书分类法的缺点何在呢？他认为，图书分类法的问题"在系统序列的深入程序和实用价值……在于盲目地依照科学系统，分到十七、八级"。这就引起了图书分类与科学分类的关系问题。

图书分类与科学分类是什么样的关系呢？杜先生说："图书分类法以科学分类法为基础，这是肯定的，但这并不等于说，图书分类法就是科学分类法。"这是非常正确的。但是据我浅学所见到的，无论中外，还没有一部等同于科学分类法的图书分类法。不消多举例证，只要指出所有（就是说，我所见到的）图书分类法的基本大类中都有"综合图书"或"总论"这样的大类，就可以证明杜先生所指出的这条原则是已经为大家所接受的。问题恐怕还是在于"盲目地依照科学系统"。按照杜先生的意见，图书分类法"在基本大类和基本类的序列，必须遵守马克思列宁主义科学原则……但不等于全部学科细目的翻版，一切应以实用为依归"。因此，杜先生就主张分类体系只到三级，其余细目一律按字顺排列。由此看来，杜先生所说，"图书分类以科学分类为基础"，其实际意义就在于按照科学原则来编制前三级的图书分类表。但我以为这种看法是值得商榷的。

首先在现行各图书分类法里，在第一、二级就出现了一些不是学科性质的类目。且不说综合图书类及其按形式的复分，即如我国新图书分类法中所有的"马克思、恩格斯著作""毛主席著作"等类，恐怕也不能认为是学科吧。事实上，图书分类法立类标准并非纯粹是科学的科目，而有许多是按照著作形式、民族、时代、地区等来立类的。这就是说，图书分类并不都是以科学体系为立类依据的。因此，把图书分类表看成是一张带号码的科目一览表，是不符合实际情况的。

图书分类体系本来就不等同于科学分类体系。由于图书分类的单线排列，由于综合性图书的存在，由于有些学科已经失去生活力，或者已经死亡，而关于它的图书仍然存在，不能不在图书分类法中给它一个地位等原因，图书分类体系已经和科学分类体系有很大差别。这已是众所周知的了。因此，说图书分类法盲目依照科学体系，也是不符合实际情况的。

所谓图书分类以科学分类为基础，在我看来，只是意味着三件事。第一，对于图书分类应当首先考虑图书内容的科学性质，它在科学体系中的位置；如果这样不能发挥这书的最大效用，就可以考虑其它标准。第二，对于按学科性质设立的类，其内容必须符合这门学科的实际，不能把不属于这门学科的科目羼入这个类。第三，这些类的关系、类的组织必须符合学科之间的客观实际联系，不能任意地组合或划分。这就是图书分类与科学分类之间的关系，而不仅仅只是在基本大类和基本类的序列上遵守马克思列宁主义科学的原则。

按照这样的看法，首先，图书分类法在类目安排上不能混淆科学的分野，紊乱各学科之间的关系；其次，类目的系统序列必须反映有关学科的客观实际。有许多事物是可以从许多不同科学的角度去研究它的，不同的观点、方法构成了不同科学的内容，不能因为研究的对象相同就混在一处。比如，在分类目录里把从动物学、畜牧学、兽医学等不同角度去研究牛、马的图书资料集中在一处，对读者有什么真正好处呢？这样混淆了各门科学的领域，破坏了各个科目之间的客观联系，还谈得上什么图书分类以科学分类为基础呢？还可以说目录可以协助科学研究吗？

当然，系统地进行分类有时是会造成长号码的，所以绝对不应该盲目追求系统的完整。杜先生指出这一点是非常有益的。不过这里也应注意几件事。第一，各门科学的发展是不平衡的。有的深入的程度很深，细小科目的著作也很多，如大多数的自然科学和技术科学。为了如实地反映客观情况，类系不能不长些，否则不便于研究小问题的读者。有些科学的专门化程度还不十分深入，类系自然可以短些。但是如果一律规定为三级，就不免于削足适履，反而陷入形式主义了。第二，分类系统深入程度的限度，应该是根据图书的有无。虚设无书的类，当然是不必要的。但是，这里所说的图书应当是广义的，其中也包括杂志论文和其它资料，而不能只了解为单独发行的整册图书。现代图书分类法的对象已不能局限于整册的图书，这是为现代科学研究的要求所决定的。而科学论文和资料的主题一般都是窄小的。图书分类法也就不能不深入反映一些细小的科目。第三，分类系统的深入所以会造成长号码的原因，主要是层累制的编号法，其次是所用符号（数字、字母等）的基数大小问题。这当从号码方面想办法。深入分类并非必然会导致长号码的。不能因噎废食，就此反对分类的深入程度，使分类内容受到形式的妨害。不能把编号方法和分类体系混为一谈。第四，"分类不分件，分家不分人……"等办法不过是把分类号变成字母（或其它符号）而已，不能解决长号码的问题。即如，《苏联十进分类法》中的"英国文学"用 8И（АНгЛ）为符号，而在《杜威十进分类法》中用 820，《中小型法》中用 K55，《科学院图书分类法》中用 47.11，都比 8И（АНгЛ）为短。而且，这样做，依然是"分件""分人""分事""分县"，因为每件、每人，每事、每县都还要用不同的符号标示出来，不过不在分类表上写出来，不把分出来的组叫做类而已。这在实质上和细分并无区别，同运用标题原则也毫无共同之处。不能以为这样就体现了分类主题的原则。第五，分类号码太长对图书排架确实不便利，但对于排卡片的不便之处还不太大，只要细心一点是可以做到毫无错误的，只要指导片编制得法，读者查卡片目录也没有什么不便。苏联图书馆界已经提出排架分类号从简，目录分类号从详的办法，杜先生也是同意的。如果采用这种办法，就没有理由以此来反对分类法细分的深入。第六，目前我们有些图书馆的分类号码太长，是由于图书分类工作者滥用复分表而造成的。这完全是一个工作上的问题。不能因此就来反对分类表的细分。所以分类法的系统深入问题，还应当从类的本身需要，从读者用书的要求来考虑。具体的类具体决定。不能抽象地反对一切深入的细分。科学上的分类还没有分到十七、八级的，图书分类法也还没见有分到这样长的。如果说，分类法的等级少就是好的，那么，《中小型法》一般只有三、四级，为什么许多图书馆嫌它太简略不够用呢？

至于我们现有的某些分类表的某些类目，确不免有罗列事物名称，抄撮图书章节题目的现象。杜先生认为不妥，是应该的。但这不过是局部问题，是可以改正的。不能因此而根本反对深入细分，甚至怀疑分类法的系统性。

至于突出表示读者所关心的问题使读者很快查到图书资料，这当然也是合理的要求。这个问题可以在目录中解决的。比如，如果动物学类偶蹄类有一本论述牛的书，那就可以在分类目录里用一张特殊指导片把它显示出来，至于这个牛类里第几级，在这里是无关重要的。即使是二、三级类，如果不用指导片特别标明，读者也不一定就会知道的。介绍重要的类，是分类目录的任务，不是分类法的任务。但分类法也可适当照顾这一要求。例如牛在畜牧学中确是重要的对象，所以一般都把它放在四级；但是在动物学中却并不是重要的对象，而动物学对动物是要求进行系统研究的,那为什么不能依动物的系统来分呢? 我们能把畜牧学的要求来要求动物学,或者把动物学的要求来要求畜牧学吗? 还是说,畜牧学和动物学不该分为两门科学呢?

分类二元论

现在谈一谈杜先生提出的分类二元论。这在图书分类法编制技术上是一种新颖可喜的主张,是值得深入研究的一个问题。因为这种办法的确可以使分类工作者灵活地运用分类表去应付许多问题,而毋须把这些问题一一罗列出来,可以大量节省分类表的篇幅,可以免除目前大多数分类表太繁太死的缺点。可惜杜先生没有把这问题深入发挥下去。

杜先生的见解很类似英国图书馆学家布朗(J. D. Brown,杜先生译作勃朗)。布朗所发表的《主题分类法》,就是以《主题表》和《范畴表》两部分组成的。前者正相当于杜先生的类质表,后者正相当于类素表。每种书的分类号正是由主题的号码和范畴的号码配合而成,恰如杜先生所主张的一样。布朗的《主题分类法》首次发表于1906年,可是不大为人所欢迎。其原因之一,就是他坚持"一个主题只能有一个位置"的主张,坚持在分类法里把关于同一主题的图书资料集中一处,从而紊乱了科学的分野,给读者找书带来困难。例如,他认为音乐是声波的作用,就把音乐列作物理学中声学的下位类,而把全部音乐的书归入物理学范围之内。可是读者谁会想到在物理学中去找贝多芬的交响曲呢?

但是,布朗确提出了一条值得探索的编制分类法的道路。近年印度的图书馆学者阮冈纳赞(S. R. Ranganathan),就是在这个意见的基础上提出他的《分面分类》学说和《冒号分类法》的。阮冈纳赞的学说,在目前的欧洲图书馆界很有影响。一些人,特别是一些搞科技文献工作的人,都在试图根据这一学说来编制分类法,或对它作深入一步的研究。杜先生的意见是同这种趋势相符合的,是能反映分类法问题上的国际趋势的。

这条道路的中心问题在于对一个类概念的分析。布朗认为一个类是由主题和研究这主题时所遵循的范畴(观点、方法等)所构成的。阮冈纳赞认为可以分为"本体""质料""动力""空间"和"时间"五个方面。许多人对他们的看法有不同的意见。现在杜先生提出了类质和类素的说法,看来也有些困难。怎样区别类质和类素呢? "农业化学"中的"化学"也许是方法(类素),可是"农业气象"中的"气象"是不是也可了解为方法呢? 如果因为这两个概念中的"农业"都是类质,从而关于它们的书必然要归入"农业"类,那么,把农业化学认为是化学的一个部门,把农业气象学认为是气象学的一个部门,就必然是错误的了。但是事情果真是这样的吗? 研究农业化学的人不是化学家,研究农业气象学的人不是气象学家吗? 在我看来,恐怕适得其反:"化学""气象"是"类质","农业"是"类素"吧。事实上,我们所以把农业化学、农业气象归入农业,是由于在普通图书馆中使用这两类图书的人以农业工作者为较多,这样做,对读者比较便利。这是化科学分类上的多边关系为单线排列的一种方法,是从实用观点出发而不是从"类质""类素"出发的。在专门的化学或气象学图书馆中是满可以而且应该把农业化学归入化学,农业气象归入气象学的。不能说他们犯了分类上的错误。这里正如杜先生所说,"一切应以实用为依归"。所以类质、类素的说法还有进一步研究的必要。

杜先生的分类二元论和他的分类主题目录是不调和的。按照分类二元论,类质表是基本的,类素表是作为配合之用的。类质表可以分到三级,以下按细目字顺排列,或者(在某些专门图书馆里)按系统细分。按照后面的办法是可以同类素表配合的。但是,如果按字顺排列,就不知道怎样同类素表配合了。在这种情况下,类素表能起什么作用呢? 如果类质表直接同类素表配合使用,那在实质上就是进行细分,而且每一细分都有一个类号,这就没有在三级类以下按细目字顺排列的余地? 而如果像杜先生允许某些专门图书馆所做的那样,不仅类质表可以同类素表配合,而且类质表还可以细分,那又怎样贯彻分类主题目录的精神呢? 也许杜先生在这里要提出分类有限论,认为类质表应当"分类不分件""分家不分人""分时不分事""分省不分县"。但是前面已经指出,这种办法不过是将分类号换成字母,因而改换其排列顺序而已。既不能贯彻分类二元论,也不能实现分类主题目录。因此,我觉得分类二元论同分类主题目录是不相调和的。

总起来说,为了提高图书馆目录的质量,更好地为读者服务,进行分类法和标题法的理论探讨,是有很大好处的。杜先生在其论文中提出了许多很好、很正确的意见,指出了许多存在的问题并提出了他的解决办法,这是应该受到大家的欢迎的。我在研究杜先生的办法之后,感到有些疑问,现在写出来以就正于杜先生和其他关心这个问题的同志。

(选自《图书馆》1962 年第 4 期)

试论主题目录

金敏甫

一、主题目录的功能和特点

图书馆目录是揭示馆藏、宣传图书、指导阅读和为读者提供图书资料的工具，是图书馆完成任务的手段。它的主要作用是向读者反映馆藏图书的内容和特征，供他们迅速而正确地选择所需要的图书资料。由于读者从目录中找寻图书资料，往往带着各式各样的问题，因而需要编制各种不同的目录予以解答。主题目录就是几种目录中的一种。

什么是主题目录？它是根据图书内容所论述或研究的对象，也就是图书的主题，用一个单字、名词或短句作为主题标目(简称为标题)，把它概括起来，编成主题款目，然后按标题字顺组织，这种目录叫做主题目录，也称标题目录。这种目录可以把同一事物或同一问题的图书，不问它是属于相同的知识部门或是不相同的知识部门，都用同一个标题集中地组织在一起，读者如需某一事物或某一问题的图书资料，可以在主题目录中查阅。所以主题目录是从图书内容的主题方面来揭示馆藏、宣传图书、指导阅读、提供图书资料的工具。它的功能是向读者反映馆藏关于某一事物或某一问题的全面的图书资料。

主题目录具有如下几个特点：

(1)它是根据图书所论述的事物或问题作为标题而组成的目录。所以从各种不同的科学领域内论述某一事物或某一问题的图书资料，都可以用同标题予以集中，因而读者通过主题目录，可以找到关于某一事物或某一问题的全部图书资料。

(2)它是按标题字顺排列的。所以读者需要关于某一事物或某一问题的图书资料，可以直接按字顺检查，不必了解它在知识体系中的位置。尤其是有些细小精微的事物或专门问题要了解它在知识体系中的位置是相当困难的，直接按字顺找寻，对读者比较便利。例如：读者需要关于"杀虫剂"的图书资料，可以在主题目录中直接按"杀"字的字顺去找，不必问它是属于农业知识，还是属于生物学知识或是化学工业知识。

(3)主题目录的标题具有灵活性。凡图书所论述的具体事件、物品、人物、地域和物质现象、自然界现象、社会生活现象或思维现象等，凡属可以作为单独研究对象的，都可以根据需要，做出相应的标题。在主题目录中反映，不受任何限制，因而凡是由于人们对自然现象和社会现象的研究的不断发展而产生的新的研究对象，关于各种现实的问题，关于科学上的最新成就，以及科学研究项目中专门性的细小问题，都可以用相应的标题，及时地或突出地予以反映，已经陈旧了的标题，可以更换新的标题。这些新标题的增订和旧标题的更新，在编目工作中是非常重要的，主题目录中对于标题的增订、更新，不会影响到整个目录。

(4)在主题目录中可以运用互见分析和参照方法，使藏书充分供读者利用。凡一书内容有几个主题的,可以编制几张主题目录卡。书中的一部分和全书的主题不同,需要单独反映的,可以编制主题分析卡片。凡某一主题和另一主题有关系或联系的,可以编参照卡片来引见。所以反映的参考资料比较全面。

这些特点说明主题目录有一定的优越性。但是也有它的局限性。主要表现在:它只能独立地反映个别事物或问题的图书,不能反映全部藏书的体系,也不能系统地反映各个知识部门的藏书。也就是不能把某一事物对象和有关事物对象直接地联系起来,缺乏事物与事物之间的内在系统性。虽然可以用参照卡片来联系,但是参照卡片只能引见有关的主题,具体的书还是分散在不同的标题字顺中,因为它的联系是间接的。所以读者为进行系统研究而找寻图书资料,主题目录是难以解决的。其次是在选定标题的词语时,难以符合一切读者的习惯,尤其是有许多名词术语还未统一,如果读者据以找寻资料的,不是图书馆所选用的标题,又没有编制相应的"见"卡,将会找不到他所需要的图书资料。此外,汉字排检还没有通行的完善办法,也将给读者带来一些困难。

二、主题目录与其他目录的区别和关系

主题目录是图书馆目录的一种,它与其他目录有所区别,但它不是孤立的,而是统一的目录体系中一个不可分割的组成部分,所以又和其他目录有一定的关系和联系,以各自的特点,互相配合互相补充,以发挥图书馆目录的最大作用。现在把主题目录与其他目录的区别和关系,分别探讨如下。

(1)与分类目录的区别和关系。主题目录和分类目录都是从图书内容方面来揭示藏书的,但是组织方法不同,前者是按内容的主题字顺来组织,后者是按内容所属知识部门予以系统的组织。它们的区别和关系表现在:①主题目录中关于各学科的主题都是并列的,不能表示各主题之间在学术系统上的等级性。例如:"农业技术""农作物""谷类作物""稻"这几个标题,在主题目录中只有字顺上的先后,不能看出它们在学科上的隶属关系,不像分类目录,从大类到小类,层层隶属,除个别情况外,都能表示学术系统上的等级性。②主题目录按标题的字顺排列,因而同属于一门学科的图书,和内容相关或相近的图书,因标题字顺不同而分散,不能显示它们的内在联系。在分类目录中同类图书是可以集中的。例如:"声学""电学""光学"同属于"物理学",内容相近,在主题目录中分散在"声""电""光"几个不同的字顺里,而在分类目录中可以集中在"物理学"类,紧密地联系在一起。③主题目录中可以集中以主题为中心的各类图书资料,而在分类目录中,关于同主题的书,往往因内容所属门类不同而分散在各类。例如:有关无线电方面的图书,在主题目录中可以集中在"无电"这一个标题内,而在分类目录中,关于无线电原理的书,放在"物理学"类,关于无线电技术的书放在"电工学"类,关于无线电机制造的书,放在"机械工程"类。④主题目录中还可以集中关于某一地域的图书,而在分类目录中因受学术系统的限制,不可能全部集中。例如:有关广东省广州市的图书,可以用"广州"为标题,把有关广州的历史、地理、政治、文化、教育、风俗、物产等图书予以集中,而在分类目录中除综合论述的志书,可以放在"地方志"类外,专论某一方面的,要按内容的主题放在有关门类。从上述几点可以看到,有些图书在分类目录中可以集中的,在主题目录中不能集中,有些图书在分类目录中不能集中的,在主题目录中可以集

中。这就可以说明互相配合互相补充的必要性。⑤主题目录按标题字顺排列,在检查上比较直接而便利;同时,新标题的增加和旧标题的更新,对主题目录本身的组织和其他目录都不受到影响,但没有科学系统性。分类目录按知识门类的逻辑次序排列,有科学系统性,但检查时必需掌握分类的体系,尤其是现代科学技术的不断发展,综合利用和边缘科学的不断产生,在分类表上难以解决,读者更难知道它的类属;同时,遇到有新类目的插入或分类号的更改,往往牵连到一系列的变动工作如分类目录的改组,其他各种卡片上和书标上索书号的更改等等。⑥主题目录著录时要根据图书的主题,列出主题标目(即标题),以便据以排卡,而分类目录的著录,因为分类号已能显示类属的地位,可以据此排列,不必再用类目名称作标目。⑦分类目录是根据马克思列宁主义的思想体系,按知识门类的逻辑次序组织起来的,所以也叫系统目录,从图书馆的任务和一般读者的要求上去考虑,应该是图书馆的主要的读者目录,是整个目录体系中处于主导地位的基本目录。而主题目录则是为了弥补分类目录的局限性,满足读者的特定需要而编制的辅助目录,所以两者之间的联系协调,非常重要。⑧至于分类目录的类目索引,它是为了补救分类目录查阅上的困难而编制的,它只是分类目录检查上的辅助工具,有人称为分类目录的钥匙,它本身不是一个独立的目录。虽然在一定范围内可以起到主题目录的作用,但是不能代替主题目录的全部功能。

(2)与书名目录和著者目录的区别和关系。主题目录与书名目录和著者目录,从组织方法上说,都是按字顺排列的。但是从揭示藏书的方法上说,则是根据不同的特征来编制的。主题目录用图书内容所论述的对象来揭示;书名目录用图书的名称来揭示;著者目录用图书的写作人来揭示。所以它们的功能不同,书名目录供找寻特定书名时检查,著者目录供找寻特定著者的著作时检查,它们的局限性比较大。书名中的主题词不一定列在开头,而且往往不能完全代表图书的主题,所以不能以书名目录代替主题目录。在著者目录中只集中某人的著作,关于某一人物的其他资料(如评述、传记等),虽然也可以附在著者目录里予以集中,但是用主题目录来集中比较合理。主题目录与书名目录和著者目录,有些图书馆把它混合排列在一个字顺目录内,通常称为字典式目录。

(3)与专题目录的区别和关系。主题目录和专题目录都是供读者检查关于某一特定事物或特定问题的图书资料而编制的。但是从编制方法来说,主题目录是在对馆藏图书进行图书分编工作时与其他目录(分类、书名、著者)同时编制,它是根据个别图书决定它的主题,然后予以组织。而专题目录是根据特定的需要,先确定一个题目,然后围绕这一个题目来选录图书资料编成目录。从收录范围来说,主题目录限于馆藏而专题目录可以不限馆藏,专题目录的题目不像主题目录的主题专门而细小,而内容可大可小,可以是包括很广的参考性目录,也可是精选的推荐性目录。从组织方式来说,主题目录总是按主题标目的字顺排列的,而专题目录的组织是多式多样的,可以按分类组织,可以按书名、著者或标题的字顺排列,也可以按深浅程度或主要与次要来编排,有时也可以按年代或地区来编排,根据具体需要和编制目的而定。此外,专题目录大都是配合现实需要临时编制,并由于它不一定反映馆藏,所以一般不列入图书馆馆藏目录的基本类型。至于专题目录应否列入图书馆目录体系之内,目前我国图书馆界还有不同的看法。主题目录与专题目录有一定的关系,因为它们的编制具有同样的目的性,因而两者之间应进行必要的分工。其次是主题目录的编制,可以为编制专题目录提供条件,而专题目录的编制,有时可以作为主题目录的基础。

另外,附带谈一谈综合系统目录与分类主词目录和主题目录的不同之处。

（1）综合系统目录。这是苏联有些专业图书馆所采用的一种新型目录。它是按"问题""方面""项目"和"细目"的顺序组成的。"问题"是指该图书馆所服务机构的研究重点，"方面"是指在该"重点"下从那些角度来对待图书，"项目"（又称"大题"）是指各个"方面"下设置的类目或主题，"细目"（又称"小题"）是各个"项目"系统下所附列的子目。综合系统目录的项目既可以是按照科学门类分类的项目，又可以是独立的主题。它是提出本专业范围内关于某一事物或某一问题的图书资料的综合联合，它的结构，既克服分类目录所固有的静止状态，又避免主题目录的材料分散的缺点。它不同于主题目录的，是在每个大题下面，目录的组织，有的按分类，有的按主题。这种目录的特点是与科研重点密切配合，对于我们编制主题目录的方法，有重大的启发。

（2）分类主词目录。这是最近杜定友先生提出来的。他主张分类目录一般只分到三级类为止，三级类以下，卡片较多的，从书名中找出主词，按字顺排列。它不同于主题目录的是：这个主词是从书名中找来的，而且只有三级类以下才按字顺排列。所以这种目录基本上还是分类目录，只是在组织方法上打破了完全按系统排列的办法。

三、主题目录的作用

从主题目录的功能、特点及其与其他目录的区别来看，可见主题目录有它的特殊用途。图书馆为什么要建立主题目录，既有理论根据，也有现实意义。必需正确地认识它，才能体会主题目录的作用。

首先从图书馆的性质任务来说，图书馆是一个社会文化教育机构，也是文教科学的辅助机构。它是以图书为武器，通过借阅流通、图书宣传、阅读指导和提供图书资料等方式，为政治、为生产、为教学、为科研服务。为了完成图书馆的任务，必须编制作为揭示馆藏、宣传图书、指导阅读的工具——图书馆目录。由于读者查索图书时的要求是多式多样的，因而目录必须多样性，以便读者从各个方面都能找到他所需要的图书，这才是符合"一切为了读者"的工作原则。分类目录是图书馆不可缺少的主要目录，但它不能解决一切问题，所以要求有几种目录来辅助与补充，构成一个目录体系。而主题目录就是以它的特殊功能，辅助分类目录并配合其他目录来完成图书馆任务的。

再从科学认识的原则来说，主题标目按字顺排列，虽然是各个现象和对象之间的联系在某些程度上受到破坏，但它是符合科学认识原则的。恩格斯在《反杜林论》中写道："虽然一切自然现象和社会现象是彼此联系着的，并且对个别现象只有在它和周围现象的不可分割的联系中才能理解；但是为了认识这个别现象起见，我们应该从自然或历史的联系中抽取出来，分别研究每个部分的特性和特殊因果关系等等。"这正好说明编制主题目录是完全符合唯物辩证法的。虽然分类目录是图书馆的基本目录或主导目录，但它毕竟有一定的局限性，而主题目录的特点，恰恰可以弥补分类目录的缺憾，才有必要以主题目录来补充它。

再就我国社会主义事业的形势来看，我国的社会主义建设取得了伟大的成就，无论是生产建设和科学文教事业都出现了新的面貌。党的八届十中全会分析了国内外的形势，指出当前的迫切任务是贯彻以农业为基础、工业为主导的发展国民经济的总方针，使我国的社会主义建设进入一个伟大的新高涨时期。同时指出科学文化教育方面的任务，要加强科学技术的研究,特别要注意对农业科学技术的研究。周总理在谈到加强农业科学技术研究和进行农业技术改革的时候,要求有关部门积极地为科学工作者提供研究试验所需要的条件。可见工农业生产的发展和技术的改革以及科学研究工作的开展,图书馆为他们积极提供必需的图书资料,这是一个政治任务。从以往的情况来看,无可否认,我们的工作没有很好地赶上形势,不能充分满足读者的需要。这里有许多原因,主要是两个方面,一方面由于藏书建设没有紧密地配合,因而必需的图书资料收集得不够丰富;另一方面对于现有的图书资料,由于编目工作没有做好,目录不够完善,读者需要某一研究项目的图书资料,在目录中没有集中地反映,因而找寻困难,甚至有些宝贵资料未被发现,不能发挥它的作用。必须改变这种情况。为了解决这个矛盾,主题目录的建立,是当前的重要课题。因为主题目录在科学技术的研究工作中收集图书资料,有它突出的功能。例如:读者为了研究农作物病虫害防治问题,想收集关于"杀虫剂"的图书资料,有了主题目录,可以按"杀虫剂"这一个标题的字顺去找,就能很快地找到有关的全部资料,对他的研究工作提供有利条件。如果没有主题目录,在分类目录中找寻,首先要考虑它是属于哪一个门类,好容易在"农业技术"大类中,从"植物保护"类的"农药"这一小类,找到了一些资料。如果他不了解关于杀虫剂的制造是属于"化学工业"类;而从杀虫剂对昆虫的毒理方面来叙述的,可以放在"昆虫学"类,那末他所找到的资料是不完整的。此外,现在各类型图书馆正在积极开展参考咨询业务,这是为生产、为科学研究服务的重要措施,而这项业务的开展,主题目录又是一个必不可少的工具。所以可以这样说:主题目录是图书馆为政治、为生产、为教学、为科学研究服务的主要手段之一。对有些图书馆来说,有没有编好主题目录是衡量它能否在社会主义建设中充分发挥作用的一个重要标志。

由此可知,建立主题目录的必要性是客观存在的,是符合图书馆事业发展规律的。有些人看不到主题目录的作用,提出当前应该不应该编制主题目录的问题,说编主题目录有这样困难,有那样困难,甚至认为搞主题目录不能贯彻"多、快、好、省"的原则。我认为这是看问题的片面性,倒是由于没有"鼓足干劲、力争上游",所以被困难吓倒了。有人认为既然分类目录作用很大,读者又喜爱使用,主题目录不能代替分类目录,只要编好分类目录,就是给读者最大的方便。我说我们并不反对分类目录是图书馆的基本目录,必须千方百计把它编好,可是因为分类目录有一定的局限性,客观要求有一种弥补它缺憾的主题目录来辅助它,才能给读者以最大的方便。有人认为编目工作首先应该提高质量,特别要注意思想性,而"主题目录是平均主义,兼收并蓄,等量齐观;是敌我不分,是非莫辨,轻重无别的"。我说,如果以资产阶级客观主义立场来编制主题目录,的确会如此。但是以这样的立场来编制分类目录,何尝不会如此。这不是目录本身的问题。社会主义图书馆的图书目录,具有强烈的阶级性,编制目录以思想性为根本原则,所以编目工作不单纯是技术工作。苏联图书馆学专家克鲁普斯卡娅曾再三指出:"编目工作是和思想体系紧密联系着的。"编主题目录并没有例外。无论在标题方法上或目录组织上,都首先要贯彻这一个思想性原则。例如关于论述美帝所谓"援外"的书,应当以"美国对外侵略"作为标题,不应该是"美国对外援助"。在组织目录的时候,同一标题的目录卡片,要突出经典著作。所谓"等量齐观""敌我不分"云云,不知何所根据。至于有人主张为科学研究服务,应该多从专题目录方面考虑,而不应从主题目录上考虑,我认为这也不恰当。专题目录固然很重要,值得提倡,但是它和主题目录有所不同。应该双方考虑,根据不同的目的要求,进行必要的分工。

四、主题目录在图书馆目录体系中的地位

主题目录既然有它的独特功能和一定的作用,那末是否每个图书馆都要把全部藏书编制主题目录呢? 我认为不必。应该从实际出发,把客观形势的需要与当前条件的可能,很好地结合起来,根据各馆具体情况分别考虑。因为我国还没有一部标准标题表,又没有成套经验,同时汉字排检问题也未很好地解决。所以编制主题目录在条件上有一定的困难,这也是事实。尤其是中小型图书馆条件更困难。

我认为图书馆的目录体系,应按照各类型图书馆的具体任务、服务对象、藏书情况和工作条件,分别考虑决定,不必强求完整。根据当前形势的要求和实际可能,主题目录的编制,主要是为了满足工农业生产和科学研究上对图书资料的要求。因而在专业图书馆的作用此较突出,编制的条件也比较好。至于编制的范围可以先从有关科研重点项目的图书着手,特别是与农业科学技术有关部分。同时主题目录应该和其他目录进行必要的协调。

关于各类型图书馆应如何建立主题目录,我提出如下意见,供同志们探讨。①省、市、自治区公共图书馆,首先应该为地方文献编制主题目录。因为公共图书馆收藏地方文献的目的,是为本地区的社会主义事业服务,向本地区科学研究工作者提供具有地方特点的图书资料。为了充分发挥它应有的作用,必须从各方面向读者揭示这一特藏的内容。所以在地方文献目录中,既要反映有关本地区的历史、地理、经济、生产、资源、政治、社会、文化、教育、文学、艺术、风俗等各方面的图书资料,以及党和政府的政策、法令、决议、指示等文件;又要分别反映本地区所辖每一个县、市的一切有关资料;也要反映本地区杰出人物的著作和有关资料。这样多方面的反映在主题目录中容易解决,在分类目录中反映就有许多困难。其次,应该配合本地区的生产特点和重点科学研究项目,为相应门类的图书编制主题目录,以适应生产建设和科学研究的需要。②专业图书馆,包括科学研究机关、党政机关、企业事业单位所附设的技术图书馆,它们的主要任务是向科学研究工作者和技术人员提供在科学研究上和生产技术上所必需的参考材料。它们的藏书比较专而精,大部分是与本机关单位的专业有关。读者所要求的,大都是有关某一特定事物或某一具体问题的图书资料,因而对主题目录的需要也比较显著。为此,专业图书馆必须根据本图书馆服务机关的专业范围,编制主题目录,以应科学研究工作者和技术人员的需要。③高等院校图书馆是学校的教学辅助机构,为教学和科研服务,所以应该配合学校设置的专业和重点研究项目,为相应门类的图书编制主题目录,以适应教学和科学研究的需要。至于主题目录的编制,由总馆统一编制还是由系资料室分别承担,或者由总馆编主题目录,系资料室编教学参考专题目录,可按具体情况而定。

根据上面所述当前各类型图书馆建立主题目录的要求,关于主题目录的收录范围,我提出四点意见,以供探讨:①收入主题目录的,应该不限于馆藏的图书部分,还应包括报刊的论文和其他有关文献资料。因为科学技术方面的最新成就和研究成果,往往是先在报刊或其他文献上发表,甚至用油印小册印出,而这些资料又是研究工作中最有用的材料。苏联图书馆界有人创议把读者分类目录和杂志报纸参考卡片合并起来成为一种统一的书目参考工具。我认为这一个办法,在主题目录中可以提倡。在组织目录时,同一标题内可先列图书,后列论文资料。②中外文图书资料应该集中在一个主题目录之内。因为从事

科学研究工作的人，一般都能掌握一两门外国语，在收集参考材料时往往中外兼收，所以外文图书统一用中文标题集中在一起比较方便。如果分开的话，也应互相参照。③在主题目录中编制主题分析卡片有很大的作用，特别是在经典著作及党和政府的指导性文件中，如有和本馆编制主题目录的门类有关的，即使是点滴材料，也要编制主题分析卡，以丰富某一主题的资料。但是主题分析卡片，也不必毫无标准的广泛编制，以免目录过于庞大。一般来说，凡某一主题的专著，馆藏比较贫乏的，可以多编一些分析卡片，其余应选择有参考价值的加以编制。④在主题目录中收录的图书资料，是全面反映还是有选择的反映，我认为现在需要编制的主题目录，主要是提供研究工作上参考用的图书资料，所以除提存书外，可以全面反映。有些图书资料要控制借用的，可以在目录卡片上加以说明或作一定的标志。

关于主题目录和其他目录的分工协调问题，我提出一些意见，以供参考。①与分类目录的协调问题。主题目录在图书馆目录体系中是一种辅助目录，它是补充分类目录之不足的，因而在分类目录中可以解决的，尽可能不必再在主题目录中重复。分类目录如果能编制一个完善的类目索引，不但可以提高分类目录的功能，而且这个索引在一定程度上可以起主题目录的作用，因而编制主题目录的任务可以减轻一部分。凡一般读者需要找寻关于某一事物或某一问题的图书，可以由分类目录的类目索引供他查考，只须为一些与科学研究有关的图书编制主题目录，以便于科学研究工作者收集图书资料。此外，编制主题目录时，逢到有些标题和分类目录中相应的类名完全相同的，或者是属于一定知识部门或整个一门科学的，如"金属切削""农药""土壤学"之类，可以编制一张参照卡片，说明关于这一主题的图书，可以在分类目录中某一类目去找寻，不必为这一主题的图书逐本编制主题目录。②与专题目录的协调问题。专题目录虽然不一定是馆藏目录，而且一般不用卡片形式，又有多式多样的组织方式，但是它的编制目的是向读者提供某一主题的图书资料，这又和主题目录相同，因而如何分工避免重复，这也值得研究。我认为：凡使用上比较永久而广泛的，问题比较专门而细小的，可以编入主题目录；有时间性的现实问题或仅供一定读者在特定需要上使用的，可以编专题目录。有人提到图书馆应该配合各个时期的政治运动，编制相应的主题目录，我认为在现阶段我国图书馆的具体情况下，配合运动宣传图书的目录，还是编制专题目录比较合适，作用也较大。至于有人提到在专业图书馆可以用主题目录作为主导目录。我不同意这个意见。图书馆目录必须以分类目录为主导目录，它的原因前面已经提到，在专业图书馆不必例外。因为即使是科学研究工作者，也未必都是从主题方面找寻图书资料，也有不少人是通过分类目录，从一定知识领域方面来找寻的，因为在分类目录中可以把和某一主题联系着的图书资料同时查到，以便选择。更重要的是分类目录是以马克思列宁主义思想体系的科学分类为基础而组织起来的，它有强烈的思想性和科学性，宣传图书指导阅读的作用比主题目录强得多，而这都是图书馆目录的首要任务。

总的来说，我认为根据当前的需要与可能，在大型图书馆和专业图书馆，凡是承担为生产建设、为科学研究服务任务的，都应在以分类目录为主导目录的原则之下，有目的、有计划、有重点地建立主题目录，否则就会落后于形势。在编制主题目录的时候，应该根据本馆的具体任务和服务对象，在一定范围内，按读者的需要进行有选择的编制。同时要和其他目录进行必要的协调，以节约人力物力。而应该编制的主题目录，则要求反映得很为完整，不以图书为限，不以专著为限，中外文要集中或联系，对相关主题要用参照法来引见。这种数量虽少而质量较高的主题目录,才能称得上为生产建设、为科学研究服务的有效工具,显示出主题目录的优越性。

五、主题目录的编制技术问题

编制主题目录是一项细致而复杂的工作,尤其在我国目前还没有标准标题表出版,缺乏成套经验可循,因而技术问题尚有待于探讨。具体的编制技术,应该从工作实践中总结出来,所以在这里只能就图书标题方面和主题目录编制方面,提出几个问题加以研究。

主题目录的质量,很大程度上取决于图书标题是否完善。在苏联和美国、日本等国家都有标题表出版,供选用标题的作根据,给标题工作以有利条件。我国虽也曾经有标题表的印行(如:沈祖荣编译的《标题总录》,1934 年出版;吕绍虞编的《中文标题总录》,1937 年出版;程长源编的《标准标题表》附在《中国图书标题法》,1951 年出版),但都已陈旧而且不够完整,只能供一般参考。没有现成的标题表,对编制主题目录有很大的影响,但是否就无法编制主题目录呢? 那也不然。所谓"标准标题表"也不是凭空而来的,它是从各图书馆进行标题工作的实践中逐步积累,再经过各馆之间的协调、试用、修正、补充,然后印出。所以标准标题表的编制,是我国图书馆界的共同责任,需要用集体力量来完成。虽然目前还没有标准标题表,只要掌握了标题的原则和结构,在拟定标题时可以参考外国的和我国旧有的标题表,分类表的类名和索引上的标题,及各科术语词典,选定适合于本书论述对象的标题措词,这是可以解决的。对于选定的标题,每个都要编制存查卡片一张,按字顺排列,如编有参照也要记录在上面,这样逐步积累,随时修订补充,形成本馆的标题表,也可以提供编制全国统一标准标题表的基础。实际上,即使有了统一的标准标题表,也不可能在各类型图书馆一律通用,尤其是专业图书馆,要根据它的特点,作出相应的修订和补充,才能符合本馆读者的要求。这里附带提出一个建议:希望全国第一中心图书馆委员会收集现在编制主题目录的图书馆所用的标题表,予以初步的集中整理,汇编一个试用的标题表,或者先在提要卡片上加印标题,这对各馆编制主题目录会有很大的帮助。

图书标题工作,以结合图书分类工作同时进行为宜。因为在进行分类时要对图书内容进行分析,以确定它的类属,而拟定标题时也要对图书内容进行分析,以确定它的主题,同时进行可以一举两得。确定主题以后,就可以拟定切合于主题的标题。如果一书包含几个主题,或书中某些篇章或附录与全书的主题不同,有必要向读者单独反映的,要分别拟定几个标题,这就是互见法和分析法。此外,一个主题如果和其他主题有一定关系和联系的,那么就要编制主题参照卡片。这是进行标题工作的一般步骤。

标题是根据图书内容所论述的对象概括出来的词句。这个词句的拟定,是主题目录编得成功与否的关键。在拟定标题时,要掌握下面几个原则:第一是思想性原则,关于社会现象、思维现象等概念,应该从马克思列宁主义的观点出发,用思想鲜明的标题,以揭露图书内容的本质;第二是确切性原则,要选用最切合于主题的词语,要明确而概括,能恰如其分地表达图书的具体内容,不要超越原来的概念;第三是发展性原则,要考虑新生事物的发展,新问题的发生,拟定适应形势发展所必需的标题;第四是一致性原则,同主题的图书必须用同样的标题,有许多学术上的术语还没有统一,各地的方言有所不同,对同义词的选择,要把学术上的精确性和使用上的习惯性结合来考虑,既经选定不要前后分歧;第五是实用性原则,要从本馆的方针任务出发,选择符合于本馆读者所需要的标题。

标题的形式,一般可分为单一标题和复合标题两种。凡关于事物名、科学名、人名、地名和抽象概念,用一个单字和词句作为标题,这是单一标题。有时单一标题下集中的图书很多,或是为了进一步明确图书的主题,可以对这一个标题进行复分,这样由一个主标题和一个副标题组成的,就是复合标题。在复合标题中,对于主标题的复分,可以有五种方法:①按著作形式或出版形式;②按物品的功能、用途、构造等;③按地区;④按时代;⑤按论题(一般是人名或地名作标题时的复分)。至于是否需要复分,要视同标题图书的多少和有无必要加以区分而定,一般不必做过多的复分。但在必要的时候,也可以在复分之后再予复分。

主题目录的缺憾,是不能把这一主题和其他有关主题直接地联系起来,因此要建立参照体系来揭露主题之间的关系和联系。编制好标题参照,是提高主题目录质量的一个重要环节。参照体系包括三种参照:①单纯参照,这是有同义词和新旧名词的,从未采用的标题引见到采用的标题,或从一种标题形式引见到另一种标题形式;②相关参照,凡有从属关系、并列关系、对立关系的概念,用相关参照法来联系;③综合参照,凡同一标题下需编许多相关参照的,编制一张综合参照,举例做概括说明。

主题目录的组织,与书名目录和著者目录一样,都是按字顺排列的,因此产生这三种目录混合排列和单独排列两种方法。美国图书馆大都采用混合排列办法,称为字典式目录。混合排列有一定好处:读者按书名、著者或标题找书,可以根据字顺在同一目录中检查。还有逢到主题目录的标题和书名目录的首字或著者目录的著者姓名完全相同的,可以不必重复编制。但是混合排列缺点较多。因为这三种目录的职能不同,如果分别排列,读者可以就他的不同要求,从不同的目录中去找寻,而混合排列使目录庞大而复杂,查找困难。而且字典式目录的编制,在组织技术上也比较复杂。所以即使在美国,近来也趋向于分立。根据我国目前的具体情况,我认为即使是在专业图书馆,建立主题目录还只能是有选择有重点的编制,不像书名目录和著者目录是全面编制(著者目录也可以有选择的编制)。而且在主题目录中可以包括论文和其他文献,还可以采用中外文集中的办法,因而更以单独排列为宜。如果只是为若干门类图书,或按服务机关以重点研究项目而来编制主题目录,那还可以考虑采用苏联综合系统目录的方式,就门类或研究重点来分别组织主题目录。

有些图书馆过去没有编制主题目录,现在要从头建立,应如何着手,这是一个现实问题。我的意见,如果因改用分类法而需改编目录的,可以结合起来进行。不然就是逐步建立,先从当前迫切需要编制主题目录的门类或重点项目开始,作为试点,从中总结经验,解决技术上一些问题,积累标题表,然后在此基础上分期分批建立起来。

主题目录编制技术方面的具体问题很多,这里不能详细论述。

(选自《图书馆》1962 年第 4 期)

稀见古农书别录

胡道静

我国古代的科技遗产,医、农两门,最为大宗,其间都保存了丰富的前人经验。结合现在的情况,加以分析研究,可起古为今用的作用。农书遗产的结账工作,已有全国图书联合目录编辑组编印了《中国古农书联合目录》(1959)和北京农业大学王毓瑚教授编出了《中国农学书录》(1957),但沧海遗珠,仍有所见,随手劄记,或作考证,已写《稀见古农书录》一稿,在《文物》月刊。兹将最近读到的未见书及考订所得,补述《别录》如次。

《稼圃辑》

《云间韩氏藏书目》子部:"《稼圃辑》一卷,旧钞本。"

封文权编《韩氏读有用书斋书目》子部:"《稼圃辑》一卷,旧钞本,士礼居旧藏。"

《杭州叶氏卷盦藏书目录》卷三·子部·农家类:"《稼圃辑》一卷,清获水王芷(莴庵)撰,旧钞本,一册。"

版本情况 本书是白绵纸蓝丝栏写本,每半叶9行,每行书22字至28字不等。全书共56叶。按纸张及写式看,这是一个明抄本。作者王芷的行迹,尚未查考出来。研究书的内容,得知其写作时间当在明嘉靖、万历间(详后),因此,作者是明代人。《杭州叶氏卷盦藏书目录》著录作者为清人,是不确的。旧著录记载版本都说是"旧钞本",也不够明确。

本书不仅是一个明钞本,而且有很大的可能是稿本,理由为:①内容比较凌乱,不似写定之书而经人传录的(详后);②稿上有墨笔和朱笔的涂改、增补、批语和圈点,似出原作者所为。

收藏渊源 本书现藏上海图书馆善本部,是由杭州叶揆初(景葵)先生捐赠给合众图书馆、递经上海历史文献图书馆而入藏的。书上钤有"卷盦六十六以后所收书"白文方印,是叶先生(1874—1949)在1939年以后从松江韩氏读有用书斋散出的藏书所得,故原有"云间韩氏考藏"(朱文方印)、"韩印绳夫"(白文方印)、"介藩"(朱文方印)、"甲子丙寅韩德均钱润文夫妇两度携书避难记"(白文长方印)、

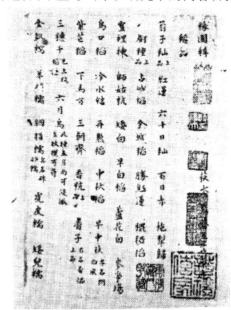

叶揆初先生捐赠的《稼圃辑》明抄本书影

"曾为云间韩熙鉴藏"（白文长方印）等印记。据《韩氏读有用书斋书目》所载，书归韩氏以前，为黄荛圃（丕烈）士礼居所藏，但现在书上找不出黄氏旧藏的痕迹，既无印记，亦无笔迹。在《云间韩氏藏书目》那个草目上，并无士礼居旧藏之记载，未知封文权何所据而云然。

撰著时代 本书书名下题"荻水蒿庵王芷纂述"八字。王芷的行迹不详，检明、清两代各种传记皆未得其人。荻水有可能是江苏北部赣榆县的荻水口镇，但不能确定。检《赣榆县志》人物门，也未得其人。据我考索书的内容，知作者是明代人，著书时期当在嘉靖后期至万历初期之间。其理由是：本书辑录了不少前人农学著作的话，虽不标明来历，然据考查所知，迄俞宗本的《种树书》、邝璠的《便民图纂》、黄省曾的《理生玉镜稻品》和《种芋法》而止；倘然本书是清人著作，则不当不引述明季徐光启的《农政全书》。所以知其为嘉、万间的著作，是因为它的"稻品"一篇，几乎全是抄录黄省曾《理生玉镜稻品》的话，黄省曾生于弘治三年（1490），卒于嘉靖十九年（1540），故《稼圃辑》成书的上限，不能超越嘉靖后期；又，书中"芋经"一目，题下有注语云，"可备荒年，故附五谷后"，作者是以备荒作物来看待芋芋的，我们知道，明代对备荒粮物作物的栽种，在万历二十年（1592）左右是一道界线：后乎此，是已经知道甘薯（番薯）的高产、易作的性能，从外洋引种进来广泛地栽培；前乎此，所知的备荒耕作物还只是传统的芋芋，李时珍的《本草纲目》、徐光启的《农遗杂疏》和《农政全书》、王象晋的《群芳谱》等迟出的书，就都谈到甘薯，可是《稼圃辑》在指定谈备荒作物时还是不讲甘薯，因知其著述下限不能超过万历前期。

这本著作在历来的明代著述目录（如《国史经籍志》《千顷堂书目》和《明史·艺文志》）及古农书目录（如《中国农书目录汇编》《中国农学书录》和《中国古农书联合目录》）中都未曾著录过。

内容一览 本书内容涉及的范围，只限于农艺作物，对于畜牧、养鱼、蚕桑等，概不涉及。它的篇目如下（我把它分为三组）：

稻品	稻经①	蔬品
麦品	麦经	水果
荳品	荳品②	果品
芋品	麻类	栽植移接花木吉日
麻品	芋经	宜忌种接灌瓮诸则
栽种吉日等		木果品
（以上应属第一组）	（以上应属第二组）	（以上应属第三组）

大体上说来，第一组称"品"的部分，是属于作物分类学性质的；第二组称"经"的部分，是属于农艺经验性质的。可是很不规则，第三组的蔬品、果品、木果品却将分类与种艺经验混合在一起写，不再分列。因此感觉它是一部未经写定的稿本。

"蔬品"内载茄子、冬瓜、韭菜、蓝菜、蓝香、萝卜、胡萝卜、芫荽、葱、蒜、菠菜、苋菜、丝瓜、苦苣、豆芽菜、荏蓼、苦荬、莴苣、蒈稞菜、芥菜、香菜、蕹、菌、木耳、姜、露葵、芜菁、苜蓿、蘘荷、夏秋王瓜、甜瓜、茭白、山药、蔓青、黄独、荠菜、蓴菜、芹、瓠、紫菜、黄芽菜、瓮菜42种，"果品"

---

① 这一目原缺，空出一行。按内容及后面的篇名看，应是"稻经"。

② 这里的"荳品"，应作"荳经"。

内载菱芰、鸡豆、荸荠、茨菇、藕、西瓜、甘蔗、天茄、香芋、落花生 10 种，"木果品"内载桃、杏、梅、李、枇杷、枣、梨、栗、柿、杨梅、花红、桔、橙、柑、金桔、牛奶金豆柑、香橼、朱栾、银杏、榛、石榴、樱桃、葡萄、苹果、荔枝、橄榄、胡桃、羊婆奶、木兰、无花果 30 种。这个名单是按内容抄录的，篇前原列有细目，却与内容不符，或目有而实无，或内容有而目缺，此亦为书是未定的稿本之一证。

作者新语 前面说过，本书多录前人农学著作的旧说而成，但细核之下，知道作者根据自己的调查研究，也有新的东西参加进去。例如，"稻品"一篇虽系录《理生玉镜稻品》而成，但在"占城稻"和"金城稻"之间多一"八厨种"云：

> "八厨种"出陈墓、周庄，其粒大而有饭，米价比他处颇高，且有收耐水。亦名"狼籍八石"。

"马鬃糯"后多一条云：

> 有穗盈尺，每穗谷五百粒，曰"半千糯"。

"麦争场"条下有作者附加的注语说：

> 想即"瓜熟稻"，有种以祀先于七月望者。

"乌口稻"条下也有注语说：

> 想即"六月乌"也。其稻种每夏初移动一次，即几年可浸可撒。若一年不移动，便不可用矣。若遇水灾或缺秧，即六月尚可撒秧；秋水退犹可莳，但少收耳。

"已刈而根复发、苗再实者曰'再熟稻'，亦曰'再撩'"下多一句云："亦曰'稻孙'。""雀不觉"下多二句云："其性不黏，糯之下品。""冷粒糯"下多二句云："亦名'弗道糯'，极下品。"

"木果品"篇多录《种树书》语，但也有作者访自老农的经验，如关于桔树嫁接的技术有以下的记述：

> 京泉云："人皆知接而不知灌。以无底栲栳之类，实肥土，套树本根。今年春分灌，三年后春分割断移栽，次年便生，胜于接本。"
>
> 吴中王梅村神于接桔，百无一失。圃人群集视效，终无能者。一日，诸圃请教。王曰："汝辈取贴同，用力同，惟束缚不同。大都两枝相合，贵在生气相通，脂膏浃洽。起初一缚，切要宽宽随力，外来以渐从紧。汝辈不论内外前后，加力紧束，则气不展而脂不粘，故活有分数耳。此心可悟，无他奇术。"由是而推，凡接树皆然。京泉云："得气全在皮里、膜外。"

又如作园篱法，过去农书所载，限于概种枳、刺榆、柳、五加皮等，《稼圃辑》则增加提出了冬罗摩和樇树（可能是芸香科的灌木）。

北人南居？ 从书中内容看，作者对于江苏南部，特别是太湖周围地区的农产品情况是非常熟悉的。所述老农经验，亦多记明为太湖圃人的说法。"稻品""八厨种"说："出陈墓、周庄。"这两个镇都在苏州的东南。韭菜下说："出昆山圆明村者佳。"芡实下说："出处杭州、昆山第一，吴江第二，车坊第三，葑门为下。"车坊镇在苏州东南车坊港滨，葑门是苏州城的东门名。荸荠下云："吴江华林为上品，但不耐久；长洲出陈湾村者佳。"杨梅下云："光福、铜坑第一，聚坞次之。"光福、铜坑是两座山名，在苏州西面。西瓜下云："吴县出荐福，昆山杨庄、圆明，松江枕头瓜，崇明亦佳。"香芋和落花生下都说："出嘉定。"去圃中横虫法下说："此法得之太湖老圃。"白藊豆下云："收第一、二、三荚作种，隔过两个年朝作种种之，尺余便生荚。太湖头老圃传。"

按照上述这种情况，作者如果不是太湖边的人，那末也一定在太湖边住了较久的时候。倘然作者果系赣榆获水口人，则一定是北人南居的了。本书中藕的一条说："以金坛为最。今以高邮者为尚，土人食之不以为美，过江则味愈佳，且久藏不变。"说明作者对江苏南北部的物产都熟悉，能作比较。王芷岂真是北人南居者耶？

《灌园草木识》

《南洋中学藏书目》记述之部·名物类："《草木识》十卷一册，明陈正学。"

《灌园草木识》六卷（目作十卷，误）一册，明崇祯七年甲戌（1634）刊本，是陈正学记其漳州私人植物园中所栽花、果、木、药、蔬的专书，识其名目、状态，兼及扦插之时和浇护方法，因而具有农艺书的性质。前有甲戌中秋前十日何槛（平子）的序文八叶，次有崇祯甲戌孟夏自序二叶，次有凡例，目录各二叶。正文六卷：第一卷，花之属130种，24叶；第二卷，果之属48种，11叶；第三卷，木竹之属25种，3叶；第四卷，药之属36种，5叶；第五卷，蔬之属25种，4叶；第六卷，杂著（疏、说、序、诗）若干篇，8叶。每半叶9行，行18字。书名下题"东冶陈正学贞铉著"。

这本书虽系刻本，但流传非常稀少。竟与写本的《稼圃辑》一样，在历来的明代著述目录及古农书目录中皆未见著录。作者陈正学的事迹，检明代各种传记亦未得。仅自何槛序文及自序知他为漳州学者，在东郊有小园，栽植百卉果木，亲自从事园艺历20多年，因有斯作：

> 何序："贞铉先生，海内推为大儒，漳中钦其君子。卜居东偏，自命灌园。……先生语不佞曰：'生平得意处不在多，即此小筑，费几心力！'家于斯，圃于斯。……出《草木识》相示，不减《山海》《药性》诸编，再四展读，知楂梨桔柚各有其美，嘉种良法，得传于世。……"
>
> 自序："园公之为园也，二十年所矣，无日不从事镰锄。园故多花果，因益以奇种。……古人云：'十年之计树木。'翘今倍之，宜其抽条擢干，刺眼娱怀，不能已己者也。第前人所植，今或消靡；今人所植，后或繁滋。高岸深谷，所不可知。因命管城氏录之，抑亦多识于草木之名。……"

陈正学的小型植物园中,移植了不少的殊方的花木,勤加培护,因此出现了下面两种情况:

①产生了植物生态变异的现象;

②积累了园艺学上改造植物的经验。

在《灌园草木识》中,陈正学不是最自觉地把这些情况记述了进去;在今天看来,却是宝贵的生物学史与园艺学遗产的资料。略征引数则如下:

> 玉兰:"多从吴、浙中来,用辛夷博接。漳场师亦能之,第接在高处,不能如吴、浙中低接殊浑合可喜。"
>
> 川茶:"从滇中来。莆人贾杭、浙者,转致诸漳。漳人近以茶树博接,第不能浑合无迹。"
>
> 樱桃:"种从镇江来。……园亭植之,花而不菓。或云,数移则结果。予培以粪壤,四年已能结果矣。"

本书《凡例》中的一则说:"漳南花果,视中原不该不备者伙。兹识园中所有,不敢远及。"因其实事求是,故所记述弥可贵重。

《刍牧要诀》

《杭州叶氏卷盦藏书目录》卷三·子部·农家类:"《刍牧要诀》一卷,民国杭州叶景葵(揆初)辑,手稿本,一册。"

本书是叶揆初先生(1874—1949)的遗稿,作于其青年时代。书衣上有他自己在1941年的题记说:"此册亦于光绪己亥、庚子间草《太康物产表》时,咨询老农所得,并非泛泛抄录者。其所言,皆父老口耳相传,或验或不验,必历试而后定,不可以其简略而忽之也。辛巳正月,景葵记。"光绪己亥、庚子为公元1899—1900年,叶先生时年26至27岁。本书内容分三部分:①养绵羊要诀(18条),②防牛瘟要诀(3条),③牧猪要诀(30条)。养绵羊要诀和牧猪要诀涉及以下各个方面(标题是我拟的,原来并不分门,也不按门类的顺序写,是忽而这门,忽而那门,为随闻随录之体例的):

类　别	养羊(条数)	牧猪(条数)
性　格	4	2
建　舍	1	9
饲　养	3	11
牧　放	3	—
治　疗	3	6
繁　殖	2	2
积　肥	1	—
剪　毛	1	—

本书总结了河南省太康县老农对主要家畜的刍牧经验，为畜牧兽医遗产的一部分。老农们非常重视家畜的清洁卫生问题，如说："人谓猪性好秽，此大不然。猪当暑月，辗转于污泥之内，乃其性畏热，以此冷其身。观其寝处之地，必择美好洁净之处而后眠，然则猪实好洁之兽也。"又说："猪饮槽宜每日换清水二次。食槽食毕，宜洗净再添。"又说："牛最喜洁，牛尾尤不可稍沾污秽。喂养之所，地下须开一沟，令牛尿可以流至别处。总宜十分干净，而牛身及尾，务须时常洗刷。"又说："羊怕生虱，羊圈上多挂荞麦秆，可以去虱。"这是我们饲养家畜的一项优良传统。书内其他经验及医方，也多可取的。

《太康物产表》

《杭州叶氏卷盦藏书目录》卷三·子部·农家类："《太康物产表》一卷，民国杭州叶景葵（揆初）、景菜（仲裕）辑，手稿本，一册。"

本书是叶揆初先生于清光绪二十五年己亥（1899）侍其父在河南太康县时，偕其二弟仲裕就老农访问当地物产情况所记，写成于次年庚子（1900），又次年辛丑（1901）正月作"叙"。表分 11 类：谷、菜、果、木、药、纺织、酿造、禽、兽、鳞介、杂产，共记录物产 270 多种，各有说明。叶先生后于辛巳（1941）又书题记一通，末尾说："此表虽寥寥数页，然咨询不厌其烦。往往步行至农家，参伍考求，斟酌而定。渴则席地，以制钱购地上所种莴苣狂啖以解之。"足见少年朝气，同时亦足见这份资料是认真调查之所得。我所见到的地方物产调查单行本专著，有《抚郡农产考略》《洞庭东山物产考》等，此又为一种。

本书叙文说："太康昔者利红花，红花之外，棉之利上上。今者红花之利蹶，棉则村村植。但闻深秋农相语曰：'今年收成薄。'咨之老者，曰：'十余年前，每亩可二百斤。''今何若？'曰：'丰者百斤。'于是终岁所冀，不于棉，于麦若杂粮。麦获，粜之，易杂粮以食；不获则饥。麦获则争售，市侩劫之，不得价。故丰亦窭，歉亦窭。"写出了旧社会中农民深重的痛苦。

叙文及题记，均曾载于《卷盦书跋》（1957 年古典文学出版社版）中，可以参考。唯叙文第一句"光绪己亥春"的己字误排为乙字，须予更正。

《经籍佚文》中的农书遗珍

《中国丛书综录》第一册·总目分类目录·汇编·辑佚类："《经籍佚文》，清王仁俊辑，稿本。《月令佚文》一卷。《氾胜之书佚文》一卷，汉氾胜之撰。《田家五行志佚文》一卷，元陆泳撰。《要术佚文》一卷，后魏贾思勰撰。《农桑衣食撮要佚文》一卷，元鲁明善撰。《南方草木状佚文》一卷，晋嵇含撰。"

吴县王扞郑先生仁俊（1866—1913）是清代辑佚学者的后劲，平生所辑佚书遗文凡数百种，分为两大编：一编名《玉函山房辑佚书补编》，所以继马竹吾（国翰）之业，辑录玉函山房未辑之书；一编名《经籍佚文》，所辑皆现存古籍或已经辑佚之书尚有遗文可补者。两编均未刻，稿本现藏上海图书馆。

《经籍佚文》所辑各书佚文凡 160 种，其中与农学有关者凡 6 种，即：《月令》《氾胜之书》

《田家五行志》《齐民要术》《农桑衣食撮要》和《南方草木状》。至于《桂海虞衡志佚文》一种，所辑内容恰无与农学有关者，所以不予拦入。

《月令佚文》据《黄帝素问》入辑一条。

《氾胜之书佚文》据《尔雅翼》及《广群芳谱》入辑一条。

《田家五行志佚文》据《群芳谱》入辑十五条。

《齐民要术佚文》据《漫叟诗话》入辑一条。

《农桑衣食撮要佚文》据《群芳谱》入辑一条。

《南方草木状佚文》据《齐民要术》入辑一条。

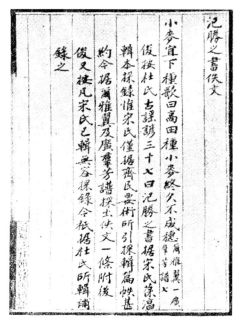

扞郑先生所辑佚文，种数颇多，但每种未必一定做了很周密的辑录。如《南方草木状佚文》仅据《齐民要术》卷十"竹"的一章辑录了一条，这一条在《要术》上是标明引《南方草物状》的；《要术》中所引《南方草物状》共有 20 条，与今本《南方草木状》做比较：题有文异者 5 条，题文相同者 1 条，余 14 条是今本所无。其它书所引《南方草木状》或《南方草物状》，如《艺文类聚》、李善注《文选》、章怀太子注《后汉书》《太平御览》《全芳备祖》等，也都有今本《南方草木状》的佚文。可见扞郑先生所辑，有些书还是很不齐备的。

（选自《图书馆》1962 年第 4 期）

清代泰山徐氏的磁活字印本

朱家濂

清代康熙年间泰山徐志定用磁活字印书,在印刷史上为中国印刷术放一异彩,张秀民先生在其所著《中国印刷术的发明及其影响》一书和 1961 年第三期《文物》上发表的《清代泾县翟氏的泥活字印本》一文中都已述及。中华人民共和国成立 12 年以来,北京图书馆收藏古籍急遽增加,至今已不下 200 万册,宋元明清各代古刻精华荟萃于斯,但是清代磁版和泥版则姗姗来迟。1958 年,北京图书馆连续自安徽屯溪获得泾县翟金生在咸丰年间用自制泥活字印成的《水东翟氏宗谱》和《泥版试印初编》。1959 年我在故宫博物院校理清代皇家图书馆藏书,又发现了翟氏泥版所印的清代宜黄黄爵滋的《仙屏书屋初集》,当时已经是如获至宝。而徐氏磁书仍在寤寐以求。直到 1961 年间中国书店为北京图书馆多方搜罗,才获致徐氏磁印的《周易说略》,又承谢刚主先生见告,辗转自济南获得徐氏磁印的《蒿庵闲话》,至此,清代有名的磁版,在国家图书馆中不再是一个缺门,这是我们非常高兴的事情。

磁活字印书渊源很早,北宋毕昇开始创制活字版,就是用胶泥烧成的。朝鲜的陶活字,也是毕氏遗法的一脉相传。但有明一代,铜活字、木活字盛行,以土烧字方法的应用反而寂然无闻。清初曾有人试造磁书,据王士祯《池北偶谈》上说:"益都翟进士某为饶州府推官,甚横暴。一日集窑户造青瓷《易经》一部,楷法精妙,如西安石刻十三经式。凡数易然后成。蒲城王孝斋官益都令,曾亲见之。"从这一段记载里可以看出,这部青瓷《易经》刻的很成功,但这还是仿袭石经制成的,不是印刷的书版,徐氏磁书才真是沿用毕氏遗法创制成功的磁版书。

关于泰山徐氏创造磁版的文献,直到现在,所知道的材料还非常贫乏。据民国重修的《泰安县志》卷七《人物志》记载,仅知徐志定字静夫,雍正元年举人,曾做过知县。对于他制造磁版的过程,则尚无所得。过去在没有发现这两部书以前,我们能够知道有这两部磁版书,是靠了《周易说略》和《蒿庵闲话》两书的其他版本透露了一些线索。雍乾之间刻印的《周易说略》(过去认为是康熙刻本,刻印人不详)留下了徐氏原序,从序文中"偶创磁刊,坚致胜木"得知有此奇书。《蒿庵闲话》粤雅堂丛书本印有李文藻跋语说:"张稷若先生《蒿庵闲话》二卷,计二百九十九条,向有真合斋磁版印本,予假钞于历城周书昌永年,携至岭南,藏行箧五年,始校而刻之。"清嘉庆刻本印有蒋因培跋语说:"济阳张稷若先生《蒿庵闲话》二卷,向有真合斋磁版印本,益都李南涧大令文藻又刻于岭南,历城周林汲太史永年编入《贷园丛书》,其版今并不存。"过去就是根据这些线索,使我们知道清代初叶尚有磁版流传人间。至于金埴的《不下带编》所说的,"泰安州有士人……能锻泥成字,为活字版",似乎并没有看见这两部书,是否另有根据,还没有考证出来。

今据原书检阅,《周易说略》和《蒿庵闲话》都是每半叶 9 行,行 20 字,字体端正秀丽,纯是康熙间木刻写体字的风格,而且排字比较整齐,墨色比较调匀,比起翟氏的泥活字要精致的多。

　　《周易说略》计4卷，前有康熙己亥四月徐志定序和康熙六年著者自序。封面上端题"泰山磁版"四字（图1）。民国初年曾为陈乃乾先生所得，卷末有董康题跋。据徐氏序文，他在康熙五十七年创制磁刊，次年春天就印成了本书（见图2），说明《周易说略》是徐氏创制磁刊的第一部书，而磁版《周易说略》也是这部著作的第一个版本。

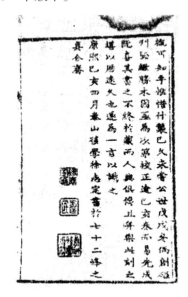

图1　　　　　　　　　　　　　　　　　　　图2

　　这部书印成以后流传的很少，不久就有一个木刻的本子出现，这个重刊本是完全依照磁版翻印的，不但保留了徐氏原序，而且连磁版的错误处也没有改正，如徐版序文中将顾亭林先生视为顾林亭先生，后一版本仍沿其误。

　　《蒿庵闲话》二卷，前后没有序跋，卷端有"真合斋较正"五字（见图3），卷尾有"真合斋磁版"五字（见图4）。此书印成，流传也不广，40年后，李文藻即不得不借钞于人，足见传本甚少。此本为山东日照王献唐所藏，王氏在卷前有长跋，叙得书经过甚详。他开始只得上卷，多方觅求后来才从章丘李氏散出残书中得到下卷，合成完璧。王氏跋此书时，还不知道真合斋是何许人，只揣测刻书者必是服膺张尔岐学行的山东人，就近觅取原稿上版。今天我们能够两书对勘，证明王氏的揣测是对的。王氏的跋语中还细致地考订了这部《蒿庵闲话》的流传原委。他推测这部书即是李文藻据以传钞上版的原书。因为王献唐知道章丘李氏的上辈和历城马国翰是亲戚关系。马国翰的玉函山房辑佚书原版，著述手稿以及藏泉、书籍多归李氏。王氏又根据玉函山房藏书簿了解到马国翰的藏书多得自历城周永年，因而推测这部《蒿庵闲话》即是李文藻所据以传钞上版之本。我认为王氏这种推测还是有根据的。至于王氏跋中怀疑此书可能是在博山制版的话，今得《周易说略》对证，可以肯定这个磁版是制于泰安而非制于博山。

　　这两部书发现以后，极受各方面的重视，但是有两个问题还有不同的意见，第一，这两部书是磁版还是磁活字？第二，是上釉的磁版还是未上釉的陶版？

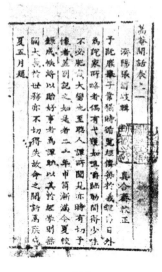 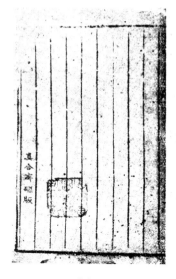

图3   图4

主张这两部书是整块磁版的有两点理由：

（1）发现书内有断裂之处（见《周易说略》卷一第33、34、48，卷七第10等页）认为断版裂版是整版才能有的现象，活字排印本是不会有的。

（2）徐志定在序文中只说是磁刊，封面上也题为磁版，并没有提出排字、排印等字样。

主张是活字版的，有以下四点理由：

（1）两书排印虽比翟氏泥活字整齐调匀，但行气仍多倾斜不直的情况，如《蒿庵闲话》卷一自第45页至48页，行线几成弧形，排字一顺歪斜，最为明显。整版不应有此现象。

（2）字体大小不匀，相差悬殊。而且以《周易说略》和《蒿庵闲话》两书对勘，发现字体大的都大，小的都小，相同的字，体皆吻合。常用的字如者、之、高、经、节等字，两书都是小字，一、二、三、四等数字，则两书都是大字，尤其是特大的字，如《周易说略》卷一第32页后半页第一行的避字和《蒿庵闲话》卷一第6页后半页第6行的避字，字体吻合，丝毫不爽。如两书均是整版，不应有此现象。

（3）墨色浓淡不匀，有时在同页同行内毗连的字，着墨轻重非常悬殊，如《蒿庵闲话》卷一第36页后半页第3行"货滞于民用"一句，"于民用"三字，"民"字墨色特浓，而"于用"两字则墨色极淡。又同卷第47页后半页第5行"酒醴"两字，"酒"字淡而"醴"字浓，这证明是活字排版，有时凸凹不平，所以印出字来，墨色就轻重不一致。

（4）翟金生在他的《泥版试印初编》里说，"以三十年心力造泥字活版，数成十万"，可见这样一件重大创造，绝不能一蹴而就，徐氏的创制，正不知费几许经营，做成了磁字，才能冬创磁刊，春已成书。如是临时制造整块的磁版，那能如此神速？

我个人的看法是同意磁活字之说的。因为主张磁版的主要论据，是说《周易说略》一书版有断裂之处，但是揣度情理，只有木版才会因木质涨缩的原故而发生断裂，磁版是不会发生这种情形的。《周易说略》版面虽有断裂之处，原因还不能肯定，也许是印刷时纸张折绉的关系，还有待于今后进一步研究。但却不能因有断裂的地方而证明为磁版。主张磁版之说的又一论点，是说徐氏原书明明题为磁版，并没有提出磁活字排印等字样。其实木活字印本的书，绝大部分也并没有活字或排印等字样，甚至有些铅印本的书还题有版存某某处，这是因为我国印刷技术一千余年以来,一直以雕版为主流,活字印本一般也沿用惯称。所以这是不能执以为据的。

至于上釉不上釉的问题,我认为陶坯上釉之后,才叫作磁。制造者既称为磁版,当然是上过釉的。磁版刷墨是否印的清楚?虽然磁版久佚,无由执对。但是古代的磁印还有实物存在,可资考证。正如王献唐在《蒿庵闲话》跋语中所说的,"请以磁印钤盖,施朱施墨,固无不可"。

我们获得这两部磁版书以后,有一个设想,就是徐氏泰山磁版可能还印有其他的书。因为徐氏序文中对于张尔岐的著作深致服膺,特别提到张氏所著《仪礼句读》《春秋传义》等书。徐氏磁版成于康熙五十七年,而他中举是在雍正元年,在这五年之中,既有现成的磁字,又有现成的稿子,再印几部书,应该说是完全可能的。

（选自《图书馆》1962 年第 4 期）

丛书概述

施廷镛

一

什么样的书才叫做丛书，历来说者不一，现就这一问题略谈个人所见如下：

按丛字的说文训释，有总、聚、众等意思。据此，则丛书是统括群书而为一部书的书。但同样具有这种组织形式的书，是否均属丛书，不能一概而论。我认为首先要有统括群书之总名。如宋俞鼎孙同俞经以《石林燕语辨》《演繁露》《懒真子录》《考古编》《扪虱新话》《萤雪丛说》六种书，分为七集，汇编为一部书，不是取其中任何一种书名而为全书之名，是编者按照自己的意思，题以《儒学警悟》，作为统括群书之总名。这样的书，才是丛书。如果汇集多种书而为一部书，并无统括群书之总名，则不得称为丛书。如清张象津所撰《白云山房诗集》三卷，《白云山房文集》六卷，《考工释车》一卷，《离骚章句义疏》一卷，《等韵简明指掌图》一卷，在组织形式上虽汇为一函，但它函外的书签上所题的书名是《白云山房诗文集》，并且标明其余三种为附刻。这种有附益的书，就不得称为丛书。

丛书二字见唐韩愈诗云："门以两版，丛书其间。"以之题为书名者，则始见于唐代陆龟蒙的《笠泽丛书》，这是他个人小品杂文、闲情逸致之作，其曰丛书，自取细碎之义；宋王楙又有《野客丛书》，多属经籍考证之文。二者虽都题曰丛书，实非丛书之体。以后俞鼎孙同俞经合编《儒学警悟》，虽未标丛书之名，但有丛书之实。至明代程荣辑汉魏六朝诸家著述，汇为《汉魏丛书》，那才名实兼备。然而同是丛书，又有义同名异的：曰丛刻、丛刊、丛钞、汇刻、汇刊、汇钞、汇编等；如《金陵丛刻》《四部丛刊》《借月山房汇钞》《月河精舍丛钞》《纪录汇编》之类。还有汇辑前人之著作曰遗书、遗集的，如《岭南遗书》等；有专集一人之著作曰全书、合集、全集的，如《潜研堂全书》《西河合集》《三苏全集》等；有集一姓之著作为家集的，如《黎氏家集》等；有标明几种书的，如《五雅》《镜烟堂十种》等。要确定一书是否属于丛书，不能仅循其名，而应核其实。

丛书既系汇群书而为一书，并题有总名，但一部丛书中所收的书，除了首尾完整、序跋不遗者外，其余裁篇别行、断简残篇和删节选录的，是否可以构成丛书的条件，这要看它是否能独自成书，和编辑这本书的意图如何来决定。如选录各书中片段的或个别篇章的论述，像明陈仁锡评选《诸子奇赏》，编者意旨在选择其文，虽然仍存各子书之名，而实与《百子全书》性质迥然不同。又如清吴之振编辑《宋诗钞》，选取《小畜集》中诗二十八首，《骑省集》中诗二首等等，在编次上虽仍保持原书书名，但所选之诗已不能独自成书，而是一种诗总集。这些便不得称为丛书。

那么裁篇别行、断简残篇、删订节录是否可以独自成书？我从下面几点来谈：

（1）裁篇别行：宋陈振孙撰《直斋书录解题》目录类中载有"《唐艺文志》四卷，自《新唐书》中录出别行，监中有印本"，此为后人抽篇单行之例。又如《大学》《中庸》原为《礼记》的二篇，宋时始取出别行，与《论语》《孟子》合称《四书》。可见篇既单行，与书的地位等同。书之异于篇者，以能独立单行为原则，篇既具有书的条件，实已无异于书，故裁篇以为书，对象相同，斤两相称，以范围言，仍无损其为书。

（2）断简残篇：古典书籍每因年湮代远有所散佚，后人不能得其全书，即以佚存者印行，人们莫不认为独自成书。另有原书早已散佚，乃从所存其他书籍中采而聚之，断圭碎璧，补苴成卷，虽不获见其全貌，亦可略窥一斑。如清乾隆年间纂修《四库全书》时，从《永乐大典》中辑出佚书五百余种，择要以聚珍版印行，名曰《武英殿聚珍版全书》，而此种佚书赖以流传。又如清马国翰辑《玉函山房辑佚书》，在内容分量上虽不如《武英殿聚珍版全书》之多，而义实相同，并不能因其内容短少，而否认它能独自成书。

（3）删节选录：孔子删立《六经》，取其合乎儒家思想体系部分，而删去其不合的一部分，可见《六经》已非全文。后来有从一部书中荟萃其精华而成书的，如《史记选》《十七史详节》等等，人们也莫不认为可以独自成书，而不计较其分量。

以上三者都能独自成书，不论一种丛书中仅有其一部分，或者全部都是，皆可作为构成丛书的条件。

丛书中汇集的书，有多到千余种，少到两种以上的，只要有统括的总名，都可成立。多的如《丛书集成》，少的如明郭子章辑《秦汉图记》，后者是合《三辅黄图》与《西京杂记》而为一书。

综上所述，凡汇集两种以上的书籍，不论其中每一种书是否首尾完整，裁篇别行，断简残篇，或者删节选录，不论其分量多少，只要有统括全书之总名，皆可谓之丛书。

二

丛书的编刊，由于它的主旨和内容的不同，可分为两大类：

（1）综合性丛书：凡汇集各类性质兼备的书，或者两类以上不能从属某一基本大类（即第一级类目）的书，皆属于综合性丛书。一部丛书的性质是不是兼及两类，这要从它所采用的图书分类表来判定。如内容有诸子、有农业，在《中小型图书馆图书分类表》里是两个基本大类，则不能并入某一类，应为综合性丛书。如果用《四库分类法》，则两者均属于子部，应为子部丛书，亦即专门性丛书。

经书在《四部分类法》中是独成一部，与史、子、集三部平列。但按其内容，在今日看来，《易》属哲学，《诗》属文学，《尚书》及《春秋》属史，实属兼及各类，就不能视作专门性丛书。

辑佚书大都是断简残篇，既认为可以独自成书，但又与其他体裁有别，如清黄奭辑《黄氏遗书考》，内容兼及各类，则应附列综合性丛书之内。其有专辑一类的，则入专门性丛书。还有作为补遗考订之用的，如专辑敦煌石室佚存之断简残篇的《敦煌石室遗书》等，虽不同于辑佚书，而为用则一，故也可列于综合性丛书内辑佚书中。

在综合性丛书中又可再分为下列各类：有以时代为范围，专收某一时代的著述成为一部书的，如明程荣辑汉魏六朝诸家著作的《汉魏丛书》；有以地区为范围，专收某一地区人的著述成为一部书的，由一邑推广到一省，如明天启三年（1623）海盐知县樊维城辑海盐历代著述为《盐邑志林》，清宋世荦辑的《台州丛书》，清陶福履辑的《豫章丛书》，有以一姓为范围，专收同族人的著述成为一部书的，如清晁贻端辑的《晁氏丛书》；有以一人为范围，专收一人的著述而兼及两类以上成为一部书的，如清王夫之撰《船山遗书》。

（2）专门性丛书：这一类的丛书也是根据所采用的分类法来判定。由于类目繁多，不再胪列。但同属一类的书，也有不同情况，有诸家合编的和一人独撰的，如清丁丙辑《当归草堂医学丛书》和金刘完素撰《刘河间医学六书》等是。而文学丛书则有依体裁区别的，如明黄贯曾编的《唐诗二十六家集》和明臧晋叔编的《元曲选》等。同一体裁，有再按时代汇编的，如明沈泰编《盛明杂剧》和郑振铎辑《清人杂剧》等；有再按地区汇编的，如清桂中行编《徐州二遗民集》；有再按族姓汇编的，如清王相编的《绣水王氏家藏集》等。诸如此类，可酌情依此复分。

三

追溯丛书起源，最早在《左传》昭公十二年，载有"三坟五典八索九丘"之说，似有以一名而统括数书之义。但古简未见，无从征信，因此也难以确定这些书的性质。其次《周礼》太卜三易：曰《连山》，曰《归藏》，曰《周易》，《连山》《归藏》都已失传，内容不详，仅以《周易》一书推之，则《三易》为统括三书的名称，其义较为明显。至以《易》《诗》《书》《礼》《乐》《春秋》称为《六经》（《乐》已失传，乃称《五经》），其后增益为《七经》《九经》《十三经》等称，以一个总名而统括诸种书名，意义更为明显。《六经》之称，虽早见于《庄子·天运篇》，但不可凭信，应以《史记·孔子世家》所说《六经》为可据，因此，以一个书名统括群书，而含有丛书之义，当起源于汉。

春秋战国时，诸子争鸣，直到汉武帝罢黜百家，独尊儒术，才有经学之称，以《易》《诗》《书》《礼》《乐》《春秋》号为《六经》，以代表封建统治阶级的思想。封建阶级为维护其统治思想，防止传误，在熹平四年（175）将《周易》《尚书》《鲁诗》《仪礼》《春秋》及《公羊》《论语》刻在石上，作为标准本。自后叠有仿刻。这种石刻，讲中国书史者认为是书的一种形式，论汇刻群书的形式，当也从汉代始。

我国古代甲骨、石刻、简策等书籍形式，其成分很为繁杂，携取检阅都很不便，不可能有真实的汇群书而为一部丛书的出现。到了纸笔发明后，书籍以抄写为主要流传形式，保藏使用都较前便利，渐有丛书出现，据史书艺文志记载，始见于齐梁时期。《四库全书总目提要》子部杂家类末按语称："案古无以数人之书合为一编，而别题以总名者，惟《隋志》载《地理书》一百四十九卷，录一卷，注曰：陆澄合《山海经》以来一百六十家，以为此书，澄本之外，其旧书并多零失，见存别部自行者，惟四十二家。又载《地记》二百五十二卷，注曰：梁任昉增陆澄之书八十四家，以为此记，其所增旧书，亦多零失，见存别部自行者，惟十二家。是为丛书之祖。然犹一家言也。"这一论断，就写本来说，较为恰当。陆任二书，都已失传，从《隋志》的注来看，这两部书都属于专门性丛书。

自从劳动人民创造雕版印刷术以后，书籍的复制较前更加便利，流传和搜集的范围也逐渐扩大。但刊印群书而题以总名，首先是后唐长兴三年（932），据《旧五代史·后唐明宗纪》:"长兴三年二月辛未,中书奏请依石经文字刻九经印版,从之。"这在昔日仍属于专门性丛书。综合性丛书,以现有传本而论,则始刻于宋,最早为俞鼎孙、俞经合编《儒学警悟》,刻于宋嘉泰年间。后为左禹锡《百川学海》,此书题"昭阳作噩",不署年号,但其中所收李之彦《东谷所见录》,成于咸淳戊辰(1268),以此推之,"昭阳作噩"当是咸淳癸酉(1273),因知《儒学警悟》较《百川学海》实早数十年。

辽金时,最著名的汇刻书,一为辽兴宗重熙年间(1032—1054)至道宗清宁八年(1062)刻的《契丹大藏》;一为《金藏》,即《赵城藏》,均属专门性丛书,至综合性丛书尚无所见。

降及元朝,为后世著称的有大德九路本《七史》及《济生拔萃》等专门性丛书。其为综合性丛书,则有陶宗仪的《说郛》,书虽辑于元,当时仅存稿本,刻印则在明季,应入明刻。

明代刻印丛书,其专门性的有吴郡顾春辑嘉靖九年(1530)刊《世德堂六子》,江夏黄贯曾辑,嘉靖甲寅年(1554)浮玉山房刊《唐诗二十六家集》。万历以后,息机子编刊《元人杂剧选》,吴兴藏晋叔辑刊《元曲选》,玉阳仙史编刊《古名家杂剧》等,不但网罗宏富,而刻印亦多精本,后世研究文学者赖以参稽。综合性丛书,首推弘治十四年(1501)无锡华珵仿宋刊的《百川学海》。后来竟有以之冒为宋刻者,其精湛可知。次为长洲顾元庆的《阳山顾氏文房小说四十种》,起自正德丁丑(1517),至嘉靖壬辰(1532)始刻竣,共经十六年,所收各书,多据宋本翻雕,其中有沿避宋讳处。清黄丕烈得到这部丛书中的《开元天宝遗事》,跋其后曰:"书仅明刻耳,在汲古毛氏时已珍之,宜此时视为罕秘矣。"从这里可以知道它的珍贵。嘉靖间吴县袁褧辑刊的《金声玉振集》也很精良。自万历以后,质量逐渐下降,如胡文焕的《格致丛书》等,往往并省卷数,删落标题,而参订的人又擅削原文,节略字句,此种刻书陋习,当时已成风气,只求形式,不重质量,难怪清人讥其刻书而书亡。至启祯年间,常熟毛氏汲古阁收藏珍本秘籍,著称于世,而刊印书籍也相当众多,丛书则有《十三经》《十七史》《津逮秘书》《六十名家词》《六十种曲》等,可惜质量大都欠佳。

清代初期,仍以经史历算等专门性丛书较多。至综合性丛书,在康熙时期,以曹溶的《学海类编》,搜罗独富。乾隆以后,刻丛书的风气渐盛:仿刻宋元、毫厘求肖的,如黄丕烈的《士礼居丛书》;传布古籍、校雠最精的,如卢文弨的《抱经堂丛书》;书求罕见、今古俱备的,如鲍廷博的《知不足斋丛书》;专辑清人著述、搜亡抱阙的,如赵之谦的《仰视千七百二十九鹤斋丛书》。以上诸家都以藏书家著称,所刻多秘籍珍本。

辛亥革命以后,此风犹存,所刻丛书足资称道的:有兰陵徐乃昌的《积学斋丛书》《随庵徐氏丛书》;江阴缪荃孙的《云自在龛丛书》《藕香零拾》;贵池刘世珩的《玉海堂丛书》《聚学轩丛书》;吴兴张钧衡的《择是居丛书》《适园丛书》;吴兴刘承幹的《嘉业堂丛书》《吴兴丛书》;武进董康的《诵芬室丛刻》;武进陶湘的仿宋《儒学警悟》《百川学海》等,都是志在传古,犹有乾嘉遗风。自鸦片战争以后,从欧洲传来影印之法,既无写刻校勘之劳,又无产生错误之弊,而印刷千万卷,短时间内即可完成。影印之风因而兴起,雕版印刷渐趋衰落。同光间同文书局影印《廿一史》《十三经》及一些专供科举试场用的书籍,随后又渐翻印曾经刻过的丛书。其能独自搜辑古籍印行丛书者,首推上海商务印书馆,先后印有《涵芬楼秘笈》《续古逸丛书》《四部丛刊》等,非但网罗丰富,而所据多为善本,形式划一,既利参考,又便庋藏。就中以影印的《丛书集成》为最浩大。至中华书局所印《四部备要》,一般古典要籍约略具备,内容亦称精缜,惜系排版印刷,校对不免有舛误之处,实不如《四部丛刊》既多善本,犹存本来的面貌。当然商务、中华所印的丛书并不止此数种,而其他书局也有丛书的印行,但为数不多,兹不悉举。

四

　　丛书刻印繁多,为了便利学者查考某一丛书内收些什么书,或者某一种书收于什么丛书,于是便有丛书目录和索引作为工具。最早的丛书目录是清顾修编的《汇刻书目初编》10卷,所收的丛书凡 271 种,以丛书为纲,注编辑刊印者姓名及年代代于下,并附子目,各注卷数、时代及著者姓名,但是随手摘录,没有一定次序,也不分类。《汇刻书目初编》刻于嘉庆四年(1799 年)。后来有人陆续增补,附于《顾目》之后。有姓名可稽者为光绪元年(1875)陈光照续增的新编 1 卷,补编 1 卷。这类书目所增补的丛书,少者仅 5 种,多的也不过 20 余种。另在日本文政三年(1820),日人松泽老泉就他在日本所见中国丛书,编印《汇刻书目外集》6卷、补 1 卷,仍《顾目》之例编排,而著录的书,互有出入,相比只多几种。清傅云龙续编《续汇刻书目》12 卷,胡俊章补遗 1 卷,是以《顾目》为基础,略加补充。但补充书中有以《四库全书总目》作为丛书者,可见其收书之滥。清光绪十年(1884)吴县朱记荣编刊《行素堂目睹书录》12 卷,朱氏是以印售书籍为业的,据他自己目睹的丛书,仍依《顾目》的体例编成《书录》,著录的丛书凡 372 种。清光绪十二年(1886)王懿荣依朱学勤原本重编的《汇刻书目》20 卷,亦据《顾目》而予以增补,分编成经、史、子、集诸类。1918 年周毓邠增补二编 20 卷,由千顷堂合印。近人罗振玉又辑光绪宣统两朝续出丛书为《续汇刻书目》10 卷,闰集 1 卷。杨守敬原编《丛书举要》20 卷,未曾印行,1914 年经李之鼎补编增至 60 卷,1918 年又增订为 80 卷,所增订丛书 901 种,分成经、史、子、集、释、道、前代、近代、自著、郡邑、汇刻 11 类,这样把前代、近代与汇刻强为划分,未免混淆不清。1928 年沈乾一汇集以前各种丛书目录中著录的丛书,按书名笔画编为《丛书书目汇编》,实即一种丛书索引。序中虽说有所增补校订,其实增补甚微,讹误依然。1928—1935 年桐城刘声木编《续补汇刻书目》30 卷,再续补 16 卷,三续补 15 卷。这 3 种书目,编者原意是增补以前各种目录的遗缺,但实际增补不多,而且有些出于杜撰。如舒化民撰的《宝研堂文集》,原属单行,而刘氏把他的《厚德录节识》《吕子节识》等 6 种书凑合起来,作为丛书,题名为《宝研堂全集》,事实上这 6 种书并未刊行,因此刘氏对于各书的卷数不能确定,而以□志之。1931 年前燕京大学图书馆杜联喆,在采访图书工作中,以所见丛书补订《沈目》之遗误,所收之书,仅有百种,但其中不免仍有一二讹误之处。如《沈目》著录之《宋诗话八种》,谓毛氏汲古阁刻本,查毛氏《汲古阁校刻书目》及清郑德懋编《汲古阁校刻书目补遗》都无此刻,但在《津逮秘书》第五集内有此 8 种,显然是书贾以残存零种妄题此名,以冀易售,沈氏未知,竟把它列入丛书目录内,固属不妥,而杜氏增为十种,认是全书,以补《沈目》之遗。殊不知原无此丛刻,何所谓全与不全。1934 年孙殿起编《丛书目录拾遗》12 卷,这是他在收售古旧书籍时,以所见丛书增补沈、刘、杜三氏目录之遗。但此书有将一书之正续编或附录作为丛书者,故仍不免有滥收充数之嫌。总之,上述各种目录,互相补正,各有得失,我们不能全把它们作为编查的依据,还须据书考订,以求真实。

　　有了丛书目录,仅可查考一种丛书中收些什么书,但要查考某一书或某一人所著的某书,收于哪一种丛书,就很为不易。自 1931 年起陆续有编印的丛书子目书名索引和著者索引出现。首先是金步瀛编的《丛书子目索引》和《增订丛书子目索引》,继之有施廷镛编的

《丛书子目书名索引》和曹祖彬编的《丛书子目备检》（著者之部）。这 4 种索引，都是以所在图书馆的藏书为限，少的只有 36 种，多的也不过 1600 余种，局限性很大，还不能满足今日查检丛书子目之用。

1936 年杨家骆汇集各种丛书书目，编了一部《丛书大辞典》，以丛书书名、编印者姓名、丛书中子目的书名、著者姓名等混合起来，按四角号码加以编排。这是一种综合性索引式的丛书目录。惟所收之书，皆为前人之书目，不仅沿袭旧讹，而且所收丛书 6000 余种，实际多属虚无，流传于世者并无此数。1959 年上海图书馆陆续编印的《中国丛书综录》，是汇全国 41 个图书馆所藏丛书而编订的，非但网罗宏富，而且著录有据，可称空前的一部丛书目录。不过所收的丛书，仅为 41 个图书馆入藏者，仍不免有一定的局限性。如果把它作为一部中国丛书联合目录，较为切合实际；若作为一部中国丛书总目录，还不能完全反映我国千年来流传而现仍存于世的全部丛书。即以现在馆藏而言，也难免沧海遗珠。就我偶然见到的，如清林庆炳撰《爱梅楼杂著》即未入录；就是已经入录的，也未免于讹误。如清戚学标撰《景文堂五种》，仍沿前人汇刻书目题为《戚鹤泉所著书》；又如清郭柏苍撰《云闲堂全集》题为《郭氏丛刻》等。至于《四库全书》是不是一部丛书，还值得研究。如果认为是一部丛书，那么《四库全书总目》应是一种丛书目录，但各家书目都把它列在公家藏书目录类，这就成了问题。由此使我深深感到，要编一部完善的丛书总目录，确实不是一件容易的事。

（选自《图书馆》1963 年第 1 期）

论"古越藏书楼"在中国近代图书馆史上的地位

谢灼华

19 世纪末叶到 20 世纪初年,我国维新改良派和深受改良主义影响的人物,仿照西方资产阶级文化教育制度,创办学堂、学会、报馆、藏书楼、博物院。出现在当时的藏书楼,既有改良主义者梁启超、马建忠等人倡议和建立的学会、书院藏书楼,也有一些热心教育人士创办的公共藏书楼。前者企图通过设立藏书楼,作为革新教育、推动政治进步的措施,后者希望书籍供众阅览,使"学堂与藏书楼相辅而行"达到"兴贤育材"的目的。这些藏书楼的建立,开始了中国近代图书馆史新的一页,也为现代图书馆发展开辟了道路。

"古越藏书楼"就是 20 世纪初年设立在浙江绍兴的公共藏书楼。1902 年由徐树兰私人捐资创建,1904 年开放。1924 年一度停办,1926 年后又继续开放。它是现在绍兴"鲁迅图书馆"的前身。

本文试图分析"古越藏书楼"在中国近代图书馆史上的地位和贡献。缺点和错误之处,尚祈同志们指正。

一

"古越藏书楼"创办人徐树兰(1837—1902),浙江山阴人,光绪二年举人,授兵部郎中,改知府,后以母病归不出,在乡以地方士绅面目出现,热心地方公益事业,曾组织筑海堤,建西湖闸,创设义仓、救疫局,因此,获社会声望颇重。对东南有较大影响的,是设绍兴"中西学堂"和建"古越藏书楼"。

徐树兰设学堂、办藏书楼,目的是很复杂的,既有服务地方、发扬封建文化的目的,又有借此服务其改良主义政治利益的意图。徐树兰于 1897 年创办"中西学堂",延访中西教习,礼聘督课,生徒兼及译学、算学、化学,其主要目的是培养为封建阶级及新的资产阶级政治利益服务的人才,教育宗旨是"务以忠爱诚悫为主"。他在 1902 年创立"古越藏书楼","仿照东西各国图书馆章程办理",其主要目的是为"合邦人士之观摩,府县学堂之辅翼",创设宗旨是"存古""开新"。企图通过教育,使我国文化蒸蒸日上、国势日强,所谓"教育救国",是徐树兰和当时大部分知识分子的天真愿望。

"古越藏书楼"建立的目的,可以从下面二点来考察:

(一) 徐树兰认识藏书楼对社会教育的作用

封建士大夫徐树兰,受西洋学术的启迪,更受维新运动的直接冲击,接受了西方教育救国的主张,认为"国势之强弱,系人才之盛衰,人才之盛衰,视学识之博陋,涉猎多则见理明,学识闳则处事审"。因此认为"广设学校",是"兴贤育材、正本清源之至计"。但是,设学校,教授学生,人数有限,影响不广,图书馆恰可补学校教育之不足,图书馆可把书籍供众阅览,关系文化、国道之盛衰,设立图书馆极为重要。

徐树兰认识这个问题首先是接受了维新派的影响,他在 1902 年奏设古越藏书楼呈文中,大量引用 1896 年刑部左侍郎李端棻《奏请推广学校、设立译局报馆折》中之言论,以及郑观应在《盛世危言》中的意见和材料,认为乾隆建三阁,使江浙人文甲天下,而"泰西各国,讲求教育,辄以藏书楼与学堂相辅而行"。故值此"科举更章之际,讲求实学,每苦无书"。所以,设立藏书楼是社会的要求。有这种认识比没有这种认识是不同的,因为这是冲破封建藏书楼徒事保存的传统观念,并逐步认识了文化教育的社会作用后得出来的。

徐树兰认识这个问题还从外国图书馆事业得到借鉴。他了解英、美、德、法、日本等国的图书馆情况,认为"泰西各国讲求教育,辄以藏书楼与学堂相辅而行,都会之地,学校既多,又必建楼藏书,资人观览"。藏书楼关系本国文化至巨,欲振兴中国,必须兴办书楼。

(二)徐树兰认识藏书楼对文化学术的作用

"古越藏书楼"创设宗旨是"存古""开新"。徐树兰等人对这个口号的解释是"学问必求贯通,何以谓之贯通,博求之古今中外是也。往者士夫之弊,在详古略今,现在士夫之弊,渐趋于尚古蔑今。其实不谈古籍,无以考政治学术之沿革,不得今籍,无以启借鉴变通之途径"。

"存古""开新"的主张反对了学外轻中、尚古蔑今的倾向,同时,也指出了学古通今的关系。但这主张有很大的局限性,这种局限性,正是维新派政治主张、阶级立场的落后表现。因为,"存古",是封建士大夫对古代封建文化的留恋,我们从"古越藏书楼"的藏书、工作重心可以看出来,徐树兰崇经拜圣,以封建伦理道德为准则,虽"存古""开新"的主张并提,实际上是在"存古"的基础上,实行"开新"。"开新"是徐树兰接受西方学术文化,宣扬当时西学书籍的具体主张,在当时人们以为"中学为本,西学为用",只有西方"进步""文明"才能救中国的声势下,"开新"自然是藏书楼应该努力的方向。

从"存古""开新"的主张,可以看出徐树兰的文化教育主张,这也是徐树兰办藏书楼的主张,这种主张深受维新派影响,而且是在维新运动失败、封建顽固势力抬头的状态下提出的折衷口号。

二

徐树兰按"存古""开新"的宗旨设立藏书楼,并本着这一宗旨建设其藏书。

"古越藏书楼"把藏书按"学部""政部"分类。藏书来源主要是徐树兰原家藏经史大部及其他书籍。其次,是添购新译诸书,以及图画、标本、报章。全楼藏书共七万余卷。

"古越藏书楼"收藏约可分如下四部分:

(1)经史子集之书。以家藏为基础,一般刻本最多,而其中丛书特多。

(2)声光电化等科学之书。这些所谓"新学"之书,是徐树兰建楼宣扬推新改良主义的工具。收藏多为丛书本,如"西政丛书本""格致丛书本""制造局本""富裕丛书本"。包括现称自然科学和技术科学的各部分,尤以技术科学最多。这些书籍多为西洋传教士的译著,如付兰雅、林乐知、金楷理等人,也有我国人的译著,如徐建寅、徐寿等人。科学知识藏书的内容,一方面是理论原理、概述、入门性的东西,另一方面是实用性的东西。

应该着重指出的是,"古越藏书楼"的农业藏书大多为国人译述的日本农学著作。

从科学著作的收藏,可知当时对自然科学多从西方诸国学习,农业技术则认为日本与我国气候、地理等条件相近,多采用日本农学著作。上述"古越藏书楼"收藏新学书籍的情况,可帮助我们了解其"开新"的特色。

(3)各种图画、学报、日报。"古越藏书楼"收集图画、报章,和当时私人藏书楼相比,是一个大进步。图画的收藏,是适应晚清学制改革、推行新教育的措施。报章的收藏,则是适应维新派宣扬政治主张,以及受晚清报刊风起云涌的潮流影响的结果。

(4)收藏科学仪器、标本。徐树兰对藏书设置的指导思想,可说明藏书楼的性质和局限,在《古越藏书楼规程》中规定:本书楼收藏分二类,曰学部,曰政部。"学部""政部"的解释是"明道之书,经为之首,凡伦理、政治、教育诸说悉该焉! 包涵甚广,故不得已而指之曰学部。诸子六经之支流,文章则所以载道,而骈文词曲亦关文明、觇世运,故亦不得蔑弃"。对六经诸子文章,徐树兰推之为首,是思想的一方面。对新学西书,凡已译未译者一律收藏,广事包罗,则又是思想的另一方面。可见资产阶级改良主义者有明显的局限性,摆脱不了封建主义的束缚。

三

"古越藏书楼",在管理方法上继承了封建藏书楼的传统,又学习了东西各国图书馆较先进的方法。是近代藏书楼的一个典型。

"古越藏书楼"借书方法有读者登记:凡欲借阅图书者,不需铺保押金,只需提出申请,承认并遵守藏书楼章程,则在"司事"处登记姓名住址、欲借何书,并领取对牌和发书单。借还书:读者用对牌和发书单交"监督","监督"以发书单交"司书"检书交读者。对牌存"监督"处。读者看完书后将书交"监督","监督"将对牌交读者,读者出门时将对牌交还"司事"。

藏书楼阅览方法:在阅览厅阅览,凭对牌按号入座,书籍就室阅览,不准携出室外,欲阅日报,自由取阅,欲读月报,按书籍借阅方法办理。

藏书楼组织机构和管理人员分工如下:

总理一人——监督一人 { 司事二人 司书二人 } ——什务三人

藏书楼书目:藏书楼为管理图书财产,设有书目册、器具册等。

《古越藏书楼书目》光绪三十年(1904 年)印行。该书目无论在分类、编目或书目体系、类目名称上都有创造性,适应该楼新旧书籍分类。它在突破四部分类,给后来的分类法开辟道路上起了很大的推动作用。在编目方法上则著录详明,有分析、互著、参见,充分揭示了馆藏。

"古越藏书楼"于光绪二十八年(1902 年)建成,同年,徐树兰病殁。藏书楼由其子尔谷维持,于 1904 年开放。从此,地方人士逐步重视建设藏书楼,如任道镕、张季直赞叹徐树兰义行,并认为"海内藏书家皆仿先生之为也","海内建书楼者接踵而起"。这对我国以后公共图书馆的发展,起着一定的推动作用。

四

综而论之,"古越藏书楼"在中国近代图书馆史上的地位和贡献,大致有:

(1)"古越藏书楼"的设立,推动了我国近代藏书楼事业向公共图书馆过渡。由于"古越藏书楼"的建立,并经广事宣传,就使社会人士逐步认识和了解图书馆的作用,进而促进这一事业的发展。

(2)徐树兰创办"古越藏书楼"深受维新派的影响,主张"存古""开新",宣传新学书籍。新学书籍的收藏,促使图书馆管理方法上和管理制度上的改革。因而,"古越藏书楼"是我国学习西方图书馆技术和管理制度的开端。

(3)适应新学书籍的收藏和宣传,徐树兰及"古越藏书楼"管理人创作了新的图书分类方法和编目条例,在打破四库束缚、开拓分类法新的途径、寻求反映藏书、揭示最新科学内容的图书的编目方法上作出了贡献。对近代图书馆图书分类和编制目录起了一定的启发作用。

所以"古越藏书楼"的成立是我国近代图书馆事业上的新发展。它表明我国近代由于新思潮、新学说的传播,由于社会的进步,图书馆事业已经进入一个新的阶段,即由封建藏书楼发展至近代图书馆的时代。

(选自《图书馆》1964 年第 1 期)

现代文献工作基本概念

袁翰青

　　为了对国家的社会主义革命和社会主义建设做出更多的贡献,我国的图书资料工作者都要求能够将自己的工作,开展得更深更细。这就涉及由传统的图书馆工作进入文献工作领域的问题。顾家杰同志在去年发表的《科学图书馆工作发展问题》一文中,把开展文献工作作为提高科学图书馆工作质量的重要方向。这一方向性的建议,引起人们对文献工作更进一步的关切。

　　中华人民共和国成立以来,我国的科学文献工作有了迅速的发展,取得可观的成绩。尽管如此,文献工作在我国的历史毕竟还很短,经验也很有限,究竟什么是文献工作,不能说已经有了统一的基本概念。例如1958年出版的卢震京编《图书馆学辞典》一书中,即未列"文献"及"文献工作"条目。又如李钟履和南京图书馆分别编辑的《图书馆学论文索引》第一辑和第二辑,搜集的论文已近达1957年,可是分类表中亦无文献工作子目。由此可见,文献工作在实际上虽已进行了,这项工作的涵义却尚待明确。我现在仅就个人的管见,试论现代文献工作的基本概念。浅陋片面之处,一定不少,希望读者批评指正。

一、文献一词的来源

　　文献一词早见于我国古籍《论语》的《八佾》篇中。此书记载孔丘的话说:"夏礼吾能言之,杞不足征也;殷礼吾能言之,宋不足征也;文献不足故也。"这段话的意思是:孔丘懂得夏代的制度,杞国的就不了解;懂得殷代的制度,宋国的就不了解;这是由于文献不够的缘故。朱熹替文献一词作注解说:"文,典籍也;献,贤也。"如果用现代汉语来说的话,"文"和"献"本各有所指:"文"指书籍,"献"指熟悉情况的人。后来在我国古典著作中,文献一词的概念有了演变,一般泛指具有历史价值的文章和图书而言。

　　14世纪时元朝人马端临编过一部大类书,名为《文献通考》,1319年完稿。这部书辑录了上古至宋高宗两千多年间有关政治、经济、历史、地理等24个方面的许多古籍中的记载,加以分类整理和考证。类书的编纂原已可视为古代的文献工作。马端临开创了在类书书名上冠以"文献"一词的先例。后来,清朝又编过《续文献通考》《清朝文献通考》和《续清朝文献通考》三部大类书。从此,文献一词在汉语里就逐渐普通起来。两位作者郑鹤声和郑鹤春,曾在1930年编著过一本书,书名《中国文献学概要》。此书中所谓"文献学",系就考证古典图书在分类、校订、编纂和印刷等方面的源流而言,实际上是古籍简史。

　　文献一词和古典文献工作在我国虽然已有很久的历史,可是"文献工作"成为特定的名词,尤其是科学文献工作之兴起,乃是现代的新事物,并且我们基本上是利用固有名词来翻译外来术语的。因此,我们还须要介绍一下相应的外文名词。

二、相应的外文名词

就俄、英、德三种文字来看,相当于文献一词的各有两个字:俄文里是 документ 和 литература,英文里是 document 和 literature,德文里是 Dokument 和 Literatur。其它欧洲语文中相应的名词也和这三种文字相类似。

这两组相当于文献一词的外文,在用法上是有点区别的。前一组就历史性强的文件而言,既用单数,也用复数,分别指一篇或几篇文献,恒用于社会科学的著作之中。后一组名词是集合名词,无单数和复数之分。科学技术论文的文末,常附有供参考用的文献目录,在俄、英、德文里就分别用 литература,literature,Literatur 这样的名词,不用前一组的名词。在我国的学术著作中,这两组外文名词一般均译为文献。可是我们将汉语译成外文时,就须要注意外文名词的区别。例如人民出版社出版的《民族政策文献汇编》一书,书名中的文献一词,如译成英文可为 documents[①]。至于科学出版社出版的《极谱学文献内容索引》一书,封面上就印有英文书名为 Subject Index to Polaro-graphic Literature,则用 literature 一字来译文献一词。

document 和 literature 还有一点不同:前者包括印刷品以外的文字记录,如碑文、古币图文等,后者一般只包括书刊资料。在科学技术论文里,使用文献一词时,往往是指 literature 而言。现代文献工作中的绝大部分,是关于自然科学和应用技术的文献。我们了解文献一词的相应外语用字,还是有必要的。

"文献工作"一词在欧洲各国语文中均源出拉丁字 Documentum,本指证件而言。此词在俄文中为 документация,英文中为 documentation,德文中为 Dokumentation,其它欧洲语文所用的也基本上是字根相同的词,只是词尾稍异而已。日本语文中的"文献工作"则用片假名音译德文 Dokumentation,成为ドキュメンテーション。

如果不就事物的本身情况来考虑,只推敲译文,有人把 documentation 也译成"文献学"。文献学诚然是我国固有的用词,讨论的内容却着重于考证典籍源流,和现代文献工作的涵义是不同的。至于现代文献工作是范围相当广的工作,涉及好些方法;工作的本身和工作的方法当然都可以构成科学研究的对象,但是这方面的研究成果尚不足以形成一门独立的科学。因此,为了比较切合实际起见,本文还是用文献工作这一名词。

三、文献工作的定义

一般说来,好些名词所表达的概念,往往不易用简单的句语给以确切的定义。可是如果能够有个大体可用的定义的话,总比没有定义要便利一些。

在国外,曾经有好些图书馆工作者和文献工作者替文献工作下过定义。由于各人在观点上的差别以及随着事物本身的发展,文献工作一词有过好几种定义。诚如泰勒(R. S.

---

① 此处的文献一词也可以译成 archives,但决不能译为 literature。

Taylor)在《科学文献工作常用术语集》一书所指出的那样："文献工作一词在讨论时，因人而扩大或缩小其范围。"

在 1947 年，勃莱福特（S. C. Bradford，1878—1948）于所著《文献工作》一书中，认为"文献工作是一种有实用意义的技艺"。他说："文献工作的技艺，是搜集、分类和便于提供所有学术活动记载的技艺。"

20 世纪 50 年代中期出版的《行动中的文献工作》一书，中有麦克（J. D. Mack）和泰勒所写"文献工作术语体系"一章，认为："文献工作指一系列的技术而言，其目的是为了有条不紊地提供、组织和传递记录了的专业知识，使所含情报达到最高的取得率和利用率。"

罗马尼亚学者阿夫拉梅斯库（A. Avramescu）及侃蒂娅（V. Cândea）在 1960 年曾给文献工作一个定义，着重于文献服务工作。他们说："文献工作意味着为研究人员发掘、搜集、保管和利用前人所取得的、与其研究课题有关的、固定在文献上的全部知识财富。"

德人雪莱（Scheele）于 1961 年给文献工作以很简单的定义，他认为："文献工作是系统地搜集文献，使其易于得到和利用。"这一定义过于简单，几乎将文献工作与图书馆工作等同起来了。

泰勒分析并综合了几种见解，他提出的定义是："文献工作为一种技艺，涉及处理有记录的情报的方法，最恰当地获得和利用。"

最近希拉（J. H. Shera）在一次图书馆工作者的会议上，指出文献工作的主要目的"在于发展新的分析、组织与检索方法，来充分利用各种记录起来的知识"。

这些定义都着重指出文献加工的技艺、技术和方法。这是由于科学文献数字的庞大，并且不断地激增，使加工整理的技术问题，必然成为当前研究文献工作的重点。只有经过严密的整理之后，浩如烟海的学术文献才具备查索的便利。同时，从外国学者所提的定义也可以看出，文献工作还没有达到具有系统理论的独立科学的阶段；视为重要的工作是合乎实际情况的。

根据当前文献工作情况和我国的经验，我们建议给文献工作以如下的定义：

文献工作是组织知识的工作。更明确一点可以说，文献工作是将分散记录起来的知识，特别是文献中新发现的知识单元，经过学术分析与抽出之后，用一定的方法组织起来，对使用者提供最大的便利，能随时被检索到并参考利用。文献中的知识单元实质上就是所含的情报。通常所谓文献工作实际上有两个方面：知识组织工作的一方面和情报检索工作的一方面。只有经过科学地组织起来，检索工作才有基础。组织工作是体，检索工作是用。这体和用的两面，构成文献工作的基本内容。

记录起来的知识不外乎阶级斗争的知识、生产斗争的知识和科学实验的总结。这些记录起来的知识就成为文献，都是文献工作的对象。由于近代各国积累的文献数量很多，出版印行的情况很分散，再加上所用语文品种的多样性，这使人们对于文献的直接利用，发生相当大的困难。因此，势须有人将国内外大量分散的文献进行加工整理，扼要地用本国语文表达出来，系统地分门别类地组织起来。这种工作就是文献工作的本体。

科学技术文献工作的对象主要是生产斗争的知识和科学实验的成果。近年来这些方面的新发现、新创造和新进展特别丰富和迅速，所以科学技术文献工作成了文献工作中的重点。人们往往简称科学技术方面的文献工作为文献工作。

本文在前面提到知识单元。何谓"知识单元"？这是拿来区别于笼统的知识一词的用语,指的是将某项知识分析成若干单元。当然,知识不像物质和物质的属性,可以有一定的单位来衡量。所谓知识单元是随着知识领域的扩大以及深化程度的发展而不断地变化着的。同时,我们还要知道,不同的专业对于相同的知识,要求的单元点也可以有粗细的不同。

现在举例来说明知识单元的意义。在有机合成发展的初期,醇类合成法可以成为有机化学中的一个知识单元;到了有机合成蓬勃进展的今天,必须专到像二苯甲醇的合成法,才能视为有机化学中的知识单元。再过一定的时期之后,二苯甲醇的合成法作为一个知识单元来处理,又会觉得知识面过宽了。可是另一方面,如果不从有机化学专业的角度来看问题,从机械工程专业的角度来考虑,醇类合成法仍然可以是一个知识单元。由此看来,在一定专业的范围之内,对于本专业知识的分析越深,单元点也就越细,知识的组织程度也可以越高。文献工作的质量取决于对文献所含知识内容分析的深度以及组织方法的细密和便利的程度。因此,我们着重指出知识单元这一概念。

为什么要特别提到“新发现的知识单元”呢?如所周知,一篇为科学研究人员所重视的文献,总是含有前人已阐明的知识和文献作者所发现的新知识或提出的创造性理论。对于前人早已阐明的知识,一般说来,应已经过文献工作者加以组织;这些知识单元虽然省略掉未著录,也还是可以查索到并加以利用的。至于新发现的知识单元,却决不能遗漏,否则文献工作就失去应有的作用了。简言之,新发现的知识单元就是文献中所含有的最重要的情报。

在各种文献的数量尚不十分庞大的时期,经过整理与组织之后的文献,就可以由研究人员与技术人员自行查出,参考利用。随着文献数量的迅速增长,出现了文献服务工作,通过检索、复制、代译等手段,把适合需要的文献,提供给利用者。这是现代文献工作的又一重要方面,与文献工作的本体,相得益彰。

在大体讨论了文献工作的定义之后,我们可以说明一下文献工作与其他相关工作的关系,以进一步了解文献工作的基本概念。

四、文献工作与相关工作的关系

从近代处理知识的方法的发展经过来看,文献工作在组织知识的一面原为编辑工作的一种类型,在情报检索的一面原为图书馆工作的一个部门。随着知识领域的扩大和文献数量的迅速增长,文献工作和编辑工作以及图书馆工作有其交叉的部分,也有独立的部分,逐渐形成所谓“附庸蔚为大国”的现象。

尽管文献工作有其自己的工作方法,可是它和别项相关工作,还是有多方面的联系。特别是在我国,由于文化事业的飞速发展,许多工作要求各方面都能兼顾分担,充分协作,本毋须作硬性的分工,可是人们却常常希望了解其中的同异。因此,将文献工作和编辑工作、图书馆工作、目录工作、资料工作、档案工作以及情报工作的关系,进行简要的阐述,还是有其必要。

总的说来,文献工作和其它相关工作主要都以记录知识的出版物为工作的对象。这是它们的共性。由于工作方法上的特性,以及要求上的不同,从而使文献工作所起的作用,也就和其它工作有所不同。本文下述各种工作之间的关系,仅仅是个人粗浅的认识而已。

（1）编辑工作　文献工作既是组织知识的工作，编辑工作是将知识编写成书刊，也是组织知识的工作。这里有什么不同呢？事实上，文献工作中的报道环节，包含若干编辑工序。这岂不更使二者之间难于区分吗？从现代文献工作的发展来看，早期与期刊的编辑工作有密切的关系。法国化学会于 1858 年创刊通报 *Bulletin de la Société chi-mique de France*，就辟有专栏，摘录国内外化学论文的撮要。这一专栏即名为 Documentation（文献工作）。我们知道，至今进行文献工作的主要方法还是编印文摘，不管是用什么形式出版。可是现行的科学文摘，已大部分不是附在一般期刊里出版了。

一般说来，编辑工作和文献工作的不同之处在于：通常的编辑工作着重于原稿的处理，只具备一定的组织程度；文献工作却要处理大量分散的原始文献，抽取其中的精华，编成文摘之类的二级文献，还要附有检索所含知识单元的工具，这就要求更高的组织程度。举例来说：梅镇岳著的《原子核物理学》一书，是经过了作者编写和编辑人员加工之后出版的。此书当然组织了有关原子核物理学方面的重要知识，但是并不指引读者去参考原始论文，起的是介绍原子核物理学基本知识的作用。另一方面，中国科学技术情报研究所出版的《原子能文摘》半月刊，每期著录论文提要达两千篇，组织了散载于国内外各种出版物中的核子科学知识，为研究人员提供了极大的便利。这是文献工作的实例之一，也说明了其与一般编辑工作在实质上的区别。

（2）图书馆工作　文献工作与图书馆工作有十分密切的关系，文献工作中的情报检索部分，原属于图书馆内的参考咨询工作。我国的图书馆渊源于藏书楼，后来吸取了资本主义国家近代图书馆的办法，现在是国家进行马克思列宁主义宣传和推行社会主义文化教育事业的重要组成部分。图书馆的任务是很重大的，工作面很广，参考咨询工作只是一个方面，不可能包罗文献工作的全部内容。

在国内国外的许多图书馆里，对待文献工作的做法，各有自己的传统和特点。有些国家采用公共图书馆和专业图书馆分工的办法，来解决这一问题。例如在英国，绝大部分的文献服务工作是在专业图书馆里进行的。还有这样的见解，认为图书馆工作以处理书籍为主，文献工作以处理期刊论文为主。美国专业图书馆协会所编的《技术图书馆的组织与管理》一书里，就提出过这样的观点。此外，有些讨论文献工作的著作，把文献工作的范围看得非常宽，不但包括全部图书馆的工作，还包括博物馆的工作。例如罗马尼亚学者阿夫拉梅斯库及侃蒂娅所著的《科学文献工作导言》一书，就把文献工作视为包罗极其广泛的工作。由此可见，图书馆工作和文献工作的关系，是相当错综复杂的。

照目前的趋势来看，图书馆必须兼顾文献服务工作，以符合为读者主动服务的要求。至于大部分的文献工作则须另由文献机构或科学情报机构来担任。

一般说来，图书馆工作的处理方法，书籍以册为单元，期刊以品种、卷或期为单元。图书馆对于不连续的出版物，通常有分类、书名、著者三种卡片就大体足够利用了；有些卡片中虽也附有图书提要，往往只列重要的目次，不足以反映全书内容。至于连续出版物，特别是期刊，图书馆工作通常只制刊名字顺卡和分类卡，即可供读者按卡借阅之用。文献工作对于期刊，不但须将所载论文，按篇报道，还须深入论文所含知识单元。这样的要求，对于一般图书馆是难于做到的。

（3）目录工作　文献工作和目录工作的关系如何，有何共性和特性？这是人们很关心的一个问题。我国古籍的目录工作具有相当长期的历史，可说在有图书馆之前就有了目录工作,早有目录学之称。诚如周祖谟教授所指出的那样,"传统的目录学所要阐述的主要内容"是关于古代目录书的"性质、体制、作用和源流"。换句话说,经典目录学基本上是目录工作史。正规的目录工作以分类著录书籍的作者、书名、卷册、版本等为其工作内容,间或有附些提要的。长期以来,这种目录工作在图书馆中发挥重要作用,不可缺少。可是它与现代文献工作之以论文为主要对象者显然不同。从 19 世纪开始的目录工作,已发展到著录论文的篇名了。最著名的实例是英国皇家学会主编的《科学论文目录》(Catalogue of Scientific Papers),1867 年创刊,后又改名《科学文献国际目录》(International Catalogue of Scientific Literature),于 1919 年停刊。这种目录式的出版物后来发展成为各国的各门学科的题录或索引。这些题录或索引,有以专题方式著录的,包括本专题从开始以来的全部篇名、作者和出处等项目;有以学科为范围,定期出版的。这类目录式的出版物,也有以卡片形式发行的。这种近代目录工作可以看成是属于文献工作的范围之内,也可以看成介乎文献工作和传统目录工作之间的一种工作。两者之间本来难于有严格的界限。

有两种目录式的出版物,肯定可以划入文献工作的范围。这两种目录都利用篇名中的关键词作为组织的方法和检索的手段。这些关键词在一定程度上代表篇名中的知识单元,所以我们可以说这类目录工作应视为文献工作。

第一种文献工作式的目录是手工编制的,可以 1933 年出版的前金陵大学农学院主编的《农业论文索引(1858—1931)》为例。这部名为《索引》的目录著录了中文论文 3 万篇,西文论文 6000 篇,采用篇名中的关键词,按母笔字顺排列。当时在文献工作术语里,虽还没有关键词这样的术语,可是事实上这部《农业论文索引》是这样编的。只要掌握了它所用的排列原则,读者就可以检索到所需要的文献。

举这部《索引》中所著录的一篇文献为例来说明:在 1931 年出版的《农声》杂志上刊载有一篇谢钟灵所写的论文《木屑可以化作牛马之饲料》。题目中有"木屑""牛""马""饲料"四个关键词,代表四方面的有关知识。《农业论文索引》将这篇论文分别著录在"木屑"等四个词之下,使读者可以从四个角度中的任何一个角度,都可以查找到这篇文献的出处等线索。因此,我们说,编制《农业论文索引》的目录工作,已经进入文献工作的范畴了。

第二种文献工作式的目录利用最现代化的方法编制,所谓"上下文关键词索引"(Keyword-in-context index,简称 KWIC),这是于 1959 年经卢恩(H. P. Luhn)发明的。在这种目录里,文献的篇名按照所含关键词的字顺,由电子计算机将它们自动地排列起来,印刷出来。美国化学会于 1960 年试用成功,创刊一种《化学篇名录》(Chemical Titles)半月刊。后来在别的学科里也推行这种编目法。关于这类目录的编制原则和使用方法,业经马龙璧著文介绍过。本文不再详述了。

我们从"国际文献工作联合会"(Fédération Internationale de la Documentation,简称为 FID)的形成经过,可以看出目录工作在向文献工作发展的趋势。比利时的图书馆学者奥特勒(Paul Otlet,1863—1944)和法学家赖范顿(Henri La Fontaine,1854—1943)在 1895 年共同创建了一个研究目录工作的国际性机构,名为"目录工作国际研究会"(Institut Internatiinale de Biblio-graphie,简称 IIB),以研究和编制通用的图书分类法为其主要工作内容。经过了 40多年的发展,工作内容逐步充实,终于在 1938 年改名"国际文献工作联合会"。可见文献工作乃是目录工作达到一定阶段之后的必然产物。

总的说来,传统的目录工作以书籍为工作对象,在图书馆的工作中以及其它学术工作中,有其独具的重要位置,与文献工作的性质不相同。近代的论文目录,如果附有主题索引和作者索引的话,就具有了目录工作和文献工作的双重特点了。至于根据关键词排列的目录,并且依关键词的数目而重复列出,这就不再是一般目录工作而成为正规文献工作了。

以上这些看法,是我们所粗略地了解到的目录工作与文献工作的关系。这两类工作的关系,正随着图书资料业务的蓬勃发展而在演变着。

(4)资料工作 资料工作与文献工作的关系,也是人们所希望了解的问题。资料一词原来具有很广泛的概念。在书刊资料之外,还有实物资料。我们可以把实物资料的管理工作,不在这里讨论,因为这是与图书馆工作很少关系的。如果就一般的意义来说,凡从事各种书刊管理加工工作的人员,都不妨称为资料工作者。就目前习惯使用的情况来说,资料工作在不同的部门,经过行政的规定,被赋予不同的特定含义。

在研究单位和编辑出版单位,资料是相对于成果和成品而言的;特别在研究社会科学的机构之内,这种用词的涵义更为习惯。凡为研究成果和编写成品所提供的知识记录,被称为资料。这项工作就称为资料工作。另外,在有些图书馆里,习惯于将非书非刊的出版物,如技术报告之类,称为资料。也还有这样的一些单位,将报刊中有关本单位工作的文字,专人剪录汇集起来,供随时查阅之用,称这项工作为资料工作。在高等学校里,往往将公开图书的管理作为图书工作,另将非公开发行的出版物的管理,作为资料工作。

由此可见,被称为资料工作的工作有多种不同的情况,我们很难把各种不同的情况来和文献工作一一比较。总的说来,在组织知识单元,进行内容标志,制订检索体系等方面,文献工作的方法和技巧,是可以适用于各种类型的资料工作的。

(5)档案工作 档案工作与文献工作的关系也有加以说明的必要。档案原指政府文件与卷宗而言。据杨宾在《柳边记略》上的考证说:“边外文字多书于木,往来传递曰牌子,以削木片若牌也。存储年久者曰档案、曰档子,以积累多贯皮条挂壁,若档故也。”这是档案一词的来源。

档案工作就是保管、整理和利用政府文件的工作。在当时供行政人员的查阅和参考,在后代则供历史学者的考证和利用。这与文献工作之主要以印刷出版的文献为工作对象的情况,是有所不同的。

随着科学技术的发展,档案工作很快地扩大了范围,特别在社会主义国家,国家对技术档案十分重视。档案工作不但要管理政治、经济、历史文件,还要掌管技术资料。技术档案工作和科学文献工作,在管理的对象方面有一定的交叉;分类、编目、索引等方法和技巧也有相同之处,可是还是有区别的。科学文献工作的重点在于处理记录国内外研究成果的文献,将这些文献中的知识组织起来,提供检索的便利。至于技术档案所管理的,一般为本部门或本单位的设计图纸、技术记录、研究数据等等,全国性的档案机构也只搜集本国的档案,并不广泛地将国内外的文献搜罗入藏。这是二者之间的区别。

(6)情报工作 在国外,文献工作和情报工作的同异问题,一直争论难决。在有些国家,人们认为文献工作就是情报工作。例如民主德国的“文献工作研究所”(Institut für Dokumentation)就是国家的科学技术情报中心。在另一些国家,科学技术情报机构所进行的工作,几乎全部属于文献工作的范围,而机构的名称却是情报研究所。例如苏联的“全苏科学技术情报研究所”(Всесоюзный институт научно-технической информации)即是一个实例。全苏情报所的主要工作是编辑出版各种文摘杂志、快报、述评和学科总结等,这些工作都是文献组织工作。1961 年 3 月间在布拉格举行的社会主义国家科学情报国际会议上,对于采用这两个名词以何者更为合适的问题,曾经进行过讨论,意见迄未能统一。

新出版的有关文献工作或情报工作的书刊,对于这两个名词,往往采用两词并列的方式,或在行文时,两词任意使用,不加什么区别。例如"国际文献工作联合会"于 1961 年出版的一本手册,就名为《现代文献工作与情报工作实践》。本书一开始就这样写着"文献工作与情报工作是多种多样的"(Documentation and information work is of many kinds),这句话里的主语是两词并列的,而是(is)却用了单数第三人称的谓语。可见作者是把文献工作和情报工作看成一种工作的。又如日本图书馆协会编的《文献工作》(ドキュメンテーション,1961 年出版)一书,书中好些章节的标题却是"情报工作",这也说明了在日本学术界,将文献工作与情报工作的概念,未予区分。

根据我国社会主义科学文化发展的特点,以及几年来的经验,可以认为:文献工作诚然是科学情报工作中极其重要的构成的部分,如果离开了文献工作,那么情报工作的范围就很狭窄了;但是,文献工作决不是情报工作的全部内容,两个名词不能视为同义语。大体说来,情报工作的概念较之文献工作要广些,并且用词的着眼点也不相同。

除了文献工作之外,我国科学情报工作的内容,至少还有下列三个方面:

第一是实物情报,不限于用文字、符号记录下来的知识。我们知道,通过实物陈列、样品展览、示范表演等不经文献的工作,可以起到很重要的情报作用。

第二是消息性的报道,报道所用的文字并不具有详细的科学知识内容,一般不能视为文献,可是却能成为重要的情报。例如在 1939 年渥陀·韩(Otto Hahn)和施特拉斯曼(F. Strassmann)发表关于铀核裂变的论文之前,丹麦的物理学家波尔(N. Bohr,1885—1962)就获得了这方面的消息,使原子能的利用问题有了最早的情报。

第三是新发展的情报研究工作,这不同于编写述评论文的文献研究工作,既非纯属组织知识的范畴,也非文献服务,而是将新技术和经济效果相结合的综合性研究。这种研究工作是我国科学情报工作中的重要组成部分。

由于上述三方面的特点,所以我们说,在我国,情报工作的概念较之文献工作为广。即就情报工作中所包括的文献工作部分而言,从不同的角度来看,也可以构成不同的理解和提法。情报工作着重于所达到的目的而言,文献工作着重于所处理的出版物对象而言。例如一篇有关放射性碘治疗甲状腺毒瘤的论文,经过文献工作的加工整理之后,便于检索,对于内科医师参考利用时,起到的是情报工作的作用。就处理方法而言是文献工作,就达到的目的而言却是情报作用。从这样一个例子,也可以看出这两个名词在使用时,可以有所不同。

我们这样来区别文献工作和情报工作,并非有削弱文献工作的重要性之意。现代文献工作在图书馆工作和科学研究工作中,有极其显著的重要作用。

五、文献工作的重要性

在古代学术工作发展得缓慢的时代,从事科学工作的人数有限,一位学者可以终身只完成一两本著作;彼时新书也就不多,定期刊物尚未出现。在那样的时代,有了书目工作就基本解决了查索前人著作的问题。到了近代科学兴起之后,研究论文逐渐增加,倘无文献工作加以组织,研究人员就会陷入困境。至于在现代科学,包括社会科学和自然科学,蓬勃发展,日新月异的今天,创造发明层出不穷,研究人员如果得不到文献工作者的协助,面对着像喜马拉雅山那样高积起来的书刊文献,更简直有不知从何下手之感。脱离了现代科学文献,研究人员或则浪费精力,重复前人的劳动,或则对新的发现茫然无知,处于落后的状态。在这样的时代要求的情况之下,各个国家都重视现代文献工作,是有其重要的原因的。在我国,奋发图强、自力更生的建设社会主义的方针,更督促我们要充分利用已有的成就,在短期内迎头赶上世界先进水平,文献工作也就显得特别重要。

我们只要看一看世界科学文献逐年飞速增长的数字,就可以认识到,只靠科学研究人员个人的力量,自行在文献大海里摸索的办法,决不能解决充分利用前人经验的问题了。据粗略的统计,1961 年一年内发表的科学技术原始文献,达到 230 万篇左右。又据日本国会图书馆的调查统计,科学新文献的增长率为每年 9%,就是说每经 8 年多,一年发表量即增加一倍。我们还要知道,研究人员并不是只利用当年的文献,过去的文献,特别是二次世界大战后的科学文献,几乎全都是有价值的参考资料。因此,只有经文献工作的组织整理,取其精华,去其糟粕,编写成本国文字的摘要,系统地予以分类,并附有检索工具之后,这样浩如烟海的科学文献,才有可能被研究人员所利用。这就是文献工作在迅速发展我国科学事业,早日完成四个现代化的重大作用与意义。

六、结语

现代文献工作的内容十分多样化,除了基本上定型了的题录、文摘、快报、手册等等传统工具以外,分类法与主题索引的编制也日益精密,还正在利用科学技术上的尖端方法,如机械检索、电子计算机、机器翻译、快速复制、缩微文献等,来提高文献工作的效率。本文讨论的只是基本概念,对于工作方法,不在此介绍了。

中华人民共和国成立以来,我国的科学文献工作在十分薄弱的基础之上,有了极其迅速的进展。图书馆工作者在文献服务、参考咨询方面,也有了一定的成绩。我们深信,今后通过多方面的实践,必然会将文献工作的内容,不断地丰富起来的。

(选自《图书馆》1964 年第 2 期)

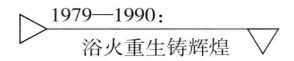

1979—1990：
浴火重生铸辉煌

肖希明

　　《图书馆学通讯》于 1979 年复刊，1991 年更名为《中国图书馆学报》，其间经历 12 年。这 12 年，是中国发生翻天覆地变化的年代。1978 年岁末召开的党的十一届三中全会，开启了中国改革开放的伟大进程，从此，中国进入了一个新的历史发展时期。改革开放的征程今天仍然在继续，而这 12 年，无疑是这一历史进程的序曲。

　　这 12 年间，国家的政治生活拨乱反正，国民经济和教育、科学、文化事业快速发展，人民的精神面貌焕然一新，尊重知识、尊重人才的风气蔚然形成。正是在这样的形势下，在"文革"中饱受摧残的图书馆事业，不仅很快得以恢复，而且进入了一个迅速发展的新时期。1979 年中国图书馆学会成立，1980 年中央书记处通过《图书馆工作汇报提纲》，图书馆事业受到党和国家空前重视。各类型图书馆迅速发展，图书馆藏书数量急剧增长，图书馆服务得到明显改善，图书馆业务工作走向规范化，图书馆人才培养规模迅速扩大，我国图书馆事业迎来了真正的春天。

　　图书馆事业的发展必然给图书馆学研究带来深刻影响。20 世纪 70 年代末的图书馆学理论研究已是一片废墟。如何在这片废墟上重建图书馆学理论大厦，成为新时期图书馆学研究者面临的重大而艰难的任务。而今天，当人们回过头来总结和评价 70 年代末至 90 年代初这十余年图书馆学研究成果的时候，就不能不承认，这一时期的图书馆学理论研究与繁荣发展的图书馆事业相比，毫不逊色。

　　重建工程从肃清极"左"影响，澄清理论是非，梳理和继承以往研究成果开始。70 年代末和 80 年代初，图书馆人将研究的目光首先投向与图书馆工作密切联系的领域，在图书馆管理与规章制度建设、图书采访、分类编目、图书流通、读者服务、图书馆现代化等方面开展"实用"的研究，成果丰硕。集大成者是 1981 年出版的《图书馆学基础》。尽管这些研究后来被批评为"经验描述""馆内科学"，但不可否认的是，这些研究对图书馆学摆脱几十年来泛政治化、泛意识形态化的困扰，恢复图书馆学的本来面目，发挥了重要的作用。接下来的是，随着国门的打开和学术研究环境的宽松，国外的图书馆学理论研究成果与研究方法开始涌入中国，图书馆学研究者，特别是青年一代图书馆学人，越来越不满意于"实用图书馆学"对图书馆活动描述和总结的封闭性，希望撇开图书馆活动的表象运动形式，去认识图书馆活动与图书馆学的本质特征。于是，以抽象思辨为特征的理念图书馆学研究应运而生。理念图书馆学研究有的关注图书馆学对象、性质、任务、内容这类学科体系自我完善的课题；有的主张转变图书馆研究的方向，将图书馆学纳入知识学、情报交流学的范畴；有的则热衷于借鉴和移植其他学科的理论与方法，来解释和解决图书馆学领域的问题，充实和丰富图书馆学的内容。图书馆学理论工作者的艰辛探索，挣脱了传统图书馆学框架的束缚，带来了图书馆学理论研究，特别是基础理论研究的突破性进展。然而，这种突破也出现"剑走偏锋"，有的研究刻意追求纯理论的研究，看似"高大上"，实则成了与图书馆实际不着边的"玄虚之学"。这种状况引起了实践领域的不满，也引起了理论工作者的反思。于是，图书馆学研究出现一种新的路向。它致力于运用图书馆学原理和科学的研究方法，去研究和解决图书馆事业和图书馆活动中的现实问题，特别是宏观现实问题。这一研究路向颇具代表性的课题是1986年兴起的图书馆事业发展战略研究。尽管这种战略研究由于理论准备的不足和材料占有的困难而没有取得理想的成果，但作为寻找理论与实践结合点的一种探索，无疑具有重要意义，也为后来的图书馆学研究提供了启示与借鉴。总之，回望这12年的图书馆学研究，人们看到的是学术环境的宽松，学术思想的活跃，学术新锐的崛起，各种观念在碰撞，各种观点在交锋，图书馆学研究园地犹如枯木逢春，百花竞放，欣欣向荣。

学术期刊是展示学术研究成果，开展学术交流的平台。优秀的学术期刊，应该深入学科前沿，及时真实地反映学科发展的动向。人们欣喜地看到，在70年代末至90年代初中国图书馆事业和图书馆学研究发展和变革的大潮中，《图书馆学通讯》以其独特的地位、鲜明的特色，推动和引领着中国图书馆和图书馆学由传统向现代的历史性转变。

《图书馆学通讯》复刊是中国图书馆学复苏的重要标志之一。复刊后的《图书馆学通讯》，兼具报道性和学术性双重属性。作为报道性的期刊，它客观真实地记录和传递了一个重大历史变革时期中国图书馆事业奋力前行的足迹和呼声。作为学术性期刊，它又站在学科的前沿，为图书馆学学科理论的发展开辟前进的道路。应该说，这十余年《图书馆学通讯》刊登的学术论文数量并不多，但它们却在这一时期的图书馆学学科史上留下了深深的印记。

特别值得指出的是,复刊后这 12 年的《图书馆学通讯》不仅是一块学术的园地,更像是一座学术舞台。由于特殊的历史原因,几代学术"明星""新星"几乎是同台演出了一出出精彩的剧目。刘国钧、汪长炳等老一辈图书馆学家在这里谢幕学术人生。一大批正值学术盛年的图书馆学家从这里登台,成为八九十年代图书馆学界的领军人物。更可喜的是,一批青年才俊在这个舞台上惊艳亮相,他们思想敏锐,视野开阔,出场一喝,便引来四方关注,至今他们仍是这个舞台上的主角。

(1)振兴中国图书馆事业的理论先锋。《图书馆学通讯》肩负振兴中国图书馆事业的重任,首先推出了一大批图书馆学实用研究的成果,为几近荒芜的图书馆园地浇水施肥。这些论文中,有的是对国外图书馆事业和图书馆学研究成果的介绍,如复刊后的第一期刊登鲍振西、李哲民的《国外图书馆事业的现状与发展》,1981 年第 1 期发表的刘国钧先生的佚文《1965 年以来美欧图书馆学论文简介》,都是最早系统介绍国外图书馆事业发展和图书馆学研究成果的文章,它让国内图书馆界开始具体了解到与国外先进水平的差距。当然,更多的论文是对图书馆各业务领域理论与方法的研究,代表性的论文如朱南的《利用 MARC Ⅱ 机读目录系统建立书目数据库共享情报图书资源的探讨》、汪长炳的《图书馆图书目录的过去、现状和未来》、阎立中的《编目工作的发展和目录著录的标准化》、邵文杰的《复本问题》、黄俊贵的《我国文献著录标准述略》、远征的《关于我国图书馆网络的建设》、肖自力的《全国文献资源调研总报告》及系列分报告等。这些论文大多是相关领域的奠基之作。

(2)高扬理性的图书馆精神。《图书馆学通讯》高扬理性精神,支持理论研究,力推图书馆学从"术"向"学"的转变。复刊后的第 1 期就刊登了周文骏教授的《图书馆工作的传递作用、体系和发展》。文章不再是对图书馆工作的描述,而是从中提炼出诸多图书馆学原理,是改革开放初年颇具影响的图书馆学基础理论代表作。1983 年发表的乔好勤的《试论图书馆学研究中的方法论问题》,则是我国第一篇系统研究图书馆学方法论的论文,文章提出的图书馆学方法论体系,至今仍有重要影响。1985 年发表的况能富的《中国图书馆学思想发展及其影响初探》则是最早研究图书馆学思想史的力作之一。1982 年,《图书馆学通讯》还刊登了翻译的芝加哥学派代表人物谢拉的《关于图书馆学的基本原理》、阮冈纳赞的《图书馆学五法则》。这些文章对唤起图书馆人对理论研究的热情和兴趣无疑起到了重要作用。

(3)催生和支持"转变图书馆研究方向"的讨论。《图书馆学通讯》以敏锐的眼光、非凡的胆识,催生和支持了关于转变图书馆研究方向的讨论,引发了一场对传统图书馆学批判性反思的热潮,成为当代图书馆学研究观念变革的先声。如果说,1981 年彭修义的《关于开展"知识学"研究的建议》,主张从知识学的角度来研究图书馆学,还只是引起了一些学者的关注的话,那么,1982 年刊发的邱昶、黄昕的论文《论我国新时期的图书馆学研究》对当时图书馆学理论偏离现实、方法陈旧等问题的尖锐批评,乃至以"危机"来判断,所引起的观念碰撞就十分激烈了。1985 年,张晓林《应该转变图书馆的研究方向》一文,提出"要把图书馆学研究从图书馆及其现有业务中解放出来,放到情报交流的本质过程中去研究"的观点,不仅在当时引发了巨大震荡,乃至此后二三十年都余波未尽。人们在对这些"离经叛道"的论文展开激烈讨论的时候,不知是否会想到过,刊登这些论文的刊物需要怎样独特的眼光和勇气?

(4)倡导关注现实问题的理论价值观。《图书馆学通讯》倡导关注现实问题的理论价值观,引导人们去寻找理论与实践的结合点。就在学界激烈地批判"经验图书馆学"而热捧"理念图书馆学"的时候,一种脱离现实的"经院式"研究的风气也在滋长。如何改变理论研究中的"清谈之风",让理论研究面向实践,面向现实,成为众多图书馆实际工作者和理论研究者的共同呼声。《图书馆学通讯》显然听到了这样的呼声。1986 年和 1988 年,它先后发表范并思的《关于当代建设式图书馆学的思考》和《新时期的三种图书馆学理论形态》,倡导以解决现实问题为导向的应用研究和开发研究。1986 年它发表黄纯元的《我国图书馆事业发展战略研究的若干思考》,则是这一时期宏观现实问题研究的代表作。

除了上述几个方面,《图书馆学通讯》还在诸多领域推出若干精品力作。如在图书馆学教育方面,1982 年第 3 期发表了关懿娴的《改进我国图书馆学专业教育管见》,对图书情报教育一体化、教育形式多样化、改进课程设置、教材与教学方法、师资队伍素质等问题,提出了若干颇有远见的观点。在图书馆现代化方面,发表了谭祥金的《新的技术革命与图书馆现代化》、吴善勤的《现代化的图书馆与图书馆的现代化》;在文献工作标准化方面,它在 1980 年就组织了一组专题讨论的论文;在图书馆法制建设方面,它从 1980 年起就发表过多篇文章讨论用立法来保证我国图书馆事业的发展问题,虽然主要是介绍国外图书馆立法的情况,但杂志前瞻性的思维清晰可见。

图书馆工作的传递作用、体系和发展

周文骏

一、传递图书情报是图书馆工作的基本作用

图书馆工作通过传递图书情报的作用影响于社会的政治、经济、文化教育和科学技术等方面。

传递图书情报是图书情报工作的核心,图书情报工作是当代科学交流的一个主要过程。所以,关于这个问题先得从科学交流谈起。

科学交流就是以科学为内容的交往和通讯。也就是说,将科学技术的现象、事实、原理、成果等,在时间上一代一代传下去,在空间上一地一地传开来。

科学交流无疑是一种推动科学技术发展的动力,也是推动社会发展的动力。可以这样说,没有科学交流,科学技术的发展就会停顿,从而影响到整个社会的发展。

科学交流不是抽象的、个别的现象,而是在人类社会中普遍存在的具体事物,通常表现为许多具体的交流过程。例如交谈,参观,报告,书信,学术会议,科学著作的编辑、出版、印刷,图书情报工作等都是。特别后者,它是现代科学交流的基本渠道之一。

从历史上考察,原先科学交流大多由科学工作者本人进行,如交谈、参观、书信、收集材料等等都是自己动手,这些是整个科学研究工作的不可分割的部分。随着科学研究工作的发展,文献资料的增多,科学工作者开始有从这些交流工作中解脱出来的必要,以集中更多的时间从事科学研究工作的其它环节。这也是一种社会分工的要求。于是科学交流逐渐脱离科学工作者的劳动,逐渐自成体系,设立了专门机构,组成了一支专门从事科学交流的队伍。

这一发展趋势是和文献的出现分不开的。文献为科学交流提供了一种新的情报来源,一种新的交流手段,开拓了一个交流的新的领域,使得科学交流更加深入和广泛了。

图书馆是在有了文献之后产生的。它之所以产生,科学交流的需要是其重要原因之一;它之所以能够存在并不断发展,就在于能够积极促进科学交流。作为一种科学交流过程的图书馆工作:它贡献于科学交流的就是传递图书情报。

说得具体一点,传递图书情报就是将某项知识,某件完整的资料,某些已知的事实,在社会上广泛组织读者互相交流,互相利用。

这种图书情报传递作用存在于任何历史时期的任何类型图书馆工作之中,直接间接地在图书馆工作的各个环节上反映出来。通常人们提到的保存文化遗产,宣传教育,普及文化,为三大革命运动服务等作用,也都必须通过它,以它为前提,为基础。一旦丧失了图书情报传递作用,其它各种作用就无由发生和发挥,图书馆工作的生命也就实际终结。

图书馆工作是靠人来做的,传递图书情报的作用只有通过我们馆员的辛勤劳动才能充

分发挥出来。总的看,图书情报是人类在三大革命运动实践中创造出来的,是人类智慧的结晶。所以我们图书馆员就是传递这种智慧结晶的使者。任务是很光荣的,很崇高的!

二、在传递图书情报作用基础上建立起来的图书馆工作体系

图书馆工作的发展经历了一个从简单到复杂的过程。

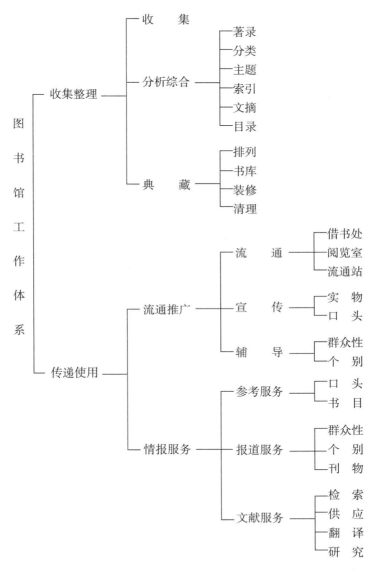

一般人认为图书的分类与编目是较早出现的图书馆工作之一。现在已经很难确认世界最古老的图书馆目录是什么样和在什么时候产生的。根据文献记载和考古发现,有人认为早在公元前600多年亚述国王阿舒尔巴尼帕尔执政时期的图书馆中,图书馆分类目录就已经出现了。

从我国图书馆工作发展的历史看,《周礼·春官宗伯》记载外史"掌达书名于四方",把一些历史书籍的名称开列出来,让四面八方的人都知道,好似现在的图书通报。但记载最明确的还是分类编目方面的工作。例如,西汉刘向、刘歆父子的《七略》《别录》就是如此。

图书馆工作到底何时和在何种情况下组织成了一个较完整的(虽然还是简单的)体系,目前还未发现足够的历史文献。老子为周守藏室之史时,也许我国已经有了图书馆工作的某些制度了。从宋代程俱《麟台故事》,明代祁承爜《澹生堂藏书约》,清代孙庆增《藏书纪要》等书反映出来的内容看,宋代以前我国图书馆工作体系已经相当完备了。《麟台故事》记述了宋初政府图书馆工作制度,《澹生堂藏书约》分读书训、聚书训和藏书训略三大部分,《藏书纪要》包括购求、鉴别、钞录、校雠、装订、编目、收藏和曝书等八则。这些都可以认为是当时图书馆工作内容的反映和一定程度的历史总结。

现在,我们把注意力从历史转向现实。那么,当前的图书馆工作体系是怎样的呢?

我们认为图书馆工作整个体系由收集整理和传递使用两大系统组成,已列表介绍如前。

这两大系统是图书馆工作的基本部分,可以叫做图书馆基本业务工作。各个业务环节互相衔接,互相补充,互相配合,反映了当前我国图书馆工作的规模与内容。

这个工作体系是围绕着传递图书情报作用而展开的。为了传递图书情报,必须收集文献资料,以奠定传递工作的物质基础;为了能把文献资料中的情报广泛地、深入地揭示出来,传递出去,就必须对其内容与形式作分析综合处理;为了多次重复传递,就必须对文献资料加以管理和典藏;传递的接受者是广大的读者,他们对图书情报有各种各样的要求,图书馆就要相应地开展流通、宣传、辅导、参考、报道、检索和研究等各项业务,为他们获取和利用图书情报提供方便的条件。这样,图书馆工作就和读者发生直接联系,广泛地影响于社会的各个方面。总之,图书馆任何一项业务工作都是紧密地和图书情报的传递作用联系在一起并为其所制约的。

这个工作体系是一个矛盾的统一体。两大系统各自处于这个体系的重要地位。它们之间是一种矛盾的关系:传递使用是收集整理的前提,没有前者,也就不必有后者;收集整理是传递使用的条件,没有前者,后者就不可能存在。它们互相依存,互相制约,互相促进,互相矛盾。矛盾双方的发展是图书馆工作体系发展的一种内部动力。

这个体系是一个独立的但不是一个孤立的体系。它和某些工作,主要是情报工作有着密切的关系。

关于图书馆工作与情报工作的关系,人们有着多种看法,基本上有两类:

(1)这两种工作基本相同。这里指基本作用,工作内容和范围大体一致。目前仍然有些差别,表现在:①文摘、索引的编制,翻译,情报研究等业务,在我国通常多由情报工作部门担负。②情报工作中比较多地使用了非正式出版物,尤其是一些特种科技文献。③图书馆工作较多地传递书目情报,情报工作则较多地传递事物情报。④情报工作较早引进了现代化技术装备。但这些差别并非本质的,更不是绝对的。大多是在一定的条件下形成,因此,也可以在一定的条件下改变。在同一地区,两者主要是分工协作。根据文献资料,干部队伍,技术装备等原有条件,做统一安排。

(2)这两种工作基本不同。把图书馆工作看成是管理图书资料的事务,主要任务是保存。从这个观点出发,甚至认为图书馆工作是情报工作的后勤部门,要为情报工作服务。服务是应该的,但据此就认为是两种不同性质的工作则是片面的。实际上也等于没有全面看待情报工作，可能是把部分业务，例如机器翻译、情报研究等等认为是情报工作的全部了。

我看，第一种看法比较有说服力，比较现实一点。特别在我国，历史上图书馆一直是传递图书情报的一支劲旅，目前仍然保持有比较深厚和坚实的工作基础。着眼于两种工作的相同之处，对于实现"四化"也比较有利。但是，强调其不同点，也并不是没有一点道理和好处，可以更深刻地揭示各项工作的特征，加以比较、鉴定，为改进工作提供依据。

不管什么看法，图书馆工作者和情报工作者是一对孪生兄弟，可以互相借鉴和学习的地方是很多的。

三、现代化是图书馆工作发展的必由之路

我们图书馆工作者为拥有一个从古代就开始的，具有悠久历史的图书馆工作体系而自豪。但也为这个体系的形成和发展十分缓慢的进程而感到遗憾！这种缓慢的标志，从工作的技术方法看，主要是长期停滞不前的手工操作方式。

手工操作方式在历史上无疑是起着重大作用的，直到今天，它也还在为实现"四化"做出积极的贡献。但当我们环视世界拥有先进科学技术国家的图书馆工作时，总有几分不愉快的心情。迅速实现我国图书馆工作的现代化，以机械化、自动化代替手工操作是广大图书馆工作者的一种强烈愿望。

这种愿望反映了一种认识和趋势：现代化是图书馆工作发展的必由之路。

（1）图书馆工作现代化是当代科学技术发展提出来的要求所决定的。我们知道，科学交流、情报传递从根本上说，是由科学技术发展的客观规律所决定的。举例说，科学发展有继承性，科学上的发明创造都是和前人的研究成果分不开的，后一代人的研究工作，必须借鉴前一代人的成果。对于一个问题的研究，每一代人用不着都从头开始。欲使这种继承性能够实现，就必须进行科学交流和传递图书情报。又例如科学的分化与综合，使得边缘学科，分支学科，交叉学科不断产生，各学科之间纵横交错，互相渗透，关系复杂。科学工作者不仅需要掌握本门学科的知识，还要了解有关学科的情况、互相利用各门科学的研究成果。为了做到这一切，就必须进行科学交流和图书情报传递。

最近几十年来，科学技术发展的速度越来越快，正朝着更大的广度和深度进军，它有这样一些趋势：

①最近十年来科学技术的发明与发现比过去两千年的总和还要多，而未来的十年估计又将比现在的十年加多少倍。

②一项新技术从发明到实际应用的周期已越来越短，亦即科研成果更加迅速地在实际当中得到应用和推广。例如：

照柜技术（1727—1839）　　112 年

电话（1820—1876）　　56 年

收音机（1867—1902）　　35 年

无线电测位术（1925—1940）　　15 年

电视（1922—1934）　　12 年

原子弹（1939—1945）　　6 年

半导体三极管(1948—1953)　　5 年

集成电路(1958—1961)　　　　3 年

……

③专业知识过时的周期在缩短。许多专业知识较快地被新知识、新理论、新学说所代替。

以上这些趋势要求科学交流和图书情报传递在一个更高的水平上来进行。图书馆工作的手工操作方式,远远落后于形势的发展,只有迅速实现机械化与自动化才是唯一的出路。

(2)图书馆工作的现代化也是为文献资料发展的情况所决定的。

①数量激剧增长。目前发表的技术论文和科技报告,每年增长 10% 以上。科技期刊每年约增加 1500 种,估计目前共有 10 万种之多。

图书情报的数量增多了,内容牵涉更广泛了,手工操作不可能将其全部及时地送到需要者的手里。传递手段和方式的落后,图书情报往往被积压了。解决这个矛盾,图书馆工作必须现代化。

②科学情报的内容既广泛又复杂,并且在文献资料中分布很不均匀,给传递和读者使用都造成困难。一个科学工作者,要在大量文献资料中获取所需情报,通常要花去三分之一的工作时间,等于全体科学工作者中三分之一的人在专门从事这项工作。而一个图书馆工作者为了向读者传递和提供对口图书情报,同样需要在内容复杂的文献资料中探索和分析,花费很大的气力。有效的解决办法,就是实现情报检索机械化和自动化。

③图书情报传递的障碍仍然很多,以语言障碍而言,一方面是各种文字的图书情报同时并行,使用者掌握文字的能力却有限,另一方面每门学科都有自己的术语和专门名词,它们的产生和来源又不相同,有本门学科专用的,有借用的,有共用的,而人们对这些术语和专门名词的含义了解也有差别。这类障碍大大降低了图书情报传递的速度,限制了使用的广度与深度。克服这类障碍需要现代化新技术。机器翻译的出现就是和这个问题联系在一起的。

(3)现代化新技术早已冲击着图书馆工作,以一种不可抗拒的力量进入图书馆工作领域。对于这些新因素,用传统手工方式去配合很难协调一致,必须同样用现代化新技术装备去配套成龙,才能达到使用与管理的要求。

科学技术和文献资料的发展,以及现代化新技术的冲击,说明图书馆工作的必然前途是现代化。这是不以人的意志为转移的。

那么,图书馆工作现代化的标志是些什么呢? 主要有以下几点:

①工作人员专家化。

②工作管理科学化。

③手段装备机械化。包括:工作过程自动化;图书资料缩微化;文献检索网络化;文献翻译机械化。

从技术方法角度看,其中起关键作用的是电子计算机的运用。它是图书馆工作实现现代化的支柱。自从 20 世纪 50 年代以来,它就逐步应用于图书资料编目、采购,借阅管理和文献检索等方面。

图书馆工作的现代化是信息(情报)自动化的一个组成部分。当着信息(情报)化社会来临的时候,人们使用图书馆,在图书馆中获取各种信息(情报),将是人类的基本生活方式。图书馆工作的作用将空前广泛地深入人们生活、学习、工作等各个方面。到那时,很可能图书馆工作者和读者合二而一了,或者,在图书馆工作者的肩上,再增加一副分配精神财富,组织人们生活的担子。

我们将图书馆工作现代化与信息(情报)自动化社会联系起来看,前景是很迷人的。但是当前我们不要轻视和抛弃传统的手工操作方式。不是别的,而正是它为图书馆工作的机械化、自动化做好了准备,奠定了基础。

四、把图书馆工作重点转移到为社会主义现代化建设服务上来

党的十一届三中全会发出号召,要把全党工作重点转移到社会主义现代化建设方面来。毫无例外,图书馆工作也必须实现这种转移,把着重点转移到为"四化"服务上来。

工作重点的转移,不仅仅是为什么服务,关系到实现"四化"进程的重大问题,同时也是图书馆工作本身如何进一步改造和发展,关系到整个图书馆事业方向和前途的重大问题。

实现"四化",科学技术现代化是个关键。图书馆工作重点转移到为实现"四化"服务,主要就是转移到为科学技术现代化服务的轨道上来。对于省市以上图书馆来说,为科学技术现代化服务是头等重要的历史任务。

30年来,虽说图书馆工作取得了较大的成绩,但由于"四人帮"极左路线的祸害,"左"倾思潮的干扰,某些封建意识残余的影响,现在存在问题和困难都不少。实现图书馆工作的转移,还必须扫除障碍,创造条件。

(1)首先要人们的思想转移,其中尤其是领导干部的思想要先转移。干部要把主要精力集中到领导和组织工作转移上来,切实深入为"四化"服务的业务工作中去,按照图书馆工作的客观规律办好图书馆。

(2)拨乱反正,澄清是非。图书馆是知识分子集中的地方,要完全彻底的落实党对知识分子的政策,粉碎"四人帮"套在广大知识分子身上的"两个估计"的枷锁,充分调动他们的积极因素。同时,也要注意落实党对图书、期刊等出版物的政策,粉碎"四人帮"关于出版工作"两个估计"的枷锁,把图书文献从"四人帮"的文化专制主义的禁锢下解放出来。关于图书馆工作的服务对象、任务分工、基本作用等具有重大理论和实践意义的问题,也都必须一一明辨是非,肃清"四人帮"的流毒。

(3)建立和健全图书馆工作领导体制。全国要有一个统一的、强有力的国家职能机构,来管理整个图书馆事业。各地方和各系统也都要有相应的管理机构,协调和统筹各方面的工作。

(4)建立和健全合理的规章制度。"四人帮"横行时,把许多合理的规章制度视为"管、卡、压"而废弃了,现在有的必须恢复,并建立起适应工作转移的新的规章制度。

(5)培养一支又红又专的图书馆干部队伍。

把图书馆工作重点转移到为社会主义现代化建设服务上来,这是我国图书馆事业发展的一个具有历史意义的转折点。实现这个转移意味着图书馆真正处在了应处在的地位,真正肩负了应肩负的任务,真正进行了应进行的工作,真正发挥了应发挥的作用。让我们共同欢呼和推动这个转移,共同争取这个伟大的胜利!

(选自《图书馆学通讯》1979年第1期)

图书馆图书目录的过去、现在和未来

汪长炳

近两年多来，图书馆工作者基本上澄清了正确和错误两种思想界限，明确了图书馆的性质和它的方针任务。

遵照华主席、邓副主席、方毅副总理对图书馆工作的一系列指示，在新时期总任务的长征中，图书馆工作者，要努力把图书馆办成为科学研究服务的名副其实的后勤和尖兵。要做到这一点，对当前图书馆工作中存在的问题，必须加以分析研究，并求得解决。

现从图书馆工作中急需探讨的课题之一：图书目录谈起。

图书馆藏书是图书馆开展各项工作的主要条件，揭示和利用馆藏图书的主要工具是图书目录。为了充分发挥图书馆藏书为科学研究服务的作用，提高服务工作的质量，图书目录质量的高低，有着很大的关系。图书馆反映馆藏图书所编辑的图书目录，过去和现在是怎样，在图书馆进入现代化以后又应该怎样？这个课题必须提到日程上来，加以探讨。探讨之先，略述图书目录的过去和现在是有必要的。编辑图书馆藏书目录的原则和方法，在我国已有两千多年的历史。历代公藏和私藏均以编辑分类目录为主，同一类目多种著作，大体上按著作者的生卒年代组织排列，迄至现在，国内外图书馆编辑中国古籍分类目录，仍采用这个原则。20 世纪初，西方图书馆学理论和业务技术传到我国以后，各类型图书馆编辑馆藏图书目录，不外以分类目录和书名目录为主，在形式上改书本式为卡片式。一些大型图书馆还编辑著者目录，对外文图书增加编辑标题目录。但目录的编辑方法是以手工式为主，目录的完成往往落后于客观的要求。

随着社会的进步，学术的繁荣，科学技术的发展，书刊出版物大量增加，国外图书馆，特别是大型、专业性图书馆，为了能全面地、迅速地满足科学工作者充分利用馆藏书刊资料的要求，逐步增加编辑专科主题目录（类目分级式）、叙词目录（类目组配式）、关键词目录（名词标目式）等，这些目录已经显示它们的作用，特别是在反映馆藏科技资料方面，按单题索书时，比图书分类目录更为便利，深为广大科学工作者所欢迎，但它们的缺点是，不如分类目录所能反映学科的系统性和学科的发展过程。

科学技术进入电子化时代，电子技术运用在图书馆工作上，使图书目录的形式和卡片的组织编排又发生了变化。一个或多数图书馆藏书目录输入电子计算机磁带（盘）上，采用电子计算机联结，通过网络中心和网络终端，能使许多地区读者，特别是科学工作者，能在几分钟内查到和复制所需书刊资料，这不仅使图书馆为读者服务开辟了新的途径，而且在图书目录的编辑技术上也发生着变化。至于欧美各国和日本发行的机读目录微型磁带、缩微胶卷（卡）、视听资料版等已为国外大型图书馆和研究所广泛利用，我国少数馆，也已逐步入藏。

从图书目录的发展过程看，图书目录的种类是从单种到多种；图书目录的形式是从书本、卡片、缩微胶卷（片）到磁带（盘）；图书目录的编辑使用操作方法，是从手工到半机械化，进而又趋向电子化方面发展和普及。图书目录的种类增加、操作技术的变革，是紧密地随着社会进步、学术繁荣、科学技术的发展而发展的。因此，图书馆工作与其它产业工作部门一样，既有一个发展过程，就必然会有一个继承、借鉴、更新、创造的问题。了解分析过去和现在的图书目录，找出它的优点和缺点，使之更加适合于为科学研究服务的要求，是图书馆工作者应有的责任。

图书馆现代化，不能局限于运用电子计算机操作一个方面。现代化包括图书馆理论、业务技术和操作三个方面相关联的内容。在党的领导下，在党的工作着重点转移到社会主义现代化建设方面来的目标下，到 2000 年，我国的经济建设必定会高度发展，广大人民群众的科学文化水平必定会有极大提高，图书馆的建设事业必定会大发展，图书馆采用电子计算机联结网络中心和网络终端，必定会在中央、大区级、省（市）级、高等院校、科学研究等单位图书馆内设置，相互利用和查找，复制所需书刊资料，以达到补充本馆藏书之不足，或借以作为书刊采购的参考工具，或作为分编到馆新书刊的标准。总的目的是为了更好、更快地满足更多的科学工作者和广大人民群众能以充分地利用馆藏书刊资料，来为我国的社会主义革命和社会主义建设贡献力量。

一个图书馆的藏书，通过图书目录，利用电子计算机操作，使本地区内、本国内、国际的读者所共用，这是一个方面；另一方面，各个图书馆还要不要编辑供本地区读者查阅的图书目录，以满足各不相同的需要？查阅图书目录的操作方法已经用电子计算机而现代化，图书目录的现代化，就应当考虑图书目录的性质和作用现代化，即图书目录的科学性问题。图书馆所编辑的图书目录，总起来讲，有书名、分类、著者、标题、主题、叙词、关键词等目录，随着各图书馆的任务、藏书情况、服务对象等不同，不是每个图书馆都编辑上列各种图书目录，但图书分类目录是不可缺少的一种。因为分类目录起着按类揭示藏馆，协助读者按类一览无遗地利用馆藏书刊的目的。过去和现在的图书分类目录，从卡片的组织编排来讲，只是做到按类目的多种著作集中在一起，不论是采用哪一种方法来排列，没有考虑本学科类目的多种著作间所涉及该学科的系统性和发展的阶段性。图书馆工作者都知道，知识分类与图书分类法两者之间有共同点和差异，图书怎样分类和图书分类目录的组织也有其共同点和差异之处。仅就图书分类目录中各类目下多种著作的组织编排来讲，它不仅是一个方法问题，而且要在现在的基础上提高到它的学术性来探讨。

图书分类目录中同类多种著作的组织编排原则和方法，中国古籍分类目录大体上是依照著作者的生卒年代为顺序，20 世纪初，国内图书馆所编辑的平装书分类目录，多沿西方图书馆办法，按著作者（个人或团体）的姓名字顺编排，国外图书馆为了统一起见，编有《卡特著者号码表》，国内一些大型图书馆仿《卡特著者号码表》编有中国著者号码表。1958 年"大跃进"以前，大多数图书馆所编图书分类目录中同类多种著作是按中国著者号码表编排的。"大跃进"以后，我国各种类型图书馆如雨后春笋一般普遍建立，各图书馆藏书数量大为增加，图书馆工作人员又多为新手，加上人员不足。更没有一种适合全国各类型图书馆通用的中国著者号码表。因此，不少图书馆，用以简代繁的办法，改用书名的四角号码法，或新书到馆顺序的"种次号"法来组织编排同类多种著作。迄至现在，著者号码法和"种次号"法已为多数图书馆所采用，而且在争论中，谁优谁劣，尚无定论。著者号码法是以字顺为顺序，"种次号"码法是以数字为顺序，两种方法都不涉及同类多种著作内容之间的理论或技术的系统性和它的发展阶段性，主要是求得同类多种著作的编排、在形式上求得一致而已。同类多种著作按著者排列，亦可称之为分类著者目录,按书名排列,可以称之为分类书名目录,按种次号排列,也可称之为分类著作出版时期(大致)目录。当然,依分类而组织同类目多种著作比单一的著者目录或书名目录有它的作用,但不能停留在这一"启蒙"阶段,而应使分类目录发挥着不仅同类目多种著作集中,而更进一步组织编排,显示出该学科内容的系统性和它的发展阶段过程,以利于读者使用。为什么要这样呢! 让我们研究一下同类目多种著作相互之间的相关联的因素。主要因素有:

①著作者的论述,理论的或技术的,在论述上有相同的,近似的,或相反的;

②各个著作内容所涉及的范围,有广度和深度的差别;

③多种著作的出版时间,有同时期和相隔较长时期的区别;

④同类目著作的数量,有多有少;

⑤同一著作者出版的著作,有一次著作或多次著作,例如:几次修订本。

在过去和现在图书馆所编辑的分类目录中,没有考虑到上述这些因素,因而在某种程度上,同类多种著作的组织编排是比较混乱的,试举二例。

例一:"中国农业统计资料"这个类目下的出版物,有的统计资料是按农业体制的不同阶段而统计的,有的是按年份统计的;还有的统计包括中华人民共和国成立以来若干年的综合统计。按照《中国图书馆图书分类法》分类符号,均分入"F 322"这个类目类,上述三种不同统计内容,不论是按著作者号、种次号或书名号排列,不言而喻,都会显得混乱。

例二:"计算机的设计和性能分析",分类号为 TP302,这个类目下,有的著作出版于 50年代,有的在 60、70 年代出版,而电子计算机在 30 年内,已从第一代向第五代发展,各个发展阶段的内容大不相同,而均在同一类目下混合排列,这显然对读者不能起着更好的作用。

从上述两例中可以看出,为了图书馆现代化,目前对同类目多种著作的组织排列原则和方法的讨论,不能停留于著者号法或种次号法两者的优劣区别,还应着重探讨更科学地组织编排,才能符合图书分类目录的特定性质,以及它所负的使命。

要使分类目录中同类多种著作能按学科的系统和它的发展阶段来组织编排,就会涉及图书分类法体系的思想性和科学性问题。"分类"(知识分类)、"图书怎样分类""图书分类目录",三者具有不同含义和各自的要求。就图书分类法已规定的各学科的各级类目来讲,在本类目范围内所包括的学科内容还没有达到另立分支类目时,本类目多种著作只能在该类目内加以组织编排。中国古籍著作基本上是按照著作者的生卒年代为顺序,这样把同时间的论述集中,时代往后,学术的发展就循序而进。这是著者号、书名号所不能达到的,种次号则略近于发展的阶段性,而又不完全一致。但我国多数著作者,往往不注明著作的定稿年月,著作出版期,在一定程度上,只能作为著作定稿的参考时间,因而同类目多种著作完全按出版年顺序组织编排,可以表明本类目科学的发展阶段而接近于学科的系统性。这样做,对图书馆工作者的要求更高,能不能胜任这项工作,对读者利用是不是更有利,只有待于实践来检验了。

可以设想,我国现有统一编组组织,印发目录卡片,在卡片上除有分类号码外,可否确定著作的定稿年月或出版年月? 各图书馆以它为组织同类目多种著作的顺序的依据,减轻一般图书馆工作人员的负担,又能为编辑联合目录、电子计算机检索的标准化创造了条件。革命导师马、恩、列、斯的著作,毛主席的著作已经这样组织编排;鲁迅全集、茅盾选集等人的著作也是按定稿年(或出版年)组织编排的,其他学科类目也可以研究试行之。

(选自《图书馆学通讯》1979 年第 1 期)

国外图书馆事业现状与发展浅谈

鲍振西　李哲民

华国锋同志曾经指出："我们建设自己国家的方针是独立自主,自力更生,但这并不是闭关自守。我们还要同外国进行科学技术交流和经济贸易往来,也要向外国的先进经验学习。"我们图书馆界与其它各行各业一样,也有一个研究和借鉴外国图书馆工作经验的问题。在"四人帮"横行的日子里,谁要是一谈国外图书馆的情况,就会被扣上"崇洋媚外","吹捧封、资、修"等等大帽子;不少图书馆向国外订购的专业刊物被迫停订了;使得广大的图书馆工作者不敢去接触这方面的资料,不敢谈论国外图书馆事业的发展。多年以来,我们对国外图书馆界的情况耳目闭塞,知道得很少。因此,对于国外图书馆事业已经发展到什么程度,今后的发展趋势如何? 缺乏系统的了解和研究。粉碎了"四人帮"以后,逐渐地解放了思想,开阔了眼界,通过翻阅书刊,出国考察,听人介绍等方式,使我们对国外图书馆事业的现状与发展趋势,逐步有了一些了解。近年来,不少国家的图书馆事业发展得很快,这使我国图书馆事业与国外一些先进国家相比,本已缩小的差距又拉大了。目前,国外图书馆事业正处在一个变革时期,这就是从沿用多年的以手工为主的管理、服务方法,逐步地向采用以电子计算机为标志的自动化、机械化和缩微化的管理、服务方法过渡。当然,这个变革无论在哪一个国家都还没有完成,而且国与国之间的发展很不平衡,不仅国与国之间的发展不平衡,就是在一个国家内各种类型图书馆或一个图书馆内各项工作,发展也是很不平衡的。引起这个变革的原因是多方面的。其中主要原因之一是出版物数量与品种日益增多;读者对情报资料的需求越来越迫切,用传统的手工操作方法是不能解决书刊资料浩繁、整理费时和读者要求迅速提供之间的矛盾的。因此,图书馆就必须使自己的工作现代化。另一方面,由于科学技术的发展,也为用现代化设备来装备图书馆,改变其管理、服务手段方面,提供了物质条件。

为了有助于图书馆界的同志们进一步了解一些国家的图书馆事业的现状与发展趋势,我们根据所看到的一些零星材料和出国考察的一些见闻,综述如下供同志们参考。

一、国外图书馆事业发展的一般情况

不少国家为了保证图书馆事业的发展,都制订有"图书馆法"或"标准",使图书馆事业的发展得到法律上的保证。例如,英国最低标准规定,在4万人口以下的地区,每人平均应有图书馆藏书1.5册,每2500人口中应配备一名图书馆工作人员,其中专业馆员应占33%。同时还规定要从地方税收中抽取大约2%,作为地方图书馆的经费。瑞典在1969年修订的公共图书馆的标准中规定,每一个居民平均要有图书馆藏书3册,每年外借图书达到14 500

册时,要配备一名图书馆工作人员,每1000人口中要有50—100 m² 的图书馆馆舍建筑,图书馆开馆时间每周要达到55个小时。美国图书馆协会1966年制订的公共图书馆标准中规定,每个居民平均应有图书馆藏书4—2册,每250人应订一种期刊,每2000人应有一名图书馆工作人员,人口在1万—2.5万的地区,图书馆每周至少要开放45—65小时,2.5万以上的地区每周至少要开放60—72小时。有的国家规定每1.5公里的半径内应设置一所图书馆;也有的国家规定,从住地最远步行10—20分钟的距离内,就应找到一所图书馆。如英国伦敦的伯奈特区(人口302 600人)有藏书5万—10万册的图书馆20个,其中有一个中心馆,此外还有"汽车图书馆"两台,每天巡回17个借书点,这样,全区住户都能无遗漏的享受到图书馆的服务,使每一个家庭在1.5公里之内都能找到一个图书馆或一个"汽车图书馆"的巡回点。徒步去图书馆,最远的从10分钟到20分钟就可以达到。

衡量一个国家图书馆事业的发展情况,往往是把图书馆数量与人口数的比例、图书馆藏书的保障率和图书馆的图书流通率,作为主要标志之一。

根据联合国教科文组织1976年《统计年鉴》的统计材料,一些国家的图书馆数量与人口数的比例等方面的情况如下表:

从下面这个统计表看,图书馆数量比较多的是波兰,平均每1093人中就有一所图书馆。但是,它的图书馆藏书保障率却不高,平均每人只有2.07册,而且图书流通量也不是太大的,平均每人只借出图书4.17册。图书馆藏书保障率最高的是丹麦,平均每人达到6.46册,其图书流通量也是最高的,平均每年每人达到16.53册。

国家	人口	图书馆数		藏书数		借书数	
		馆数	一馆平均人口	总藏书数	每人平均册数	总借出数	每人平均借出数
美国	21 361 万	80 805	2643(人)	38 757 (万册)	1.81 册	89 285 (万册)	4.18(册)
苏联	25 438 万	130 653	1946	150 784	5.14	—	—
日本	11 322 万	1521	74 437	5314	0.47	9089	0.80
波兰	3402 万	31 112	1093	7048	2.07	14 192	4.17
加拿大	2283 万	2314	9866	3128	1.37	9933	4.35
匈牙利	1054 万	8297	1270	3058	2.90	5648	5.45
瑞典	819 万	2034	4026	3053	3.72	7109	8.68
丹麦	506 万	1351	3745	3271	6.46	8367	16.53

二、出版物数量激增,形式多样

图书馆藏书是图书馆开展各项工作的物质基础。近年来,随着科学技术的迅速发展,出版物不但数量激增,而且形式多样,使图书馆藏书成分发生了深刻的变化。最近几年,每年出版的书籍达60万种左右,新出期刊在1万种以上,科技报告、专利、会议录、学位论文等文献也在日益增多,仅化学一类已达50余万篇。各种学科的文献资料出版数量很不平衡,但总的来说，今后每年将以 12.5% 的速度增长。据某学会推断，到 1985 年，可达 15 000 万件。近年来，除了传统的印刷资料外，视听资料（包括幻灯片、录音带、录音录像带、影片、唱片、缩微胶卷、缩微平片等）也在大量发展，日益成为图书馆藏书中的重要组成部分。

在这样大量的出版物面前，怎样收集和如何保存，是摆在各种类型图书馆面前迫切需要解决的一个大问题。国外一些图书馆采取了以下一些办法：

（1）采购工作的分工与协作。任何一个图书馆都不可能，也不需要入藏全部出版物。因此，不少国家采取了在采购工作方面进行分工与协作，如美国国家医学图书馆、国家农业图书馆和国会图书馆在入藏书刊资料时，按学科分工。也有几个国家联合起来，各有侧重地进行采购工作，如北欧四国的协作计划。其具体做法是，丹麦、瑞典、芬兰和挪威在采购北欧以外国家的出版物时，按照地区、主题或语文进行分工。在分工时既照顾到各馆的历史情况和实际需要，也要考虑到藏书的系统和完整。在采购工作分工的同时，加强了联合目录的编辑工作和馆际互借工作，以便互通有无。

（2）采用缩微复制和建立保存书库的办法来解决空间问题。国外有的图书馆收藏报刊资料不再保存原件，只保存缩微胶卷或缩微平片，需要原件时，再进行还原。如《纽约时报》社的图书馆。

有的国家采取建立保存书库的办法，把陈旧过时的"死书"或流通率低的书刊资料从基本书库中剔出，放在保存书库里。这样的书库一般设在郊区，采用密集书架和固定排架方式，大约可增加藏书量 35% 左右。建立保存书库，有的国家是依据全国统一规划设立的，如苏联制订了《全国图书馆藏书储存保管组织章程》，并从 1975 年起，把全国各种类型图书馆藏书中利用率低的和多余复本书移送给有储存任务的图书馆。也有的国家是几个图书馆联合建筑的，如美国波士顿地区的几所大学图书馆协作建立了保存书库，把不用的书籍存放到那里。读者需要这些书籍时，可以预约，有的馆是派专车去取，一天一趟，也有的是，读者第一天写借书条，要等到第二天或第三天才能阅读到需要的书籍。设有保存书库的图书馆，大都把全部馆藏分成三部分：最新的书刊资料，在馆内开架阅览；旧书或过刊由基本书库供应；陈旧过时或呆滞的书刊放到保存书库。

近年来，随着缩微复制品的不断增多，在国外图书馆界出现了种种议论，集中到一点，就是缩微复制品能不能全部代替印刷出版物的问题。多数意见认为：尽管缩微复制品体积小、节省空间，比较便宜，能够使孤本书不孤等等优点，但是，由于阅读起来不方便，需要有相应的阅读设备，因此，它不可能全部代替印刷出版物。我们同意这种看法。

三、图书馆目录的发展与变化

图书馆目录是图书馆揭示和报道藏书的主要手段之一。19 世纪以前，国外图书馆的目录大都是书本式的。它的优点是便于携带和流通，读者不必到图书馆来，就能知道图书馆的收藏情况。到 19 世纪末，由于出版物日益增多，书本式目录不能随时增加新书。为适应形势的发展，在 1870 年左右，有的图书馆采用剪贴的书条，由于软纸的纸条利用不便，于 1890 年左右出现了手写的卡片。但各国图书馆目录卡片的大小也不一致。到 1901 年，美国国会图书馆，采用了现在通用的标准卡片格式（12.5×7.5 公分）出版印刷卡片。印刷卡片的出现对卡片目录的普及,以及卡片尺寸的标准化和编目条例的统一都是一个促进。第二次世界大战开始后,1941 年美国国会图书馆为了防止该馆目录遭到破坏,便把它的卡片目录复制成缩微胶卷。1942 年该馆利用缩微照相技术,把它的卡片目录排列起来,又制成了书本式目录,编出了卡片目录的累积本。书本式目录与卡片目录并存,互为补充,给国内外查找该馆藏书提供了极大的方便条件。1966 年,该馆开始目录机械化的试制工作(即"马尔克试验计划"),到 1967 年 6 月 MARC Ⅱ 磁带试制成功。从 1969 年开始对外发行 MARC Ⅱ 磁带目录(亦称"机读目录"),利用这种"机读目录"磁带,可以生产书本式目录、目录卡片、各种专题书目和 MARC Ⅱ 磁带的复制品。"机读目录"的产生是图书馆目录史上的一次划时代的变革。它可以一次输入,多次利用。"机读目录"出现不久,又产生了用电子计算机输出缩微品的方法(COM,又译作"孔姆"方式),生产出了缩微胶卷或缩微平片的目录。它比生产印刷的卡片或书本式目录的优点是:①携带方便(比印刷品体积轻便);②经常积累(比印书本式目录成本和时间都少);③密集储藏(能缩小数倍,占地方小);④无须装订;⑤复制省费等等。不足之处是必须使用阅读机。目前,世界上一些图书馆已开始利用"孔姆"方式生产的缩微目录。英国、澳大利亚等国较普遍。在缩微胶卷或缩微平片目录出现的同时,也开始了联机检索书目记录,即利用终端显示直接检索数据库中的资料,不再利用卡片目录。美国国会图书馆原来打算从 1980 年停止使用卡片目录,改用联机检索,由于一些准备工作没有做好,推迟到 1981 年实行。

科学技术的迅速发展,图书馆目录将来的发展很难预料。英国从 1978 年 9 月起,开始利用电视向英国观众介绍收录在《英国国家书目》上的书籍。观众想利用其中某种书籍时,可直接到英国图书馆外借部去借。加拿大一些图书馆已经停止使用卡片目录。他们是联机检索书目记录与用"孔姆"方式制的缩微目录并用。从国外一些图书馆的发展趋势来看,可能出现三种目录并存的局面。这就是:①新入藏的资料采用联机检索目录;②利用率较高的资料采用"孔姆"方式制的缩微目录;③旧书和呆滞书仍继续采用卡片目录。这三种目录将互为补充。

四、积极开展学术情报工作　设置分科开架阅览室

图书、资料是国家的重要资源,其重要性在日益增大。近年来,很多国家的图书馆都在加强学术情报服务工作。1973 年澳大利亚政府根据科技情报服务调查委员会的建议,修订了 1960 年制订的国立图书馆法,赋予国立图书馆以情报的职能,目的在于建立一个以图书馆为基础的新型情报机构。在欧美一些国家,图书馆工作与学术情报工作是密切结合在一起的。例如世界上最大的"医学文献分析与检索系统",就是美国国家医学图书馆搞起来的。过去一直强调图书馆教育职能的苏联,也在加强图书馆的情报职能,1972 年苏联文化部成立的文化艺术情报研究所就附设在苏联国立列宁图书馆内。

图书馆的参考咨询和书目索引工作,实质上就是具有图书馆工作特点的学术情报工作。很多国家的图书馆,特别是那些规模较大的图书馆,都设有参考咨询与书目索引的工作部门,进行着大量书目、咨询工作。美国国会图书馆除设有参考咨询部门之外,1963 年在全国科学基金会的援助下,又成立了"全国查询中心"。这个"中心"任务是:向读者介绍"情报

源"。这里所谓的"情报源"，就是指能解答读者所查询的问题的组织、团体、机关、图书馆或某个人而言。它与图书馆一般参考咨询工作不同，一般参考咨询工作是通过图书馆的书刊资料回答读者所提出来的问题；而这个"中心"是把一般参考咨询工作中不能解决的问题，介绍到专门机构或某个专家协助解决。可以通过写信、打电话、来馆、填写查询表等方式来查询。从 1963—1974 年这个"查询中心"共接办了查询问题 31 200 件，其中有关工业的占 35％。当天能回答的占 22.9％。图书馆的情报职能在日益加强。

设置分科开架阅览室是当前国外图书馆阅览工作中的发展趋势。目前，已有不少国家的图书馆采用此种方式为读者服务。他们认为这是提高读者服务工作的有效措施。开架阅览可以使常用的书接近读者。在分科开架阅览室内一般都放 10—15 年内出版的有关图书，这样可以满足读者需要的 60％—80％。

在日本的一些图书馆里，特别是最近几年新建的一些图书馆，几乎普遍采用开架阅览的办法。在管理方法上有以下几个特点：

（1）允许读者把自己的书带进开架阅览室。一般允许带三册。读者进门时在入口处拿一个带书牌，离馆时把牌交回，就可以把自己的书带出馆。

（2）允许读者随意把开架书拿到馆内任何一个开架阅览室内去看。在哪个阅览室看完，可以就近放在那里，不必送回原来的阅览室内。

（3）不允许读者自己归架。读者从书架上取下书来阅后，不要自己归架，由阅览室值班人员归架。读者把看完的书放在还书架上就行了。他们认为：这样做，看起来好像增加了阅览室值班人员的工作量，其实并不见得。因为读者不可能像图书馆工作人员那样熟悉图书排架法，把书准确地归上架。如果让读者自行归架，馆员整架的工作量要比自己归架还要大。

五、电子计算机在图书馆中的应用

电子计算机从 20 世纪 50 年代起就开始在图书馆应用了。各国发展很不平衡。美国从 50 年代就开始应用了，西德是 60 年代初开始的，日本和澳大利亚是从 60 年代末到 70 年代初才开始的。还有些国家正处在研制或准备研制阶段。由于电子计算机的应用，给图书馆的业务工作带来了很大变革。不少国家，电子计算机不仅用在图书馆的组织管理、采购、书目、期刊管理、流通外借等各项业务工作上，而且逐渐地用在资料检索上，读者坐在家里就能查到几万里之外的其它国家图书馆的资料，并能很快地拿到文献的原文，大大地提高了书刊资料的利用率。现在可以说，图书馆工作的几个主要环节都可以采用电子计算机。但是，目前还没有哪一个图书馆全部工作都采用了电子计算机。

下面分别介绍一下电子计算机在各项业务工作上应用的情况：

（1）书目工作。到目前为止，美、英、澳、加、西德、日本等国，都已利用电子计算机处理分编的图书。在这方面做得最突出的是美国国会图书馆。远在 1963 年电子计算机能处理商业数据时，该馆就请了电子计算机专家进行了图书馆工作自动化方面的调查研究。1965 年 1 月国会召集了"MARC"样本的第一次会议后，就着手实验。1966 年 11 月制出"MARC I"磁带，这个款式虽然解决了一些问题，但也还存在着一些问题。后来，又研制了"MARC Ⅱ"。

1967 年 6 月,"MARC Ⅱ"试验结束,开始正式生产。"MARC 计划"的目的是研制机器可读目录。这个系统包括:把书目著录从手写的形式转换为机器能读的形式;把机器能读的书目著录储存到磁带或磁盘上。这样就可以利用磁带去编印目录卡片、书本式目录或各种专题目录,以及答复关于书目问题的咨询等。美国国会图书馆还出版新书目录磁带,每周一次寄往国内外订购的图书馆,以便他们利用这个磁带再去编制卡片目录和书本式目录等。目前,"MARC Ⅱ"磁带不仅包括图书、期刊、地图、科技报告等,而且还包括视听资料。

(2)采购工作。利用电子计算机管理采购工作的一些图书馆的作法大同小异。美国斯坦福大学图书馆的做法是:利用电子计算机查重或利用"MARC Ⅱ"磁带档核对拟购的图书,如数据库已输入,就让机器做订购记录;如没输入,则编订购记录,把这些订购记录储存在临时订购书磁带上,用脱机方法打出书单寄出去。这样,可以节省人工查目、制订购卡、排订购卡以及打订单等工作。订购的书籍到馆后,电子计算机可以按指令印出新书到馆通知单,以便寄给订购该书的原单位。利用它还可以做出各种统计,记好各种账目。

订购期刊的办法与书差不多。利用电子计算机可以查重,可以核对。

(3)外借管理工作。不少国家的图书馆已利用电子计算机来管理外借工作。利用电子计算机管理外借工作能做到迅速、准确,并能随时知道某种书是否已借出,谁借去了,应还书的日期等。目前,比较广泛采用的方法有:①"条形码"(Bar Code)光学方式输入。②光学字符识别(OCR)方式输入。它的设备是由"光学字符识别握式扫描器"和"显示器"组成的。

(4)检索工作。利用电子计算机进行文献检索,主要有两种类型。一种是把自编的文献索引、书目记录输入电子计算机,除了供本单位参考利用外,还可编成印刷式或磁带式文摘、目录,对外出售或租用,如美国国家医学图书馆和英国图书馆等。另一种是商办的联机情报检索服务社,对外提供服务,如美国的洛克希德公司的戴洛戈情报系统(DIALOG Information system)。它是目前世界上最大的商业情报检索系统之一。该数据库收入的资料约 2000 万件,每月增加约 25 万件,内容包括人文科学、社会科学、自然科学、应用科学等各门类,向世界各洲提供服务。有些国家的图书馆已经设置终端与该系统相连。

从一些国家图书馆的实际情况来看,采用电子计算机方面的发展趋势是由各馆自搞系统,自置机器,自己培训人员的阶段,向建立地区性网络、全国性网络和世界性网络迈进。有些国家不仅能够在本国进行"联机检索"和"联网检索",而且可以通过通信卫星和电缆电视,开始进行远距离跨国检索。

六、文献复制技术与视听设备的广泛应用

近年来,复制技术与视听设备发展得很快,已经成为不少国家的图书馆广泛应用的服务手段。目前,国外一些图书馆常用的复制技术主要有缩微复制与静电复印两个方面。缩微胶卷已有 130 多年的历史,缩微平片亦有 70 多年的历史了。它们虽有制作成本低、节省空间等优点,但由于阅读不便,需要借助于阅读机,以及阅读者受光的刺激而容易疲劳等缺点,过去发展的速度很慢。但近年来,由于各种机器,特别是阅读设备的发展与改进,缩微复制品增长的很快。目前,常用的缩微胶卷有 16 毫米、35 毫米、70 毫米和 105 毫米四种。缩微平片最常用的是 60 画面和 98 画面的。此外,还有 9801 幅面的超缩微平片和用电子计算机

输出的缩微平片。缩微平片有几种不同的规格,其中 105×148 毫米的已被公认为国际标准尺寸。

静电复印是深受读者欢迎的服务方式。国外一些图书馆常用的静电复印设备有投币式的复印机和委托接办两种。前者读者自己操作,投入一定的硬币就可自动复印;后者读者委托图书馆复制组或驻馆的商业性复印公司代为复印。

视听设备,在目前图书馆建设中已成为不可缺少的组成部分。因为:①视听资料日益增多,有些学术报告、会议录、政府出版物等只出录音带、录音录像带等,也有一些出版物中附有视听资料。图书馆不入藏这些资料就不能满足读者的需要。②视听资料可以提高学习效果。用文字、语言不容易表达的事情,用视听资料表达就很容易理解,如蛙泳怎样动作等,看画面就比看书容易理解。③可以节省人们的精力和时间,如举行报告会,将报告内容录下来,可以反复播放,不必再花费演讲人的重复劳动等,视听设备一般由五个部分组成:①摄影部分(包括电影摄制、电视摄制、照相等);②放映部分(包括放映机、幻灯、书写投影等);③电视、录像部分(包括电视机、录像机);④音响部分(包括唱片、录音、接收机、发送机等);⑤控制调节部分(包括调音台、扩音机等)。

七、图书馆工作人员的培养与提高

由于藏书数量的增多和形式的多样,现代化服务手段的不断更新,读者的要求愈来愈高,传统的图书馆学课程和教学方法培养出来的图书馆员已不能适应工作的需要。此外,曾受过一定的图书馆专业训练,在图书馆工作了多年的馆员,也深深感到自己的知识远远不能适应新情况的变化。如何培养新的图书馆工作人员和怎样对在职人员进行再教育,以适应日益发展的工作情况,也是当前国外图书馆界非常关心的重要问题之一。

情报学出现后,产生了图书馆学和情报学界线不清的情况。有的人认为:情报学是一门独立的科学,与图书馆学是截然不同的两个学科。有的人认为:不是一个独立的学科,它包括在图书馆学的范畴内。有的人认为:情报科学是图书馆学的发展,其中包括图书馆学的内容。也有的人认为:图书馆学和情报学都是研究情报资料的搜集和传递,两者关系密切,互为补充等,说法不一。在上述思想的指导下,国外图书馆教育机构的名称和教育的内容也发生了一些变化。有的图书馆学院变为图书馆和情报学院,如美国的米苏里大学图书馆和情报学院,马里兰大学图书馆和情报学院。日本的庆应义塾大学图书馆、情报学系等。有的大学专门成立了情报学院,如美国的佐治亚工业大学情报和计算机科学学院。国外大多数图书馆学院增加了情报学方面的课程。

图书馆工作人员的培养与提高主要分为学校教育和在职人员学习两种方式。

学校教育,由于学科愈分愈细,要求图书馆员对书刊内容进行分析、加工、筛选、按专业提供读者使用,以及用电子计算机进行检索等一系列变化,不仅要求图书馆工作人员懂得图书馆业务,而且还要求掌握某个学科的专业知识。近年来,许多国家的图书馆教育都很重视研究生院的开设,即学生对其它学科具有相当基础之后,再接受图书馆专业训练,对图书馆专业与其他学科基础知识兼筹并顾。目前,美国有许多大学设有研究生院,其它国家,如澳大利亚、加拿大、英国、日本、印度、伊朗、西德等多设研究生院或在图书馆学系附设研究生班。

在教学方法上，近几年也有不少改进，普遍地采用视听设备进行教学。

在职人员的培训，也是国外图书馆教育重视的课题之一。其目的是使在职人员接受新的知识及帮助他们解决工作中发生的问题。在职人员的培训方式也是多种多样的。如举行讲习会、报告会、专题讲座、短训班、研究会，以及组织参观、考察、留学等。除了各国自己举办外，近几年来，联合国教科文组织不断举办国际性的图书馆讲习会，如 1966 年，1968 年在丹麦皇家图书馆学院举办了学习班，吸收了亚非拉的学员参加。1967 年在塞内加尔的达喀尔大学成立图书馆学院，吸收说法语的非洲国家图书馆员参加。1978 年 7 月 3 日到 8 月 26 日在英国威尔士图书馆学院举办了国际图书馆学和情报学夏季研究班，有 50 多个国家的图书馆员参加了学习。区域性的国际图书馆学院已成立的有哥伦比亚图书馆学院，专门训练拉丁美洲国家的图书馆工作人员。近年来，还有人提议成立国际图书馆学研究院。

八、图书馆的国际协作

书刊数量的剧增与读者对图书馆的要求愈来愈高，不论是规模多大的图书馆或哪一个国家只靠它们自己的藏书，来满足读者的需要是不可能的，必须依靠国际协作，包括书刊互借或共同利用已经建成网络的数据库。在图书加工方面利用国外图书馆的编目成果，也是避免重复劳动，提高工作效率和质量的重要方式之一。

国外许多国家的图书馆与外国图书馆建立了多种形式的协作关系。有的是通过双边和多边的协商，达成的协议，如英国图书馆外借部与国外 100 多个国家建立了国际书刊互借关系。美国国会图书馆的"全国采编计划"（NPAC）与英法等许多国家达成协议，利用他们国家的书目的著录编制卡片等。所谓"全国采编计划"是根据 1965 年的"高等教育法案"拨款给美国国会图书馆，用来采购全世界出版的有价值的学术书籍，收到书后及时进行编目。为了加快编目速度，他们利用英、澳、加、丹麦、法、东德、日本、西德、荷兰等国的国家书目著录，编制卡片或输入磁带。这种计划又叫"分担编目计划"。

近十年来，为了促进书刊资料的流通，联合国教科文组织倡议并大力推动的图书馆界主要的国际协作计划有两项：一项叫做"世界科学技术情报系统"（UNISIST），目的是促进科学技术情报在世界范围内的流通。这项计划是 1966 年在联合国教科文组织第 14 届大会上提出的，1971 年在巴黎召开的政府间会议上通过，1972 年教科文组织第 17 届大会上承认的。另一项叫做"国家情报系统"（NATIS），目的是把各国国内的图书馆、文献工作机构和档案馆组织起来，相互配合，互为补充，更好地为本国各有关部门服务。这项计划是 1950 年在联合国教科文组织召开的"关于改善书目服务工作会议"上提出的，以后又研究过多次，1974 年得到国际图书馆协会联合会、国际文献联合会和国际档案联合会的支持。由于这两项计划内容有些重复，在联合国教科文组织第 19 届大会上决定把两项计划合并为"综合情报计划"（GIP），并选出了 30 个国家为新计划的理事国。1977 年 11 月 21 日到 25 日在巴黎举行了政府理事会第一次会议，我国作为理事国之一，参加了会议。

"综合情报计划"除对图书馆、文献工作机构和档案馆相互配合的必要性问题、通信设备及电子计算机的引进问题、版权法问题等进行研究外，在促进国际图书馆情报部门的协作方面，具体抓了以下几项工作：

（1）世界书目管理（UBC），有人译作"世界书目控制"。这个问题的提出，可以追溯到1895年。现在的国际文献联合会的前身"国际书目协会"，当时有人提出编一部"世界书目"，并编出了《国际十进分类法》，拟以此分类法分类，已收集到了1000多万张卡片，后来因故终止。1947年联合国教科文组织会议上又有人提出编制"世界书目"，也未能实现。1973年国际图书馆协会联合会又重新提出了这个意见。1974年在英国图书馆参考部内设立了"世界书目管理国际事务局"，它的目的是通过国际协作编出"世界书目"。具体的做法是：各国编制"国家书目"的机构（一般是国家图书馆），把本国出版的各种书目掌握起来，并把这些书目的印刷形式或MARC形式，根据国际标准报道出来，供全世界利用，其他国家不必再浪费人力重编。因此，希望各国对新出版的书刊尽早利用"国际标准书目著录"（International Standard Bibliographic Description）和1977年完成的"国际马尔克"（UNIMARC）的格式，以便图书馆之间的互相交换。现在发行MARC磁带的国家如英、美、法、加拿大、西德等国都同意这个意见。同时，也希望新试制MARC的国家也能采用国际通用的款式。

为了实现国际书目管理计划，业务的标准化非常重要，如国际标准书号，国际标准期刊号，机构名、人名、国名的代号，各种语言字符，机读目录格式等，都应在全世界范围内统一。国际图书馆协会联合会的世界书目管理国际事务局正在推动国际标准化的工作。1977年9月在巴黎举行了关于"全国书目"的国际会议。

与国际书目管理计划有关的还有"出版中编目计划"（CIP）。这个工作是1970年美国先开始的，具体的做法是：各出版社把要出版的书籍校样，送给美国国会图书馆。该馆把该书的目录著录（即卡片上的著录项目，但不包括出版事项和稽核事项，因为这些内容尚未确定下来），编好后送还出版社，出版社付印这本书时，把书目著录印到书籍的版权页上。图书馆编目时可根据该著录制片。在实行集中编目的国家，目录卡片没有印出或集中编目未收入某本书籍，也可利用它编目。它的编目规则也要求采用"国际标准书目著录"格式。现在美、英、加拿大、澳大利亚、苏联、巴西等国都已采用这个办法。

（2）国际出版物的收集和利用（UAP）。它和国际书目管理（UBC）是一个整体计划。它的含义很广泛。1978年国际图书馆协会联合会在捷克召开的第44次大会就是讨论的这个主题。今年5月在澳大利亚首都堪培拉召开的亚洲、大洋洲地区国家图书馆馆长会议，也讨论了这个问题。它的目的是：实现一种这样的理想，即世界各种书目上报道的资料，使任何个人或团体都能收集和利用。内容包括：法定的出版物缴送制度；国际书刊交换等收集资料的方式；为了便于收集资料建立图书馆系统；发挥国家图书馆等全国中心所应起的作用；利用联合目录开展馆际互借和资料复制等业务。

毛主席教导我们："我们的方针是，一切民族、一切国家的长处都要学，政治、经济、科学、技术、文学、艺术的一切真正好的东西都要学。但是必须有分析有批判地学，不能盲目地学，不能一切照抄，机械搬运。"我们应当遵循毛主席的教导，结合我国的实际情况来研究和借鉴国外图书馆事业中对我有益的经验，进一步促进我国图书馆事业的发展，使我国图书馆事业更好地适应把工作着重点转移到社会主义现代化建设上来的大好形势，为早日实现"四个现代化"做出更大的贡献。

（选自《图书馆学通讯》1979年第1期）

利用 MARC II 机读目录系统建立书目数据库
共享情报图书资源的探讨

朱　南

华国锋同志在五届人大政府工作报告中指出，要"发展各种类型的图书馆，组成为科学研究和广大群众服务的图书馆网"。方毅同志在全国科学大会的报告中，在谈到关于努力实现实验手段和情报图书工作现代化时指出："八年内要建立起一批文献检索中心及数据库，初步形成全国科学技术情报图书计算机检索网络。"上述指示是我国在 20 世纪内实现四个现代化的新长征中对我国情报图书工作者提出的一个十分光荣而艰巨的任务。为了实现这一伟大的历史使命，经过两年的努力，我国很多图书馆及情报研究单位在这方面都做了不少工作。如在建立全国科技情报检索刊物系统，编辑出版各种联合目录，编制叙词表、修订分类法，以及在使用电子计算机进行情报图书检索的研究和汉字信息处理等方面都做了很多工作，取得了不小的成绩。但是从全国情报图书工作实现现代化和建设全国情报图书电子计算机检索网络的全局来看，两年以来的进展速度还是不够快的。主要问题是我国至今还没有一个统一的领导，把全国的图书馆及情报研究单位都组织到全国情报图书工作现代化及检索网络的建设工作中来。很多情报图书单位至今还是在小范围内各自为战，很多潜力没有充分发挥出来。属于不同系统的图书馆及情报研究单位从情报图书资料的收集、分类编目到入藏都有自己的体系，馆际之间的协作存在很多困难。这种现状增加了全国情报图书资源检索的困难，如不尽快解决，必将直接影响我国情报图书工作的现代化和情报图书检索网络的建立。

电子计算机的硬件、通信线路及终端设备等技术条件的准备及研究工作当然是全国情报图书检索网络建设工作中的重要组成部分，必须抓紧进行。但也不能认为，只要具备了电子计算机有关设备，情报检索网络就能很快地建设起来。事实并非如此，如果不下大力气解决好全国情报图书资源的编号，著录格式，主题与分类标引和二次文献加工的统一化及标准化问题，并进行一系列情报图书业务适应自动化要求的改革，就不可能建立起一个高效能的全国统一的情报图书检索网络。要做好这些改革和实现统一化标准化工作，必须有全国的情报图书单位的共同努力和通力合作才能实现。

本文将着重讨论全国情报图书检索网络的重要组成部分之一 ——书目数据库的建设问题，以及如何实现全国情报图书资源的著录统一化与标准化，早日实现我国情报图书资源的共享。使全国所有图书馆及情报研究单位的馆藏情报图书资源变成全国科研、生产、教学单位都能使用的"国藏"。使我国的情报图书资源为实现"四个现代化"发挥更大的作用。

一、书目数据库的内容与作用

书目数据库是在 20 世纪 60 年代末使用电子计算机进行情报图书资料编目以后才出现的。书目数据库的英文名称是 bibliographic data base（有人译做书目资料库）。它是储存全国情报图书资源馆藏数据的联合目录中心，也是全国情报图书资源的编目中心。由于书目数据库能起到组织全国情报图书资源的统一编目的作用。所以它对促进全国情报图书资源编目的统一化与标准化也能起到很大的作用。书目数据库在全国情报图书检索网络中与其他文献中心及数据库的关系虽然是独立存在的，但从它能为全国情报图书资源的加工单位和读者提供一次文献的馆藏情报的作用来看，书目数据库也是全国情报图书检索网络中不可缺少的重要组成部分。

20 世纪 50 年代以来，由于科学技术的飞速发展，各个学科领域的情报图书资源都在大幅度增加。传统的图书馆业务已经不能满足科研事业发展的客观需要。就是在这一新形势的要求下，很多国家都先后建立起来了很多不同学科领域的科技图书馆、情报研究所及文献中心，以便加强本领域的情报图书资源的收集、研究、加工和交流工作。但是根据近代科学发展的深度和广度来看，各个学科之间的相互渗透现象已经十分普遍。在过去看来一些完全无关的学科领域，现在已经成为十分密切的研究近邻。例如数学过去很少与那些以描述为主的生物学、经济学、语言学等学科发生关系，可是现在它们的发展与研究都离不开数学了。又如语言学过去主要同社会科学领域的文学、地理学、心理学、考古学、历史学和人类学等学科有关，而现在研究语言学就必须同数学、物理学、电子学、信息论、控制论、符号学、计算技术、通信技术、自动化技术等学科建立十分密切的联系。根据这种情况，现在进行任何一个学科课题的研究，都很难轻易限定所需情报图书资源的范围。再加上现在情报图书资源的物质形态也比过去有了很大发展。除一般图书、期刊、报纸、特种文献、地图、乐谱、拓片、手稿等以外，又大量出现了录音录像磁带、电影胶卷及各种缩微资料等。现在很多研究课题的有关文献资料都是比较分散的记录在很多不同物质形态的情报图书资源之中。如目前有些国际专业会议的会议录，有时以图书形式发表，有时发表在某种期刊上，有时以录音磁带形式发表。如果没有完整的目录系统要找全所有届次的学术会议录，那是很困难的。再如现在出版的专业期刊，由于所发表的论文涉及面都很广，也都不是过去那样专业性很强的刊物了。在目前情报图书资源需要范围不断增加的情况下，即使现在世界上最大的图书馆也很难提供某一学科研究的全部文献资料。如现在世界上最大、馆藏最多的美国国会图书馆除不收藏农业与医学情报图书资源外，从美国出版的书刊联合目录中我们也可以看到它仍有不少书刊资料没有入藏。又如世界上收藏科技期刊最多的英国图书馆外借部，每年也只收集到 4.5 万种科技期刊，而日本国会图书馆每年只收集到 1.5 万种科技期刊。这与每年全世界出版的科技期刊总数的差距还是很大的。因此，很多国家现在都在致力于早日实现国内和国际的情报图书资源共享计划。

美国为了解决全国情报图书资源的共享问题。美国国会图书馆从 1901 年即开始组织全国情报图书资源卡片目录中心，组织全国统一编目，发行印刷卡片及书本式联合目录。但是由于卡片目录中心是手工检索的，因此在发展中遇到了很多困难。一直到 60 年代末，美国国会图书馆研制成功了 MARC Ⅱ 机读目录系统后，才逐步由电子计算机管理的书目数据库代替了手工检索的卡片目录中心。为实现情报图书资源共享计划向前迈出了一大步。美国在 1974 年又成立了一个"全国书目控制委员会"（CCNBC），进一步加强美国全国各种类型图书馆业务的统一化和标准化工作，并致力于在目前"连续出版物转换计划"（CONSER）和"协作性机读目录"（COMARC）基础上建立全国统一的书目数据库。

近年来国际上为了进一步加速情报图书资源的交流。在联合国教科文组织（UNESCO）的大力支持下，"国际图书馆协会联合会"（IFLA）、"国际文献馆联合会"（FID）、"国际档案馆会议"（ICA）和"国际科协理事会"（ICSU）也都致力于实现国际情报图书资源共享计划。如 1977 年 8 月在比利时召开的"发展中国家图书馆资源分享会议的预备会议"；1977 年 9 月巴黎召开的"国际书目（UBC）协调会议"，1977 年 10 月在保加利亚召开的"第二次苏联东欧国家图书馆会议"都把情报图书资源共享计划列为重要议题。特别重要的是于 1977 年 10 月在巴黎召开的"综合性情报计划第一届政府间理事会议"，把国际两项规模很大的计划：促进国际情报图书交流的"科学技术情报系统"（UNISIST）计划和促进各国国内图书馆、文献馆和档案馆合作的"国家情报系统"（NATIS）计划合并为"综合性情报计划"（GJP）。这就将多年来，社会科学与科学技术的情报图书资源分管分藏和图书馆、档案馆及情报研究单位各自为战的局面统一了起来。这为建立国际书目数据库，实现国际情报图书资源共享创造了十分有利的条件。

我国提出情报图书资源共享问题的时间还是很早的。1957 年根据我党提出向科学进军的号召，周总理即指示原科学规划委员会拟定了一个《全国图书协调方案》于 1957 年 9 月经国务院第五十七次会议批准执行。《全国图书协调方案》中决定："在国务院科学规划委员会下设图书小组，由文化部、教育部、中国科学院、卫生部、地质部、北京图书馆的代表和若干图书馆专家组成，负责全国为科学研究服务的图书工作的全面规划统筹安排。"在国家科委图书小组的领导下，自 1958 年后认真执行了《规划》。在十年期间，建立了中心图书馆委员会组织，加强了全国情报图书资源的采购协调工作，开展了统一编目工作，初步建立起来了外文卡片目录中心，出版了一些急需的联合目录，为全国情报图书资源实现共享打下了一定的基础。

我国目前情报图书资源的现状是：收藏数量少，布局分散，没有统一的著录登记标准，又没有一个完善的联合目录报道系统。因此，很多读者很难找到所需要的文献资料。与此同时，很多情报图书单位的馆藏又不能得到充分的利用。例如我国在 1978 年引进科技期刊约 1.4 万种。数量虽小，如充分利用，也可能发挥很大作用。但由于收藏布局分散，在这些期刊中有 30% 收藏在全国 400 多个中小型图书馆或情报所，有些还收藏在一些厂矿企业的资料室内。由于很多期刊未能按规定要求编目入藏，外单位读者就很难使用。至于过期期刊、图书以及一些特种文献的收藏编目情况就更分散和混乱了。改善这种局面的最好办法就是在全国情报图书单位的共同努力下，尽快着手建立一个全国统一的情报图书资源报道中心及编目中心。组成一个储存全国情报图书资源馆藏数据的书目数据库。

从建立情报图书检索网络的要求出发，也急需着手书目数据库的建设工作。因为网络的主要任务就是能迅速地把从国内外收集起来的一切情报图书资源经过分类编目、主题标引和二次文献加工后，通过通信线路或印刷和磁带形式，报道给需要的科研、生产和教学单位。无论在上述情报图书资源的加工过程中，或者读者通过一切情报图书检索手段找到自己所需要的题录或文摘以后，他们都需要得到原件的全文。但这些情报图书资源一般都分散收藏在不同的图书馆与情报研究单位。因此，没有一个全面储存与报道情报图书资源馆藏的书目数据库，就不可能建立起一个完善的高效率的情报图书检索网络。

归纳起来，书目数据库的主要功能如下：

（1）储存全国情报图书资源馆藏数据；

（2）促进全国情报图书资源登记著录统一化与标准化；

（3）协调全国情报图书资源的收集、交换与互借；

（4）出版全国情报图书资源联合目录（磁带、书本或缩微形式）；

（5）提供定题及回溯目录检索服务；

（6）出版传统的卡片目录；

（7）与国际书目数据库建立联系。

二、利用 MARC Ⅱ 机读目录系统建立书目数据库的作法

（一）MARC 机读目录系统的发展情况

MARC 是 Machine Readable Catalogue 的缩写字，可译作机器可读目录。MARC Ⅱ 是在美国国会图书馆开始研制的 MARC Ⅰ 基础上经过改进并被多数图书馆所接受的机读目录系统。

MARC Ⅱ 系统是 20 世纪 60 年代图书馆业务应用电子计算机以来最有成效的研究成果之一。由于 MARC Ⅱ 机读目录能把传统的卡片目录的内容都全部记录到磁库中，代替了手工检索的卡片目录，充分发挥了电子计算机能大量储存书目及快速检索的优越性，同时又保持了图书馆的传统目录体系。从而加快了电子计算机管理的全国统一的书目数据库的建设。现在很多国家的情报图书网络都是直接利用 MARC Ⅱ 机读目录磁带建立本国的书目数据库。并在 MARC Ⅱ 系统基础上，组织情报图书资源的统一编目，编制本国的国家书目，出版各种形式的目录（如磁带式、书本式或缩微平片式联合目录），以及传统卡片目录。这样不但提高了书目的编辑质量，增加了书目的检索途径，并且极大地加快了书目的传播速度，这是在手工编目和手工检索的情况下很难做到的。

美国国会图书馆从 1964 年开始研究机读目录系统，到 1966 年 11 月经过 3 年的努力，先研制出来了 MARC Ⅰ 式机读目录系统。开始向美国国内 16 个图书馆发送了试验样品。经过一年多的试验发现了不少问题。因此，图书馆拒绝接受。然后，美国国会图书馆在美国图书馆协会的协助下，又共同拟定了 MARC Ⅱ 机读目录系统。一直到 1968 年 6 月才最后完成。

在美国国会图书馆研制 MARC 机读目录的同时，美国国内的一些大学图书馆及英、法、德等国的图书馆也都陆续地开始了利用电子计算机编目的研究工作。但在 MARC Ⅱ 系统 1968 年 6 月问世以后，经过试验对比，很多国家的图书馆都肯定了 MARC Ⅱ 机读目录系统的长处。英、澳、加等英语国家图书馆都很快就接受了 MARC Ⅱ 的编目系统，放弃了自己正在研制的系统。英国从 1968 年 9 月接受了 MARC Ⅱ 系统后，就在 MARC Ⅱ 的基础上建立了 UKMARC。接着非英语国家，如法国也很快就建立起以 MARC Ⅱ 为基础的书目数据库，并与

美国国会图书馆合作编辑英、法文图书合编的 MARC Ⅱ 磁带目录。以后,西欧、北欧大部分国家和东欧的南、罗等国家的图书馆也都陆续的接受了 MARC 机读目录系统,直接用 MARC Ⅱ 磁带目录进行英、法、德文图书编目,并用它的格式编本国文字的图书。这些国家由于都是使用拉丁字母拼音的文字,其中绝大多数国家又都是同"美国全国图书采编计划"(NPAC)有协作关系。因此,采用 MARC Ⅱ 系统进行情报图书资源的编目和建立本国书目数据库,比使用非拉丁文字的国家遇到的困难要少些。

利用 MARC Ⅰ 系统建立起区域性编目中心的先例也是很多的,如 1970 年美国俄亥俄学院图书馆建立的 OCLC 系统,1972 年美国斯坦福大学图书馆建立的 BALLOTS 系统,1974 年开始编目的英国伯明翰系统等都取得了很大的成功。

几年以后,一些不使用拉丁文字的国家经过反复的试验后,也开始接受 MARC Ⅱ 机读目录系统。如日本就是其中的一个。日本使用的文字也是比较复杂的,有日文假名,又有汉字。日本国会图书馆从 1968 年 8 月开始成立图书馆业务机械化调查组。到 1971 年 11 月经过三年的反复调查研究,最后也决定先采用 MARC Ⅱ 系统进行西文书刊编目。同时,用过期的 MARC Ⅱ 磁带核对日本缺藏的书刊,加强西文书刊的馆藏补充工作。现在日本每年从国外引进的约 10 万种左右西文新书,90% 可以直接从 MARC Ⅱ 磁带上转录其编目内容,直接利用美国国会图书馆的编目成果。日本文部省自 1972 年起开始就委托亚商协(ABC),利用 MARC Ⅱ 磁带为日本国立大学提供传统卡片。以后,日本丸善书店及纪伊国屋书店在发售外文图书的同时,也出售从 MARC Ⅱ 磁带上转录下来的传统卡片。日本目前只有 10% 的西文图书是自己编目后输入电子计算机。现在日本国会图书馆在编制西文图书联合目录时,也不再采用收集馆藏卡片的传统作法,而是采用向国会图书馆提供馆藏国际书号及国际刊号的办法解决。日本现在已经基本上解决了假名及汉字信息输入问题。1974 年已开始使用 MARC Ⅱ 编目格式编辑出版日文期刊目录。于 1978 年 1 月开始用新版日文图书编目条例出版用电子计算机编目印刷的日本全国书目。同时,由日本两家最大图书发行单位,日贩和东贩根据 JMARC 记录向全国图书馆发行日本图书传统卡片。日本就是在 MARC Ⅱ 系统的基础上,经过一定的加工,并按先外文后日文的次序逐步实现编目自动化和建立自己的书目数据库的,这个经验很值得我们认真研究。

(二)图书馆界接受 MARC Ⅱ 机读目录系统的原因

70 年代以来,为什么国际上很多图书馆都接受了 MARC Ⅱ 机读目录系统,其主要原因如下:

(1)MARC Ⅱ 机读目录系统比较成功的保留了全部图书馆书刊著录的传统内容及卡片目录体系。这是 MARC Ⅱ 被图书馆界接受并很快推广的主要原因。图书馆的书目体系是图书馆一切工作的基础。图书馆工作最怕书目著录项目和著录格式的轻易变更,从而破坏了书目的系统性和完整性。在使用电子计算机进行书刊编目以前,科技情报界早已开始使用电子计算机编辑情报索引、题录和文摘的工作。如美国的化学文摘(ACS)、医学索引(Index Medicus)和英国电气工程师学会(IEE)的 INSPEC 情报系统等,都是在 60 年代就完全实现了用电子计算机加工、排版和印刷工作。由于科技情报检索系统是一个新兴的领域,在体系上与图书馆的书目比较起来,基本上没有多少传统上的包袱。因此,情报检索系统在输入电子计算机时,比较多的照顾到了电子计算机的特点。如在选择记录格式时,为了编制程序上的方便，情报检索系统大都采用了固定长或半固定长的记录格式。而情报图书资源的编目要求就不同了。如果书目在输入电子计算机时，只照顾编制程序上的方便，改动了传统书目的内容，这必将给书目工作造成不少麻烦。MARC Ⅰ 就是因为这种原因没有被图书馆界接受。MARC 机读目录系统设计主要负责人阿弗拉姆（H. D. Avram）在总结编目自动化时，讲了一句十分中肯的话，他说图书馆编目"全盘自动化的思想和轻易从事自动化的做法都是十分危险的"。这一经验我们不能忽视。

MARC Ⅱ 机读目录系统为了解决上述问题，采取了一种可变长的记录格式，也称为目录记录格式。这样记录格式的特点是，把传统卡片目录上的全部著录内容都无遗漏的记录在磁库中，把地址记录数据，即每个著录项目的记录标识、记录位置和记录长度等都以固定长方式独立的记录在指定的位置上。这种记录格式虽然编制程序比较复杂，程序占用磁蕊较多，但由于成功的保留了传统目录体系，能使手工检索的卡片目录和机读目录同时并存，这就使各种不同类型的图书馆及情报研究单位都能共享电子计算机的编目成果。增加了MARC Ⅱ 系统推广的可能性。由于各种类型的图书馆编目自动化的进展程度不可能是很平衡的。即使目前世界上科学技术先进的国家，也只能先在大型图书馆及情报研究单位应用电子计算机编目。而数以千计的中小型情报图书单位还是继续用传统办法保留手工检索的目录体系。如果在建立书目数据库及编目中心时不充分考虑到这种情况，即使设计出一种很好的编目程序，也不会被大多数情报图书单位接受。

（2）MARC Ⅱ 机读目录系统的编目，普遍采用了国际上通用的标准著录规则。虽然MARC Ⅱ 系统是以美国国会图书馆的目录体系为依据的。但由于 MARC Ⅱ 系统的不断推广，世界各国图书馆都希望 MARC Ⅱ 的著录内容能适应自己的目录体系。因此在联合国教科文组织（UNESCO）和国际图书馆协会联合会（IFLA）的影响下。MARC Ⅱ 已完全采纳了国际编目原则会议（ICCP）通过，并被多数国家接受的《英美编目条例》（AACR）。在描述性著录格式方面采用了《国际标准著录格式》（ISBD）。联合国教科文组织和国际图书馆协会联合会在多次国际会议上都大力推广 MARC 系统。如 1976 年 9 月在瑞士召开的"国家图书馆长会议"和 1977 年 9 月在巴黎召开的"国家书目国际代表大会"上都一致强调要加强国际 MARC 的交换。以便早日实现"国际书目协调规划"。MARC Ⅱ 机读目录的国际化为 MARC Ⅱ 系统的推广与普及起了很大的促进作用。

（3）直接利用 MARC Ⅱ 磁带编目比自建系统编目节省人力和资金。60 年代以后，世界上大多数国家的图书馆都认识到使用电子计算机编目的优越性，但在研究与试验的过程中大家都得出了一个共同结论。那就是说，各国图书馆如各自建立一套编目系统，自己组织书目输入电子计算机的工作。那就要从软件设计到每一本书刊的记录格式标引，以及穿孔输入，都要自己加工。由于书目的著录内容复杂，数量又大。这些十分烦琐的工作比手工编目花费的人力和资金还要多，权衡起来很不经济。不如直接引进 MARC Ⅱ 系统有利。因此，近年来各国图书馆在电子计算机编目研究工作中都放弃了自建系统的打算，都转向采用MARC 系统，直接利用美国国会图书馆的编目成果。

目前世界上很多国家在建设各种类型的文献中心及数据库的工作中，充分利用市售磁带资料档也是一个十分普遍的趋势。因为这些市售磁带都是国际上最大的情报图书中心建立数据库及编辑印刷出版情报检索刊物和书目的副产品，价格比较便宜。对这些外国出版的情报图书资源，不利用原有的编目成果，而自己再去花费大量人力去自己编目加工，确实是一件又浪费而又毫无意义的工作。

(4) MARC Ⅱ 机读目录系统,由于可以根据需要进行修改和扩充,对各种不同类型的图书馆和情报研究单位的目录体系的适应性也是比较强的。这对采用 MARC Ⅱ 系统编目成果和建立适应本国特点的书目数据库是一个十分方便的条件。MARC Ⅱ 机读目录系统为书目著录(包括图书、期刊、电影胶卷、地图和乐谱等)共设置了 001—999 个可变长字段,每一个可变长字段都固定分配给一个著录项目。现在发行的 MARC Ⅱ 磁带目录只占用了约 200 个可变长字段。还保留有很多字段可供扩充时使用。在利用 MARC Ⅱ 磁带的编目成果时,如需增加本馆使用的分类号、联合目录馆代号都是很方便的。对 MARC Ⅱ 磁带目录中已经使用的字段,如果认为这个项目不需要时,可以删除不用(如美国国会图书馆分类号、杜威十进分类号和社会科学的主题标目等著录项目)。目前各国图书馆在引进 MARC Ⅱ 机读目录系统,建立本国书目数据库时,也都要进行一些增删。但一般增删的项目都是很少的。

(5) MARC Ⅱ 机读目录系统对不同型号的电子计算机的硬件与软件的适应性也是很强的。美国国会图书馆是使用 IBM360、IBM370 型计算机实现的。IBM 公司对使用 IBM 电子计算机的单位是免费提供 MARC Ⅱ 系统软件。因此,凡有 IBM 电子计算机的单位,采取 MARC Ⅱ 磁带编目在技术上是毫无问题的。现在发行的 MARC Ⅱ 磁带目录是国际上通用的九磁道和七磁道半英寸磁带。使用的代码是国际标准化组织(ISO)承认的美国信息交换标准代码:ASC Ⅱ 代码。编译程序是用国际上比较通用的 COBOL 和 FORTRAN 语言。根据这些情况,即使有些图书馆的电子计算机的硬件与软件条件与 IBM360、IBM370 的差别大一些。经过必要的软件与代码转换,MARC Ⅱ 磁带即可上机使用。如日本国会图书馆就是使用日立 8400 电子计算机建立 MARC 系统书目数据库的。

(三)对我国利用 MARC Ⅱ 编目成果的浅见

邓小平同志在全国科学大会的报告中指出:"科学技术是人类共同创造的财富,任何一个民族,一个国家都需要学习别的民族别的国家的长处,学习人家的先进技术。"我们在实现情报图书资源编目自动化和建立书目数据库的工作中也必须认真学习外国的先进经验。特别是日本经验。他们的做法就是先引进 MARC Ⅱ 磁带在西文新书新刊的编目工作中直接利用美国国会图书馆的编目成果。并充分利用已出版的全部 MARC Ⅱ 磁带查补缺藏的情报图书资源,加强西文书刊的采购工作。在解决了日文假名和汉字输入的问题以后,立即进行日文情报图书使用电子计算机的编目工作。最后建立起全国书目数据库,并出版日本机读目录(JMARC)、传统卡片目录和其他各种书本式目录。

根据我国目前情报图书资源编目的现状,最好也是先引进 MARC Ⅱ 机读目录磁带,直接利用其编目成果。这样,大部分外文书刊我们可以不再花费很多人力搞编目工作。中文情报图书资源的编目工作可等汉字信息输入问题解决后再用电子计算机编目。

由于 MARC Ⅱ 机读目录系统是外国的编目成果,我国图书馆及情报研究单位能否拿来直接利用,目前还有争论。这是我国情报图书界能否认真学习外国的先进科学技术和能否高速度前进赶超世界先进水平的一个必须首先解决的思想问题。因此,必须认真讨论。我国目前情报图书资源的编目工作是十分落后的。除小部分中外文图书由北京图书馆进行统一编目外,大部分情报图书资源是分散编目。因为我国至今没有一个编目的统一标准,各馆之间从著录规则到分类编号系统都不一致,这给编制全国情报图书资源的联合目录工作造成极大的困难。因此,要实现我国情报图书资源的共享,必须首先实现情报图书资源编目的统一化和标准化。现在提出的问题是,根据我国的目前情况,我国情报图书资源编目的统一化与标准化是向现在国际上已经推广的国际编目标准化靠拢,还是我国再另搞一个中国化的编目统一标准。近几年来,众说纷纭。但权衡利弊,我看还是走国际化的道路为好。因为解决这个问题也必须从早日实现"四个现代化"的总任务出发,立足于尽快建成现代化的情报图书检索网络,早日实现编目的自动化,以便加快国内外的情报图书资源的交流。不能片面的为建立一个自己的编目体系而影响了大局。从全局来看,特别是外文情报图书资源的编目走国际统一化的道路,是一个比较多快好省的办法。

从编目的内容来看。现在北京图书馆西文统一编目组和国内各图书馆自编的西文图书卡片与MARC Ⅱ的著录内容比较一下,即可发现它们之间之差别也并不是很大的。我们对比了各种不同类型的西文图书卡片的著录内容,从取标目的情况来看,它们的异同情况如下:①个人著者的图书,MARC Ⅱ和我国图书馆的著录内容完全相同。②二人合著图书,MARC Ⅱ是取第一个著者作标目,第二个著者在根查项作附加著录。我国图书馆一般取两个著者作标目。③三个以上著者,或无著者,只有编者的图书,MARC Ⅱ都取书名作标目,而我国图书馆作法不一致,有的取第一著者作标目,有的取编者作标目,很少取书名作标目。④机关团体出版物的著录,在取标目的原则上MARC Ⅱ与我国图书馆界的作法基本相同。⑤多卷图书,MARC Ⅱ主要取书名作标目。而我国图书馆的作法很不一致。有的取编者,有的取书名作标目。⑥学术会议录的著录,MARC Ⅱ主要取会议名称或主办单位作标目。此外皆取书名作标目。而我国图书馆的作法很不一致,有的取会议名称,有的取主办单位,有的取会议录编者,有的取书名。

从卡片著录项目的次序来看,MARC Ⅱ同我国目前的作法是基本上相同的。但是MARC Ⅱ的著录内容要比我们详尽。现在MARC Ⅱ的著录内容与过去美国国会图书馆所编卡片的著录比较起来也有很大补充。这主要是为了能建立起一个存储内容比较丰富的书目数据库,以便能实现多种途径的检索。这是应用电子计算机编目的重要发展。

MARC Ⅱ的著录内容的另一个特点是,为了达到多种检索途径的目的,除了增加主题著录的数量以外,在根查项对取作著录标目以外的著者、编者、译者、团体著者、会议名称、丛书名称等都作了十分详尽的附加著录。每一个附加著录都可以作为附加款目在目录中反映。通过每一个附加款目都能检索到所查找的图书。同时也能通过电子计算机排印以附加款目为主的附加卡片。这就从根本上解决了我国目前用划红线的办法处理附加卡片而造成检索上十分不便的情况。

根据上述情况,MARC Ⅱ的著录内容与我国图书馆界在西文图书的著录比较起来,还是相同之处多于不同之处。倒是我们自己图书馆之间的著录差别要多一些。在外文期刊著录方面的情况与图书大体上一样,也是在著录的主要内容上与MARC Ⅱ差别不大。因此我国在情报图书资源编目工作中接受国际标准,并不存在很大的困难。至于分类和主题标引部分,我们不用MARC Ⅱ使用的分类法及主题表,而要求加上我们需要的分类号和主题,这对电子计算机来说也不是一个难题。只要编一个两种分类法和主题表的相关索引,再编成软件。在转录MARC Ⅱ磁带时机器可以自动加上我们所要的分类号和主题,同时抹去不需要的分类号和主题。

至于MARC Ⅱ所使用的几个国际标准,如"英美编目条例"(AACR)"国际标准著录格式"（ISBD）,"国际标准书号"（ISBN）和"国际标准刊号"（ISSN）等都是一些编目或编号的国际统一标准,如同我们采用公元纪年,公制计量一样,完全没有必要我们自己再另搞一套,来束缚我们自己的手脚,使我们在情报图书资源的编目上走"少""慢""差""费"的道路。

（四）建立书目数据库的步骤与前景

根据我国目前多数情报图书资源是分散登记编目和短时间内还不能解决电子计算机设备的情况,对直接利用 MARCⅡ磁带编目和建立书目数据库有如下初步设想:

（1）首先要加强对这一工作的领导。我国目前不但情报研究单位与图书馆之间的联系不多和协作不够,就是各系统所属的图书馆之间的来往也不多。这对实现我国情报图书资源的共享计划是十分不利的。为了尽快解决这一问题,今后情报学会和图书馆学会这两个兄弟学会应该带头促进全国情报图书单位的大协作。为实现我国情报图书资源编目的统一化和国际标准化多做一些工作。目前我国对电子计算机编目及一些国际编目标准的研究与宣传也很不够,这方面也有很多工作希望学会来做。

（2）在我国电子计算机设备还没解决以前,最好先利用国外出版的从 MARCⅡ磁带上转录下来传统卡片,建立一个脱机的情报图书资源编目中心和卡片目录中心。这样不但可以加速我国情报图书资源编目的国际标准化和统一化,同时也为以后上机编目做好准备。

如果我们能从距离最近的日本纪伊国屋书店购买它从 MARCⅡ磁带上转录下来的速报版传统卡片(一般我们都可在新书到达前收到卡片,因为纪伊国屋书店一般在收到磁带后七天内即可发出卡片。加上路程,两周后即可寄到中国)。我们只要在这套 MARCⅡ卡片上加上我们自己的分类号,复制后即可向全国发行。并可以在此基础上建立卡片目录中心,出版联合目录,为建立书目数据库打下良好的基础。这是我国目前费力不大而切实可行的好办法。

（3）为了实现情报图书资源的共享,在情报图书检索网络建立起来以前,应着手组织一个脱机的联合目录报道系统。这个报道系统应包括:新书新刊联合目录、馆藏书刊回溯联合目录及专题联合目录等三个报道系统。

新书新刊联合目录报道系统的主要任务是通过全国性和地区性的新书新刊联合通报,按期报道各情报图书单位新到的情报图书资源。并与全国科技和社科情报检索刊物系统配合,为全国情报图书检索网络打下基础。

馆藏书刊回溯联合目录报道系统的主要任务是有计划的分期分批的把全国情报图书资源的馆藏情况通过联合目录报道出去。

专题联合目录报道系统的主要任务是定期向不同专业单位提供各种专题联合目录。

（4）在电子计算机的设备条件解决以后,我国编目中心可直接从 MARCⅡ磁带中选出我国引进的全部情报图书资源的编目内容,在经过分类号和主题标引的转换后,储存进书目数据库。

（5）由于书目数据库是全国情报图书网络的组成部分。因此,凡已储存进书目数据库中的书目,可向全国设有终端单位提供定题检索和回溯检索服务。

三、关于中文书目数据库的建设问题

由于电子计算机在汉字信息处理中所遇到的困难,在中文书目数据库的建设工作中,一定要比建立外文书目数据库困难一些,慢一些。但是,根据日本的经验只要解决了汉字信息处理问题,中文书目数据库也完全可以在 MARC Ⅱ 系统的基础上很快地建立起来。中文情报图书资源也可以用 MARC Ⅱ 的记录格式编目,使用 MARC Ⅱ 的程序检索。这不但比完全自编格式与自编程序节约很多人力,并且争取了时间。当然,为了照顾到我国在书目著录中的一些传统特点,在中文情报图书资源的著录条例上也应保持我国的目录传统。

关于汉字信息处理问题,目前还存在很多问题没有解决。如汉字编码,汉字自动识别,汉语语句处理,汉字发生装置及汉字排版等问题都没有很好地解决。现在主要讨论汉字信息处理中的基础,汉字编码问题。因为汉字编码问题不解决好,其他问题也难解决。

目前我国国内及国际上很多人都在研究汉字编码问题。现在提出的编码方案归纳起来,大体上有如下几种:汉字数字编码法,汉字座标编码法,汉字笔画编码法,汉字分解编码法以及汉语拼音编码法。在硬件设计上有各种形式的大小汉字键盘。这些编码方法和各种键盘经过不断改进都具备很多优点。但从汉字信息处理的全局和建立书目数据库来考虑,最好还是采用汉语拼音编码。其主要理由如下:

(1)汉语拼音是我国文字改革的大方向。虽然在短时期内汉字还不能取消,但随着普通话的不断推广,从长远来看,汉语拼音文字一定要代替汉字。目前的中文检字及检索体系已逐步改为按汉语拼音顺序排列。因此,汉字编码采用汉语拼音编码比采用以不断简化的汉字为基础的其它编码优越得多。

(2)在汉字信息输入、存储及输出过程中,采用汉语拼音编码也比其它编码方案经济方便。如在硬件设备中,可直接使用国际通用的普通英文打字机、宽行打字机、图像识别及排印设备。在软件方面也可直接使用一些国际上通用的机器语言。如在建立中文书目数据库时,就可直接应用 MARC Ⅱ 的程序软件。这比我们自搞一套好得多。

(3)采用汉语拼音编码建立中文书目数据库。将比采用其它编码方法节省很多程序。因为采用其它编码方法,即使在汉字输入输出时方便一些,但若再加上汉语拼音,程序上就要复杂得多。而汉字与汉语拼音在组织目录中必须并存,这是书目检索时必需的条件。因为各种目录及索引都需要按汉语拼音字母顺序排列。为此采用汉语拼音编码将比采用其它编码要简单些。

(4)汉语拼音方案经过多年推广,熟悉的人较多,学起来也比较快。比其它汉字编码规则更容易掌握。

(5)采用汉语拼音编码,可进一步促进汉语拼音文字的普及,做到相互促进。

(6)采用汉语拼音编码能更便于加强我国情报图书检索网络和国际上文献中心、数据库及网络的联系。

不可否认,采用汉语拼音编码也存在一些困难,如同音字的异化问题,词汇的连写问题,四声标调问题等都还没有完全解决。但只要先把大方向定下来,上述问题并不是很难解决的。

利用 MARC Ⅱ 磁带进行外文书刊编目，主要是利用了美国国会图书馆编目加工及输入电子计算机的劳动成果。虽然有些外文书刊还是要靠我们自己来编目和穿孔输入。但总的来看，我们今后花费在外文情报图书资源编目上的人力不会太大，而收益却是很大的。但是我们也应该看到，今后在中文情报图书资源使用电子计算机编目时，由于一切编目及输入加工工作都要我们自己来做。那时，全国目录中心的工作将是大量的，有些工作也是十分费时间和比较枯燥无味的。因此那种认为编目自动化是可以不经过艰苦奋斗就能轻而易举做到的想法是很不实际的。当然这一点困难与万里长征比起来还算得了什么？我们情报图书工作者应当有信心和决心，尽一切努力为实现编目自动化与实现全国情报图书资源共享的目标而努力奋斗，使我国的情报图书工作早日赶上世界先进水平。

（选自《图书馆学通讯》1979 年第 1 期）

试论科技情报学的对象内容及任务

华勋基

科技情报学是一门新兴学科,随着社会主义"四个现代化"的需要,它已成为科学技术领域中不可缺少的组成部分,日益显示其重要作用。但是,作为一门科学,在基础理论方面的研究尚待进一步探讨和总结,以期建立适合我国情况的完整的体系,更好地为实现新时期总任务服务。本文试就科技情报学的对象、内容及当前的任务,谈点粗浅意见,与大家共同商榷。

一

广义的情报,渗透在社会生活的许多方面,科技情报学则是科学技术发展的产物,旨在为发展科学技术服务。早在 16 世纪,科技情报就开始自发地传递,那时沟通情报的方式是科学家之间的通信联系。随着印刷术的发展,为迅速传播情报提供了物质手段,又随着近代图书馆的出现,为开展科技情报创造了活动基地,到 18 世纪,科技情报逐渐作为一项工作内容,包含在图书馆之中,图书馆也成了当时传播情报的中心。19 世纪以来,由于科学大踏步发展,并实际应用于生产过程,科学与生产的结合,使科学社会化,这时不仅对科技情报提出了较高的要求,也使科技情报从科学家个人的需要转为社会的需要,从这时起,科技情报工作才逐渐脱离图书馆,发展为一项专门的工作系统和独立学科。因此,又可以说科技情报学是孕育于图书馆,是图书馆工作发展到一定阶段的产物。

任何一门科学的发生发展。总是由于客观事物中存在着特殊的矛盾,以及为寻求解决这一矛盾方法的结果。毛泽东同志曾经指出:"任何运动形式,其内部都包含着本身的特殊的矛盾,这种特殊的矛盾,就构成一事物区别他事物的特殊的本质,这就是世界上诸事物所以具有千差万别的内在的原因,或者叫做根据。""科学研究的区分,就是根据科学对象所具有的特殊的矛盾性。因此,对于某一现象的领域所特有的某一种矛盾的研究,就构成某一门科学的对象。"毛主席这一精辟的论述,从矛盾的特殊性,深刻阐明了科学分类的一般规律,对于划分各门科学的研究对象,尤其具有普遍的指导意义。因此,我们在探讨科技情报学的对象时,首先应该分析构成这一学科的特殊矛盾性。

既然科技情报学是科学技术发展的产物,那么形成科技情报学这一特殊的矛盾,只能从科学技术发展过程中去寻找。当代科学技术具有一系列特点,而直接影响科技情报学发生发展的有下述几点:一是研究的范围和规模极为宽广,研究范围大的大到探索宇宙远层空间的宏观奥妙,小的小到摸清生命内部的微观结构,人类在这样一条极其广阔的战线上向自然界展开的全面性进军,其规模早已突破科学技术研究的个体分散方式,而组成了整个社会的大协作,以致逾越国界,发展为国际性的规模;二是分化与综合,学科愈分愈细,愈分愈多,每门基础学科都发展成为庞大的体系,目前科学技术大约有两千个分支学科,与此同时又呈现出科学一体化的趋势,各学科之间内容彼此交叉渗透,不仅表现在基础科学各部类,还表现在基础科学与技术科学,科学技术与社会科学之间的综合发展,出现了许多横断科学和系统工程;三是发展速度不断加快,成果积累越来越多,研制周期不断缩短,近十年来的科研成果比人类历史以来所取得成果的总和还要多,预计今后十年又将在这个基础上翻一翻,正如恩格斯用数字方式表达科学发展的加速律那样,"科学的发展则同前一代人遗留下的知识量成比例,在最普通的情况下,科学也是按几何级数发展的"。由于科学技术的这些特点,反映到文献资料中则呈现出以下情况:首先文献的数量正以排山倒海之势急剧增长。据统计在 20 世纪 70 年代初,全世界每年出版的科技图书达 50 万种,科技期刊 4 万多种,此外还有大量的科技报告、学术论文、专利文献、会议资料等特种类型的出版物。随着科研队伍的扩大,科研经费的增加,信息载体的改革,图书资料的出版量还在以某种特殊的函数上升。其次,在文献内容方面,则呈现着一派五花八门的局面,一种期刊包罗四、五门学科,成了真正的"杂"志,一个专业的文献大约有 50% 散见于其他专业的书刊。再次,在文献寿命方面,平均有效使用价值已经从 19 世纪的 50 年左右缩短到现在只有 5 至 15 年,某些新技术、新工艺的资料,更替更快,甚至刚刚出版发行,就为更新颖的内容所淘汰。这种文献资料堆积如山,同一学科的文献又高度分散,使用价值不断缩短的情况,给人们对它的利用带来了无法估计的困难,构成了矛盾的一个方面。

矛盾的另一方面是科学的继承性和继承的特定性。纵观历史,古往今来,一切科学技术上的发明创造,都是在继承利用别人的成果的基础上取得的。1859 年,达尔文发表的《物种起源》一书,奠定了进化论的基础,谁都承认他是这一巨大贡献的当之无愧的奠基者,但是达尔文本人却在该书前面,写出了 34 位学者的名字,实事求是地指出进化论思想早在他之前这些人就提到了或论证过,从而客观地反映进化论的建立是在继承中产生的。同时期的另一发现,细胞论的诞生,也同样说明了继承关系,首先观察到细胞并提出细胞概念的是 1665 年英国物理学家胡克,1831 年布朗又发现了细胞核,1835 年摩尔对细胞的有丝分裂过程作了专门记载,1838 年施来登和施旺正是继承这些人的成果之后,完成了细胞学说的创建。我国著名数学家陈景润之所以能把哥德巴赫的猜想,推进到接近于顶峰的高度,也是继承这一领域两百年来研究的结果。可以说继承是一切有才干的科学家的美德,正如牛顿在评述他自己一生成就时所说的:"如果我的发现比笛卡儿远一点的话,那是因为我是站在巨人的肩膀上。"这句话形象地表述了继承性是科学发展的客观规律,是攀科学高峰的重要条件。继承性不仅表现在从纵的方面,反映科学发展的历史连续关系,而且也表现在从横的方面与同代人的协作关系。同一个课题、项目,由于科学家的素养不同,条件不同,各有各的探索道路和研究方法,横向协作可以弥补各家的局限,取长补短,互相启发,共同提高,实质上也是彼此继承的关系。从 20 世纪以来,横向协作已经发展为国际性的潮流,各个国家为了发展自己的科学文化、经济建设,都在认真地继承各个时代、各国人民共同创造的知识成果,为本国本民族兴旺发达服务。所以,马克思对于科学的继承性作了如下概括,他说:科学劳动"部分地以今人的协作为条件,部分地又以对前人劳动的利用为条件"。在这里,所谓"今人的协作"就是横向交流,而"前人劳动的利用"就是纵向继承。

科学继承性原则,具体到利用书刊文献资料时,产生了需要的特定性。因为一个人在同一期间，只能探讨某一方面的问题，解决某一领域的技术，研究某一具体的课题，所以他们在继承前人劳动成果时，总是有选择地利用，有目的地需要，也就是说人们对书刊文献的利用，各自都有着不同的特定的要求，而这些特定的要求，正是湮没在当今浩瀚文献海洋里的科技情报。

科技情报学就是上述矛盾的统一体，它以巨大数量的图书资料作原料，从中提取情报，分析情报的价值。浓缩情报的水份，研究情报的组织利用，满足不同用户千差万别的特定需要，从而解决情报与利用之间存在的特殊矛盾。因此，科技情报学的对象是研究含于书刊文献中科技情报与人们实际需要之间的矛盾规律，及其促进这一矛盾相互转化运动的方法。

二

科学研究的对象，所揭示的是这门学科的特殊本质，围绕本质开展研究，内容将是多方面的。同时随着矛盾运动的发展和工作实践的需要，在不同的历史时期，其内容和形式也非常不同。在早期，科技情报工作包含在图书馆工作中，那时书刊文献不多，科技情报工作一般是通过书目参考工作表现出来，没有独自的形式和内容。随着情报数量大幅度增长，人们开始感到阅读全部文献已经相当困难，而以整本书为报道单位的图书馆书目工作，又不能充分详细地揭示书刊所含情报，于是对书刊所含情报进行必要的加工提炼，就成为不可避免的现实，这时就出现了按学科专业编纂的专门情报刊物。最早的情报刊物是1830年创刊的德国《药学总览》。它标志着科技情报工作内容的一次突破，凡此以后，以编制专题性和综合性的文摘索引作为科技情报的主要内容，大约相继了一个世纪。反映这一时期科技情报的研究内容主要是对文摘索引的编排体例作了一些改进，以美国《化学文摘》为例，从1907年创刊起，经过27年，到1934年才改动一次编制方法，其辅助索引则从两种增加到五种。之所以侧重于索引的研究，是与文献数量增长分不开的，1907年全世界只发表了7975篇化学文献，人类认识的化合物累计数到那时只有20万个左右，而到1937年时，全世界每年发表的化学文献已激增到63 038篇，化合物累计40万个左右，在这27年中，文献增长八倍，化合物翻了一番，这就不难看出，初期科技情报学的研究内容，仅限于解决文献检索和报道。到20世纪50年代左右，科技情报学作为一门独立学科已接近成熟，研究内容也进一步充实，除了文摘性刊物外，动态、综述、进展、速报等类型情报产品和著作都先后问世，存贮和检索水平更进一步提高，服务也从被动索取到主动提供，并初步向网络化发展，在这一时期的研究内容除继续解决检索问题外，开始了文献的分析与综合。60年代起，电子计算机储存和检索情报的成功，通信装置成为沟通中心和终端的桥梁，使科技情报学的内容焕然一新，达到了相对完整、系统的阶段。根据当代科技情报学的这些进展，结合我国情报工作的现状，我以为其基本内容有以下七个方面。

（1）情报资源学。这是对科技文献所含情报数量、质量，分布情况及演变规律的研究。通过这一课题的研究，可以了解各类文献的性质、特点、作用及变化趋势，掌握各学科各专业情报来源的渠道和分布规律，为提取情报优选出一个最佳范围，为搜集文献资料提供参考数据。情报资源学是整个情报工作的前期工作，它包括情报资源调查，出版事业动态分析，难得资料觅集方法，核心书刊范围选定等。由于各国科学技术发展的起伏，出版事业的兴衰，情报资源也将发生变化,因此对情报资源的调研也不会停止在一次调研的水平上,它也将随之变化而不断发展。

(2)情报研究学,又称文献分析学,是科技情报学的核心部分。所谓情报研究是对文献所载情报进行去粗取精,去伪存真,由此及彼,由表及里的分析综合过程。情报大体分两类:一类是微观情报,比如一个具体数据、公式,一项实验方法、设备规格,一篇文章,一个著者的经历等等。主要用于定题服务,解决科研、生产中的实际问题,要求具有明确的针对性和经济实用性,因此又称为战术情报;另一类是宏观情报,是通过对大量文献资料的分析、比较、综合而成的动态、综述、报告或专题调研材料,预测科学技术发展的某种可能性和途径,或者总结科学技术发展的规律和经验。主要用于定向服务,提供制订方案规划、技术方针、综合开发的依据,要求具有先进水平又结合我国国情,所以也称为战略情报。情报研究工作的难度较大,除了应掌握各学科的主要内容及进展,经常了解各国科学技术发展动向外,还要有各科专家的配合,借助科学学、未来学的知识,运用图书馆学、目录学的方法,从浩瀚文献海洋中筛选出优质的微观情报,从纷繁复杂的科技现象中,探索潜在的宏观情报,从而使情报工作能把握现在,总结过去,预测未来,帮助科技工作者从"必然"过渡到"自由"。

(3)情报编译学。将提取、研究的大量情报,加工整理为二次、三次文献,编译成情报书刊,这是情报编译学的范围。情报性书刊是科技情报学的主要产品,目前广泛传播的有文摘类、检索类、快报类、进展类、译文类和手册等。这些书刊的性质作用不同,内容形式各异、编辑体例也各有特殊要求。文摘类是原始文献的浓缩品和集成品,具有内容简练,收录齐全的特点;检索类是查找文献的工具,它能从各种角度和不同途径提供文献的线索和情报的出处,起到殊途同归的作用;快报类是撮文献之旨要,抢时间,争速度,及时向读者报道最新的成果,突出一个快字;进展类是集同类情报之大成,源于具体情报,又非具体情报,揭示出科学发展的动态方向;译文类是针对文种隔阂,帮助读者解决语言难关;手册是查找各种纯粹情报的工具,是有限量的简便的数据存贮器。情报编译学就是研究上述书刊的特点、性质、作用,编译方法及其相辅相成的关系。此外,机器翻译也是情报编译学的现代课题。

(4)情报管理学。情报管理包括情报存储和情报检索两部分,将千头万绪的情报有组织地存储,以备及时准确地检索利用,是科技情报学的中心环节。情报大都含于书刊文献,一般的情报存储就是图书馆的书刊管理。由于情报单位收藏的会议文件、技术档案、成果报告、缩微制品、声相资料及其他零散出版物较多,对这些类型特殊,载体不一的文献,应根据其内容和形式,研究统一的科学存储方法。各种数据库的建立是我国情报系统急待筹划的基本建设,关于数据库的设计和实施,势必成为情报存储的主要研究内容。情报检索也称文献检索,组织情报资料的次序称为检索系统;检索系统是由目录索引构成的,目录索引称为检索工具;检索工具有手工操作,机械操作,光电操作和电子计算机操作等,这些操作方式称为检索手段。情报检索就是研究多种途径的检索系统,高度集约的检索工具,快速的检索手段。

(5)情报网络学。作为精神财富的情报资料,要转化为科研、生产的动力,必须解决情报传递问题,迅速有效的传递情报信息是建立在高度周密的网络化基础上。情报网络学是将各类型、各系统、各地区规模不一,星罗棋布的情报机构,统筹安排组织成为有机联系的整体,像电子线路一样将成千个电子元件组合起来,传递信息和协调作用。情报组织网络化,网络设备现代化,这是衡量一个国家社会科学能力水平的标准之一,也是科技情报现代化的重要内容。

（6）情报服务学。情报服务是运用以上五个门类的研究成果,实际解决情报与利用的矛盾,是沟通用户与情报机构的结合部,是科技情报工作的前沿阵地。由于人们在生产、科研和社会实践中,对情报的需要不尽相同,因此情报工作的服务方法也多种多样,目前国内外一般的服务方法是:①零星咨询服务,通过代查代印代译等方式,解决个人读者在工作、学习上的具体问题,满足一般的情报需要;②定题跟踪服务,围绕既定课题、项目,按时按质提供该课题的有关文献和最新成果,配合研制工作直到成功;③定向预测服务,根据国家的重点项目,组织力量搜集文献资料,预测该领域的发展前景和途径,当好领导部门的情报参谋;④研究进展中的服务,通过对各项目研究进展的报道,使各单位了解有关项目的势态,及时协调计划,修改方案,促进进度;⑤通报新文献,推广新成果,大面积地主动介绍情报资源,供人们选择利用。此外,我国还有深入现场,了解需要,送货上门的服务传统等。情报服务学的基本任务是研究读者用户的需求内容、目的,寻求各种方法,满足他们的需要,启发他们的思路,开拓他们的视野,是一门实践性较强的学问,是科技情报工作的最终目的,是检验情报工作质量数量的主要标准,因此必须重视和加强这方面的研究,认真总结基层的服务经验,找出我国现阶段情报服务的规律和特点,创造出更多的方便读者的方式方法。

（7）情报基础理论。基础理论包括马克思主义科学技术论,科技情报发展史,科技情报的性质、对象及作用,科技情报工作的方针、政策及任务,各类情报机构的体制协调,情报人员的教育培养等。研究基础理论的意义在于指导工作实践不断向广度和深度发展,建立健全情报事业的科学管理和工作秩序,培养造就情报工作的专业理论队伍。

以上是根据科技情报学特殊本质和当前实际,归纳出的内容的概括,并不等于科技情报工作的全部活动。固然在情报实践中,其内容可能更为丰富多彩,例如组织代译、成果登记、学术讲座等,那是因为实际工作负有一定的行政工作任务,这些工作任务,并不构成学术研究的内容,如果把实际工作与学科研究完全等同起来,就把握不住科技情报的本质特点,也就无从辨别和确定它的范围和内容,造成研究的随意性和工作杂乱无章。从这一点出发,强调用马克思主义的认识论来指导区分和确立科技情报的研究内容,有正本清源的意义。

三

我国的科技情报学本来就比较落后,经过"文化大革命"后,现在与国外先进水平相比,大约差距20年,为了赶上世界先进水平,使之真正走在科研、生产的前面,起到"三大革命运动"的耳目、尖兵作用,当务之急要加强以下几项工作。

（1）加强情报理论的研究。由于我国科技情报工作建立和形成系统的时间较短,在一定时期内,着手于开创局面,侧重情报的储备和服务是必要的,现在全党工作正在进行历史性的转移,各行各业对情报工作提出了更高的要求,因此加强情报理论的研究就成为进一步提高情报工作质量,发展情报事业的关键。事实证明,没有理论指导的实践。基础是不牢靠的,甚至还会是盲目的实践。一些具有相当规模的情报机构至今未能充分发挥作用,原因之一就是忽略了理论研究,对情报工作性质不够明确,对开展工作的方法不甚了解,所以满足不了用户的需要。加强情报研究,首先要研究那些影响科技情报事业发展较大的课题,解决直接作用于国民经济的技术措施。比如科技情报的性质作用,各类情报机构的设置和任务,中文情报刊物的组织协调,自编检索工具的成龙配套,重点学科数据库的建设,图书情报网络的组成,情报服务的方法等。同时也应体现长远的发展观点,研究未来的前景。其次在研究工作中要使专门研究和广泛的自由讨论结合起来,形成一支不是少数人,而是有着深厚群众基础的理论队伍。使学习国外先进技术和大胆独创结合起来,真正融会贯通"外为中用"的原则。国外的情报技术和管理方法,是有许多值得我们学习、借鉴的好东西,但是它们的情报理论观点,则受到资本的约束,反映资本竞争的需要,例如"情报万能论"、情报是"时代的支柱"等,无限夸大情报的作用,实际上取消了情报的特定作用。又如"情报危机论""情报爆炸论"等,表现出对于出版物的增长现象无能为力和消极被动。再如从信息载体的发展和电脑的局部应用,引起对传统图书及其工作的怀疑和人在情报活动中无足轻重的推论。所有这些观点,都应加以审辩,而后取舍。我们自己的情报理论和工作方法,不能照录照传外国的,依样画葫芦,而应解放思想,开动机器,实事求是地敢于打开这一禁区,在理论上、方法上、内容上有所创新,有所发展。我国的社会主义制度为发展情报学提供了政治保障,20多年的情报实践,提供了正反两个方面的有益经验,只要我们认真贯彻"双百"方针,提供研究条件,活跃学术空气,不拘一格地发挥图书、情报、资料工作者的研究积极性,就能在较短时间内提高我们情报理论水平。逐步建立、完善适合我国情况、富于民族文化科学传统的社会主义科技情报学体系。

(2)大力普及情报基础知识。普及的对象似应包括领导干部、用户和情报工作者。要让领导干部了解科技情报工作的意义和作用,促使他们关心和支持这一工作的健康发展。要让情报用户或读者懂得利用情报的基本方法,引导他们提高继承前人劳动成果的兴趣和效能。至于对情报工作者的普及教育问题,则是我国情报事业兴旺发达的基本前提。目前有许多新成立的专业性情报单位,以及部分老的情报单位,普遍地缺乏基础训练,工作停留在一般的借还资料阶段,有的认为搞情报就是搞翻译,有的认为情报活动是组织学术报告,因此使情报部门变成了单纯的翻译部门或专门举办学术讲座的场所。为了改变这种状况,急需大力开展形式多样的情报基础知识的普及教育,出版通俗读物,编印业务手册,制定工作条例,举办短期训练或函授教育,对在职情报工作者进行一次情报知识大普及。基层情报人员大多是本专业的内行,有的在业务上造诣较深,只要经过短期的情报工作理论、情报工作方法和基本功的训练,就能适应新的情况,积极开展工作。如果能用三到五年的时间,有计划有组织有目的地对专业情报单位的人员轮训一遍,那将不次于举办几个情报系(科)的作用,这是当前多快好省地扩大和提高情报队伍的主要途径。

(3)加速情报工作的技术改造和现代化装备的研究。采用先进技术和设备是彻底改变我国科技情报工作落后面貌的必由之路。为了加速这一进程,应该统筹兼顾,根据国家财力物力的可能,提倡土洋结合,两条腿走路。一方面研究改造现行分散的手工技术,使之走向相对集中的统一标准的半自动化技术,这是实现情报工作现代化的第一步。即使我们建成几个现代化情报中心之后,就全国范围而言,印刷载体文献的储存和手工操作的检索,仍然占绝大多数,不能指望都可以通过联机编目,人机对话来代替大多数情报单位的业务工作。另方面积极开展新技术、新方法的研究,为逐步实现文献存储检索电子计算机化,文摘检索、编辑自动化,复制技术光电化,其他业务管理现代化,而培养干部和储备技术。

(4)扩大交流。经验交流是互通情报的方式之一,作为专门从事情报活动的科技情报界,本身的交流却落后于其他学术界。近年来,虽然有些活动,但范围较窄,应扩大交流面,丰富交流内容。把国际交流和国内交流结合起来,介绍国外先进技术和管理方法,能开阔眼界有利于借鉴和引进,总结推广国内经验则更为重要,它具有现实可能性和广泛适应性。目前,扩大交流的形式,主要是创办和办好一批情报刊物,一个区域要有一种,全国性的刊物重点是学术研究,地方性的刊物则应以经验交流为主,只有这样才能满足情报界日益增长的迫切需要,推动科技情报工作者互相学习,共同提高。

(5)密切与相关学科的协作,科技情报学就其性质来说,是一门边缘交叉的综合学科,他所涉及的知识横跨社会科学、自然科学、技术科学三大部类,其中关系尤为密切的是图书馆学。图书与情报是有着亲缘关系的一对学科,它们的内容彼此渗透,服务于同一对象,共用着许多方法技术,科技情报学的崛起,带动了图书馆学进入新阶段,图书馆学的传统历史对科技情报学的发生发展起过助产作用。当代科学学认为,图书和情报是共同构成社会科学能力的因素之一,是人类利用知识成果的双翼,鸟儿无论缺少任何一翅,都只能扑跳,不会飞翔。所以图书和情报的协作,不只是工作上互通有无的一般需要,而且将对这两门学科的发展,产生深远的影响,如同其他许多系统工程一样,将由图书和情报组成人类管理、利用、传播书刊文献的综合系统,充分发挥它们的潜在作用。正如恩格斯早就希望的那样:在各门科学的接触点上,"恰恰可望取得最大的成果"。

现在,我国正处在一个伟大的历史转变时期,"四化"并举,万紫千红,构成了一幅壮丽图景。可以相信,科技情报学在绘制这幅万里宏图中,必将起到一支彩笔的作用。

(选自《图书馆学通讯》1980 年第 3 期)

关于开展"知识学"的研究的建议

彭修义

我向我国图书馆学界提出一项关于开展"知识学"的研究的建议。

开展"知识学"研究的必要性

现在，西方世界流传着一种"知识信息爆炸""情报爆炸"的说法，并且出现了解决这种爆炸的有效手段，这就是利用电子计算机进行情报检索。但是，电子计算机用于情报检索，仅仅只能解决知识信息在计算机系统的存取问题，对于这些知识信息如何存入人的大脑，变为人们头脑中固有的知识，它并没有解决，也不可能解决。

自从人类学会制造最原始的生产工具——石器以进行生产以来，人类知识的进程便开始了。经过大约一百万年的积累，已经发展成今天这样的拥有两千多门学科的知识体系。这些学科相互交叉渗透，组成了一个有机的知识网络。人们常常用社会科学、自然科学和应用技术来对现有的知识体系进行分类，其中基础学科为数很少，绝大部分都是边缘学科、交叉学科，而且边缘学科、交叉学科不断产生的趋势有增无已。就是在这些基础学科中，也不断渗透进其他学科的知识，不吸收其他学科的知识，这些基础学科很难孤立地有效地发展。我们知道，自然界的一切事物在它们发展的链条上都是互为中介的，都是互相交叉渗透、互相包含的。所以，以它们为研究对象的各门学科就自然表现出互相交叉渗透的特点，这是边缘学科、交叉学科存在和不断产生的现实物质基础。科学在不断地分化，同时又在不断地综合。人类的实践活动使认识不断地深化，知识不断地产生和更新，而知识每前进一步，都要求人们从新的更广泛的角度来概括。同时，随着社会的向前发展，人们的实践活动也不断地扩展和深化，展现在人们面前需要人们认识和解决的事物也越来越复杂，研究一个复杂的事物又需要多学科的知识，这就是综合性学科产生的根本原因。科学的不断分化和不断综合，是现代科学技术发展的基本趋势和基本特点。这种科学的不断分化和不断综合以及知识信息量的急剧增长，既是一件大好事，同时又给我们带来了学习和掌握的困难，这是一个事物发展的矛盾着的两个方面。科学的这种发展趋势迫切需要我们去认识它、解释它、驾驭它，否则将使科学技术的发展陷入盲目的境地，从而最终影响科学技术的发展；面对两千多门学科的庞大的知识体系，也迫切需要我们去掌握它。要完成摆在我们面前的这一艰巨任务，就需要我们对知识这一现象进行研究，弄清它的本质，找出它的发生发展规律，就需要我们从整体上对科学知识进行总结和概括。于是，以科学知识为研究对象的"知识学"就在这种客观形势的迫切要求下诞生了。

"知识学"的对象、内容和研究方法

什么是知识？知识就是人们对客观事物及其过程的认识和描述。描述是知识和认识的关键性特征。凡是认识了的东西都是可以描述的，而一个事物，人们不能描述它，便谈不上对它有什么知识和认识。当然，认识是一个过程，因而对应于各认识过程的知识只具有相对的意义。人类的认识过程永远不会完结，因而作为认识的结晶的知识也就永远不会有停止的终点和顶峰。

知识学，顾名思义，就是研究人类知识的科学。它研究知识的产生和发展，知识的性质和内容，知识的结构和功能，知识的利用和转化，探讨知识与人类、知识与科学技术的关系，以及人的知识结构对人类和科学技术发展的影响，从而做为我们制订科学技术政策和确定相关行动的一种依据。

人类知识内容丰富，包罗万象，并且已经形成具有两千多门学科的知识体系。知识学既然以人类知识为自己的研究对象，它就必然要考察人类的全部知识，因此知识学是一门研究一切知识门类的综合性学科。但是，知识学的研究内容和研究方法同各学科不一样，它并不做各学科的开拓性工作，它并不通过自己的研究发展各学科的具体内容。它只是追踪科学技术发展的脚步，只是综合各学科的已有知识，从而在知识的全体上把握知识的特点和它的发展规律，为各学科的发展提供借鉴，因此它的特点是综合。当然，这种综合是在分析基础上的综合。它通过自己的综合，使知识按照它的研究对象的辩证发展的本来面目组织起来，成为一个既互相联系又互相区别的有机的整体，使知识呈现在我们面前的是一张用唯物辩证法交织起来的知识网络，通过这张网络，我们可以清楚地看到各学科知识的内容、结构、功能和相互间错综复杂而又统一的辩证关系。它通过自己的研究，找出知识发生发展的规律，解释知识的现状和预见它的发展趋势。它通过自己的研究，找出知识与人类、知识与科学技术的关系，以及它如何通过人的中介转化为科学技术，并从而转化为具体的生产力的。它研究一个人，或者一个社会集团应该具有怎样的知识结构，才能使科学技术更快更好地发展。为了达到最优化的知识结构，我们的教育，我们的公共文化事业以及其它一切事业应该如何配合起来，协同动作，共同造就高质量的人才。

知识学是关于人类知识的学问。知识来源于人的认识，它自然要以马克思主义的认识论作为自己的理论基础和研究的出发点，也自然要从人类的认识史和思想史的研究中得到借鉴。知识学既然是从综合的角度从历史的发展上考察人类知识的具体门类，它自然要用自然辩证法来指导。离开了马克思主义的认识论和自然辩证法的指导，知识学的研究将寸步难行。同时，知识学要以各门学科的现有水平做为自己的立足点和出发点，所以，不熟悉各门学科的具体内容，知识学的研究和它的体系的建立也是不可能的。因此，研究知识学需要具有广博的学识，而一个人的精力和知识是有限的，这就需要各学科人才的通力协作。要使知识学完全立足于科学的基础之上，要建成一个完整的知识学体系，不是一朝一夕所能做到的，也不是某个人或某一专业的人才所能完成的，恐怕需要各学科的并且是几代人的共同努力。但是，建立知识学学科体系的任务又是可以完成的，因为物质世界是一个有机联系的统一整体，它是按照自己的固有规律运动和发展的，而这些规律又是可以认识的。人类的大脑具有无限的认识能力,它虽然不能穷尽真理,但是却可以通过人类的实践无限接近这个真理,这就是我们满怀信心的根本原因。

<h1 style="text-align:center">知识学与图书馆学</h1>

知识学和图书馆学有着特别亲密的关系,这可以用它们存在着共同的研究对象来证明。

关于图书馆学的研究对象,在我国已经探讨了几十年了,有关"要素说""矛盾论""规律说"的各种学说,是我国图书馆学工作者长期坚忍不拔地探讨的结晶。图书和读者是图书馆工作的两大对象,而图书的内容是知识,图书是知识的载体。所以,知识、图书、图书馆和读者是图书馆学的四大研究对象,这四个方面及其特殊的矛盾运动,构成了图书馆学区别于一切其他学科的重要标志。具体地说,图书馆学要研究知识、图书、图书馆的发生发展规律;研究它们相互间以及与读者间的相互关系和矛盾运动;研究知识的性质和内容,结构和功能;研究图书的收藏与利用,藏书的建立与更新;研究图书和读者、图书馆和读者如何通过知识这一中介而联系起来,以及知识如何通过图书和读者表现自己的存在和实现自己的转化。

既然知识是图书馆学的研究对象的一个方面,而知识学又以知识为自己的研究对象,那么知识学就自然是图书馆学的内容之一,知识学的理论和内容自然是图书馆学的基本理论和基本内容的重要组成部分。当然,应当顺便指出,知识学也要考察图书馆学的研究内容,这是自然界的一切有关事物互相包含的一个例证。

知识学对于我们图书馆学工作者有些什么重要意义呢?我们图书馆工作者对于知识学的建立负有怎样的责任呢?我们是以图书为武器来为读者,并从而为社会主义革命和社会主义建设服务的,而知识是图书的灵魂,我们在宣传图书,实质是在传播知识。我们的工作要求我们开展对于知识学的研究。譬如采购工作,我们应该采购些什么内容的图书呢?如果我们懂得合理的知识结构对于一个人、一个单位的重要意义,懂得要做好本专业的工作必须有若干学科的知识,我们的藏书就不会纯而又纯地只限于本专业的范围,我们就会合理地组织藏书。又譬如读者工作,如果我们不懂图书的知识内容,不懂开展某项工作需要哪些方面的知识,我们怎么能宣传图书,怎么能有针对性地向读者推荐和提供图书?至于图书分类工作,不懂科学知识,不懂图书分类法,便不能做好图书的分类,图书馆的其他一切工作也无法开展,图书也无法利用。我们的图书分类法的编制更需要我们开展对于知识学的研究,才能使我们对于图书知识的分类大致地跟上科学技术发展的步伐,不致陷入步步被动的局面。我们要不断地紧紧地跟踪现代科学技术发展的脚步,要用我们对于知识学的研究成果指导我们的工作。

当前,在知识领域,的确出现了"知识信息爆炸""情报爆炸"的严重局面。这一方面说明了知识量、情报量的猛增,另一方面也说明我们的理论工作的薄弱,我们尚没有建立一种有效的理论、一门新的学科来驾驭它。现代科学技术突飞猛进、日新月异,科学的日益分化和日益综合,边缘学科、综合性学科的不断出现,这些向我们提出了严重的挑战。我们能不能掌握知识和科学技术发展的规律,能不能驾驭不断发展的人类知识,能不能从容裕如地处理不断出现的各种新的事态,成了摆在我们面前的严峻考验。解决它,是全体科技人员,特别是我们图书馆学工作者的历史使命和义不容辞的职责。我们的图书馆工作者,多年来一直在探索各种解决途径和解决办法，但是，大多只偏重于形式上的解决，只限于技术上方法上的探讨。我认为，我们还要开辟另一条战线，我们要直接从知识及其学科开刀，我们要开展这一方面的理论研究工作，从而使我们的各种探索建立在扎实的理论基础之上。我感到，我们大学图书馆学系的基本理论和基础知识实在薄弱，那种科技概论式的课程实在令人沮丧，那种浅尝辄止的培养学生的方法实在误人子弟，它不适合我们培养人才的目标，它对具有旺盛精力和强烈求知欲的青年学生的积极性是一种打击和挫伤。我们应该改变这种情况，我们应该以丰富的知识武装学生的头脑，我们应该努力建立一门知识学的新学科体系，为本专业的学生提供系统的理论和系统的知识，为他们将来走上工作岗位打下坚实的基础。我们要用我们坚定而有成效的努力填补科学事业的这一空白，为我国科技事业的发展做出我们应有的贡献。这就是我的建议，这也是我的希望。

我国图书馆学界的同行们，我的建议是否可取？知识学究竟存在不存在？我们有没有必要开展对于知识学的研究？有没有可能建立知识学的学科体系？我衷心地希望能够得到同志们的指教。

（选自《图书馆学通讯》1981 年第 3 期）

论我国新时期的图书馆学研究

邱　昶　黄　昕

只要没有偏见和不是别有用心：谁都会承认如下铁一般的事实——党的十一届三中全会以来，随着图书馆事业的复苏、更新和迅速发展，我国图书馆学研究也出现了一个前所未有的喜人局面：图书馆学论文如雨后春笋般地涌现，1979 年，为了迎接全国图书馆学会的成立和第一次图书馆学科学讨论会的召开，全国各地撰写了近 1000 篇论文。据公开报道的资料统计，1980 年全国和各地图书馆学会(或组织)举行图书馆学科学讨论会的有 26 个，其中有 18 个共收到论文 1387 篇。1981 年，据对 30 个图书馆学刊物的粗略统计，仅上半年就大约发表论文 1200 多篇。至目前为止，全国共有省(市)以上的图书馆学刊物约 35 个。图书馆学论文不仅数量逐年增多，质量也逐步有所提高，图书馆学传统性的"禁区"正在不断被突破，其研究的触角已深入传统图书馆学范畴以外的情报学、文献学、档案学、科学学、未来学以及物理学、电子学、应用技术等学科和领域；每年全国各地出现的数以千计的图书馆学论文，无论对目前传统的图书馆工作和技术，还是对正在进行的图书馆现代化建设，都有着积极的指导意义；伴随着图书馆学研究的蓬勃兴起，一支以中壮年图书馆员为骨干、包括老一辈图书馆学专家和青年图书管理员的图书馆学研究队伍正在日益壮大，我国图书馆界充满了学术气氛和科研活力。所有这些，都是过去任何时期所不能比拟的。

但是，这是否意味着目前我国图书馆学的研究已经达到了理想的境界？新时期的图书馆学研究，在对待历史与现实、传统手法与现代化手段、坐而论道与解决实际等等问题上，是不是已经完美处之而"无懈可击"呢？

答案是否定的。

科学研究是一种探索性的实践活动，"带有经过思考的、有计划的、向着一定的和事先知道的目标前进的特征"。有鉴于此，本文拟从图书馆学研究的现状及今后开展的路向阐述一管之见，就教于图书馆界专家和同仁。

一

图书馆学是一门古老而又年轻的科学。从历史的角度看，它源远流长，在我国已经有 2000 多年的历史；用现代的眼光看，它发展十分迅速，虽然从开始使用"图书馆学"这一学科名称距今只不过 170 多年的时间，其带根本性的变革和进步却令人目不暇接。然而，不管古老也好，年轻也好，只是图书馆学发展史上的一个时间概念，不能概括它在某一方面的特性。尽管如此，透过图书馆学所走过的漫长的历史脚印，我们却十分清楚地看到图书馆学与图书馆事业及整个图书馆工作之间息息相关的内在联系。可以这样说：在图书馆事业和图书馆工作留在文化、科学史册的印记上，都有着图书馆学的"拓本"，而在近代特别是现代，图书馆学已由机械、直观的"拓本"一跃而成为能动、高深的"经典"了。就是说：图书馆学已经不仅是图书馆事业和图书馆工作规律的一般概括和总结，在日新月异的今天，还应该是图书馆事业和图书馆工作沿着现代化轨道迅猛推进的指南。

44 年前，毛泽东同志曾深刻指出："对于某一现象的领域所特有的某一种矛盾的研究，就构成某一门科学的对象。"图书馆学的对象，就是图书、图书馆和读者诸要素构成的图书馆事业及图书馆工作。显而易见，图书馆学研究的现状好与差、水平高与低，图书馆事业和图书馆工作可以起到反证的作用。那么，我国图书馆学研究的现状和水平究竟怎么样呢？在回答作出以前，让我们先看看世界，实事求是地分析一下国情。

20 世纪 50 年代，电子工业技术不断进步，向生产、科学甚至生活各方面渗透。据报道，世界各国图书馆实现自动化计划的已经超过 2 万个，今后将会不断增多。在此基础上，目前许多国家已经建立或正在建立国内以至世界性的现代化图书馆网，进行国内外协作，实现国际资源共享。

在国内，素以拥有四千年文化遗产为荣的十亿人口的泱泱大国，不得不承认：我们落后了！而每当各项事业大上时排在最后面、当"下马"风一来却又首当其冲被砍掉的图书馆，与先进国家比较，被拉下了更大的距离。按下"现代化"话题不表，多年来"左"倾错误路线给图书馆造成的不良后果，又使我国图书馆事业长期处于落后的状态。

那么，以图书馆事业和图书馆工作规律为研究对象的图书馆学是否正视了这一现实呢？是否无所畏惧而又实事求是地剖析图书馆界所共同关心的种种社会问题呢？是否把解决同行们在实际工作中碰到的疑难作为己任呢？又是否为无限美好、动人的图书馆现代化从理论到实践上描绘出宏伟的蓝图呢？很遗憾，恰恰在这些"实打实"的问题上，我们的图书馆学研究却显得软弱，涣散，收效甚微——或者叫做新时期图书馆学研究的缺陷，其主要表现如下：

（一）研究选题偏离现实

这是图书馆学研究缺陷的主要症结所在。长期以来，图书馆学的研究机构和个人很少或根本没有同国家决策机关和实际工作部门发生联系，科研选题与实际工作扣得不紧，论文的时代感不强，从而使得教学、科研实际上成了一种一般的社会职业也即谋生的手段，而不必具体担当社会责任，使得研究人员（当然大部分是在职的图书馆员）在选题、取材、撰写论文的时候，乃至论文发表以后，也很少或甚至就没有考虑过从事图书馆学研究的社会效果。结果是，历史变化了，社会前进了，科学发展了，问题产生了，也很难引起强烈的科研欲望，在尖锐复杂的社会问题面前无动于衷，在突飞猛进的科学技术面前因循守旧，争着搞"与世无争"的常规课题，习惯于空来空去的坐而论道，不痛不痒，四平八稳，甲乙丙丁，人云亦云，科学的内在精神被大量公式化、机械化、简单化的东西所代替。由于图书馆学偏离了自己生动活泼的对象，当然也就失去了力量。

比如"现代化"这个主题，在目前，它成为全党工作的着重点，在科技战线，它成为科学家们攻坚的制高点，在文艺界，它又成为文艺工作者所追逐的热门题材。可是在图书馆学研究中，对它的反映却颇为冷淡，近期虽有《计算机与图书馆》这样的专业性杂志面世，有关现代化图书馆的文章、译介也零星散见于各地报刊，但毕竟没有引起足够的重视，没有给予"着重点"的一席。1979 年在全国图书馆学会第一次科学讨论会上,"三史"(中国书史、中国目录学史、中国图书馆事业史)方面的论文有二三十篇,占全部论文的五分之一左右,有人曾津津乐道过。我们想,如果也有五分之一的比例探讨现代化的内容,该有多好!

再如,放弃对活生生的社会问题和实际工作的探讨,而热衷于打空来空去、无的放矢的笔墨官司,把聪明才智完全投资于引经据典、咬文嚼字的学究式的论争之中,如对"什么是图书馆学"的论战就是一例。这场论战,始于 1958 年,时至今日已有 23 年了,不仅毫无偃旗息鼓之意,反而大有"重整旗鼓"之势。争来论去,无一结果,却越发令人如坠烟雾之中。笔者确实不明白为何给图书馆学"固定"一定义而兴师动众,混战 20 多年的优越性何在? 如果把这 20 多年的时间,投入这么多的人才智力,用来研究切合实际的其他课题,该有多大的收获啊! 笔者并不反对给"图书馆学"以恰如其分的定义和评价,更不反对富有意义和卓有成效的百家争鸣。事实上,刘国钧先生 1957 年《什么是图书馆学》一文,在当时还是比较准确地阐明了这个问题的。如果说过去的论战或对刘先生的批判是在"左"倾思想指导下战斗的话,那么在历史以崭新的面貌跨进新时期的今天,这样的论争就不仅没有必要,而且是毫无意义的了。纵观各家争论的要点,分析诸多"分歧"的字句(有人统计过共有十余种不同的观点),如果去掉"社会主义""现代"等限制词,必须老实承认,笔者的确看不出争鸣的百家原则性的分野何在。

(二)研究方法简单划一

图书馆学研究水平的高低与研究方法的优劣有着直接的关系。不能设想,低劣的研究方法会取得高水平的研究成果。目前,我国图书馆学的研究方法太少,简单划一。过去,我们受苏联那一套规范的影响较大,比较保守和单调。现在,一些研究人员又不大注意研究方法的改进,特别不重视吸收自然科学,首先是数学的新成就为我所用。这样,对于大量出现的图书馆的实际问题,许多人就只能停留在定性分析上,无法进行定量的研究。简单划一的研究方法,必然产生水平不高的科研成果。很多论文枯燥无味,有些平平淡淡,可有可无,甚至还有相当部分重复他人的劳动或拼凑得来,究其原因,除研究的目的性不明确外,单一的研究方法是产生研究次品或废品的重要因素。

(三)研究队伍亟须提高

近年来,我国图书馆学研究虽然有了一支人数颇为可观的队伍,但从其素质来讲,还是不够理想的,严格地说,其中的大多数还担负不了新时期的图书馆学研究工作。由于科学技术的飞速发展及其对图书馆学的冲击,造成图书馆学的分支和边缘学科越来越多,有关的科学技术领域不断涌现,因而多数图书馆员的知识面相对地显得越来越窄,他们对新生学科、相关学科知之甚少。这样,在图书馆学研究中一接触到实践性、技术性强的课题,就显得无能为力,束手无策,实际上就等于削弱了图书馆学的力量。

综上所述,可以看到,图书馆学研究的落后状态,直接影响图书馆事业的发展。严峻的现实雄辩地说明:为了更好地充分地发挥图书馆在"四化"建设中的作用,加速图书馆现代化建设,我国新时期的图书馆学研究到了需要认真改革、并获得新的发展和进步的时候了。

二

当今世界,围绕着科学的发展和进步,许多年来,在西方科学哲学领域中的争论是非常激烈的。当代科学学的创始人、著名物理学家和科学史家贝尔纳认为:科学是一种建制,科学是一种方法,科学是一种积累的知识传统,科学是一种发展生产的主要因素,科学是构成宇宙观的一种强大力量。而英国著名的科学哲学家、证伪主义代表卡尔·波普尔则认为:科学的本质就在于永无止境的探索。犹如"探照灯",它总是把探索的光柱投向遥远的未知国土。科学本质上是革命的、批判的,是任何形式的权威主义、教条主义不可调和的敌人。波普尔在晚年为了总结性地阐明这一观点,还把他自己半个世纪以来的工作,凝缩成一个"四段图式",这个图式是波普尔的科学方法新理论的最新结晶和典型形式:

Pl→TT→EE→P2

其中 Pl 是问题,TT 是尝试性的理论,EE 是通过检验消除错误,P2 是提出新问题。这个图式表示:科学开始于问题又终结于问题:

问题 1→尝试性的理论→通过检验消除错误→提出新问题

与波普尔的科学发展模式有异曲同工之妙的是美国科学家托·库恩的科学革命结构。他们的共同点在于把科学的发展看成是不断地批判和革命的过程,都十分强调"问题"在科学理论变更中的地位和作用。库恩的科学革命结构的图式是:

前科学→常态科学(形成规范)→危机→革命(形成新的规范)→新的常态科学→……

如果按照这样的图式,很明显,我国图书馆学正处在"危机"和"革命"阶段的交接处。图书馆学要想获得新的发展和进步,就得克服"危机",进行"革命"。而在"革命的前夕",首要的是必须有明确的出发点,即科学目标,选择好科学研究的突破口。

出发点问题,对一切科学学科来说,都是属于基础性的问题,对社会科学更是如此。背离了正确的出发点,科学劳动就会丧失其崇高的价值,甚至陷入歧途。科学和谬误往往是由此分手而通向各自的彼岸的。换言之,社会科学只有时时注意人类社会的每一个发展,把认识的新水平和获得的新知识作为自己的新起点,无所畏惧而又实事求是地解决现实生活提出的各种问题,才能永葆科学的青春,造就自身的发展。正如不久前胡耀邦同志在中国科学院所说的那样:一切科学(包括自然科学和社会科学),要引起人们的追求,引起人们的喜爱,引起人们的支持和赞助,首先必须使这门科学同人们的生活,同实际,同人民需要解决的问题紧密结合在一起。否则,它就必然要走向萎缩和僵化,甚至走向自己的反面。爱因斯坦在谈到科学目标的重要性的时候,指出:"只要存在着这些目标,科学方法就是提供了实现这些目标的手段。可是它不能提供这些目标本身。科学方法本身不会引我们到那里去的,要是没有追求清晰理解的热忱,甚至根本就不会产生科学方法。"他从自己切身的科学实践活动中体会到,一个科学家要像虔诚的宗教徒建立自己深挚的宗教感情,或者是青年人谈恋爱的热烈感情那样,来建立自己的科学目标和科学信念。要是没有这种热忱,就很难在创造性的科学研究工作中取得成就。我们搞图书馆学研究的同志,不正是需要这样高度的事业心和顽强的科学信念吗?我们选择怎样的出发点,以什么选题作为突破口,不仅是对科研水平和能力的考核,同时也是对自己的道德、良心和社会责任感的检验。

科学需要正确的出发点,而正确的出发点必须建立在为人类谋利益上面。在今天,我国图书馆学的基本出发点和归宿就应该是为"四化"建设服务,具体点说,就是为尽快促进我国图书馆的现代化、更充分地发挥它在"四化"建设中的作用服务。为了达到这个目的,在图书馆学研究中,我们必须紧紧把握住选题的社会价值。

对于社会科学来说,出发点本身就包含着价值。这个价值,是由它研究对象的不同层次决定的。一般地说,层次水平越高价值就越大,反之则反是。而价值量的大小则决定于科研选题本身的尖锐性、现实性和广泛性。所以,我们图书馆学研究,必须在这"三性"上大做文章。

科研选题的尖锐性,主要是指选题对社会常规状态的冲击程度。目前,我们有些研究人员缺乏胆识和气魄,害怕选择尖锐性的课题,竭力回避科学劳动上的风险,总喜欢选择那些与世无争,甚至冷门生僻、无人问津的题目。这样,他们的研究虽然也能给自己带来某些好处,但对于社会的进步、图书馆学的发展却是可有可无的。当然,我们对传统和习惯的冲击,并不是要去否定传统和习惯中正确的东西,如我国的目录学、版本学等就给我们留下了十分宝贵的遗产。我们所要开刀的对象,只是传统习惯以及社会上落后的、保守的和不科学的成分,使其更好地适应新时期图书馆事业的发展,为中国人民,乃至全人类造福。必须指出的是,平淡无奇、人云亦云的东西固然不会产生尖锐的社会作用,而毫无意义、脱离实际的标新立异、危言耸听也同样不会起到这种作用的。我们的结论是:新时期图书馆学最尖锐的课题就是那些敢于对抗旧的传统和习惯,敢于和正在进行中的不代表发展和进步方向的事物相抗衡的研究。

围绕着"我国图书馆事业比起先进国家来还是十分落后的"这一命题,32 年来,应该说我们还没有进行认真、严肃、有的放矢的研究。长期以来,我们习惯于在"左"倾思想指导下进行生活、学习、工作和科学研究,习惯于对任何形势的估计都是运用"九个指头与一个指头"的比例关系,习惯于"在革命路线的光辉指引下",诸如此类的固定的语言模式。对旧的传统和习惯势力视而不见或避而不见。习惯于大做"绝对正确""不偏不倚"的官样文章。近年来,虽然已经开始有涉足这一命题的文章出现,这当然是十分可喜的,但数量毕竟太少。而对这个问题的研究,却是根本回避不了的。否则,哪怕你有再好的愿望、再大的决心、再美的蓝图,也将一事无成。这是摆在我们面前一项艰巨而要担当风险的科研任务。新时期的图书馆学研究者,有作为的图书馆员,应该挺身而出,遵循四项基本原则,以革命导师特别是列宁关于图书馆的一系列论述为指南,实事求是地探讨我国图书馆事业落后的表现、原因、危害和产生的根源,写出一批无愧于新时期图书馆事业的高水平的论文来。

科研选题的现实性,主要是从实用角度考虑的。科学并不创造目的,但科学是有目的的。这个目的,就是为了达到实际的目标提供手段。从广义上讲,科学的天职在于探求未知,一切未被认识的东西都应该是它的对象。但是,就其现实意义上说,科研选题还是有其轻重缓急的,现实性最强的问题,无一例外是人们最关心和迫切希望解决的实际问题。对于图书馆来说,随着科学技术的发展和全党工作着重点的转移,整个社会和图书馆界最关心和迫切要求解决的问题,是实现图书馆现代化的问题。

国外电子计算机的广泛运用和国际性的数据资料处理中心的建立,促使我国用以组织全国图书馆网,指导馆际互借,调度图书资料,传递知识信息、检索中心的研制,给图书馆学提供了新的研究内容。

为适应现代化图书馆的科学管理,对基础业务工作的标准化和规范化、图书馆干部的专业化以及图书馆组织的网络化等的研究,对相关科学如图书馆建筑、图书馆统计和读者心理的研究以及对传统的目录学、版本学和方志学的更高水平的研究等等,都向图书馆学研究提出了更多的新课题。

不断出现的新科学、新技术,也将不断扩大图书馆学的研究领域。

凡此种种,说明当前图书馆学面临着一场严峻的挑战,科学技术的发展给图书馆学提出了更多、更新、更深,更广的科研课题。各方面的事实已经证明,我国现有的图书馆学研究急待提高和发展;图书馆现代化的实现,除图书馆界和其它各界的共同努力外,特别有待于图书馆学理论的指导。科学技术的发展已经千百次地验证了这个事实:理论上的任何突破,都将会给实践工作带来难以估量的重大影响。

科研选题的广泛性,是指选题本身具有的普遍意义。科研选题作为科学的入口,愈具有广泛性,其社会作用就愈大、愈强烈,因为科学活动的意义不仅是客观的,而且是横向和纵向的完整统一。我们只有把握住"广泛"这个基本目标,才会有利于科学的发展。

目前,我国图书馆学研究,有几种倾向值得注意,一是应用研究十分薄弱,不仅人力物力投入少,而且大量的基础研究成果长期无法应用;二是在现实问题研究上所投力量过少,过多的致力于历史的研究,造成重点上的本末倒置;三是对外国问题的研究有一定盲目性。因此,要求科研选题具有广泛性和针对性,就必须掌握以下原则:在基础研究与应用研究上,应以应用研究为主;在历史问题与现实问题研究上,应以现实问题为主;在外国问题与中国问题研究上,应以中国问题为主。我们的各级图书馆学会、高等院校图书馆学专业和各类型的图书馆,在今后的科研选题上,在科研投资和人力布局上,都应该权衡主次而好自为之。

三

科学不仅需要正确的出发点,而且需要先进的具体方法。毛泽东曾经把科学方法比作过河用的船和桥,可见科学方法对于科研活动的重要作用。当前,对于图书馆学研究来说,吸收先进的科学方法,造就一支新型的科研队伍,乃是实现图书馆学研究目标的重要保证。

诚然,马克思主义方法论是方法论历史上各种杰出思想进一步科学化的结果,其基本内容在当代仍然具有强烈的真理性。社会科学只有紧紧依据这个方法论及其体系才能获得更大的发展和进步。然而,值得我们充分注意的情况是,由于科学技术的迅速发展,特别是科学整体面貌的根本改变,使人和自然的关系,自然科学和社会科学的关系以及这两大科学部类内部不同学科之间的关系,都发生了重大的变化,因而触及了许多学科的专门方法,也引起马克思主义方法论在结构和构成上的新变化。

马克思指出过自然科学与社会科学分化的受历史制约的暂时性,并说将来"自然科学将包括关于人的科学,同样,关于人的科学将包括自然科学:这将是一门科学"。恩格斯在谈到马克思主义哲学之所以是科学的,是因为它概括了当时自然科学社会实践的最新成果,而费尔巴哈之所以不能跳出旧唯物主义的巢穴,则是因为他对自然科学的孤陋寡闻和与社会实践的脱离。列宁说过:"从自然科学奔向社会科学的潮流,不仅在配第时代存在,在马克思时代也是存在的。在 20 世纪,这个潮流也是同样强大,甚至可说更强大了。"他在《论战斗唯物主义的意义》一文中,曾经提出要实现哲学家和自然科学家的联盟,认为这是在自然科学经历急剧变革的时代,使战斗唯物主义既有战斗性,又是唯物主义的根本途径。列宁讲的这些,当然也适应于其他领域的社会科学。

为了繁荣和发展我国图书馆学,实现一身的现代化,首先,一个重要的途径,就是打破图书馆学和自然科学之间有形和无形的壁垒,提倡向自然科学学习。事实上,随着科学技术的飞速发展,自然科学已经渗透到图书馆学内部,极大地影响着图书馆学的发展。图书馆学已经不是一门孤立的科学,而是一门实践性、技术性很强的社会科学。正因为现代图书馆必须利用以下科学技术的成果:哲学、数学、语言学、数理语言学、信息论、概率论、控制论、系统工程、计算机科学、电讯技术、逻辑学、经济学、心理学、教育学以及缩微技术、复印技术、录像与磁盘技术、光电技术、贮存技术等,因此,图书馆学研究必须突破原有传统和简单划一的方法,向新生的自然科学领域进军,从先进的科学方法中吸收富有生命力的代表发展方向的养分为我所用。马克思曾作过一个生动的比喻:"人体解剖对于猴体解剖是一把钥匙。低等动物身上表露的高等动物的征兆,反而只有在高等动物本身已被认识之后才能理解。"所以,只有吸收当代科学的新成果和新方法,使图书馆学研究的立足点随着当代科学技术水平的发展而不断提高,才能使图书馆学研究不断深入。

目前,对图书馆学研究影响最大、最值得我们图书馆界认真研究的新科学方法有结构——系统论方法,控制论方法,信息论方法等,而具有决定性意义的是数学方法。

数学是科学技术的皇后,是现代科学方法的基石。在现代科学当中,任何科学研究对象不仅具有质的规定性,同时也具有量的规定性。因此,对于任何一门科学,不仅要用定性的方法去考察研究,而且,还要用定量的方法去进行精确的分析。这种定量的分析方法,主要是运用数学方法。恩格斯说:"数学的对象是现实世界的空间形式和数量关系。"在现实世界中,任何一种物质状态及其运动形式,都具有空间形式和数量关系。因此,任何一门科学,不与数学发生联系,不借助于数学方法,就不可能更好地刻画出事物的运动规律,也不可能达到精确科学的程度。正如马克思所说的:"一种科学只有在成功地运用数学时,才算达到真正完善的地步。"

数学方法在图书馆学研究中的应用,主要有如下三个方面:①收集、整理、分析、管理有关数据和资料,也就是基本数据的统计和运算,如藏书量、读者人数、借阅人次、册次、图书周转率、流通率的计算等;②对数据进行分析,找出工作中数量之间的相对稳定关系,用数学公式加以描述,即建立一些数学模型,以便更深入地认识图书馆工作的规律;③电子计算机的应用,为处理浩瀚的文献资料提供了物质手段。目前,我国图书馆界已有人试着用数学公式描述图书馆的经济效果,运用集合论处理文献检索,还有人提出对图书馆的经费开支、藏书增长率和书库空间的关系利用数学公式来表示等,都是运用数学方法进行图书馆学研究的可喜开端。

必须指出的是,结构——系统论方法、控制论方法,信息论方法和数学方法,毕竟只是具体的方法,或者说是方法论体系中的新成分,对图书馆学的影响无疑是非常大的。可是对图书馆学整体来说,起决定作用的还是方法论主体。如果把这些具体方法强调到不适当的程度,甚至以此代替方法论或者完全排斥掉传统方法,则会产生不可估量的危害。比如图书馆借阅工作中的数学方法,如果离开革命导师的有关论述,党对图书馆工作的指示和图书馆本身的性质、方针、任务,单靠数学是不可能解决任何问题的,而且极容易走到斜路上去。总之,我们强调接受新方法,是为了更好地发挥马克思主义方法论的作用,推动我国图书馆学研究沿着健康的现代化的新轨道向前发展,而绝不是其他。

其次,为了保证我国图书馆学研究向高水准进军,还必须逐步造就一支新型的科研队伍。

我国图书馆学的研究队伍,从每年产生数以千计的学术论文来估量,规模是比较大的。但究竟有多大一支队伍?有多少卓有成就的专家和研究工作者?我们想即使是全国权威性机构中国图书馆学会,也难以说出一个比较准确、肯定的数字来。如上所述,新时期的图书馆学研究还是比较落后的,而造成这种落后状态的一个十分重要的原因就是研究队伍的缺陷。这个缺陷,有自身素质方面的问题,有培养方面的问题,也有来自社会的原因和阻碍。为了提高新时期图书馆学研究的水平等级,尽快造就一支新型的科研队伍,实在是迫在眉睫的一项紧急任务。

怎样造就我国新型的图书馆学研究队伍呢?我们以为可以从三个方面努力。

(1)"科盲"扫起。我们大多数研究工作者,在本学科、本专业上的造诣是不待言的。但对现代科学技术的发展,对基础的科技知识,对与图书馆学关系密切的其他学科,却知之甚少、一知半解或根本就是"科盲"。在现代科学技术条件下,如果一个图书馆学研究者是"科盲",那他就很难理解社会历史、特别是现代社会的进程,更不用说从理论上给图书馆事业和图书馆工作以科学的、规律的说明了。因此,我们必须牢记恩格斯的这段话:"每个研究理论问题的人,也同样不可抗拒地被迫研究近代自然科学的成果。"我们必须把研究工作建立在新的知识的基础上。新知识除接触社会,进行艰苦的调查研究所得之外,就是接触自然科学,向自然科学学习,从中吸取新的知识。这是使我国图书馆学研究摆脱当前落后、贫困的状况,获得繁荣与发展,并且造就一代新的图书馆学专家的一个重要途径。

(2)从基础抓起。任何时期、科学上拔尖、卓有建树的人物,都是在广泛的群众性的科研活动的基础上产生的,现代更是这样。图书馆学要想获得更大更快的发展,必须有一个扎实而且逐步向高水平挺进的群众基础。因此,抓好基础工作十分重要。这里说的"基础工作",是指对在职图书馆工作者或初入图书馆学研究之门的同志的提高和对在校图书馆学专业学生的培养工作。抓图书馆工作者的提高,除自己加强自学外,还要靠老一辈专家和有经验的研究人员或老馆员"传帮带"。老同志应在从事科研的同时,为他们编写诸如"图书馆学基础知识""现代化图书馆ABC""电子计算机在图书馆的应用入门"一类的"图谱"读物,并在具备一定程度的基础上,鼓励和辅导他们进行图书馆学研究。至于图书馆学的教育,则主要是改变过去单纯从文科招生的培养方向,开设科技文献检索、文献复制、电子计算机原理、图书馆自动化等新课程,为新时期图书馆学研究和图书馆工作源源不断地输送新型的专业人才。

(3)从人才用起。图书馆不仅是根植、造就专家、学者、名流、新星的土壤,而且也是藏龙卧虎、人才荟萃之地。但由于长期以来社会的偏见和本身的种种原因,致使众多的"龙虎"未能奔跃,闪光的人才无法施展,这块肥沃、优质、高产的处女地一直没有被认真、有效地开垦过。政治理论界、科学教育界、文学艺术界,中华人民共和国成立以来,特别是近几年来,都涌现出一批又一批的新星,他们所致力的项目光芒夺目,活跃、丰富和促进了本学科、本专业的繁荣和发展。相形之下,我们的图书馆学显得多么黯然失色!中华人民共和国成立前过来的老专家如今已寥寥无几,中年专家急需扫"科盲"和补课,而青年研究者却在"堂堂正正"地重蹈"师承前人、依法炮制"的旧辙。这几年我国图书馆界虽也涌现一批新人,但缺乏对他们应有的培养和提高。我国图书馆学研究,一直处于比较落后、无足轻重的状态,很多研究人员信心不足,劲头不高,目标不大,不少专业人员心猿意马,宁可放弃所学的本行而希望在其他学科大显身手、有所作为,一个极其重要的原因,是图书馆的人才没有得到应有的充分的发现、培养和大胆使用。这不能不说是一个沉痛的教训。

为此,我们寄厚望于中国图书馆学会、各地图书馆学会和各类、各级图书馆,把开发图书馆的人才资源当作当前一项具有重大战略意义的任务抓紧做好,为造就一支宏大的高质量的图书馆学研究和图书馆工作队伍争作贡献。我们郑重呼吁:图书馆界的同仁,特别是各级领导,要允许甚至鼓励有志者成名成家,有所建树;要允许他们有所突破并帮助他们克服在突破的过程中可能犯下的过失或错误;要充分为他们提供所需要的时间、人力、财力和资料,为他们到达一定的高度扫平道路;要不拘一格发现、培养、提高和使用涌现出来的新秀,并主动、积极向全国图书馆界及整个社会推荐。各个图书馆培养的人才越多越光荣,也应该越得到全国图书馆界的赞许。"育树先育人",有关部门在这方面应做出与十亿人口的社会主义大国相称的贡献。

(选自《图书馆学通讯》1982 年第 1 期)

改进我国图书馆学专业教育管见

关懿娴

我国图书馆学教育已有60年以上的历史，但比起其它学科，发展相当缓慢；比起其它国家，不仅远远落后于英、美、苏、日等工业国家，甚至也落后于第三世界的一些国家如印度、菲律宾等。我们要想彻底改变我国图书馆、情报事业的落后面貌，必须大力发展图书馆学教育事业。对此，拟提出如下刍议：

一、明确学科性质

对于图书馆学的学科性质，在我国图书馆界一直存在着争议。长期以来，我们中许多人，单纯地从公共图书馆的社会作用出发，把图书馆学列入社会科学，忽略了本门学科的本质属性和内容范围。实践证明，这不利于我国现代图书馆学的全面发展。

二次大战后，世界图书馆事业的发展和情报事业的兴起，使传统的图书馆学内容发生了重大变化。当代图书馆学具有多方面的内在属性：它不但综合了文、理各科知识，也广泛运用了实用数学、系统科学、管理科学、科学学以及电子计算机技术、通信技术和光学技术等新兴先进科学技术。所有这些科学技术已逐渐与图书馆学本身融为一体，使图书馆学发展成为一门综合性的科学。它是文与理的综合，科学与技术的综合，图书馆学与情报学的综合。它的研究对象是从宏观的图书馆情报事业（包括国际图书馆情报事业）到微观的图书馆情报工作的某一细小环节或方法技术，例如"中国古籍修补术""国际粮食市场情报技术"等，它有着广阔的发展前景。

今后我们应当从图书馆学（建议改称图书馆情报学）这一门综合性的科学来考虑系科设立、教育改革、课程设置、教材建设以至师资队伍的加强和培养等方面的问题。

二、促进图书馆学教育和情报学教育整体化

在欧美国家中，图书馆和情报机构（或称情报中心），特别是专门图书馆与情报机构往往是合一的。情报服务被视为图书馆参考咨询工作的一部分。20世纪50年代，我们效法苏联，将图书馆和情报工作截然分成两大系统，甚少交流、协调，造成资源、人力、物力的浪费。近年来，中国科学院图书馆系统和许多高校图书馆提倡并实行图书情报工作一体化，实践证明是可行的。

图书情报工作一体化是世界上大多数国家的总趋向。这一特点已经影响到图书馆学和

情报学教育也趋向于整体化。据了解,世界上著名的图书馆学院往往都是二者合一的。它们的课程设置,已由过去单一的图书馆学变成图书馆学加情报学,目前,图书馆学和情报学糅合在一起的课程,已日见增多。好些图书馆学院(系)已先后改称为图书馆情报学院(系)了。

主张图书馆情报学教育整体化,还因为图书馆学和情报学有着相似的学科性质、共同的专业基础和共同的方法技术。图书馆学和情报学教育的整体化,可以加强学生的适应能力,克服教学内容和教材编写的交叉重复现象,避免人力、物力的浪费,使教学上收到"少而精"的效果,有助于图书馆情报科学质量的提高。

具体做法,可以将图书馆学和情报学的核心课程作为共同必修课;再按图书馆学、书目文献学和情报学三个方面,列出各具学科特点的选修课。实行学分制与选修制相结合,使学生学得活一些,专一些,并从其所选修的课程中体现自己的专业方向。我们要鼓励图书馆情报学专业学生的一专多能,以适应目前学科之间愈益综合和相互渗透的趋势和未来工作对他们的要求。一个学生可以就上述某一方面作重点选修,也允许他们交叉选课,比如以书目文献学为主攻方向的学生,也要求将一定的图书馆学、情报学课程作为限制选修课。以文科为副修的学生,也要选一至两门理科的课。

三、采用多种形式办学

必须从我国的具体情况和原有基础出发,考虑我国图书馆学情报学的办学模式。

首先应当从师资力量和物质条件上,保证办好北大、武大以及华东师大、东北师大等几个图书馆学系,使它们成为我国图书馆情报学教育的"工作母机"。根据目前条件,它们仍是以四年制本科教育为主,每年招收相当数量的研究生,以后逐渐递增研究生的招生名额,到90年代可达到本科生与研究生2:1或3:1。这样可以有利于为全国其它新建专业提供师资,也可为图书馆、情报机构输送骨干力量。这几个重点系应把主要力量用于提高。普及教育如函授、业余大学、短训班等只宜搞一些示范,若干年后,普及任务可交给大区或省一级的专业承担。

其次,大力发展四年制本科教育。近期内,将目前比较分散设立的专业,集中到大区一级,一个大区内各省互相协作,共同办好一个系。本科教育是我国图书馆学教育在10—20年内的主要类型。它既可为大型图书馆、专业图书馆情报机构培养合格的专门人才,也可为举办两年制大专、函授教育等提供师资力量。

再次,根据条件,逐步在省一级举办两年制大专、函授教育、业余学校,为本省图书馆情报机构培训干部。这样可使全国图书馆情报学教育有一个比较合理的布局,并形成一个完整的网络。但必须认真做好师资和教材的准备,分期分批建立,才能保证质量。

关于大学本科图书馆情报学专业是否设立单科性学院的问题,个人认为,单科性学院是50年代学习苏联的产物,有些颇见成效,另一些则徒然把战线拖长,人力分散,重复浪费,效果不佳。如前所述,图书馆情报学是一门综合多种门类的科学技术知识的综合性科学,其教学部门以设在文理兼备的综合性大学为宜。这样才能使本专业师生均有机会获得多向发展的最佳环境,能经常浸润涵泳于浓厚的学术气氛之中,接触面广,利于交流,视野开阔,利于提高,评比竞争,利于成材。

最后,在目前情况下,应更多地鼓励各省市创造条件,兴办图书馆中技学校或中专班。不久的将来就可以向图书馆情报机构输送一批初步掌握业务知识和技能的干部。也可增加中学毕业生就学、就业的机会。

图书馆情报学专业各级学生的培养目标应各有侧重。目前对本科生和研究生都笼统提作"培养科研、教学、图书馆专门人材",这一提法没能反映二者间的差别。

研究生的培养目标,主要应为培养高校教学人员、科研人员和图书馆、情报机构的高级业务人员。大学本科教育的培养目标应明确为图书馆情报机构的中级业务人员,大专图书馆学专业的师资。

四、改进课程设置

这里着重讨论四年制本科的课程设置问题。关于这个问题,个人有如下的看法:

第一,采用学分制。大学本科生修满 160 学分,每科考试成绩合格,毕业论文合格,可授予学士学位。

第二,采用主修与副修相结合的制度。图书馆情报学专业本科生,应以图书馆情报学及书目文献学为主修。主修课占全部学分的一半左右。主修课中分共同必修课、限制选修课及选修课三种。图书馆情报学专业本科生要以文科(包括哲学社会科学)或理科作为副修。副修课中,分别定出文、理科各自的共同必修课,并根据学生的基础,允许其选修外系的选修课。选修课的学分,应为减去政治、外语及文、理科共同必修课的学分后的余下学分。

本专业也应允许外系学生以图书馆情报学专业为副修科,凡选至 20 学分或更多些的外系学生便可承认其副修资格,在毕业分配时,可按需要及本人志愿而分到图书馆情报机构服务。

第三,采用必修与选修相结合的办法。应以能将图书馆学、情报学相结合的"三基"课程定作本专业的共同必修课。必修课考虑分下列六个方面设课:

(1)图书馆情报学基本理论

(2)图书馆情报工作基本文献知识

(3)图书馆情报工作基本技术

(4)图书馆情报工作现代技术

(5)图书馆情报机构的服务工作

(6)图书馆情报机构的组织管理和物质装备

专业选修课应围绕图书馆学、书目文献学、情报学三个方面,分别开设课程或结合开设。选修课开出门数要多(要多出不同方向学生所选学分的 1—2 倍以上),范围要广,并要形成一定的体系。一些与图书情报工作有关的新技术、新学科应列为任意选修课,例"系统理论及其应用""科学管理理论与方法"等。本专业的一些课程,如"中文工具书""西文参考工具书""文献检索"以及各门专科文献目录学,欢迎其它系的学生选修。

五、提高教材质量 改进教学方法

目前我国图书馆情报学专业,尚缺乏一套完整的、适合我国国情、质量较高的教材。国外教材,又因指导思想不同,社会背景不同、技术水平不同,不能直接"拿来"使用,只能用作参考。我们的基点要立足于自力更生,组织力量进行编写。过去几年,教育部曾组织北大、武大两个系合编过几种教材,有一定成绩。但由于参加人观点各异,笔调不同,各章繁简详略程度不一,往往抹杀了各系原有自编教材的特色,显得较为杂乱。目前虽已成立了图书馆学专业教材编审小组,但工作仍有待进一步改进和完善。个人认为:最好由教育部定出本专业的必修课程和各门必修课程的教学大纲。将来条件许可时一门课可以有一种以上的教材,但要各有特色,使学生从中比较,会得益更多,要鼓励有能力、有经验的教师自行组合或个人编写教材。对一些质量较高,确具特色的教材,教育部可向全国推荐。

目前图书馆学的教学方法比较单一,基本上以课堂讲授为主,一些课兼有参观或课堂实习。这样对培养学生独立思考和独立工作能力是不够的。必须使学生学得生动活泼一些。建议增设课堂讨论的教学环节。并与一些图书馆和情报单位订立合同,定为本专业的培训基地。规定本科生在二年级下学期到四年级上学期中,每周至少有三小时到图书馆接触实际。系行政应结合本专业课程的进度,与图书馆协同安排实习内容。学生拜馆员为师,不另指派实习指导教师。期终要求学生提出专题作业或专题报告作为考核。这样可使课堂所学知识得到充实和运用,使理论与实际相结合。

此外,应考虑在高等院校图书馆建立勤工俭学制度,鼓励图书馆情报学专业学生于学习期间或寒暑假期间去图书馆工作。教育部对此应给予一定资助。目的在使学生有更多的联系实际的机会,尽力避免学校教育与社会实践脱节的现象。

六、提高师资队伍的素质

教师是教学工作的主导力量。要大力发展我国图书馆情报学教育,关键在于提高师资队伍的素质。提高师资素质,包括扩大师资队伍,提高教师的业务水平和改造整个师资队伍的结构。要调动各方面的人才支援图书馆情报学教育事业。

教师短缺是当前最突出的问题,不但新办专业的情况如此,即使老专业如北大也不例外。北大目前突出的矛盾是师生人数比例悬殊,使教学工作陷于顾此失彼、捉襟见肘的境地。师资缺乏的问题不解决,根本谈不到提高教学质量。对重点专业尤应集中人才使用,才容易形成好学风、高水平的专业,也才能使重点系真正起到"工作母机"的作用。

现在的专职教师绝大部分为50—70年代的毕业生留校任教。当年在校,搞运动较多不同程度地影响学习,一般外语程度较差。欲提高教师的业务水平,既要本人努力,也应由学校或教育部提供进修条件,例如减轻教学负担,留出一定科研及自学时间,借以提高业务和外语水平;派遣出国参观或进修半年到一年,借以开阔眼界。此外在补充新生力量方面,如对毕业生择优留校任教,从外地、外校、外单位调入或借调师资,都是提高整个师资队伍水平的有效措施。此外,支持重点系向国外邀聘外籍华裔学者教授回国讲学任教,对国外有名望的人士,可给以荣誉职称。

关于师资队伍的结构,由于长期以来,本专业教师的大多数都是本系的毕业生,造成了"近亲繁殖"、成分单一,实践能力较差的状态。愈来愈显得适应不了这门实践性很强的综合性学科的教学要求。因此,改变图书馆情报学专业师资队伍的结构和成分,已为当务之急。要改变目前的师资结构,使教师成分得到合理搭配,根据需要与可能,可以考虑采取下列三个措施:

(1)吸收其它有关的系的毕业生作本专业教师。

(2)招收研究生时,除招收本专业的毕业生外,也招收一定数量的外专业毕业生,并回收一些早年毕业的实际工作者。他们中的一部分将来应留系补充师资力量。

(3)更多、更广泛地邀聘图书馆情报界的专家担任兼职教师,逐步扩大他们的比例(美国一些大城市中的图书馆学院专职、兼职教师人数的比例,有达到1:1的),以专职教师为骨干,以兼职教师为辅助;必修课由专职教师担任,兼职教师可以因其所长开设选修课或专题课。这样有利于教学上的理论联系实际,更新教学内容。专职、兼职教师在互相学习、共同提高中,协同把专业办好。这对促进图书馆情报事业的发展与提高意义是重大的。

七、积极补充外文专业书刊资料　逐步添置现代化的教学设备

外文书刊资料是我们参考、借鉴国外有关本专业的新技术、新成就的资源,必须予以重视。目前,我专业外文书刊的进口,无论从品种或质量上,都远不能满足实际的需求。一定要采取措施,切实、积极补充外文专业书刊,以利于教学和科研。

由于20世纪70年代世界先进国家图书馆情报机构在电子化、自动化装备上有了突飞的发展,新技术在图书馆的应用已成为重要的课题。因此,相应地对图书馆情报学教育提出了新的要求,现代化设备也成了图书馆情报学教育现代化的急切需求。虽然目前我国图书馆情报机构现代化设备尚在研究或研制阶段,但教育必须先行,至少也不应落后于实际。国家应考虑拨出专用款项,权衡轻重缓急,分期分批地给我国图书馆情报学系购买一些既是必需的,也是力所能及的现代化设备。

总之,图书馆情报学是一门年轻的,正在发展的科学。目前我国本专业的教学水平与世界上先进国家相比,差距很大,如何急起直追,还应进一步多方探索。以上所述,仅为个人的管见,想真正把我们的专业办好,还有赖于全国从事图书馆情报学专业教育的同仁,共同研究,共同实践。

(选自《图书馆学通讯》1982年第4期)

试论图书馆学研究中的方法论问题

乔好勤

客观世界,包括自然界和人类社会的任何事物,只要它能够存在和发展,就有存在和发展的内在规律性。规律深藏于现象之中,必须运用最先进的科学方法,经过艰苦卓绝的劳动才能逐步"开掘"出来。图书馆工作的历史是悠久的,并且在17—18世纪得到迅速的发展,现在继续发展着。这个事实告诉我们,图书馆工作是有其内在规律可寻的。问题在于我们的图书馆学研究者还没有能够真正揭示和科学地表达这些规律,因而也未能建立一个内容充实、结构严密的科学体系,我们的论著、教科书和小册子都不免有点像"墙上芦苇,山中竹笋"。究其原因,一是我们的研究者满足于"琅环福地,翰墨姻缘",无心做艰苦细致的研究,喜欢不大费劲于现象描述和经验总结;二是图书馆学先天地带有一种排外性,划地为域,作茧自缚,对于别学科的知识和科学方法总是不那么敏感和容易接受,研究方法相当落后。

最近几年,我国图书馆学研究者的干劲令人鼓舞。学会、刊物、论文、著作雨后春笋般地涌现,图书馆学研究领域逐渐热闹起来,内容所及,包括了图书馆学、目录学的许多重要理论和方法技术问题。但是综观各级学术讨论会和各专业刊物上,提出和发表的几千篇论文和出版的十几种著作,可以看到我们的研究方法仍然相当陈旧,致使有些重大理论问题的探讨无法深入,只有很少一部分图书馆学研究者试图把别学科知识和一些新的科学方法应用到图书馆学研究中来。但筚路蓝缕,自然不那么成熟,有的还招致一些非议。但要加强图书馆学的理论建设必须重视方法论的研究,近年来应用新的方法所进行的试验性研究给我们提供了一定的事例和数据,使我们有可能对方法论问题进行初步论述。

图书馆学方法论研究的挑战

下面我想通过历史和比较的方法分析一下方法论在图书馆学研究中的重要性。

图书馆学的发展与方法论研究

尽管图书馆在很早就不仅存在,而且往往受到国家最高统治集团的重视,但图书馆学的发生发展却是缓慢的。在我国20世纪初尚没有"图书馆学"一词。就是在西方,图书馆学的形成也非常之晚,而且直至20世纪中叶,对"图书馆学是否是一门学科的问题"的认识还没有完全统一。

现代图书馆学的第一篇有影响的文献——法国G.诺德的《关于如何创办图书馆的意见》(1627年)是关于图书馆工作管理办法的。18—19世纪英国和德国在图书馆学方面的最大贡献也主要是目录规则和管理经验,所以直到20世纪普遍流行的仍然是"图书馆管理学"

（Library economy）一词。在美国，虽然早在19世纪中叶"图书馆学"（Library Science）一词就已相当流行，但"到处都不承认它是一种学科领域，甚至不承认它是认真的学问"。就是在图书馆学家内部对"作为科学图书馆学本身的地位问题"，"图书馆学是否是一门科学的问题"，"始终没有取得一致的意见"。19世纪末到20世纪中叶，在其它学科采用科学方法进行重大革命的时候，图书馆学"依旧停留在应用的、极基础的水平"上，"除了有一点书目工作和历史研究工作之外，到处都没有进行任何哪怕是近似于研究的工作。这一领域根本没有准备接受变革"。最令人不解的是，在大部头多卷本的美国《图书馆学情报学百科全书》中"找不到一句图书馆学是一门科学学科的话"。

造成这种局面的重要原因之一是由于图书馆学基础理论的贫乏。许多图书馆学家，如P.巴特勒、J.H.谢拉、T.W.肖内西等都意识到，要使图书馆学真正赢得"科学"的桂冠，停留在方法和经验的描述上是不行的，而应该运用科学方法论去揭示图书馆工作的本质，建立科学的理论体系。

其次，即使对于图书馆工作技术的研究也不能再完全按照传统的分析描述方法。在"现代科学技术革命"所引起的情报资料的"爆炸性发展"的情况下，图书馆要处理"喜马拉雅山式的文献"，获得资料传递的高效率，就必须改变传统的、静止的、手工业式的工作方式，代之以现代化的、科学的、现代工业式的新的技术，其中最重要的是图书馆工作的科学管理和自动化。在60年代，这是西方"图书馆学界热烈讨论的题目"。正是这种长期的、认真的、卓有成效的讨论，不仅丰富了图书馆学的内容，改变着图书馆工作的面貌，也引进了现代科学所提供的知识和方法，推动着图书馆学科学方法论的研究和形成。

其三，情报科学的产生及其对图书馆学的冲击，使图书馆学研究不得不重新考虑自己的研究方法问题。早在20年代，鉴于图书馆工作的因循守旧和四平八稳的状态，那些科学和情报机构的专门图书馆工作者就希望脱出一般的图书馆。他们在继承"目录学传统"的基础上，努力创立一种新学科"文献学"。经过L.芳坦、V.布什、R.汉斯等人的长期努力，到60年代形成了一门新的学科"情报学"，和图书馆学"形成了对立的趋势"。

情报学善于利用最新的科学知识和科学方法，去解决文献的搜集、选择、加工、传递等问题。图书馆学所面临的这种境遇使它"不能不重新研究自己将来的作用"。当时，大多数图书馆工作者如D.格尔、艾芙拉姆夫人等都主张图书馆和情报工作合流，即"以情报工作作为将来工作的重点，必须使图书馆也走情报工作的机械化、自动化的道路"。情报学对图书馆学的冲击和二者的合流，推动了图书馆学必须接受新的科学方法论去探讨新的问题。

于是，在60年代末到70年代初，图书馆学研究方法得到发展，形成了方法论研究的"浪潮"。

美国的方法论研究热与图书馆学革命

20世纪20年代，历史方法仍然是美国图书馆学研究的最重要最基本的方法，占66.67%。醉心于历史方法研究人员的不断增加，曾经引起美国图书馆学家们的严重忧虑。他们认识到"以往的大量研究还没有应用过科学的方法"，常常对自己研究的东西"拿不准"。"我们这个学科"之所以被别人和自己"低估"，"部分地是因为我们的职业有一种自卑的、小心翼翼的、吞吞吐吐的风气，但更主要地是因为我们缺乏比较……"等等科学的方法。基于这种认识和上文提到的种种原因，从60年代起在美国出现了方法论研究热。

1963 年伊利诺斯大学图书馆学院曾主办了研究方法讨论会,1968 年又主办了第二次方法论问题讨论会,中心议题是"图书馆学研究方法:计量与评价"。

芝加哥大学图书馆学院 1971 年年会的议题是"运筹学方法的应用",这一研究曾经得到美国运筹学会和管理学会的支持,并于 1976 年出版了布诺维的《图书馆运筹学概论》。

60 年代末以来,美国图书馆学研究普遍采用了定量分析方法。图书馆学家广泛地运用抽象的数学知识"为图书馆现象和过程制作成数学模型",其中像 D. 普赖斯文献增长指数、R. 巴尔顿和 R. 凯普勒文献老化定律、C. 布赖德福特文献离散定律以及计量文献学、计量目录学等都是最成功的代表。最近 F. 莱姆库发表的一篇只有 15 页的文章中,就用了 62 个公式和 8 个图表。

调查法和实验法在美国的图书馆学研究中也是相当普遍的。他们每进行一次新课题的研究,首先进行广泛的调查分析,作出"可行"或"不可行"的判断,然后进行试验性研究。1973 年还出版了 F. R. Babbie 的《调查研究法》一书。

在美国,对于比较方法的原理及应用进行了长时间的讨论。现在已经形成了图书馆学的一个重要分支——比较图书馆学。J. 帕利阿姆·丹顿著的《比较图书馆学概论》是这一研究认真的总结。

其它如系统方法、结构理论、信息论和控制论等也都广泛地应用于图书馆学研究,并取得显著成效。

V. B. 列诺维在评述美国过去 15 年图书馆学方法论研究的进展时指出可以分为两种类型:范畴描述(历史的、地理的)和实验研究(统计法、逻辑法、社会心理学和系统结构方法)。

根据美国出版的一些图书馆学方法论问题的索引统计,在 20 世纪 70 年代初,美国图书馆学研究中调查概述法占 53.03%,业务研究占 16.72%,引证分析占 9.90%,历史方法占 14.26%,其它方法占 6.09%。到 1976 年历史方法下降到 11%—12%。

近年来美国的方法论研究热虽然已经低落,但仍时有论文发表和著作出版。例如 1980 年学术出版社出版的 P. 哈特《图书馆学研究方法:技术及其分析》一书,就带有总结的性质。

方法论的研究和变革非常敏感地反映在图书馆学教学课程的设置方面。美国情报学会 1967—1970 年调查了 45 所图书馆情报学校的课程设置,在 6 组 53 门课程中,有一半以上是学习现代科学知识和新的科学方法的。有 5 所学校专门开设了方法论课程。谢菲尔德大学教师 G. 苏尔制定的教学大纲中,除其它各组设有系统方法、控制论等外。"V. 理论方法和技术手段"一组就详细开列了下述几个方面的内容:①数学基础;②研究方法;③研究的进行;④研究的统计方法;⑤管理的原则和方法;⑥实现情报检索系统的技术手段、规格和利用。

60—70 年代美国的方法论研究热,丰富和发展了图书馆学的内容,完成了以编目工作自动化和建立文献检索系统网络为标志的图书馆技术革命,使图书馆工作进入了"现代化"或称"第三代图书馆"时代。

苏联图书馆学研究的方法

与美国相比较,苏联在图书馆学研究方面更注意于理论的探讨。

虽然历史方法和定性分析方法在苏联图书馆学研究中一直占有较大的比重,但他们特别强调采用社会学的一般方法去总结图书馆工作的规律性问题,进而形成一套理论体系。

为了探讨"图书流通和群众阅读发展的规律性",苏联图书馆学家和哲学家、社会学家、心理学家进行了有效的合作，举办了科学讨论会，形成了包括一般原理、阅读社会学、阅读心理学、阅读教育学几个部分的阅读理论。1975 年出版了总结性著作《阅读的社会学与心理学问题》。

苏联特别重视调查统计方法的应用，而且这种调查统计往往是有组织的、在更加广泛的范围内进行的。例如，国立列宁图书馆为了探讨"科学图书馆的发展远景"，在 20 个城市对 40 所科学图书馆的 1950—1970 年 20 年统计资料进行了研究，分析了 5.5 万张卡片和 100 多万名读者的借书记录，以寻找藏书增长和利用的规律，为建立寄存藏书制度提供数据。

苏联在研究读者阅读需要时，进行了一系列大规模的调查统计，并且引用了观察法、试验法和模拟法。例如：

时间	研究课题	研究方法举例
1963—1966	青年工人读者的阅读兴趣	分析了 54 个大中城市图书馆的 16—18 岁的 14 000 多名青年工人的阅读情况
1965—1967	苏联的读者	对 33 个省和 8 个加盟共和国的 168 所图书馆，按社会人口学居民分组法进行了大规模调查分析
1965—1969	学者和专家的书目咨询	研究了所有知识部门的专家学者的书目需要
1969—1971	中等城市生活中的图书与读者	研究了广播、电视、图书馆、书店等各种机构形式的作用，挑选和加工了 48 000 份各种不同的资料，动用了电子计算机
1973—1976	苏联农村生活中的图书与阅读	对农村阅读进行了社会学评定，心理学分析，进行了建立最优化图书馆服务系统的模拟试验

应用经济学、管理科学和系统方法去研究图书馆的管理问题成为苏联图书馆学研究的重要题目。70 年代，萨尔蒂科夫·谢德林公共图书馆成立一个专门研究小组，开展了"图书馆事业经济学与图书馆工作效率的标准"的实验研究，提出了图书馆事业经济学这一概念，引进了图书馆工作效率的经济分析方法，出版了《图书馆工作的经济观点》一书。苏联关于图书馆工作机械化、自动化的研究，也同样应用了数学和"三论"等现代科学方法。

正是这些科学方法的广泛应用，使得苏联图书馆学在基础理论体系的建立方面取得一定进展。

我国图书馆学研究中的方法问题

60—70 年代是国际上加强图书馆学方法论研究，图书馆学研究方法发生变革的时期。方法论问题的研究和发展，促使图书馆学进入了一个新天地。然而，这也正是我国不讲科学的时代。连图书馆学也被从科学的花名册上给勾销了，更谈什么方法论！方法论问题研究的歇脚一定程度上影响了我国图书馆学研究的全局和阶段性发展。

为了说明我国目前图书馆学研究方法的现状、问题和发展趋势，我对《图书馆学通讯》及其他三种专业刊物 1980—1981 年发表的学术论文进行了调查分析，并根据个人的理解约略进行了统计。这样的统计是不可能很准确的；"理解"更容易打折扣，不过它多少也能说明一点问题。

1980—1981 年我国图书馆学论文研究方法抽样分析

论文总类	历史性	分析归纳	比较法	数学法	统计法	调查法	观察试验	系统方法	控制论	管理学方法	经济分析	心理学	方法论研究	其它
829	156	273	32	5	14	39	22	12	2	40	4	7	4	219
%	18.71	32.85	3.96	0.60	1.68	4.69	2.64	1.44	0.24	4.81	0.48	0.84	0.48	26.35

从上表我们大致可以看到下列问题：

（1）传统研究方法占绝对优势

我们所说的传统方法主要指历史方法、定性分析方法（或称逻辑方法、分析归纳法）。不可否认，这种方法在总结历史经验，探索一些基本概念和分析图书馆事业的现状和问题时仍然是非常重要的。但是它较之国外现代图书馆学研究中所普遍采用社会学和心理学方法、统计和数学方法、经济分析和系统—结构方法等，把定性分析和定量分析密切结合起来的情形毕竟太简单了。

历史方法占 18.01%，分析归纳法占 32.85%，比起美国 20 世纪 70 年代初历史法占 14.26%，引证分析占 9.90%，1976 年历史法仅占 11%—12%，定量分析占绝对优势的情况要陈旧和落后得多。

（2）新的研究方法的应用在逐年增加

从下表可以看到我国图书馆学研究者在采用新的科学方法方面所作出的努力：

1980—1981 年我国图书馆学论文研究方法逐年分析

	论文总类	历史法	分析法	比较法	数学法	统计法	调查法	观察试验	系统法	控制论	管理学方法	经济分析	心理学	方法论研究	其它
1980	364	72	122	18		8	12	11	2		14	4	1	1	89
%		19.78	33.50	4.91		2.20	3.29	3.02	0.55		3.84	1.10	0.27	0.27	27.47
1981	467	84	151	14	5	6	18	11	10	2	26	5	3	2	130
%		17.90	32.33	2.90	1.07	1.28	3.83	2.35	2.54	0.42	5.61	1.07	0.64	0.42	27.83

传统方法所占的比重显然在下降，新的研究方法逐渐为人们所接受。可见，方法论的变革是一种必然趋势。

但是在应用新的方法方面显然存在下列问题：①照搬：把国外的东西拿来，不加改造，不联系实际；侃侃而谈，不解决问题；翻译别人的东西，不加说明；②硬套：对各种方法未作深入细致的研究，偶然地看到或抓到一种科学方法的"外观"就去"试一试"看，所论不足以服人，所得当然也有限。③浅尝辄止：只限于概念的解释或方法的说明，只盯住局部的小问题，不能深入各种方法的本质和内在联系。

（3）图书馆学方法论的专门研究基本上没有展开

从以上各表中可以看到，我国关于图书馆学方法论的专门研究文章可谓凤毛麟角，仅有的几篇也只能算作了"科普"宣传。在我们的许多图书馆学书目索引中，根本没有"图书馆学方法论"这样的标引词。在刚刚出版的《图书馆学基础》一书中,只在第一章第四节提到"图书馆学的任务和方法",而文字之少,方五百言,可谓惜墨如金。

作为图书馆学教学和科研中心的高校图书馆学系科,一般都没有开设"研究方法学"课程。

各地图书馆学专业刊物所开辟的专栏达几十种,却未见哪一家辟有"方法论"一栏。

以上种种,已足见我国图书馆学界对待方法论问题的态度了。

《图书馆学通讯》从 1981 年第 2 期起增设了"图书馆新学新议"一栏,发表了一些应用新的方法探讨新的问题的文章。这"新"字实在令人鼓舞,但如果更科学一点,设立"图书馆学方法论研究"一栏,岂不更能开阔思路!

(4)图书馆学研究方法的变革与年龄

在抽样分析图书馆学论文研究方法问题时发现,新的科学方法的研究和应用,与作者的年龄有着内在的联系。

由于对各地刊物中论文作者的年龄无法全面掌握,我仅以武汉大学图书馆学系近年来教师(包括研究生)和学生发表的论文作比较,倒也能看出一点问题。

近年来武大图书馆学系教师和学生发表论文中科学方法之比较

	论文总类	历史法	分析归纳	比较法	数学法	统计法	调查法	观察试验	系统方法	控制论	管理学方法	经济分析	心理学	方法论研究	其他
教师	142	38	44	6	4	3			7	1	6	1			32
%		26.76	30.99	4.23	2.82	2.11			4.93	0.70	4.23	0.70			22.54
学生	51	1	6	2	2	1	1		6	1	2	1		5	23
%		1.96	11.76	3.92	3.92	1.96	1.96		11.76	1.96	3.92	1.96		9.80	45.10

就我所知,图书馆学系的教师和研究生写作的论文在新的方法的运用方面比起各地图书馆实际工作者的论文还要"时髦"一些。这也是符合规律的。正如 B·贝弗里奇所说:"一个兼做教学工作的科学家比一个单纯从事研究工作的科学家,要求在更为广泛的领域里跟上学科的进展。"其中有些人近年来一直在探索用新的科学方法去解释和说明图书馆工作中的一些问题。尽管如此,在新方法的运用方面仍然大大落后于学生的比值。这不仅说明年轻人旧框框少,易于接受新事物,更重要的是说明年轻一代图书馆学研究者和上一代比较,在知识结构上已经起了变化,思考问题的路子也有所不同。

新方法的应用和年龄的这一内在联系,提醒我们要大力培养并努力吸收青年人到图书馆学研究队伍中来,防止队伍的老化。同时,上一代图书馆学家也要不断学习新的科学知识,掌握新的科学方法论,跟上学科的进展。只有这样,图书馆学的未来才是有希望的。

图书馆学理论建设与方法论

任何科学研究都是有目的的思维活动。这个目的就是要揭示事物的规律性,以便建起一种理论,用以指导实践。而理论的建立必须借助于一定的方法论;方法论只有用于理论探讨时才是有意义的。

理论是认识客体的真理性的表述,是关于认识对象的知识。毫无疑问,方法论是认识的手段,是关于如何获取客体知识的知识。

方法论和认识论是紧密相连的,是认识活动的规律性的原则和方法的科学表述。人类认识活动的实践所形成的认识过程的本身的客观规律,是方法论的直接的客观基础。

理论和方法有着密切的联系。"二者是一种复杂的、历史发展起来的辩证统一。""是认识过程的两个互为中介、互相修正,有机地联系在一起的方面。""理论的内容在根本上取决于认识该对象的方法,而理论是形成方法的先决条件。"理论完成描述、解释和预见的职能,方法完成获取、运用(或检验)和发展的职能。

科学发展史表明,任何一门学科的理论研究,只有应用科学的方法,才能揭示事物的内在规律,建立起科学体系。唯心主义和形而上学的思维方法,宗教式的杜撰了梦呓般的猜测是不会把"理论"建立在科学基础之上的。

科学方法的一个首要的作用就是它能引导研究者沿着正确的方向走下去。而这一点是至关重要的,因为"跛足而不迷路能赶上虽然健步如飞,但误入歧途的人"。

科学方法论是科学理论发展的杠杆。特别是一门科学停滞不前,一项研究受到阻碍,或进行一项探索性研究时表现得更为明显。A. 爱因斯坦深有体会地说:"如果在解决困难问题的关键时刻,不去研究思维过程本身,也就是说导入新的思维方法,是不能顺利进行的。"在科学发展史上由于方法论的突破而导致科学理论的突破的情况是不乏其例的。唯物辩证法的形成使共产主义学说从空想变成了科学。实验和观察的方法促进了现代科学的迅速发展。系统—结构方法已经并且继续改变着当代科学的面貌。科学史上一再出现的外行对内行的冲击并且带来一系列革命性变革,是方法论在科学理论研究中所起关键性作用的典型例证。"一种科学只有在成功地运用数学时,才算达到真正完善的地步"。马克思的这句话同样指出了方法论对于科学理论体系的建立何等重要。

我们图书馆学研究历来不太讲究科学方法论,这是图书馆学研究未能深入下去,别人不承认其为科学的重要原因之一。

在我们的图书馆学研究中,缺乏认真地广泛地调查、统计、观察、检验,更缺乏数学运算和高度的抽象概括。定义和概念往往是"发明性规定式的"。把具体的目标、用途、方法、个别支节问题、部分工作程序的表述,当作总的概念和定义,内涵小,外延大,逻辑性差,甚至自相矛盾。在皮毛问题上争论不休,却难于触及问题的实质。图书馆学的科学框架一直难于构筑起来,各个部分缺乏内在联系,形不成完整的科学体系。

近年来,由于科学方法的应用,图书馆学开始向真正科学的境界迈进。科学方法是知识的翅膀。历史上许多小人物做出了伟大贡献,而一些饱学硕儒只能做些资料的纂辑工作;使一个不懂得科学方法的人感到沮丧烦恼的事,可能会使能够灵活运用各种科学方法的研究者获得成功的希望。这说明,"良好的方法能使我们更好地发挥运用天赋的才能,而拙劣的方法则可能阻碍才能的发挥"。

我们图书馆界的"活档案""书袋子"是不少的,他们知识之富令人折服。但他们囿于门户,不去努力掌握科学史所提供的最先进的方法论,颇影响他们知识才能的发挥。

建立方法论体系是图书馆学研究的重要任务

以上我们分析介绍了图书馆学方法论研究在国际范围内的进展,我国图书馆学研究领域在方法论方面所存在的问题,以及方法论在图书馆学理论建设中的作用。现在,在这篇文章的最后部分,我们想探讨一下图书馆学方法论体系的构成和今后开展方法论研究应注意的问题。

科学方法论的层次与结构

从方法论角度看,科学的发展要经历三个阶段:

(1)描述阶段:即搜集科学事实的材料,使之初步系统化、条理化;

(2)逻辑分析阶段:即对研究的对象进行定性分析;

(3)科学认识的质量分析方法和数量分析方法的辩证统一。

不论宏观地来看整个科学的发展,还是具体到每一门科学技术其发展过程都是从搜集与系统地描述事实和现象开始的。这是中世纪科学研究的主要特征。到了近代,天才的科学家根据已经搜集到的资料进行了大量的观察试验,通过定性分析,引出了传统的经典式的科学原理。现代科学发展的一个总的趋势是向非经典观念的转变。现代科学已把科学史上所创造的各种方法积累起来,组织在一起,形成一个密切联系的方法论体系。

按水平方向描述,方法论体系的结构又可以分为三级(或称三个层次):

(1)哲学方法;

(2)一般科学方法;

(3)专门科学方法。

哲学方法是一切科学方法的基础。其它一般方法和专门科学方法都是哲学方法的具体体现。马克思主义者不管从事任何科学研究,都必须以马克思主义哲学唯物论和科学辩证法为指导原则。既往的科学史和越来越多的科学发现毫无例外地证明唯物辩证法无比正确,显示出唯物辩证法的威力,丰富唯物辩证法的内容。

一般科学方法是从个别学科研究方法中提炼概括出来的具有普遍意义的方法。这种方法的出现往往因其对科学研究领域的巨大影响而引起人们的注目,经过反复的应用试验和广泛深入地研究,形成一种严密的理论,这就是一般意义上的方法论。逻辑方法、历史方法、数学方法、系统方法、控制论等都属于这一层次。

专门科学方法是某一具体学科领域所采用的特殊的研究方法。专门科学方法以哲学方法为指导,是一般方法论的具体化。其特点就在于它将各种一般科学方法和具体的研究者、具体的研究对象、具体的研究过程结合起来,形成一个特定领域里的方法论体系。我们所要探讨的图书馆学方法论就是其中之一。

图书馆学方法论是一个科学方法的综合体系

"有重要的独创性贡献的科学家常常是兴趣广泛的人,或是研究过他们专修科之外科目的人"。同样,"很多成功的发明家并不是在他们受到训练的科学领域做出了辉煌的发现"。

这说明科学知识的"杂交"和科学方法的"移植"是科学发展的重要"契机"。在我们图书馆学、目录学领域这样的例子也是屡见不鲜的。刘向、纪晓岚都是经学家,郑樵、章学诚都是历史学家,但都对图书馆学目录学的发展做出了创造性贡献。被誉为印度图书馆学之父的阮冈纳赞原来是个数学家,被称作"MARC 之母"的阿芙拉姆夫人是计算机专家。我国现代图书馆事业的奠基人之一刘国钧先生是哲学博士出身。正因为他们是从另一学科领域走过来,所以较少受传统思想的束缚,有毫无顾忌的批判精神,能够得心应手地应用别学科所提供的知识和方法。所以说,图书馆学研究方法不是简单的、孤立的、静止的,尽管它是专门的科学方法,但它也是建筑在马克思主义哲学基础之上的各种科学方法的交叉应用和有机结合的科学方法论体系。

图书馆学中的数学方法是在计量分析基础上进行的。为了进行计量分析必须进行大量的调查、观察和统计,做到"一切让数字说话",这就需要概率论、集合论和数理统计等方面的知识。要在大量的调查、统计基础上总结出规律、计划、办法来,进行模拟试验,就必须应用运筹法、优选法。要制定解决实际问题的策略,需要应用对策论、博弈论。

系统方法在图书馆学研究中深得人心,广泛应用,初见成效,被认为是现代图书馆学研究中的一种特别有用的工具。而系统分析必须在调查研究的基础上进行。在图书馆学研究中的系统—结构方法,不仅要应用分析与综合、归纳与演绎等逻辑方法,而且把逻辑方法与现代科学理论、计算机融为一体,把定性分析和定量分析结合起来,形成图书馆学方法论体系中的一个重要部分。

图书馆科学管理是近年来图书馆学研究中特别受到重视的课题。图书馆管理这个传统问题之所以在 20 世纪的今天重新提出并进行热烈讨论,一方面是由于过去对图书馆科学管理的破坏,更主要的是现代科学技术和新的方法在丰富和改变着图书馆管理的内容。从发表的大量研究图书馆管理的文章来看,普遍采用了系统方法、信息论、管理科学、计算机科学、经济分析、运筹学、统计学、社会心理学和行为科学的方法等等。正是这些新的科学方法和技术的应用,使现代图书馆管理和旧的图书馆管理有着不同的含义,进入了新的历史阶段。

我们还应该指出,在图书馆学方法论体系中,除了"论"的部分外,像其它任何学科的方法论一样,还有"工艺"部分。这就是图书馆学研究中加工材料、选择路径的方式和技术,或者说研究手段。图书馆学研究者的手段,一般说来是受方法论制约的,但它也具有相对的独立性。研究手段使方法论与研究对象和材料直接联系起来。好的研究手段可以使方法论原则有效地发挥作用,否则也会产生不良后果。研究手段的独立性决定了它的继承和借鉴更为广泛。他山之石,可以攻玉。我们应该研究古今中外已经创造出来的各种研究手段,加以批判地选择、补充、更新和完善,以提高我们图书馆学研究的艺术。

方法论研究是图书馆学研究的当务之急

要建立科学的图书馆学,就要加强图书馆学方法论的研究,建立图书馆学方法论体系,这是不言而喻的。

最近许多同志著文分析我国图书馆学研究之所以不能深入发展的原因,对科研活动的组织管理、态度和方向问题提出许多宝贵意见,但是方法论问题强调得并不够。

"工欲善其事,必先利其器"。为了使我国图书馆事业适应祖国"四化"建设的需要,图书馆学研究收到更好的效益,我们应该赶快补上方法论研究这一课。

在加强方法论研究方面应注意:①马克思主义哲学方法与一般方法论和图书馆学方法论之关系;②图书馆学方法论体系的整体研究;③一般方法论在图书馆学研究中的适应性问题;④总结和探索图书馆学研究的方式和艺术;⑤研究和介绍外国方法论研究的成果。

我们希望图书馆学研究者在实践中(包括理论研究、应用研究和一些传统题目的再认识),都应努力掌握和应用新的方法论,细一些,深一层,总结出靠得住、信得过的真正科学的理论。在加强科学方法论的理论研究和应用研究时,应该把眼光放开些,气魄再大些,最好是有组织有计划地对一些重大课题进行大规模的调查统计。也就是说,在图书馆学研究方面要有点"全局观点"和"战略部署"。

另外,为了加强图书馆学方法论的研究,应该逐步调整研究队伍的知识结构和人才结构。要翻译和介绍国外图书馆学方法论方面的著作。在各专业刊物上开辟方法论研究专栏。召开方法论问题专题学术讨论会。

如果能在今后的三五年内出现一个图书馆学方法论研究的热潮,并能初见成效,是值得拱手庆贺的。

(选自《图书馆学通讯》1983 年第 1 期)

关于图书馆学基础理论研究的几个问题

陈　誉

　　图书馆学是研究图书馆事业的发生发展、组织形式及其工作规律的科学。图书馆学的基本任务是认识与掌握图书馆的客观规律以指导图书馆的实践。图书馆学和其他学科一样,有其自身的历史、理论、方法和应用,有其理论部分与应用部分。图书馆学的研究包括基础理论研究、应用基础研究和应用研究,还有开发性研究和推广研究。图书馆学基础理论研究是图书馆研究的起点和基础。

一

　　马克思主义认为,科学是自然、社会和思维的知识体系,是实践的结晶。理论则是系统化了的理性认识,是在社会实践基础上产生并经过社会实践检验和证明了的知识。一切科学理论都应当是客观事物的本质和规律性的正确反映。科学理论的价值和重要意义在于它能指导人们的行动,离开了应用和指导人们的实践,理论就没有存在的价值,没有生命力,理论就不可能发展,也不可能造福人类,就不是真正的科学理论。

　　所谓基础,一般指事物发展的根本和起点,而基础理论系指研究事物运动的一般规律和基本规律的理论。如果说图书馆学是研究社会这一特定领域所特有的规律,那么图书馆学基础理论则是研究图书馆这一社会现象所特有的共同规律和普遍规律。图书馆学基础理论的任务在于揭示整个图书馆事业发展的客观规律,探求客观真理,使其成为发展图书馆事业和改革图书馆事业的指南。因此,图书馆学基础理论是研究图书馆事业和图书馆学各个学科基础理论的学科总称。这种基础理论的研究与发展是对整个图书馆事业的发展起着推动作用的、革命的和决定性的力量。因为任何工作与技术的发展都是有规律的,都是有科学理论研究作为基础的。离开了基础理论,离开了对这门科学本质和运动的基本规律的研究,工作与技术就不可能有根本性的进步和革新,离开了基础理论和理论科学,应用科学也不可能发生根本的进步与变化。由此可见,基础理论研究是图书馆学研究中的重要部分,当然不是理论研究的全部,更不是图书馆学研究的全部。图书馆学研究内容是十分广泛和丰富的。它不仅包括基础理论研究、学科的历史与事业建设和事业历史的研究,事业工作内容、工作方法和技术的研究,还包括以各类图书馆为对象的专门图书馆学研究,以世界各国图书馆事业为对象的比较图书馆学研究等。但是,其中最根本的应当说还是图书馆学的基础理论研究。因为如果基础理论不发展,不提高,其他图书馆学的研究也就难以发展和提高。这不是说图书馆学的应用研究不重要,应用研究是非常重要的,而且同理论研究同样具有很高的价值。同时也不能由于图书馆学是一门实践性很强的学科,在某种意义上讲是一门应用科学,就忽视基础理论研究,甚至轻视基础理论研究,把图书馆学看成是单纯的技术科学,那显然是不恰当的。目前我国图书馆学的学术地位不高,甚至迄今还有一些人不承认图书馆学是一门科学,包括一些长期从事图书馆工作的同志还不认识自己从事的事业是国家科学事业的一部分,自己的业务工作是一项科学活动。虽然产生这种现象的原因很多,但图书馆学本身学科理论水平不高,基础理论研究相当薄弱恐怕也是其中的一个主要原因。因此,要提高这门学科的科学地位与学术地位,改变人们的态度与认识,加速这门学科的发展,促进图书馆事业和图书馆学教育的发展,提高图书馆的服务水平,就必须加强图书馆学的学科建设,加强图书馆学的基础理论研究与应用研究,以提高图书馆学的学术水平与理论水平。多年来,我国的图书馆学研究是有成绩有发展的,但是和其他学科相比,还是较缓慢的,特别是基础理论研究不够。图书馆学的不少基本理论问题还没有取得一致认识,例如:什么是图书馆? 什么是图书馆学研究的对象? 图书馆的基本属性是什么? 图书馆的基本职能是什么? 都有待进一步研究、探讨。至于我国从传统图书馆向现代化图书馆过渡,图书馆为社会主义物质文明建设和精神文明建设服务,为国家的"四个现代化"服务中所提出的大量新的研究课题,也有待我们去研究。现代科学技术的新成就在图书馆事业中的应用;科学的发展(包括哲学、社会科学、自然科学与技术科学的发展)对图书情报工作提出的新要求;图书馆学的相关学科、邻近学科与边缘学科的发展及其对图书馆学的影响和渗透等,都要求图书馆学从理论上去探索许多新的领域。这一切都说明图书馆学研究具有广阔的前景,图书馆学研究与图书馆学教育确实任重道远。如果图书馆学研究的现状不加改进,其历史使命将很难完成。

二

图书馆学基础理论研究究竟应当包括哪些内容,目前在图书馆学界还未能取得一致看法,这本身也有待共同研究与探讨。我们以为图书馆学基础理论的研究,主要可包括以下六个方面的内容:

第一,马列主义、毛泽东思想关于图书馆及其相关领域的论述的研究,党和国家关于图书馆、图书馆学及其相关领域的重要指示的研究。这是图书馆学的理论基础,是学科建设的纲领,是关系到具有中国特色的图书馆学学科建设的根本。这方面的研究应当大大加强,予以足够的重视。

第二,图书馆的性质及其在社会、政治、经济、文化、教育、科学与技术各方面的地位和作用,在"四化"建设和"两个文明"建设中的地位和作用的研究。图书馆的基本任务与基本职能的研究。图书馆学研究对象的研究。图书馆事业建设规律与组织原则的研究,等等。这些都是图书馆学的基本理论问题,是基础理论的主要内容。

第三,关于图书馆资源的研究,包括图书馆藏书建设基本规律的研究,各种知识载体的研究。任何图书馆都具备三个基本因素:一是馆藏(藏书与其他图书馆资源),二是读者(个体读者与群体读者);三是管理,即把馆藏和读者联系起来的主要手段。没有藏书就没有图书馆的物质基础,没有读者,图书馆就失去服务的对象,没有图书馆员的科学管理,就不能科学地、有效地组织藏书与组织读者,并把两者联系在一起,最大限度地满足读者的需要,最大限度地发挥馆藏的作用。因此,藏书应是图书馆学基础理论研究的重要内容。

第四,关于读者的研究。这里包括一般读者的研究和各种类型读者与群体读者的研究,读者阅读要求、阅读心理、阅读倾向、阅读兴趣的研究;读者社会关系的研究,如读者与图书馆及图书馆工作人员的关系、读者之间的关系研究等。图书馆的任何工作,归根到底都是为读者服务的。图书馆一切工作服务效果最终都是通过读者服务来检验的。研究读者无疑应是图书馆学基础理论研究的另一重要内容。

第五,关于读者与馆藏关系的研究。图书馆存在的价值就在于有效地将藏书与读者联系起来。这种联系的广度与深度直接反映图书馆的质量和服务水平,二者联系的手段是图书馆的管理。通过科学管理,包括思想管理、行政管理、人事管理、业务管理、财务管理等,把读者与藏书紧密结合在一起,最大限度和最大效益地满足读者的需要和发挥馆藏的作用。把知识的生产者与消费者联系在一起,形成一个最佳的知识和情报的传递交流组织结构。读者与馆藏相互关系的研究,应包括图书馆科学管理基本规律的研究,文献交流规律的研究,情报传递规律的研究,读者利用图书馆规律的研究等。

第六,关于图书馆学方法论研究。任何学科的基础理论研究,总是包括学科研究方法的研究。辩证唯物主义与历史唯物主义是图书馆学的方法论基础。但是建立在这个科学方法论基础上的学科研究还有自己的研究方法,如:图书馆学研究运用辩证唯物主义与历史唯物主义的基本观点和方法;坚持理论联系实际的研究方法;研究中坚持调查研究掌握图书馆事业中的实际情况;搜集与利用精密细致的统计资料与数据;总结经验发现规律、认识规律并把经验上升到理论高度;通过实践与试验检验理论并加以推广,在研究中采用现代科学技术与方法;在图书馆学研究中利用其他学科的成就和研究方法,加强研究中学科之间的相互联系和相互促进并掌握他们相互影响的客观规律,以及在图书馆学研究中正确处理内容和形式、理论和应用、普及和提高、批判和继承、传统和现代化、立足本国和放眼世界、从国情出发和学习外国之间的关系等等研究,都是图书馆学方法论研究的重要内容。

由于上述研究的主要内容,都不是处于静止状态一成不变,而是处于不断发展和变化之中,因此图书馆学的基础理论研究应当是动态研究,随着时间的转移,不断充实新的研究内容,也即图书馆现代化内容。上述基础理论研究的六个方向,事实上都存在传统理论和现代理论问题,都存在不断发展和变化的问题。因此,用现代科学(包括社会科学)与技术的最新理论和方法的成就充实图书馆基础理论的研究内容,是摆在图书馆学理论工作者面前的一项既光荣又艰巨的任务,是学科建设的重要方面,也是时代赋予我们的历史任务。

三

加强图书馆学学科建设,加强图书馆学基础理论研究和建设,是所有图书馆学教学人员、研究人员及图书馆工作人员的共同任务。如何加强图书馆学基础理论研究呢?我们认为,主要应解决以下几个问题:

第一,认识问题。加强基础理论研究,首先要解决认识问题。图书馆学界、各级领导部门及整个学术界和社会都要正确认识图书馆学基础理论和学科建设与事业发展的关系,认识图书馆学基础理论研究的必要性和重要性。任何科学理论都是制定正确政策的科学依据,而正确的政策又是事业发展的保证,图书馆学也不例外。因此,要提倡理论研究,重视基础理论,活跃学术空气。要提倡在占有丰富实际材料基础上进行科学概括的科学研究,反对讲空话讲假话,反对脱离实际,也反对用虚无主义态度和畏难情绪对待理论研究。要为开展与加强理论建设和基础理论研究创造条件,包括:队伍建设,进行调查研究,利用图书资料档案数据,提供图书馆学情报,学术交流、讨论与著作发表,计算机与其他技术设备的利用;研究规划与研究经费,研究成果的实验、应用、推广和奖励等条件。图书馆学的教育机构、研究机构、图书馆及其各级领导机关、图书馆学会等都应为此积极制造舆论和创造条件。

第二,学风问题。良好的学风是理论发展的重要保证。要树立马克思主义的科学学风,强调理论联系实际,提倡用科学的态度对待理论研究。首先要坚持马列主义、毛泽东思想,要坚持四项基本原则,在研究中既要坚决肃清左的影响,又要防止自由化。这是良好学风的思想基础和政治基础。在理论研究和学术讨论中要坚持党的"百花齐放、百家争鸣"方针,提倡不同流派和不同观点的自由讨论,这是繁荣理论、活跃学术空气与发展科学的保证。理论研究是探索和阐明、揭示尚未被人们发现、认识和说明的事物及其运动规律。在理论探索过程中,必然会出现一些不正确或不够正确与不够完善的观点,必然存在一个逐步认识、逐步完善的过程。因此,对待理论研究不能简单化,不能采取行政命令,更不能采取粗暴的态度扣帽子、打棍子。在科学研究与理论探索中也不能采取少数服从多数,下级服从上级的办法。对于新观点、新理论更要特别慎重,不能轻率下结论,予以肯定或否定。在理论研究中还要贯彻"古为今用""洋为中用"的方针,既反对生搬硬套,又反对非古排外的态度。总之,要加强图书馆学的基础理论研究就必须提倡学术民主、自由讨论,坚持实践是检验真理的标准,树立良好的学风。

第三,选题问题。图书馆学基础理论研究的范围与内容十分广泛,难以同时全面进行。只能分别轻重缓急逐步进行。研究课题的选择是一个重要的问题。对于整个图书馆学界当然要求分工协作,成龙配套有计划有组织地全面开展。但是对于每一个从事理论研究的个人讲,只能是选择其中某一个或某些课题进行长期的探索与研究。因此,在选题上要考虑课题的现代性,也有的同志称为先进性,即反映现代化内容的课题,要予以优先研究,这样的课题研究,对于促进图书馆学和图书馆现代化具有重大现实意义。此外,还要考虑课题的实用性,也可叫做适合性或应用性。这样的研究直接影响图书馆事业和工作的发展与进步,使理论研究与事业的发展和改革紧密结合起来,特别受图书馆界的欢迎。再次是可能性,也是选题中要予以考虑的问题。研究单位与个人的基础、条件和需要不完全相同,因此在选择研究课题时也要分析本身各方面的现有条件,充分发挥自己的优势与有利因素,如研究人员的知识结构与基础、图书资料、统计数据、情报来源和技术设备条件,以及研究的社会环境和其他条件等,以保证课题研究的顺利完成。对于一些开发性的课题也应给予重视。这里指的是一些在学科领域内尚未开发,也即尚未认识和将要认识的那部分课题。开发性研究对于填补理论空白,开辟新的研究领域,促进学科与事业的发展有着重大的现实意义与历史意义,开发性研究更有利于促进理论的发展,使理论走在实践的前面,更好地指导实践。

第四,综合研究问题。现代科学发展的趋势,一方面是学科分支越来越多,越来越细;另一方面是相互交叉相互渗透的现象越来越普遍。综合研究越来越被人们所重视。这是科学——社会科学与自然科学发展的大好现象。图书馆学基础理论的研究,也存在向综合研究发展的趋势,应当予以提倡。为此,必须重视和加强图书馆学相关学科、边缘学科、邻近学科的学习与研究,要联系图书馆实际,积极利用或引进其他学科的理论与技术、方法,要敢于"杂交",这是由科学发展的规律所决定,也是为图书馆学历史所证实的。例如现代图书馆科学管理的原则、组织和方法就曾引用或借用其他一些学科的理论、技术成果。如系统科学、管理科学、控制论、计算机科学等。为了加强图书馆学的学科建设,提高理论水平,有必要重视和加强对其他学科知识的学习和研究,联系其他学科的理论与技术、方法,对图书馆学的一些基础理论进行综合研究。诸如哲学、教育学、心理学、社会学、经济学、统计学、数学、管理科学、计算机科学、系统科学、控制论、建筑学、科学学、未来学以及有关科学技术知识等都是同图书馆学有密切关系的学科或分支学科。图书馆教育学、读者心理学、图书馆社会学、图书馆管理、图书馆数学、图书馆统计、图书馆经济、计算机在图书馆的应用等都是综合研究的产物,都是其他科学在图书馆的应用和"杂交"的结果。

第五,研究队伍建设问题。要加强图书馆学基础理论研究,必须要抓好研究队伍的建设。要有一支人数众多,结构合理,高水平的理论队伍,才能真正加强图书馆学的理论研究,完成历史所赋予我们的使命。因此,要办好和不断发展图书馆学系科,把图书馆学系办成图书馆学教学研究的中心。要加强专业基础课,提高专业课的理论水平,以培养数量更多、质量更高的图书馆学人才。要扩大图书馆学专业的研究生名额,开设更多的研究生课程,为图书馆学理论研究输送更多的中高级研究人才。要建立图书馆学研究机构,如:研究所、研究中心、研究室。大型图书馆可设图书馆学研究部(组室),开展学术研究。要加强图书馆在职人员的培训及国内外进修工作,以提高现有人员的理论水平。要加强图书馆学会的工作,举办各种高水平的专题研讨与理论班,加强国内外学术交流,以提高会员的学术水平和理论水平。此外,做好技术职称的评定与升级工作,及时处理科研成果工作与科研成果奖励工作也和队伍建设与学科建设密切相关。

(选自《图书馆学通讯》1984 年第 1 期)

新的技术革命与图书馆现代化

谭祥金

一、浪潮与冲击

当前,世界新的技术革命正在形成与发展,这场革命正在并且必将使人类生活的各个方面发生重大变革,产生深远的影响。所谓新的技术革命,是以信息产业为中心的,包括生物工程、新材料、新能源等新兴工业的兴起。在国外,有人称为"第四次工业革命",也有人称为"第三次浪潮"。对此,西方的社会学家和经济学家有不少论述,引起很大震动。他们的观点不尽一致,预测前景莫衷一是,并不可避免地带有资产阶级的局限与偏见,但他们所阐述的一些观点和动向值得我们重视。他们认为,西方国家在20世纪50、60年代达到高度工业化以后,现在要从工业社会转入信息社会。在信息社会里,社会变化的源泉是知识和信息,知识的生产已成为决定生产力、竞争力、经济成就的关键因素。劳动技能主要不是靠体力,而是以智力和知识为基础。当然,信息社会不是物质生产的停止,而是在物质生产过程中,用于直接接触产品的人少了,但产量却提高了。由于工厂和办公室的自动化,人们可以在家里办公,家庭将成为居住和多种智力活动的场所,生产方式和社会面貌将发生很大变化。以上就是信息社会的所谓三大特征——信息化,知识化,分散化。还有人说信息社会有"五大特征""十个方向"等等,这些描述我们可以参考一些有代表性的著作,例如美国托夫勒的《未来的震荡》《第三次浪潮》、奈斯比特的《大趋势·改变我们生活的十个方向》、日本松田米津的《信息社会》等。

现在,西方工业国家正生活在一个夹缝时代,处于新旧交替的两个时代中间。面对这场革命,他们正在进行痛苦的过渡,在美国,传统的烟囱工业即汽车、钢铁、橡胶、造船等工业不断萎缩,而新兴工业却蓬勃发展。去年有25 300家企业倒闭,但却有566 700家新公司开张。占汽车制造业19%的21.1万名工人已失去工作,钢铁工业开工率只有46%,19万工人无事可做。正当千千万万在装配线上工作的工人失去生计的时候,而具有知识的工程师们却在高薪的职业中挑肥拣瘦。在英国,撒切尔夫人把英国国有化钢铁工业的职工裁减52%,同时政府向1万家小企业贷款4.65亿美元,寻求新的出路。其他国家的景况都是一样,有的更糟。更严重的问题是教育问题,培养出来的人应付不了"第四次工业革命"。总之,新的技术革命引起的剧变,对各国政府造成强大的压力,看来,谁都难以抗拒这股潮流,只能因势利导。为了应付这场挑战,许多国家的政府都集聚各方面的专家研究对策,制订规划。时间紧迫吗?欧洲共同体在一份研究报告上说:现在尚不为晚,然而时间已有限。

作为世界一部分的中国,也必然会受到这次浪潮的冲击,我国政府和专家正在认真研究世界上出现的新鲜事物,能够在风起于青萍之末的时候,就辨别它的动向,采取必要的对策,因为它将涉及整个社会主义物质文明和精神文明建设。

这场革命与图书馆事业有什么关系?我国著名科学家钱学森同志在《评第四次世界工业革命》一文中说:"而迎接二十一世纪,为二十一世纪作准备,根据所谓'第四次世界工业革命'带来的信息,要做的事还不止教育一个方面,还有科学技术,还有文学艺术,还有图书、刊物、情报以及资料情报、信息网的建设等等问题。"这就是对我们的启示,正是需要我们思考和探索的课题。

二、革命与希望

新的技术革命浪潮,冲击着图书馆事业,使它进入了新的革命阶段。图书馆事业的产生和发展,是伴随着人类历史进程前进的。到目前为止,经历了三次革命,第一次是图书馆的产生(包括官私藏书楼),它的主要特点是收藏,这是古代图书馆时期。第二次是由于资产阶级革命的影响与胜利,使图书馆逐渐向社会公众开放,这是近代图书馆时期,它的主要特点是流通。电子计算机等现代化技术在图书馆的应用,使图书馆面临第三次革命,进入现代图书馆时期,这个时期主要特点是技术上的自动化与组织上的网络化。这场革命正在或者将要给图书馆事业带来深远的影响,与传统的图书馆比较,在图书馆的馆藏品种、收藏方式、加工手段、服务内容、建筑与设备、科学管理、工作人员的结构与水平以及图书馆学的教育与研究等方面发生变革,图书馆的职能也要适应新的社会需要。

既然信息社会生产知识,素有"知识宝库"之称的图书馆,本来就是知识的搜集、储存、整理、传播的重要基地之一,这个古老的行业与传统的制造业不一样,将以新的面貌出现在新的社会里。在信息社会,图书馆事业将深入社会生活的各个方面,与每个人息息相关,将取得前所未有的社会地位。在工业社会,战略资源是资本,在信息社会里,战略资源已是信息。新的权力来源不是少数人手中的资本,而是多数人手中的信息。因此,各行各业需要信息,人人需要信息。但由于各种信息飞速增长,使人们陷入困境。约翰·奈斯比特在《大趋势·改变我们生活的十个新方向》一书中指出:"失去控制和无组织的信息在信息社会里不再构成资源,相反,它成为信息工作者的敌人。受到技术资料困扰的科学家们抱怨信息污染,他们说,自己动手从头做试验也比查资料快。""信息技术使泛滥的信息污染得以系统化,使原来无用的资料恢复价值。如果使用者通过信息设备得以方便地得到所需要的信息,他们愿意为此支付费用,从而整个信息社会所强调的重点从供应转到选择。"因此,信息选择行业应运而生,在美国已成为每年营业额达 15 亿美元的大事业,还在迅速增长之中。日本经济学家松田米津更明确指出:工业社会的特点和象征是工厂,而信息社会的象征是信息公用事业(数据库和资料中心)。不言而喻,图书馆事业是这种信息公用事业的重要组成部分。

在信息社会里,大多数人的工作都是在创造、处理、分配信息。图书馆工作者就是属于信息工作的专业人员。美国有个信息专家马克·波拉特博士,对哪些行业和职务属于信息部门进行了详尽的研究,虽然他表示:明确指出谁是信息工作者,谁不是,可以说是一种吃力不讨好的事情。不过,他的研究还是提供了相当广泛的证据支持他的结论,去说服对信息社会抱怀疑态度的人。波拉特在 201 种行业中选择了 440 种职业,分析了每种职业的信息职务并排列出它们对国民总产值所做出的贡献。他首先选出容易辨认的信息工作,如职员、图书管理员、系统分析人员等，并计算其经济价值，称之为第一信息部门。据他计算，1967 年美国国民经济总产值中 25.1% 来自第一信息部门。这是 1967 年的情况，以后有突飞猛进的增长。在 20 世纪 70 年代，新增加的 2000 万个新工作中，只有 5% 属于制造业，而大约 90% 属于信息部门。由此可见，图书馆事业和图书馆工作者处于这次浪潮的漩涡中心位置，这次浪潮对图书馆事业的冲击，带来的是生机和希望，我们应该顺应历史发展趋势，对此应有所准备。我们图书馆工作者，特别是领导干部，应以革新者的胆略与远见，去迎接和从事这场革命。

三、经验与教训

新的技术革命的兴起，促进了图书馆的现代化。图书馆现代化包括广泛的内容，但主要标志是电子计算机在图书馆的应用。世界经济发达国家的图书馆，使用电子计算机已有几十年的历史，从他们所走过的路程，有不少经验和教训值得我们借鉴，以下几点值得我们参考。

1. 可行性研究和系统分析

所谓可行性研究就是对使用电子计算机的必要性进行认真的研究。电子计算机不是时髦的装饰品，它给人们带来好处，也得为它提供条件。只有在对本馆的性质、任务进行具体分析，对使用电子计算机解决什么问题进行充分论证，而且确实会得到实际效益时才做出决策，千万不要一哄而起，轻率决定。图书馆工作的目的就是根据读者的正当要求，迅速而准确地向读者提供书刊资料及其他形式的载体。至于采取什么手段，应区别情况，择优而从。

在决定采用电子计算机后，要在可行性研究的基础上进行系统分析，对所承担的任务进行深入的调查和详细的分析与设计，回答根据什么、为什么、如何做、何时、何地、谁去做等问题，写出一份报告——系统说明书，并画出框图。进行这项工作时，既要考虑当前的需要，又要考虑将来的发展，既要满足内部的要求，又要顾及外部的兼容性，还有辅助设备的配套，机房的设计等都要有周密的计划。那种先购置机器后套任务，甚至买了机器不知干什么的现象必须避免。

2. 标准化

标准化工作是重要的基础工作，可以说没有标准化，就没有自动化和网络化。没有标准或有了标准不严格执行，就会发生混乱。世界上第一个图书编目联机网络系统，美国俄亥俄学院图书馆中心（OCLC）就曾发生过这种情况，华盛顿州图书馆网络（WLN）就吸取了它的教训，加强了标准及纪录的检查工作。没有标准，就无法实现资源共享。

3. 人员的配备与培训

图书馆应用电子计算机，必须做到领导，图书馆工作人员，电子计算机专业人员（包括硬件、软件、通讯等）相结合。应特别强调图书馆工作人员与计算机专业人员对彼此业务的相互了解与交流,而领导就是这种结合的策划和组织者,三者缺一不可。20世纪60年代初期,西欧和北美一些图书馆在应用电子计算机实验系统阶段失败的原因就在这里。

由于使用电子计算机使传统的工作和习惯发生很大变革,可能使图书馆工作人员产生恐惧心理和抵触情绪,工作也可能发生混乱。所以,应通过各种形式对全体人员进行宣传与教育,使他们对使用电子计算机有准确的了解作好足够的思想和业务的准备。

4. 业务准备工作

电子计算机本身不能产生数据,只有输入才能输出,而输入的数据是由人来提供的。所以,在使用电子计算机之前,要做大量的,烦琐的,艰巨的业务基础准备工作。从某种意义上来说,基础准备工作比买机器还重要。基础工作做好了,一旦有了机器,马上就能输入,否则,计算机是一堆"娇嫩的废铁",因为废铁可以放在露天任其风吹雨打,而计算机则要安装在有空调设备的机房里。

5. 全面规划

国外开始使用电子计算机时,由于没有统一领导,全面规划,各自为政,独立发展,造成许多问题。例如美国,20世纪60年代及70年代初期,美国自动化工作主要来自联邦政府的支持,各单位获得补助金后,各自发展自己的系统,形成百家林立的局面。数据库的建立重复浪费,网络错综复杂,不仅不能发挥设备的潜力,使用者也感到莫衷一是。1976年以来,许多图书馆界人士发现这个严重问题,提出建立全国性图书情报服务网络。以后美国国家图书馆与情报科学委员会建议研究全国图书情报网络的建立与发展,以制定一个全面规划,并进行了调查。但由于木已成舟,对已经形成的局面难以收拾,新的发展计划又困难重重,至今没有任何结果。这是国外一些朋友一再告诫我们要吸取的教训。

四、挑战与机会

新的技术革命对我们是一个严重的挑战。我国图书馆事业基础薄弱,现在空间紧张,经费不足,设备落后,人员数量不够,知识水平和管理能力甚低,这种状况对目前我国"四个现代化"建设都难以适应,达到新的技术革命对图书馆事业的要求就更加困难了。即使我们尽最大的努力,要缩短与经济发达国家技术上的差距,实现我国图书馆的现代化也不是容易的事情。这就有可能使图书馆事业落后于时代的潮流,拖"四个现代化"的后腿,图书馆事业本身也得不到应有的发展与提高。

但是,新的技术革命也为我们提供了机会。随着整个社会知识水平的提高,人民对图书馆的需求更加迫切,对图书馆的认识会大大提高。新的技术革命的发展,迫切要求图书馆提供服务,同时,也为图书馆现代化提供了装备的条件,使我们在某些方面,有可能跳越某些阶段,直接采用科学技术的新成就,加快图书馆现代化的步伐。如果我们善于利用这个机会,必将有助于提高图书馆事业的地位与作用,有助于图书馆的现代化。在这方面,我们有成功的经验,1956年党中央号召"向科学进军"时,图书馆作出了自己的贡献,本身也得到了发展。新的技术革命的浪潮为我们展现了更广阔的前景,我们要努力抓住它,顺应它,促进它。

千里之行，始于足下，目前怎么办？

1. 统一思想，提高认识

我们图书馆工作者，特别是领导干部对新的技术革命给图书馆事业带来的影响应有所认识，逐渐深化，首先在观念上要来一个转变，要有一种紧迫感，要有搞现代化的热情。目前，有些同志认为某些最基本的条件都无法解决，还谈得上什么现代化？认为图书馆现代化是遥远将来的事情。其实，图书馆现代化不仅仅就是使用电子计算机，它的内容是十分广泛的，而且有一个发展过程。目前开展得比较全面的缩微复制工作就是这方面的工作。我国图书馆现代化工作起步较晚，但从目前发展的势头来看，如果搞得好，进展也许不会太慢。我们应当承认现状，但又要不满足于现状，如果我们的思想仅仅被现状所束缚，当新的浪潮到来的时候，会因缺乏思想准备而贻误工作。在相同条件下，有的工作搞得好一些，有的就差一些，有的善于抓住机会，有的错过时机，这是常有的事情，值得我们深思。

2. 加强领导，统一规划

图书馆的现代化，特别是电子计算机的应用，主要目的是提高工作效率和服务质量，达到资源共享。其成果应成为大家所能利用的社会财富，这样才能充分利用设备的能力，取得较好的经济和社会效益。因此，必须打破手工业式的观念和管理方式。我国图书馆界应用电子计算机正处于起步阶段，从目前情况看，情况不是太妙，主要表现在互不通气，各搞一套。这样，可能使本来有限的人力和物力重复浪费，发展下去，国外失败的教训我们不仅会重蹈覆辙，而且有可能造成更严重的后果，形成不可收拾的局面。造成这个问题的主要原因是由于我国图书馆事业管理体制分成几个系统，科技情报界又自成体系。虽然做具体工作的同志也时有交流，对这种状况感到忧虑和不安，但对这样全局性的问题，他们也无能为力。这就需要国家领导与干预，有必要建立一个全国性的，有权威的"全国图书情报委员会"之类的组织加强领导，制定方针、政策和规划。当然，建立这样一个全国性的组织不是容易的事情，在此之前，应建立系统性地区性的协作组织，以加强交流与协作。正因为刚刚起步，现在为时不晚，否则后悔莫及。

3. 打好基础，稳步前进

图书馆的现代化有许多工作要做，但有些工作是基础性的工作，并不是有了电子计算机以后才开始做的，这就是所谓"前处理"工作。例如：

（1）研究工作。包括基础研究、比较研究和专业性决策研究等。我们要尊重人类创造的知识，了解国内外图书馆现代化的经验与教训，动向与趋势，进行比较分析，综合研究，根据我们的实际情况制定切实可行的对策与方案。目前我们在这方面的工作做得很不够。

（2）标准化工作。我国文献工作的标准化工作十分薄弱。1979年全国文献工作标准化技术委员会成立以后，经过3年多的努力，经国家标准局批准并公布实施的标准有12项，计划在1984—1985年再制定十几项，今年要召开第二次全国文献工作标准化技术委员会会议，我国文献标准化工作会进入一个新的阶段。但这远远不能满足需要。根据要求，建立文献工作标准的体系至少要采用或制定一百多项标准。同时，对已制定的标准也有一个宣传和推广应用的问题。所以，必须加快速度，这是一个很艰巨的任务，但又是一项必须做好的基础工作。

(3)业务准备工作。除了制定标准外,还要准备数据,这些工作不是电子计算机组的工作人员所能做到的,要依靠有关部门的业务人员来完成,可以把这种准备工作与业务整顿工作结合起来,在进行整顿工作的同时,就考虑到将来输入电子计算机,这是一举数得的事情。

总之,进行图书馆的现代化工作一定要结合我国的国情和本单位的实际情况,既要有创新精神,又要有科学态度,扎扎实实,稳步前进。1958 年"大跃进"时曾经出现的那种一哄而起,一哄而散的悲剧不能再重演了。

(选自《图书馆学通讯》1984 年第 1 期)

中国图书馆学思想的发展及其影响初探

况能富

图书馆是社会文献信息的传递工具，是人类进步和社会发展的纽带。它在我国发生和发展已有三千多年的悠久历史，走过了从简单到复杂，由低级向高级发展的道路。它在人类社会中，形成了一种独立的社会运动形式。在变革图书馆的长期实践中，人们的头脑必然产生对这一客观事物的反映，这种思维运动，也经历了由朦胧到清晰，由贫乏到丰富，由浅入深，由表及里的进程。图书馆学就以人们这种思维结晶的思想资料的形式留下了自己的历史轨迹。正如恩格斯指出："在每一科学部门中都有一定的材料，这些材料是从以前各代人的思维中独立形成的，并且在这些世代相继的人们的头脑中经过了自己的独立的发展道路。"（《马克思恩格斯书信选集》第 506 页）。中国图书馆学思想，作为中华民族的一种理论思维，源远流长，其文献之系统，想象之丰富，发展道路之明晰，在世界图书馆学发展史上，是少有的。

马克思主义认为，任何科学的发展，都必须以"它的先驱者传给它而它便由以出发的特定的思想资料作为前提"（《马克思恩格斯书信选集》第 474 页）。中国图书馆学思想资料，不仅在历史的发展过程中，曾反映了前人对图书馆学认识的思维经验及其进步水平，而且在当代图书馆学发展中，仍然是值得开凿的思想宝库。

今天，在庆祝中华人民共和国成立三十五周年的时候，讨论我国图书馆学思想发展的基本内容，分析它的思维成果及其对世界图书馆学发展的影响，将鼓舞我们以百倍的勇气和信心，去迎接世界新的技术革命的挑战。

一

一切科学，都经历过萌芽和知识积累的幼年时代。图书馆学当然也不例外。

图书馆这种特殊的社会现象，是在人类社会跨入文明时代以后才出现的。随着，人们便开始了对它的认识史。恩格斯说："历史从哪里开始，思想进程也应从哪里开始。"（《马克思恩格斯选集》第 2 卷第 122 页）。中国古代图书馆活动，夏记尚少，自殷迄周，记载渐多。此后人们的认识，由先秦零散记载反映片断思想，经两汉较完整的记载反映其初步认识，转向论述性文字直接表达思维，至魏晋南北朝从图书馆局部知识的专论，走向盛唐图书馆整体概念的表述。开始了中国图书馆学发展的幼年时代。

商殷之时，奴隶制社会比较发达，其文化也比夏代进步得多。所以，商统治者设史官以执掌典籍。殷墟甲骨，有"作册"之"史"。《诗》《书》之中，周初统治者不仅赞颂殷人典册，而且还提出周的发展"宜鉴于殷"，甚至"不可不鉴于有殷"的思想。人们已经认识到，应当通过典籍吸取前人和同代人的经验智慧。至殷末,殷史官见纣王残暴迷乱,"于是载其图法,出亡之周"。周人也常劫夺并抄袭殷文化,还从征战中俘获殷史官及其所掌"典册"。足见人们对典籍的珍视。由于商殷图书馆十分简陋,人们还不可能直接用文字反映自己的认识。

周代就前进了一大步,出现《尚书·金縢》对周初王室"藏室"最基本的活动的简单记载。从周公"纳册于金縢之匮",到周成王"启金縢之书"的记载中,可以看到,周初史官提出了"纳册"和"启书"的概念。这是中国图书馆学思想史上最原始的基本概念。随着生产的发展,周代国家的政治社会活动日益频繁,记载这些活动的典籍与利用典籍的活动也相应增多,而且出现官守其书,以书执政的局面。《周礼》(即《周官》)一书,不仅大量记载了这种情况,并且反映出周代人们对古代图书馆的基本认识。《周礼》提出了"藏"的概念,书中几乎每一官职,都收藏执掌职权范围的典籍。所以,清人阮元说:"《周官》诸府掌官契以治藏,《史记》老子为周守藏室之史。藏书曰'藏',古矣。"(《杭州灵隐书藏记》)。同时,该书还提出了"辟藏"的概念,国有异事,则元府取出所藏典籍以验之。这种"藏辟说",是我国早期的图书馆观念。《周礼》还明确提出了古代图书馆的社会职能。西周藏室,皆设于周天子的国家中央机构内,其社会职能是稽考治理国事中之疑难问题,所以谓之"治考""以考政事"。《周礼》的记载,还反映了图书分类、图书典藏与图书传播思想的萌芽。

春秋初期,伴随生产力的进步,封建生产关系的幼芽破土而出,掀起一场社会大变革风暴。维护旧制度与建立新制度的斗争双方,都乞求于思想武器。许多诸侯国不仅先后擅自为政,而且打破周王室垄断典籍的局面,纷纷设史官藏典册。古代藏室的发展,推动人们认识的进步。周灵太子晋(公元前6世纪),利用所藏典籍研究前代兴亡的经验和教训。他说:"若启先王之遗训,省其典图刑法,而观其废兴者,皆可知也。"(《国语·周语下》)。孔子(公元前551—前479年)认为周代制度是尽善尽美的,因而反对社会变革。为了宣传自己的政治主张,他苦心整理"三代"典籍。于是,亲自"西观周室",并"问礼于老子"。他在长期整理和利用藏书中提出"文献"(《论语·八佾》)这一概念。它不仅含有典籍和贤者之义,而实际上是孔子对文献传递智慧和学识的科学认识的表述。迄今,"文献"仍然是图书馆学中含义丰富的科学概念。

战国诸子争鸣,学派蜂起。这是社会经济和政治斗争迅速发展的必然结果与特有现象。各阶级、阶层和社会集团的代言人,对当时社会问题提出种种见解和主张,著书立说,聚徒讲学,促使私人藏书大量涌现,"天下之士、君子之书,不可胜载"。于是,人们对图书馆的认识,又获得新的源泉。荀况(约前313—前238)在《荀子·荣辱》中,对诸侯以下的官吏图书馆作了简明记载。他说这种图书馆利用典籍,只是祖述而不敢发挥;其藏书的传播范围,只在贵族内辗转相授;其藏书目的,则在于教育王公子弟,使他们懂得统治方法,借以延续他们的政治权利。尤其是荀子提出"三代虽亡,治法犹存"的思想,隐约地反映了人们对古代图书馆的历史作用的认识。集先秦思想之大成者韩非(约前280—前233)是提倡私人藏书的。他提出"藏书"概念。在《韩非子·喻老》中,他针对王寿受徐冯"知者不藏书"之言所惑,"因焚其书而舞之"一事,指出:"知者不以言谈教,而慧者不以藏书箧,此世之所过也。"他批评王寿现在重走不说教、不藏书的老路,就是老子所说"学不学,复归众人之所过也"。把不学习作为学习,重新走上众人认为错误的道路了。这里,韩非重申了老聃的观点。

大一统的封建汉帝国建立后,封建经济空前繁荣,出现学术思想的高涨。《史记·萧相国世家》:"沛公至咸阳,萧何独先入,收秦丞相律令图书藏之。""汉王所以具知天下阨塞,户口多少强弱之处，民所疾苦者，以萧何具得秦图书也。"自汉初允许私人藏书，至武帝下令在全国征集图书，使汉政府图书馆"百年之间，书积如丘山"。我国古代图书馆的发展，从此进入新的历史阶段。人们对图书馆的认识也随之大大进了一步。

刘向（前77—前6）、刘歆（约前53—公元23）的《别录》《七略》和班固（公元32—92）的《汉志》，是两汉政府图书馆发展的成果。在这些图书馆专著中，第一次比较全面地记载了图书馆的活动内容及其基本概念。如汉政府"建藏书之策"，设外藏与内府，初步提出"献书""求书""校雠""写书""条其篇目""目录""司籍"等概念。《别录》《七略》《汉志》不仅是中国古代目录学辉煌成就，在中国图书馆学思想史上也有其重要地位。

两汉不仅产生了全面记载图书馆活动内容的专著，而且又迅速出现了阐述性的专论并从此转入图书馆局部知识的求索。著名科学家张衡（公元78—139）曾向东汉王朝申请为政府图书馆"东观"之"官守"。在《请专事东观收检遗文表》中，他高度评价图书馆的社会意义，认为图书馆可比于天地日月，"昭示万嗣，永永不朽"。曾校书于天禄阁的杨雄（前53—公元18年），开始从书籍的含义方面认识图书馆。在《法言》中，他认为人可以通过书籍去了解天地事物变化的法则。他说，书（文字）在于传言，语言文字在于传"心"（思想认识）；"在则人，亡则书，其统一也"。求之于书籍与求之于人的作用是一回事。秘书监荀悦（公元149—209）著《经籍论》，认为"刘向父子典校经籍，而新义分，方九流区别，典籍盖彰矣。自非至圣之崇，孰能定天下之疑"？实际还是阐述书籍的作用。

不久，关于图书馆官员的重要性，也提到人们的认识日程上来了。东汉始置秘书监，执掌国家典籍。而曹魏之初于此曾一度不够重视。此事引起秘书监王肃（公元195—256）的高度注意。他向朝廷连上《论秘书丞郎表》和《秘书不应属少府表》，指出："秘书司先王之载籍，掌制书之典谟"，把他们划归管理宫中后勤的"少府"领导，岂不"隳朝章而辱国典乎"？同时，政治和经济待遇不合理，也将"不得朝服"。他建议提高秘书丞郎的政治和经济待遇。

图书馆藏书的校勘，从汉到晋梁诸朝，日益重视。西晋秘书监荀勖（？—公元289）在《让乐事表》中，向朝廷申述自己已"复校错误十万余卷书"之重任在身，"复兼他职，必有废顿"，强调专一校雠。梁尚书令沈约（公元441—513）更《上言宜校勘谱籍》，指出国家"典籍大坏""伪状巧籍"，使大家"不系寻检"，究其原因在于"核籍不精"。他要求"惩覆矫诈"，并提出"选史传学士，谙究流品者"，以"专共校勘。"

至于藏书分类和编目，自汉魏六朝至隋唐，随着知识的丰富和典籍的发展，人们的认识在这七百年内经历了曲折复杂的过程。首先是魏秘书郎郑默之《中经》改刘氏"六分"为"四部"，至东晋李充确定四部顺序；而宋秘书丞王俭"又别撰《七志》"；可是，齐秘书监谢朏等否定"七分"再造"四部"；接着，梁阮孝绪再撰《七录》，隋秘书丞许善心复撰《七林》；到唐初《隋志》"经史子集"四部分类体系再次确定下来。

"开献书之路"，肇自汉初，至隋已成为国家从民间征集图书的一种行之有效的办法。隋秘书监牛弘（公元545—610）以《请开献书之路表》奠定了理论基础，自此至清代，莫不仿效。该表第一次总结了春秋以来图书馆史上"五兴""五厄"及其发生的原因，并以此为据，提出凡藏书"兴集之期，属膺圣世"的论点，指出隋"正在今日"，所以建议须"猥发明诏，兼开购赏，则异典必臻"。牛弘还继陈朝的江总之后，再次提出藏书在于"大弘文教"。并重申汉代陆贾劝高祖"天下不可马上治之"的观点，提出"经邦立政，在于典谟""为国之本，莫此攸先"的思想。这种"国本论"，是牛弘上表的核心。

自唐代隋,社会的政治日趋稳定,经济和文化日益繁盛,唐帝国成为亚洲的中心。自魏以来的抄书业和书肆的发展,以至印刷术的发明,给唐初和唐中开元年间图书馆两度大发展提供技术和物资条件。因而,人们对图书馆的认识,得以由局部知识趋向整体观念。秘书监魏征(公元580—643)所撰《隋书经籍志总序》,就体现了这一认识进程。他开宗明义提出:"夫经籍也者,机神之妙旨,圣哲之能事。所以经天地,纬阴阳,正纲纪,弘道德,显仁足以利物,藏用足以独善。"从书籍的内涵和它莫大的功用出发,把图书馆看成人类智慧的宝库,变通世界的利器。欧阳询(公元557—641)也曾论及"藏"以致"用"的思想。他看到"延阁石渠,架藏繁积,周流极源,颇难寻究。披条索贯,日用弘多"。于是他纂《艺文类聚》以解决"寻检"书籍的困难(《艺文类聚序》)。其后,毋煚面对开元年间"经坟浩广",使"寻览者莫之能偏,司总者常苦其多"的局面,提出"剖判条源,甄明科部",做好分类编目工作,以解决利用图书中的"劣"与"弊"(《撰集四部经籍序略》)。所以,魏征提出"藏用"的概念,绝非偶然。他还指出:"'不疾而速,不行而至'。今之所以知古,后之所以知今,其斯之谓也。"传递古今知识,则是图书馆的基本职能。在系统考察上古至唐初历代政府图书馆的建设和它的活动内容之后,魏征写道:"夫仁义礼智,所以治国也。方技数术,所以治身也。诸子经籍之鼓吹,文章乃政化之黼黻,皆为治之具也。"他把图书馆看成经世济民,治理国家的必不可少的工具。魏征提出"藏用为治说",把一个图书馆的完整概念明晰地表述出来。开元以后,唐中央政府文件多次明确使用"图书之府"和"藏书之府"的概念。唐后期,蒋防也认为图书馆是"藏用之所在"(《雪影透书帷赋》)。

中国由殷周至唐代两千年图书馆学思想萌芽和形成的进程,比世界上其他三个古文化区域丰富而完整。公元前,它们都没有图书馆学文献传世。欧洲中世纪,图书馆学思想十分落后,仅6世纪出现图书馆记载文献,13、14世纪产生图书馆学专论。其中14世纪伯里《爱书》的出现方使欧洲人对图书馆学的认识达到中国7世纪魏征的认识学术水平。当时先进的中国比落后的欧洲早700年完成这一历史进程。中国图书馆学思想代表了人类图书馆学认识的先进水平。

二

入宋,中国图书馆学思想跨进一个新的历史时代。人们的思维,从前一个时代的低级水平,走向高一级的认识阶段。12世纪(南宋、金),图书馆学者们开始对前代积累的图书馆学思想资料进行较为系统的总结,又根据新的实践经验,概括出初具图书馆学科学内容并认为它是一门学问的基本知识,为中国图书馆学的发展奠定了一个坚实的基础。15世纪中叶—16世纪(明中叶),人们对图书馆学领域进行了广泛的探索。17世纪初—18世纪末(明末清初和清中叶),图书馆学者们根据各自的丰富经验和感性认识,全面而深入地阐明了图书馆的"整理说"和"传播说"思想,从而把中国图书馆学在这个历史时代的发展,推到了新的高峰。

两宋是中国图书馆学思想发展的重要时期。自北宋高度的中央集权制封建国家建立后,社会的安定,促进了农业、手工业和商业(包括外贸)的空前发展。至南宋,经济重心南移,社会经济各部门的发展都超过北宋。随着,科学文化也得到发展。我国劳动人民推动整个人类历史进程的三大发明：火药、罗盘与活字印刷诞生了；学术上集儒家之大成的程朱理学也问世了。著述的繁荣，图书刻印业的发展，亦"非前代之所及"，使"宋世民间文献远过汉唐"。因此，图书馆得到相应的大发展：政府、书院和私人等类型图书馆已经形成；图书馆内部的购求、整理、流通和管理等各部门的组织基本形成并日趋完善。这就使一大批图书馆学者们，为着社会的客观需要，展开了图书馆学的学术活动。从北宋李至、宋匪躬、苏轼起，中经南宋叶梦得、程俱、郑樵、毛谠、晁公武、陆游、洪迈、周密，金代孔天监，至元代赵希鹄、王士点、商企翁等经历了一个发展过程。其代表人物是南宋初年的程俱，郑樵以及金代的孔天监。

程俱（1078—1144）"身出入麟台者十四年"，深明图书馆在治理封建国家中的作用。1131年春，他第三次入诏秘书省，任南宋首任秘书少监之后，立即根据自己的经验，"采摭见闻及方册所载"，对前代积累的图书馆学思想资料，进行比较全面而系统的总结，于同年7月向宋皇赵构撰进政策性的意见书《麟台故事》，企望朝廷照北宋"祖宗之制"复兴政府图书馆。在这部五卷十二篇的专著中，程俱系统地表达了自己的图书馆学思想，第一次较为全面地概括了图书馆学的基本知识。

程俱十分看重图书馆。他说，"典籍之府，宪章所由"，而"千古治乱之道，竝在其中矣"。他认为国家"敦崇儒术，启迪化源，国典朝章，咸从振举；遗编坠简，当务询求。眷言经济，无以加此"。他把图书馆看成国家据以经世济民，治理国家的先决条件。

他阐述了图书馆的社会职能问题。首先，他认为图书馆旨在养育人才。他说，"祖宗以来，馆阁之职所，以养人才"。认为图书馆"聚天下贤才长育成就"，其意义十分重大，"当有通明边防攻御之宜，国家利弊之要者然"。其二，他认为图书馆还在于资政参考。他说，"复兴馆阁，国有大礼大事，于兹有参考焉"。他建议像北宋时期那样，国家"有大典礼政事，则三馆之士，必令预议。如范仲淹议职田状，苏轼议贡举者"。这就是"合群英之议，考古今之宜"。程俱认为，图书馆就是"待贤隽而备讨论"，为朝廷"深思治乱，指陈得失"。政府图书馆应是朝廷的参谋部。其三，他认为利用国家藏书进行修纂工作，也是政府图书馆的重要职能。

关于图书馆的基本内容，程俱在书中全面论及。他总结了北宋求书的许多方法。他认为校勘应当精详，并按"经史子集"类分图书。他主张按图书的内容、使用范围和它的类型而分别典藏。关于图书的利用，他认为除供朝廷国务参考外，允许官员私借，但必须加强管理手续。

他还用一个篇章探讨图书馆馆舍的建筑问题，反映了馆舍应方便实用的思想。

程俱十分重视图书馆"馆职"即工作人员的管理。他用三个篇章撰述图书馆官职的职责，选拔和升降的规定。他尤其重视馆职的选拔，提出"馆职必试而后命"的主张，认为"为众所推者召试"，并"选其文行卓然者取"，"浮荡之人"不录，而"名实相称者居之"。他又用两个篇章讨论了"馆职"的政治和经济待遇问题，提出北宋朝廷"待遇三馆特厚"，以供当朝参考裁定。这说明，程俱把"馆职"的优劣看成复兴图书馆的关键所在。

不久，著名藏书家、学问家郑樵（1104—1162）在个人经验的基础上，阐述了自己的图书馆学思想。郑樵"三十年著书，十年搜访图书"。在长期收集、整理和利用图书的过程中，他逐渐领会和掌握了图书馆学的基本知识，并应用于治学之中。因而，在《通志》中，他提出，图书馆领域的知识是"天下之大学术"之一，同为"百代之宪章，学者之能事"。如此明确地把图书馆学列为一门学问,乃是郑樵的卓越创见。

郑樵写道:"册府之藏,不患无书;校雠之司,未闻其法。欲三馆无素餐之人,四库无蠹鱼之简;千章万卷,日见流通;故作《校雠略》。"很清楚,郑樵阐述图书馆学思想,也是为着图书馆的建设和发展的。这段话实际是郑樵图书馆学思想的总结。我们抓住这个总纲,就会发现郑樵图书馆学思想是以藏书的整理为核心,以"流通"为目的的。

郑樵第一次使用了"流通"概念,并围绕"流通"这一目的展开他的图书馆学"整理说"内容。

"册府之藏,不患无书"。他说,国家的政府图书馆不能备天下之图书,究其因,是"患不求耳",或者"求之道未至耳"。于是,他根据自己多年的经验,提出有名的"求书八道"以及"五条注意"。

关于藏书整理,郑樵用"校雠"这一概念统括"校书""类书"和"编次",而"校雠之人"同掌这三件事。他把书籍的亡失,类目的混乱,都归咎于校雠不精、不力所造成的。因此,他要求"校书之任,不可不专",提出"欲图书之备,文物之兴,则校雠之官岂可不久任哉!"校雠之官,一是专任,二是久任,这是郑樵的切身体会与精到见解。

古来官私藏书,皆有分类编目之事,只是前人所编尚少。郑樵首次论及分类编目的目的和意义。他说,"类例分,则百家九流,各有条理",而且"学术自明,以其先后本末俱在。"显然,他是把图书分类看成"条理""百家九流",明"学术"及其"先后本末"的。这就是组织知识。他还说,"古人编书,必究本末。上有源流,下有沿袭。故学者亦易学,求者亦易求"。他已经觉察到分类编目具有检索的功用。根据这些正确的认识,郑樵提出许多科学可行的分类编目的方法原则。

在唐宋图书馆学思想影响下,金人孔天监在《藏书记》中提倡建公共书楼,这真是前所未有的创见和发明。他认为,"虽家置书楼,人畜文库",可是民间"贫乏之士,有志而无书",尽管"借观手录之勤",仍"不足于采览,无以尽发后生之才分"。他设想公共书楼建成后,社会人士所得的利益,说,那时我们就像看见久渴者游泳于江中,饥饿者享国家之仓米一样,"书林学海,览华实而操源流,给其无穷之取,而尽读其所未见之业,各足其才分之所当得",使人人的聪明才智得以充分启迪和发挥。他感慨地说,"噫!是举也,不但便于己,盖以便于众;不特用于今,亦将传于后也。顾不伟哉!"孔天监还设想,若其他地方也"视而仿之,慕而效之",公共书楼"蔚然礼义之乡,其为善利,岂易量哉?"孔天监在12—13世纪之际,提出这类公共图书馆思想,是十分可贵的。这种思维反映了当时社会的一定需要。但在当时社会制度和生产知识水平的局限下,仍是难以普遍实现的。

明帝国的建立,结束了元王朝不到百年的统治,社会经济逐渐得到恢复和发展。到明中叶,资本主义生产关系不断滋长,活字和造版印刷技术日兴,官私刻书益盛,使明政府图书馆和私人藏书迅速发展。人们对图书馆学领域的知识进行了广泛的探索。从明宣宗宋瞻基提出"国有储副,天下之本"(《司经局箴》),中经杨士奇、邱濬、焦竑、胡应麟等,到高濂提出"藏书以资博洽,为丈夫子生平第一要事"(《论藏书》),人们把图书馆学思维经验提到一个新水平。其中,以邱濬为代表。

邱濬(1420—1495),礼部尚书兼文渊阁大学士。他看到明前期政府图书馆的衰落状况,便博采群书典故,总结了先秦至宋历代政府图书馆建设的经验和教训,于1487年前后,向朝廷撰进《论图籍之储》,接着又上《访求遗书疏》,提出了整治明政府图书馆的意见,全面表达了他的图书馆学思想。

邱濬详细地论述了图书馆的社会意义。他认定图书馆是"治国平天下"之"切要之务"。所以自古以来,"圣帝明王,所以继天而子民者,任万世世道之责于己,莫不以是为先务"。办好图书馆是第一桩大事。他并进一步阐明此理说,图书"非一人之事,亦非一日可成,累千百人之见,积千万年之久,而后备具者也"。他认识到图书馆藏书是人类千万年认识世界的结晶。他还把图书看成载体。他说,"书之在天下,乃自古圣帝明王精神心术之所寓,天地古今生人物类义理政治之所存"。因此,他把图书和图书馆看成传递知识的工具。"是以古先圣王,莫不致谨于斯,以为今之所以知昔,后之所以知今者之具"。所以,他又说,"惟经籍在天地间,为生人之元气,纪往古而示来今,不可一旦无焉者。无之,则生人贸贸然,如在冥途中行矣。其所关系,岂小小哉!"这就透彻地指明没有图书馆的书籍,人们就像处在愚昧之中,走在黑暗的路上,怎能把它看成小事情?他还进一步指出:"书籍之在世,犹天之有日月也。天无日月,天之道废矣。世无书籍,人之事泯矣。"没有书籍典藏,就没有世界,没有人类的发展了。邱濬的这种认识,说明已经隐约地看到图书馆与人类社会发展的关系。这是人类认识的一大进步。

关于图书馆的基本内容,他在评论汉代的制度时说:"夫献书之路不开,则民间有书无由上达;藏书之策不建,则官府有书易至散失;欲藏书而无写之者,则其传不多;既写书而无校之者,则其文易讹;既校之矣,苟不各以类聚而目分之,则其于检阅考究者无统矣。"他用清晰的文字,将图书馆一般内容及其相互关系进行全面的概括并集中表达出来,这是人类认识的又一大进步。

基于对图书馆意义和内容的认识,邱濬提出了"整治"明政府图书馆的系统意见:一是增设政府图书馆;二是充实政府图书馆藏书;三是严加校正藏书;四是加强藏书借阅手续;五是仿宋制重设图书馆官员,以专官专任。

明末清初,是一个社会关系剧烈变动的时期。各种社会矛盾和斗争此起彼伏,尤其是反对程朱理学的早期启蒙思想和进步的民主主义思潮,给社会思想界以强大而深刻影响。于是社会上私人藏书得到发展,而且图书馆学著述更加繁荣。从祁承㸁的图书馆学整理论,中间经曹能始、钱谦益、黄宗羲、徐秉义,到孙庆增全面的图书馆学整理说,是一个发展阶段。祁承㸁和孙庆增是其杰出代表。

祁承㸁(1563—1628)的《澹生堂藏书约》和《庚申整书小纪》,孙庆增(约清前期人)的《藏书纪要》,是他们几十年辛勤采集、整理和考阅藏书所积累的经验之著。一个"令儿辈朝夕观省",一个应"同志欲标其要",故所论真实有据,所言委婉贴切。作为私人藏书家,他们的藏书都是私产,为自己所利用。因此,他们经营各自藏书,皆以整理为务,他们所记叙或阐述的经验也都属这方面的理论。所以图书的购求与鉴别,藏书的校勘与分编,就成了当时图书馆学的基本内容。

关于图书馆藏书的购求与鉴别的内容,祁氏比孙氏更为详备。祁承㸁提出购书的三原则。他说,"夫购书无他术,眼界欲宽,精神欲注,而心思欲巧"。他还要求"散帙勤收,如绝流之不遗涓流";"残阙必收""鼠蠹并采",以"补缀而成鹑结之衣"。这些购书之言,既全面又具体,可贵的求书精神跃然纸上。孙庆增提出购出"六难"之说,也是一般私人藏书家的苦衷。

至于图书鉴别,孙庆增说"夫藏书而不知鉴别,犹瞽之辨色,聋之听音"。祁承㸁认为"藏书之要在识鉴"。足见两人对此十分重视,并且各自提出不同的经验。孙庆增注重版本的鉴别。他强调"眼力精熟,考究确切""板之古今,纸之新旧好坏,卷数之全与缺,不可轻率",尤其注意辨别真伪,"外国所刻之书"也不例外。祁承㸁把自己的认识概括为五条原则,即"识鉴所用者:在审轻重,辨真伪,覆名实,权缓急而别品类"。祁氏内容比孙氏内容还是宽一些。

关于藏书的校雠,两人所论,无甚新见。在分类编目方面,颇有许多新奇的创造。他们论及其意义和作用。祁承㸁说,"架插七层,籍分四部,若卒旅漫野而什伍井然,如剑戟摩霄而旌旗不乱";还说,"目以类分,类由部统,暗中摸索,惟信手以探囊;造次取观,若执镜而照物"。他已看到分类于排架和检索的作用。孙庆增则说:"善于编目者",须"不致错乱颠倒,遗漏草率,检阅清楚,门类分晰,有条有理"。

基于上述认识,祁承㸁根据当时知识和图书发展的需要,研究了历代和当时图书分类法,创立自己的"因四部之定例""益四部之所本无"的新体系。对编目理论进行了总结,提出"通"与"互"的学说。孙庆增提出目录体系问题。他说,"藏书四库,编目最难""大凡收藏家编书目有四则",实似其藏书的四套目录。其"一编大总目录",其"二编宋元刻本钞本目录",其"三编分类书柜目录""以便检查而易取阅",其"四编书房架上书籍目录,及未定之书,在外装订之书,钞补批阅之书,各另主一目,候有可入收藏者,即归入柜"。至于目录的著录也十分精详。如书名,卷帙,著者及其朝代,著作方式,何时著何版本,校者、册数、套数等。在封建社会的 16 世纪末至 18 世纪初年,作为私人藏书,目录组织和著录达到如此程度并加以概说,实为世所罕见。

18 世纪,即从康熙中期到乾隆年间,民族矛盾和阶级矛盾相对缓和,社会日趋安定,经济逐渐恢复;同时,资本主义生产关系的发展,西方资产阶级意识形态的影响日盛;在这种形势下,使社会的政治经济和科学文化发生新的变化。活字印刷术的推广,使书籍出版达到高潮。图书馆获得空前大发展。至清中叶,我国图书馆学思想的发展达到更高的水平。由丁雄飞继曹溶之后再次提倡"流通"古书,接着出现弘历和周永年的图书馆学"传播说"以及建设公共图书馆的实践,此后阮元推广此意再辟"书藏"。这一阶段的代表是弘历、周永年。

弘历(1711—1799)作为清王朝最高封建统治者。他是怎样认识图书馆呢?他说,"儒与道,匪文莫阐"。"文"为何义?他解释道:"文之时义大矣哉!以经世,以载道,以立言,以牖民。自开辟以至于今,所谓天之未丧斯文也。"(《文源阁记》)。文化有如此重大作用,于是,他断言:"世无文,天理泯,而不成其为世。"文化与社会之关系如此密切,它又是怎样通达于社会呢?他说,"夫岂铅椠简编云乎哉?然文固不寓铅椠简编以化世,此四库之辑所由亟亟也"(《文溯阁记》)。书籍就是传播文化于世间的载体。传播文化就是建立图书馆的根本动因。所以,弘历提出,建立图书馆"欲以流传广播,沾溉艺林","非徒广金匮石室之藏,将以嘉惠士林,启牖后学,公天下之好也"(《乾隆四十一年六月初一谕势》)。弘历吸取宋金以来的"流通"思想,明确提出图书馆学"传播说"。

弘历不仅是言者,而且是行者。他下令"特建文渊、文溯、文源、文津四阁",为清政府之图书馆;又下令在江浙建文汇、文宗、文渊三阁,"俾江浙士子,得以就近观摩誊录用"。

弘历十分重视图书馆藏书的阅览和流通。对清政府图书馆的藏书,他允许"大臣官员","告之所司,赴阁观览"。对江浙三阁藏书,他多次谕示地方官吏,向民间知识界开放。1784年,他"第恐地方大吏过于珍护,读书稽古之士,无由得窥美富,广布流传;是千箱万帙,徒为插架之供,无裨观摩之实"。于是他谕示各地,"如有愿读中秘书者,许其陆续领出,广为传写"(《乾隆四十五年三月谕》)。就是说允许借出馆外阅读或传抄。1790 年,他再次训饬"地方有司,恐士子翻阅污损,或至过有珍秘,以阻争先快睹之忱",重申对"好学之士","准其赴阁检视钞录"。他还下令翰林院藏书也对外开放。他谕示"如有情殷诵习者,亦许其就近钞录,掌院不得勒阻留难"。他认为,"如此广为传播",就可使图书馆藏书,"无不家弦户诵"(《乾隆五十五年六月初一谕》)。

周永年(1730—1791)也是图书馆学"传播说"的鼓动者和实行者,但他有自己独特的思想内容和风格。他认为,"书籍者,所以载道纪事,益人神智者也"(《儒藏说》)。因而,天下都市之所以发达,人才之所以出众,在于见闻广多,尤其是"犹有流传储藏之书故也";而在穷乡僻垠,寒门窭士,由于"购书而无从""限于闻见",虽穷年奋斗,学问仍不能自广。他也认识到了图书馆的社会功能。于是,他决心在民间乡里,仿"释藏""道藏"而建"儒藏"。

周永年有感于历代图书馆皆"藏之一地,不能藏于天下;藏之一时,不能藏于万世"。他深信,"未有私之而可以常据,公之而不能久存者"。因而,他提出建"儒藏",旨在"自今日永无散失,以与天下万世共读之"。这样,"使千里之内有儒藏数处,而异敏之士,或裹粮而至,或假馆以读,数年儒间,可以略窥古人之大全,其才之成也,岂不事半而功倍哉"! 他的"儒藏"理想,十分可贵。

怎样兴办"儒藏"呢? 周永年不同于弘历的办法,而是亲自投书师友,"奔走四方",以鼓动士大夫之流捐建。他提出,"凡有志斯事者,或出其家藏,或捐金购买""力不论其厚薄,书不拘于多寡""始也积少而为多,继由半以窥全"。他抨击那些耗费钱财去迷信鬼神的人们说,"今愚夫愚妇不惜出金钱以起祠宇,较之此事,轻重缓急,必有能办之者"。据此他又说,"儒藏"儒事,"人人可办,处处可行。一县之长官可劝一县共为之,一方之臣族可率一方共为之"(《儒藏条费》)。

以感性经验为基础的图书馆学思想,中国从 12 世纪形成,至 18 世纪末,以其丰富多彩的内容,走在世界图书馆学发展的先进行列之中;而欧洲,则晚至 500 年后,即文艺复兴刚结束后的 17 世纪才发展起来,尤其是 19 世纪这一个世纪内,突飞猛进,赶上中国并开始走在前头。这时,西方仅用了 300 年光景,走完了老大封建的中国花 700 年才走完的路。

欧洲图书馆学思想,在中世纪的黑夜之后,以神奇速度发展起来,这应该归功于资本主义大工业生产。因此,它在思想内容和风格上,较之处在落后的封建时代的中国图书馆学,要开阔和新颖。然而,在内容的科学实质上,没有根本区别。中国和西方两个不同文化区域的图书馆学思想,在这一历史时代里,各自具有特色,代表了人类图书馆学认识的不同的思维经验和水平。

三

历史跨入 20 世纪,中国图书馆学思想与欧美图书馆学思想同时走进一个新的历史时代。图书馆学家们开始从图书馆运动本身的剖析中,探求它的科学本质。从 19 世纪末至 20 世纪 30 年代,是这个历史时代的第一个发展阶段。50 年代后期,出现第二个发展阶段。预计在 20 世纪末,将与国际图书馆学同时出现第三个阶段,随之不久,图书馆学思想史上这个伟大的历史时代将宣告结束,并转向更高思维水平的发展时代。

18 世纪末和 19 世纪初,清王朝日趋腐败,国势衰微,社会危机四伏。这给予早已企图用武力打开中国门户的西方资产阶级以可乘之机。中国在鸦片战争和《南京条约》之后终于推到被奴役被蹂躏的半封建半殖民地的地步。西方列强瓜分中国,"就像盗窃死人的财物一样"(列宁:《中国的战争》),肆无忌惮。中华民族濒于灭亡的危机。仁人志士无不痛心疾首,力图自拔,于是向西方先进国家寻找救民富国之道。其中许多人看到了欧美图书馆在社会中的作用,企图用开发民智以求富强。他们便利用图书馆这个社会文化阵地,进行战斗。

首先是早期改良派,把图书馆作为"教育救国"的工具。王韬认为"不佞尝见欧洲各国藏书之库如林,缥函绿绨,几乎连屋充栋,怀铅椠而入稽考者,口案相授,此学之日盛也"(《征设香海藏书楼序》)。郑观应则指出,"广置藏书以资诵读者之为功大也""博学之津梁也",如此"日将月就,我中华四万万之华民,必有复出于九州万国之上者"(《藏书》)。后来,徐树兰认为"国势之强弱,系人才之盛衰;人才之盛衰,视学识之博陋",因而捐建"古越藏书楼",以"存古""开新","为造就人才之一助"(《为捐建绍郡古越藏书楼恳请奏咨立案文》)。

不久,维新派登上政治舞台,把图书馆作为倡导维新,宣传变法的工具;同时又是变法的内容。康有为一边上书在"州县、乡镇皆设书藏",以"开民之智"(《上清帝第二书》);一边上书"请皇上大开便殿,广陈图书,每日办事之暇""访以中外之故,古今之宜"(《上清帝请大开便殿广陈图书书》)。孙家鼐、李端棻奏请变法,皆将建"藏书楼"列为第一条。梁启超、汪康年则在《时务报》上声言"书籍馆"是"兴国"的三大"盛举"之一。他们为什么大力提倡兴图书馆? 康有为说,"吾中国地合欧洲,民众倍之,可谓庞大魁巨矣,而吞割于日本,盖散而不群,愚而不学之过也"。他主张"学则强,群则强""群中外之图书器艺,群南北之通人志士"(《上海强学会后序》)。梁启超认为,设图书馆在于"冀输入世界之知识于国民"(《论学会》)。

中国共产党人李大钊(1889—1927)和应修人,在五四运动和大革命时期,把图书馆作为宣传马列主义和革命思想的阵地,作为无产阶级革命斗争的武器。他们提出"必须有适当的图书馆"供"劳工""阅览"(《劳动教育问题》),"使无产者有得书看",反对"仅有流通于掠夺阶级"(《上海互助团通讯图书馆宣言》);公开提出图书馆的任务是"发扬进步的思想,屏斥反动潮流,灌输革命精神"(《上海通讯图书馆共进会五周年大会宣言》)。所以,他们十分重视图书流通,主张"开架式",向外地通信邮寄借书。李大钊还重视图书馆的教育作用,也注意推广美国图书馆的专业教育。

图书馆学的专业著述活动,主要在图书馆学者中进行。辛亥革命后,中国图书馆蓬勃发展。1917—1927 年的"新图书馆运动",为图书馆学理论的发展奠定了基础。1920 年,以"文华大学图书科"为代表的中国图书馆学正规教育的兴起,为培养图书馆专业人才,促进现代图书馆建设,为图书馆学理论建设的发展起了积极的推动作用。

沈祖荣(1883—1976)是中国图书馆学高等教育的倡导者和"新图书馆运动"的发动者、中坚人物之一。他认为图书馆是人的终身机关,因此,为了"振兴中国",必须吸取外国的科学方法,建立合乎中国人需要的代表中国文化的中国式的图书馆(《中国全国图书馆调查表》)。洪有丰、马宗荣等都认为图书馆是一种社会教育的设施。李小缘则说明图书馆是"传播消息及智识之总机关"(《图书馆学》)。

继后杜定友(1898—1967)较为系统地表述了图书馆学思想。1925 年,他在《图书馆通论》这部编译作品中,开始把图书馆放在人类社会中考察,但是自此以后一直没有发展起来。1926 年,他还认为,"人类没有记载,就没有文明,没有进步",而"图书馆学专研究人类学问记载的产生,保存与应用"(《图书馆学的内容和方法》)。他的图书馆学是从图书馆运动本身的研究出发的。1928 年,他把图书馆描述成人的大脑。他说,"图书馆成为一个活机关""好像人的脑子,本应记忆许多事情,但一切事都要这脑子记忆是不可能的;而图书馆的功用,就是社会上一切人的记忆,实际上就是社会上一切人的公共脑子。一个人不能完全地记着一切,而图书馆可记忆并解答一切"。同时,他还认为图书馆学的内容应能包括"书""行政"和"管理"三部分(《研究图书馆学的心得》)。1932 年,他明确地提出图书馆事业的理论基础问题。他说:"整个图书馆事业,其理论基础实可称为'三位一体'。三位者,一为'书',包括图与书等一切文化记载;次为'人',即阅览者;三为'法',图书馆之一切设备及管理方法、管理人才是也。三者相合,乃成整个之图书馆。"至此,杜定友已经形成图书馆学"要素说"思想。他的"要素说"是一个有联系的统一体。他说,这种"理论与事业随时变迁,故此理论中心乃亦有转移"。他认为,这种"转移"的第一时期是"以'书'为最注意",第二时期是"以'法'为重",第三时期"'书'既富,'法'亦讲究,于是转应着重于'人'"。他指出"若以'人'为目标办图书馆,则事业能生动而切合实际,且有继续进化作深潜研究之余地也"(《图书馆管理法上之新观点》)。1934 年,他出版了《图书馆学概论》一书,明确提出"图书馆的设立,有三大要素",只惜没有进一步展开阐述三者及其相互关系。

1934 年,刘国钧(1898—l980)在编著的《图书馆学要旨》中,认为图书馆成立的要素"有四种:(一)图书,(二)人员,(三)设备,(四)方法",而方法是图书、人员和设备发生关系的"媒介"和"联络针"。

1949 年,社会主义的新中国成立以后,新的社会制度为社会生产力的发展,开辟了无比广阔的道路。在中国共产党和人民政府的关怀下,新中国图书馆事业在向科学进军,为生产、科研和教学服务中获得史无前例的大发展,这时刘国钧《什么是图书馆学》一文,揭开了新中国图书馆学研究的序幕。

刘国钧认为,"图书馆事业有五项组成要素:(1)图书,(2)读者,(3)领导和干部,(4)建筑与设备,(5)工作方法"。五者缺一"就不能够有图书馆的存在。因此,图书馆学必须对这些要素分别进行深入的研究"。把这"种种研究合起来构成图书馆学的整个内容"。他还指出:"现代图书馆之所以成为科学的事业,就因为它具有一套独特的科学方法,所以这方面的研究是图书馆学的中心。"刘国钧以"工作方法"为中心的"要素说",推进了我国图书馆学学术活动,为开展图书馆学研究起了积极的作用。

从上述分析,我们可以看到,中国图书馆学思想在 20 世纪初,即与外间保持学术交流,并同步进入新的时代,同时产生自己在这一历史时代的代表人物。但由于基础和实践的薄弱,他们提出的一些先进学术思想,没有发展起来,比伟大的革命导师列宁的图书馆学思想固然逊色,即与印度的阮冈纳赞和美国的巴特勒等的图书馆学思想,亦显得薄弱。在这个时间里,欧美图书馆学思想代表了人类图书馆学认识的先进水平。

*　　　　　*　　　　　*

中国图书馆学思想,从先秦萌芽至盛唐的知识积累,经两宋到明清两代的大发展,即 18 世纪以前,代表了人类图书馆学认识的先进思维水平。到 19 世纪跌落下来。从 19 世纪末又开始复苏,并进入新的发展时代,至 20 世纪 30 年代,其思维水平却未能冲出五洲;50 年代,它与国际先进学术思想的差距并没有缩小。现在,中国图书馆学思想应当有一个大发展。

毛泽东同志曾经说过:"我们这个民族有数千年的历史,有它的特点,有它的许多宝贵品质。对于这些,我们还是小学生。今天的中国是历史的中国的一个发展;我们不应当割断历史。从孔夫子到孙中山,我们应当给以总结,继承这一份珍贵的遗产。这对于指导当前的伟大的运动,是有重要帮助的。"(《中国共产党在民族战争中的地位》)。毛主席的这段名言仍然是我们今天的图书馆学理论研究中应当遵循的。我们应当从历史中吸取前人的思维经验和教训。

1925 年 6 月,当中国第一个图书馆学术团体,即中华图书馆协会成立的时候,著名的大学问家梁启超曾赴会演说,讲过这样一段话:"中国从前虽没有图书馆学这个名辞,但这种学问却是渊源发达得很早。自刘向、刘歆、荀勖、王俭、阮孝绪、郑樵以至近代的章学诚,他们都各有通贯的研究,各有精到的见解。所留下的成绩,如各史之'艺文经籍志',如陈振孙、晁公武一流之提要学,以至近代之'四库总目',如佛教之几十种'经录',如明清以来各私家藏书目录,如其他之目录学专家之题跋和札记,都能供给我们以很丰富的资料和很复杂的方法。我很相信,中国现代青年对于外国图书馆学很有根底之后,回头再把中国这种目录学(或用章学诚所定名词叫他做校雠学)加以深造的研究,重新改造,一定能建设出一种中国的图书馆学来。"(上海《时事新报》民国十四年六月七日)。梁启超虽然没有系统的提出中国图书馆学历史文献,但他提出的研究方向是发人深思的。他所提出的希望,当时致力于图书馆学研究的青年一代曾为之全力以赴,为图书馆学的发展做出了巨大的贡献。今天,中国图书馆学界更负有比其他各国图书馆学者更为繁重的学术任务,而我们现代的年轻一代,则更当在前辈的基础上,继之以阔步!

(选自《图书馆学通讯》1985 年第 1 期)

中国古代科技图书的体例及主要著作

李树菁

科学的相互渗透，边缘学科的发展是现阶段科学发展的主要特征。这种发展不仅限于自然科学内部，自然科学与社会科学之间的互相渗透过程亦在大力进行。自然科学史、科学学、未来学、创造学、历史自然学等就是自然科学与社会科学互相渗透形成的中间科学。不仅如此，中国古代天地人统一的有机自然观（主要以《周易》一书的思想为代表）正在向现代科学渗透。国外学者，首先是物理学家深感单纯用西方传统的自然科学研究方法已不足以应付科学整体化以及解决非线性复杂系统问题的局面，而需要向中国古代哲学学习。这方面的著作不断涌现。最近在美国人 F. 卡普拉（Capra）写的一本《物理学之道》（*The Tao of Physcis*，1984，第二版）当中论述了现代物理学与《周易》中的阴（- -）、阳（—），八卦（☰乾，☵坎，☶艮，☳震，☴巽，☲离，☷坤，☱兑）及其排列组合以及与太极图的关系。D. Borm 写了一本《整体性与错综序列》（*Wholeness and the Implicate Order*，1983），其总体思想颇近《周易》，是一本解决复杂自然科学问题的理论根据，属理论物理学范畴。

1983 年，中国力学学会在武汉召开的"分岔、突变、稳定性学术会议"上，武汉数字工程研究所吴学谋同志在会上提出了以"泛系方法论与泛系突变分析"为题的论文，同时指出了泛系分析思想吸取了《周易》中关于交感变化性、变中相对不变与变化的阶段性的观念。还认为泛系分析吸取了五行生克关系中的合理成分，提出了一种生克自动机网络结构，把对策性、观控性与运筹性结合起来，并运用于许多部门，解决不同的问题。近年来，在美国旧金山召开了周易学术讨论会，在武汉召开了中国周易学术研究交流会。北京、南京、成都等地不同领域的学者研究《周易》和运用《周易》原理来探讨传统中医学的继续发展、地球运动规律、地质现象解释和成矿规律等学术活动方兴未艾，前景可观。

以上情况说明了自然科学与社会科学之间亦在互相渗透。在此种学术气氛当中，作为一个自然科学工作者，特别是从事编辑出版、科技情报以及图书馆工作的同志，今后将会越来越多地遇到我国古代哲学和古代自然科学文献中论述的有关问题。因此，有必要了解一下古代科技书的概况。今就古代科技书"体"和"例"以及古代主要科技著作概述于下。

一、古代科技书的"体"

古代科技遭到封建帝王的歧视，不登大雅之堂，更无人讨论过科技书体。在古代都是附属于一般文体之中，并且仅占其中极小的一部分。因此，在论述古代科技书体之前，必须先谈一下整个文体、书体，然后再谈科技书体，才易于理解。

所谓书体即书的编写形式，例如，现代科技专著的书体有"概论""引论""导论"等；资料性的书常以"年表""年鉴""图谱""图册""大事记"形式出现。工具书则有词典、字典、手册等。科普书则有"入门""须知""浅说"等。

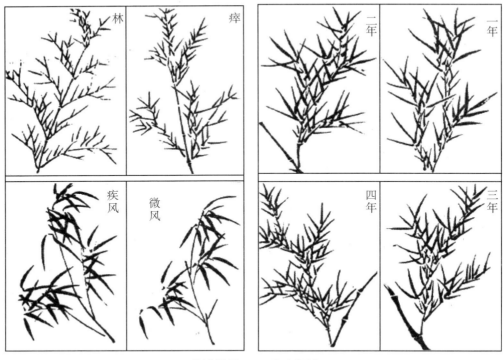

竹谱详录　　(元)李衎述

　　以上只是举例说明书体的概念,至于现代科技书究竟有多少种体,无人统计过。就笔者所知,至少有几十种或上百种。古代科技书体前人也未作过专门研究,因为古代统一讨论的都是文体,一般书体亦未系统研究过。这里所指的文体都是社会科学和文学方面的文章,与古代科技书体则相差更远。

　　晋代以前有文体但无人专门研究文体。到了晋代,文体大备,有了专门研究文体的条件。故晋挚虞《文章流别》等著作应运而生。梁任昉《文章缘超》中讨论了80几种诗体。梁刘勰《文心雕龙》虽非文体专书,然也涉及这方面的内容,讨论了30几种文体。梁昭明太子萧统选编的《昭明文选》亦有30几种文体。到了明代,先后出现了吴讷《文章辨体》和徐师曾的《文体明辨》。前者共包括59种文体;后者则论述了127种文体。其间大部分重复。清末王兆芳《文体通释》中共有173体。本人根据上述著作中提到的文体与古代科学技术书体相同者,以及根据本人对古代科技书体所作的统计,认为我国古代科技书体至少有以下100多种:

　　地理类书常见的书体:有书、表、略、表略、事略、考略、考补、考异、考实、考证、韵编、纪(记)、录、注、补注、补正、补校、校注、评、评语、疏证、疏、商榷、辨疑、拾零、笺、书、经、佚文、提要、杂记、论、杂志、小识、赞、编(篇)、图经(南北朝到唐宋)、纪要、谈、琐记、心语、笔记。

　　医、农书常见的书体:有提要、辑要、集要、易知录、杂占、占侯、证、品(明黄省曾《稻品》)、谱(《竹谱》《蟹谱》)、图谱、图说、苑(明王穉登《虎苑》)、荟(明陈继儒《虎荟》)、乘(清王初桐《猫乘》)、法、札记、林(清余怀《砚林》)。歌、诀、赘言、经纬、浅注、图解、条辨、刍言、逢源、明理、发源、约(清罗汝兰增辑《鼠疫约》)、指迷、革、答问、问对、范(清李元《蠕范》)、指南，明辨，精要，精义，汇录，发挥，浅说，法门，类要，要旨，精微（唐孙思邈《银海精微》），要语，真铨，医按，秘要，秘旨，宝（清沈桂维《产宝》），节要，杂说，要录，集说，类编，须知，恒言，应手录，正眼（明李中梓《诊家正眼》），知原，选，摘奇，讲义，讲录，蒙求，本要，丛谈，集成，指掌，心法，辨，述，叙。

以上100多种古代科技书体，虽然与地理、医书和农书关系大，然而其他科技书的体大部分都包括了。其中有些是通用的（各科通用，甚至文、理科均通用），有的是专属的（如图经专属地理书）。古代有些文体，早已进入历史博物馆，现代根本不用，如正眼，心法，指掌，苑，荟等。有些现在仍沿用，如图，图说，图谱，须知，论，评，辑要，浅说等。

以上100多种古代科技书体，有的表示书的编写方式（如注，疏，考，考辨），有的表示书的表现方式（图，图谱）。有的反映尊重书的内容（经，范，要旨）。有的反映为科普书（浅说，歌，诀）。至于书体的分类及其含义，以及体与例的关系，因研究甚少，暂且不加讨论。

二、中国古代科技书的"例"

在现代图书的编辑出版工作中，多是体例并称。"体"和"例"是两种含义。"体"的概念及类别已如上述。"例"（通常称之为"凡例"）是一种写书的规定或条例。单行本小书一般不大讲求"例"。丛书，因为由若干本组成，亦得事先规定一个写书的"凡例"，才能风格一致。大书、专书、参加写作人多的书，如地方志、年鉴、手册、词典、百科全书等，均应有"凡例"。作者掌握"凡例"，可使书的结构及名词术语等统一，读者了解"凡例"，读起书来便于理解。

砒烧

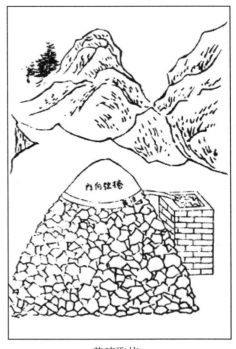

黄硫取烧

《天工开物》卷中燔石　（明）宋星应

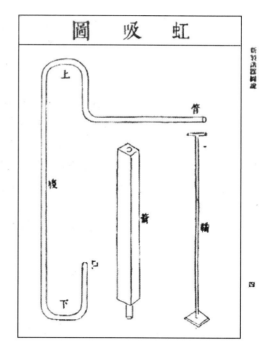

虹吸圖說　剖木爲筒筒之容或方或圜圜徑寸方徑不及寸者分之二毋薛毋齡筒之長無定度茲井及泉以爲度筒之下端橫曲而爲之口口迤而上高數寸口之容弱於腹之容惟防口之內有舌開闊戚速而無倚於圜筒之上端出井及尋橫曲二尺有奇迤垂垂四尺奇迤而下長及常而爲之管視筒之腹惟窓筒之曲若審惟樸屬爲良筒之圜肉以寸緄縢之歛

新制诸器图说　　(明)王微撰

清代章学诚《文史通义》中"例以义起"的论点是精辟的,适用于任何时代绝大多数类型的书。"义",指书的内容及写书目的。他又说:"譬之人身,事者其骨,文者其肤,义者其精神也。"这个比喻亦很精辟。

生产不断发展,文化不断发展,写书的凡例亦不断发展。这是一种规律。现代科技书的凡例有不少脱胎于古代,因此了解一下古书(包括古代科技书)的"例",对有关工作是有益的。

我国古代对写书的"例",特别重视。五经中的《春秋》一书处处重视"例"的作用。到了晋代,杜预著《春秋释例》,专门讲述《春秋》中的"例"。《春秋》上规定,天子死叫作"崩",诸侯死叫做"薨",士大夫死叫做"死"。这是最明显的一种"例"。不少科技书与古代的地方志比较接近。古代编纂地方志的"例"有很多适合综合性科技书和专著。当确定各种"志""年鉴"之类书的凡例时,可以参考古代地方志的某些凡例。

我国最早的地方志雏形要算《尚书·禹贡》了。"禹贡"是《尚书》(即《书经》)中的一篇,是按夏代当时划分的九州依次论述的,对于每个州都记载了山川、土壤、特产、贡赋等。故后来编写地方志均参考《禹贡》的体例。

中国古代书籍的"例"不像"体"那样整齐划一,而是参差不齐,无专书讨论书"例"。只能从具体书的"凡例"中去体会。兹举两本古籍作为实例:

清沈练《广蚕桑说》:此书以体例之善而著称。清宗源瀚在该书的序中说,"言蚕专书自宋秦湛后,不乏作者,惟本朝沈清渠广蚕桑说,明辨以晰,妇孺皆能通晓"。该书的凡例中说,此书"明白如话,绝不征引经文"。说桑仅19条,说蚕仅66条,说桑则自桑地说起,说蚕则从留种说起。次序一丝不乱,真善本也。"业蚕桑者当以此为定盘针,指南车"。

清纪晓岚《四库全书总目》:此书是由纪氏总纂其成的《四库全书》目录提要,是纪氏一生的主要著作。此书体例精严,文字流畅简练,对若干种书的评论精到,多为后来治学者所称道和征引。纪氏最善于讲"例",认为说明经书的道理时不可以有例,编纂史书时不可以无例。因为解经时让"例"给框住,道理就讲不清了。编纂史书时,参加的人常常很多,没有凡例,就会前后矛盾,漏洞百出。纪晓岚在《四库全书总目》一书中提出凡例20条。当然,有些凡例是按乾隆的旨意写的。有些纯学术性的凡例则出自纪氏之手。

纪氏在20条凡例中首先对乾隆皇帝恭维一番,认为编纂《四库全书》时,乾隆皇帝并非挂名;乾隆在此书编纂时起到"定千载之是非,决百家之疑似"的作用。此后谈了分类次序、精选方法,参考了前人多部目录学专著,提出一个完善的分类。并谈到类别的划分层次有的较多较详,有的则较略,因书的类别而异,对于无定论者则论之,有定论者,如"班马之史,李杜之诗,韩柳欧苏之文章,濂洛关闽之道学,定论久孚。无庸更赘一语者,则但论其刊刻传写之异同,编次增删之始末,著是本之善否而已"。特别值得指出的是,前人写的目录学著作中很少论到作者本人的人品,《四库全书总目》有些书的提要中常议论到作者本人的品德。当然这种评论是有一定政治目的的。如在"凡例"中论到明末奸臣严嵩、姚广孝著作的存目时说:"至于姚广孝之逃虚子集,严嵩之钤山堂诗,虽词华之美足以方轨文坛,而姚广孝则助逆兴兵,嵩则怙权蠹国,绳以名义,匪止微瑕。凡兹之流,并着其见斥之由,附存其目,用见圣朝彰善瘅恶,悉准千秋之公论焉。"

总之,《四库全书总目》的"凡例"有可参考之处,其内容当然带有不少封建统治者的政治意图。

蚕经 (明)黄省曾撰

三、中国古代科技书鸟瞰

我国古籍浩如烟海,流传至今者多为社会科学古籍,而科技书很少,并居于从属地位。多散见于四大部类书(经、史、子、集)之中。当然,四大部类书的科技内容。远非平均分布,以子部居多,经、史、集部中很少。每部古籍中科技内容的多少,视作者倾向自然的程度而定。古书科技内容可从接近占全书内容的100%,连续降低到接近0%。如战国时的《星经》、汉代前后的《周髀算经》及其他天文算法书、大部分农书、医书纯属自然科学内容。经书中的《大学》《仪礼》《孝经》等书几乎没有自然科学,技术内容也很少。其余大部分居于中间地位,如宋沈括《梦溪笔谈》,汉王充《论衡》,战国到西汉的《关尹子》等属之。古代属于社会科学与自然科学之间的书,哪些算自然科学书,哪些不算,有时难以区别。特别是类书,其中杂收自然科学和社会科学内容,更难肯定。

以下主要根据清代纪晓岚总纂其成的《四库全书》内所收的古代科技著作(包括存目的书,即只列目录而无书在内)加以分析介绍。

《四库全书》由经、史、子、集四大部类书组成。经部主要包括诗、书、易、三礼(周礼、仪礼、小戴札记)、三传(公羊传、谷梁传、左传)、尔雅、孝经、论语、孟子。此外,还有大学、中庸、大戴礼记(简称大戴记)等。史部包括正史、编年史、纪事本末类、别史、杂史、诏令奏议、传记、史钞、载记、时令、地理、职官、政书等类别的书。子部包括儒家类、兵家类、法家类、农家类、医家类、天文算法、术数、艺术、谱录、杂家、类书、小说家、释家、道家等类别的书。集部包括楚辞类、别集(一个人的诗文集)、总集(二人以上的诗文集)、诗文评、词曲、词选、词话、词谱、词韵、南北曲。

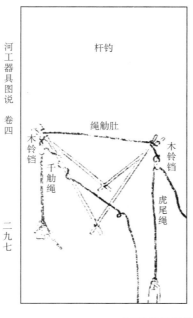

河工器具图说　(清)麟庆纂辑

上述四大部类书中，科技书大部分集中于子部的农家、医家、天文算法、术数（有两种：第一种是自然科学夹杂于迷信体系之中；第二种是根据现代自然科学观点看来基本上是科学的）、谱录、杂家、类书、道家类等书中。艺术类中有少数古典体育著作《丸经》《投壶仪节》等，小说类中也有少数具有科学内容。兹一一论述于下：

经部《尚书·禹贡》言地理。《礼记·月令》是物候学内容，即不同季节有不同的动物、植物生态变化和气象、自然水的状态变化。根据这些变化可以了解到现在处于什么季节。《春秋·僖十六年》"陨石于宋五。陨星也"。这是后来流星陨石论的最早说法。《春秋左传》上提出了"风寒火湿燥热"，在此基础上逐渐形成中医的五运六气学说（五运六气是六种气象物理因素随季节的变化系统）。《周礼·考工记》全篇叙述反映当时科技水平的内容。其中精辟细致地叙述了天时地气、材质、工艺精粗之间的关系。用橘子、鹦鹆、貉说明其生态环境向北移则发生变异，甚至死亡。还概括论述了所有六大类工种：木工、金工、制革工、设色工、刮摩工、抟埴工（塑造工）。具体工艺有：作车、作刀剑、作矢、合金配方、作钟鼓、作盔甲、染丝染羽、治玉、作罄、作陶器等。这一篇在十三经当中是仅有的一篇全面论述周代技术及加工工艺的文献。字数不多，单位字数的信息量之高、体例之善、文字之美，接近尽善尽美的境界。此篇文字为古代所有文人所重视，作注释者颇不乏人。以清末孙诒让的《周礼正义》对考工记的注释比较详尽。当前又有人拟把《考工记》作为科学技术史料重新加以注疏，研究工作正在进行。

经部中的《尔雅》一书是专门为解释经书中的名词而写的。其中的释天、释地、释丘、释山、释水、释草、释木、释虫、释鱼、释鸟、释兽、释畜等章节内容涉及自然科学，约占全书三分之二左右。

《诗经》中有不少鱼兽草木虫鱼的描述，反映了先秦的生物学知识。《诗经·小雅》"朔日辛卯，日有蚀之"，记载了周代的一次日蚀。天文史学家，迄今仍在撰文研究此史料。

《周易》用象征八种自然体和现象（天，水，山，雷，风，火，地，泽）的八卦排列组合成六十四种方案（卦），并通过一定的推演程序，得出六十四卦之间的互变方案。这种八卦符号、图像及其排列组合方案、互变程序及变化出的方案等一整套逻辑系统，以及《周易》的十篇附录（"十翼"）对我国古代的科学和技术的发展有不少作用。科学发展到了现代，国内外不少领域的一些学者在研究复杂系统的问题时常常求教于中国的《周易》一书中的有机自然观（整体观）思想，以便解决各自的复杂问题。当然，目前少数学者有夸大《周易》作用的趋向，值得提出。

由于《周易》中含有丰富的、高水平的自然科学思想辩证法和自然信息系统，因此，在古代没有一个水平较高的知识分子不读《周易》的，也没有一个不受《周易》影响的。然而，其影响大多限于社会科学范畴。其中只有少数学者钻研《周易》中与自然科学有关的内容，并用于预测和解释气象、地质、地震等自然界的动态变化。如明代精通《周易》并对《周易》中的卦爻变化有创造性发展的来知德（来瞿唐），在其所著《来瞿唐先生目录》中，用《周易》中的消息盈虚规律来定量计算峨眉山常崩塌而万古犹有此山，从而推测出"地常长而不觉"的科学结论。清代季元瀛通《周易》，曾在《周易》思想的启发下解释了地震的动物前兆。由于《周易》的注释有数千种，最主要的也有数十百种，资料之丰富达到惊人的程度，其中高妙的实例极多，不能一一列举。只举上述一两个实例即可见其一斑。

史书类涉及科技内容的有地理志，讲述地理内容；食货志涉及农业、手工业内容；五行志,涉及天文气象与人及生物的关系;方伎传,记载古代从事科学技术研究有一技之长的人的传记。以上指的是正史。至于别史、稗官野史书上涉及科技内容的可能更多些。

子部的书可以说其中集中了我国古代各门科学技术,子部除儒家、兵家、法家、小说家、释家外,在农家、医家、天文算法、术数、艺术、谱录、杂家、类书等类著作中保存了大量的古代科技史料。

我国古代比较典型的、大量的科技书首推中医古籍和古农书。

我国古代中医著作有数千种。其中经典著作有战国到西汉成书的《黄帝内经素问》《灵枢经》,东汉张仲景《伤寒论》《金匮要略》。虽然我国医学古籍浩如烟海,然而概括划分不外论述辨症和论治以及本草、医方、方论等几大类书。辨症是通过四诊(望闻问切)所收集的病人的客观气色、脉象、发声特征和主观病感的信息,按照脏腑病理结构所确定的辨症原则(八纲辨症,营卫气血辨症,三焦辨症等)以辨别、确定病症类型。如隋巢元方《诸病源候论》则专讲辨症,讨论各类病的病因及传变机理。宋代官方组织编写的《太平圣惠方》则主要讲治病药方。历代名医的一些著作,如元朱震亨《丹溪心法》、张子和《儒门事亲》等专著,则既讲辨症,又及论治,还列出药方。以上所述中医著作代表两个极端类型,其余可以类推。至于本草、医疗方面的书,由于体例特征明显,不再赘述。

当前面临中医发展途径的争论。本人认为:今天传统中医学一定要单独加强发展。发展中医只是我国今天整个医学发展中的一个分支。整个医学共有三个分支。另二分支为:西方医学在中国单独发展以及中西医学结合的方向。这三者的关系是两个单独发展(传统中医与西洋医学各自单独发展),一个结合(中西医学结合)。这不应当是权宜之计,而是客观上的可能与需要决定的。从中国医学发展史立场出发,此问题就可清楚一大半。众所周知,我国两千多年来的中医学都以《黄帝内经素问》(以下简称内经)一书作为指导思想。《内经》一书中有三部分内容:一部分两千多年来已经实现了,一部分古代从来未实现过。第二部分内容,即古代从来未实现过的内容。到了清代乾隆年间,叶天士等人根据《内经·生气通天论篇第三》中提出的"冬伤于寒,春必病温"的理论,经过长期研究及临床实践创立了崭新的温热病学派。这就是一个明显的实例。是否《内经》中最后一个未实现的理论就只有"冬伤于寒,春必病温"了呢?情况绝非如此。《内经·移精变气论篇第十三》中的移精变气治病法已失传,随着特异功能的研究进展,今后很有可能通过仿生学和电子学研制出一种模拟特异功能的理疗仪器,形成可调节的生物物理理场来治疗各种病症。《内经》中迄今尚未实现的治病方法,尚不止此,这有待传统中医研究者去努力挖掘。

我国的古农书,王毓瑚先生研究得很深,并在其所著《中国农学书录》中做了详尽的分析,兹作以下简略介绍:

王毓瑚先生在其所著《中国农学书录》中著录了千余种古农书,除集中分布于子部的农家类以外,在子部的其他类别中,有儒家类中的陆世仪《思辨录》和杨屾《知本提纲》,道家类中的《亢仓子》"农道篇",子部形法类或艺术类中的相牛、相马书,五行类中的占候书,谱录类中的种种动植物专谱以及茶竹、花卉、果树专书等等。史部中也有农书,如宋秦观《淮海集》中的《蚕书》,《杨园先生集》中的《沈氏农书》和张履祥《补农书》。经部《尔雅》中也有不少农学材料。

天文算法类:自古以来天文算法书与其他书的界限极其明确,这类书独立性强,并有古疏今密的特点。古代大学者多通天文,因其中涉及时间系统,为考证史料所不可少。看一下这类书,亦可丰富治学的思想方法。天文算法类中的名著有:《周髀算经》,清康熙御定《历象考成》,清康熙御制《数理精蕴》《孙子算经》《夏侯阳算经》等。

术数类:是论述天地人本身及其关系的书,可分为天与地,天与人,人与地三种对应系统。这一批书的数量可观,然而由于其间夹杂不少唯心成分,古今众论纷纭,迄无定论。随着科学的进展,迄今为止,论述天(或气象)与地关系的书,例如唐黄子发根据气象预测下雨的《相雨书》、明代前后无名氏预测海潮、风雨、晦明、虹霓的《海上占验》等书中所论有不少合乎现代气象学原理的。《四库全书》总编纂人纪晓岚称《海上占验》内容"皆有定验",评价较高。像这样科学的书仍然被列入术数类中,而不登大雅之堂。唐瞿昙悉达《开元占经》将唐以前古籍中的占星术等内容分类排比,汇集成书。其间内容不少属于唯心,然其中亦有相当一些内容是唯物的。例如,其中所摘的东汉郗萌论述地震与星象的关系者不少,很值得研究。公元1990至2000年国际全球变化(地圈、生物圈)研究计划将会涉及一些这方面的问题。有人正准备进行研究。从古代术数类的资料及论述中找启发,发现新的规律,作到古为今用,为人类服务是有希望的。这方面的专题研究内容有待整理,不再赘述。

谱录类:这是通过文字描述或绘图表示的书。这类书的品种繁多,其中有不少是描述或用图表示兼描述动物、植物、矿物的书。描述动物的书有宋傅肱《蟹谱》、师旷《禽经》,明《谭氏雕虫》、明陈鼎《蛇谱》,清李元《蠕范》。属于植物研究的书有:唐陆羽《茶经》,明王象晋《群芳谱》,清康熙组织编写的《广群芳谱》,明杨端《琼花谱》,描述岩石的书有:宋唐積《歙州砚谱》,宋米芾《砚史》,明林有麟《素图石谱》,明郁濬《石品》。此外,有反映手工业产品的书,如宋陈敬《香谱》,宋李考美《墨谱》,明徐炬《酒谱》等。

杂家类:在封建社会,科技书不登大雅之堂,许多精辟的具有自然科学内容的书均归入杂家类内。邓拓《燕山夜话》有欢迎杂家一文,认为杂家不可少。从我国古代杂家著作中也可窥见其一斑。

秦吕不韦组织编纂的《吕氏春秋》:纪晓岚在《四库全书总目》中对《吕氏春秋》作了极高的评价:"不韦固小人,而是书较诸子之言独为醇正,大抵以儒为主,而参以道家墨家……论音则引乐记,论铸剑则引考工记……所引庄列之言,皆不取其放诞恣肆者。墨翟之言,不取其非儒明鬼者。而纵横之术、刑名之说一无及焉。其持论颇为不苟。论者鄙其为人,因不甚重其书,非公论也。"纪氏之评并非过论,实际上《吕氏春秋》除论述了社会科学内容外,还提出不少有价值的自然科学内容。例如,其《上农篇》等四篇精辟论述了古代的农业科学。另外在其他篇内还提出人的生理特征与水质的关系,这可谓环境地质学的科学论述。

墨子:众所周知,春秋墨翟及其学派总结成的《墨子》一书中的物理学内容,特别是光学的水平相当高,可以说代表了先秦物理学的最高成就。我国现代研究墨经光学的人不少,基本上问题研究得差不多了。

淮南子:汉刘安撰,其中既汇集了古代大量的神话传说,亦记载了不少关于天文学、地学及动植物方面的科学内容。是古代第一流的子书。研究文化史及科学史者常常引用。

论衡:汉王充撰,其中有不少物理学内容。

梦溪笔谈:北宋沈括撰。沈括是北宋最大的自然科学家,也列为杂家。纪晓岚在《梦溪笔谈》内容提要内对沈括的评价是比较高的:"括在北宋学问最为博洽,于当代掌故及天文算法,尤所究心……汤修年称其目见耳闻皆有补于世,非他杂志之比。勘验斯编,知非溢美矣。"再剖视一下《梦溪笔谈》中的内容,对沈括其人更可加以深刻了解。该书共分26卷,很多内容涉及科学技术。在其"象数"章中所论的五运六气超过同时代的人,他在前人论述的基础上,指出了八种"运气"(气象物理因素随时间的变化)状态:从,逆,淫,郁,胜,复,太过,不及。并提出"物理有常有变",很重视随机因素,教人不可固守死板的教条,要考虑随机变化。当时沈括曾在皇帝面前预测过某一天有大雨,极为应验,足见其水平之高。在"药议"章中论述中药有独到见解。他曾和苏东坡合写过一本《苏沈良方》,名驰药林,足见沈括是多才多艺的。此外,沈括对山西解州盐泽(解池)的晒盐工艺、盐井的建造技术,以及光学透镜,冶炼铜铁等技术均有独到见解。因为《梦溪笔谈》中的科学论述较多,且持论较高,故我国自然科学史兼这方面的文献学家胡道静先生曾于 20 世纪 50 年代写过《梦溪笔谈疏证》一书,早已出版,流传颇广。

郁离子:明刘基(刘伯温)撰,其中有一些自然科学思想。最突出的科学思想要算他对汉代学者(刘向等)"天裂阳不足,地震阴有余"的学说提出异议。刘基认为:地震天裂(高纬度区的极光现象)一样,都是阳不足。现代自然科学史学家对刘伯温的自然观及其著作中的自然科学史料研究较少,似应进行研究。

说郛:元陶宗仪编,是一部大的丛书。其与一般丛书所不同的是其中有一些不是原书,而是成章成篇摘录的。这部丛书中包含了一些罕见的自然科学内容。如唐韩鄂《望气经》论述了云气的颜色、形态等,用来预测气象变化。《说郛》中其他自然科学内容的书(称之为子目,即丛书中的一种)尚多,不一一列举。

天工开物:明宋应星撰。此书总结了明代的科学技术,驰名现代科技文坛,人人皆知,家喻户晓,毋庸赘述。

物理小识:明方以智撰,该书从天文、地理、物理、医学等很多方面汇集了明代及明代以前的一些自然科学资料,并抒以己见。这是继宋应星《天工开物》之后又一部全面反映明代科学技术的著作。根据以上所介绍的杂家的科学著作实例可知,古代的杂家中有不少是著名的自然科学家。其著作中的自然科学论点有一些可称为凤毛麟角,不可等闲视之。

当前,有些科学技术出版社,如人民卫生、农业、上海科技以及若干省科技出版社,已经出版了或正在制定选题规划,以各种编辑形式(校点,注,校注,翻译,原版影印)出版古代科技著作及科技史料,这是可喜的现象。这将随着我国科学技术的发展而兴旺起来,出版更多更有用的古典科技图书。

(选自《图书馆学通讯》1985 年第 2 期)

应该转变图书馆研究的方向

张晓林

　　我国图书馆工作研究和图书馆学研究的主要方向和内容一直是"图书馆的组织、工作内容和方法",其中主要的又是现有业务工作的内容和方法的研究,即"研究图书馆工作诸过程的内容和技术方法"。

　　这种认识和实践脱离了更本质、更普遍的社会现象及其规律和图书馆工作的本质过程和根本目的,从现有的固定的表面的工作方式和结构形态出发,孤立地静止地甚至是排它地去研究图书馆工作,因而违背了认识事物的客观规律,严重地束缚了我们的视线和思维,也严重地限制了图书馆研究和图书馆工作本身的发展。

一

　　图书馆并不是独立的、本质的社会现象,而是服务于一种更本质、更普遍的社会现象的一个社会系统的一部分,是一种社会性的工具。这里的更本质、更普遍的社会现象就是人们的情报需要及由此产生的情报交流活动。人们为了解决自己面临的各种问题,需要获取和利用各种情报,这种获取和利用过程就形成了情报交流。由于情报的基本属性、交流的特点和基本的心理,生理和社会条件,这种情报交流过程具有自己的一些基本的客观规律。人们为了更有效地进行情报交流,在一定的社会和技术条件下建立了各种形式的情报交流工具,如图书馆、情报所、数据库中心、咨询中心等。这些工具无论其具体形式和工作方法如何,它们都只是情报交流过程在不同条件下的表现形式,其本质过程和根本目的都是一样的,即把人们所需的情报从情报源中收集组织起来提供给人们以满足人们的情报需要。因此,它们的工作是整个社会的情报交流过程的一部分,人们对它们的利用是人们获取和利用情报过程的一部分,它们从根本上是为了满足人们需要而服务的。人们的情报需要及其客观规律反映在所有各种情报交流形式和对所有各种情报交流工具的使用上,但却比这些交流形式和工具本体更基本、更普遍、更深刻;它并不受任一交流形式或工具的限制或割裂,反而作为最根本的支配力量,决定了各种工具和交流形式的产生、发展和消亡,决定了它们所应用的一切理论、方法、技术及其变化。具体地针对图书馆来说,图书、图书流通、图书馆都只是表面形式,而向人们传递他们所需的情报才是图书馆工作的实质,最大限度地满足人们的情报需要才是图书馆的根本目的。离开了人们的情报需要和情报交流,图书和图书馆都将失去存在的必要;如不能适应人们的情报需要及其变化,不能适应情报交流的客观规律和人们进行情报交流的能力、习惯、方式、规律及其变化,图书馆就无法实现自己的目的,就会走向没落和消亡。因此,对于图书馆研究来说,最重要和最主要的应是研究人们的情报需要及其变化,研究人们在获取和利用情报过程中(包括但不仅仅是人们对图书馆的利用过程)的要求、能力、习惯、方式及其规律,研究图书馆如何改革现有工作形式和方法、如何开拓新的服务形式及方法以适应它们,而不是仅仅对既成的固定的工作内容和过程进行论证、对工作形式和方法进行叙述。换句话说,研究的任务不应是从现有的工作内容和过程出发去看我们是怎么做的或能做什么,而应是从人们的需要和情报交流的规律出发去看我们应该开辟什么样的工作内容、采取什么样的工作形式和方法去更好地满足人们的需要。否则,我们的研究就将是本末倒置。

另一方面,人们的情报需要是广泛而复杂的,相互联系又相互转化的。同样,人们获取和利用情报的形式也是多样的、复杂的、相互联系和转化的。因此,无论从宏观还是从微观上看,人们总是根据自己特定的情报需要和特定的条件来选择和利用某一种或某几种最适合自己需要和条件的形式与方法,以求最高效益地满足自己的需要。人们对任何形式或工具的使用都是他们为满足自己特定情报需要而进行的情报交流过程的一部分,都是与他们对其他形式或工具的比较、选择或使用相联系的。正是通过这个过程,通过这个选择,各种不同的形式和工具有机地联系在一起,通过它们的相互作用来保证人们最高效益地获取和利用情报。也正是通过这个选择和相互作用,才显示出各种情报交流工具、服务形式和方法在一定条件下的作用和局限。因此,要认识任何情报交流工具如图书馆,就必须把它放在更广泛和更本质的过程中,放在比较和相互作用中去考察。我们不可能从一个事物的内部去把握该事物的全貌与作用,正如不可能从房子的内部去把握房子的全貌与作用。如果我们不去认识各种不同的需要及其联系和转化,如果我们不去认识各种不同的情报交流形式和工具及其相互作用,如果我们不去认识人们对这些形式和工具的利用条件、过程、效益及基于这些的选择,我们就难以真正理解人们为什么和在什么条件下使用或不使用图书馆,就难以真正理解图书馆在人们情报交流过程中的作用和局限,就难以把握在什么条件下通过什么形式和方法才能最高效益地满足什么样的情报需要,也就难以真正了解图书馆应怎样通过自己和通过自己与其他的形式或工具的相互作用来更好地满足人们的需要。当我们把视线和思维局限在某一固定的工作内容和过程时,我们就难以透过工作内容和过程这种表现形式去认识更广泛更深远的本质过程,我们就很难避免把局部的表面的东西当成本质的普遍的东西去理解,把在一定条件下的一定表现形式唯一化绝对化。我们就会认为"天只有一个井大";用表面的东西去代替本质,用局部去代替、解释、约束和裁剪广泛复杂的全局。而且,当我们从固有的工作内容和过程出发去进行研究,我们在逻辑上就事先确定了这些工作内容和过程的合理性和完全性,那么我们的研究就"合乎逻辑地"堕入为这些工作内容和过程寻求论证的过程,我们就不可能认识这些工作的内容或过程的局限,不可能超越这些局限。我们的研究就只能是在这些工作内容和过程框框内对细枝末节修修补补,不可能把握人们需要及其变化和社会技术条件的发展对情报交流和情报服务的要求,不可能按照这些要求对现有工作内容、过程、方法等进行变革。这也就取消了研究的意义。

当然,我们并不是说图书馆工作研究不能与图书馆固有的具体的工作内容或过程结合起来。我们强调的是:①研究的视线和思维都不能局限在和停留在现有的具体的工作内容和过程上。②研究任何具体工作内容、过程、工作形式或方法都应从更大程度地满足用户需要这一根本目的出发,都应放在用户获取和利用情报的过程中来,看看用户是否能够通过它们来最有效地满足自己需要。任何工作内容、过程、工作形式、方法及相关的理论、原则、制度、技术都不是固有的、独立的，都必须适应和满足用户需要。它们都必须在用户需要和最大限度满足用户需要这一根本目的面前为自己的存在辩护或放弃存在的权利。我们的研究应该从用户的实际需要和满足这个需要出发，重新审视长期沿用的工作内容、过程、形式、方法及相关的理论、原则、技术等，剔除那些本身就是非科学的部分，剔除那些虽然在历史上发挥过积极作用但已不适应今天需要的部分，改造那些在今天仍能发挥一定作用但有较大局限、不能适应今天效率和效益高要求的部分，保留那些在今天仍充满活力的部分并注入新的观念和新的技术，同时创造或引入以前从来没有过但又为今天迫切需要的新的工作内容、过程、形式、方法及相关的理论、原则、技术等。③在研究具体的工作内容、过程和方法中，主要地不应是盯住它的具体方法技术，而应是盯住用户选择和使用它们时表现出来的需要、能力、习惯及其规律，研究用户对它们的使用和对其他工作内容与形式的使用的相互关系，以此揭示出具体应用中掩盖着的情报需要和情报交流规律，揭示出我们的工作内容、方法、过程及相关的理论、技术、组织管理中不适应用户需要、能力、习惯及其规律的地方，以此来指导对图书馆工作的改造和发展。④任何具体的工作内容或形式或方法都不可能孤立地来研究，因为它总是在与其他工作内容、形式或方法的相互作用中为一个整体目标发挥作用。正如前面提到的，离开了对这种相互作用和整体目标的认识，我们就不可能准确地分析判断它本身的作用和价值，也难以对它进行合理的改造。

二

事实上，我们认识任何事物都是透过个别的具体的表面现象，抓住被掩盖着但起支配作用的、有更普遍更深刻意义的本质；都是超越这些具体的个别的表现形式，充分理解这个本质及与它联系着的广泛、复杂、多变的表现形式和表现过程。这样我们才能真正认识这个事物，也才能真正认识每个具体表现形式或表现过程，促使它们顺应事物本质的发展规律而发展。也只有这样，我们的认识才不会是表面的、局部的、零碎的，才可能具有普遍和长远的意义，才可能对各种条件下的各种表现形式及其变化提供理论的解释和指导。

实际上，科学从来就是这样发展的。在研究工作中，人们总是超越具体的社会机构，把在这个社会机构的工作中反映出来的问题与更本质更普遍的基本社会或自然现象联系起来，把这些问题与在其他情况下反映来的同样的基本社会或自然现象联系起来，从这个基本现象出发研究具有本质和普遍意义的解决办法，并在此基础上研究在各种条件下（包括在上述具体社会机构条件下）解决这类问题的具体方法。这种研究，来自局部的实际问题，但不局限于或依附于这个局部的现有状况，因而这种研究比这个局部实际问题更高级、更本质，它的成果也具有更深刻、更广泛的应用。例如，医生的研究工作，从来不叫医院工作研究，而叫医学研究，尽管许多研究问题是来自医院的实际工作中。医生在研究中不是从医院现有业务工作的内容、过程或形式出发，而是从更本质更普遍的医学规律出发，不是局限于医院现有业务的内容、过程或形式，而是根据医学的规律、联系广泛复杂的问题或现象，提出新的工作内容、过程或方法，或对旧的工作内容、过程或方法等进行修改；研究成果不仅对医院工作，而且对广泛复杂的医疗卫生工作都具有指导意义，对各种情况下的众多表现形式提供理论的说明。医生并不把自己的研究或自己的工作性质局限在或依附于医院工作,而称自己为医务工作者(不是医院工作者)、称自己的研究为医学研究(不是医院工作研究),因为他们知道医院只是建立在医学基础上为保障人类健康服务的一种社会机构,医学和医务工作远比医院更本质更普遍更深刻。也正由于如此,他们才能对广泛复杂的需要,包括反映在医院现有业务工作中和没有反映在其中的需要进行研究,对各种形式的医疗卫生方法,包括应用在医院和应用在其他地方或情况下的方法进行研究,不断地改造和发展医疗卫生工作(包括但不仅仅是医院工作)。如果医生只对医院现在正在做的具体工作进行论证、叙述或修补,对尚未做成或尚做不到的事不予置问,那将导致医学的停顿,导致人类的悲剧。实际上,医学研究和医院的这种关系广泛地反映在各种社会机构和相关的研究工作中,如法律研究和法院、教育研究和学校等。任何机构的工作内容和形式都不是研究的前提或出发点,而是研究结果在一定条件下的应用形式。任何真正的科学研究都不是局限于和依附于某一具体的单独的固定形式的社会机构。

而我们以往的研究却恰恰相反。我们以往的研究是从"图书馆工作诸过程"这个前提出发的,而这个前提事实上就规定了研究必须是在图书馆这种形式及构成图书馆这个形式的工作内容、工作过程和基本方法的基础上和范围内进行,因而就在逻辑上把研究局限在并停留在对现在形式的图书馆的现在正在进行的各项业务工作的具体技术细节上,也就在逻辑上把用户和他们的广泛复杂的获取与利用情报活动、把现在的图书馆现在没做的工作、把没有通过图书馆现在工作表现出来的用户需要或表现出来但图书馆不能满足的需要排除在研究的视线和思维之外,同样也就在逻辑上决定了我们的研究不可能对图书馆的工作进行除了修修补补细枝末节以外的任何有意义的改造和发展。而且,由于我们是在图书馆这个形式基础上研究图书馆的具体工作过程和技术方法,我们就难以对图书馆及其各项工作的实质与作用进行认真的研究和清醒的认识,因为:①我们不是从用户情报需要和用户获取与利用情报的角度,不是从用户与图书馆相互作用的角度,不是从多种形式的比较去研究图书馆及它的工作内容或方法,不是把它们放在更本质更普遍的过程中和相互作用中考察,我们就只看得见做什么和怎么做,看不见为什么这么做和做得怎样,②我们提出图书馆这个研究前提,逻辑上就事先确定了图书馆及构成图书馆的工作内容和基本方法的合理性、正确性和完全性,我们的研究就不可避免地成为在图书馆工作中为这种合理性或正确性或完全性寻求论证和阐述的过程,就无法客观地认识图书馆及其工作内容、方法等的真正作用和局限。同时,由于上述原因,使我们抓不住通过图书馆工作反映出来的问题本质,无法把这些问题与情报交流中的广泛复杂的其他问题联系起来,因而研究出来的东西往往只是在图书馆具体条件下对某个具体工作内容的技术上的改进,而难以提出对整个社会和社会的情报系统中的广泛复杂多变的情报交流活动和情报服务具有普遍指导意义或创造性突破的理论或方法。另外,这样的研究必然地将我们的工作性质和研究性质限制在并使其依附于图书馆这一局部和表面的形式上。所以,我们称自己为图书馆工作者,称我们的研究为图书馆工作研究,而不是情报工作者和情报工作研究,尽管情报工作具有远比图书馆工作更本质更普遍更深刻的含义,尽管这种依附实际上形成了一种自我贬值!

三

把研究限制在图书馆的工作诸过程的内容和技术方法上，在理论和实践上都带来了很大的危害。

（1）我们只看到图书馆、只看到人们到图书馆借阅书刊，却没有看到人们对图书的利用只是人们获取和利用情报来满足自己需要这个过程的一部分，没有看到这种利用只是人们获取情报的众多形式中的一种，没有看到人们在获取情报中总是根据自己的特定需要、条件对众多获取形式进行选择，因而也就没有看到图书馆之所以存在和发挥作用是因为也只是因为它能在一定条件下向用户相对高效益地提供所需情报，而这些条件以及在此基础上的图书馆的作用和存在价值都是不断变化的。因此，我们很多同志就认为用户非使用和依赖图书馆不可，图书馆作用是必然的、固有的、独立的和不变的，就不能理解也不愿承认图书馆是从属于用户和他们的情报需要的，是为用户服务并通过这个服务的效果唯一地实现其存在价值，也就不能理解也不愿承认图书馆工作只是广泛复杂的情报交流过程和情报服务网络的一个有机部分。同样地，我们不去仔细地研究人们究竟是怎样利用图书馆来获取到或没有取得所需情报、怎样利用这些情报来满足或没有满足自己的需要，没有仔细研究人们是怎样和在什么条件下利用其他形式或方法来获取情报和满足需要，没有分析什么因素在人们获取和利用情报中起什么作用，因而对图书馆在人们获取和利用情报过程中在什么条件下发挥什么作用、多大作用、怎样发挥作用等，认识模糊。因此，我们往往把图书馆作为一种社会工具按人们要求向人们传递所需情报与人们获取和利用情报的过程混为一谈，与情报本身的作用混为一谈；把工作方法的科学性或称学术性与工作性质混为一谈，并用前者去取代工作性质。因此，我们至今还不能对图书馆工作的性质作出清楚的、客观的和取得社会公认的科学说明；弄不清我们到底是干什么的，却给自己贴上一块得不到用户真正承认的科学机构、学术机构、教育机构或文化机构的招牌。我们许多同志始终没有摆正我们与用户的根本关系，把图书馆放在一个人为想象的中心，把用户放在了从属的、服从的、有时甚至是可有可无的地位，不去关心和研究用户需要及其变化，不去关心和研究人们究竟怎样才能有效地获取情报和满足其需要，不去积极主动地根据人们的需要、能力、习惯及其变化等以改造发展我们的服务内容、方式、方法和管理，及相应的理论、原则等，以向人们提供更有效的服务，而往往是坚持用我们固有的或习惯了的理论、原则和服务内容、形式、方法、制度等去维持甚至限制、拒绝为读者服务。这就是我国图书馆工作长期缺乏突破性进展、缺乏活力、只能被动而痛苦地跟在外人后面进行消极地修补性适应的根本原因，也是我们工作中一些效率、效益皆低、用户怨声载道的方式方法（如闭架流通、馆际隔绝）令人惊叹地保持下来的根本原因。

还需指出，上述问题也是我国图书馆服务态度不好的根本原因。完全自然地，如果图书馆是一个天然不可缺少的中心，是一个学术性机构，那么图书馆就无须依赖也用不着关心用户的需要和这些需要是否得到满足，那么用户就应适应和服从图书馆的需要。因此，一旦用户需要与图书馆的某种现行理论、方法、技术或制度发生冲突，或与某个工作人员的个人利益、爱好或习惯等发生矛盾，我们就不会按照用户需要去改造、调整我们的工作以更好地满足用户需要,而是用我们的一套、我们的需要去限制、降低或拒绝对用户的服务。实际上,这就是服务态度问题的实质。令人不安的是,这个问题相当根深蒂固地和普遍地反映在我们的观念、思维、行动方式和某些理论原则及我们对工作的组织管理上。不客观地、清醒地认识图书馆的作用与局限,不摆正用户与图书馆的关系,服务态度问题难以根本解决。而要正确认识图书馆的作用、局限和它与用户的关系,不打破我们研究中的表面性、片面性和主观性是不可能的。

(2)由于我们的研究局限在、停留在图书馆现有业务内容及其具体技术过程和方法上,我们的思维和观察能力就受到根本的限制。因此,我们往往不能透彻地了解和说明图书馆中各种问题的实质,更不能把它与社会情报活动中其他广泛复杂的现象联系起来,以至于理论研究空洞乏味、没有洞察力、没有新意,难以对图书馆工作的改善和发展提供战略性全局性和长远的指导,也难对在实际中如何更好地满足用户需要作出透彻客观的分析和有力的促进,更难对图书馆这个机构外的事物和活动提供有意义的指导,所以我们的理论研究长期停留在对具体的工作内容、方法、技术的细节的简单机械的叙述上;所以我们的图书馆学教育实际上沦为适应职业需要的技术训练;所以我们这门学科对正在学习它的学生、对其他学科领域的人,及至对正在图书馆工作的相当多数的专业人员缺乏科学和事业意义上(而不仅是职业意义上)的吸引力。还由于上述原因,我们不能发现和把握变化或变化的趋势,难以从用户的需要和整个社会情报活动的角度来研究和推行服务的新内容、新形式、新方法,难以主动地有效地有创造性地利用自然科学、技术和社会科学各领域的相关理论、方法、技术等来改造和推动我们的工作,因而只能停留在对过去经验的重复上,只能被动地、痛苦地、别扭而缓慢地对社会和技术的变化作出反应,研究工作始终落后于实际工作。所以我们的工作内容、方法、形式和组织管理方式长期以来无所有意义的变化,用户通过图书馆获取和利用情报的效率和效益没有增加反有下降,因而用户对图书馆的满意和信任程度没有增加反有下降。虽然我们也进行了一些改革,但多是具体方法上的局部的零碎的修修补补的改变,或是跟在别人别国后面的形式地机械地学习,无法在观念、工作内容、组织结构和基本方法上有所突破。而且,许多改变或称改革存在一定程度的盲目性;主观性强、可行性差、效益低,对做得怎么样缺乏客观的评价,经不起实践和时间的考验。另外,还由于上述原因,使我们的研究流于表面、片面和孤立静止的现象很严重。我们本来对许多问题及被其掩盖但居支配地位的更普遍更深刻的本质及其规律并没有透彻的认识,却非要理论化;对许多具体的技术和应用方法也要上升到"理论"高度;对许多相互联系的现象或事物采取割裂开来、静止起来,或择其有利于我各取所需的实用。对实际问题"高空压顶"式的理论论证多,根据全面客观的实践和逻辑周密分析少,实验更少,即使有些实验,其实验方法不科学,也属有意求证一类。因此,在我们的许多基本教科书中大话、空话、白话甚多,缺乏理论的说服力和挑战性;因此,学术讨论越来越对实际工作失去直接的意义和作用;因此,我们"创造"了诸如图书馆哲学、图书馆法学、图书馆电子学、图书馆经济学、图书馆语言学、图书馆统计学等一类"学科"。不知我们是真不能分清对某一类基本社会现象或自然现象进行研究的一门学科与这门学科在不同条件下的具体应用之间的区别,还是"聊以自慰"或"自欺欺人"。

所有这些,当然有具体研究方法的问题,但关键是研究对象和方向的狭隘化表面化,使我们的视界、思维和能力受到了根本的限制。毫无疑问,这种限制对图书馆工作的发展、图书馆的作用、图书馆专业人员的作用与地位带来极大的限制。

为了更好地满足人们的情报需要，也为了使图书馆能为这个根本目的发挥更大作用，应该把我们的研究从"图书馆的组织、工作内容和工作方法"中解放出来，把我们的研究对准更普遍更本质的社会现象。具体来说，就是应研究广泛复杂的情报需要，包括但不仅仅是通过图书馆工作反映出来的需要；研究人们各种各样的情报交流活动，各种情报传递、获取与利用的形式及相关的能力、习惯、方法等，包括但不仅仅是图书馆活动；研究各种情报机构、情报服务及其相互作用，并从此出发来改造和发展情报工作，包括但不仅仅是现有形式的图书馆工作，促进人们情报需要的更大满足。或者简单地说，研究要面对用户、面对用户对情报的获取和利用、面对整个情报交流和情报服务系统。

四

显然，上述研究方向打破了传统图书馆的界限，与传统的图书馆学相去甚远。那么，一个问题就不可避免地提到了我们面前，而且科学的严肃性和严密性也不允许我们回避或用暧昧态度对待它：图书馆学哪里去了？

从本质上讲，并没有什么独立的、基本性质的图书馆学。

我们知道，一门学科是对一类基本的相互紧密联系的社会或自然现象及其规律性的研究，抓住其本质和普遍规律，用以指导各种相应的社会活动。各个社会机构都是建立在一定的学科基础上并受其指导，但这门学科却远比这个机构具有更广泛的基础，具有更本质、更普遍、更深远的意义。没有一门真正的科学是仅仅产生于而且局限于某一种社会机构。如果一门学科被局限在一种社会机构之中，其本质就被掩盖，其对社会的根本意义和对社会活动的普遍指导意义就被取消，其变革性和活力也就被取消，这门科学本身也就停顿了并可能走向没落。正因为人们对此的认识，所以只有医学，没有医院学；只有法律学，没有法院学；只有教育学，没有学校学；只有情报学；没有情报所学！

图书馆是一种社会机构，是整个社会情报交流系统的一部分，是按照情报交流的客观规律为满足人们情报需要服务的。图书馆活动是人们获取和利用情报活动的一部分，是从属于这种活动的，因此它的工作内容和形式不能单独地或独立地说明、更不能代替人们广泛复杂而又相互紧密联系的情报交流活动。相反，它必须把自己放在情报交流的广泛和本质过程中才能真正显示其实质、意义和作用，也才能不断地发展。而且，许多适用于图书馆的基本理论、基本方法和基本技术也适用于其他情报机构和情报活动，许多在其他情报机构和情报活动中发展或应用的理论、方法、技术也适用于图书馆工作，这正是因为这些理论、方法、技术本身来源于更基本更广泛范畴，是对人们情报交流和情报服务的规律和经验的普遍总结和探索，因而对各种情报机构和情报活动，其中包括图书馆具有指导意义。图书馆只是对这些基本理论、方法等在一个方面和一定条件下应用。即使一些基本理论、方法等是首先或主要地从图书馆工作实践中发现或总结出来的，但透过表面、具体形式而揭示的本质往往比这些形式更深刻更普遍，也往往冲破这些形式的约束而成为更广泛更基本的理论或方法的一部分，对广泛多样的具体形式有指导意义。这就是为什么通过医院工作发现和总结出来的理论或方法不属于"医院学"，而属于医学。我们承认图书馆工作确有一定的特殊性，但这个特殊性主要表现在具体形式和方法上，表现在管理结构、技术上，而不是表现在本质过程、基本规律上。而且,这种特殊性总是不断变化的,即图书馆总是需要根据用户和社会、技术条件来改造、发展自己的工作形式、方法、技术和组织管理结构。这种特殊性不能代表、代替或局限一门学科及其发展。

当然,图书馆学这一名称及其内容是一个历史现象。这主要是因为在一定历史阶段,图书馆成了社会主要的正式化的情报交流和服务工具,因而在一部分人眼中图书馆的活动代表了甚至代替了人们的或社会的整个情报交流方式和过程,似乎成了一种独立的基本的社会现象,因而对图书馆的研究似乎就是一门独立的基本的学科,于是就出现了图书馆学。但是,即使在当时,人们的情报交流也是广泛复杂的,人们对图书馆的利用也只是他们进行情报交流的一部分,图书馆工作也是服从于更广泛更普遍的人们情报需要和情报交流的规律。况且,我们现在认识的图书馆这种形式并不是自古就有,也不会万世长存。现代情报需要、情报交流活动的广泛性复杂性、情报技术和系统的迅速变化和发展已经要求我们跳出书刊、书刊流通与借阅、图书馆的框框而去更广泛更系统更灵活和更有效地组织情报服务,图书馆学赖以成立的传统形式的图书馆已经面临彻底的改造。所以,可以说图书馆学虽然在历史上起了一定积极作用,但它从一开始就打上了表面性、片面性和历史局限性的烙印。

图书馆学这一名称及相应的研究方向,对象和思维分析形式限制了图书馆工作的发展,也限制了人们对图书馆的认识。前面我们已谈到了这个问题,这里要特别指出的是:人们之所以对图书馆学是否是一门科学不信服,也往往不承认,就是因为为人们难以从此看出图书馆在本质上是干什么的及与其他社会活动,与更基本更普遍的社会现象的联系,难以从此看出科学的洞察力和普遍性。加上,人们从图书馆现状看到的绝大多数工作多为简单、机械劳动,图书馆现在进行的多数工作为具体的简单技术性或程序性工作,人们很难把这些工作和对这些工作在技术上或简单形式上的"研究"与"科学"联系起来。这就是为什么人们总是不情愿把"图书馆工作人员"与教师、科研人员等在工作性质上、地位上和待遇上同等对待。

把图书馆从图书馆学中解放出来、把我们的研究从图书馆及其现有业务中解放出来,将会打开我们的视线和思维,赋予我们的研究以新的活力和洞察力,使我们能通观全局、抓住根本、把握变化,主动而有效地发展图书馆工作和其他情报服务工作。当然,对部分同志这也许是痛苦的,但可以预言,这个解放将给我们带来认识上的升华和事业上的突破,将使我们的研究真正为科学的发展发挥其应有的作用和取得它应有的地位。

(选自《图书馆学通讯》1985 年第 3 期)

评图书馆研究方向的历史性进展

徐人英

　　研究的历史活动就像人类的历史活动一样,必须利用以前各代遗留下来的材料进行,一方面在完全改变了的条件下继续从事先辈的研究活动,另一方面又通过完全改变了的活动来改变旧的研究。图书馆研究方向的研究也不例外,要建立在现有研究结果的基础之上,而新的研究总是在某种程度上有所突破,否则,研究工作就陷入封闭圆圈式的研究之中。图书馆研究的历史向我们表明,不同历史时期研究工作都有不同程度的进展,目前,图书馆研究又面临一次新的历史性的发展,其意义之深远和影响之广泛超过以往的全部发展。

　　研究的历史活动是一个不断深化认识的发展过程,研究工作不可避免地都有历史局限性,后来人要善于纠正。从北京大学、武汉大学图书馆学系合编的高等学校图书馆专业基础教材——《图书馆学基础》中,我们看到了当前研究工作的严重缺陷,这就是把我国图书馆工作研究和图书馆学研究的对象规定为"图书馆的组织、工作内容和方法",其中主要的又是"着重研究图书馆工作诸过程的内容和技术方法"。这种认识和实践,使当前的图书馆研究方向被束缚在图书馆内部,造成图书馆与社会的联系、关系脱节。从固有的工作内容和过程出发进行研究,意味着图书馆研究的方向从一开始就逻辑先验地被设定为一个有限范围,即限定在只能是而不能超出的某个社会机构内部的诸工作过程上,研究的思维方式严重地被束缚住了,而任何的思维方式都是建立在对客体的一定程度的认识基础之上的,总是对已有观点、理论、知识的有秩序的使用和有目的的运用。所以,以往研究的思维形式就极大地阻碍着改革所要求的思维方式的超前变革,研究的思维方式非但未能超前,甚至被惰性力吸引到图书馆自身研究产生的孤立性上,这就严重地限制了图书馆研究的进展和图书馆工作的自身的发展。实际上,从发展观点看问题,科学学科的研究对象并不是固定不变的现象领域,它也有一个自身发展的过程,即一定的对象反映一定时期的科学学科发达程度,并受到这个时期人们总的认识水平的制约。现象领域发生变化是由于社会发展、科学技术进步,认识水平也提高了。这些发展、变化决定了研究原现象领域的科学学科必然要改变自己的基本概念、基本规律,换言之,决不能脱离事物发展变化的具体性来谈论事物的概念。从这个道理中不难看出,图书馆研究方向的变化既是历史的进步,也是历史的必然。而且,事实已经证明,历史的这种进步首先表现为一般的思维超前。所以从当前的研究中产生出把图书馆从图书馆学中解放出来的思想,和把我们的研究从图书馆及其现有业务中解放出来的思维活动。

　　在这里,思维方式十分重要,它被视为主体的相对稳定的"先验框架"。从思维出发,对任何事物都可以从静态方面或动态方面作分析的考察。静态分析,就是暂时抽掉时间的因素,侧重从空间关系上考察对象。我们从静态角度观察图书馆,展现在面前的是错综复杂的空间结构形式——知识载体和图书馆,图书馆和读者等。收藏、流通就是反映图书馆空间地位以及图书馆空间结构的范畴。动态分析,就是联系事物的时间因素,把事物作为发展中的连续过程来考察,表现为空间结构世世代代前后相继的时间关系,即藏书楼、公共图书馆、现代图书馆等的发展变化过程。如果仅限于空间上的静态考察,就会丧失应有的历史感,无从了解社会现象的历史性、暂时性、重复性、阶段性以及不可逆转的方向性等。而且,历史发展的空间也是历史时间的凝固和结晶,即只有在变动着的社会中对事物进行考察,才有可能找到将事物内在地联系在一起的环节。因此,静态分析要与动态分析相结合,即是把动态分析与动态中的静态分析结合起来,并以此为出发点研究以往图书馆研究的历史。这是比较正确的思维方式。

一

有了上面的认识,我们就能进一步分析图书馆学研究对象的变化与图书馆研究方向的历史性进展。图书馆研究就是对图书馆过程这个社会现象的研究,其中,图书馆研究的方向与图书馆学的研究对象是怎样紧密联系在一起,而一般说来是图书馆学的研究对象确定图书馆研究的方向,它们既相互一致,也有相互不一致的时候。图书馆学这一名称及其对图书馆学对象进行研究是一个历史现象,早在1807年,西廷格就意识到关于图书馆的知识已经丰富到能从中抽象出一点儿什么来的程度,他对之进行思维并第一次使用了"图书馆学"这个概念。在我国,20世纪初才出现关于图书馆研究的著述,发展至今,图书馆学的研究对象经历了三个阶段的发展,而图书馆研究的方向也相应地有过三次或明显或不明显的转换。较早的图书馆学研究对象被界定为"三要素"或"五要素",基本上是从静态方面对图书馆作分析的考察的,带有明显的研究工作初期阶段所具有的特征。比如,采取形而上学方法,抓住组成图书馆整体的若干基本成分,把整体割裂成部分,以为这些部分并列在一起就是整体等。"形而上学"方法主要是把事物当作一成不变的东西去研究,所以恩格斯说:"形而上学——关于事物的科学——不是关于运动的科学",以"不是关于运动的科学"作为指导方法去研究事物的运动,当然不能抓住事物的本质性。尽管如此,人们还是"必须先研究事物,而后才能研究过程。必须先知道一个事物是什么,而后才能觉察这个事物中所产生的变化",这就使得"要素"作为图书馆学的研究对象十分重要,不仅有历史意义而且有现实意义。但是,现阶段人们对图书馆整体各个部分的研究,虽然仍需深化,并有待于吸取现代科学技术手段,但它却完全不同于"要素说"阶段的研究了,对要素的研究不再是目的,而只是为了更好认识整体的手段,而且,对研究工作还提出这样的要求:不能因为研究要素一叶遮目,让形而上学思维方式束缚了视线,我们是在动态中研究静态的,如果再"把事物当成一成不变的东西",就是历史运动的倒退。在图书馆研究的初期,图书馆学的研究对象是诸要素,图书馆研究的方向则是图书馆自身,主要是单个图书馆的各个组成部分。

图书馆学研究对象进展到第二个阶段,是从图书馆现象领域中抽象、提炼一个"特殊的矛盾"。分析矛盾已经不再是单纯切割事物,它从分析变化到综合,是建立在分析基础之上的综合研究。"书、人和法"是图书馆的直接存在,对之进行认识是感性认识。矛盾诸说如"藏与用""收藏与提供""系统收藏与反复提供"则具有对感性材料进行意识的性质,就是说,对感性内容进行"我的"思想,而"我们所意识到的情绪、直观、欲望、意志等规定,一般被称为表象"。显然,"藏"是从直接存在着的书中抽象出来的表象,"用"是从直接存在着的读者借还中抽象出来的表象,藏与用矛盾只是被初步意识到的一个事实。表象比感性认识具有更大的普遍性,更接近于理性认识,但它只是概括感性材料的最简单的形式,还不能揭露事物的本质。列宁说,"表象不能把握整个运动",还有待于把表象转化、提升或者"翻译"为思想和概念的形式,我们才能看清事物的真相。为此,必须对表象进行"后思",但这个"后思"不是孤立的、静止的反复思索,而是把事物放在更广泛的领域中,放在与其它事物的关系之中认识。苏联图书馆学家 O.C. 丘巴梁把"图书馆过程作为群众性地交流社会思想的一种形式"很有见地,这就是说,他主张把图书馆放在社会关系中进行认识,并且从"交流社会思想"(包括学术思想)角度去作分析的考察。图书馆学的研究对象由感性认识上升到表象、由要素变化为矛盾之后,图书馆研究的方向尽管也发生了某种程度的转换,但基本上仍然集中在图书馆自身,放在图书馆工作诸过程的内容和技术方法上。这种现象的出现一方面说明了对单个事物进行研究仍然是实际工作的需要,另一方面则说明旧思维方式具有巨大的保守力量,图书馆研究的方向并没有因为图书馆学的研究对象由感性内容上升到表象而发生有意识的变化,因此也没有把对工作诸过程的研究引导到解决特殊矛盾的轨道上。图书馆研究方向的转变是微弱的,主要表现为重视读者这个因素。"读者服务"开始占据较重要位置,并且,通过读者的要求感觉到社会对图书馆的要求发生了变化,渐而有了压力感,意识到藏是为了用,产生比以前广泛得多的诸如参考咨询工作或部门,以及其它读者工作等。总之,图书馆研究方向开始向"读者服务"转换了,但是,它仍被强大的图书馆工作诸内容的研究掩盖着。

当前,图书馆研究即将发生新的进展,在这个发展时期的前期,图书馆研究浪潮中值得注意的有代表两个极端思想的两股潮流:一是无所做为的思想,不愿意进行深刻思维,只是从图书馆现状中看到绝大多数工作是简单的、机械的劳动,或者是简单技术性或程序性工作,出现了怀疑图书馆研究工作是否称得上"研究"或"科学";一是本身缺乏深思,却自以为创立了证明图书馆学不断发展、成熟的体系,他们运用形而上学方法把图书馆研究表面化,把对图书馆进行切割、细分以为就是深入,"以为只须用一些名词概念[谓词],便可得到关于绝对的知识",殊不知"如果我们试用谓词的方式以表达真理,则我们的心思便不禁感觉到这些名言无法穷尽对象的意义",于是,图书馆哲学、图书馆法学、图书馆管理学、图书馆工程系统学、图书馆经济学、图书馆电子学、图书馆协作学、图书馆建筑学、图书馆语言学等分支学科应运而生,还有什么图书馆色彩学、图书馆美学,以及许多凡能涉及的学科都冠之以图书馆学称谓。难道这些就穷尽了体系的意义了吗?人们不禁要问,这些学科经历了怎样的变化才发展成为图书馆学的分支学科的呢?它们又将如何在事物内运动并发展自身呢?产生的分支学科越多就越不能建立图书馆学已经发展成熟到构成为一种科学体系的权威。相反,这"聊以自慰"或"自欺欺人"的体系掩盖着研究工作中的真正贫乏。此外,研究主要的"成果"是"图书馆学是研究图书馆事业的发生发展、组织形式以及它的工作规律"的图书馆学研究对象规律说。规律是现象的本质的联系,它首先是关系,是关于现象的本质之间的关系。可是,规律说并没有就图书馆现象的本质是什么作进一步的阐述,那么规律说所指的"规律"就是一种没有内容的纯粹形式,一种"虚空"。图书馆现象是具体事物,它就是多样性的统一体,这些多样性的东西彼此之间相互联系,而多样性的统一、联系在结构上区分为两个层次:一方面是事物内部的统一性、联系性;另一方面是该事物与外部事物的统一、联系。由于规律说逻辑上先验规定思维只能限定在"图书馆事业的发生发展、组织形式"等内部，因此，规律说研究充其量就只是事物内部的统一性与联系性，并没有对事物外部的统一、联系作一番分析的考察。这样一来，规律说虽然摆脱了孤立地、一成不变地看待要素时所采取的形而上学方法，却不可避免地陷入同样是孤立地、一成不变地看待图书馆事业的形而上学方法之中。"大多将图书馆事业划分成若干基本部分，构成图书馆学的具体研究对象"就是这种形而上学割裂事物的具体表现，与以往研究工作相比较，不同的地方在于割裂的整体由图书馆变为图书馆事业。况且，规律说理解的图书馆事业是"我国图书馆事业发展的方针、政策，图书馆事业的领导与管理体制，图书馆工作的任务，图书馆类型的确定和变化，图书馆网的布局，图书馆馆际联系，图书馆工作的标准化，图书馆干部培养，图书馆研究规划等等"，简言之，图书馆事业就是图书馆国家机构、图书馆及其管理。那么，图书馆就是图书馆事业的核心，切割图书馆事业最终仍不免就是切割图书馆，研究方法倒退了。归根结底，规律说与要素说采取的都是形而上学方法，但是，它们也还有所不同，规律说一方面"将图书馆事业划分成若干基本部分"研究，另一方面意识到必须探索图书馆工作的规律，只是由于不理解规律究竟是什么，视线限定在图书馆现象内部，才把规律说的"规律"变成一种没有内容的纯粹形式。总之，彻底摒弃形而上学思维，把关于图书馆学研究对象的表象上升为思想、概念，就是当下迫切要去进行的一项工作。

二

"世界不是一成不变的事物的集合体，而是过程的集合体"，因此，图书馆事物只是一个独立的现象领域，但不是独立的、本质的社会现象，它从属于一个更广泛更本质的社会现象，即社会情报信息交流的一种形式。我们必须对图书馆和图书馆与社会的关系作运动中的考察，跳出图书馆，放眼整个社会，看到现代图书馆是与新技术革命的兴起联系在一起的，而新的技术革命使社会具有了与以前不同的历史特点，图书馆现象日益地失去其独立性质，变成一个由多因素参与的过程。需要重视这样一个事实：在当今社会，不可能单独考察思想、组织形式、物质技术条件等，图书馆活动的一切动向和发展，都处在社会的影响之下，只有在社会关系的总和中考察才符合实际，否则，分不清什么是现实的，什么仅仅是现存的。在这个时候，图书馆研究的方向也还被封闭在图书馆事业系统内，研究与思维有更加内向的倾向，众多图书馆学分支学科产生就是受到这个研究方向影响的结果。人们不把图书馆放在社会的运动中考察，相反倒把社会现象纳入图书馆现有的形式进行认识，把接触到的新或旧的科学学科生吞活剥。但是，图书馆研究的方向还是有了较明显的转换，对读者服务研究一步步深刻化，"全心全意为读者""读者第一、服务第一""满足读者一切要求的需要成了图书馆工作总原则"等，渐而形成读者服务研究潮流。一石激起千层浪，蕴藏在这个研究中的"情报交流"新方向就要发展成主流。它是社会借"读者服务"形式表现的一种社会需要，并且迫使图书馆工作和研究改变自己存在的方式。就历史唯物主义观点看，社会需要有最权威的力量，如泉源，似洪炉；由这个社会需要产生的理论也同样最有权威，它作为社会理论的形态指导着变革实践。"读者服务"一定要挣脱图书馆个体束缚，融汇于更广泛、更普遍的社会现象中，图书馆研究的方向开始转到社会情报交流方面去了。

综上所述,图书馆学的研究对象被区分为三个发展阶段:要素说统治图书馆学研究达40年之久;1962年有人全面阐述了"藏为了用,用离不开藏"这对特殊矛盾,直至1979年,仍然有人按照矛盾说把横向科学管理学引入图书馆研究,探求新的特殊矛盾;80年代初期研究工作重新采取形而上学方法,但伴随新技术革命的实践不可避免地在图书馆研究中有了新的突破。图书馆研究的方向受到图书馆学研究对象发展的制约,图书馆自身始终是图书馆研究的一个方向,但是,图书馆研究的方向毕竟经历了"要素""读者服务""情报交流"等的进展。

三

列宁说,"哲学不能由一门从属的科学——数学——取到自己的方法",同样,一门科学也不能由一类社会机构取到自己的内容。以往的图书馆学却是从研究"图书馆要素""图书馆的特殊矛盾""图书馆的组织、工作内容和工作方法",一句话,是从研究图书馆这类社会机构取得自己的全部规定性的。人们不禁要问,这个规定性构成了一门科学了吗?上面分析了,对要素的认识是直接的感性认识,矛盾是感性直接性的表象,而规律则倒退到要素,那么,图书馆学研究历史表明,人们对图书馆学研究对象的认识,从来也没有超过表象阶段,事实上,由一类社会机构得到的认识也不可能超越表象阶段。由于图书馆事业是一个复杂的社会现象,对这个现象的认识就必须克服经验材料的直接、现成、散漫杂多、偶然而无条理的性质,超拔出来,进而依靠自身去发展。一方面是对图书馆各个组成部分作分析的考察;另一方面是超越图书馆自身,探索它物反映。这样图书馆就与情报所、数据中心、咨询中心同一,它们都是进行传递、交流情报的工具,为满足人们对情报的需要服务的;它们又是有差异的,即各自是情报交流过程在不同条件、不同需要下的不同表现形式。简言之,图书馆现象的本质不仅在于图书馆自身的运动,同时还在于它在情报交流过程中的存在形式,是二者的统一。

从科学学科发生的历史来看,一门科学是不能由一类社会机构取得自己全部的规定性的。"计算尼罗河水的涨落期的需要,产生了埃及的天文学"。"和其他一切科学一样,数学是从人的需要中产生的;是从丈量土地和测量容积,从计算时间和制造器皿产生的"。"整个流体静力学(托里拆利等)是由于十六和十七世纪调节意大山洪的需要而产生的"。从这些事实中不难得出结论,"科学的发生和发展一开始就是由生产决定的",即由人类社会产业的某种需要产生的。从一类机构的直接存在中,和对这一类机构孤立研究,便构造成一门科学,它的缺陷就在所难免了。比如,对图书馆专业人员缺乏科学和事业上的吸引力;图书馆学教学主要的内容是让学生熟习当前图书馆工作过程,以"收集、登录、著录、分类、主题……参考、检索"为工作模式,有沦为适应职业需要的技术训练之嫌等。不是由社会需要决定,把社会需要排除在外,不因社会需要发生变化而变革自身,仅从"图书馆的组织、工作内容和方法"研究得到的学科确实有一点儿不科学。因此,目前我们对待这个不够科学的学科应该做出比较科学的认识:图书馆学作为历史现象已经存在一个多世纪了,一百多年来的发展使它具备自己的特定的内容与意义。当我们对之思维研究其历史的时候,尽管思维的行程要遵循"从事后开始"的路线,即从现实社会已经获得固定形式的空间关系出发;从知识载体与图书馆、读者与图书馆出发,从时间上追溯其历史的起源和发展,从而揭示历史发展的规律性和客观趋势。但是,我们的研究绝不是为了否定历史、改变历史,而只是改变前人对事实所做出的不符合历史观点的认识,并在前人基础之上把这门不够科学的学科向科学方向推进。

总之,人们对情报的需要是现代图书馆、情报所、数据库、咨询中心等机构存在的根据和本质。对情报的需要是社会发展到一定阶段后必然的表现形态,从根本上讲,它具有支配满足情报需要形式的力量,它决定了各种交流形式的产生、发展和消亡。各种交流形式也竭力发展自身,以其不断进步的理论、方法、技术手段证明是本质的表现,单纯从一类社会机构存在的内部是不能产生出真正的科学的。

四

图书馆学这个名称及其特定内容是一个历史现象。作为历史的产物它已经成熟到以全新形式出现的时候了,换言之,新的技术革命的实践和图书馆现代化,把我们的研究从"图书馆的组织、工作内容和工作方法"中解放出来。历史图书馆学的终结已是不可避免的事实,它意味着未来图书馆科学的开始。终结也就是开始,未来则蕴藏在历史发展中,二者的交替就是社会进步。这个时候,图书馆研究的方向也要从图书馆中挣脱出来,进展到包括图书馆在内的情报交流体系。图书馆如何在新的技术革命中变革、生存、发展,如何从自己的全新的形式和根据出发,满足社会、集团、个人对情报交流的需要,这是一个十分重要的问题。首先,研究人们获取和利用情报的要求、能力、习惯、方式等,并与图书馆这个形式结合起来,而不是与情报所、数据中心、咨询中心结合。其次,人们获取和利用情报的要求、能力、习惯、方式等一旦与图书馆相结合,就会产生新的问题,其中最主要的一个是图书馆职能转移和分化。

图书馆的职能既不是自古不变,也不会万世长存,图书馆根据其所处的社会发展的不同时期而有其不同的职能,而转移和分化也就是必然的了。目前阶段,图书馆的职能以北京大学、武汉大学图书馆学系合编的高等学校图书馆专业基础教材《图书馆学基础》为准,图书馆具有"传递情报的职能""提高科学文化水平的职能""思想教育的职能""保存图书文化遗产的职能"。一般地说,社会机构的职能就是这个机构起的作用,具有的功能,里面还包括该机构必须负起责任的意思。人们对职能有从主体与客体进行考察这样两个方面的思维活动,即考察作用、功能是图书馆主体直接产生的,或者说,图书馆仅仅是客体,是中介,只是通过图书馆间接产生的。主体与客体的区分有很重要的意义,我们说"传递情报的职能""保存图书文化遗产的职能"是图书馆作为主体直接起的作用,是它必须承担的责任,即举凡图书馆都保存图书文化遗产,都积极地传递、广泛利用这些文献资料。"提高科学文化水平的职能""思想教育的职能"不由图书馆主体直接产生,但图书馆作为客体对之作用甚大。事实上,这两项职能从来也没有成为图书馆出发点,并对它进行比较深入的研究。提高科学文化水平、进行思想教育,取决于个人和国家政权,图书馆不承担责任。或者说,提高科学文化水平和进行思想教育离不开图书资料,但降低科学文化水平和搞乱思想与图书馆没有丝毫关系,这是事实。总之,从主体与客体的认识区分,图书馆职能有二:一是传递情报,二是保存图书文化遗产。

图书馆研究新方向把图书馆看作是整个社会情报交流关系的一个部分,是按照情报交流的客观规律为满足人们情报需要服务的。那么,就必须把图书馆(包括图书馆职能)放在社会情报交流系统中,考察什么是现实的,什么仅是现存的。这样一来,看到图书馆职能发生变换,无论我们从实践的或者是理论方面进行认识,都能够这样说,"保存图书文化遗产的职能"是现存的,它必将随着图书馆向现代化方向发展,变得越来越不现实,以至发生某种"转移";"传递情报的职能"是现实的,尽管目前图书馆传递情报的历史使命还被掩盖在一般流通、阅览之中,但随着新技术革命实践,随着中华之腾飞,必将日益成为图书馆工作的主流和图书馆研究的方向。理论方面的根据是"知识爆炸",图书馆几乎无一能承担全部"保存图书文化遗产的职能"了,不管怎样努力都总有缺漏,而在实践方面,绝大多数图书馆受经费、馆舍条件限制,新书排挤旧书,遗产渐累渐失,"保存"名存实亡。文献资料被使用的状况总有一定的时间规律的,比如,十年前入藏的文献资料总的流通率就低于新入藏的。图书馆学赖以成立的传统形式的图书馆面临彻底的改造,这就是将"保存图书文化遗产的职能"转移,让"传递情报的职能"充分地在运动中展开,把95%的图书馆"保存图书文化遗产的职能"转移到特定的5%图书馆身上。因此,转移不是取消这个职能,而是让95%的图书馆从"保存图书文化遗产"理论中解放出来,以全力实现传递情报的职能,这个意义是十分大的。图书馆的职能一旦就是传递情报,是对图书文献资料的选择、传递、利用,那么,图书馆的组织、工作内容和方法将围绕满足人们情报需要而服务,并以此为目的来改造自己。其中包括适应社会需要以改革现有工作形式和方法,研究、开拓新的服务形式。图书馆不再是一个学术性机构了,它应该成为向社会提供学术信息的服务机构。选择、传递就是学术,但传递本身还是服务,为读者(用户)服务是图书馆的根本性质。图书馆研究超出图书馆自身而与情报现象融为一体,关于这个过程的科学用图书馆学命名已不确切,而且,与情报现象融为一体的科学也不是原来意义上的图书馆学,它是关于把图书馆学包含在内的、以情报交流为职能的一门学问。

(选自《图书馆学通讯》1986年第1期)

关于我国图书馆网络的建设

远　征

图书馆网络建设的状况,标志着一个国家图书馆事业的水平。从系统论的观点说,系统的功能大于系统各个组成部分相加的总和,一个个具体图书馆互不协调的发展,无论具有多么大的能力,都不能满足国家对图书馆事业的要求,只有图书馆网才能起到这样的作用,所以图书馆网建设是非常重要的。关于图书馆网络的主要职能,一般认为是:

(1)协调图书采购,确定各馆收藏重点,避免在各馆之间出现的不必要的重复和缺漏现象,逐步地建立起地区性藏书的完整体系(也就是国家与地区两级文献资源保障体系)。

(2)编制全国的和地区的联合目录,开展馆际互借,提高藏书利用率。协调书目编制工作,减少各馆编制书目的重复现象,提高书目质量。

(3)采取各种集中化(即社会化)措施,如集中编目,建立电子计算机检索网络等,促进图书馆事业的发展。

(4)建立地区性的储存图书馆,供本地区各馆剔除不常用的和多余的复本书刊。

(5)组织本地区图书馆工作经验的交流和在职干部的培训。

(6)开展图书馆学研究,促进图书馆学的发展。

我国至今没有形成实际有效的图书馆网,上面所提的几项职能,也就未能做到。这一情况不仅影响了我国图书馆事业的发展,而且使图书馆在社会主义物质文明和精神文明建设中应有的作用没有得到很好的发挥。因此,需要从理论与实践两方面探讨妨碍我国图书馆网络建设的原因,研究解决的办法。

1978年,我国图书馆界访英代表团在题为《英国图书馆的现代化与网络化》的访问报告中指出:"现代化与网络化可以说就是当前图书馆事业发展史上发生重大变革的一个主要特点,而这两者之间的关系,在实质上又是生产力与生产关系的矛盾在当前图书馆事业上的一种具体反映。"这里提出了一个深刻的命题,可惜没有引起人们的足够重视。近年来图书馆界在计算机应用上投入了相当大的力量,但网络建设却进展甚微,有关部门又未采取措施加以引导,以致"生产力与生产关系的矛盾",没有得到很好解决,前景不容乐观。

对于我国图书馆界应用计算机的这种反常情况,国外同行不断友好地提出告诫,要我们不要重复他们的教训。特别一些华裔学者指出,我国是社会主义国家,有条件在计划、协作、组织方面做得好一些,国内图书馆界人士也多次发出呼吁,加强图书馆网络的建设,搞好协调工作,防止造成重大的浪费。但由于传统的图书馆网络模式烙印很深,在新的矛盾面前无能为力。

当前,经济体制改革是我国压倒一切的任务,图书馆网络建设与之不相适应的矛盾日益突出,文献信息不灵的现象直接影响"四化"建设的进程,这个问题已经到了下决心解决的时候。随着信息论、控制论、系统论向各学科渗透,整个图书馆学的理论体系需要重新加以认识,对图书馆网络建设的理论,当然也要进行新的探索,以适应变化了的情况,推动实际工作的改革。

图书馆网络是现代科学技术发展的产物。图书馆是人类社会步入文明时代的产物,并随着科学技术的发展而不断前进。

综观历史进程,图书馆及图书馆网络的产生与发展,一直是与科学技术的发展紧密相连的。科学技术的成就为图书馆提供了生存与发展的条件,图书馆的存在又促进了科学技术的发展。一个时代的科学技术水平,决定了那个时代图书馆的生存方式与服务手段,而那个时代图书馆的服务效果,又在很大程度上影响着一个时代科学技术所能达到的高度。图书馆与科学技术这种相辅相成,互为因果的关系,已经在各国的科技发展史上留下了记录。在我们的现实生活中,也到处可见这样的事例。

目前占主导地位的图书馆网络理论认为:"图书馆网络是近代图书馆事业发展的产物,它发端于图书馆之间的协作。"因此,"图书馆之间的协作活动"是图书馆网络的主要标志之一。这一看法忽略了图书馆网络产生与发展的基本原因,从而也就不能找到推动图书馆网络建设的动力。

网络本身就是现代科学技术的一个成就,"它的形成是……推广新技术的结果,并非由于图书馆想创立一个超级机构"。它强调的是整体功能,以自顶向下的宏观思维方式认识事物,每个网络要素必须是其有机组成部分。它是由网到点,而不是由点到网。网络的每个节点(成员单位)都要按网络的功能要求进行活动,而不是由节点的活动决定网络的功能要求。图书馆与社会的关系是这样,图书馆界的内部关系也是这样。

由网到点,就是根据图书馆事业在整个社会大系统中所应承担的任务,确定图书馆网络的功能要求,以此来协调每个网络节点(图书馆)的活动,并且得到确认(具有法律性质的协议),从而保证网络功能的实现。

参加网络的每个图书馆,需要调整其内部系统,以适应网络功能的要求,这就要打破"本位堡垒",以网络建设理论指导本馆的改革,包括采购原则与借书规则的修订,标准与规范的推行,等等,从而做到系统的和谐性。

传统的图书馆网络理论的局限性就是由点到网,是以每个图书馆的自我系统为基础,进行所谓的协作活动。在没有打破封闭体系的情况下,必然把协作看成是额外负担,往往有利则争,无利则推,不愿改动本馆的基本模式,尽管其中有无法实现的空论,甚至有妨碍他人利益的不妥之处,也都不想改变。既不考虑网络的整体功能,又忽视图书馆事业对社会的服务效果,结果当然是无法建成实际有效的图书馆网络,这是宏观失控现象在图书馆界的表现。

对社会服务的效果是图书馆网络建设的根本目的,按照列宁的说法是"帮助人民利用我们现有的每一本书"。一些发达国家则提出:"保证每个居民,不论住在那里,或者文献保存在什么地方,同样能获得他所需要的信息。"这是系统的目标性,也是衡量网络效益的第一位标准。当然,网络目标的具体规定,要考虑到各方面的条件真正能够做到,这就是系统的可行性。至于推进图书馆事业发展,使每个图书馆能以最小的维持费用实现最大的服务功能,虽然也很重要,但那是第二位的标准。只有把图书馆网络置于社会大系统的总体功能制约下来认识,才能摆好这个主次关系,也才能深刻理解一个具体的图书馆,为什么必须接受图书馆网络的制约,不能搞"自成体系"的"本位堡垒",从而激发起建设网络的热情。

图书馆网络在社会大系统中属于文献信息处理分系统。因而还要加强与这个分系统中的新闻、出版、书店、情报所、档案馆、标准馆、专利馆等部门的横向联系,互用信息资源,做到综合处理,这就是系统的开放性。也是前面提到的图书馆合作化趋势的含义。从而使图书馆网络有一个好的生存环境,上下左右保持良性循环,按照各方面的反馈信息及时调整网络的运行体制,取得为社会服务的最佳效果。

因此,可以概括地说:

"第一,图书馆网络作为图书馆事业史上的一个高级组织结构形式,它并非凭图书馆专家的主观臆想建立起来的系统,而是由客观世界运动和科学结构变动生长出来的必然产物,是图书馆事业发展进程中的必由阶段。

第二,现代科学的任务在于从整体上描述客观世界并揭示其内在规律性及各学科间的纵横联系和交叉效应;现代图书馆网络的本质职能应当是以最佳组织结构,充分利用先进技术手段,最大限度地搜集、保存以往的科学成果,并通过扩散,反过来促进科学向新的深度、广度伸展。因此,图书馆网络的最佳化,实质上是指图书馆网络的组织结构和工作机能与科学发展进程的适应程度。

第三,图书馆网络作为科学系统中(也就是社会大系统中)的某一级子系统,必然与其它子系统一道,受一组相关联的目标、限制条件制约,并服从于上一级系统即科学交流系统的特定目标和整体功能"。

图书馆网络建设的原则

目前,占主导地位的说法是:"①集中统一领导与发挥两个积极性相结合;②大中小图书馆相结合;③地区与系统相结合;④协作中心与检索中心相结合。"这四点是值得商榷的,为了讨论的方便,我们从条条(系统)与块块(地区)的关系谈起。

我国图书馆的体制,和我国各方面的体制一样,30多年来形成条块分割的状况。过去讲三大系统,后来形成了"文化、教育、科学、工会、军事、工矿、政府"七个系统。由于缺乏统一的管理与组织,主要按系统进行工作指导,但是这种指导也不够有力,实际上起作用的是每个具体图书馆所隶属的那个部门(真正的块块),所以称之为条块分割是很形象的。其弊端如同党的十二届三中全会《关于经济体制改革的决定》指出的:效益很低,潜力不能得到发挥,损失浪费严重,没有活力。从指导思想到具体做法,都不可避免地受到整个时代的影响。

对于这样一种条块关系,提出"地区与系统相结合"的建立网络原则,起因于"由点到网"的认识方法,以为"图书馆网是由各种类型(即系统)图书馆组成的。只有不断地发展各种类型图书馆,才能为图书馆网的建设提供坚实的基础"。近几年,许多具体的图书馆发展很快,经费、藏书、人员、基建、计算机等现代设备,都有长足的增加。各个系统的组织工作,比起每个具体图书馆的发展虽然还很不够,但总算是加强了系统的建设,而且此种活动不断在扩大,例如高校图书馆系统有全国性的组织与活动,有地区性的组织与活动,还有各个专业的组织与活动。此外,还有一些跨系统的组织与活动,例如全国农业图书馆协会,包括科研、高校、地方几个方面的农业图书馆。

这种以具体图书馆为基础的系统组织工作,虽然做出了一些成绩,但在封闭式思想的指导下,就图书馆事业整体所需要解决的问题,则起色不大。以文献资源建设来说,全国至今没有规划。有人主张"高校图书馆系统可以先行起步""建立国家与省两级体制的文献资源中心"。事实上这是很难做到的。

以社会科学的文献资源建设为例，虽然"中国社会科学院在 1982 年与 1984 年召开了两次全国社科图书资料情报规划会议"，"但社科文献分布于五大系统：全国社科院系统，全国高校系统，全国党校系统，全国文化系统，各部委有关研究机构系统"。没有全国的总体协调，社科系统的规划目标就很难实现。

看来，条条（系统）自成体系的发展，无助于网络的建设。当然，我们不是一概地否定条条的作用，条条的工作仍然是很重要的，问题是要在全国网络建设的总体规划之下，每个系统根据其所承担的任务，组织本系统的图书馆努力予以实现。这里同样说明了，离开现代管理科学去加强每个具体图书馆的发展，基础越坚实，对网络的建设越不利，在小生产意识的支配下，追求的是万事不求人，与网络的目标正好背道而驰。

地区与系统相结合的原则对我国图书馆事业的建设是有影响的，现在整个国家在图书馆方面的财政支出，用于每个具体图书馆的经费最多，各个系统有一定的工作费用，但整个图书馆事业的建设都几乎没有任何投资，这种状况当然难以建成网络，进行宏观控制。

提出"地区与系统相结合"的原则时，也明确"强调建立以'块块'为主的地区图书馆网更为必要"。但是这里讲的地区网，同样是没有全国网络建设总体规划的指导，因而目标不明确，也未提出具体措施。更主要的是认为地区网有一个当然的中心，从而影响了大多数图书馆参加网络的积极性。目前虽有不少地方成立了中心图书馆委员会等组织，在极其困难的条件下，做了不少有益的工作，但毕竟未能发挥网络功能的作用，这个问题我们要专门进行讨论。

图书馆网络最多的要算美国，各个图书馆可以自由地形成他们认为是合适的正式和非正式的组织。这样一种建立网络的方式，"从系统论的观点来看，网络的发展是重复浪费，费用昂贵，支离破碎，前后矛盾"。"地区与系统相结合的原则"会不会导致这种状况，也是要加以考虑的。

按照"由网到点"的认识方法，首先要使国家图书馆网有一个合理的设想和目标，而后以专业化与协作化的原则进行网络建设。就是说每个地区、每个系统，以至参加网络的每个具体的图书馆，都要根据国家图书馆网的目标与规划，承担某一方面的任务，进行专业化建设。这种专业化的出发点，没有地区、系统、单位的限制，既不是仅仅为本地区、本系统、本单位服务，也不以保证满足本地区、本单位需求为目标。专业化的深度，是以全社会的需求与网络的分工为依据。对本地区、本系统、本单位的许多需求，则依靠别的地区、系统与单位的专业化服务，这就是高度的协作化。如此，才能避免"重复浪费"和"支离破碎"的状况。例如现在许多地区与系统都花费不少钱办图书馆学的专业刊物，普遍存在"内容重复""质量不高"的问题。又如各系统都以相当的费用进行在职干部培训，但讲授内容大同小异。还有不少地区都编印了成套的图书馆学丛书，基本是一个模式。至于各系统召开的、内容雷同的各种专业会议，那就数不胜数了。可以举出很多这样的例子，完全可以有一个总体规划去分工负责，从而节省人力、物力去开拓新的领域。像文献资源布局与社会书目事业这样的事情，应当是"统筹规划、协调分工"的原则，而不是"地区与系统相结合"的原则。

分布式网络是发展方向

关于"集中统一领导与发挥两个积极性相结合"的原则，有一个概念非常不清的地方，即没有说明由什么机构负责网络建设的领导。主张这一原则的同志，有时讲是由各级行政主管部门组织协调活动，有时又讲由某个图书馆承担协调活动的组织工作，有时甚至讲由某个图书馆的业务辅导部门负责网络的建设。这种两义性的解释，造成理论认识上的模糊，也导致实际工作的混乱。我国图书馆网络建设的一些重要工作，有些是行政部门在管，有些又放在一些图书馆去做，因而未能把网络建设好。

因此，首先要明确目前我国图书馆事业的管理体制。1980年中央决定文化部设图书馆事业管理局，管理全国图书馆事业。行政职能是清楚的。这就是说有关文献资源布局、发展社会书目事业、图书馆自动化系统的组织、在职干部培训与图书馆学研究规划等涉及网络建设的事是行政部门的职责范围。这几年的事实已说明，应当行政部门负责的事，由某些图书馆去做，这些馆既没有行政方面的职能，再加上不可避免地受到本馆封闭系统的影响，结果碰到许多困难，效果不好，影响了整个图书馆网络的建设。

图书馆是事业单位，各个图书馆之间虽然有广泛的业务联系，但不存在行政管理的关系。图书馆网络是一个法定团体，需要强有力的行政措施推动其发展，组织一些图书馆分别承担一定的义务和享有与之相适应的权利。一个图书馆是否参加网络是自愿的，但参加网络以后，即要接受网络的约束。行政部门还要在经费、文献资源等方面给予支持，这是网络建设的保证。所有这些，都不是一个具体的图书馆所能承担的。

从行政部门说，应当是"集中管理"，从具体的图书馆来说，又只能是"协作与业务辅导"，这就是前一个两义性产生的后一个两义性，也就是我国各地区、各系统图书馆之间的关系极其松散的原因所在。事实证明，要健全与加强行政管理体制，各系统图书馆都要支持行政主管部门的工作，以推动图书馆网络建设，这个概念要明确，不能有两义的解释。

前面已经提及，在地区图书馆网络中要不要有一个当然的中心？这已经成为影响我国图书网络建设的一个焦点。主张有中心者，以为要建立网络，就应当有一个当然的中心。反对有中心者，认为参加网络的成员都是平等的，不愿意参加有当然中心的网络或者名义上参加了，实际上不承担义务，也有一些馆在探索建立没有中心的网络。

从这几年的情况看，"以我为中心的思想，对实际工作是有害无益的"这既有心理上的因素，技术条件的变化也有很大关系，问题是要从理论上对这个问题做出回答。

早期的图书馆网络大都是集中式的，苏联和东欧国家是层次分明的集中式网络，美国的OCLC，英国的BLAISE是集中式的计算机化的网络，都曾发挥过很好的作用。随着科学技术的发展，特别是微型机、光盘与光导纤维的大量应用，集中式网络形式的不足之处就日益明显了。

从网络的一般理论讲，集中式网络系统信息呈单向流动，处于开环控制状况，不具备反馈过程，不能保证系统从初始状态以最小性能指标达到预期的最佳状态。

集中式的计算机网络一般都有中央处理故障多、系统维持与调整困难、通信费用高、存贮容量大等缺陷。针对这些问题，出现了分布式处理概念，建立分布式网络成为20世纪80

年代的趋势,由集中处理转向分散处理是当前计算机科学技术发展的特点。

分布式数据库管理系统的基本思想是:"一项综合的数据处理任务不是集中于容量足够大的中央计算机来完成,而是把综合、复杂的处理任务合理恰当地分为若干部分、分别安排给多个较小的计算机去执行,共同协作地完成整个任务。"采用分布式网络形式,可以解决集中式联机编目系统不能全面反映各成员馆的馆藏信息,各成员馆不能利用中心的数据库进行本馆业务处理,必须另行建立本馆的数据库,数据存贮重复浪费等问题。UTLAS 在这方面有所尝试,实行了分布数据结构的处理,系统的书目数据可以反映各馆馆藏信息,但还没有形成分布式网络。

集中式的图书馆网络,一般总是由一个业务力量雄厚、馆藏相对丰富的图书馆担任中心图书馆,与其他成员馆有一种"位势落差"以进行网络组织工作。这种状况影响其他成员馆之间的横向联系,即资源单向流动在图书馆网络中的表现,网络的效益必然很低。我国馆际借书缺乏统计资料,兰州地区有一个抽样调查的数字,1973—1981 年间,25 个单位总共是借进 8027 册,借出 10 607 册(这个数字本身就是很低的)。其中有 12 个馆只有借进,借书4918册,占借进总数的 61%。6 个馆只有借出,主要集中在 2 个馆,借出 8361 册,占借出总数的 79%。这个抽样材料说明文献资源流动的单向性。

科学的进步,社会发展的趋势,网络是以集中转向分散。我国图书馆和文献资源的分布情况也很难确定当然的中心,需要所有的图书馆和衷共济,平等协商,齐心协力,建设网络。适应形势,合乎潮流,应当提倡"调动各方面的积极性,建立分布式图书馆网络"的原则。

现代化图书馆网络的特征

现代化的图书馆网络是计算机技术应用与图书馆事业建设的高度结合。"自动化与网络之间的区别已变得越来越小了,现在很难避开图书馆网来讨论图书馆的自动化,正如近年来抛开自动化就无法讨论图书馆网络一样"。

国外早期的图书馆自动化网络,有一部分与图书馆事业网确实缺乏有机的结合,例如美国的 OCLC,开始只具有联机编目功能,参加网络的成员只是从网络获取编目数据,所以不涉及馆内的整个业务。随着时间的推移,网络功能逐步完善。现在 OCLC 的成员馆已经利用网络的书目数据库达到共享文献资源的目的,不是为了采购,而是"通过检索其他图书馆的馆藏补充自身的需要",减少本馆的购书费用。由于 OCLC 的书目数据库本身就是一个联合目录,所以许多成员馆在进行馆际借书之前,必须查找网络的书目数据库,以确定文献的馆藏单位,网络的书目数据库已成为"各成员馆进行咨询服务的重要检索工具"。所有这些,都使 OCLC 与各成员馆业务工作的关系日益密切。

从"缺乏有机结合"到"日益密切"。一方面是一个发展过程,一方面也付出了巨大代价。美国国会图书馆和三个联机编目网络现在要联成一体,由于当初缺乏规划,在标准与规范的处理上,各个网络做法不一,现在要花费相当的资金解决这个问题。我们应当吸取国外的经验教训,避免走他们的弯路。

从我国的实际情况看,计算机的应用刚刚起步,图书馆网络还未形成,在此条件下,自动化与网络化的建设,不仅要同步,而且要统一。我国图书馆事业的组织结构(生产关系)要适应以计算机为主的现代化技术(生产力)在图书馆的应用,需要进行革命性的变革,才能实现这一技术改造,满足"四化"建设对图书馆事业的要求。否则,图书馆事业的落后面貌很难改变。计算机等现代化技术的应用,也要与我国图书馆网络建设紧密结合,不能畸形发展。不然将造成人力、物力的浪费,影响自动化的进程。

在我国图书馆工作中应用计算机,从技术力量、设备条件、所需费用到数据处理实际操作,其负担都不是某一个图书馆所能承担的,需要许多图书馆联合起来,共同进行这一事业。因此,网络化是自动化的必要条件与基础,是以最节约的方式实现图书馆自动化的办法,也是最大限度地发挥电子计算机作用的必由之路。

同时,计算机在我国图书馆的应用,只是在社会化的图书馆事业中、在图书馆网络的活动中,才有其价值。在单个的图书馆中应用计算机,必要性是不大的。这是我国图书馆应用计算机的总体目标,也是根本出发点,不是为了用计算机而用计算机,更不应当用计算机去强化各馆的封闭系统,造成进一步的分割。如果一个图书馆,或者某一个系统,不考虑整个图书馆界的情况,不考虑本馆或本系统所处的地位与作用,独自进行计算机的应用,不仅会造成经济上的浪费,而且各自的系统互不兼容,不能发挥社会化的作用,达不到资源共享的目的。其后果将不堪设想。这正是国外同行为我们担心的所在。因此,图书馆网络的建设不仅是应用计算机技术的基础,而且也是其目标。两者的关系只能是高度统一,不能分立为二。

需要建立两种不同类型的图书馆网络。行文至此,可以看出前面所讨论的图书馆网络各方面的问题,都是研究图书馆范畴内的事情,但是,"大中小图书馆相结合"的原则,却要求"把各个系统,各个地方的各种类型图书馆组成一个既有分工又有协作的、有机联系的、真正统一的图书馆网"。并且认为"这既是需要的,也是可能的"。实际情况是,"在当前条件下,要求发展一个大中小结合,各系统齐全的图书馆网是不现实的"。尽管这个原则对我国图书馆网的建设没有积极作用,但还有不少同志坚持这一看法。

图书馆本来存在着两种不同的类型,苏联及东欧国家叫作科学图书馆与大众图书馆。西方国家叫作研究图书馆与公共图书馆。两种类型的图书馆性质不同,承担的任务不同,服务的对象也不同,因而藏书内容、工作方法和服务手段就不一样,他们之间的业务联系和合作也有很大差别,所以需要建立两种不同类型的图书馆网。

研究图书馆指国家级、省级、大中城市、高校、科研、机关团体、大型厂矿企业的图书馆,在某个或几个学科有系统、全面、具有特色的藏书,主要为经济建设、科学研究、高等教育服务,有较高的工作效率和服务水平,具有开发文献信息和提供情报服务的能力。从目前的情况看,我国的研究图书馆有三个层次,第一个层次是组成国家一级文献保障体系的图书馆,大约有 30 个左右。第二个层次是组成地区一级文献保障体系的图书馆,大约有 300 个左右。这两部分研究图书馆在我国图书馆事业的建设中起着骨干作用。第三个层次是主要为本地区、本部门、本单位服务的研究图书馆,大约有 3000 个左右。三个层次的研究图书馆在具有计算机与通信设备条件时,将组成现代化的图书馆网络。文献资源布局,社会书目事业,计算机应用,主要是这个网络要解决的问题。

大众图书馆指市、县、区、街道、乡镇、工会、中小学和儿童图书馆(室),主要为进行教育与普及科学文化知识服务,需要按照读者分布情况,组成方便群众就近借书的服务网点,加强对读者的阅读辅导,提供"四有"内容的精神食粮。从我国的实际情况出发,一方面在全国

30 万人口以上的 173 个城市中,做好普及大众图书馆网点的工作。同时,大力加强农村区、乡、镇图书馆的建设。当然,大众图书馆也要做好为经济建设服务的工作,如同研究图书馆也要做好为精神文明建设服务的工作一样。在大众图书馆网点的建设中,县级图书馆的发展与巩固是很重要的一环。

有人担心,把研究图书馆与大众图书馆分开建立网络,会削弱大众图书馆的建设。实际上现在强调"统一网络"并无网络,大众图书馆没有得到很多好处。如果研究图书馆网络建设好了,可以为大众图书馆提供文献资源保障和书目事业服务,那是实实在在的好处。例如全国出版的图书都能做到在版编目、统一编目与随书配片以后,图书馆界每年将节省 40 000 人的编目人力,其中大众图书馆得益最多。而大众图书馆本身的网络建设,如能像文化部负责同志所讲,"今后在文化发展的布局方面,应把工会、青年团、企业等方面的力量计算进来,统筹安排"。冲破条块体制的束缚,把乡镇、街道、工会、中小学、少年儿童图书馆(室)统筹进行网点安排,可充分发掘各个图书馆的潜力,加快大众图书馆网点的建设。如是,则大众图书馆的工作将大大得到推进。

回顾过去,面对现实,放眼未来,我国图书馆网络建设的目标不应是"大中小结合、各系统齐全的统一网络",而是要建立两种不同类型的图书馆网络,各自按照自身的特点,早日建成具有实效的运行系统。

(选自《图书馆学通讯》1986 年第 2 期)

关于图书馆学研究的一点思考

宓　浩

超稳态

教科书上说(不少文章也这样认为),图书馆学是一门年轻的学科,或者说既古老又年轻——年轻是实、古老为虚——正待发展之中的学科。这似乎成了定论,学子们也深信不疑。

因为年轻,童心尚在,稚气未泯,不成熟也就理所当然的了;因为年轻,还在发育成长,大脑、躯体、四肢均在发展之中,青春尚未焕发,离"风烛残年"遥远得很,何来什么"危机感"?

果真如此吗?

史书载:最早创见"图书馆学"一词是在 1807 年,德国人施莱廷格,离今已有 180 年之久矣! 大家又公认,图书馆学的正式确立为 1887 年,马上也将举行一百周年大庆了。从时间观念来看,一百年应该说不是短暂的,当时呱呱坠地的婴儿大多已离开人世,幸存者皆老态龙钟,步履艰难了。一百年可以造就三四代人。从科学发展史认识,19 世纪末到 20 世纪的一百年,正是科学发展翻天覆地变化的一百年。科学的综合分化、渗透交叉,学科间的"婚配嫁娶",衍生了多少代的子孙。说图书馆学年轻,不知相对什么学科而言? 如果同亚里士多德老爷爷创建的古代哲学和科学相比,那确实是"小弟弟"了;但如果与 20 世纪以来发展迅速的"老三论"——系统论、控制论、信息论和目前正在崛起的"新三论"——耗散结构理论、协同学、突变论同观,应该说图书馆学又是爷辈了。就是拿同一血缘的情报学作衡量,我们哪能说得上年轻,又怎能不感觉到后辈在猛超前辈啊?!

把图书馆学归结为一门年轻的科学并不有利于图书馆学本身的发展,相反地却造成了看不到学科发展的症结所在,养成一些惰性和某种自我安慰与解嘲。反思一下,这一百年来,许多新学科展翅高飞,唯独图书馆学年轻而不发育,成长如此缓慢。"有心栽花花不开",我们主观愿望都想提高图书馆学的社会地位,却偏偏社会如此"薄情",此见如此"固执"。只能说,怨爹怨娘不如恨自己不成钢。

可否得出这样的结论:并不年轻的图书馆学处在亚节奏的发展中,凝固在超稳态的状况中。它自宣告成立至今,"风貌故我、江山依旧",像个小脚女人蹒跚来迟。麦维尔·杜威在 19 世纪末 20 世纪初所树立的图书馆学思想,依然是今天图书馆学思想之本。当前,围绕着以借阅流通为主的图书馆技术处理,方法原则,早在一百年前就成型了。近几十年来,不论巴特勒、阮岗纳赞、谢拉,还是那个引起争议的波普学说、布鲁克斯思想,只不过是在这个超稳态的图书馆学平静湖面中,投下的几块石子,激起了阵阵涟漪而已。即便是革命导师列宁的关于图书馆事业的那些精辟论述,也没能在这个学科领域中形成强烈的冲击波,掀起翻天大浪。

（"矫枉过正""重症猛药"，说得过头一些，也许成了谬误。但愿这一分析不是谬误，而是清醒剂。）

缘 由

一百年来，图书馆学不善于随着不同的时代变化而变化，强烈的科学节奏感在这里显得停滞、消失。除了对于实体的经验描述或是工作方法、技术手段的改进探索外，它的基本理论体系，它的哲学思辨，几乎可以说是片空白，即使有，一谓零散不系统，二谓有多少个研究者就有多少种理论的解释，而每个人都得从头开始作这番论证，例如关于对象的争论。

"言者谆谆，听者藐藐"，大多数从事图书馆工作的人员并不在意这种理论研究，他们也并不感觉此中确有学问，需要探索。即便是执掌着图书馆的领导者，也没有那种需要。这种现象，巴特勒在 20 世纪 30 年代他的名著中就已论及过了，时至今日，又有多大的变化呢？这样一种较普遍的漠视冷淡理论研究的现象，是导致图书馆学发展超稳态的缘由之一。

构筑在以出纳流通为中心——姑且认为藏书楼观念已基本破除——的一书一刊的图书整理与传递服务的方法，几十年如一日，鲜有变化。在这种原始层次上的图书馆实践活动又构成了图书馆学理论抽象的源泉。围绕着对这一实体活动的描述，被认为高于一切，理性主义的深层次探索又普遍缺乏。理论成为对现象、对实体的粗浅的说明，无力指导实践前进；而简单的实践又推导不出高奥的理论，形不成本质的抽象。加上理论研究的某些偏向，使二者的循环永远难以达到良性的目的。这是超稳态存在的第二个缘由。

传统的惯性观念，如主张图书馆工作的稳定性、延续性，阻碍了它的必要的适应变迁；把一书一刊的文献借阅服务看作是天经地义，不容更改，忽视了对知识内容、情报信息单元的传递，只能导致在低水平、低层次上的徘徊；学科建设、理论研究，乃至高等学府的图书馆学教育，均以现有的图书馆工作的实际内容作为模式，构成框架，19 世纪以来的职业训练痕迹在在皆存，改革的呼声虽然强烈，落实并付诸行动却十分困难。既然面对着的是过去，而不是未来，又怎能使超稳态的状况有所变化呢？

强烈的封闭性——思想方法的狭窄性、课题选择的直观性、研究内容的垂直性，使人们的思维向度只重于内倾和固定的框架之中。眼见到的就是图书馆这样一个社会实体，或者放大了的图书馆事业这样一种概念。横向的触角、大系统的观念近年来虽然有所注意，只能说还刚起步，不足以改变它本身的封闭性——一些引文分析数据说明了图书馆学研究的内倾性。封闭性使它具有较顽固的保守性和抗变性，也造成它的稳态状况的根由。

社会整体发展对文献信息资源的开发要求，对知识或情报的渴望尚没有强烈到足以形成强大的冲击来迫使图书馆工作向更高层次的服务迈进，而传统的惯性和小生产方式的观念也使我们缺乏必要的内张力作一番自我变更。我们所能贡献给社会，"输出"给社会的仍是如此微不足道——尽管教科书上可以大谈图书馆的社会作用，可以比作"耳目""心脏""参谋"等等——我们岂能单方面要求社会必须给我们以强大的"输入"，"强求"社会的承认呢？即使社会给予应有的承认，——这种承认也是应该的——难道我们就不感到有愧吗？而且这种承认又能否持久吗？

由此，社会与图书馆之间的"输入""输出"，从长远意义上看，两者一定要保持均衡等量。只有当社会需求成为一种强大的推力,图书馆的变更才是现实的,图书馆学的研究也才能抛开某种束缚而前进。同时,也只有图书馆学研究和图书馆活动对社会的"输出"达到足够强的量时,社会才能对我们"刮目相看"。而这一百年来,社会对图书馆的要求呈慢速增长状态,图书馆对社会的贡献也处在"若明若暗""若即若离"的游移中。因而,图书馆学研究的亚节奏发展也成"自然"了。

怎么办

"纠缠于实体难以使图书馆学大踏步前进",这可以说是一种较清醒的认识。图书馆学的基础研究要源于实践,又要高于实践。我们现在已经有了这样的认识,那就是图书馆学需要腾飞。我们感觉到了它的不足,隐约或甚至明显地意识到"危机四伏",从而激发紧迫感,责任感,我们就有了腾飞的资本。为此,"清醒估计,猛击一掌,开展讨论,坚持前进",是第一对策。这几年来,图书馆学基础研究有发现、有进步,也有阻力,已经展开过的一些讨论都由于种种原因而中途辍止。这次,作为全国学会出版物——《图书馆学通讯》关于开展图书馆学研究方向的讨论,提出"我们的图书馆学研究仍是要清理,要改革,要前进的",并且深信"最后总是会有收获的"这样一种认识和做法,值得赞赏和提倡。但愿锲而不舍地坚持下去,而不要再次"暂停下来"。因为只有这样,才能戳痛那心安理得、麻木不仁的感觉,焕发和组织起学科建设的热潮。

笔者无意在此提出某个理论体系或某种观点,笔者却是十分欣赏张晓林和彭修义同志的作法:要从宏观范围,整体理论上做起,探索和建立一个能够完整地表达图书馆活动本质联系的理论体系。那种以局部问题的研究,对实体活动的具体描述的方法应该抛弃了,代之以整体的、宏观的研究,放在社会大系统中的本质考察。所谓宏观研究,就是要对于一些能够带动整个学科取得突破性进展,能够为各种具体理论问题指明方向、开拓领域的、全局性的课题和综合的开发性的探索。例如图书馆学的理论基础问题、学科体系结构、核心理论规范、概念和范畴体系等。对于 20 世纪 80 年代一直争论不休的有关学科对象问题的讨论,或近几年来学科性质的重新认识之类课题,在一个整体理论框架尚付阙如,一致所公认的学科"范型"还不甚具备的条件下,即使再争论一千次、一万次,也许还是各说各的,而且都自认为最正确。所以,对策之二:改变研究方法,重新寻找研究角度,重视宏观考察、整体建设。

我们开展图书馆学研究方向的讨论,一定要重视现实问题的研究。基础理论要发展,必须以图书馆事业发展为依托,从现实中吸收研究材料和课题,以新的理论指导实践。一切科学理论不仅在于认识世界,重要的是改造世界。理论中介化趋势,向方法论转化,向现实转化,已经是当代科学发展的特点。如果我们的理论不能成为在实践中活化的理论,指导实践,提高实践能力,理论不为实际服务,那就是对时代潮流的逆动,这样的理论将是无生命力的。

笔者最后提出在开展图书馆学研究方向的讨论中,实行"童叟无欺"。笔者记得在孩提时期,常见商店门口悬挂着"童叟无欺"的牌匾,想来无非要表明,对顾客一视同仁。

学术领域中,"叟"者总是受尊敬的一方,他们年长,其中学术造诣高、研究功底深者大有人在。他们的文章一般说编辑部是不敢怠慢的。社会上的"荣誉迭加"原则,使即便有些内容平庸之作,也容易得到发表的机会。

至于初出茅庐,名不见经传的"童子",就没有这种幸运了。成果的发表,观点的首肯,都要经过一番艰苦的努力。为了获得成功,于是乎就有了攀附"智叟",甘愿以自己研究成果恭请"名士"领衔联名之举。用心煞苦矣——说来惭愧,笔者本人也受到此类幸遇。

说这段话并不想批评这种已很自然的现象,只是想加上这么一个创议,要发展图书馆学研究,形成风雷交加、生气勃发局面,也得要"童叟无欺"。只要是有内容、有见地的好文章,一律给予发表,批评的或被批评的都可以谈自己的观点,学术上要有"争"有"鸣","刀光剑影"你来我往,不讲资历,只求探索真理。一潭静水或者锋面不交的状况成不了学术大气候。提出这一点,在图书馆学研究中或许是很有意义的。

(选自《图书馆学通讯》1986 年第 2 期)

我国图书馆事业发展战略的若干思考

黄纯元

我国图书馆事业发展战略问题是一个现实性和理论性很强的课题。研究这一课题对于尽快改变我国图书馆事业落后状况,充分发挥图书馆学理论的实践功能,具有深刻的意义,应当引起我国图书馆学界的高度重视。

这一课题所具有的丰富的实践内容和相当的理论难度需要集中广大图书馆学研究者的才能和智慧共同探讨。本文只是初步的尝试和探索,不揣浅陋,求教于师长学友。

一、关于发展

图书馆事业发展的基本含义和尺度是什么,这是探讨发展战略问题首先必须明确的一个前提。而要正确地回答这一问题,纠缠在图书馆事业本身是很难说清楚的。图书馆事业的发展从来不是一种孤立的发展,而是处在不断满足社会需要的矛盾运动过程中。因此,从图书馆的社会地位和作用这一逻辑起点来探讨发展问题是合理的。

图书馆在长期的发展过程逐渐自成系统。作为一种独立的社会活动,它在社会结构中应当处于何种地位,这个问题在图书馆学理论中并未真正解决。近年来这方面的学术研究日趋活跃,一个明显的思路是从静态的社会结构构成深化为从动态的社会交流系统中去探索图书馆的社会地位。具体表现在,不是停留在图书馆是科学文化教育机构这种表层认识上,陷于图书馆究竟归属于上层建筑还是经济基础,抑或是生产力这种讨论中,而是把图书馆和社会信息活动联系起来,把图书馆看成是组织和传递文献信息载体的交流机构,它的活动是开发和利用社会文献信息资源的社会工程。作为信息活动范畴的图书馆活动,广泛存在于社会有机体之中,弥漫在社会生活的各个方面,而不能单纯地归属任何一种社会构成,就像人的神经系统,既是自成系统,又触及机体的各个角落。这种观点已经接触到了图书馆的本质,反映了图书馆学理论的深化,开拓了学术视野。

把图书馆活动归属于社会信息活动范畴,不仅有助于阐明图书馆的社会地位和作用,而且也对我们探讨发展问题提供了一个新的认识途经。

确认图书馆的信息活动范畴的性质,有助于我们区别图书馆事业发展与其它社会事业发展所存在的不同社会要求。作为信息活动的领域,在社会总体活动中担负着交流和沟通的作用,也就是一个中介作用。具体来说,作为中介性质的图书馆事业,它的社会价值并不在于创造和生产多少精神产品,而是如何有效地开发和利用这些现有精神产品,属于精神产品的流通领域。因而,图书馆对社会发展所起的作用往往是间接的,即通过图书馆事业来促进科学、文化、教育、经济以及其它社会事业,从而推动社会发展。这种间接性或中介性的特点使得图书馆事业的发展始终应当建立在和社会其它事业相协调和相适应的水平上,始终处在不断满足社会对文献利用与交流的社会需要过程中。因此,图书馆事业发展与否的唯一的依据应当体现在和社会协调有序的程度上和满足社会需要的能力上。

基于上述认识,我们认为,衡量图书馆事业发展的基本尺度应当建立在图书馆的外部作用上,而不是仅仅反映在图书馆自身状态。也就是说,看事业是否发展,不单看图书馆的数量有多少,文献的贮藏量有多少,而应当看图书馆的整体社会效益,看馆藏文献开发和利用程度。毋庸置疑,图书馆数量多少和文献的拥有状况是图书馆社会作用发挥的基础,在某种意义上也能体现事业发展。但我们也必须看到,增加图书馆数量和文献收藏量并不等同于图书馆外部作用能力的同步增强,这里还有一个提高图书馆的外向功能和扩大文献的社会利用的问题,这种提高和扩大本身就是一种发展,一种更有意义的发展。对于一个国家和社会而言,图书馆自身的数量发展并不直接作用于社会发展。而只有当这种发展和一定的社会需要联系,并促进了社会对文献资源的开发和利用时,这种发展的社会价值才能体现出来。因此,数量发展只是一种为了实现目标而采取的手段,而且不是唯一的手段。它不是事业发展的目的,更不应当成为我们衡量事业发展的唯一依据。

我们对发展问题深化到这一层次来认识,对于制定我国图书馆事业发展战略具有现实的意义,它可以避免那种缺乏宏观意识和社会依据的盲目的、封闭的发展。在比较和赶超国外图书馆事业时,有利于打破单一的和僵化的比较模式,从而对我国图书馆事业发展问题上产生一系列深刻的反思。

二、关于基础

发展总是在现有基础上的发展。对现有基础的正确的估计是探讨发展战略问题必须论及的另一个基本前提。

为了从宏观上更准确地把握我国图书馆事业发展的基础,有必要对基础做进一步的引申和扩展,从而把基础问题扩大到两个领域:一是图书馆事业赖以发展的外部基础,即国情问题;二是图书馆事业自身的内部基础,即图书馆事业的现状。

国情问题涉及了许多方面,对于探讨我国图书馆事业发展战略这一基本需要,关键在于弄清楚现有国情能够为图书馆事业未来发展提供的可能性条件。图书馆事业发展涉及的社会条件和因素主要包括:经济、人口、文化教育、科学技术、政治等,这些条件和因素制约了图书馆事业发展,而且图书馆事业发展也必须与此相适应。反映这些条件和因素的我国的基本国情是:地域辽阔,但经济文化发展不平衡;经济文化建设已有相当规模,但经济文化发展水平还比较低,科学技术落后;人口众多,但文化素质普遍较低,文盲还占有相当比重;先进的社会主义制度已经建立,但多年形成的体制弊端仍有巨大惯性,还需要锐意改革和进一步完善;社会的情报需求日渐高涨,但满足需求的能力还很低,社会情报意识薄弱。上述的国情可以导致我们得出如下的基本认识:我国社会主义建设有了很大发展,但从整体上看还相当落后,这种落后不单纯表现在经济方面,几乎涉及了和图书馆事业发展有关的各个社会因素。这就是发展我国图书馆事业的现实的社会基础。按照社会发展协调有序的基本原理,图书馆事业作为社会发展的一个方面,它必须遵循社会有机体发展的内在秩序,从社会总体发展的需要来安排图书馆事业发展。这就是说,图书馆事业不可能脱离社会发展整体背景产生任何"超前"的或逾越阶段发展的"奇迹",而是循序发展。这种循序发展的表现之一,就是社会所提供图书馆事业发展的各种可能条件始终保持在与社会发展相适应的有限的适度范围之内。这种适度实际上就是规定了社会所允许的图书馆事业发展的数量规模。对于在比较落后的社会基础上来发展我国图书馆事业,这个适度范围同样也是存在的。也就是说,在近期范围内不可能完全依赖国家大规模地增加投资来大量新建和扩大图书馆,从而迅速改变我国图书馆的落后面貌。这一点是我国现有国情所决定的,必须有一个清醒的认识。

关于基础的另一方面问题,是对我国图书馆事业现状的基本估计。通过几十年来的发展,我国图书馆事业已经初具规模,特别近几年,由于党和国家重视和加强了对图书馆事业领导,新建和扩建了不少图书馆,藏书量急剧增长,呈现了良好的发展势头。但是,我们还必须清醒看到图书馆事业与整个社会发展需要相比,还非常落后,还存在着许多问题,有些甚至是令人担忧的。这些问题归纳起来主要表现在:图书馆数量的严重不足和分布不平衡,特别是基层和中小型图书馆发展相当薄弱;思想观念仍然没有摆脱传统藏书楼的意识,重藏轻用,重藏书轻读者还普遍存在;封闭式的单个作业方式和彼此孤立的活动状态依然故我,条块分割严重,事业内部的协调运行能力很差,作为整体功能还没有充分显现出来;图书馆干部专业素质和文化素质还很差,服务内容大多仍然停留在"借借还还"的水平上,服务方式单一;传统的手工业方式仍然占主导地位,图书馆效率很低,管理落后;藏书增长很快,但文献利用率低的问题始终未见起色,资源浪费现象严重;国家的宏观控制能力薄弱,事业发展缺乏总体规划;图书馆学教育的结构层次还没有完善,教学思想和教学内容还不能跟上科学发展的步伐,人才培养和实际需要相脱节问题并没有根本解决;图书馆学专业研究人力不足、选题缺乏计划性、理论脱离实际、崇尚经验轻视理论、研究方法陈旧落后等问题还严重存在。诸如此类的问题,是以应当使我们的图书馆学研究者们"坐立不安"了。近几年来报纸等大众传播媒介对图书馆的批评已不鲜见,反映了图书馆发展落后于社会需要这一基本现实。图书馆事业日前的现状告诉我们:尽管从整个事业发展规模来讲有了较大的发展,但是,图书馆事业的社会效益却并没有随着规模发展有一个相适应和相协调的明显进展。这一基本事实说明,业已暴露的问题已经不是某一方面或某一局部的问题,已经很难单纯地归咎于社会重视不够,或者图书馆数量不足,人、财、物缺乏这些原因,也就是不能单纯地从图书馆事业外部条件上找原因。相反地,需要更多地从图书馆事业自身中寻求科学的对策,需要重新估计与反思我们对图书馆事业发展所采用的战略思想。

三、战略思想:从内向型向外向型的转变

综合考察国内外图书馆事业发展过程,可以发现,由于采取的视角不同,存在着两种不同的战略思想模式:一种是内向型的模式。它的战略视向是朝着事业本身,停留在事业本身来考虑发展问题,强调事业内部规模的发展,并作为整个发展战略的基本依据和目标。认为,图书馆事业社会作用的大小主要取决于事业本身规模,只要图书馆的人员、文献、机构、财力和物力等规模有比较大的发展,其社会作用也会相应发展。另一种是外向型的模式。它的战略视向是朝着事业的外向功能,强调图书馆事业外部作用能力的发展,把追求图书馆

的社会效益作为发展战略的基本依据和目标。认为,图书馆事业的社会作用大小并不完全取决于图书馆事业本身的规模,而是取决于图书馆事业发展和社会需要的协调能力。因此,只有从社会需要的角度把握图书馆事业发展的规模及其增长,并且着重提高图书馆的工作效率和扩大文献的社会利用,图书馆的社会作用才会相应地发展。

这两种模式实际上反映了两种不同的思维方式。前者是把图书馆事业发展和社会发展割裂开来,因而是封闭型的;而后者则从图书馆和社会联系中探索事业的发展,因而是开放型的。

从三十多年我国图书馆事业发展的实践来看,占主导地位的是一种内向型的思想模式。它具体表现在:就图书馆事业而发展图书馆事业,把图书馆事业的发展单纯地理解为图书馆数量规模的增长,干部队伍的扩大,藏书量的增加等数量发展方面,并且作为判定发展的主要依据。在规划事业发展中,也往往以上述数量指标作为发展尺度加以追求。在这种战略思想指导下,导致了长期以来在事业发展上存在着的重外延轻内涵、重数量轻质量、重自身规模轻社会效益的偏向。图书馆事业发展陷于盲目的、缺乏终极目标,因而是自我封闭和自我萎缩的状态过程中。它和外部社会环境之间始终没有形成良性循环。一方面,社会对图书馆事业发展所提供的投资及其它条件仅仅反映在事业自身,却没有达到相适应的社会效益;另一方向,社会效益的缓慢增长又影响了、限制了外部社会条件的进一步发展,进而又限制了图书馆事业的发展和社会效益的提高。从图书馆方面来看,埋怨社会重视和扶持不够,人、财、物缺乏;而从社会方面,则指责图书馆没有人尽其才,物尽其用,工作效率低,服务水平差,不能很好满足社会需要。要从这种不良循环中走出,根本出路在于事业本身,首先必须彻底扭转我国图书馆事业战略思想,这是图书馆事业走向良性循环的必由之路和基本前提。

战略思想上从内向型向外向型的转变,是基于我们对图书馆事业发展问题和国情及事业现状分析的一个基本结论。它的实质是要牢固地建立和遵循这一基本认识:发展图书馆事业的根本目的,就是要最大限度地满足社会日益增长的文献需要。这一点既是我们研究发展战略的一个出发点,又是它的必然归宿。

把图书馆事业发展和它的目的性联系起来,是外向型战略思想模式的认识基础,它从根本上脱离了就图书馆事业而发展图书馆事业的传统的思想模式。从这种认识基础出发,图书馆事业的发展必须遵循一条基本原则:把图书馆事业发展和社会需要协调起来,把图书馆事业自身发展和它的社会效益协调起来。

这一基本原则如果体现在发展战略目标上,就是要坚持以满足社会需要作为发展的依据和方向,以提高社会效益为中心,彻底扭转把图书馆数量规模作为单一的,甚至最终的目标,单纯地规划到若干年后我国图书馆数量应达到多少个,文献贮藏量多少册,干部多少万等等,而应当要把图书馆的社会作用和效益的发展作为奋斗方向在战略目标中首先有力地体现出来。就是不仅要考虑事业规模的发展,而且还要考虑在现有规模上图书馆外向功能的发展,包括服务水平提高,开发和利用文献资源的广度和深度,文献利用率的上升等方面内容。如果我们能够把战略目标扩展到这一范围,赋予发展的广泛内涵,那这不仅开拓了广阔的发展领域,使整个事业建设发展活动更富有生命力和创造力,而且更有直接的现实意义,就有可能形成一个持续、稳定、协调、有效的发展战略方案,有希望在短时间内有较大发展和起色。

我们选择外向型的战略思想模式,这不仅符合图书馆在社会发展中的特定社会地位和发展要求(这一点在前面关于发展问题中有所讨论)。而且更重要的,它是一个比较切合我国图书馆事业现状和国情的有效的模式。内向型模式所企求的各项发展,实际上只是外延的不断扩充,它更多地要依赖事业外部社会条件,特别是事业投资费用等因素的增加,这不仅要受到国情限制,而且置事业发展处于被动依赖的状态,束缚事业发展的活力。更重要的是,它不利于在短时间内使整个事业发展缩短和社会需要的差距。事业现状中存在的问题不单单凭扩充外延这一"药方"就能治好,许多问题实际上是事业内部因素,特别是组织管理的因素。这恰恰是当前事业发展的症结和最大障碍所在。要消除这一症结和障碍,也只有从事业的组织管理等方面入手,坚持图书馆改革。从改革中提高图书馆的社会效益,强化图书馆的社会作用,这是从不良循环中走出来,加快事业发展的节奏的希望所在。

四、发展道路:从数量型向质量型的转变

如何更快地发展图书馆事业,可以采取不同的发展道路,归纳起来,主要是两种基本模式:数量型和质量型。

数量型模式和质量型模式都是相对而言。在许多情况下,数量和质量是密切联系的,可以相互转化的。但是,数量型模式和质量型模式毕竟是两种不同类型的发展道路,一个是以数量为主导,一个是以质量为主导。判别图书馆事业发展是采用数量型还是质量型道路,可以从事业发展过程的手段和结果等几个方面加以判别。

第一,图书馆事业发展所采用的基本手段。数量型发展模式主要依靠原有素质干部队伍、现有水平的机构和传统的工作方法和工作内容的数量增加方式来扩大图书馆事业活动规模,发展图书馆事业;质量型发展模式主要依靠改善图书馆干部素质,提高图书馆的管理水平和工作效率,更换设备,采用先进技术方法和工作手段,来加速事业发展。

第二,图书馆事业管理精密化程度。衡量哪一种类型发展道路,重要的不是在于它向社会提供了多少文献服务,而是看它怎样提供文献服务,是以一种低效率状态的提供,还是高效率状态的提供,因为后者代表了图书馆事业发展的内在基础、潜力和后续能力,体现了质量型特征。这里提到的图书馆事业管理精密化的程度可以具体表现在两个方面:一是整个事业组织管理有序化的程度,图书馆之间是否形成协调运行的内在机制;二是图书馆管理的科学化程度,图书馆工作环节之间是否形成高效率的工作状态。

第三,图书馆服务水平、服务方式和内容。这里所提到的服务水平、方式和内容,不是指局部的,而是整体的。从事业总体上看,图书馆服务水平是否优质化,服务方式是否系列化,服务内容是否多样化,这是判别质量型还是数量型模式的重要表现。

第四,事业规模和社会效用之比的最佳化程度。事业规模大小和其社会效用大小之间存在着相互联系,但并不是直接对应,同一数值的,同样的规模,包括人员、费用、设备,而其产生的社会效用并不完全相同。它们之间的比值反映了事业的经济效益和社会效益,反映出事业发展质量状态。

从上面这几个方面来考察我国三十多年来图书馆事业发展,基本上走的是一条数量型发展道路。这和内向型战略思想长期占主导地位是有关的。这是在当时整个事业发展过程

中图书馆数量严重不足、干部缺乏的背景下应运而生的。经过三十多年发展，尽管图书馆数量和分布问题依然存在，特别是边远地区和基层图书馆，但是事业主体上，特别是三大系统发展有了相当规模，质量问题和数量问题相比，已经突出出来，成为事业发展的主要障碍。在这种情况下，是继续沿袭数量型发展道路，还是转变为质量型的发展道路，已经需要进行抉择，实行战略转变。

综观当今图书馆发展潮流和趋势，传统图书馆正逐渐让位于现代图书馆，与此相应，数量型模式也逐渐被质量型模式所取代。

首先从图书馆活动的结构要素考察。发达国家图书馆不主要依赖人员的增加，而是依靠改善人员素质来提高图书馆服务水平，人员知识结构趋向合理化，高学位人员占有相当比重，后备人才主要靠高等教育的途径培养。藏书不单纯表现为量的迭加和膨胀，而是建立合理的、有序的、科学的、动态的藏书体系，提高藏书的内在质量，形成整体结构。工作方法和技术手段逐渐减少手工作业，而代之以广泛采用以计算机技术为核心的先进技术和方法，提高工作效率和服务质量。

其次，从图书馆过程的组织来看。以相互依存和合作为特征的图书馆的群体化，正逐渐取代分立单干为特征的图书馆分散化。通过建立各种形式的图书馆网，形成文献、人才、设备、工作成果等资源共享，不仅改变了各个体图书馆工作面貌，而且提高了满足社会文献需要的能力。从改善图书馆的联系中发挥整体的潜在能量。

第三，从图书馆所提供的服务来分析。发达国家图书馆已经打破被动的单一借阅形式，开拓和发展了一些新的服务领域，特别是广泛开展各种类型的情报服务，如定题情报服务（SDI），进展中科研情报服务（ORI），最新文献资料通报服务（CAS）等，加强了情报传递职能，服务中和在所提供的服务产品中，知识、信息的比重和密度越来越大，服务的质量日趋优质化。

总之，以提高图书馆的社会效益为核心，为满足社会需要为目的，以改善图书馆管理和工作效率，提高服务质量为手段，重视图书馆的内在素质是质量型发展道路的基本特征。它是图书馆事业发展的潮流。我们要审时度势，不失时机，尽快地完成数量型发展模式向质量型发展模式的战略转变，这是当前我国图书馆事业能否有一个大发展的关键所在。

五、战略重点：加强宏观控制

从数量型向质量型的转变需要相应的基本条件，需要建立相应的一系列战略步骤和战略手段。如何确立今后我国图书馆事业发展的战略重点，这是关系到事业进展速度和能否有全局性突破的一个问题。

基于战略重点的确立必须能够切实地带动事业全局的整体的发展这一基本认识，我们认为，今后我国图书馆事业发展的战略重点应当是加强国家对事业发展的宏观控制的能力。

（1）从图书馆事业发展的固有规律来看。从图书馆事业和社会关系来看，它必须适应社会事业的总体发展，处在相互依存和协调的发展过程中。从事业本身来看，同样也存在着一个相互依存和协调运行的关系。现在许多同志越来越认识到，图书馆事业的整体性非常强，有一个完整的能级结构。在满足不同的文献需要的过程中，各类型图书馆之间是密切联系和相互制约的。它就像一个生命体一样,遵循着生物器官相关变异的原理,某一部分和整体发生不协调,会波及和影响其它部分,从而在整体上限制了事业的发展。当某一类型图书馆不能很好地满足社会文献需要时,这种需要不但会受到抑制,更重要的是会发生"迁移",转向其它类型。例如,由于一些基层图书馆事业发展落后,许多一般普及型文献需求的读者都纷纷涌向国家馆和一些省市级的大型图书馆,超过了这些图书馆承受力,牵制了大量人力、财力、场地,影响了自身优势的发挥。因此,局限在一个类型或行政系统中考虑发展问题,而全局性的、整体性国家图书馆事业发展缺乏通盘考虑,那么任何一个类型或行政系统图书馆事业发展都是有限的。

(2)从图书馆事业的内部结构来看。我国图书馆事业内部结构的特点是多元化和纵向等级化。这种结构造成了事业组织管理上分散化和横向联系薄弱,它不利于从全国或地区对各类型图书馆进行统一的规划协调,不利于对文献资源的统一开发和利用,不利于协调运行的内在机制的形成,严重阻碍了事业发展。不打破这种障碍,条块分割现象难以解决,不同类型和系统图书馆之间的协作和网络缺乏必要的保障,工作中的低水平的重复和资源浪费问题不可能根除。有什么样的结构就决定了什么样的功能,要发挥图书馆事业的整体功能,就必须建立相应的有序结构。而要解决结构问题,只有着眼于宏观。这也是宏观控制能力形成的基础。

(3)从我国图书馆事业发展中存在的问题来看。我国目前图书馆事业建设中存在的问题已不是某一局部的领域。这些问题从现象上看似乎都是一个个具体问题,需要具体分别解决,但只要稍加分析,可以发现问题最终还是归结到宏观控制问题。例如思想观念问题,采用现代化技术装备问题,队伍建设问题,事业组织管理问题等。因此,仅仅从局部范围进行微观调节,其效果是有限的,不可能产生根本性的突破。如果甚至把这些局部问题的解决作为事业发展的突破口,或从理论发展入手,或从队伍建设入手,或从改善地位入手,这些构想是很难奏效的。所有微观调节最终还要依赖宏观控制,只有宏观控制问题得到优先重视。并切实加以解决,各种微观调节才可能有所突破,导致事业的全局发展。

(4)从我国图书馆事业发展需要来看。现实的基础已经提出宏观控制客观的需要。一方面,经过三十多年发展,图书馆数量和干部队伍已初具规模,作为一项事业,在社会活动中具有越来越重要的作用,它的社会意义日益显露。为了保证社会各项事业活动的顺利发展,已经迫切需要把它的发展和整个社会发展联系起来加以考虑,需要从一个社会或国家范围进行全面规划和统筹安排。另一方面,事业发展过程中图书馆之间固有的内在联系和依存关系也越来越清晰地展现在人们面前,为了保证事业本身的协调发展,就需要把图书馆事业作为一个整体来对待,把握它的宏观联系,形成事业的整体效应。

如果说我国图书馆事业发展有什么"牛鼻子"的话,那么,这个"牛鼻子"就是国家宏观控制能力的提高。抓住这个"牛鼻子"不放,就会把整个事业的"牛身"向前拖,产生全局性效果。

加强宏观控制的集中的和具体的体现就是强化图书馆事业管理的国家职能。

国家对图书馆事业管理的职能范围主要有两方面内容:①直接的宏观控制和管理,参与和干预图书馆活动。如,制定图书馆事业的方针政策,指导各类图书馆活动;规划事业发展,保证和国民经济与社会发展计划协调一致;制定和颁布各种有关图书馆的法律或法令,为事业发展提供国家保障;协调各类图书馆活动;建立和资助建设一些基本图书馆,等等。②对微观图书馆活动的共同外部条件进行管理,为各种图书馆发展提供必要外部保障。如,建立和发展图书馆学教育体系,为各类图书馆提供干部来源;组织和鼓励图书馆学术研究,资助和指导各类研究机构和学术团体,为事业发展提供科学依据;等等。

这两方面内容,当前都非常薄弱。前者,如无法可依,无章可循现象依然突出,图书馆活动的自由度,随意性过大,能量内耗。后者,如专业教育计划性差,高、中、初级教育形不成比例。研究课题不成系统,形不成群体力量。

宏观控制不力的根本原因,是由于我国还缺乏比较完善的宏观控制的内在机制,这集中表现在现行管理体制上的障碍。目前的这种分散化管理体制,既割断了事业整体联系,又不赋予各类图书馆以充分活力,互相自我封闭,不利于实行有效的宏观控制。

打破现行体制的束缚,唯一出路是锐意改革。改革是改善和强化宏观控制的基本手段。当前图书馆事业改革必须向纵深发展。从停留在单个图书馆活动的微观层次上扩展到整体事业的宏观层次,从具体的业务领域的浅层推进到事业管理体制的深层,应当是今后图书馆改革的主导方向。图书馆事业要发展,改革是事业崛起的希望。体制改革是图书馆改革的核心,或突破口,它是全局中的关键一步棋,这步棋非下不可,早下晚下,影响深远。

总之,以体制改革为手段,强化国家管理职能,提高宏观控制能力,应当是今后事业发展的战略重点。

六、并非结束语

无论是图书馆改革,还是建立发展战略,都必须以科学理论作为依据和指导。作为一门学科,无非是两个基本功能:认识世界和改造世界。前者表现为一种理论功能,即阐明图书馆现象,揭示图书馆活动的规律。后者则表现为实践的功能,即指导图书馆实践,推动图书馆事业的发展。但是考察我国图书馆学理论的现状,许多倾向性问题很值得深思。作为基础理论研究,一些基本理论问题莫衷一是,见仁见智,甚至陷于一种无结果的永不休止的“探讨”中。更值得忧虑的是,许多研究者对现实问题表现出一种异乎寻常的“冷漠感”,理论对实践的指导作用非常微弱。图书馆学理论一旦脱离了现实的土壤,除了自身的窒息和萎败外,别无他途。这方面的问题的突出表现在理论脱离实际,理论和实践在两条永不相交的平行线上按照自己固有的轨道在运行。这是个长期得不到解决的老问题。

为了能够切实地扭转这种偏向,我们认为,应当注意以下几个问题:

(1)应降低图书馆学研究中的某些层次。根据图书馆学理论和现实联系的远近可以分成相应的层次。例如,图书馆和社会的研究,目前的研究总的倾向偏重于高层次,抽象研究图书馆的性质和职能,总是讨论什么“性”,可以罗列出许多说法,不下十几种。高层次的研究固然需要,但低层次研究更不能忽视。如果我们把关于图书馆和社会研究和现实生活联系更加接近的话,也就是降低到低层次上,那么,重要的不是这种属性的讨论,而是那些富有生命力和现实意义的课题:如在两个文明建设中图书馆究竟起到什么作用,“四化”建设进程中将会对图书馆提出什么要求,图书馆在适应社会需要的过程中它的社会地位和作用将会有什么新的发展等。

(2)应加强图书馆学理论的“中介化”和“操作化”。理论研究和实际应用之间存在着若于中介,中介化就是把图书馆学理论扩展到实践应用过程中某些中介环节;操作化是指把一些抽象的理论概念能够还原到看得见、摸得着的可操作的形式,即理论的具体。还以图书馆和社会研究为例,图书馆的社会职能之一的保存人类文化遗产,这一概念中的人类文化遗产,究竟是指古代文献,它的年代断限在哪里,还是指包括现代的文献,现代文献到了下一代同样也是文化遗产;保存究竟表现为收藏保管文献资料,还是通过利用来体现的。这种概念如果不具体地"中介化"和"操作化",在实践过程中显得就比较盲目,丧失了理论的指导意义。传递科学情报职能也一样,它究竟在图书馆工作具体表现为哪些活动? 怎样传递? 它和情报机构有没有区别? 区别在哪里? 等等。这些问题不搞清楚,传递科学情报职能就很难在图书馆实践中具体化,仍然是看不见、摸不着的东西。

(3)重视对宏观现实问题的研究。目前图书馆学研究中的两种偏向应予纠正。一种是纯理论的学术探讨,轻视现实课题,远离"世俗生活",沉湎于"书斋中探索",有的"超脱"于现实生活,沉浸在图书馆未来的遐想中,有的则"精心"构筑完满的理论大厦。另一种偏向是轻视理论,崇尚经验,用功利主义眼光看待学术研究,停留在具体工作环节的研究中,对微观现实问题研究很重视。但是,对宏观现实问题,如我国图书馆事业的组织管理、体制、发展战略、发展趋势等,非常薄弱,没有引起足够的重视。这方面研究成果之少,在社会科学领域中实属少见。研究基础理论的同志不重视现实问题研究,具体应用研究同志不关心全局性的课题。这在某种程度上也许是造成了我国图书馆事业发展举步维艰,进展缓慢的重要原因吧! 改变这一状况,是当前学术理论研究的一个迫切的任务。

(选自《图书馆学通讯》1986 年第 3 期)

中国国家书目计划及其进展

黄俊贵

《中国国家书目》将于 1987 年问世。它具有月速报本和年积累本,内分正文和索引两部分。正文包括中文及其他文字,每种文字再区分出版物类型,均按《中国图书馆图书分类法》编排;索引包括主题、题名、著者三种。书目的编辑、出版方式,近年内拟以电子计算机 M—150H 系统脱机处理,1990 年之后改按联机终端编制。建立全国中文书目数据库,生产中文机读目录、目录磁带及软盘,并在编辑统一编目卡片的同时,根据收录各种出版物类型的书目数据量,发行分册印刷本。它力图以内容精博、编辑审慎的标准,跻身于世界书目控制系统。

一

《中国国家书目》的编制,标志着中国书目工作进入一个新的发展阶段,具有继往开来的重要意义。它一方面继承发扬中国目录的传统,另一方面又吸取外国的现代书目方法,是在两者结合的基础上,制订计划,使之成为沟通中外书目情报,实现文献资源共享的有效手段。

众所周知,中国国家书目源远流长,具有灿烂的业绩和丰富的遗产。但就近现代所编制的各种总书目而言,却没有完全具备国家书目的职能,迄今仍未编制正式的国家书目。

纵观本国及世界各国的国家书目工作经验,特别是 1977 年由联合国教科文组织与国际图联联合召开的国家书目国际会议以来,发展中国家的国家书目迅速发展的势态,《中国国家书目》根据自己的实际情况,将编辑工作与全国出版物缴送工作、统一编目工作紧密结合,并作为全国书目中心的核心成果。其主要任务是:

(1)全面记录中国出版物,以真实反映一个历史时期文献发展状况;

(2)按照《国际标准书目著录》(ISBD)和中华人民共和国国家标准文献著录法,编辑、发行具有统一题名、标准著者名称、汉语主题词、中国图书馆图书分类法等三个分类号的统一编目卡片,以推动全国图书馆目录的标准化。

(3)定期出版发行印刷本的国家书目年刊和速报本月刊,以及时报道全国出版物。

(4)生产机读型的国家书目,建立全国中文文献数据库,使中国国家图书馆最终成为中国书目自动化、网络化中心。

北京图书馆作为《中国国家书目》的组织管理机构,设有《中国国家书目》编辑组、中国连续出版物中心、全国联合书目组,以及配合这些单位工作的自动化发展部等单位。他们可与世界书目控制指导委员会(UBC)和国际连续出版物数据系统(ISDS)等国际组织取得联系,并与国内有关方面共同合作。《中国国家书目》编辑组则是具体承担书目数据收集、整理的编辑工作部门。其拟订实施计划的步骤,大体可见图1。

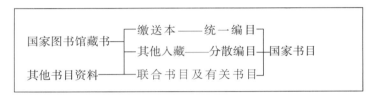

图 1

二

《中国国家书目》作为书目控制的基础,与中国出版物的收集、利用是相辅相成、相互制约的。正如20世纪70年代以来出现的"世界书目控制"(UBC)和"世界出版物收集和利用"(UAP)两项世界性计划,它们往往相提并论,相得益彰。可以说,前者是手段,后者是目的。基于文献资源共享的目的,必须首先互通情报,才能互通有无。但书目情报的获得又来源于出版物本身,因此,健全出版物样本的缴送制度,全面收集国内出版物就成为编制《中国国家书目》的前提条件。

中华人民共和国成立以来,国家十分重视出版物的统计、登记工作。自1951年,各项有关出版物样本缴送制度的颁布与实施,不断完善。1985年,文化部颁布《图书、期刊版权保护试行条例实施细则》,对缴纳出版物样本作出明确规定:"图书、期刊出版后三十天内,出版单位应按国家规定向国家出版局、北京图书馆、中国版本图书馆缴送样本;地方出版单位还应向本省、自治区、直辖市出版管理机构和省、自治区、直辖市图书馆缴送样本。过期未缴,经通知后仍不缴纳者,分别由国家出版局或省级出版管理机构通报批评,情节严重者还应罚款,罚款额为应补缴的样本书刊定价的五至十倍。"中国出版物样本缴送制度经过历年的调整,将最后以法律形式固定下来,从而使国家图书馆的出版物缴送工作得到可靠的保证。

实践表明,由于中国的出版发行业属于国营事业,其工作目标与图书馆一致,为保存和阐扬祖国文化,充分发挥出版物作用,一般出版社均将样本的缴送列入自己的日常工作。以1983年为例,据出版年鉴统计(台湾省和香港、澳门地区暂未包括),全年出版新书(不含重印)计20 156种,其中属于北京图书馆入藏范围的中文图书为16 555种,该年进行统一编目图书为15 260种(中小学教科书等部分图书不予统一编目),占本馆入藏量的92%,占全部新书的75.7%。据不完全统计,正式出版物漏缴率一般不超过10%。1985年,北京图书馆入藏本国出版物的情况是:中文出版物,图书3万余种、期刊10 701种(包括非正式出版)、报纸1084种(不包括县及其以下报纸)。少数民族文字出版物,图书1443种、期刊103种、报纸55种。中国版外文图书约1000余种。各类出版物通过缴送获得均在90%以上。显然,这一入藏种数不能反映全部中国出版物,其中未有入藏部分,大抵有三种情况:①国家图书馆不拟入藏的出版物,如散页宣传品、页数甚少的小册子、连环画、县及其以下的报纸等;②非正式出版物,目前尚未全面征集;③部分出版物仍有漏缴或漏购。

近年来,北京图书馆为实现全面入藏、全面编目,使《中国国家书目》所收录文献更接近于出版发行实际，着力加强采购工作。主要采取了三项措施：①在按国家规定接受出版物样本的同时，另向各出版社购买快样书，争取以最快的速度获得出版物样本，缩短编目周期，并解决个别出版社不愿将价格昂贵图书无偿缴送的问题；②除接受连续出版物缴送本外，采取直接向出版单位订购与通过邮局订购相结合方式，力求不发生遗漏，以建立全国连续出版物中心；③对本国非正式出版物的出版发行情况进行全面调查，拟逐步地、有选择地入藏，并收录于国家书目。

《中国国家书目》收录出版物范围，拟确定以国家图书馆藏书为基础。这是因为，中国缴送本制度存在着两个方面需要解决的问题。其一，缴送制度实施范围的局限性，除非印刷型文献尚未向国家图书馆缴送外，另有非正式刊行的出版物，不属于缴送范围；其二，对缴送本本身仍需要进行选择。由于缴送本包括专门出版机构现期刊行的全部出版物品种，其中尚有信息价值不高、时效性很强的部分，需加以适当的剔除。解决这些存在问题的有效办法，只有通过国家图书馆的藏书补充和书目控制去实现。也就是说，《中国国家书目》对缴送本不是"有文必录"或无所补充，而是首先进行选择，然后根据需要补充藏书，对无法补充者再转录其他书目资料。力求以此达到双重效应，即一方面从总体上反映中国历史阶段的出版物全貌，另一方面与二次文献服务为基础的书目控制相结合，直接提供读者服务；使之既具有统计登记性质，又具有文献检索职能。

《中国国家书目》收录出版物范围及其数量的初步计划如下（见图2）：

出版物类型	1987 年试刊本	1987 年以后	备注
中文图书	22 000 种	22 000 种以上	
期刊	3000 种	10 000 种以上	
报纸	600 种	1000 种以上	
地图	300 种	300 种以上	
非正式出版物	500 种以上	1000 种以上	
少数民族文字图书	1400 种	1500 种以上	图书不含中等学校以下教材、低幼读物
外文图书	1000 余种	1200 种以上	
博士论文	暂不列入	500 种以上	
专利	—		
非书资料	—		
总计	28 800 种	36 300 种以上	

图 2

综上所述，《中国国家书目》的收录范围可以基本体现"对一个国家出版物的可靠而全面的记录"。从"可靠"而言，《中国国家书目》所收录的出版物都将经过专门的行政机构登记。在中国，"非正式出版物"与"未经登记发行出版物"的概念并不完全相同。它们之间的区别在于，前者经过合法的登记手续，可以准确提供作者身份、出版背景、印刷日期等。其所以为"非正式出版"，仅仅是因为不属于专门出版机构刊行，或者虽由专门出版机构刊行，但因内容不甚成熟、读者面过窄等而未正式发行。后者则是指未经有关出版行政部门允准，内容低劣的出版物，或者仅限小范围内交流，而不供作公开发行的出版物。从"全面"而言，《中国国家书目》不仅在其收录的文献类型及其数量上基本可以反映中国出版物全貌，而且就每一种出版物的著录也是全面的。这里需要加以说明的是，《中国国家书目》根据本国大部分图书馆没有将"政府出版物"单独进行收集、整理的实际情况，而未用"政府出版物"一词，但这并不等于没有收录此类出版物，它或作为图书、连续出版物，或被列入非正式出版物。"全面"还体现在，《中国国家书目》确定的"国家——语言"综合原则，除收录本国领土内出版的各种语言、各种文献类型和各种载体的著作之外，也拟收录外国出版的汉语文著作。这是出于出版物本身与文化、语言有直接关系考虑的：①中国历史悠久，在世界范围形成了许多有关研究中国的学科（诸如中国古文字学、敦煌学等），这些学科研究的汉语著作（当然，还有其它语文的著作，目前不拟收录），同其它汉语出版物一样，都是反映中国文化发展的重要资料；②汉民族人口众多，许多国家都有华人，他们无论是否具有中国国籍，在一定范围内仍然保持着使用汉语的习惯，并用汉语写作出版图书、杂志、报纸等，这些精神产品并未泯灭自己民族的特征，依然与汉族文化传统息息相关。为了发展中国的民族文化，在《中国国家书目》中收录国外出版的汉语著作也是理所当然的。

三

《中国国家书目》的书目数据，主要通过统一编目和国家图书馆的其他书目资料获得。

中国图书统一编目工作始于 1958 年，中断几年后，1972 年由北京图书馆恢复此项工作。目前，中文统一编目在全国订户有 5000 余个，每年平均出版 1.6 万种以上，发行卡片 2000万张以上，各大中型图书馆几乎 100% 接受统一编目成果，其中占 80% 的藏书是直接使用统一编目款目卡片。为提高书目信息的使用价值，自 1984 年起，统一编目款目卡片采用《国际标准书目著录》(ISBD)，1985 年又在采用《中国图书馆图书分类法》《中国图书馆图书分类法（简本）》《中国科学院图书分类法》标引三种分类号的同时，以《汉语主题词表》为依据标引主题词（每条款目平均 3 个），截至目前，已标引约 2 万种图书。

《中国国家书目》编辑组在全面推行《国际标准书目著录》计划和中华人民共和国有关文献工作标准的同时，着手编制中国个人著者姓名、外国著者中译名、团体著者和统一书名的标准文档。其目的在于解决国家书目的检索点及用作其他排检性目录时标目的统一，即实现各种不同名称的标准化，以提高电子计算机汉字处理系统在进行文献检索中的查准、查全率。标准文档根据常用、惯用、通用原则进行选择，并实现统一，其中所包括的各种不同的名称是：中国著者的不同名称（原姓名、字、号、笔名等）、外国同一著者的不同译名（不同音译、原名、中国名、笔名等）、同一图书的不同名称（原名、别名、不同译名等）。标准文档的建立将保证用户通过每一条款目的分类、主题、书名、著者四种不同途径，顺利进行文献检索。对于各国国名的著录，也拟参照世界书目控制指导委员会(UBC)与国际标准化组织第 46 技术委员会秘书处(ISO/TO46)合作编制的《各国国名》处理。中国各个不同历史时期的名称（朝代名称）则采用习惯称谓。

目前，中国版外文图书已按《英美编目规则》(AACRII)进行统一编目，它可与美国国会图书馆所编机读目录(LCMARC)国外版外文图书的项目互相转换。从而提高编目工作效率，及时满足读者的文献需求。我们深信《中国国家书目》以统一编目数据为基础，将根本改变过去各种总书目由于各自为政形成的著录格式不统一、著录内容不完整、著录详简程度不一致等弊病,使其利于开展国际书目情报交流,成为世界书目控制的有机组成部分。

国家图书馆其他书目资料,包括以下三个方面:

(1)入藏于国家图书馆,而不属于统一编目的中文图书书目。这主要指国内非正式刊行及其他出版物书目。从全国图书馆而言,由于这部分出版物发行量小,各图书馆入藏情况大相径庭,也就没有进行统一编目的需要。但他们采用与统一编目相一致的方法进行整理、加工,属于国家书目的基本数据。

(2)国家图书馆入藏中,除中文图书以外的其他文种、其他类型出版物书目。这除本国版外文图书可通过统一编目获得数据外,中国17种少数民族文字图书书目,按《国际标准书目著录》方法,并用汉字注释、说明原文,目前唯因排版、印刷等原因,用各种少数民族文字本身著录困难较多,拟暂以汉字代替。目前,中国国家图书馆经国务院批准,已正式成立中国连续出版物中心,并代表中国参加世界连续出版物数据系统(ISDS),各种连续出版物将按该系统要求,著录新刊、改名后的第一期及停刊期。连续出版物以外的其他出版物亦以标准著录方法,纳入《中国国家书目》。

(3)国家图书馆尚未入藏的出版物书目。这包括两个方面,一是国家图书馆不拟入藏的出版物书目,如专利文献;二是因遗漏缺藏的出版物书目。前者目前数量不多。将逐步根据国家专利局的著录载入国家书目。后者则通过各地区及全国联合书目,或有关书目加以补充。

《中国国家书目》数据计划中另一问题,是与"在版编目"(CIP)的关系。我国"在版编目"(CIP)计划尚在酝酿阶段,一俟付诸实施,拟将其简要的项目数据,反映于《中国国家书目》月速报本,这对于保证图书馆预先获得书目情报,有目的进行出版物的采选,无疑具有重要作用。

《中国国家书目》的著录项目,一般采取详细级次(第三级次),即包括全部著录项目。由于中国已参加国际标准书号中心,并分配一位数字"7",为中国国际标准书号系统的组区代号,今后《中国国家书目》的"文献标准编号及有关记载项"内将出现这一编号(如ISBN 7-144-00316-X)。同样,中国作为国际连续出版物数据系统(ISDS)的成员,在《中国国家书目》中亦著录国际标准连续出版物编号(ISSN)。现在该系统国际中心已对中国的部分连续出版物分配号码。为继承和发扬中国目录,注意揭示出版物内容的传统,《中国国家书目》保留提要项目,拟有选择地采取提示性提要。同时,出于文献检索并直接提供文献服务的目的,书目中的各条款目除文献著录项目外,另增加书目编号:国名缩写字母(CN)、年代号、顺序号,还尽量包括北京图书馆的索书号。

(选自《图书馆学通讯》1986年第3期)

也谈图书馆学的研究方向
——兼评几种现时流行的图书馆学理论

卿家康

　　随着图书馆学研究的深入,这些年已经触及"研究方向"等根本性的问题。去年下半年,《图书馆学通讯》再一次发起了对"研究方向"问题的讨论,这对图书馆学的未来发展无疑是有深远意义的。

　　在《图书馆学通讯》发起的讨论中,有人提出应该转变图书馆的研究方向,把图书馆学从"图书馆的组织、工作内容和方法""图书馆工作诸过程的内容和技术方法"这种自我研究中解放出来,要研究一种更本质、更普遍的社会现象及其规律。纵观当代中国图书馆学研究,这种意见比较典型地代表了一种研究倾向。这种研究基本上否定了传统图书馆学,致力于一种超脱图书馆学的、外延更大的理论的创立。它的最突出特点,就是研究的外倾性。所以,我们姑且称它为"外倾性研究"。在当代中国图书馆学研究中,还有一种比较典型的倾向。这种研究也是突破了传统图书馆学的范围,也是深入信息、知识、情报的层次,然而,它的目的不是创立一种新型理论以取代图书馆学,而是把有关信息、知识、情报的现有学科的理论观点、方法引进图书馆学中来,以充实、改造传统的图书馆学,研究的落脚点还是图书馆学。与"外倾性研究"相比,它的内聚性很鲜明。我们权且称它为"内聚性研究"。这两种倾向有共通之处:都是对传统图书馆学反思的结果,都是改造图书馆学的一种探索。

　　然而,这两种研究是否可行? 图书馆学研究方向是否就一定是这两者之一? 假若不是,它们又有什么启发意义呢? 看来,我们必须对上述两种倾向作具体的分析。

　　先看"外倾性研究"吧。发现图书馆学"馆内科学"的孤立性,提出图书馆学向"馆"外发展,并继而开展开放性的研究,这在国际图书馆学界起源颇早。早在 20 世纪初,列宁就把图书馆当作社会组织的有机组成部分,交流思想的一种社会体系,并认为图书馆遵循着一般社会发展规律。这在方法论上有深刻的启迪意义。以巴特勒、谢拉为代表的芝加哥学派开放性研究的实践,更是朝图书馆学甩掉"馆内科学"的帽子这个方向迈出的坚实一步。英国的肯普和布鲁克斯进行"知识基础论"的探讨,美国奥尔和苏联米哈依诺夫致力于"交流系统论"的思考。向"馆"外伸展,国外确实早已有过探索。然而,由于前些年的封闭,国内了解到这种趋势是在 70 年代末。这些年,国内图书馆学界也有过向新领域迈进的若隐若现的议论。这一次,终于有人系统地、尖锐地提了出来。猛击一掌,痛及深处,是有意义的。不过,考虑到上述的国际环境,我们光"破"是不够的。应该花真功夫于"立"。"破"不是目的,"立"才是目的之所在。

　　我们说转变图书馆研究方向这个意见的提出有其国际环境,但是,我们并不认为这个意见与世界各国图书馆学向"馆"外伸展的趋势是完全一致的。国内这种意见是在全盘否定图书馆学,甚至否定图书馆学成立的基础上提出来的。而国外的探索都是为图书馆学探寻理论基础,并进而对传统图书馆学进行改造。学者们并非用它们来取代图书馆学,更没有因新领域的开辟,新方法的运用,新成果的出现而否定图书馆学的成立。事实上,任何一门科学都是一个动态系统,都处于发展变化之中。图书馆学的萌芽状态与今天的情形相比,已经"面目全非"了,但它仍然是地道的图书馆学。在经历了长时间的渐进以后,今天图书馆学正面临着革命,因为"科学本来便是连续性的渐进和间断的革命的统一"。革命必然带来理论上的飞跃。但是,这种飞跃不仅没有否定学科的存在,相反,它正是深刻地、生动地体现了这门学科的生命力。学科的发展是金字塔式地层层相继,逐步接近顶峰,而非火箭发射式的一级一级脱落。既然图书馆学得以产生,并能在两千年间逐渐羽毛发达;既然它的研究对于图书馆现象是有特殊意义、特有功能的,并且图书馆事业步步兴旺,那么,图书馆学为何会失去存在的土壤呢? 今天图书馆学所面临的问题到底是这种低层次的理论缺乏一种比它更高层次理论的指导呢,还是确已走到了尽头了呢?

在"外倾性研究"中,产生了"情报交流论""知识学""知识交流论"等较为典型的理论(笔者并不认为对这几种理论的研究与上述"外倾性研究"有完全一致的特征),且看这几种理论本身有何特点与不足。

这些理论最突出的特点,便是它们从图书馆这一社会实体中解放出来,在更普遍、更本质的层次来开展研究,给人以居高临下,耳目一新的感觉。但同时,如果说它们是图书馆学,显然都犯了以偏概全,不够准确的逻辑错误;如果说它们是图书馆学的理论基础,则显得离图书馆这一层次太远,又不能贴切、具体地指导图书馆实践。明白人不难发现这些理论常常前一部分高深得很,可一涉及具体的图书馆实践,便照样老生常谈,总让人觉得虎头蛇尾,甚不相称。说穿了,它们很少考虑到图书馆,甚至是比图书馆层次更高的文献信息系统的特征,立足点普遍偏高,以至于不能很好地与图书馆学相结合。下面,我们以图解来说明这种情况(见图1):

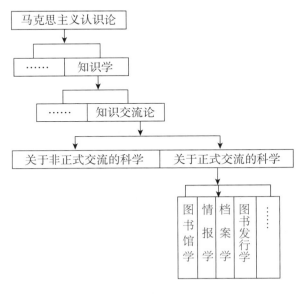

图 1

知识学是对知识这一现象从整体上进行总结和概括,以弄清其发生、发展规律的理论,它受马克思主义认识论的指导。而知识交流仅仅是知识生产过程中的一种活动,所以,"知识交流论"只能是从属于"知识学"的。知识交流本身又有非正式交流和正式交流两种形式,图书情报等部门是属于正式交流的。由此看来,从"知识学"到图书馆学,还有"知识交流论"这一中间层,以"知识学"作图书馆学的理论基础,显然不贴切。而"知识交流论"呢?它包括非正式交流,这又与图书馆工作性质不相符,范围过宽。在正式交流范围内对图书馆的研究,也跳过了对整个正式交流这一层次的研究,同样不是贴切的。

那么,对哪一层次现象研究的理论才是准确的图书馆学理论基础呢?

说图书情报部门是信息行业,大概不会有人反对。而信息业务部门本身,通常是不产生知识的,它们所处理的乃是关于知识的信息,而非知识本身。由此看来,上述几种理论正是在这个本质点上发生了混淆。确实,图书馆学研究应该深入信息、知识、情报的层次。然而,这里的知识与平时所谈的知识是根本不同的。请允许我们引进科学知识与科学信息两个概念。苏联学者认为,科学知识与科学信息的差别就在于它们的产生,关联于不同的科学活动方式。科学知识是科学研究活动的产物,知识概念是从认识方面表达的人的认识过程的特征;而科学信息是科学知识在科学信息活动过程中的表现形式,信息概念则主要是从交流方面来描述人的认识过程的特征。图书馆不直接从事知识生产,只是进行知识交流。在这种交流过程中,知识以信息形式出现,而且是文献化信息的形式出现。因此,准确地说,图书馆是从事文献信息交流的。之所以要强调图书馆交流的是文献信息,而非知识本身,是因为知识一旦转化为文献,便由一种主观的认识产物变成为一种"客体",这时,它具有特殊的性质和功能:①文献是信息与物质载体的统一体;②文献化是社会化知识传递的前提,它显著地扩大了潜在知识需求的范围,增加了感知信息的需求者的数量,为在一瞬间对知识的社会及个人的整体或个别检索创造了可能性。文献具有多功能性;③文献化是信息集合的形式和手段,是信息系统出现的物质前提。基于这种分析,图书馆学主要地应该研究文献信息交流理论,即研究文献化的知识及其交流,而不是作为认识产物的知识。否则,便偏离了方向。对知识可以从多方面、多层次加以研究。认识论从认识及其发展规律的哲学高度来探讨知识问题;知识学则具体地对知识作整体考察;从知识交流的角度来研究,便是文献信息论。如果我们的研究与其它学科的研究重复,或者不结合图书馆的特点就会迷失方向。

看来,"外倾性研究"有两点不足。一方面,否定图书馆学成立时理论依据不足,违反了科学层次论原则;另一方面,实际探索中,几种理论模式立足点普遍偏高,而且,由于在关键概念上认识模糊,以致这种研究发生了方向性偏差。

也许有人会说,从以上引文看来,另一种新理论"文献信息论"是可行的,这不正是证明了"外倾性研究"的可行性吗?我们说,不能光看这理论本身如何,我们更要看如何处理这种理论与图书馆学的关系。

接着,再来分析"内聚性研究"。既然这种研究也是对图书馆学的改造,那么,还是从图书馆学的改造谈起。学术界已经有了较为一致的认识,传统的图书馆学存在的不是个别概念、个别专题等局部问题,而是整个学科理论规范方面的问题。要解决这样的问题,在"馆"内打转转是无济于事的,唯一的出路在于新领域的开辟,新视角的选取。实际上,最急需的是一种超出图书馆学的,以比图书馆现象更普遍、更本质的社会联系为对象的宏观理论的建设,并以之作为图书馆学的理论基础,统摄图书馆学各部分,指导图书馆学的改组。从科学研究层次论来说,图书馆学这种较低层次的研究已经存在,但与图书馆学最邻近的上位理论的研究尚付阙如。这种情况,从前面所列的图中可以清楚地看到,这里再以图示(见图2):

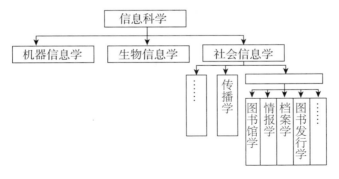

图 2

图书馆学是信息科学。在信息科学系统中,图书馆学属于"社会信息学"的分支。"社会信息学"中,目前已有以大众传播为对象的传播学等科学,同时也有了图书馆学、情报学、档案学、图书发行学等以文献交流现象为对象的学科,但对文献信息交流的整体研究还没有开展。正因为这样,图书馆学等较低层次的学科总是找不到立足点,形不成理论核心,对这几门较低层次学科的关系也处理不好。宏观失控必然导致微观无序。从我们学科发展的需要出发,急需研究文献信息理论,填补科学断层。"内聚性研究"也许能带来个别词句、观点的更新,但终究是修修补补的被动应付。因此说,"内聚性研究"对图书馆学改造的立足点偏低,这种自我中心式的研究不是图书馆学研究的根本方向。

前面我们已经否定了"外倾性研究"与"内聚性研究"两种方向,但是,在否定的同时,我们肯定了"外倾性研究"的突破精神,认为必须从图书馆学以外来寻找未来的生机;我们也肯定了"内聚性研究"以图书馆学的改造为目的,建立地地道道的图书馆学为出发点。笔者认为文献信息理论是准确的。我以为图书馆学之所以发展缓慢,不能归咎于这门学科的研究对象是非普遍性、非本质性的,或者说图书馆现象的低层次性,而是因为它缺乏一种合适的宏观理论的指导。因此,我们要探索文献信息理论。很明显,这种探索是为图书馆学的改造寻找理论依据——文献信息理论是用来指导图书馆学的,但决不可取代它的分支——图书馆学。

至此,笔者可以完整地表述自己对图书馆学研究方向的看法了:图书馆学研究的大方向是理论改造,而这种理论改造首先要在图书馆学以外探索一种以图书馆学现象为对象的理论——文献信息理论作为理论依据,指导图书馆学的改造。

最后,说几句题外话。

前面我们强调要严格区分科学知识与科学信息,因为这是我们确定研究方向的关键。然而,科学信息只是科学知识在信息活动领域的表现形式,两者有本质的联系,因而对知识的其它层次、其它角度的研究也是图书馆学很重要的相关课题。我们说"知识学""知识交流论""情报交流论"不是准确的、贴切的图书馆学理论基础,但我们并不否定这些研究的意义。况且,笔者的认识很肤浅,甚至很可能是错误的。只有实践才能最终证明这些理论谁更准确。目前我国学术界正面临开放宽松的社会和政治环境,我们也需要打破我国图书馆学几十年一个学派一统天下的局面,建立各有特色的学派。学派的存在,对科学的发展有重大的意义。各学派有自己的学术规范、学术传统,独特的研究方法,科学正是在各学派的发展及其对话中求得发展,接近真理。国外图书馆学就有文化学派、知识学派、社会学派,我们能不能也形成有自己特色的学派? 当然,如果我们能科学地、瞄准一个正确研究方向,也必然会得到学术界的公认。

（选自《图书馆学通讯》1986 年第 4 期）

欧美各国所藏中国古籍简介

钱存训

一、欧美收藏与汉学研究

西方国家对于中国语文发生兴趣，主要原因有四，即基督教义的传播、商业发展的需要、外交人才的培养和学术研究的鼓励。传教、通商和外交往来，虽然对语言讲通有实际上的需要，但不一定依靠大量藏书。如果只是学习语言，有几种课本就可应付。真正对中国书籍作有系统的搜求，主要是对中国文化作深入的了解，即所谓"汉学"研究为其导因。只有研究中国文化各方面的专题时，才需要浩如烟海的中文典籍，作为研究的基础。

最初西方对于中国文化的追求，可能出于好奇或仰慕，希望以中国思想中的人文主义补充西方文化中的缺陷。16、17世纪欧洲作家有关中国的著述，大都把中国描写为文艺复兴时期知识分子所理想的国家。虽然他们所叙述中国的风俗习惯以至政教制度都和西方不同，但对于这样一个地大物博、繁荣富庶的东方古国，自然要有进一步认识的必要。其后，在欧洲的高等学院中，一般都设有非西方语文的学术讲座，因此中文也加入这种讲座，奠定了研究近东、印度和远东三足鼎立的"东方研究"（Oriental Studies）之基础。

在第二次世界大战以前，"汉学"（Sinology）研究的对象是中国传统文化中的语言、历史、哲学、宗教和制度，主要是基于研读中国经典原著，以西方治学的方法作出分析，阐述和结论。但自从1950年以来，因为现代中国的研究进入了社会科学的各个领域，"汉学"这一名词便逐渐消失，而代之以"中国研究"（China Studies），虽然研究的范围仍有"传统"与"现代"之分。换言之，"汉学"可说是一种书本上的纯学术研究，其他非书本的研究和非传统文化的研究，就不在"汉学"的范围之内。

至于西方"汉学"起源于何时何地，一般有两种说法。一说是起源于法国，一说是开始于其他国家。实际上，中国文化最早传到欧洲是南欧的葡萄牙、西班牙和意大利。尤其是在16、17世纪来到中国的许多宣教士，他们对中国经典的研究开启了对"汉学"研究之门。其中最重要的人物如意大利籍的利马窦以及其后陆续到达中国的耶稣会教士，他们不仅将西洋科学带到中国，也把中国文化介绍到欧洲。如"四书"最早于1593年译成拉丁文，不久就译成法文（1616年）、德文（1617年）、西班牙文（1621年）、意大利文（1622年）和英文（1625年）。"五经"也很早就译成拉丁文。有了他们的研究成果作为基础，最后才由法国人继承，成为正统的"汉学"研究。法兰西皇家学院在1814年正式开设中文和满文的特别讲座，东方语文学院也在1843年设置中文会话讲座，这是西方大学把中国研究列入正式课程的开始。其后，帝俄在1851年，荷兰在1856年，英国在1876年，也将"汉学"列入大学课程。其他没有设立"汉学"课程的国家（如德国），也把学生送到法国接受训练，从此法国乃成为欧洲"汉学"研究的中心。

美国对中国的研究一直到 19 世纪后期才开始。因为教会向亚洲发展以及商业往来的增加,促进了中美两国间文化交流的需要。同时美国的高等教育一直受到欧洲学术研究风气的影响,许多大学课程都仿照欧洲的体系,因此"汉学"也成为美国的东方研究之一支。

在 19 世纪末和 20 世纪初,美国大学里的汉学讲座一部分由过去留华的宣教士担任,另一部分则由欧洲的汉学家或曾在欧洲接受训练的美国学者主持。一直到最近二三十年,美国研究中国的学者才有比较独立的研究路线。语文的教学从文言兼顾到白话,研究的范围从人文扩充到社会科学,研究的对象从古代延长到现代,这些观念和方法的改变都是从美国开始。而对非西方语文的教学和对所谓"地区研究"(Area Studies)的提倡,乃是第二次世界大战以来美国在西方高等教育方面所做出的一项重大贡献。如果说近百年来中国所追求的所谓现代化是西方的科技,则近年来西方所面临的现代化问题,便是对于东方文化的了解,而中国文化乃是其中重要的一环。

随着汉学教学和研究的发展,美国图书馆在百年前也开始收藏中文书籍。最初读者寥寥,据称那时能阅读中文者尚不及美国联邦各州之数目(按当时有 38 州),而今日能看能说或利用中文资料作研究者至少百倍于百年之前。目前美洲的中文图书,除中、南美的墨西哥、巴西、秘鲁等国几所重要大学各有收藏外,其余皆集中在北美。美、加两国现有收藏中文资料的图书馆大小将近 100 所,藏书总数达 500 万册,其中估计有 1/3 为线装古籍,大部分为第二次世界大战前所积存。

自从第二次世界大战结束以来,西方研究中国的中心,已从欧洲转移到美洲。不仅教学的普遍和研究的风气如此,而图书设备的扩充,尤为明显。因为经费比较充裕和管理的专业化,尤其许多中国学者参与策划、采编、参考等工作,使许多大学及研究图书馆的资源、设备与服务达到很高的水平,较之国内相等的单位有过之无不及。凡有研究价值的书刊都兼收并蓄,罕见的资料大多复制或影印,以求完备。因为没有政治上的禁忌,有许多文献,反而只有在国外可见其全。今天美国东亚图书馆能在世界上有其特殊的地位,这是和中国学者与专业人员的贡献分不开的。

二、欧美收藏的特色与重要性

自从 16 世纪许多欧洲国家开始向东方拓殖以来,通过探险家、商人、宣教士先后来到中国,开启了中西交通之门。这些人为了增进对中国各方面的了解,开始搜集图书带回本国,作为教学或研究之用,或加以翻译,作为有关中国著述的参考资料。譬如 16 世纪两次来到中国的西班牙宣教师马丁拉达(Martin de Rada)在他的报告中就说搜集了不少各门各类的中文书籍,如历史、地理、方志、历书、航海、礼仪、律例、医药、地质、天文、传记、游艺、音乐、数学、建筑、占星术、手相、相面、书法、卜筮以及兵书。其中有方志 8 种,述及有关金银的记载。这些书最初带到菲律宾,由华人协助翻译,作为写作的参考。16 世纪出版的一部最详细而有权威性的《伟大的中华帝国历史与现状》,为孟多萨(J. G. de Mendoza)所著,其中有两章专述中国的书籍和印刷术。这些书籍可能带回欧洲,至今还有一些在西班牙和葡萄牙的修道院或图书馆中可以找到。

欧洲许多图书馆内的中文书籍都是在 17、18 或 19 世纪初年便开始收藏。不仅历史悠久，保存了许多他处已经罕见的资料；同时由于资料来源，大都是私人所藏，原主为汉学家、宣教士或外交官，因此这些收藏都有其专业性和特色。现将比较罕见或国内已经失传而保存在国外的一些资料分别举列如下，以见其重要性之一斑。

（1）中国最早的写本、印本和拓本。这些在中国书籍发展史上最重要的原始资料，现在都保存在欧洲各大图书馆之中。如存世最早的写本敦煌卷子，其中约 8000 件在伦敦，4000 件在巴黎，1 万件在苏联。伦敦所藏本中有 380 卷记有确切的年代，从公元 406 年至 996 年，其中 5 世纪者有 6 卷、6 世纪者有 44 卷，这些都是中国最早的写本书籍。至于印本，唐代的刊本国内已经无存，但至少有 20 件现存伦敦与巴黎，其中有 9 世纪的日历、单张的佛像和佛经，而举世闻名的唐咸通九年（868 年）王玠为其二亲施舍刻印的《金刚般若波罗蜜经》则保存在英国图书馆中。巴黎所藏唐印本有《一切如来尊胜佛顶陀罗尼》及其他早期印本。至于最早拓本存世的有欧阳询书《化度寺塔铭》（632 年）现存英伦，唐太宗书《温泉铭》（654 年）及柳公权书《金刚经》（824 年）现存巴黎。

五代吴越钱氏刊本《宝箧印陀罗尼》现存有丙辰（956 年）、乙申（965 年）及乙亥（975 年）三种。乙亥本流传最广，在国外各大图书馆均有收藏、丙辰本则极稀见，一卷于 1957 年为瑞典国王购得，现藏其皇家图书馆中。中国最大的写本类书《永乐大典》2 万卷，存世者仅约 800 卷，其中不少存藏国外，如英国现存 45 册，法国 4 册，美国 49 册，德国及苏联所藏已在 1951 年归还中国。其他尚有文渊阁本《四库全书》2 册现存哈佛，乾隆朝《清实录》现存伦敦大学，满蒙文本则存剑桥。

（2）国内失传的孤本或罕本。这些古书主要是早期欧洲传教士或游历者从中国携归，或者是后来的汉学家、外交官或私人所藏捐入图书馆。年代久远，有些书他处或已无存，经过国内外专家偶尔发现其中很多为国内所未见的孤本。向达、王重民、方豪以及伯希和等，所作海外访书记均有详细报道。如西班牙埃斯科里亚尔城的圣劳仑图书馆存有明刊本的历史、针灸、小说和戏曲等书，其中有明杂剧 30 种、曲谱 20 种，据说戏曲中至少有 9 种为国内所失传。向达记牛津藏书中有明清戏曲书数十种，其中不乏善本。又所藏福建民间歌谣中有关台湾者 21 种，皆道光初年刊本，极为稀见。最引人注意者为所藏台湾郑氏所刊《大明中兴永历二十五年大统历》两部（英国图书馆亦藏一部），内有"招讨大将军印"。永历二十五年即康熙十四年（1622 年），此时郑氏孤悬海外，奉明正朔，所用历书即与康熙《通书》推算不同。这一历书未见在国内收藏。其他实例甚多，不胜枚举。

（3）有关中西交通的早期史料。这一类资料在国外收藏特别丰富，多系早期欧美来华人士的著述、通信及文件等第一手史料。因不在四部之内，为国内藏书家所不纳或未加重视。尤其洋人以中文所写的译著，为中国的士大夫所轻视。但是时过境迁，这些资料即使片言只字，都成为研究早期中西交通史的宝贵资料。如明清两代耶稣会入华宣教士的中文译著不下 400 多种，很多存藏在国外。又如西班牙马德里图书馆中便有一些早期天主教教士的中文著作，其中有最早为伯希和所发现的一部《明心宝鉴》（1596 年刊本），为一位名郭波（Copo）者所译，这是第一部介绍西洋科学的书。另有一部《无极天主正教真传实录》（1593 年刊本），是一位西人执笔，比利玛窦等人的著作，要早十几年，仅比罗民圣的《天主实录》（1584 年）稍迟。其他如保存在梵蒂冈和意、西、葡等处图书馆中的资料，也都是在国内不易多见。

　　另外在中国内地以外地区所印的一些中文书籍,如菲律宾、新加坡、马来亚、马六甲中国澳门等地早期宣教士的译著。上节所述两种中文著译便是在菲律宾所印,一些圣经、字典及早期的杂志则多在马六甲所印。至于保存在国外的外交文件,更是研究近代外交史的重要资料,如里斯本档案馆里存有 1200 种有关澳门地区的原始文献,其他各国档案馆也存有不少中文资料,可供研究当时的通商、传教、禁烟以及和各国间的外交关系。

　　(4)禁书。因为政治或社会上的种种原因,有好多书籍在刊行后列入禁书,不许流通或遭销毁。历代的文字狱使无数的书籍受到毁灭。但在国外没有国内政治上或其他禁忌,因此一些国内的禁书,得以在国外保存。最明显的例子便是太平天国所印书,根据《旨准颁行诏书二十九种》及以后续刊 10 种,除了最近在国内发现少数几种外,全部或大部都是在国外的图书馆所保存。如英国图书馆就藏有 30 种,纽约公共图书馆 24 种。现在辑印的太平天国文献大部都根据国外藏本所复制。

　　此外,色情小说内容淫秽,为维持风化,这一类黄色书籍多在禁止之列,但为一些国外的私人或图书馆所收藏。如荷兰高罗佩(Robert H. Van Gulik)所藏明清小说 117 种,其中一些是他写作《古代中国的性生活》所根据的主要资料。这一批书籍现归莱顿大学汉学研究院已制成缩微胶片出售。其中一些明万历间雕版,高氏从日本购得原版片复印流传,如《花营锦阵》《秘书十种》和《秘戏图考》,在国内久已失传,但在国外图书馆还有收藏。

　　(5)书籍以外的实物和印刷品。一些和印刷术有关的罕见资料在国内或已无存,但偶尔可在国外的收藏中发现。譬如德国民俗博物馆所藏蒙古西征时代所传到欧洲的木刻所印纸牌,为现存最早的样本。牛津大学图书馆所藏 18 世纪清乾隆时代苏州挑花坞张星聚用西洋透视法所制作的版书,有西湖及苏州的风景和翻刻或模仿西洋作风的画片,都为他处所未见。日本青山新收其所编《中国古版画图录》(东京,1932 年),有黑田源次序,矜为孤本。其他如《十竹斋书画谱》《笺谱》和《芥子园画传》的初印本和早期印本,也可在欧美许多图书馆中找到。

　　至于现存的雕刻木版,明代以前者都已无存,但纽约公共图书馆斯宾塞特藏(Spencer Collection)所存的一块可能是现存最早的印版。这板残存正面长约 43 公分,高 13 公分,刻有佛像经咒,反面刊一头陀坐像,文字残缺,可识者有"掩□□林""敬施法印比丘尼"等字样。据称此板系河北巨鹿出土,上有乙丑(1925 年)秋冯汝玠题识,认为是北宋雕版,果如是,当系现存的一件作印刷用的最早雕版实物。

　　时代稍后的雕版实物和雕印工具,为刻字刀、凿、拍子、刷子、把子等,在国外图书馆或博物馆也间有收藏,作为中国传统印刷术的示范。巴黎国立图书馆所收藏敦煌所获元代畏吾儿的木活字、芝加哥自然科学博物馆所藏的雕刻工具、年画、刺孔复印的纸模、威斯康星苹果城纸博物馆所藏本刻套印的木板等,虽非孤罕,也是国内所未为人注意而有系统收集的实物,可供研究中国传统印刷术的参考。

三、欧洲各国的中文藏书

　　总的说来,欧洲各国收藏中文的图书馆,大小至少有 50 所以上,每一个国家都有一两所较有规模或特色的汉学研究中心和图书馆,估计收藏在 10 万册左右的有 10 所,1 万册以上

10 万册以下的有 30 所，其余是一些数量比较少的专门图书馆或特藏。如和美国比较，欧洲中文图书馆的历史较为悠久，收藏的罕见资料为美国所不及，但在收藏的数量和服务方面远不及美国的馆数之多、藏书之富、经费及人力的充足，以及检索和使用的方便。现将欧洲各国的中文藏书，简介如下：

西欧各国较有规模的中文藏书，主要在英、法、德三国，每一国家至少有 10 所以上的国家图书馆和大学或研究图书馆。

（1）英国图书馆继承大英博物院东方写本与刊本部的中文藏书约 7 万册，但拥有世界上最早的中文写本、印本和拓本，保存最完整的敦煌卷子和收藏很多的《永乐大典》，这些都是稀世之珍，没有他馆可以相较。至于几所著名大学的藏书，大部分的来源是私人收藏。伦敦大学东方及非洲研究学院是英国最早设有汉学讲座的一所大学，所藏中文书籍约 13.7 万多册，古书主要来自莫里逊（Robert Morrison）、庄士敦（Reginald Johnston）等人的私藏和大学院以及英皇学院旧藏的移存。善本有明版 100 多种，《永乐大典》3 册，抄本《清高宗实录》，特藏有各省拳乱奏折、通商及外交文件、海关档案，及方志 1139 种。

牛津大学的中文书最早于 1604 年就开始入藏，全部是私人所赠送。稍后的收藏主要来自伟烈亚力（Alexander Wylie），于 1881 年所赠约 2 万册及巴克豪氏（Edmund Backhouse）于 20 世纪初年所赠约 3 万册，成为牛津所藏中文古书的基础。其中四部书约占 4 万册，经史俱备，子集稍差。另有明版约 200 部、旧抄本 357 部、《永乐大典》19 册、太平天国印书 19 种 50 册、丛书 30 多种、方志 1670 种、基督教义书约 2000 册，以及 18 及 19 世纪有关商业往来的资料，极为罕见。现在收藏已达 10 万册，另东方学院收藏有关美术及考古书籍约 1.5 万册。

剑桥大学的中文藏书是以该校汉学教授威妥玛（Thomas Wade）在 1886 年所赠私人藏书为其基础，其后由翟理斯（Herbert A. Giles）编成书目。该馆所藏约 1.5 万册，内容罕见抄本 80 余部、《永乐大典》2 部、明钟惺《古诗归》1 部、蒙汉合璧《清实录》，及方志 300 种。该馆图书按其主题分别入藏各系，普通参考书及考古美术资料则藏在"东方学院"，合计中文收藏约 6.5 万册。

剑桥另有一独立的东亚科学史图书馆，现属李约瑟（Joseph Needham）研究所，收藏李氏历年来搜集有关中国科技史的古籍及各国文字所写的论文、小册子等资料约 2 万册。善本中有金泰和四年（1204 年）刊本《重修政和经史证数本草》30 卷，明弘治、嘉靖间山西平阳刊本《新刊铜人针灸经》7 卷，及明弘治十四年（1501 年）无锡华珵覆宋刊本《橘录》3 卷。该馆所藏资料曾选出有关营养、针灸、中药、农业及术工、水利五组共 25 种，制有缩微胶片，由剑桥大学出版社发行。

此外尚有爱丁堡大学、杜汉大学、李兹大学亦收藏中文图书，但都是战后新设，藏书以现代资料为主。其他如皇家亚洲学会藏有方志，明清小说，满、蒙、藏文字典及其他中文书籍。大卫中国艺术基金合藏有中国美术、考古书籍 5000 册，书画及瓷器尤多精品。另有一些学会亦略有收藏。

（2）法国是西方正统"汉学"研究的第一个国家。从 16 世纪开始便有耶稣会士从中国带回的书籍。康熙四十一年（1702 年）有一福建黄姓青年来到法国皇家图书馆整理积存的中文典籍。这些资料成为法国汉学研究较之其他国家更有成就的主要原因之一。黄君不幸在法夭折，其后续有杨德望、高类思二人于乾隆十五年（1750 年）到达法国进入耶稣会，曾作有关中国政府制度的研究，成为亚当・斯密《国富论》（*The Wealth of Nations*）间接取材的根据。

现在法国的中文重要收藏是在巴黎国家图书馆写本部东方组（Bibliotheque Nationale, Division des Manuscrits Orientaux）。1908 年伯希和自中国携回中文书 8000 万册及敦煌卷子 3700 卷，成为该馆收藏的重心。法兰西学院汉学研究所（College de France, Mstitut des Hautes Etudes Chinoises）的中文收藏达 40 万册，数量为全欧之冠。其中有丛书 2500 种，原版方志 1000 余种。1959 年又接收自北京运回至中法汉学研究所图书馆原有藏书，收存更富。

东方语文学院（Insfitut National des Langueset Civilisations Orientales）于 1843 年设立中文讲座组，图书馆于 1874 年成立，现藏书约 3 万册。在巴黎以外最主要的中文图书馆为里昂大学中文系中法大学图书馆（Universite Jean Monlin Lyon Ⅲ, Bibliotheque Sinologue de l'Association Universitaire Franco-Chinoise），藏书约 1 万册。其他尚有巴黎第七大学东亚语文系图书馆（Universite Paris 7 Bibliotheque de I'-UER Asie Orientale）、贵美博物馆（Musee Guimet）等机构亦多少藏有中文图书，供教学或研究之用。

（3）德国的汉学研究发展较其他国为迟，因为早期欧洲对中国有研究的耶稣会士都是来自法、意、西、葡等国。其后虽有一些德国籍的教士来华，如汤若望（Jean Adam von Schall）派在钦天监办事，对于其本国的汉学并无贡献。那时德国没有汉学研究的设施，一些对中国有兴趣的人员必需到法国接受训练，而一些研究汉学的学者也少有就业的机会。如著名的汉学家克拉普洛特（Heinrich J. Klaproth）1804 年任教于帝俄，1815 年定居巴黎。1822 年在法国编纂柏林皇家图书馆所藏中文书目，1840 年由萧特（William Schott）续编，可知当时的中文藏书已渐受重视。此外，慕尼黑的中文藏书也很丰富，主要是由一位在法国造就的汉学家牛曼（Karl, F. Neumann）于 1829 年在中国购得图书 6000 卷，1831 年回国后赠予慕尼黑图书馆 3500 卷，其余归柏林图书馆存藏。

德国大学在 20 世纪初才正式设立汉学讲座，但很多德国著名汉学家多未能在本国发挥其所长，如翻译《诸蕃志》的夏德（Friedrich Hirth）与洛克希尔（W. W. Rockhill）以及精通十几种东方语文而著作等身的劳福（Berthold Laufer）多在美国从事教学与研究，对美国早期汉学的发展起了促进的作用。战争摧毁了德国许多重要的图书馆。1945 年后由于政治分裂，柏林国立普鲁士图书馆的中文藏书分散在各地，战后唯一未遭破坏的学术机构是汉堡大学的中国研究所，同时在柏林、莱比锡，随后在慕尼黑、科隆、波昂、符兹堡、厄尔朗根、海德堡、明斯特、洪堡以及博洪的鲁尔等大学都设有中文讲座，因此图书馆设备也随之建立。现在德国国家图书馆设在西柏林，中文藏书 11 万册，巴伐利亚邦立图书馆 13 万册，汉堡大学 7 万多册，科隆大学 3.5 万册，波昂大学 5 万册，还有原在北京现迁移圣奥杉斯丁城的华裔学杂志社（Monumenta Serica）藏书约 6 万册。其他各大学的中文藏书多系战后成立，数量不大。

（4）西欧其他国家的中文收藏。除了上述英、法、德三国的中文图书外，西欧主要的中文藏书当数荷兰莱顿大学汉学研究院（Sinologisch Institutj Rijksuniversiteit Leiden）图书馆。该校的汉学讲座成立于 1875 年，中文藏书在 1883 年仅 200 多种，1930 年尚不足千册，最近馆藏已增至 16 万册以上，其中有高罗佩（Robert. H. Van Gulik）藏书 2500 种、约 1 万册，内明版约 50 种，明清小说 117 种及有关书画、古琴等书，颇多稀见之本。

意大利的中文藏书为数不多，主要在罗马国家中央图书馆（Biblioteca Nazionale Centrale）、额我略大学（Pontificia Uniersita Gregoriana）、拿颇里的东方大学亚洲学院（Oriental University, Seminar of Asian studies）、威尼斯的东方学院（Oriental Institut at Venice）与威尼斯大学中文系（University of Venice, Chinese Department），但收藏不多。梵帝冈教廷图书馆藏有

明清旧籍 400 多种，1922 年由伯希和编成目录一册，未出版。

比利时的中文藏书主要是在比利时汉学研究所（Institut Belge des Hautes Etudes Chinoises）藏书约 4 万册；鲁汶大学东方语文研究所（Université Catholique de Louvain, Institut Orientaliste）藏书 2 万册，以及比京博物馆（Musees Royaux d'Artet d'Histoire）等。

（5）北欧的中文藏书也极负盛名，其中尤以瑞典皇家图书馆（Swedish Royal Library）为最，存有 1879 年入藏的劳登施高特藏（Nordenskiold collection）约 5000 册，马丁特藏（Gunner Martin's Collection）有关艺术图书数百种，以及五代显德三年（956 年）印本陀罗尼经卷。该馆现与斯德哥尔摩大学图书馆、东方语言学院以及远东古物博物馆（Museum of Far Eastern Antiquities）4 个单位所藏约 7.5 万册，合并成为戈斯德六世远东研究图书馆（King Gustav VI Adolfs Library for Far Eastern Research）统一管理，避免重复，这是最近欧洲各小国专业图书馆的一种新趋势。

挪威最大的中文图书馆是奥斯陆的皇家图书馆（Royal Library），收藏满、蒙、藏文书甚丰，奥斯陆大学东亚研究所（University of Oslo East Asian Institute）亦有中文藏书。丹麦的主要中文藏书在皇家图书馆、哥本哈根大学东亚研究所（University of Copenhagen East Asian Institute）以及斯堪的那维亚亚洲研究院（Scandinavian Institute of Asian Studies），这三馆现均位于一处。

（6）东欧各国的收藏中文古籍情形不很清楚，有关报道甚少。大概在捷克、匈牙利、东德等国都有相当规模的中文藏书。如捷克布拉格（Prgue）东方学院所属鲁迅图书馆在 1950 年年底设立，据 1970 年调查，藏书 6.2 万多册，最近的收藏必有增加。匈牙利的中文藏书主要在匈牙利科学院东方图书馆，藏书有蒙、藏文资料和斯坦因（Aurel stein）所遗存的图书。其他如东亚艺术博物院（Hopp Museum of East Asian Arts）和布达佩斯大学（Eötös Lorand University, Budapast）中文系图书馆亦有收藏，但大部为新书。

（7）苏联对中国的研究统称为"汉学"，向来是东方学的一个部门。最早帝俄时代的汉学家也是东正教的传教士，在北京设有俄罗斯馆，学习汉文和满文，学生成为俄国早期的汉学家。道光二十四年（1824 年）理藩院曾颁赏俄国在京学生达拉玛、佟正笏、西夏文干珠尔及丹珠尔经各一部，《朔方备乘》谓系雍和宫所存大藏经 8000 册，俄国送还的书名在书中并有详细记载，因为彼得大帝的提倡，与中国文化的交流就较他国为积极。

苏联现在主要的中文藏书在国家科学院汉字图书馆（Sinological Library, Academy of Science of USSR）、列宁图书馆（Statc V. I. Lenin Library of the USSR）中文部、莫斯科大学图书馆（Moscow M. V. Lomonov State University）、国家科学院列宁格勒分院东方研究图书馆（Institute of Oriental Studies, Academny of Science, Leningrad Branch）、亚洲人民学院图书馆（Institute of Reoples University of Asia）、海参崴远东大学图书馆（Far Eastern State University, Uladivostok），及中亚细亚几所大学的图书馆。其中亚洲人民学院图书馆藏有敦煌卷子 1 万卷，已刊目录 2953 件。

四、北美中文图书馆近况

美国图书馆收藏中文图书从 19 世纪末叶才开始，大部由赠送或交换而来。在 20 世纪初期,美国主要的中文书藏约有 10 所,即国会图书馆、哈佛、耶鲁、哥伦比亚和康乃尔大学、哈特佛神学院(Hartford Crerar)和纽布莱(Newberry)图书馆,总计藏书约 20 万册。在两次世界大战之间,20 世纪 20 年代到 40 年代,由于学术团体的提倡,基金会和私人的支援,使中文图书资源得以迅速地增加,这一时期设立的新馆有普林斯顿和芝加哥大学以及加拿大的皇家安大略博物馆。此外,夏威夷、宾州和西北等大学以及加州克里蒙学院(Claremont colleges)也都相继收集中文图书。第二次世界大战结束时,美国的中文图书馆已增至 20 所,藏书约 100 万册,平均每年增加新书 1.3 万册,大部在第二次世界大战之前所收集,因此奠定战后发展的基础。

战后扩展迅速,不仅新馆和藏书数量激增,而采访方针和性质也有很大的改变。因为对中国研究的趋向注重现代和当代,同时古籍的来源断绝,一般图书馆都采购近代出版的书刊。战后新设各馆主要有西部的胡佛研究所、华盛顿州立大学,加州大学洛杉矶校区,和中西部的米西根大学。此外,至少有 30 多所州立或私立大学成立新馆,如东部的布朗、达特茅斯、马利兰、马萨诸塞、北加路林那、奥伯令、匹兹堡、罗彻斯特、路特格斯·圣约翰和西东等大学;中西部的伊利诺、印第安那、爱奥华、堪色斯、米西根州立大学(东兰辛)、米尼所达、私立华盛顿和威司康辛等大学;西部的亚尼桑那和奥利根等大学;南部的末米和德州大学,以及加拿大的不列颠哥伦比亚和多伦多大学,现将收藏中国古籍较多的几所主要图书馆简介于后。

(1)国会图书馆:美国国会图书馆是北美中文书籍入藏最早也是西方收藏中文图书最富的一所图书馆。最初在同治八年(1869 年),清廷应美国政府要求回赠中文古籍 10 种约 1000 册,在该馆存置迄今已逾一百年。这批书不仅是美国东方文库之祖,也是中美两国间图书交换的开始。其后美国驻华公使及中国政府陆续赠书,美国农业部亦为该馆采购有关中国农业、丛书、类书、地图和方志等书约 2 万多册,使该馆的中文藏书日渐充实。

1927 年,该馆成立东方部,由汉学家恒慕义(Arthur W. Hummel)主持,与北平图书馆建立交换关系,并聘请中国学者协助,先后出版了该馆所藏《善本书录》及《方志目录》,又编印了《清代名人传》等书,俨然成为当时美国汉学研究的中心。

该馆所藏中文书籍迄今已达 50 万卷,其中宋、元、明刊本 1500 余种,约 2.5 万册,抄本及稿本约 200 种,方志 3750 种,约 6 万册,家谱 300 种,约 5000 册,别集 4700 种,丛书 3000 种。另该馆法学图书馆藏有中国历代法制图书约 3 万册。此外,美国国立农业图书馆有中文图书约 2 万册,国立医学图书馆约 1 万册。

(2)哈佛燕京图书馆:哈佛大学自 1879 年起设立中文讲座,对中文图书略有收藏,迄至 1927 年哈佛燕京图书馆成立时约 7000 册。此后积极搜罗,尤其太平洋战争发生以前,私人珍藏陆续流出,因此所获甚多精本。目前该馆所藏中文图书将近 40 万册。其中宋、元、明刊本约 1400 种、2 万余册,清初至乾隆朝刊本 2000 种、共约 2 万余册。另抄、稿本 1215 种、4500 余册,拓片 500 余件,法帖 36 种、301 册。又原版方志 3525 种、约 3.5 万千册,丛书 1400 种、约 6 万册。

该馆所藏明板、套板、画谱等,选择亦颇完备。如明代朱墨套印本有 55 种,《十竹斋书画谱》有初印及后印本 6 种,《芥子园画传》初集原刊本 3 部、全套后印本 6 种。又明刊类书达 117 种,其中四库著录及存目所收有 51 种,四库失收者有 46 种。第二次世界大战后该馆又陆续搜购有关中国文学、戏曲、小说、佛学以及许多稿本、浅卷、唱本及商店账簿等类资料,尤以齐氏百舍斋所藏明清戏曲小说 72 种为最名贵,内多当时禁书。该馆现正印制藏书的书本目录。

(3)耶鲁大学:中文藏书始自 1878 年,由容闳赠书 40 种、计 1280 册,又《图书集成》一部、5040 册。次年增设中文讲座。其后藏书陆续增加,现在中文部分已达 25 万册,其中宋本 3 种、14 册、明刊本 59 种、抄本 3 种、共 835 册,内有通俗小说 20 种、图谱 5 种、方志 2 种,及洪熙元年(1425 年)抄本《御制天元玉历样异赋》6 册。近年简又文将旧藏有关太平天国书籍 320 种、共 640 册及其他资料捐赠该馆。

(4)哥伦比亚大学:1904 年设置于良(Dean Lung)中文讲座,次年成立中文图书馆,由清政府赠送《图书集成》一部。此后逐年扩充,现中文藏书已增至 20 余万册,其中有宋、元、明刊本 200 种、约 4000 册,另 33 种、年代未定,抄、稿本 43 种、126 册,拓片 258 件。所藏明弘治十年(1497 年)铜活字印本《会通馆校正音释诗经》20 卷,9 行 17 字,为他处所未见,似为孤本。其他有原本方志 1600 余种、约 1.7 万册,原本族谱 1041 种、约 1 万册,为中国以外所存族谱最为完备之特藏。此外,所藏明清各部则例、明人文集等资料亦甚丰富。

(5)康乃尔大学:华生文库是 1918 年该校校友华生(Charles W. Wason)捐资设立,主要为有关中国研究的西文书刊,但其中有《永乐大典》6 册,为美国除国会以外收藏最多之一馆。该馆中文藏书约 23 万册,多为有关现代中国研究资料,但所藏俗文学及戏曲书籍为数不少。另有北京伦敦及巴黎所存全部敦煌卷子的缩微胶卷,为该馆特藏。

(6)普林斯敦大学:1937 年购入原存加拿大麦吉尔大学的葛思德(Guion. W. Gest)藏书约 10 万册,其中有宋、元刊本 7 种、2800 余册,明刊本 1000 余种、2.4 万册。内碛沙藏 1 部,医书 500 种、1700 册,最为名贵。其后该馆陆续扩充,现中文藏书约 25 万册。又存有敦煌卷子三卷及绸袍一体,内录八股文 700 篇,达 50 万言,为科举考试之夹带(按芝加哥自然科学博物馆亦存有一件)。

(7)芝加哥大学:1936 年开始中文教学,同时成立远东图书馆,时值中日战争前夕,私人藏书大量流出,得以有系统地选择搜购。1943 年又购入劳福(Berthold Laufer)于清末在华为纽布莱图书馆(Newberry Library)所收集之中、日、满、蒙、藏文书籍 2.1 万余册。作者于 1947 年应聘来芝主持该馆,其时藏书已近 10 万册,大部为古籍。1958 年起积极扩充,迄今馆藏已逾 40 余万册,中文将近 30 万册。其中以经部 1700 余种最为完备,为西方各馆收藏之冠。另有方志 2700 余种,大部皆为原川、龙川江苏、浙江、河北、山东、河南、陕西等省为最富,丛书亦有 600 多种。

善本有元刊本 2 种,明刊本 331 种、2230 册,又正统大藏经万历增刻本全套,计 7920 册,汉封泥 11 件,敦煌卷子《妙法莲华经》3 卷、五代《宝箧印陁罗仓》1 卷、翰林院旧藏《杭双溪(淮)先生诗集》8 卷,嘉靖十四年(1535 年)刊本,后有朱彝尊朱笔题跋与四库著录全同,所据当系此本。其他明刊罕本颇多,举《尚书》为例,其中所藏有王肯堂《尚书要旨》36 卷。孙继有《尚书集解》10 卷,国子监校刊《尚书注疏》10 集,潘士遴《尚书菁签》21 卷,王樵《书帷别记》4 卷,刘三吾《书傅会通》6 卷,及申时行《书经讲义会编》12 卷,均极稀见。

(8)米西根大学亚洲图书馆:为美国中西部另一收藏中文书籍丰富的图书馆。该馆原藏日文较多,但自 1948 年起大加扩充,中文藏书激增,现已达 20 万册。其中虽原本古籍不多,但复印本及缩微本为数不少,足供研究之用。

(9)加州大学柏克莱校区东亚图书馆:为美国西部创设最早而现藏古籍最富的一所。

1896 年该校设立中文讲座，由英人傅兰雅（John Fryer）任教，携回傅氏在江南制造局任职时所译中文科技书全套约 100 种，为现在所知收藏最完备的一套。其后由江亢虎氏继任，江氏将其私人藏书 1.3 万册捐赠该馆，为其中文藏书奠定基础。近来该馆购入贺光中藏书，其中以佛经为多。现该馆中文藏书约 25 万册。另加州大学各地区分校亦收藏中文书籍，如洛杉矶校区东方图书馆，于 1948 年设立，现藏约 10 万册。圣巴巴拉校区图书馆东方部藏书约 10 万册。圣巴巴拉校区图书馆东方部藏书约 3.5 万册。其他如戴维斯、圣的哥校区亦有相当收藏。

（10）加州斯坦福大学胡佛研究所图书馆：现藏中文图书将近 20 万册，但以现代及当代资料为主。斯坦福大学图书馆原藏中文书，现亦并入该馆，故所藏亦有旧籍。

（11）华盛顿州立大学东亚图书馆：1948 年设立，为美国西部重要收藏之一。中文图书现存约 16 万册。古籍中有明刊本若干种，编有选目一册。又洛克（Joseph Rock）所收集的方志 833 种现归该馆，内四川 143 种，云南 148 种，台湾 80 种，最为完备。另广东珠江三角洲资料亦有 300 余种，木鱼书 373 册，亦为该馆特藏。

（12）盐湖城的族谱学会：经过多年的努力，现已成为西方收藏中国族谱和地方志最完备的一个机构。该会于 1918 年入藏第一部中国族谱即《兴宁刁氏族谱》并自 1960 年开始用缩微胶卷大规模的摄制中国、日本、韩国、马来西亚、新加坡，以及欧洲和美国多处所藏的中国族谱、方志、登科录、录及其他有关家族研究的资料。主片储藏在美国盐湖城花岗岩山的隧道库中。迄至 1980 年，该会收藏中国族谱 2594 种，地方志 5112 种代表 2038 个地区，约合原本 10 万册以上。现该会在台湾省为 250 多个地区的每一家族摄制私藏族谱，已完成者达 1.4 万种，尤以闽南语系及客家的族谱为最多。

（13）加拿大的中文藏书：以皇家安大略博物馆、多伦多大学及不列颠哥伦比亚大学为主要。皇家博物馆于 1929 年收购慕学勋私人藏书约 4 万册，其中有宋、元、明刊本约 300 种，抄本稿本 70 种，共 4182 册，甚多精品。如稿本《宋明兵志备览》、抄本《三朝要典》为清禁书，明永乐刊本御纂《神僧传》，亦极稀见。后又增购 1 万册于 1935 年一并运回，连同该馆所藏甲骨、金石文学及古物，成为当时加拿大的汉学研究中心。1953 年该馆除保留拓片 5000 种及一部分有关艺术及考古的书籍外，其他全部移交多伦多大学东亚图书馆。该校在 1950 年扩充中文教学及图书设备，现藏中文书籍约 8 万册，内方志约 1200 种。

不列颠哥伦比亚大学亚洲图书馆成立于 1960 年，购入澳门姚钧石蒲坂藏书 4.5 万册，其中有宋、元、明刊本 300 余种、3000 多册；抄本 23 种、560 余册，及广东方志 86 种，最为名贵。如陈澧手稿本《说文声统》、明成化刊本《张曲汇集》收入四部丛刊，宋刊本《储光义诗集》等，均极稀见。该馆现藏中文书约 15 万册，为加拿大收藏古籍最富的一所图书馆。此外尚有十余所大学略有中文书籍，均系新置，所藏不多。

（14）其他还有很多图书馆、博物馆、美术馆及私人亦收藏中国古籍，其中不乏善本与特藏。如波士顿美术馆及纽约大都会博物馆均藏有五代印本文殊菩萨及观世音佛像，克里扶阑、印地安堡力斯、堪色斯及华盛顿佛里尔等美术馆均藏有宋、元、明刊本、十竹斋及芥子园画谱早期刊本及拓片，作为美术品样本。其他收藏拓片者亦不少，如加拿大皇家安大略博物馆藏有 5000 件，多河南省碑铭，柏克莱加州大学藏有 2000 余件；芝加哥斐尔德自然科学博物馆所藏 2014 件碑拓编有目录《拓本聚瑛》一册，附图 135 幅及件名、人名、寺庙、地区及主题五种索引，极便检索。

　　此外私人藏书家亦颇多精品，如纽约 Donald J. Wineman 藏有金刻赵城藏，加州 Gerd Wallenstein 藏有康熙内府原刻本《御制耕织图》、洛杉矶 J. S. Edgren 藏有清萧云从所刻《太平山水园画》、新泽西州王方宇藏有明杨尔会《图绘宗彝》及沈遴奇《剪霞集》彩色套印本。又纽约翁万戈所存其先人翁方纲旧藏善本最多，如宋刻本《长短经》《会昌一品制集》《鉴诫录》《邵子观物内外编》《丁卯集》及《施顾注苏东坡诗》等均极罕见。以上所列各种最近在纽约展出，书影收入《美国所藏中国善本目录》（*Chinese Rare Books in American collections*），由华美协进社出版。

五、结 论

　　中国古籍不仅是中国自己国家的瑰宝，也是全人类文化遗产中的一个重要的部分。不管存藏在国内或国外，我们都有责任使其收藏安全，保存久远，不致因天灾、人祸、环境或其本身的衰老而毁灭。实际说来，所有的书籍都应该维护，新书用纸含酸量高，生命更是短促，怎样能保存长远，也是当今研究的一个课题。但是古籍和其他古物一样，年代久远，流传日稀，本身更有其特殊的历史价值。

　　中国是印刷术诞生的圣地，也是历史上书籍和文献累积最丰富的国家。但是中国早期的典籍和印本，迄今还没有一项全面而有系统的著录，可供查考。尤其现知最早的写本、印本和拓本都存藏在国外，许多具有研究价值的资料，也常在国外的公私收藏中发现，因此编制国外收藏中国古籍的联合目录，实属要图。这不仅可作为中国文化财宝的一份清册，补充国内收藏和著录的缺失，更可提供情报，作为学者研究各方面专题时的指南。

　　联合目录的编制，应包括"善本"和"特藏"两大类。前者是指早期的写本、印本和其他在目录学上有特殊价值的版本；后者是指某一种类对学术研究特别重要的资料，如方志、族谱、丛书、类书、传记、文集，以至小说、戏曲等专题，收藏丰富，足够参考。国内所藏的善本和方志，已经编印或正在编印综合式的目录或索引，但如不包括国外的收藏，就不能代表中国现存文化财产的全部面貌。因此当务之急就应详细调查，这些存藏在国外的珍本和秘籍，尤其在日本和欧、美地区所藏特别丰富，自应优先处理，但国外这种专才缺乏，有待国内的合作，才能成功。

（选自《图书馆学通讯》1987 年第 4 期）

新时期的三种图书馆学理论形态

范并思

一

我国图书馆学理论在新时期十年经过两次较为引人注目的变革,一次是 1983 年前后对原有图书馆学的批判和理念主义思潮的兴起,一次是 1986 年以来图书馆事业发展战略研究呼声的高涨和由之形成的对理念主义的批判。然而,尽管这两次批判都以新的理论的出现而告胜,但受到批判的理论并没有消失,也没有行将消失的迹象。

如果不将图书馆学当作一个涉及图书馆学问的无所不包的拼凑体,而是将其当作一个由相对稳定的理论规范、方法论特征、概念框架和内在结构组成的逻辑统一体,人们就会发现,在一个概称的图书馆学内,还有许多特称的图书馆学,每种特称的图书馆学,均由其相对独立、相对稳定的理论形态与他种图书馆学相区别。所谓"普通图书馆学""理论图书馆学""宏观图书馆学""微观图书馆学",都是指这种特称的图书馆学。

新时期图书馆学理论的数次变革,导致了一些截然不同的理论形态的产生。多种理论形态的交织发展,使新时期我国图书馆理论图景扑朔迷离,难于以简明的、众人皆可接受的历史线索把握它。显然,一种图书馆学单线地发展的图景破坏了,代之以多种图书馆学并存的局面。为了全面而准确地评价新时期图书馆学的发展,并确立理论发展战略,需要构成新的概念框架。

一般说来,目前我国图书馆学理论研究存在三种不同形态的路向。第一种图书馆学研究以图书馆活动的流程或要素的理论描述和总结为主要内容,可称为"实用图书馆学";第二种图书馆学研究的基本特征是对图书馆活动或图书馆学理论的各种概念进行辨析和演绎,可称为"理念图书馆学"。第三种图书馆学研究尚无适当名称,其研究目的是解决图书馆管理和图书馆事业发展中的各种问题。这三种图书馆学的概念,是目前认识我国图书馆学理论概念的基本框架。

二

实用图书馆学是贯穿新时期十年的一种理论形态。在我国数十种图书馆学理论刊物中,只有极少的一两种避开了这种研究倾向。十年来,关于图书馆服务手段现代化研究,关于图书馆管理方法、规章制度和行政机制改革的研究;关于图书采访、分编、保管和流通的研究,等等,始终如一地进行。这种研究多数是描述性的,所以常有人怀疑它不是理论。这种怀疑态度形成一种理论观念,反过来又阻止着理论工作者走近它。由于研究者主要由实际工作组成,实用图书馆学更多的是解决局部的图书馆活动合理进行问题,其解决方案大多数是通过图书馆工作人员的经验提出的。因而在当代,它受到更多的批评,被冠以"微观图书学""馆内科学""经验描述""现象网织"等等名称,呼吁"要从图书馆学中解放出来"。

我国的实用图书馆学产生于 20 世纪初,这种图书馆学得益于杜威为代表的美国图书馆学传统,但也显然渗入了中国士大夫的理性直感。俞爽迷在《图书馆学通论》序言中说:"外国的图书馆学著作,关于实用的多,关于应用的少。"所以杜定友、刘国钧有"要素说"使其光大。1957 年对刘国钧《什么是图书馆学》一文的批判,一度中断了实用图书馆学的发展,1957 年到"史无前例"及到 1977 年间的图书馆学多是简单描述,因其偏爱概念辨析并习惯于附和政治口号,且不将它划入实用图书馆学。1979 年批"左"的初步胜利又使实用图书馆学抬头。北大、武大二校教材《图书馆学基础》的问世,标志着实用图书馆的全面复苏。

面对众多的批评,需要冷静地审视这被称为"实用派"的理论形态是否就是图书馆学。早在 1923 年,杨昭悊在《图书馆学》中说道:"研究图书馆学的作用,简单地说有二种:(一)可以增进办理图书馆的人的能力;(二)可以增进利用图书馆的人的知识。"以后俞爽迷在《图书馆学通论》照杨先生这段话后更明确地说:"我们要让图书馆发达,先要明了图书馆对于图书应该怎样处理,对于阅览者应怎样指导,以及一切事业应该怎样推广,怎样改进;研究其原因,而应用于适当的方法,这种学术,就是所谓图书馆学。"当今西方的图书馆学著作,也以这种性质的最为常见。可见并非这种研究不是图书馆学,而是批评者对图书馆学理解有误。实用性研究构成图书馆学的特色,使图书馆学有别于一般的社会科学。事实上,不论国内还是国外,实用图书馆学这种理论形态一直是图书馆学的主要内容。设想一种理想的学科形态,将其他形态排斥在科学之外,这种方法,本身就不科学。

诚然,自杨昭悊至今,我国"办理"和"利用"图书馆的整体水平一直不高,"增进"的研究又不能脱离已有水平,所以,实用图书馆学的理论层次偏低,加上科学组织不力造成的低水平重复研究,实用图书馆学的发展的确还有许多需要解决的题。但是,实用图书馆学的历史使命并没有完成,不论如何从理论上强化实用图书馆学,它却无法放弃这种图书馆学中特有的理论形态,转化为另一种图书馆学。

三

理念图书馆学是一种抽象化强度较高的理论形态,它是作为实用图书馆学的对立面产生的。"实用"和"理念"两种对立的称谓,在我国始见于 1983 年。但理念图书馆学作为一种理论形态,却贯穿于 1979 年至 1986 年始终。

理念图书馆源于西方的芝加哥学派,在我国特有的理论氛围中,它的形态变得全然不同于始祖。理念图书馆学不满足实用图书馆学对图书馆活动的描述和总结,希望思辨图书馆活动的本质和图书馆学理论的实质,建树全新的图书馆学。由于研究者追寻这一目的的思路不同,理念图书馆学一开始就是由两股潮流组成。

对实用图书馆学微观的,局限于图书馆范围的研究的否定,形成一种以开放为特征的理念图书馆学。不少研究者用过的"宏观图书馆学"一词,即指这种图书馆学。这种图书馆学批判原有图书馆学的封闭性，希望在更加广阔的社会文化背景中考察图书馆活动，更本质地揭示图书馆学原理。美国的特勒和谢拉，德国的卡尔斯泰特、苏联的米哈依诺夫，他们的学术思想启迪着一大批热心的研究者，知识交流说、文献信息说等许多走出图书馆活动的学派学说由而产生。这种研究大大拓宽了图书馆学理论空间，深化了人们对图书馆活动的认识。它们的出现可归结为"疏通了图书馆与社会、图书馆与其他学科的信息通道，摆脱封闭性的纠缠"。从"馆内科学"走向"社会"的科学，这是理念图书馆学的主流。这股潮流始于 1981 年提出"知识学"，到 1984 年图书馆学基础理论研讨会形成大潮，至今势头不衰，今天图书馆学理论的研究气氛活跃，很大程度上得益于这些图书馆学研究者的胆识，得益于这一时期的社会环境。

对实用图书馆学经验描述的研究方式的否定，形成一种以抽象思辨为特征的理念图书馆学。这种图书馆学试图撇开图书馆活动的表象运动形式，摆脱描述和总结的研究方法，通过深层的理性思辨，严格定义各种概念，并课以逻辑的理论框架，以此框架去认识图书馆学的本质特征。有的研究者将实用图书馆学称为"术"，而将这种理念图书馆学称为"学"，在一定程度上表现了两种理论形态的对立。

以抽象为特征的理念对实用图书馆学是一股逆流。它过分强调理论的概念和结构对于认识问题和解决问题的重要性，把理论兴趣引导到图书馆学的对象、性质、任务、内容一类学科自我完成的课题和无休止的讨论上。这种理念图书馆学不是来源于发达国家的理念派，而是一种"土特产"。我国图书馆事业的落后和图书馆活动的决策程序的不尽合理，影响着图书馆学理论工作者研究现实问题积极性；长期以来"左"的禁锢使他们必须在概念一类问题上小心翼翼，加上中国知识分子特有的考据痴心态和中国传统文化重议论，轻调查之风，造成这样一种称为"经院式"研究的理念图书馆学，这种图书馆学发源更早，1957 年对刘国钧的批判中即有它的影子。新时期十年中，它的比重一直较大。

我们将这两股潮流划入同一种图书馆学，是因为在许多研究者身上，这两种价值取向完全不同的理论观是统一的，很难完全分开。他们一方面力求摆脱实用图书馆学的封闭性，走入更广阔的理论空间，一方面，他们又背负着沉重的枷锁，津津乐道学科自我完成所需的理论概念。在许多学派的建设过程中，我们都可观察到这种现象。

理念图书馆学在 1986 年以前受到的批评，远不如实用图书馆学多。这并非理念图书馆学征服了图书馆界，而是批评者停留于几个一般性的理论点，给人以一种千人一面的感觉，所以理论刊物无意刊载此类批评。理念图书馆学受到的批评主要来自实际工作者，他们指责这种图书馆学脱离实际，其理论不能指导图书馆活动，给人以空洞无物和故弄玄虚之感。这种批评固然不乏中肯之处，但我们认为，当前更为要紧的，还不是批评理念图书馆学，而是扶植理念图书馆学研究中哪些值得肯定的理性思辨，何况理念图书馆学中多数学派学说时间不长，框架刚刚建立，只有待其研究逐步深入后，才能有充实的理论内容来指导图书馆实践。

四

在对图书馆具体活动的描述和总结的实用图书馆学和抽象思辨的理念图书馆学之间，一直存在一个理论断层。实践经验的描述和总结不能逾越这一断层，升华为人们可以信服的理论；对图书馆学自身形态的苦苦思辨，也无法越过这一断层，形成对图书馆活动有指导意义的理论指南。当理念图书馆学尚未形成和普及时,这一断层是隐藏着的。人们一再呼吁理论要联系实际,希望图书馆学理论可以通过自身的调节,完成理论与实践的结合。直到1985年前后理念图书馆学的理论形态逐渐明朗化,这一断层才触发人们察觉了第三种图书馆学。第三种图书馆学即在这种背景下产生。

第三种图书馆学属于应用研究,但不同于实用图书馆学。它针对图书馆事业或图书馆活动的现实问题,尤其是宏观现实问题,运用图书馆学原理和各种科学方法,在广泛调查研究的基础上,分析问题的发展趋势或提出解决问题的可行性方案。当前,第三种图书馆学中最引人注目的课题是图书情报事业发展战略研究。1986年后,图书情报事业发展战略研究成为一股热潮。这种现象主要是由图书馆事业的需要引起的。然而就理论本身而言,却是因为发展战略这类课题的出现,使长期以来得不到解决的图书馆学理论与实际结合的问题有了一个很好的结合点。发展战略研究有理论深度,不限于图书馆内部,更不能说是对图书馆具体活动的简单直观的描述;发展战略研究有很强的现实性,它的课题不但直接来自图书馆活动,也是图书馆发展急需解决的。总之,发展战略研究是一种与实用图书馆学和理念图书馆都不相同的理论形态。

第三种图书馆学以发展战略研究为当前的研究重点,但不仅包括发展战略研究。一般说,发展战略问题是宏观的,全局性的、中长期的问题,而第三种图书馆学也研究微观的、局部的、及时性的问题。例如,图书馆流通阅览部门开放时间是一个局部问题,但我国有的大学图书馆曾组织人力,详尽调查读者利用各书库,阅览室的分布情况,建立数学模型和利用指标,然后推算各部门最佳开放时间,对微观问题的这类应用研究,与发展战略研究是同质的。

西方发达国家的科研组织形式决定了他们更注重应用研究和开发研究。美国的图书馆学研究成果中,常见到一些"研究和开发报告"这种研究常常是由政府、学术团体和私立的基金会出资,临时组织起研究小组,针对图书情报事业中某些亟待解决的现实课题开展的。研究结果由一人或数人执笔,形成研究报告。这些报告的选题针对性强,数据翔实,论理充分,往往直接左右国家情报制度的改革和修正。如1978年美国图书馆协会出版社的《进入信息时代》,就是一个国家科学基金项目。这种研究,基本上可对应于我国第三种图书馆学的研究范围。

第三种图书馆学需要大发展,以真正形成一种与实用图书馆学,理念图书馆学并存的理论形态。当前,发展战略一类课题在一哄而起后,有难于向纵深发展的迹象,其中一个十分重要的问题,是研究者的思维为旧的理论观念束缚,难于进行各种名副其实的发展战略研究。我们曾见到不少这样的研究发展战略的文章,他们讨论的还是应该开展战略研究,如何开展发展战略研究,甚至还有人讨论图书馆发展战略研究的定义、特性等。这种研究似乎回到了理念图书馆的范畴,不是第三种图书馆学所指的图书馆情报事业发展战略研究。由此而论,第三种图书馆学声势虽大,但要作为一种新的理论形态为研究者普遍接受,仍须付出艰苦的努力。

五

新时期三种图书馆学这一概念框架,是为认识当前图书馆学各种理论形态而建造的。三种形态的外延并不精确。我们也不试图将各种图书馆学研究统统划入三种图书馆学中。

事实上,在同一研究者身上,甚至同一篇文章中,有时也见到掺和着不同的图书馆学说或论点,如研究具体工作的论文中大段地掺进了某个概念或某种特征的学院式讨论,究其原因,有些是因为研究者没有明确的理论观指导,不自觉地卷入了不同学说之中;也有些是因为研究尚处于探索阶段,新型理论研究不可避免带有原有理论痕迹。不过,这并不妨碍我们通过这一框架认识新时期十年的图书馆学。三种图书馆学外延划分不易,但它们作为一种种理论形态,如下表所示,却是比较清晰的。

三种图书馆学中,理念图书馆学和其中两种图书馆学的区别很明显,不必过多说明。但实用图书馆学和第三种图书馆学因为同样被看作应用研究,较易混淆,有进一步比较的必要。

名称	实用图书馆学	理念图书馆学	第三种图书馆学
对象	图书馆工作流程	图书馆学概念	图书馆活动中的问题
方式	描述式	思辨式	论证式
目标	普及图书馆知识	探讨图书馆活动本质	研究图书馆活动的优化
结构	对象一元,方法一元 (单一的方法研究图书馆活动)	对象多元,方法一元 (单一的方法研究图书馆与社会)	对象一元,方法多元 (多种方法研究图书馆活动)

(1)实用图书馆学理论是顺从图书馆工作流程纵向地展开的,无法脱离图书馆具体工作而存在,而第三种图书馆学的研究从图书馆活动的问题横向展开,可以从图书馆活动延伸到社会环境的各个方面。

(2)实用图书馆学的内容较稳定,课题长年不变。分编一类课题自图书馆学产生便有,将来也不会消失;而第三种图书馆学的内容有较大的跳跃性,方案论证完毕后,课题也就完结了。

(3)实用图书馆学的研究成果具有通用性,总结的规律常常能够广泛指导一般图书馆活动;而第三种图书馆学的研究成果具有特指性,方案往往是为具体环境中的具体问题而制订的。

(4)实用图书馆方法单一,以描述为主体,经验成分很多,因而看上去不像通常意义的"科学研究";第三种图书馆学方法多种多样,研究过程需要调查和论证,推导结论较严格,因而较接近"科学研究"。

六

对图书馆学概貌的认识,曾有宏观图书馆学和微观图书馆学的划分。理论图书馆学和应用图书馆学的划分。

上述划分方法虽比较简明清晰,但它纯粹是从图书馆学教学或课程设置为出发点的。这种框架,可将图书馆学专业课程包容无遗,却无法借以认识新时期图书馆学的全貌。例如图书情报事业发展战略研究是一种围绕课题展开的综合性研究,理论图书馆学和应用图书馆学的学科划分框架很难容纳它。发展战略一类课题的兴起标志我国图书馆学研究的组织方式正在发生重大改组,应用研究进入宏观领域,图书馆工作的研究告别"馆内科学"。这种变化,促使我们放弃原有认识框架,做出三种图书馆学模式的划分。

新时期形成的三种图书馆学将长期并存下去。无论是实用图书馆学的理论化或理论图书馆学的实用化却无法使各自的理论形态发生根本变化,第三种图书馆学属于另一种科学组织方式,更难与他种图书馆学合流。理念图书馆学大进军的 1982—1984 年,它曾与实用图书馆学发生强烈碰撞。1986 年理论界提出"宏观、微观并重",显出容忍两种图书馆学并存的反思倾向。当前在第三种图书馆学的崛起中,同样与理念图书馆学碰撞。理论史使我们相信,这种碰撞趋于缓和后,三种图书馆学并存的格局就形成了。

（选自《图书馆学通讯》1988 年第 2 期）

四十年图书馆读者服务的实践与理论进展

张树华　　项弋平

中华人民共和国成立以来，我国图书馆各项工作都取得了不少成绩。40 年来，图书馆读者服务的实践及理论研究虽然经历了曲折的发展过程，但总的趋势是在不断发展、不断前进的。回顾过去，从中总结一些经验和规律，对今后读者服务的发展将会有所裨益。

一、历史回顾

40 年来，图书馆读者服务大体上经历了四个发展阶段：

（一）1949—1955 年。随着新中国的成立，图书馆的性质发生了根本变化，成了向广大人民群众进行科学文化教育的机构。图书馆性质的改变，首先体现在读者服务工作上。

首先，向广大人民群众打开了大门，大力开展图书流通工作。不仅取消了限制人民群众借阅图书的各种不合理的规章制度，把广大群众请到图书馆来借阅图书，而且还广泛建立了图书流通站，把各种书刊送到工厂、工地、农村、机关、学校和居民点，主动地为广大人民群众服务。图书流通站的建立，不仅提高了图书流通率，扩大了图书馆的影响，而且丰富了群众的文化生活，推动了生产的发展。

其次，广泛开展了图书宣传工作，配合当时的抗美援朝、土地改革运动以及重大的纪念日、节日等，采用图书展览、举办报告会、编印专题书目等多种方式进行宣传活动，有效地配合了各项政治活动和中心工作。

再次，逐步开展了阅读辅导工作。很多图书馆采用新书介绍、好书推荐的方式，向广大读者宣传优秀的书刊。还举办各种报告会、读书座谈会等，辅导读者加深对书籍的理解，提高读书效果。

上述活动的开展，不仅使得读者服务工作呈现出一派欣欣向荣的局面，而且对于改变图书馆的性质，贯彻执行图书馆的方针任务起了重要的推动作用。

这一时期，读者服务研究偏重在图书流通和图书宣传的经验总结方面，共有文章 170 多篇，其中停留在感性认识的文章较多。

（二）1956—1965 年。1956 年我国提出了"向科学进军"的号召。根据客观形势的需要，一些图书馆（包括大型公共图书馆、高等院校图书馆和科学图书馆）加强了为科学研究服务工作，读者服务有了新的发展。这一时期在为科研服务方面，开展了下列工作：

1. 设立科学技术阅览室或参考工具书阅览室，集中各种科技书刊或工具书，以便利科技工作者查阅文献。

2. 改进书刊借阅方法，对科技工作者扩大借书范围和册数，延长借书期限，并主动为他们查找文献。

3.加强书目索引的编制,有针对性地编制一些科技专题书目,为科技读者查找文献提供方便条件。

4.各大型图书馆之间开展了馆际互借、邮寄借书工作,使各馆互通有无,以便尽最大可能满足科研读者的需要。

随着为科研服务工作的开展,这方面的研究和文章也多了起来,自 1956 至 1965 年,读者服务研究文章共有 320 篇,其中为科研服务的文章有 78 篇,约占这一时期文章总数的四分之一。此外,还出现了一些研究读者阅读需求的文章,说明读者研究已有新的进展。

(三)1967—1976 年。在"文革"十年中,我国图书馆事业遭到极大破坏,由于"极左"路线的推行,将大批书刊视为封、资、修毒草加以禁锢,使得读者服务失去了开展工作的必要物质条件,因而陷于停顿。

这一时期,在读者服务研究方面只有十几篇介绍国外图书馆读者服务经验的文章,可以说是一个研究空白时期。

(四)1977—1989 年。读者服务进入新的发展阶段。在传统的外借、阅览等一次文献服务工作的基础上,又广泛地开展了书目报道、定题服务、文献检索等二次文献服务工作,扩大了读者服务范围,提高了服务质量。

与此同时,读者服务理论研究也有了较大的发展。这十多年中,有关读者服务的研究文章共有 2790 篇,相当于"文革"前文章总数的 5 倍多。

下面着重分析一下 20 世纪 80 年代以来我国图书馆读者服务实践及理论研究两方面的发展情况。

二、20 世纪 80 年代以来读者服务实践的进展

根据读者服务的实践,其工作进展可概括为下列几个方面:

(一)一次文献服务工作的提高。一次文献服务工作的进展主要表现在文献传递的主动性和针对性的加强,20 世纪 80 年代以来,由于改革、开放政策的实行,广大读者对文献的需求,无论在数量和质量上都有很大的发展和变化。客观形势对读者服务工作提出了更高的要求,传统的被动服务方式已不能适应客观需要,必须变被动服务为主动服务,变封闭式服务为开放式服务,变一般性服务为有针对性的服务,才能更好地满足读者的文献需求。为此,在一次文献服务方面进行了一些改革,主要是:

1.开架借阅的逐步推广。为了便于读者了解馆藏、选择文献,各类型图书馆先后采取了开架借阅的方法。几年来,开架的范围逐步扩大,开架管理工作日益完善。开架方式的实施,使图书馆的藏书能够接近读者,不仅提高了馆藏文献的利用率,也提高了读者文献需求的满足率。

2.专科阅览室的不断完善。大型图书馆普遍加强了阅览室工作,特别是专科阅览室的设置,使读者服务工作向专业化方向前进了一步。在专科阅览室内,将有关专业中外文图书、期刊、特种文献、普通工具书和检索工具集中一处,对满足专业读者的科研用书,推动科研或教学工作起了一定作用。

3. 馆际互借、互阅工作有所发展。20 世纪 50 年代后期,在各地中心图书馆委员会的组织下,馆际互借工作有较大发展。"文革"时停顿了一个时期。20 世纪 80 年代以后,有些地方恢复了馆际互借活动,并有所发展。例如,沈阳市图书馆为科研读者发放"资源共享借书证",凭证可在沈阳市 30 多个高校图书馆和科学图书馆借书,使读者的选书范围从 10 万册扩大到 20 万册。这一措施不仅扩大了读者的借书范围,也提高了各馆的藏书利用率。

4. 在服务范围和开馆时间方面也进行了一些改革。不少图书馆扩大了服务范围,例如,有些高等院校图书馆在不影响本校服务工作的前提下,对校外读者也实行了一定条件下的开放。有些高校图书馆每周开放时间达到 70—80 小时。此外,各类型图书馆为扩大一次文献的利用,还经常举办新书陈列、专题文献展览等图书宣传活动。

(二)二次文献服务工作的开展。20 世纪 60 年代初期,一些专业图书馆已开始试行二次文献服务工作。20 世纪 80 年代以后,这一工作在各大型图书馆中普遍得到开展。其活动主要包括下列几项:

1. 广泛建立了文献检索阅览室和工具书阅览室,集中配备了各种检索服务工具和工具书。一般多为开架阅览,为读者查找和检索文献提供了基地。

2. 对新到的国内外文献,特别是外文原版书刊资料,编印《新书通报》分发有关读者,及时报道新入藏的文献信息。

3. 根据重大科学技术项目的需要,开展定题检索服务,对某些重点科研项目还开展了跟踪服务,即根据科研课题不同研究阶段对文献的需要,连续不断地进行文献检索务和文献提供服务。

4. 根据个别读者的特殊需要开展代查服务,不仅代查二次文献,找出文献线索,而且利用各种联合目录或专题书目,代为查找有关一次文献的收藏情况,帮助读者找到原始文献。

5. 一些图书馆还设立了咨询服务部门。根据读者提出的咨询问题,利用各种书目,工具书及有关的书刊资料,进行口头解答或书面回答。对于较复杂的问题,则为读者多方面查找有关的文献,或编制专题书目予以解答。

(三)文献信息开发服务工作的开拓。近两三年来,在情报服务的基础上,又开拓了文献信息开发服务工作。图书馆根据科学技术和工农业生产的需要,从各种书刊资料中筛选出适用的科技文献信息,经过加工整理后提供给读者使用。这种服务与定题服务有所不同,定题服务是根据读者提出的课题定期地将有关文献筛选出来提供给读者使用,而文献信息开发服务是在宏观调查的基础上,摸清当前的中心任务和工农业生产的普遍需要,确定一批适用的课题,然后从各种文献中广泛地搜集有关的信息、情报,经过加工整理后提供使用。它比定题服务具有更大的主动性。几年来,文献信息开发服务在不同的层次上开展了多种形式的服务工作:

1. 为各地领导机关制订政策、掌握情况开展文献信息调研工作,提供战略性信息情报。调研的重点是:①当地自然资源及其开发利用的信息。②当地农、林、牧、副、渔及土特产品的加工、转化及综合利用的信息。③中小企业生产、销售情况及开发前景的信息。④有关当地政治、经济、文化、风俗习惯等方面的进展及反馈情况等。图书馆将调研来的信息编成小报,定期提供给领导部门参考使用,如常州市图书馆编印的信息小报。也有些图书馆的调研范围不仅限于本地的情况,还包括大量的有关全局性的方针政策问题及技术情报、经济情报、市场情报等问题,定期汇编成小报,供领导部门参考,如沈阳市图书馆编印的小报。

2.针对中小企业和农村经济的发展,提供战术性文献信息。这方面的需求是大量的,涉及面也十分宽广,包括:农产品的培育和加工;牲畜的养殖和加工;土特产品的加工和综合利用;地方矿产品和建筑材料的开发和利用;轻工、化工、电子及各种手工艺产品的生产和开发等。图书馆针对上述诸问题,广泛地搜集并提供各种信息,包括:技术信息、产品信息、市场信息、金融信息等,编成信息刊物或信息资料,在一定的范围和条件下向读者提供使用。如:南京市金陵图书馆编印的《时代经济信息》、辽宁省图书馆编印的《产品开发信息》、杭州市图书馆编印的《信息汇丛》等。这些文献信息刊物或信息资料扩大了图书馆与社会各种信息源的沟通与交流,促进了读者对文献信息的了解和利用,推动了工农业生产,特别是中小企业和农村专业户的生产。

3.参加信息交流市场活动。图书馆将筛选、编印的各种文献信息资料,拿到科技市场、信息市场上进行交流,如:参加信息交流集市,举办信息发布会,利用其他部门组织的技术市场进行交流。通过市场交流,为急需信息而又缺乏信息来源的中小企业和农村专业户提供了专业性的、有针对性的文献信息。

上述各项服务由于图书馆投入了较多的智力劳动,而读者使用后一般能产生一定的经济效益,因此图书馆一般采取有偿服务的办法,收取一定的费用。

几年来,文献开发服务的效果是明显的。首先,促进了文献的开发和利用,提高了馆藏文献的利用,其次,拓宽了图书馆的服务范围,扩大了图书馆与社会的联系,促进了图书馆之间的协作。在这一服务过程中也提高了图书馆的社会地位;再次,有效地促进了工农业生产,特别是中小企业的生产;最后,由于采取有偿服务,图书馆也取得了一定的经济效益。

(四)读者教育工作的深化。自20世纪50年代起,各类型图书馆根据不同的任务,开展了各种形式的阅读辅导活动,包括集中和个别辅导。早期的阅读辅导工作偏重在指导青少年阅读优秀图书以及读书方法、图书馆使用方法的普及性教育方面。20世纪80年代以来,在传统的阅读辅导工作的基础上进一步深化,转向对读者系统的文献知识和检索知识的教育,其组织工作也从个别图书馆的活动发展成为有领导、有计划的全国性活动。

1984年,国家教委颁发了《关于在高等学校开设文献检索与利用课的意见》(见教育部〔84〕教高一司字004号文件)。1985年,又颁发了《关于改进和发展文献课教学的几点意见》(见〔85〕教高一司字065号文件)。文件中明确规定高等学校图书馆应承担起开设文献检索与利用课程的任务。两个文件的颁发极大地促进了高校图书馆读者教育工作的进展。据1986年统计,已开设文献检索课的高校图书馆达532所。自1983年至1985年,听课人数累计达60万人次,编写各种教材160多种,有专职或兼职教师共1600多人。

除高校图书馆外,一些大型公共图书馆和科学图书馆也纷纷开设文献检索知识系列讲座。根据各类型图书馆的实践,读者教育工作大致可分为初、中、高三个层次的教育。

1.初级教育。主要对象是初次来图书馆或大学新入学的学生。目的是使他们了解图书馆。教育内容主要是介绍图书馆的作用和职能;馆藏文献的特点;图书馆的各种服务设施,如借书处、阅览室的设置及其利用规则、手续等;图书馆目录的种类及其使用的方法;读者利用图书馆的权利和义务等。

2.中级教育。主要对象是大学生及初、中级科技人员。目的是使他们了解并掌握文献和文献检索的基本知识,掌握查找文献的方法和途径。教育内容主要有文件的种类和类型;主要参考工具书的内容、作用及其使用方法;主要检索性刊物的内容、结构及其检索方法;文献检索原理;检索语言的类型、构成原理及其使用方法等。

3. 高级教育。主要对象是大学高年级学生、研究生、中级以上科技人员。教育目的是掌握文献、情报的整理、分析和运用的能力。高级教育是在掌握了检索工具和检索技能的基础上,能够根据课题的需要,进行资料的搜集、筛选、整理、综合、分析、判断、推理等工作。这是一种较高水平的文献利用能力,掌握了这种能力后,就能有效地开展科研工作。除此之外,高级教育还包括计算机检索知识的教育。

目前个别的高校图书馆已经实现了三个层次的读者教育工作。今后可能会有更多的高校图书馆开展多层次的读者教育活动。

读者教育工作的开展,不仅使大批读者掌握了查找文献的知识、方法和途径,更重要的是对读者进行了情报意识的教育和培养。这是一件带有战略意义的工作,它的影响将是深远的。

(五)现代化手段的应用。20世纪80年代以来,读者服务工作中逐渐采用了现代化手段。用于读者服务的现代化手段主要有下列几方面:

1. 文献复印技术。现在中型以上的图书馆一般均设有复印机,文献复印服务已普遍开展。

2. 视听资料的应用。20世纪80年代以后,一些大型图书馆逐步增添了视听设备和录音带、录像带等资料,并在一定程度上开展了服务活动。例如,根据读者的要求,查找或推荐有关的视听资料;开展录音带、录像带的出借、复制业务;为个别读者或集体读者提供录像播放服务等。

3. 计算机的应用。目前一些大型图书馆逐渐应用计算机进行读者服务工作。应用范围有文献检索、解答咨询以及图书流通等工作。

我国一些图书情报部门,如中国科学院图书馆、中国科技情报所、一机部情报所等,先后从国外引进一批计算机磁带,利用这些磁带可进行计算机定题检索服务。近年来又陆续自建一批西文文献库和中文文献库,并投入使用,利用它们亦可进行各种课题的定题检索服务。

我国自1981年开始使用国际联机检索。最初是通过香港的终端进行国际联机检索。1983年开始,中国科技情报所在北京设立"国际联机检索服务",与欧洲宇航局情报检索服务部(ESA-IRS系统)联机。1984年,又通过该部与美国的DIALOG系统和ORBIT系统联机。现在,除北京的中国科技情报所外,还在沈阳、重庆、南京、武汉、内蒙古等地设立了分终端,从这些地区也可进行国际联机检索。国际联机检索服务的开展,对于掌握国防科技发展动态和最新科技成就起了重要作用。

我国计算机用于图书流通系统,其研制工作始于20世纪70年代末期。清华大学图书馆、上海市图书馆、科学院武汉分院图书馆、中山大学图书馆等于20世纪80年代初就研制了软件,但因没有条形码光笔而不能投入使用。1986年,南京大学图书馆配置了激光条形码阅读器,并研制成中文图书流通管理系统投入运行。同年,北京师范大学图书馆开始使用西文书流通系统。深圳图书馆研制成"实时多用户计算机光笔流通管理系统",1986年底投入使用。上海交通大学包兆龙图书馆建成后,使用"光笔输入多用户图书流通系统"进行操作。1987年,北京图书馆新馆落成后,从国外引进一套计算机流通管理系统,在中文新书开架外借处使用。预计不久将有更多的图书馆实现图书流通管理自动化。

计算机用于图书流通工作,除可办理借书、还书手续外,还可以进行各种统计。使用计算机后,借书速度加快,工作的准确性加强,因而大大提高了服务质量。

三、20 世纪 80 年代以来读者服务理论研究的进展

在读者服务理论研究方面,其主要进展表现在下列几个方面:

(一)对读者工作的性质、作用和活动规律的理论探讨。这方面的研究主要是 20 世纪 80 年代以后开展的。总的趋势是图书馆读者工作在更广阔的社会范围内来认识它的性质和作用,打破了过去只就读者服务的具体工作来论述的局限性。例如,放在社会知识交流系统中来认识读者工作在知识交流中的中介性,从而认识读者工作在传播知识、交流情报中的作用;放在社会文化教育系统中来认识读者工作的教育性,从而认识读者工作在普及文化、进行教育中的作用。这就在更深的层次上揭示了读者工作的本质。此外,对读者服务活动的规律也有许多文章进行探讨。例如,认为"一切为了读者""千方百计满足读者的文献需求"是读者工作的基本原则。"为人找书、为书找人"是这一原则在实际工作中的体现。读者工作的基本矛盾是解决文献的"供"与"求"、"藏"与"用"之间的矛盾,读者工作就是要在文献的"供"与"求"、"藏"与"用"之间发挥提供、传递、推广、调节等中介作用,并通过文献的提供、传递、推广、调节等活动,实现人类社会知识与个人知识的相互连接和转化,从而达到传播知识、进行教育的目的。

(二)关于读者学和读者服务学的讨论。1980 年,上海图书馆的黄恩祝同志首先发表《读者学浅说》一文,第一次提出"读者学"这个概念,并从读者的角度来研究读者工作。1986 年,他又发表《再论读者学》一文,明确提出了"读者学"的内涵,即在图书馆这个特定范围中,研究读者及其活动规律。而图书馆的读者工作则是"读者学"的外延。黑龙江省图书馆的赵世良同志在《读者学刍议》一文中则提出了不同的看法。他认为,"读者学"是社会学的一个分支,是人类精神交流系统的一个子系统。"读者学"是以个体和群体读者及其阅读规律为研究对象的,而图书馆的读者研究只是"读者学"的一部分。显然赵世良同志所提出的"读者学"的范围,要比黄恩祝同志提出的范围广得多。黄恩祝同志所提出的"读者学",严格地说应该叫"图书馆读者学"。何鑫龙等同志发表的《读者学初探》一文所提出的"读者学"实际上是"读者服务学"的范畴。

"读者学"与"读者服务学"是两个不同的学科范畴,但两者又有密切的联系。"读者学"所研究的是读者及其阅读规律,包括:读者类型和读者结构,读者阅读心理、读者阅读需求、读者阅读行为、读者教育、读者阅读效果研究、读者史等。这是一个内涵十分丰富的新兴学科。这个学科的研究,不仅为图书馆的读者服务工作提供了理论的依据,同时也为新闻、出版、发行等工作提供了重要的理论依据。

至于"读者服务学"则是以读者阅读需求的规律以及图书馆为读者服务的规律为研究对象的。北京大学图书馆学系张树华同志在《读者工作学科的构成》一文中指出,读者工作学科的研究内容应包括:

1. 读者工作的理论研究:包括读者工作的理论基础及其性质、职能的研究;读者阅读心理、阅读需求、阅读行为的研究;读者服务体制、服务系统、服务网络的组织与管理问题的研

究;服务效果的评价和研究;各项服务活动的理论研究等。

2.读者工作历史的研究:包括读者服务观念和服务思想发展史、读者服务工作发展史、读者阅读史、读者工作学科发展史等问题的研究。

3.读者服务工作方式方法的研究:包括各种服务方式的最优化方案的设计和组织;各种服务方式的运用及其相互间的联系;新的服务活动和服务方式的开拓和实践的效果的研究等。

宁夏回族自治区图书馆张欣毅同志的《浅谈读者工作学科的科学体系》一文,所提出的读者工作学科的体系和范围,与上述内容大体相同。

(三)有关读者研究问题的发展和深入。对读者的研究是近10年来有重大发展的一个研究课题。据不完全统计,自1980至1988年上半年,有关读者研究方面的论文共有654篇,其中吉林省图书馆于1983年对8538名读者的阅读需求和阅读行为所进行的调查研究是一次影响较大的调查研究活动,这些研究为建立"读者学"打下了良好的基础。这也从另外一方面说明"读者学"的建立是有其社会基础和理论基础的,它的产生和发展有其理论和现实的必然性。

需要特别提出的是有关读者教育方面的理论研究。由于读者教育实践活动的迅速开展和深入,读者教育的理论研究文章也逐渐多起来。自1980至1988年上半年,有关读者教育、读者培训方面的论文共有178篇,内容涉及读者教育的意义、作用;读者教育的理论基础;读者教育的发展历史及国外经验;读者教育的内容和层次;读者教育的方法和手段等各方面的问题。读者教育问题的研究和深入,将促使图书馆学与教育学进一步结合起来。

(四)有偿服务的理论探讨。根据中央经济体制改革和科技体制改革的方针,图书情报部门加强了经济管理和有偿服务工作,现在几乎每个图书馆都开展了不同形式的有偿服务工作。随着有偿服务工作的开展,其理论研究探讨的文章也逐渐增多。有偿服务不仅是为了取得一定经济效益的问题,更重要的是图书馆制度上和管理上的一次大变革。实行有偿服务后,把价值规律、商品机制引到图书馆工作中来,对图书馆的文献信息在一定条件下实行商品交换,这就在理论上提出了一系列的问题,需要认真地进行研究和探讨。例如,图书馆文献信息商品化的条件问题;图书馆文献信息如何进入信息市场的问题;图书馆文献信息的价格标准问题;图书馆开展有偿服务的必要性与可行性;图书馆有偿服务的内容、范围和方式方法问题;图书馆开展有偿服务的政策界限问题等。上述诸问题的研究不仅关系到目前图书馆界开展有偿服务的各种理论和政策问题,而且必然会涉及对未来图书馆的性质、职能、作用等重大理论问题的探讨。目前这个问题的研究尚处于方兴未艾之际。

(五)读者服务效果和效益评价的分析研究。近年来我国图书馆界比较重视读者服务效果和效益的研究。这个问题的研究,在实践上有助于提高服务效率和服务质量,改进服务工作的组织与管理;在理论上有助于读者研究的深入。目前,各类型图书馆在实际工作中都比较注意搜集服务效果,有些图书馆还建立了"读者档案"或举办"服务效果展览"等,及时总结读者服务效果,以肯定成绩,鼓舞信心,发现问题,改进工作。在理论研究方面的主要问题是:关于服务效果的评价标准问题;服务效益(包括社会效益和经济效益)的分析、评价问题以及评价方法的研究等。其中关于经济效益的研究是当前的一个热门课题。

四、40 年来读者服务研究成果的数量分析

40 年来,我国图书馆读者服务理论研究取得了很大成绩。下面再对读者服务方面的研究成果进行一些定量分析,以便从数量上进一步了解其研究情况和成绩。

表 1　各历史阶段的论文统计

时间	论文篇数	年平均数	百分比%
1949—1955	173	24.7	5.2
1956—1965	320	32	9.7
1966—1976	13	1.2	0.4
1977—1988	2790	233	84.8

（一）论文总数分析。根据全国 90 多种图书馆学、情报学刊物及 137 种论文集的统计,自 1949 年 10 月至 1988 年 6 月底,有关读者服务方面的论文共有 3296 篇。

1. 各历史阶段论文数量(见表 1)的比较分析。

①从总的趋势看,论文的数量在不断增加,读者服务研究在不断发展。

②各阶段研究发展不平衡。这与各历史阶段的政治、经济形势以及读者服务工作的开展情况有关。20 世纪 80 年代以后是读者服务研究成果最多的时期,这与中国图书馆学会及各省学会的成立有关。

2. 读者服务各专题研究论文的情况分析。

①专题的论文数量增长幅度(见表 2)不尽相同。读者服务现代化研究是 1976 年以后才发展起来的。后 12 年与前 28 年相比,论文数量增长幅度最大的是读者研究(增长 72.3倍),其后依次是组织管理研究(67.5 倍)、情报服务研究(6.7 倍)、读者服务理论研究(4.1倍)。上述统计反映出读者服务研究在 20 世纪 80 年代以后的进展情况以及今后的发展趋势。

表 2　读者服务各专题研究论文情况

专题 \ 时间	1949—1955 数量	%	1956—1965 数量	%	1966—1976 数量	%	1977—1988 数量	%	合计 数量	%
读者服务理论	9	5.2	28	8.6	2	15.4	199	7.1	238	7.2
读者研究			6	1.9			440	15.8	446	13.5
宣传辅导	73	42.2	84	26.3	1	7.7	385	13.8	543	16.5
图书流通	68	39.3	95	29.7	1	7.7	682	24.4	846	25.7
情报服务	4	2.3	78	24.4	9	69.2	698	25.0	789	23.9
组织管理			2	0.6			137	4.9	139	4.2

续表

时间 数量 专题	1949—1955		1956—1965		1966—1976		1977—1988		合计	
	数量	%	数量	%	数量	%	数量	%	数量	%
读者服务现代化							61	2.2	61	1.9
各类型图书馆读者服务	19	11.0	27	8.4			188	6.7	234	7.1
总计	173		320		13		2790		3296	

②各专题在读者服务研究中的地位不断变化(见表3)。a.宣传辅导等传统的研究领域逐渐减弱,而情报服务等新兴研究领域之地位在上升。b.图书流通虽属传统研究领域,但其地位稳固不动,说明它是读者服务研究的基本内容。c.读者服务理论研究的论文数量虽然不断增多,但在各专题研究中的地位却不见提高。这说明读者服务理论研究仍需要加强,也说明了对读者服务方法、技术的研究超过了对基础理论的研究。

表3 各专题在读者服务研究中的地位变化

	1	2	3	4	5	6	7	8
1949—1955	宣传辅导	图书流通	各类型图书馆读者服务	读者服务理论	情报服务			
1956—1965	宣传辅导	图书流通	情报服务	读者服务理论	各类型图书馆读者服务	读者研究	组织管理	
1966—1976	情报服务	图书流通	宣传辅导					
1977—1988	情报服务	图书流通	读者服务现代化	读者研究	宣传辅导	各类型图书馆读者服务	组织管理	读者服务理论

(二)对各专题研究领域的论文数量分析。即按各历史阶段分析各自的论文数量变化。

1.读者服务理论研究(见表4),这是20世纪80年代以后发展起来的专题研究领域。后12年的研究成果为前28年的5倍,但总的来看,读者服务理论研究仍是个薄弱环节。

表4 读者服务理论研究在不同历史时期的变化

	1949—1955		1956—1965		1966—1976		1977—1988		总计	
	数量	%	数量	%	数量	%	数量	%	数量	%
读者服务概论	9	100	28	97	2	100	44	22.2	83	34.9
读者研究							89	44.9	89	37.4
地位与作用			1	3			41	20.7	42	17.6
读者服务学科研究							24	17.1	24	10.1

2. 读者研究,20 世纪 80 年代以后,这方面的研究成果大量涌现(见表 5),其中读者心理学、阅读需求与阅读行为两个方面的论文数量超出一半以上,是该领域的研究重点。

表 5　读者研究领域的论文分布情况(1977—1988)

内容 数量	读者研究总论	读者结构	读者心理学	阅读需求与 阅读行为	各类型读者研究
论文篇数	32	60	125	112	111
%	7.3	13.6	28.4	25.5	25.2

3. 宣传辅导研究(见表 6),有关读者研究和读者培训方面的论文是在 20 世纪 80 年代以后大量涌现的。这与高校图书馆大力开展文献检索知识教育分不开。

表 6　宣传辅导研究内容在不同历史时期的变化

	1949—1955		1956—1965		1966—1976		1977—1983		总计	
	数量	%	数量	%	数量	%	数量	%	数量	%
读者教育、读者培训							192	49.4	192	35.4
阅读辅导	27	37	27	32.1			117	30.4	171	31.5
图书宣传	46	63	57	67.9	1	100	76	19.7	180	33.1

4. 图书流通研究(见表 7),开架问题于 20 世纪 50、60 年代虽有过一些研究,但大量研究在 20 世纪 80 年代以后,关于藏书利用率、拒绝率研究越来越受到重视。

表 7　图书流通研究内容在不同历史时期的变化

	1949—1955		1956—1965		1966—1976		1977—1983		总计	
	数量	%	数量	%	数量	%	数量	%	数量	%
图书流通	62	91.1	85	89.5	1	100	387	56.7	535	63.2
开架问题	6	8.8	10	10.5			159	23.3	175	20.7
利用率、拒绝率							136	19.9	136	16.1

5. 情报服务研究(见表 8),这一领域在 20 世纪 80 年代以后得到迅速发展。其中,有关参考咨询和文献检索的研究近年发展较快,这与各类型图书馆加强了情报职能有关,预计这方面的研究今后将有更大的发展。

表 8　情报服务研究内容在不同历史时期的变化

	1949—1955		1956—1965		1966—1976		1977—1983		总计	
	数量	%	数量	%	数量	%	数量	%	数量	%
情报服务理论	1	25	54	69.2	9	100	303	43.4	367	46.5
书目服务			5	6.4			34	4.9	39	4.9
参考咨询	3	75	16	20.5			238	34.1	257	32.6
文献检索			3	3.8			123	17.6	126	16

6.读者服务组织管理的研究(见表9)。其中,有关服务效益、服务效果的评估问题和干部素质问题的研究较受重视,而关于读者服务工作统计问题的研究则很不够。

表9 读者服务组织管理研究领域的论文分布情况(1977—1988)

数量 ＼ 内容	组织管理总论	服务效益评估	读者服务统计	干部素质
论文篇数	40	46	14	39
%	28.8	33.1	10.0	28.1

7.读者服务手段现代化的研究(见表10)。这方面的研究还比较薄弱,有待进一步加强。

表10 服务手段现代化研究领域的论文分布情况(1977—1988)

数量 ＼ 内容	现代化总论	视听服务	复制服务	计算机在读者服务工作中的应用
论文篇数	5	13	4	39
%	8.2	21.3	6.6	63.9

(三)专著和教材的数量分析。

40年来,读者服务方面的专著、教材和文集共有147种(包括公开和内部出版物)(见表11)。①从时间上分析,1955年以前的比重较大。②从内容上分析,1955年以前,有关阅读指导和读书方法方面的出版较多。而20世纪80年代以后,读者服务成果汇编和综合性的论文集出版较多。这说明20世纪80年代以后的研究重点有所转变。

从总的趋势来看,我国图书馆读者服务的实践和理论都取得了显著的成绩和进展。读者服务工作从封闭逐渐走向开放,其工作内容有了新的开拓,服务方式更加多样化,服务质量在不少方面有所提高,服务手段逐渐向现代化迈进。在读者服务理论研究方面,其深度和广度也有重大发展。总之,成绩主要的,但在实际工作中还存在不少问题。其中主要是馆员的素质和管理工作的水平还不够高,跟不上客观形势的发展。这两个问题如不能很好地解决,将会影响今后读者服务工作的进一步发展和提高。

表11 读者服务方面的专著、教材和文集各时期出版情况分析

	1949—1955		1956—1965		1966—1976		1977—1983		总计	
	数量	%	数量	%	数量	%	数量	%	数量	%
综合性论文集			1	3.8			20	29.9	21	14.3
综合性教材	6	11.1	6	23.1			10	14.9	22	15.0
读者调查							2	3.0	2	1.4
阅读辅导和读书方法	30	55.6	6	23.1			4	6.0	40	27.2
读者教育、培训							2	3.0	2	1.4
图书流通	10	18.5	7	26.9			5	7.5	22	15.0
情报服务	2	3.7	6	23.1			13	19.4	21	14.3

续表

	1949—1955		1956—1965		1966—1976		1977—1983		总计	
	数量	%	数量	%	数量	%	数量	%	数量	%
服务成果汇编							10	14.9	10	6.8
各类型图书馆读者服务工作	6	11.1					1	1.5	7	4.8
总计	54		26				67		147	

（选自《图书馆学通讯》1989 年第 2 期）

中国情报检索语言建设四十年(1949—1989)

丘 峰

情报检索语言(以下简称 QJY)是组织、交流和利用情报的工具,是分类 QJY、主题 QJY(包括标题 QJY、元词 QJY、键词 QJC、叙词 QJY)和代码 QJY 等的通称。因为情报检索效率的高低,在很大程度上取决于所采用的 QJY 的质量以及对它的使用是否正确,所以人们习惯地把 QJY 看作是图书情报部门的基本业务大法。

一、发 展 历 史

QJY 的历史,是一种分阶段的连续不断的发展史。1949 年以后,我国 QJY 建设可划分为起步、发展、停滞和起飞四个历史阶段。

(一)起步时期(1949—1955 年)。随着中华人民共和国的建立,我国的图书馆发生了质的变化。过去使用的旧分类法,已经不能适应新时代的需要,因此,修改或新编分类法成了这一时期的紧迫课题。文化部于 1950 年 6 月召开了分类法座谈会。接着,文化部文物局于 1950 年 12 月编辑了《图书分类法问题研究资料》,并在《文物参考资料》第 1 卷第 8 期上以专号出版。该期刊载了有关分类法的大量文献,包括座谈会记录摘要、图书分类法委员会第 1 次会议纪要、苏联图书分类学家的论文、中华人民共和国成立前国内流行的、中华人民共和国成立后新编的以及苏联和其他国家影响较大的 20 多部分类法,并有郑振铎副部长编写的前言,是研究中华人民共和国成立初期图书分类法的宝贵资料。在这一时期,先后编印有近 30 部分类表。其中,《中国人民大学图书馆图书分类法》(简称《人大法》)编制较好,受到全国图书馆界的好评,并得到了较为广泛的推广和使用。在理论研究方面,重点是研究图书分类法的性质,特别是图书分类法的指导思想问题。其中,刘国钧和杜定友做出了较大的贡献。他们的研究论文,为我国之后图书分类法的理论讨论拉开了序幕。

(二)发展时期(1956—1965 年)。社会主义建设事业的全面展开和科学文化事业的迅速发展,使得编制全国通用的综合性分类法成了这一时期的紧迫课题,推动着我国 QJY 走上了全面发展的新阶段。

1956 年 4 月,文化部社会文化事业管理局召开中小型图书馆统一分类法座谈会,成立了编辑小组。经过编辑小组的集体努力,1957 年 8 月《中小型图书馆图书分类表草案》(简称《中小型法》)经文化部公布问世。它标志着我国第一部通用综合性分类法的问世,同时也开创并逐步确立了我国有组织、有领导的集体编制 QJY 的道路。

在《中小型法》的推动下,我国在这一时期共编有 30 多部分类表。其中,《中国科学院图书馆图书分类法》(简称《科图法》,1958 年 11 月)、《武汉大学图书馆图书分类法》(简称《武大法》,1959 年 6 月)和《中国图书馆图书分类法(草案)》(简称《大型法》)下册(1963 年 5 月)是三部具有较大影响的分类法。

中国科技情报所根据建立全国检索体系的需要,于 1958 年 9 月译印了《国际十进分类法》(简称 UDC)简表,1959—1961 年又陆续译印了其详表,准备推广使用。但后来并未使用,而于 1964 年 11 月改用《大型法》。在国防科技情报系统,则开始引进并采用主题 QJY。1964 年 5 月,我国第一部实用型标题 QJY——《航空科技资料主题表》(简称《航空词表》)第一版问世。接着航空研究院情报所使用《航空词表》标引全部馆藏,而国防科委情报所则使用英文主题词表标引特种文献。随着分类法编辑工作的进行,对分类法的“三性”(思想性、科学性、实用性)、基本部类、大类设置和标记制度等理论问题展开了热烈的讨论。在图书馆学刊物上,除刘国钧等个别人的极少数文章外,都未曾涉及分类法的检索效率问题。与此同时,批判文章却相当多,并在 1958—1959、1964—1965 年两度形成批判风。情报学刊物则有所不同,他们从提高检索效率角度出发,比较分类法与主题词法的异同,寻求新的 QJY,以确定所要建立的检索系统的模式。当时的情报专业刊物《综合科技动态:情报工作》和《科技情报工作》等,对组配分类法、标题法、元词法、键词法、叙词法及引文索引法等,都有介绍或研究。刘国钧、丁珂、曾世荣等在这些刊物上发表过数量虽少但却很好的文章。他们的论文和译文,为我国 QJY 建设起飞时期(1977—1989)的研究起了开导作用。

(三)停滞时期(1966—1976 年)。十年动乱是我国 QJY 建设的停滞时期。当然,作为连续性的 QJY 建设也没有完全中断其活动。主要做了 5 件工作:

1.1966 年 3 月,编辑、出版了《大型法》的上册。

2.1971 年 12 月,编辑、出版了我国第一部叙词表——《航空词表》的第 2 版。

3.1974 年 2 月,编辑、出版了《科图法》第 2 版下册。

4.1975 年 6—10 月,编辑、出版了《中国图书馆图书分类法》(简称《中图法》)的三种版本——资料版(1975 年 6 月)、简本(1975 年 9 月)和详本(1975 年 10 月)。

5.1975 年 7 月,开始了“七四八工程”(汉字信息处理系统工程)配套项目——《汉语主题词表》(简称《国家词表》)的编辑工作。为了配合这一工作,一方面着手研究和总结国内科技情报部门使用叙词 QJY 的经验,另一方面对国外编制和使用叙词表的理论和方法也进行了比较深入的研究,并从 1975 年起陆续翻译和编印了一批参考资料,是我国研究新型情报检索语言的重要文献。

(四)起飞时期(1977 年至今)。粉碎“四人帮”,尤其是十一届三中全会以后,我国 QJY 的研究、创制、普及和统一工作取得了前所未有的成绩:

1.为了适应用户需要,《人大法》《科图法》《中图法》和《航空词表》分别进行了修改和再版。

2.完成了《国家词表》的编制(1980 年 3 月),并推动了 60 多部小型专业主题词表的问世。从此,我国出现了大、中、小型主题词表并存和并用的局面。

3.成立了全国文献工作标准化技术委员会(简称“文标会”)第 5 分委员会(1978 年 11 月),加强了对 QJY 研究、完善和标准化工作的组织与领导。

4.参加了 ISO(1978 年 9 月)和 FID(1980 年 1 月),加强了与 QJY 建设有关的国际组织的联系。

5.中国图书馆学会(1979 年 9 月)和中国情报学会(1978 年 8 月)成立后,加强了学术活动,活跃了学术气氛,QJY 论文和专著大大增加。研究内容集中在四个方面,一是国外 QJY 的新理论与新方法,二是我国正在使用的 QJY 的进一步宣传推广、正确使用和不断完善,三是对 QJY 发展趋势的预测和对各种 QJY 的综合研究,四是正确评价曾经受批判的 QJY。一句话,我国 QJY 的研究重点已逐步转移到如何改进和正确使用 QJY 和提高检索效率的方面上来。以上四个研究方面,尤其是前三个方面,不仅是现在的研究重点,而且也展示了将来的基本研究方向。在研究方法上,在这一时期也逐步出现了"三个转向",即由宏观研究为主逐步转向宏观研究与微观研究并重,由理论研究为主逐步转向理论研究与应用研究并重,由定性分析为主逐步转向定性分析与定量分析并用。所有这些表明,我国与世界先进 QJY 理论的差距已大大缩小。

二、主要成就

40 年来,我国 QJY 的建设如同图书情报战线的其他领域一样,也取得了可喜的成绩。其主要表现为:

(一)形成了 QJY 的主体

据 1988 年年底的不完全统计,我国已编完与正在编的分类表 77 种,已译好与正在译的分类表有 56 种,共计 133 种;已编好与正在编的主题词表 79 种,已译好与正在译的主题词表 8 种,共计 87 种(见表 1)。其中,已编好而且具有代表性的 QJY 有以下 10 种:

表 1　我国分类表与主题词表种数

顺序	起步时期							发展时期							停滞时期							起飞时间						
	年份	分类表			主题词表			年份	分类表			主题词表			年份	分类表			主题词表			年份	分类表			主题词表		
		编印	译印	共计	编印	译印	共计		编印	译印	共计	编印	译印	共计		编印	译印	共计	编印	译印	共计		编印	译印	共计	编印	译印	共计
1	1949	2		2				1956	4	1	5				1966	1		1				1977				3		3
2	1950	17	15	32	1		1	1957	5		5				1967							1978		3	3	3		3
3	1951		1	1				1958	4	3	7				1968							1979		2	2	2		2
4	1952	4		4				1959	8	3	11				1969							1980	2	2	4	2		2
5	1953	1		1				1960	4		4				1970							1981		3	3		2	2
6	1954	3	1					1961							1971				1		1	1982	1		1	1		1
7	1955	2						1962	1		1				1972		1	1				1983	2	4	6	1		1
8								1963	2		2				1973							1984		5		2		1
9								1964	2	1	3	1		1	1974		5	5				1985	3	1	4	10	1	11
10								1965	1		1				1975	1		1				1986	1	3	4	10		10
11															1976					2	2	1987	1	1	2	17	1	18
12																						1988				17	2	19
总数		29	18	47	1		1		31	9	40	1		1		3	6	9	1	2	3		14	23	37	76	6	82
%		37.7	32.1	35.3	1.3		1.1		40.3	16.1	30.1	1.3		1.1		3.9	10.7	6.8	1.3	25.0	3.4		18.2	41.1	27.8	96.2	75.0	91.3

1.《东北图书馆图书分类法》(简称《东北法》)。1949年8月初版,是解放区编辑、出版的第一部体系分类法,书后附有儿童图书分类表。1951年,对《东北法》进行了修改,把马、恩、列、斯、毛著作集中列类,并置于最前面,为我国以后的分类法设立"马克思列宁主义、毛泽东思想"大类奠定了基础。

2.《人大法》。张照、程德清主编。1952年10月问世,1953年9月正式出版,1982年2月出了第5版。它是中华人民共和国成立后第一部试图按马列主义、毛泽东思想的科学体系编制、第一部采用四分法的分类检索语言。

3.《中小型法》。1957年8月出版,是我国第一部由国家有关部门领导和组织、采用集体编辑方式编制的中型综合性分类法。

4.《科图法》。1958年11月出版,是一部编制较好、使用较广、在国内外产生较大影响的分类法。1986年10月,《科图法》修订第2版获中科院科技进步三等奖、全国科技情报系统科技成果二等奖。

5.《大型法》。1963年5月编辑、出版下册,1966年3月编辑、出版上册,是一部编制比较理想的大型综合性分类法。它虽然没有全部完成并得到推广使用,但其基本体系和编制技术已为后来的一些分类法,尤其是《中图法》所继承。

6.《航空词表》。1964年5月出第1版,1971年12月出第2版,1977年10月出第3版。《航空词表》第1版是我国的第一部实用型标题表,第2版是我国的第一部叙词表,第3版发展成为更加完善、更为实用的专业主题QJY。从主题QJY的理论角度看,《航空词表》有编制规范、标引规则、管理条例和推广教材;从词汇表角度看,《航空词表》有主表、简表、范畴表、词族表、型号表、增补更正表、汉英索引和英汉索引。《航空词表》第3版包括近1万个主题词。它的产生和不断完善,有助于我国新型QJY的建立,1978年3月,《航空词表》获全国科技大会成果奖。

7.《中图法》。在国家文物事业管理局的关怀和支持下,北京图书馆于1971年2月提出编制倡议。接着,全国公共图书馆系统、高校图书馆系统、科研图书馆系统和科技情报系统的36个单位参加了编辑工作。1973年3月完成初稿,1975年出第1版,1980—1982年出第2版,1989年将出第3版。《中图法》包括简本、详本、资料版和期刊版四种版本(见表2)。这四种版本详略不同,四位一体,有利于不同文献工作部门、不同文献类型的兼容。据1980年的不完全统计,全国图书系统的91.6%、科技情报系统的48.4%都在使用《中图法》。显而易见,《中图法》是我国分类QJY中版本最全、编制较好、使用最广、影响较大的大型综合性分类法。1978年3月获全国科技大会成果奖,1985年10月获国家科学技术进步一等奖。

8.《国防科学技术主题词典》(简称《国防词典》)。1978年1月出版,是我国第一部以英文作为主要排检依据的主题词表。它由主表、范畴表、词族表和汉英索引组成,收录近21 000个主题词。主表中的词间关系采用全反映,与DDC、NASA和TEST等主题词表具有较大的兼容性,是一部实用的中型主题词表。1985年10月,《国防词典》获国家科学技术进步二等奖。

9.《国家词表》。1975年开始编制,505个单位的1378位图书情报工作者参加,1980年3月正式出版。它由主表、范畴表、词族表、世界各国政区副表、自然地理区划副表、组织机构副表、人物副表、主题词首字汉语拼音音节索引、主题词首字部首检字索引和英汉索引等部分组成,收录近 11 万个主题词,分为 3 卷 10 册 11 414 页,具有包含范围广、收词数量多、结构比较全、等级比较细等特点。它不仅是我国第一部综合性的大型主题词表,而且也是世界上规模最大的主题 QJY。在它问世以后,不少图书情报部门根据自己的实际需要,从中抽词而陆续产生了 60 多部专业性的小型主题词表。1978 年 3 月获全国科技大会成果奖,1982 年被评为全国优秀科技图书,1985 年 10 月获国家科学技术进步二等奖。

10.《国防科学技术叙词表》(简称《国防词表》)。在国防科工委情报局主持下,由国防科技情报系统的 8 个单位共同编制,1985 年 2 月出版。它以国防口已经使用多年的 4 部主题词表——《航空词表》《电子技术汉语主题表》《常规武器专业主题词表》和《国防词典》为基础,包括主表、型号表、叙词汉字首字笔画索引和英汉索引 4 部分,收录近 35 000 个主题词,是一部中型主题词表。在词表结构和编制技术方面,具有一定的独到之处。1985 年 5 月,中国船舶工业总公司编辑并出版了《国防科学技术叙词表船舶工业范畴表》。1985 年 12 月,航天工业部编辑并出版了《国防科学技术叙词表航天专业范畴表》。两者的目的都是为了使比较大型、比较综合的主题词表小型化、专业化和实用化。从 QJY 标准化的角度来说,编制《国防词表》及其对一些问题的处理,为我们提供了一种有益的尝试。1988 年,获国防科工委 1987 年度科技成果奖。

回顾 40 年来的历史可以看出,在我国 QJY 的编制和使用方面,已经发生了四个逐步的,然而是显而易见的变化:

表 2 · 我国有代表性的 10 种 QJY

次序	情报检索语言名称	出版年月	情报检索语言类型	大类数量	类目(或主要词)数量	副表数量	索引数量	备注
1	人大法(第 1 版)	1953.9	体系分类法	17		9	1	
2	中小型法(第 1 版)	1957.8	体系分类法	21		6		
3	科图法(第 1 版)	1958.11	体系分类法	25		8	2	
4	武大法	1959.6	体系分类法	26		7		
5	大型法	1963.5	体系组配分类法	21		6		
6	航空词表 第 1 版	1964.5	标题表	大类 6 个,小类 38 个	主标题词 6143 个,子标题词 595 个,两者组配的词 43 057 条		2	主表先按类、同类按主题词汉语拼音字顺排列
	航空词表 第 2 版	1971.12	叙词表	大类 29 个,小类 188 个	4529 个主题词	1		主表按主题词汉语拼音字顺排列
	航空词表 第 3 版	1977.10	叙词表	大类 32 个,小类 212 个	9374 个主题词	4	2	主表按主题词汉语拼音字顺排列

续表

次序	情报检索语言名称			出版年月	情报检索语言类型	大类数量	类目(或主要词)数量	副表数量	索引数量	备注
7	中图法	第1版	简本	1975.9	体系分类法	22	1100条类目	6		
			详本	1965.10	体系组配分类法	22	25 000条类目	6		
			资料版	1975.6	体系组配分类法	22	40 000条类目	6		
		第2版	简本	1980.5	体系组配分类法	22	2580条类目	6		
			详本	1980.6	体系组配分类法	22	30 000条类目	6		适用复分表6个,专用复分表38个
			资料版	1982.6	体系组配分类法	22	50 000条类目	6		通用复分表7个,专用复分表45个
			期刊版	1987.2	体系分类法	22	1100条类目	3		
		索引		1983.1	类名相关索引		80 000条类目			
8	国防词典			1978.1	叙词表	大类20个,小类167个	20 892个主题词	2	1	主表按主题词英文字顺排列
9	国家词表			1980.3	叙词表	一级类58个,二级类674个,三级类1080个	108 568个主题词	6	3	主表按主题词汉语拼音字顺排列
10	国防词表			1985.2	叙词表		34 516个主题词	1	2	主表按主题词汉语拼音字顺排列

1. 在编制 QJY 的组织领导方面,由一个图书情报部门进行领导和组织逐步发展成为主要由国家有关部门进行领导和组织编辑,其分水岭是 1957 年。前者有《东北法》《科图法》和《武大法》;后者有《大型法》《中图法》《国家词表》和《国防词表》。1957 年 8 月,文化部公布《中小型法》,在我国 QJY 的发展史上具有重要意义。它标志着我国 QJY 建设从此走上了有领导、有组织的集体编制的道路,为建立全国统一的综合性 QJY 奠定了基础。

2. 由只使用分类法逐步发展成为同时使用分类法和主题词法,并开始探索分类主题的一体化。其分水岭是 1964 年,1964 年以前,无论是图书馆还是情报部门基本上都只使用分类法;但 1964 年《航空词表》问世,尤其是 1980 年《国家词表》出版以后,我国图书情报界开始进入了分类法与主题词法并存和并用的时期。从 1987 年 5 月开始,在我国 QJY 建设中,几乎又同时开始了三件将产生较大影响的工作:一是北图组织编辑《中国分类主题词表》,以实现《中图法》与《国家词表》的对应;二是中情所征集全国 30 多部主题词表,着手修订《国家词表》自然科学部分,以实现它对全国中、小型主题词表的兼容;三是中国社科院文献情报中心组织编辑《社会科学检索词表》,它由字顺叙词表和分面分类表等四部分组成,将成为我国第一部分类主题高度一体化的 QJY。

3. 由单一的列举式的 QJY 逐步发展成为列举式与组配式两种 QJY 的并存和并用,其分水岭是 1963 年,1963 年以前,我国的各种体系分类法(如《人大法》《科图法》《武大法》)和标题表(如《航空词表》第 1 版),都属于列举式的 QJY;而 1963 年的《大型法》和 1971 年的《航空词表》第 2 版的问世,尤其是 1975 年的《中图法》、1980 年的《国家词表》和 1985 年的《国防词表》出版,使我国图书情报工作进入了列举式与组配式 QJY 的并存和并用的新时期。

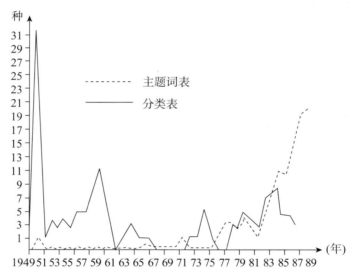

图 1　我国主题词表与分类表种数变化比较

4. 由分散逐步走向集中,由并存逐步趋于统一。从图 1 可以具体而直观地看出我国编制分类表主要在起步和发展时期,翻译分类表主要在起步和起飞两个时期,而编制和翻译主题词表都集中在起飞时期。可以说,20 世纪 80 年代是我国 QJY 建设的叙词表时代。我国虽然曾经出现过 130 多种分类表和近 90 种主题词表,就是目前也依然存在着多种 QJY,但从整体来说,统一的方向是比较明确的,即以《中图法》作为统一全国分类 QJY 的基础,以《国家词表》作为统一全国叙词 QJY 的蓝本。1980 年 L2 月在南宁召开的全国 QJY 标准化会议提出的建议,集中反映并促进了这一可喜的变化。

(二)产生了一批数量可观、覆盖面较广的论文

据截至 1988 年年底的不完全统计,全国共发表 QJY 论文 2871 篇。分析这些论文,对了解我国 QJY 的研究状况,将有所裨益。

1. 按时期分布。平均每个时期发表 717.8 篇。其中,停滞时期最少,只有 24 篇;起飞时期最多,高达 2587 篇。按年统计,则年均为 71.8 篇。其中,1949、1967—1972 年为空白;1980—1988 年每年均超过年均论文数;1987 年最多,有 383 篇(见图 2)。

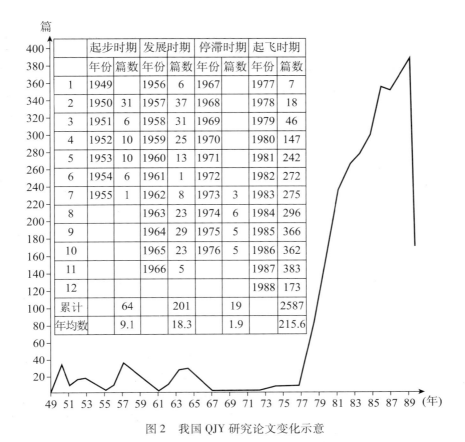

图 2 我国 QJY 研究论文变化示意

2. 论文按内容分布。研究分类法的论文 1846 篇,研究主题词法的 539 篇,两者的比例约为 3.4：1(见表 3)。显然,研究的重点是分类法。在 40 年中,完全没有研究主题词法论文的有 25 年。同时,即使是研究分类法的论文,重点也是传统的体系分类法。至于研究新型 QJY,如组配分类法和叙词法的论文一直较少。在 40 年中,有两个时期,即 1963—1965年、1973—1988 年,是研究新型 QJY 比较活跃的时期。

表 3 我国 QJY 研究论文的分类统计

	类别		篇数	%
1	QJY 总论		159	5.5
2	分类法	分类法总论	413	14.4
		分类表体系,结构、编制与管理	197	6.9
		分类标引	529	18.4
		《中国法》	426	14.8
		中外分类法(《中国法》除外)	281	9.8
		小计	1846	64.3

续表

	类别		篇数	%
3	主题词法	主题词法总论	142	4.9
		词表体系,结构、编制与管理	64	2.2
		主题标引	240	8.1
		《汉语主题词表》	45	1.6
		中外词表(《汉语主题词表》除外)	48	1.7
		小计	539	18.8
4	分类法和主题词法的比较与兼容		61	2.1
5	著者号、书次号和目录排列法		191	6.7
6	QJY 人物和机构		75	2.6

3.论文按国别分布。在 2871 篇论文中,研究国内 QJY 的有 2618 篇,研究国外的 253 篇,两者的比例约为 10∶1。在 40 年中,完全没有研究国外 QJY 论文的有 15 年;但有三个时期,即 1950—1959、1962—1965、1978—1988 年是引进、分析国外 QJY 比较活跃的时期。所论及的 QJY 主要是《中图法》、UDC 和《国家词表》。

4.论文按刊物分布。2871 篇论文分别刊载在 108 种刊物上。其中图书馆学刊物刊载的论文约占 80%,情报学刊物刊载的约占 10%,图书馆学、情报学以外刊物刊载的不到 10%。虽然图书馆学刊物上的这些论文比情报学刊物上的多得多,但情报学刊物上论述主题词法的论文却多得多。其中主题词法、分类法两者的比例,约为 2∶1。情报学刊物不仅是介绍和研究主题词法的重要阵地,而且也是介绍和研究一切新型 QJY 的重要阵地。据统计,在情报学刊物刊载的 QJY 论文中,85% 以上属于研究新型 QJY 的论文,而图书馆学刊物上的不到 12%。在 108 种刊物中,刊载 60 篇以上论文的有 15 种。其中,最多的是《图书馆学研究》,183 篇(见图 3)。所载论文被引用最多的是《情报科学》,共 92 次(见图 4)。

5.被引 10 次以上的论文。有 3 篇,一是刘国钧的《现代西方主要图书分类法评述》(1978 年在吉林的《社会科学战线》上连载,1980 年由吉林人民出版社汇编出版),48 次;二是刘国钧的《分类、标题和目录》(1962 年载于《图书馆》第 4 期),15 次;三是丘峰的《主题法与分类法》(1976 年载于中科院的《图书馆工作》第 1 期),13 次。

综观全局,在我国 QJY 的论文中,存在"六多六少",即:研究分类法的多,研究主题词法的少;研究传统 QJY 的多,研究新型 QJY 的少;研究国内 QJY 的多,研究国外 QJY 的少;编写的多,翻译的少;综述、评介性的论文多,有观点、有数据、有对比、有建议的专题研究型论文少;个人著译的多,团体著译的少。当然,我国的 QJY 研究工作,对创制、推广、普及和完善我国 QJY 一直起着重要的推动作用。同时,这"六多六少"不仅现在存在,就是将来也会存在。但现在的问题不仅仅在于"多"与"少",更主要的是相差的比例太大,而且有的还有继续扩大的趋势。因此,扩大研究面(即提高新型 QJY 研究论文的比例),加强引进(即提高研究国外和翻译的 QJY 研究论文的比例)和提高质量(即加大专题研究论文的比例)是我国 QJY 研究中应该加强的三个方面。

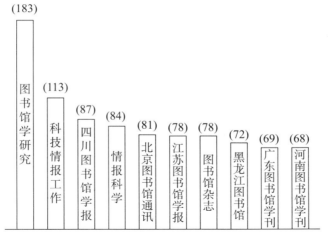

图 3 刊载 QJY 论文最多的 10 种刊物

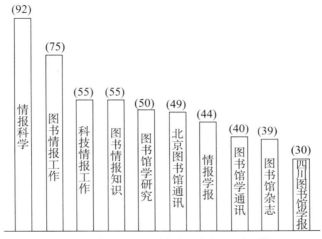

图 4 所载 QJY 论文被引最多的 10 种刊物

（三）产生了一批数量可观、质量较高的专著

QJY 专著是 QJY 研究系统化、理论化的产物。据不完全统计，我国 40 年共编辑专著 69 种、翻译专著 35 种，合计 104 种（见表 4）。

表 4 我国 QJY 专著的数量变化

	起步时期			发展时期				停滞时期				起飞时期			
	年份	编著	译著	小计	年份	编著	译著	小计	年份	编著	译著	小计	年份	编著	译著	小计
1	1949				1956				1966				1977	3	1	4
2	1950	1		1	1957	2	3	5	1967	1		1	1978			
3	1951				1958	2	1	3	1968				1979	2		2
4	1952	1		1	1959	2	1	3	1969	1		1	1980	4	1	5
5	1953	1		1	1960	2		2	1970				1981	10	4	14

续表

	起步时期			发展时期				停滞时期				起飞时期			
	年份	编著	译著	小计	年份	编著	译著	小计	年份	编著	译著	小计	年份	编著	译著	小计
6	1954				1961	1		1	1971				1982	2	6	8
7	1955		3	3	1962	1		1	1972				1983	7	1	8
8					1963	2	1	3	1973				1984	3	5	8
9					1964	1		1	1974				1985	10	6	16
10					1965				1975	1		1	1986	4	2	6
11									1976				1987	3		3
12													1988	2		2
合计		3	3	6		13	6	19		3		3		50	26	76
%		4.3	8.6	5.8		18.8	17.1	18.3		4.3		2.9		72.5	74.3	73.1

其中，主要有以下 15 种：

1.《图书怎样分类》。刘国钧编著，1952 年 3 月开明书店出版。它是刘国钧教授兼任北京图书馆顾问期间，以该馆的实践为基础而编写的理论联系实际的专著，书中记述了 307 条分类实例。

2.《图书分类学》。白国应编著，书目文献出版社 1981 年 11 月出版。它是白国应 20 多年从事图书分类工作、编制图书分类表、研究和讲授图书分类学的经验总结。全书 17 章 77 万字，是我国分类 QJY 中比较系统，比较全面的一本专著。

3.《文献标引手册及实例》。C. 托德钦奈等著、谭重安等译、钱起霖等校，科学技术文献出版社 1981 年 12 月出版。该书 16 万字，是了解国际核情报系统（INIS）的 QJY 结构及其使用方法的指导性工具书。全书共分三部分：第一部分为标引手册，详细列出了文献标引的各项规则和建议，阐明文献标引的方法与技巧；第二部分为标引实例，以 30 篇不同专业的文献为例，作了主题分析，并给出了主题标识；第三部分为主题分类范畴与说明，是文献分类查找的重要工具。

4.《情报检索词汇规范化》。F. W. 兰开斯特著，杨劲夫、邱祖斌、孙苛科、赵立新、丘峰、高维浦、温瑞林、杨鹤梅、匡奕祥译，孙荣科、温瑞林校，科学技术文献出版社 1982 年 12 月出版。该书分 25 章，42 万字。其中，对世界各大情报系统所使用的 QJY，从高度规范化的分类法、标题表、叙词表，到非规范化的自然语言，都作了比较深入的比较和分析。书中重点介绍了 QJY 的类型、结构和特点；词汇的选择、组织、展示、增补和更新；兼容性和互换性等问题。该书是一部系统性、理论性和实用性都比较好的译著。

5.《情报检索语言》。张琪玉编著，武汉大学出版社 1983 年 6 月出版。该书是高校图书馆学和情报学专业的教材，分 8 章，20 万字。它系统讲述了 QJY 的基本理论、性能、编制和使用，同时对各类 QJY 相互取长补短也做了综合性的分析，是我国 QJY 教材中系统性、全面性和理论性都比较好的专著。

6.《图书分类》。北大图书馆学系《图书分类》编写组编著,书目文献出版社 1983 年 9 月出版。该书是高校图书馆学专业的基础教材之一,分 7 章,23 万字,包括分类法的基本原理、结构、分类方法和分类技巧等。它对分类 QJY 的发展趋势分析较好。

7.《汉语主题词表标引手册》。钱起霖主编,王剑雄、杨霞丽、郑亚晖、赵宗仁、高崇谦编著,朱孟杰审定,科学技术文献出版社 1985 年 2 月出版。该书是编著者以参加《国家词表》编辑实践为基础,为配合该词表使用而编写的一种实用性手册,分 10 章,20 万字。其中,详细介绍了《国家词表》的结构和使用方法,重点阐述了文献标引的方法、步骤和规则,并以实例说明如何进行主题分析和选用标引词,是使用《国家词表》的文献标引人员必备的一种工具书。

8.《医学文献主题标引》。赵兴烈编著、李清潭等审校,首都医学院图书馆 1985 年 9 月出版。该书是了解美国医学文献分析和检索系统(MEDLARS)的 QJY 结构及其使用方法的参考工具书,约 28 万字。全书分两部分:第一部分是总论,主要论述文献标引的原则、方法和有关说明;第二部分是各论,分别介绍生物部分、器官以及药物等不同专业文献的标引方法和标引实例。

9.《主题法的理论与标引》。刘湘生编著,书目文献出版社 1985 年 11 月出版。它是作者以参加《国家词表》编制实践为基础,为普及主题 QJY、配合《国家词表》使用而编写的一本专著,分 16 章 31 万字。该书比较全面地介绍了主题词法的理论、类型、特点、演变和管理问题,同时对《国家词表》的结构、文献标引的方法和步骤也作了重点论述,是研究主题 QJY 的一部比较系统的专著。

10.《冒号分类法理论与实践》。塞克德瓦著、吴人珊译,书目文献出版社 1985 年 11 月出版,17 章 23 万字。它除对阮冈纳赞的理论和体系作了深入浅出的解说外,还附有实际分类作业,有助于理解阮氏的冒号分类法。译者还编写有部分术语译名对照表,可作为阅读的辅助工具。

11.《冒号分类法解说及类表》。宋克强、许培基译著,书目文献出版社 1986 年 3 月出版。分上、下两编,37 万字。上编介绍冒号分类法的理论、结构和使用方法,附有阮冈纳赞生平简介;下编是《冒号分类法》第 6 版类表及其索引说明。它是我国第一部详细介绍冒号分类法的专著,可供广大图书情报工作者在研究、编制分类法和主题词法时参考。

12.《情报检索理论与实践》。尤国俊、鲍绵福、邱祖斌编著,国防科工委情报所 1986 年 12 月出版。共 10 章 42 万字,是《国防词表》的配套产品,书后附有日本科技情报中心(JI-CST)叙词标引规则。

13.《主题标引与索引技术》。傅兰生编,科学技术文献出版社 1987 年 3 月出版,5 章 7 万字。该书扼要地论述了主题标引的基本概念、主题分析、标引步骤、标引规则、标引深度、标引误差和索引技术,是一部简明而实用的标引参考书。

14.《情报语言学基础》。张琪玉编著,武汉大学出版社 1987 年 11 月出版,11 章 23 万字。该书是中央广播电视大学图书馆学的专业教材,全面讲述了 QJY 的一般问题、基本理论和基本方法、各类型 QJY 的原理、编制法、使用法、性能和相互取长补短的情况、文献标引、情报检索计算机化及情报语言学的发展,是一部系统性较强的 QJY 专著。

15.《情报检索与主题词表》。丘峰著,书目文献出版社 1988 年 3 月出版。该书是作者参加《航空词表》《国防词表》和《国家词表》编制和多年研究主题词法的结晶,共 8 章 30 万字。它从提高检索效率角度出发,以主题词表为引线,全面论述了情报检索的各个侧面。书中涉及近 40 种国内外主题词表,穿插有 200 多种图表,并有 5 种附录,是论述主题 QJY 比较系统的一部专著。

16. 被引 10 次以上 QJY 专著。共 6 部,从多到少依次是:张琪玉的《情报检索语言》,86次;白国应的《图书分类学》,40 次;北京大学图书馆学系的《图书分类》,37 次;兰开斯特的《情报检索词汇规范化》,28 次;刘湘生的《汉语主题词表的理论和使用》,12 次;钱起霖主编的《汉语主题词表标引手册》,10 次。

(四)形成了一支数量可观潜力较大的基本队伍

40 年来,在我国 QJY 建设战线上,已经形成了一支数量可观、潜力较大的基本队伍。仅以其论文和专著的作者来说,就有 3151 位。其中,个人作者 3070 位,占 97.4%;团体作者 81位,占 2.6%。

1. 发表 10 篇以上论文的作者。共 17 位,从多到少依次是:白国应(62 篇)、杜定友(38篇)、皮高品(35 篇)、刘国钧(33 篇)、李锡初(33 篇)、钱亚新(32 篇)、张琪玉(30 篇)、丘峰(23 篇)、侯汉清(22 篇)、戴维民(22 篇)、刘湘生(20 篇)、叶千军(20 篇)、傅兰生(19 篇)、卢中岳(18 篇)、曾蕾(15 篇)、李严(13 篇)、史永元(12 篇)。

2. 论著被引 10 次以上的作者。共 13 位,从多到少依次是:张琪玉(144 次)、刘国钧(117次)、白国应(67 次)、侯汉清(64 次)、刘湘生(60 次)、丘峰(33 次)、史永元(20 次)、傅兰生(18次)、曾蕾(17 次)、杜定友(15 次)、钱起霖(13 次)、周继良(12 次)、戴维民(10 次)。

3. 卓有建树的五位人物。40 年来,刘国钧、杜定友、皮高品、丁珂、袁韩青、曾世荣、钱亚新、张琪玉、史永元、关懿娴、韩承铎、李兴辉、杨劲夫、张德芳、卢子博、卢中岳、范世伟、周继良、李严、白国应、朱孟杰、钱起霖、曾民族、高崇谦、安鸿书、许培基、赵宗仁、刘湘生、关家麟、侯波涛、李锡初、尤国俊、邱祖斌、傅兰生、鲍绵福、孙伯庆、曾蕾、戴维民和叶千军等都程度不同地为我国的情报检索语言建设做出了贡献。其中,卓有建树的有五位:

(1)刘国钧。他是我国近代图书馆事业的奠基人之一,是著名的图书馆学家和分类学家。1929 年,编辑了《中国图书分类法》,基本上能适应当时类分中外文图书的需要。中华人民共和国成立以后,他一方面参加《中小型法》和《大型法》的编辑实践,一方面深入研究QJY 的理论问题。在他从事图书馆工作、图书馆学教育和图书馆学研究的 70 多年中,共著译 166 种论著。其中,关于 QJY 的论著有 17 种。刘国钧教授在翻译和介绍国外新型 QJY,并为我国建立这种语言方面做出了重要贡献。

(2)杜定友。他是我国著名的高产的图书馆学家。在半个世纪里,他共著译 368 种论著。其中,关于情报检索语言的论著有 46 种。

(3)皮高品。他是我国著名的图书馆学家和分类学家。1934 年,编出《中国十进分类法》,受到了图书馆界的好评。1957 年,发表《编制图书分类法的几个问题》,对我国分类检索语言建设提出了独到的见解。

(4)李兴辉。他是我国图书情报行业自学成才的 QJY 专家。在他从事图书情报工作的近 60 年中,先后参加过刘国钧《中国图书分类法》《中小型法》《大型法》《中图法》和《国家词表》的编制和修订工作,并长期担任全国文标会第 5 分委员会主任委员职务(1979—1988),为我国 QJY 建设做出了重要贡献。

（5）张琪玉。他是我国著名的 QJY 学家。1980 年 3 月，完成《情报检索语言》编著。同年，在武大图书馆学系开设 QJY 课程，是我国 QJY 学学科建设的开拓者。他治学严谨，善于结合我国 QJY 建设中的重大而急待解决的课题采用多种方法进行综合研究，并取得了较为突出的成就。30 多年来，共著译 115 万字，代表性著作有《情报检索语言》（1983）和《情报语言学基础》（1987 年）。

三、近期展望与未来预测

历史是一面镜子。根据我国 QJY 建设 40 年，尤其是近 10 年来的历史发展，可以对 20 世纪余下的 11 年作以下的展望：

（一）分类 QJY 将继续成为我国 QJY 的主体，对它的研究将沿着提高其检索效率的方向深入开展。

（二）主题 QJY，尤其是其中的叙词 QJY，将在 20 世纪 90 年代得到普遍使用而与分类 QJY 并驾齐驱，但若不改进使用方法，则不太可能超过分类 QJY 的效率。

（三）分类、主题两种 QJY 将进一步朝兼容化和一体化的方向发展，有可能出现若干种分面式的叙词表和分类表。在标准化方面也会有一定的进展，但不可能取得惊人的突破。

（四）QJY 将逐步计算机化，许多语种将会有机读版。先组语言与后组语言、人工语言与自然语言，通过计算机将变得亲和起来。

（五）汉语自然语言检索研究将会有较大的发展，个别的专业系统有可能达到实用化。

（六）代码 QJY 研究会取得一定成效，中文文献引文索引系统将会出现，并有可能在现有理论和方法的基础上创制出某种新型的 QJY。

（七）QJY 学学科理论体系将进一步完善。从整体上说，我国在这一领域的研究将接近国际水平。

回顾过去，我国 QJY 建设已经历了从只使用分类 QJY 到分类和主题两种 QJY 并用、从只使用列举式 QJY 到列举式和组配式两种 QJY 并用的发展道路。但是，无论是分类还是主题、是列举或是组配式 QJY，都属于规范化的 QJY 范畴。诚然，分类作为人类思维和处理事情的一种方法将永远存在，但展望未来，我们将会看到：经过相当一段时间的规范化 QJY 与自然语言并用后，自然语言将成为我国 QJY 的主体。采用自然语言，利用计算机进行自动抽词，建立自动化检索系统，实现广泛的联机检索，这是科学技术发达国家情报检索正在走的基本道路。可以预料，它也将是我国情报检索和 QJY 发展的基本方向。

（选自《图书馆学通讯》1989 年第 2 期）

全国文献资源调查与合理布局

肖自力　李修宇　李久琦

我们的时代虽被称为"信息化时代"，但却存在着"情报饥饿"现象。这主要是指发展中国家与发达国家在情报资源的掌握与加工方面的差距扩大。发展中国家在情报存取方面处于实际上的不平等地位。正如发达国家一些情报专家所指出的那样，情报正在成为一种战略武器；谁掌握了情报，谁就掌握了支配权，甚至可用它作为一种制裁手段。作为一个发展中的社会主义国家，我们应引起警觉，并寻求对策，建立国家情报发展战略。

信息和情报有极广泛的含义。文献是信息情报的记录，文献的集合是信息、知识、情报的总汇，也是最经常、最大量、最方便的一种情报源。文献资源建设的本质就是对人类知识进行收集和组织，以便利用。文献资源建设在国家情报发展战略中具有重要的意义。为了探索我国文献资源建设方案，1987 年 7 月开始，我们着手进行了全国文献资源调查。

一、文献资源的作用及其发展趋势

（一）文献及文献资源的特征。文献是记录有信息、知识的载体。它包括图书、期刊、手稿、政府出版物、报告、唱片、缩微制品、声像资料、机读资料等，从古代的甲骨文资料到现在的光盘资料，以及未来可能发明的一切信息、知识的载体。

迄今所积累、存储下来的文献总和，20 世纪 70 年代有人估计品种有 5000 万种，如果将各类文献计算在内，现在这个数字肯定已经翻番。这些文献构成了人类文明成果的总汇和思想智慧的结晶，是一种宝贵的智力资源，我们称之为文献资源。如同矿产资源、水资源等自然资源一样，它也是人类不可或缺，甚至在某种意义上更为重要的宝贵资源。

现代文献与过去相比，具有数量庞大、增长迅速、类型复杂、文种多样、内容广泛、分散交叉、不断更新等特点，如同无数河流滚滚而来，奔向大海。

与其他资源相比，文献资源有自身的一些特征：

1. 文献资源不同于一次性消耗的资源，可以重复使用，并进行复制和传递。文献资源一旦产生，并得到开发利用，就可以成为全人类所共享的、用之不竭的财富。

2. 文献是人类自身创造的一种智力资源。人们可以通过选择、组织、布局等手段，对文献资源进行建设、改造和优化。

3. 社会文献资源并不简单地等同于各单位文献的总和。相同信息的重复积累，并不增加总的信息量，也无法形成优化的文献资源体系。

4. 在现代社会中，庞大的文献数量既大大推进了社会信息化的进程，又给文献资源的调查、开发和利用带来了相当的困难。

5. 文献资源的价值是潜在的,所产生的社会作用也是间接的、潜移默化的。因此,对文献资源的调查、揭示和开发,要使用特殊的手段和方法。

文献资源的这些特点和规律,至少给了我们两个启示:首先,开发和利用社会文献资源,建设并优化国家的文献资源体系,是完全可行的,前景也是广阔的。其次,要实现上述目标,还存在相当大的困难和问题,还要经过长期和艰苦的工作。

(二)文献资源的作用。文献是适应人类的需要而产生的。作为一种社会资源既是人类知识信息的记录,也是人类活动的记录;文献成为人类传递知识情报的重要手段,既可代代相传,又可异地共享;文献作为人类发展、发现和认识进步的证明,因而也是社会经济发展和科学技术进步的主要标志;文献是人类交流思想的工具,又是普及文化、促进经济发展的媒体。一个国家的文献资源,是该国知识储备和科学能力的重要组成部分,标志着该国对人类知识情报的积累和存取水平。对文献资源的开发与利用,可带来巨大的,有时甚至是无法估量的社会效益和经济效益。

文献资源对社会经济、科技、文化的发展有着巨大的作用:第一是文献所记录的情报,特别是利用经过分析、评价、加工、提炼的文献情报,已成为科学决策的重要保障之一;第二是文献情报提供前人及旁人的成果,使社会经济、科研和生产建立在人类文明成果的基础之上,避免重复劳动,迅速获得新的进步,推动社会经济的发展;第三是文献资源可以满足人类学习、精神修养、文化娱乐等多种需求,丰富人类的生活。

(三)加强文献资源建设已成为当代社会的共同要求。我们所处的信息化社会的主要特征就是信息情报在社会发展及社会生活中的作用日益增大,甚至比物质能量的作用更重要。由于文献是知识和情报的记录,所以我们通常讲的情报资源,实际上主要就是指文献资源。从对情报的需求出发,而重视文献资源已为社会所共识。

文献是社会的产物,但随意堆积的无序的文献,并不构成可用资源,反而会埋没有用的情报。因此,人们开始越来越自觉地去建设文献资源,使其能更好地为人类服务。

文献资源建设一般包括两方面的内容,一是各个国家的图书情报机构对文献的有计划的收集、贮存和剔除等工作,在图书馆常称之为藏书建设;二是一个地区、一个国家乃至国际的文献情报机构对文献的规划、协调、收集和整理,形成文献资源的整体。这两者之间,其实是一种辩证的关系,整体的规划协调可以指导各馆的建设,没有各馆的建设无法形成整体的优势;各馆的建设都是整体的组成部分,若没有整体的优势,各馆很难满足用户的全部文献情报需求。我国图书情报界多在第二种意义上使用文献资源建设一词,即从宏观上制定目标和规划,进行协调分工,以指导各文献情报机构的文献收集工作,突出各自长处,形成整体优势比较完备的收藏,并作为集体的资源,共同使用。

文献资源建设在发达国家一般称之为合作藏书。第二次世界大战以来,他们已进行了许多探索和实践,有了大量经验和成功的先例,也已建立了一定的理论。例如,美国 1942—1972 年的法明顿计划、目前正在实行的 480 号公共法案、北美藏书目录项目(NCIP)和研究图书馆中心,联邦德国的超地区文献提供计划,斯堪的纳维亚的四国协调计划,日本的学术情报系统,法国的科技文献传递系统(CASTI)和苏联的集中化图书馆。美国 1975 年提出的《图书馆和情报服务国家计划》体现了政府积极参与并承担责任的倾向。联合国教科文组织先后提出了国际科技情报系统(UNISIST)和国家情报系统(NATIS)。1971 年,又将这两项计划结合为综合情报计划(PGI)。

我们从以上这些国家和国际性的计划和活动可以清楚地看出,加强文献资源整体建设不仅已为当代国际的共识,而且已取得实践成果。

(四)文献资源建设的趋势。早期的文献收集工作,无论从官府的机构还是寺院,都是独立进行的;近代公共图书馆兴起之后,虽有馆际互借和资源共享,但各馆文献收集的指导思想依然是自给自足的完整收藏。20世纪以来,特别是第二次世界大战之后,人类社会逐渐进入"信息化社会",记录知识情报的文献如同一股强大的洪流滚滚而来,传统图书馆自给自足的思想由于经费紧张、人力不足和馆舍困难等已经无能为力,于是产生了两个方向的探索和实践:其一是从图书馆本身寻求对策,如明确收集目标,研究馆藏结构,提高馆藏质量,控制馆藏数量,提高馆藏效用,更新过时、陈旧或低劣的文献,使馆藏建设达到一个新的水平。其二是从馆际(包括地区的和国际的)协调协作、分担收集、资源共享,走向整体规划建设,依靠集体力量,形成比较完备的资源优势。以上两种趋势正趋于合流,即根据国家或地区的整体目标,确定每个馆的目标和任务,集各馆之长,形成地区或国家的文献资源优势。两者的结合以现代技术,主要是计算机和电讯网络作为支持,构成完善而又经济的保障体系。

二、文献资源的调查、研究与评估

我国图书情报界对文献资源建设的认识是比较早的。早在1957年国务院就批准实施《全国图书协调方案》,在全国成立了两个全国性的中心图书馆委员会和9个地区图书馆委员会,在协调采购、编制联合目录方面做了很多有意义的工作。20世纪60年代初,十二年科学规划又进一步提出了学科分工意见。20世纪80年代,中国图书情报界以极大的热情开展了文献资源建设的研究,从一个单位的收藏结构到一个地区、一个系统以至全国的研究,获得了许多积极的成果。在实践中,一些地区,例如四川、甘肃、吉林、湖北、广东等省区的一些系统(如地质、农业和医学等系统)都已开展了不同程度的协作和协调。1988年,成立了部际图书情报工作协调委员会。该委员会下设的文献资源专业组,正大力推进文献资源的整体建设。

但是,目前困难较多。这里有体制和经费方面的困难,也有家底不清和文献资源评价方法需要探讨的问题。过去,我国图书情报界虽有过一些评估馆藏的方法,但总不尽人意。我们这次调查,把收集文献的完备程度和支持研究决策的能力作为评估目标,并从六个方面进行评估:

A 总藏书情况,包括文献总量、收集的学科资料范围和相关学科的收集水平;

B 本学科文献收集计划、发展趋势及经费保证状况(权值0.15);

C 本学科文献概貌,已收集的品种、类型特色、起始时间、沿革等(权值0.15);

D 本学科文献书目核查(权值0.15);

E 本学科引文核查(权值0.15);

F 本学科用户评价和本馆自评(权值0.20)。

一般说来,B、C、D三个方面可作为收集完备程度的量度,A、E、F三个方面可用以评价支持研究决策的能力。其中,衡量收藏文献方面,9—10分为完备,7—8分为基本完备,5—6分为勉强够用,5分以下为残缺不全。如评判某馆文献收藏在5分以下,一般即认为其文献收集状况不属于研究级。但如该学科领域在全国属空白或薄弱的新兴学科,则应保留,或作为需要加强的项目。

三、我国文献资源的分布状况

为了弄清我国文献资源建设所面临的形势,我们需要完整地、深入地分析我国文献资源收藏分布的状况。这种状况,可以从几个方面来概括。

(一)文献类型与文献收藏组织系统。我国的文献资源主要分布在八类不同的收藏机构中。这些机构自成系统,分别承担一定的文献收集任务。从文献类型角度看,有三种情况。①专利、标准和档案文献已由国家专门的职能部门管理,已经基本形成国家的和地方的(省级)二级保障能力。国内正式出版物和国内学位论文,已有法定的呈缴制度,也形成了比较完备的国家贮存体系。其他文献机构为方便使用可有选择地收藏。②特种文献、科技报告、会议文献、产品目录和政府出版物在习惯上已作为情报部门收藏的重点,但没有承担明确的法定义务。因而,未能形成可靠的保障。③图书和期刊(特别是期刊)数量庞大利用普遍,存在着较普遍的重复收藏现象。对普通书刊而言,重复有合理性,但少数使用频率低、价格昂贵的书刊,大量重复显然是不可取的。在我国这种条(系统)块(地区)交错的收藏体系中,各组织系统的交汇点(北京和其他省会城市)集中了这种不合理的重复收藏的矛盾,成为文献资源宏观控制的焦点。

调查表明,北京图书馆以其绝对的文献收藏优势和经费保证(藏书 193 万种,累积期刊7.7 万种,年经费 1773 万元),成为我国文献保障体系中的中坚。中国科技情报所收集特种文献互为补充。这是面向社会服务的我国主要的文献机构。各系统都有少数具有相当规模的文献机构以不同的组织形式作为本系统的文献支持后盾,同时也是国家文献保障体系的后备力量。各级各类文献机构都有其特定的地位和作用。为有效发挥我国现有文献优势和提高今后文献的投资效益,跨系统的宏观协调将是我们的重要任务。

(二)我国文献收藏水平。近年来,众多的研究报告分析了我国文献贮存量与世界文献产量之间的差距以及文献满足程度的令人担忧的局面。这次文献资源调查显示,我国的文献收藏的单位水平不高。以图书为例,虽然北京图书馆达到 193 万种,但其他馆水平与之相距甚远。除上海图书馆外,藏书在 50 万—66 万种之间的只有八个图书馆。为了比较学科优势,我们依《中图法》基本大类统计的我国前 20 名具有收藏优势的图书馆发现,只有六个大类可以超过北京图书馆,(占 22 大类的 27%),有 11 个第 2 位的优势馆文献收藏量只及或不及第 1 位馆藏量的 50%。从 20 个优势馆的整体水平看,平均收藏水平只相当我国最大收藏馆藏的 38%(平均量级指数 38)。其中,数理化类平均水平较高,达到 58.7%;环境科学最低,只有 20.1%。大约 85% 的类目中,平均水平为 30%—40%。这种梯度分布说明两点,首先从学科划分后的优势看,在局部上,我们可能建立起更高水平的收藏,以提高我国文献收藏的整体水平。这为我们建立学科文献中心,提高文献保障能力提供了保证。另一方面看,我们的文献优势比较单薄,个别馆"孤军奋战",还不能形成方便、可靠的保障。从更具体的分析来看,真正达到完备的仅占调查学科的 25%,有一半学科达到基本完备,另有 25% 左右的学科则属于薄弱环节,甚至可能是空白点。因此,需要在现有文献资源的基础上,考虑发展多级多个学科的文献中心,以发挥群体的力量,争取完备的收集,增强薄弱点,填补不应有的空白,以形成更高的文献保障能力。

(三)我国文献资源的地理分布。我们对 22 大类的图书收藏优势馆的统计表明,文献资源优势与经济地理上将我国划分为东部沿海、中部和西部三大经济地带,且经济贸易、工业产值、科技发展水平和产业密度呈阶梯形式分布的论点不谋而合。这种态势表现出一种适应与不适应、合理与不合理的对立统一。为了不断适应内地经济发展的需要,作为粮草的科技文献,应当适当先行。同时我们也看到,我国的文献资源分布优势相对集中,也产生着一种集聚效果,这种集聚的特点表现为一种水平不高的重复。在同一个城市有好几个馆都有较多的收藏,但收藏的水平又都不太高,没有能形成各馆功能互补的文献优势。

(四)我国文献资源建设存在的问题。主要有三点:

1. 文献入藏尚有许多薄弱环节,全国外文文献入藏总量明显不足。在 266 个学科和主题领域中,只有 27.4% 达到完备水平,即使加上基本完备部分,总数也只有 74.8%。也就是说,有 25.2% 学科和主题领域的文献只是勉强够用,甚至有些学科或文献类型实际处于空白或极其薄弱的状态。这从总体上反映我国文献资源建设的发展不平衡。

据估计,世界图书产量为 80 万种/年,期刊为 1 万种/年,并以每年 5% 的速度增长。其中有一定价值而应当引进的,大约为 20 万种图书,50 000 种期刊。世界主要大国也是大致如此采集文献的。20 世纪 80 年代中期,图书情报机构经费情况较好,外汇比率调整之前,我国大约均引进了此数的一半左右,现在可能更少一些。这从总量上说明,我们的文献数量不足是值得认真注意的。同时,这也是用户普遍反映找不到所需文献的最根本原因。

2. 在文献品种明显不足的情况下,又存在着大量的重复现象,从总体上看,1986 年我国进口外文图书 10 万种、80 万册,期刊 27 000 种、22 万份,复本率为 8。这一复本率超出国力和发展程度比我们高的苏联的一倍半以上。近几年来,各系统、各地区揭示出了许多近乎奇谈般的重复现象。例如,一个地区同一系统的三个单位同时订有价值两三万元的同一种原版期刊,一种万元以上的原版期刊在几公里距离内竟订有 4 份,在一条大街上用吸一支香烟的时间可以见到三份台湾影印的文渊阁《四库全书》,甚至有一个学校也买了两部,等等。所有这些,都是文献收藏大量重复总趋势的具体表现。

近几年来,在书价上涨、经费紧张的情况下,重复现象有所减少。例如,北京图书馆与中国科技情报研究所重复 5000 种原版刊的情况消失了。但是,抽样调查表明,情况依然是相当严重的。据地质矿产信息研究院调查,1989 年预订的 1990 年份的 776 种地质学及其相关的原版期刊,全国共订了 6416 份,复本率为 8.27。这还未计算中国地质大学和长春地质学院等在教图公司所订的以及通过其他途径进口的部分。其中,复本数最高的达 95 份,其次还有 66、55、51、49、46 份等的多种期刊。这些期刊在北京市内共订了 2442 份,复本率为 3.3,复本数最高的为 21 种。

3. 地理分布不尽合理。其一是我国文献资源的富集程度由东向西呈梯度递减态势。这与我国的经济、科学、文化和教育的地区发展态势相吻合。其二是部分地区畸形富集。以外文文献为例,北京竟占 40%—50%。富集是形成优势、发挥作用的条件之一,但过分富集又会带来一系列问题。

4. 文献入藏量近年来普遍急剧下降。比如,中国科技情报研究所近几年内用于订购原版期刊的经费由 150 万元增到 400 万元,而所订品种却由 8000 种降到 2700 种;国防科工委情报所经费由 22 万元增到 50 万元，品种却由 1300 种降到 500 种；中国科学院文献情报中心在 1985 到 1988 年间，经费由 186 万元增长到 355 万元，品种却由近 5000 种降到 3500 种。

四、对全国文献资源合理布局的初步构想

为了克服现存种种弊端，改进和加强我国的文献资源建设，我们提出全国布局的初步方案，包括目标、指导思想、模式和方法四个方面。

（一）全国文献资源布局的总体目标。由于情报需求是一个灰色系统，带有极大的模糊性，而且用户与文献的耦合同样带有极大的不确定性，所以我们只能提出一个满足率的指标。我们认为，我国文献资源保障体系应满足 95% 左右的情报需求。分开来说，应满足 100% 国内情报的需求，90% 以上国外情报的需求。为此，国内文献应收集 100%，国外期刊应订购 5 万种，国外图书应订购 20 万种左右。

（二）全国文献资源建设的指导思想。从我国的国情出发，建立有中国特色的全国文献资源布局体系。具体说来，必须充分考虑以下几点：

——我国属于发展中国家，我们必须始终注意经济，注意效益，务求以最少的投入获得最大的情报占有量。为此，应充分发挥现有主要图书馆和情报机构的优势和潜力，依靠这个群体的协调一致的努力来建设国家一级的体系。这样，就能使效率更高、效益更好，同时能适当减轻中央投资的压力。

——为了适应我国疆域辽阔、人口众多、情报需求多种多样的形势，必须建立包括国家一级、省区二级在内的分工合作、密切配合、能够满足多方面、多层次需求的文献资源布局体系。

——根据我国经济、交通、通讯和国土辽阔等多种因素，必须强调块块为主，同时，根据这种情况，在坚持珍稀、罕用文献（主要是外国的）全国收藏一份的原则下，对介于"常用""罕用"之间的品种可适当放宽，收藏 2—3 份。

——为适应国家总体发展战略的要求，在优化东部沿海和中部地带文献资源建设的同时，应加强西部地区的文献资源建设，真正做到周总理指示的那样，"兵马未动，粮草先行"。

（三）我国文献资源布局的模式。具有现实可行性的模式，可以表述为以特大型和大型图书情报单位为骨干，联合收藏专深的专业图书情报机构，在按学科（或主题）领域、文献类型、语种和地区等择优分设专业文献中心的基础上，组成中央宏观调控、研究级公共图书馆为实施核心、充分发挥中央、地方和系统图书情报机构积极性、地理分布相对均衡、多级多面的全国文献资源保障体系。其内容主要包括：

——高度重视大型、综合性图书情报单位（如北图、科图、中情所、一些研究级公共图书馆和综合性大学图书馆）在布局中的骨干和基础作用。它们不但在许多领域的收藏达到了专深而完备的程度，更主要的是它们的广泛全面的入藏方针、普遍高层次的收藏水平和多年有系统的积累，使其具有支持多学科研究、开发与决策的强大能力。它们是我国图书情报事业的主力与骨干。国家应继续加强对它们的领导和投资，帮助它们克服困难。当前，应着重解决物价上涨、使其文献入藏量急剧下降的问题，特别是其中的研究性公共图书馆。近 10 年来，各系统图书情报机构普遍处于上升时期，研究性公共图书馆的经费升幅不大，但普遍

下滑时它们的跌势却十分惊人。考虑到它们的重要地位,国家应予大力扶植。

——设立专业(或学科)文献中心,以便分工明确地收集齐备我国所需的专业文献。根据我国情况,参照国外经验,我们认为可以划定两三百个专业(包括学科与主题领域、文献类型、语种和地区等),分别指定最有优势的单位担负专业中心,务求以完备情报量作为收集国内外文献的标准。专业中心可以由各专业单位、也可由综合性图书情报单位承担,一个单位也可以承担建立若干个专业中心的任务,一切应从实际出发。

——建立"条块结合,以块为主"的布局体制,发挥各个方面的积极性。国家级布局的任务是情报完备级的收藏,担负这些任务的单位遍布全国,它可以是中央级单位,也可以是某系统布局或某地区布局的成员。地区布局主要是省区一级的布局,它的任务是核心收藏,只满足本地区最常用的需要,比如说,满足当地文献需求的80%左右。英国不列颠图书馆外借部订有五万多种期刊,但其需求的80%是由5500种满足的,这可以说明核心收藏的特点与意义。系统布局的任务是保证本专业文献的完备收藏。其最高层单位必然是国家一级布局的成员,其第二层次的单位应与地区布局相结合。但是,我国的大多数系统都是需要使用多学科文献的综合产业部门,因此,只有真正属于它们专业的学科文献才应追求完备收藏,其他交叉专业的文献则应采取核心收藏方针。只有这样,才能分工合作,各得其所,既最大限度地发挥了多方面的积极性,又避免了平行重复建设的浪费。

——促进文献资源地理分布上的相对均衡,改变北京地区文献的畸形集中,更多地重视西北地区的文献资源建设,使其超前于科技和文教事业的发展,为它们准备腾飞的粮草。根据历史传统、现实需要和未来发展的需要,在全国因势利导地形成京津、沪宁杭和川陕三个文献资源较为集中的区域可能是最为经济而有效的。

——整个系统必须有完善的调控、运行机制。在权威的统管全国图书情报工作的中央机关出现之前,部际协调委可以发挥相应的作用,因为这符合中央精神、历史传统和普遍的愿望。由于公共图书馆是国家主办的、面向全体社会成员的综合性文献保障系统,所以在国家或地区文献资源保障系统的起动和运行中应发挥核心作用。多年来,公共图书馆在文献工作的协调协作中实际上也已发挥了这种作用,并得到了公认。只有明确责任,上有领导机关,下有实施组织单位,才能建立正常运行,并得到不断反馈、调整的系统。

(四)全国文献资源布局的布点方法。通过普遍调查和馆藏评估,选择各学科文献的最好收藏单位,将其确定为国家级的专业中心。这次全国文献资源调查和布局研究采取的这种方法是可行的。当然,即使这样提供了完整的方案,也只能作为决策的参考草案,因为最终确定尚需经过同行评议、专家咨询和领导机关批准等多种步骤。由于参加调查单位不全,我们目前尚不能拟订这样一份完整的草案。但作为本项目子课题的部分省区(如湖北、甘肃、辽宁和内蒙古等)已经过详议研究,提出了切实可行的方案。实践证明,这套方法是可行的。一旦数据齐全,就可以完成布点方案的草拟任务。

五、全国文献资源布局的实施和起动:对策建议

近两年来,全国出现了推进文献资源布局的前所未有的好形势,我们应当抓紧时机,及时起动。总结国内外的经验,我们认为下述几个问题具有首要的意义。

（一）紧紧依靠部际协调委的正确领导,大力推进全国布局,并力争不断提高和加强部际协调委的权威。全国合理布局是协调协作的高级形式,其根本之点在于必须有中央的宏观规划、指导和调控,没有一个权威的领导机关,是不可能成功的。部际协调委虽然不是一级实体政权单位,但它获得了图书情报界的拥护和支持。它有责任、有能力组织实施全国文献资源的合理布局。我们相信,在它有效地领导图书情报界进行文献资源的整体化建设中,它的权威将一步步得到加强和获得更广泛的拥戴。

（二）进一步开展资源共享和全国布局的宣传,以奠定推进布局的思想基础。虽然我们全行业的认识水平有了极大的提高,但发展很不平衡,距离建立普遍的共识相去尚远,何况更重要的是求得党政机关和教、科、文各界的理解、关怀和支持。因此,必须高度重视宣传工作,充分利用各种形式进行宣传,务使各界人士,特别是政界领导,明白文献资源建设是一种智力投资;在信息变化时代,文献资源具有巨大的经济效益和社会效益,文献资源正在成为一种战略手段,国家必须予以高度重视。

（三）在确定大目标和总体方针之后,及时起动,鼓励各地区、各系统进行该地区、该系统的布局工作,如同参加本次调查而制定地区文献资源建设方案的甘肃、湖北、辽宁和内蒙古等省区所做的那样。编制全国布局的定点方案需要较长时间和更细致的工作,但基本的目标、原则、方针是可以较快确定的。比如,各省区应以核心收藏为目标,不盲目追求完备;各系统对自己专业的文献采取完备收藏、而对相关专业则应以核心收藏为原则;综合性研究级公共图书馆、情报部门、科研机关和综合大学的基础理论研究文献,可能出现重复,但属于国内文献或常用文献,适当重复是必要的,属于价格昂贵的文献则应重视横向协调和学科布局的分工,等等。这些问题一旦明确之后,就应该充分发挥各地区、各系统的积极性,分步起动,使全国文献资源布局进入全面实施阶段,因为这些局部的布局活动,是完成全国合理布局的必要步骤和组成部分。

（四）抓紧编制布点方案,描绘全国布局的蓝图。本次调查为全国布局研究准备了大部分必需的资料。我们据此提出了布局的原则、模式和如何定点的方法。因为调查单位不全,我们按此方法提出的布点方案仅具有试验和模拟的性质,目的不在于推荐具体的布点单位,而在于讨论这种方法。需要继续展开调查,收集数据,提出一个较好的可供讨论的布点方案,经过各种必要的程序,修改完善后公布施行。当然,本报告所提的方案、方法也可能并不完善,我们衷心盼望广大同行提供更多更好的方案,使决策部门择其善者而从之。

（五）必须逐步解决立法保证和国家经费支持的问题。国内国外正反两方面的经验都表明,没有国家法律法令的保证和一定的经费支持,实现宏观控制的全国布局是困难的,即使初步实现了也是难以持久的。但是,国家的立法和颁布的政令,应以大量的实践活动为基础;而经费支持,即使经济情况完全好转之后,也必须以事业的进展和效益为前提。因此,布局伊始,就以这两者为追求目标是不现实的。我们已具有了全面开展布局的一切条件,只要正确处理各种矛盾,充分调动各地区、各系统的积极性,全面起动,做出成绩,争取国家在立法、经济两方面的支持是完全可能的。而只要我们取得进展并日见成效,争取国家像建设重点实验室一样,支持文献资源建设也是完全可能的。

（六）建立完善的传递、利用体系,是实现全国布局的必要保证和配套工程。全国文献资源保障系统包括文献的收集、传递和利用三个部分,资源布局所解决的是收集问题,即龙头部分。但后两个部分如不根据全国文献资源布局的新形势进行必要的改革,势必将影响、抵消、甚至葬送全国的布局。比如，目前的目录报道，杂乱无体系、断续不连贯、覆盖面窄、发行量小、滞后期长等，如不加以彻底改造，用户怎能找到自己所需的文献？若如此，无论如何完备的收藏和合理的布局都是难以发挥作用的。再如，借阅和复制文献的种种困难，包括名目繁多的创收活动和昂贵的收费，也使非本单位的读者望而止步。因此，文献资源的报道、开发、利用和共享既是文献建设的后续工程，又是文献资源建设的目的和前提，要在进行整体建设的同时，制定法规性文件，明确责任和义务。这些虽不属本课题的研究范围，但我们期待着这方面的改革与进步。

（选自《图书馆学通讯》1990 年第 4 期）

1991—2001：
世纪之交的思考与探索

王世伟

　　1991 至 2001 年的 11 年，国内外发生了几件大事，对图书馆学研究产生了重大的影响：1993 年，美国政府提出了"国家信息基础设施建设"计划，也称为信息高速公路计划，美国副总统戈尔于 1998 年又提出了"数字地球"的概念；1993 年 11 月召开了中国共产党第十四届三中全会，审议通过《中共中央关于建立社会主义市场经济体制若干问题的决定》，确定建立社会主义市场经济体制；1994 年 4 月至 5 月，中国实现与 Internet 的全功能连接，中国科学院计算机网络中心完成了中国国家顶级域名（CN）服务器在国内的设置，开启了中国互联网发展的历程；1995 年 10 月，上海图书馆与上海科学技术情报研究所合并，成为中国图情合一体制改革创新的积极探索；1996 年 8 月，国际图联首次在中国召开了第 62 届国际图联大会，中国融入世界图书馆大家庭的步伐加快，中国特色图书馆事业发展之路的研究逐渐增多。

　　1991 年，《图书馆学通讯》更名为《中国图书馆学报》。这一时期的《中国图书馆学报》刊登的研究论文，主要有以下三个特点。

一、围绕国内外发展背景形成了研究热点

　　这一时期形成的研究热点包括互联网和信息化、市场经济与图书馆事业发展、学习借鉴世界图书馆的经验、面向新世纪的思考等。

　　1. 积极应对互联网和信息化的时代挑战。在互联网和信息化方面，有信息时代、信息高速公路与图书馆发展的思考，有数字图书馆和电子图书馆的创新研究与探索，有信息化和网络化环境下元数据、超文本、数据仓库、联合数据库、电子期刊收集、虚拟馆藏建设、内容分析著录、信息资源评价等的分析与思考。如张琪玉《自然语言与人工语言对应转换——情报检索语言走向自动化之路》；王崇德、李美《论超文本信息系统》；叶继元《电子期刊收集策略探微》；汪冰《数字图书馆：定义、影响和相关问题》；索传军、张怀涛《网络

环境下虚拟馆藏的建设》;王军、杨冬青、唐世渭《数字图书馆的研究内容和方向》;陈源蒸《数字图书馆与中文图书内容分析著录》;赵继海《论数字图书馆个性化定制服务》;李致忠《关于古籍联合目录数据库的构建》;林海青《数字化图书馆的元数据体系》。马费成、陈锐则分别从技术、经济和人文三个维度分析阐述了面向高速信息网络的信息资源管理的新研究领域。

2. 思考市场经济环境下图书馆事业的发展方略。在市场经济与图书馆事业发展方面,有图书馆为经济社会服务的研究,有图书馆与市场经济乃至图书馆经营创收的探讨。如张树华、胡继武、杨沛超《80 年代以来图书馆为科研、为生产服务的进展与展望》;谭祥金《图书馆与市场经济》;刘翠兰《公共图书馆要搞经营创收》。但也有文章对图书馆面向市场经济和从事经营创收提出了不同的意见,如何善祥《应警惕有偿服务和经营活动对图书馆的误导》。

3. 大力学习与借鉴国际图书馆的经验。在学习借鉴世界图书馆的经验方面,有不少介绍世界各国以及中国港澳台地区图书馆事业发展经验的文章,也有进行中外比较的研究著述。如曾蕾《美国中文文献书目控制自动化述评》;赖茂生《日本图书馆学情报学教育分析比较》;黄俊贵《书目控制论的思辨:从世界到中国》;李常庆《日本近代图书馆学教育的诞生》;朱庆华《因特网上有害信息防范的国际动向》等。

4. 面向 21 世纪的战略思考。在面向 21 世纪的思考方面,既有综合性的跨世纪中国图书馆界面临的竞争和图书馆学发展的宏观研究,也有对面向 21 世纪中国图书馆学学科建设、图书馆学教育、人才培养、图情工作新增长点的中观和微观思考。如白国应《走向21 世纪的中国文献分类学》;吴慰慈《回顾过去　展望未来　开拓前进——建设面向 21 世纪的图书馆学学科体系》;张东、肖洪远《21世纪图书馆需要复合型人才》;林海青《新世纪我国图书馆学研究的展望》;李颖、钟守真《面向 21 世纪的信息管理专业课程设置探讨》;彭斐章《迈向 21 世纪的我国图书馆学情报学研究生教育》;孙建军、郑建明、成颖《面向 21 世纪的大学生信息素质教育》;张晓林《走向知识服务:寻找新世纪图书情报工作的生长点》等。

二、开展前瞻性、战略性、总结性的研究

1. 前瞻性研究。许多学者富有远见地较早提出了图书馆学的一些前瞻性命题,如农村图书馆事业、公共图书馆规模的小型化、机器人进入图书馆、读者参政权、文献信息传播理论、科研规范、县

级图书馆研究、图书馆向网络图书馆和社会图书馆的创新转型、图书馆立法、新书版本学、社区图书馆、科学计量、知识扶贫、越境数据流、特色图书馆建设、信息犯罪及其控制、业务流程重组、综合集成、图书疗法、网络化对图书情报学理论与方法的影响、新技术革命对图书馆的影响、电子书研究、复合图书馆、信息安全等。如周志华《论公共图书馆规模的小型化》；邱均平《中国文献计量学、科学计量学教育的兴起和发展》；张志强《综合集成——信息时代图书馆学》；缪其浩《"业务流程重组（BPR）"与图书馆改革》；吴宏亮、颜小云《论我国信息立法的几个基本问题》；初景利《复合图书馆的概念及发展构想》等。

2. 战略性研究，许多论文探讨研究了一些根本性、基础性和长远性的命题，包括图书馆学情报学文献学理论与方法创新、图书馆精神、图书馆功能、人文传统与技术传统、定额管理与目标管理、图书馆学学科规律与思维规律、新型图书馆学、跨学科研究、比较图书馆学、信息素养教育、资源共建共享、图书馆法治环境、图书馆学教育等。如：程焕文《图书馆人与图书馆精神》；任继愈《图书馆学的理论与实践》；卢泰宏《图书馆的人文传统与情报科学的技术传统》；刘迅《在"低谷"表象的背后——图书馆学学科规律与思维规律探讨》；范并思《从经验图书馆学到新型图书馆学》；周文骏、杨晓骏《文献学新论》；姜继《中国图书馆学的跨学科研究》；钟守真《比较图书馆学 ≠ 图书馆事业 + 比较方法》；马海群《论信息素质教育》；王知津《域分析与情报检索理论》；叶鹰《图书馆学基础理论的抽象建构》；徐引篪、霍国庆《图书馆学研究对象的认识过程——兼论资源说》；倪晓建《大学信息管理专业培养目标的思考》；刘兹恒、张久珍《论图书馆资源共建》；赵春旻《图书馆学研究中的泛化》；蒋永福《图书馆与知识组织——从知识组织的角度理解图书馆学》；邱均平、段宇锋、岳亚《论知识管理与信息管理》；黄长著、霍国庆《我国信息资源共享的战略分析》；李国新《论图书馆的法治环境》；王子舟《知识集合初论——对图书馆学研究对象的探索》；顾犇《信息过载问题及其研究》；高波、吴慰慈《从文献资源建设到信息资源建设》等。

3. 总结性研究。这一时期适逢改革开放 20 年、中华人民共和国成立 50 年、世纪之交的百年历史节点，故图书馆学此时期的总结性研究既有 10 年的总结，也有 40—50 年的总结，还有百年的回眸。如吴慰慈《图书馆学基础理论研究概述》；邵翘祥《当代图书馆事业的发展趋势》；马恒通《新中国图书馆学的研究对象争鸣综述（1949—1989）》；孟昭晋、王锦贵《二十年来的王重民研究》；张树华《中国图书馆读者服务工作百年回眸》；邱五芳《扩张与虚化——图书馆学理论研究 50 年反思》；裴红艳、赖湘蓉《近 10 年来我国图书馆法制建设研究之进展》等。

三、开展有中国特色图书馆事业发展的研究

1991—2001 的 11 年中,正是中国特色图书馆事业在改革开放的进程中不断探索前行的时期,精彩纷呈的图书馆实践为图书馆学理论研究提供了各行业和地区丰富多样的案例,所发表的相关研究文字中,即有面向地区和行业的案例调研、实践经验总结、面向问题和未来的导向的针对性研究;也有关于中国图书馆学学科和发展历史的专门研究,体现了图书馆学研究中实践与理论的双轮驱动、比翼齐飞;对改革开放 20 年和 21 世纪的图书馆学研究起到了承前启后的作用,为改革开放以来的中国特色图书馆发展道路的研究并据以形成道路自信、理论自信、制度自信和文化自信起到了添砖加瓦的作用。

如贾璐、常林、沈怀湘《从 6776 个图书馆统计数据看我国图书馆事业的现状、成绩与问题》;朱天俊《目录学研究中若干问题的思考》;吴仲强《中国图书馆学史论》;谢灼华、石宝军《中国文献学研究发展述略》;王学熙《中国农村发展乡镇图书馆之路——苏南地区发展乡镇图书馆事业探讨》;戴煜滨《论中国图书馆学的形成与发展》;刘楚材《现代观念与现代图书馆——深圳图书馆 10 年改革实践及其引发的思考》;黄俊贵《图书馆的转型与发展散论》;徐英明《实施"知识工程",推动农村图书馆事业发展》;郑一仙《我国公共图书馆评估刍议》;谭祥金《影响当前中国图书馆事业发展的四个问题》;王宗义《文献资源共享的历史与未来——上海地区的实践回顾与理论思考》;高波、刘兹恒、于丽凤《网络环境下我国图书馆信息资源共建共享现状调查报告》;程焕文《高涨的事业与低落的教育——关于图书馆学教育逆向发展的思考》;周和平《关于建设中国数字图书馆工程的问题》;肖希明《经济发达地区文献资源共享网络的构建——以珠江三角洲地区为例》等。

图书馆学的理论与实践

任继愈

　　《中国图书馆学报》创刊已经 35 周年了。作为中国图书馆学会的会刊,《学报》已成为反映我国图书馆学研究最新成果的主要理论窗口之一。从过去的《图书馆学通讯》到现在的《学报》,都对推动我国图书馆事业的发展,繁荣图书馆学理论研究发挥了重要作用。

　　20 世纪以来,我国的图书馆学研究,经过几代人的努力,已确立了自身的独立地位,获得了社会的承认,并且在一些基础理论建设方面取得了进展,逐步形成自己的理论体系。从目前来看,图书馆学仍是一门年轻的发展中的学科,它的理论前景十分广阔,有待于我们去探索和开发。

　　图书馆的任务在于保存和利用人类的知识成果,传递和交流情报信息,发挥社会教育的职能,促进科学文化事业的发展和整个人类文明的进步。图书馆事业的发展是整个社会发展的一面镜子,国民经济发展了,图书馆事业才会兴旺。图书馆也是整个社会文明程度的一个标志,社会成员的文化水平普遍提高,对图书情报交流传递的需求才会较大,图书馆的发展才会保持持久的动力。近些年来,随着社会发展和科技进步,我国图书馆建设事业取得了一些成绩,但还有相当多的工作要做,有些困难急待解决,如管理水平低,资金不足等。为了保持图书馆事业和整个社会的协调发展,我们不但要改善办馆的外部环境条件,更重要的是挖掘自身内部的潜力。一方面要积极地向社会宣传图书馆的作用,介绍图书馆的使用知识,让全社会都来重视和支持图书馆事业,另一方面,要努力提高自身素质,改善自我形象,从强化管理、提高服务质量入手,充分发挥图书馆的社会效益,赢得社会的信任和支持。从观念上,要改变那种只重视"硬件"(如馆舍、设备等),忽视"软件"(管理水平、工作效率、服务质量等)的认识偏差,下大力气抓管理、抓服务,只有这些"软件"也上去了我们的图书馆事业才能给社会提供实际效益。

　　图书馆学研究的目的,就是为图书馆事业的发展提供必要的理论指导。没有正确的理论指导,图书馆工作只能停留在低级的水平上;而脱离开图书馆工作的具体实践,图书馆学基础理论研究的路子也会越走越窄,难以发展。为了解决目前存在着的理论和实践相脱节的问题,一方面要深化基础理论研究,一方面应大力加强应用性研究。两者相互借鉴,相互促进。说到底,实践是理论的源泉,又是检验理论的标准。无论是基础理论研究还是应用研究,都应该从我国的实际情况出发,面向我国的图书馆发展事业,解决实际中的问题。从宏观上,围绕我国图书馆事业的发展方向和发展战略等重大问题展开充分的探讨,为领导部门制订决策提供理论指导和依据。从微观上,理论研究应与图书馆的各项业务工作和管理工作紧密联系起来,针对实际工作中的问题,提出对策,促其解决。图书馆学研究者,只有深入到图书馆工作实践中去,才能不断发现新问题,总结新经验,为新的理论创造准备条件。如何利用现代技术保存图书资料,如何高效开展国内外学术资料信息交流,如何不断完善图书馆机构,使之更加合理,等等,任何在实践中碰到的具体问题都与理论问题有关。图书馆学大有用武之地。

1996 年,第 62 届国际图联大会将在我国召开。这既是我们向国际图书馆界学习和借鉴的一个机会,同时又是向世界展示我们的建设成就和研究成果的一个机会。为了迎接这次盛会,我们应加倍努力,争取做出更大的成绩,把我国的图书馆事业和图书馆学研究推向一个新的高度。

(选自《中国图书馆学报》1992 年第 2 期)

图书馆人与图书馆精神

程焕文

　　人民群众是历史的创造者,对于历史的发展具有决定作用;杰出人物对历史的发展则具有重大作用。从这一唯物史观出发不难推导出一个结论:全部图书馆的历史实质上是图书馆人本身的历史。无论是在图书馆学理论研究中,还是在图书馆实践活动中,人的问题始终是一个头等重要的问题,忽视了对人的研究,忽视了人的作用,尤其是忽视了曾有所创造的人们的作用,实质上也就是抹杀了图书馆学术和图书馆事业。

一、"图书馆人物研究热"与"图书馆人外流热"的启示

　　只要稍稍留神一下,就不难发现一种以人为研究中心的图书馆学研究已在全国各地兴起,并"静悄悄"地渗透到图书馆学术研究的各个领域,形成了一股方兴未艾的图书馆人物研究热。它的形成有以下主要表象:

　　(一)"二千多年来,一大批目录学家、藏书家、校雠学家、版本学家和图书馆工作者,为建设我国光辉灿烂的文化和图书馆事业做了许多有益的工作。了解他们的生平业绩、学术成就,对发展我国的图书馆事业无疑是有借鉴作用的。"而"人物传记,是图书馆学、情报学研究中被忽视的一个领域"。读者在研习图书馆学情报学论著时,"往往是睹其书(文)而不知其人,知其名而不知其事"。近年来,人物研究已引起重视。在图书馆界兴起了一股图书馆人名辞典和人物传记编纂热。如麦群忠主编的《中国图书馆界人名辞典》(广西民族出版社,1987年4月)、侯汉清等编译的《外国图书情报界人物传略》(山西图书馆学会,1984年5月)、申畅等编的《中国目录学家辞典》(河南人民出版社,1988年12月)和《中国目录学家传略》(中州古籍出版社,1987年7月)等。

　　(二)"文化大革命"结束以后,我国图书馆界逐渐重视探寻前辈和今人的学术思想发展过程,研究我国图书馆事业与图书馆学术的发展水平与成就,弘扬图书馆人的优秀品格和崇高精神。于是,在图书馆界出现了一大批前所未有的图书馆个人文集和个人研究文集。如史永元、张树华编辑的《刘国钧图书馆学论文选集》(书目文献出版社,1983年6月)、张世泰编辑的《杜定友先生逝世二十周年纪念文集》(中山图书馆,1987年3月)和《杜定友学术思想研讨会论文集》(《广东图书馆学刊》专辑,1988年8月)、钱亚新等整理编辑的《杜定友先生遗稿文选(初集)》(《江苏图书馆学报》专辑,1987年4月)、钱亚新、白国应编的《杜定友图书馆学论文选集》(书目文献出版社,1988年10月)、马先阵、倪波编的《李小缘纪念文集》(南京大学出版社,1988年7月)等。尤其令人赞赏的是为庆祝中华人民共和国成立40周年,由吉林省图书馆学会、四川省图书馆学会、成都东方图书馆学研究所合编,张德芳、金恩

晖主编的《当代中国图书馆学学者个人自选集》——《图书馆学论丛》50种已陆续问世,而且有可能继续编辑下去。

(三)为纪念前辈、激励后人,20世纪80年代末期图书馆界兴起了一股召开杰出人物纪念会和研讨会热。如1986年10月由南京大学图书馆、南京大学图书馆学系、江苏省图书馆学会、江苏省高校图工委联合发起主办了李小缘先生学术研讨会,与会者近200人;会议期间还开设了纪念李小缘先生陈列室。1988年1月广东省中山图书馆和广东省图书馆学会联合召开了杜定友先生90诞辰纪念会暨学术思想研讨会,与会者500多人,并且设立了永久性杜定友纪念室。据悉,目前还有不少人倡导举办沈祖荣先生、韦棣华女士、袁同礼先生、刘国钧先生等人的纪念会和学术思想研讨会。

(四)20世纪80年代以后,全国数十种图书馆学理论刊物开辟了人物研究专栏。如《图书馆学通讯》的"学术传略""图书情报人物",《北京图书馆通讯》的"纪念袁同礼先生""图书馆界人物",《图书馆》的"书苑人物",《黑龙江图书馆》的"人物篇",《图书馆杂志》的"人物",《图书馆工作与研究》的"图书馆人物志""人物专访",《图书与情报》的"人物",《图书馆界》的"名人与图书馆",《图书馆理论与实践》的"人物述林",《四川图书馆学报》的"史志·人物",《福建图书馆学刊》的"名人与图书馆""书海诗坛",《文献》的"中国当代社会科学家传略"等。这些专栏既有长篇论文,也有短篇专访;既记"大人物",也写"小人物";既传前辈,也述今人;体裁丰富,形式多样,殊玉纷呈。

图书馆人物研究热给了我们以下启示:

第一,人生的回顾实质上是图书馆人精神的总结和弘扬。纪念前辈,终究只是形式而已。真正的目的在于继承其优秀的品格和高尚的精神。图书馆人物研究热的实质是弘扬中国图书馆人所共同造就的优良传统——"图书馆精神"。张树华在《刘国钧图书馆学论文选集》代序中言:"我们不但要学习他热爱祖国,热爱社会主义的思想,学习他忠诚于教育事业和图书馆事业的可贵精神;而且要学习他不断探索新知识,新技术的求学精神,学习他理论与实际相结合的作风,学习他科学的治学方法,为进一步发展我国的图书馆事业,不断提高图书馆学的科学水平而努力。"王可权在《杜定友先生遗稿文选(初集)》序中说,我们应该学习杜老"酷爱图书馆,把一切献给图书馆事业的精神""毫不保守,改革创新的思想观念""耿直刚强,开拓前进的优良品格""一丝不苟,精益求精的工作作风"。邱克勤在《李小缘先生学术研讨会筹备经过》一文中说:"召开这次李小缘先生学术研讨会,就是要学习他的爱国、爱书、爱图书馆事业的精神,继承和发扬他的思想和业绩,更好地为建设社会主义现代化图书馆事业努力工作,为当前两个文明建设多做贡献。"

第二,个人成就的总结实质上是事业与学术的弘扬。总结个人的图书馆学术思想成就和在图书馆事业发展中的贡献不仅仅是为了纪念,或树立个人形象,而是在通过一个个侧面和一个个人物来弘扬图书馆事业与学术。正如张德芳、金恩晖所言:"诚然,图书馆学不能像文学等古老的学科那么幸运,但虽离以但丁的名字来标志着欧洲中世纪的终结和文艺复兴时期的开始的日子为时尚远,也许在我们学科的发展史上永远不会出现这样伟大的思想巨人;但是,我们学术领域中的各个群体,毕竟是以每位学者的个人研究成果为细胞的,一木,一水,固然微不足道,但木成行,水成溪,乃至汇成茫茫林海,滚滚长河,就具有宏阔的气势和牢固的基础,足以显示出图书馆学的深度和广度。"并"正在某种意义上代表着我国图书馆学所取得的基本成绩和现实的水平"。

第三，"人文图书馆学"——一种以人为研究中心的图书馆学流派已呈现出形成的潜势，这里姑且把它称之为"人文图书馆学"。这种潜势的特点主要表现在下列方面：

其一，人文图书馆学在研究方法上与现代图书馆学决然不同：现代图书馆学是以信息与知识，或藏书与读者，或图书与图书馆事业，或知识交流与文献交流等为中心或出发点去研究，阐发其理论的；而人文图书馆学则是以"人（图书馆人）"作为研究中心去研究图书馆学术和图书馆事业，阐发其各种理论。它无疑为图书馆学研究开辟了新的领域。

其二，它以人为研究中心，从社会的人的角度去考察图书馆人与图书馆事业、与图书馆学术、与社会的关系及其发展过程。它与那种只见事物（藏书、图书馆）和理论的发展变化过程，而不见作为事物与理论创造者的发展变化过程的图书馆学研究相比，显得更加生动、形象、深刻。

其三，它以人为研究中心，既真实客观地反映了人们的图书馆实践活动，又能从中概括抽象出新的理论，对于图书馆实践的发展具有不可忽视的指导意义。

其四，它以人为研究中心，肯定图书馆人的作用，肯定图书馆人的人生价值，也就是从根本上肯定了生产力对图书馆事业发展的决定作用，对于辩证地认识图书馆事业与学术发展变化的规律有着重要的意义。

其五，它以人为研究中心，树立图书馆人的集体群象，与近几年试图用纯粹的高位理论，甚至玄奥的理论去提高图书馆的形象和图书馆学的学科地位相比，显得更为现实而有力，并不自觉地把图书馆的形象和图书馆学的学科地位推到了一个新的高度。

在图书馆人物研究热兴起的同时，一些"怀才不遇"的图书馆人又不满现状，纷纷出国、"跳槽"，去寻找自己的归宿，实现个人的"理想"，从而形成了一股"图书馆人外流热"。与此相反的是一大批中老年图书馆人仍然坚守图书馆工作岗位，敬业乐业；尤为可贵的是一大批青年学子又勇于投身图书馆工作，立志于图书馆事业的建设和发展。这一鲜明对比向我们透露了一些重要的信息：

第一，社会效应："图书馆—图舒馆—图输馆"事业责任感的滑坡。数十年来，图书馆人的事业责任感在一定程度上出现了明显的滑坡现象。这一现象经历了三个阶段。第一阶段是"文革"以前，虽然图书馆事业有过波折，但由于社会大气候对图书馆人有着良好的影响，图书馆人始终保持着良好的事业责任感传统，以"图（作动词解）书"——为人找书，为书找人作为崇高的职业与职责，全心全意地致力于图书馆事业的建设与发展。第二阶段是"文革"期间。由于社会气候的恶劣，相当数量的社会养闲人物涌入图书馆，其中不少是"老、弱、病、残"，他们没有事业责任感，图书馆变成了养尊处优的"图（作动词解）舒馆"。第三阶段是20世纪80年代以后。由于商品经济的冲击和思想教育的松懈，一向清贫的图书馆职业，对于那些"一切向钱看"的人来说，无疑是"书（输）"了经济利益，因而纷纷"跳槽"，抛弃了对图书馆事业发展的责任。

第二，精神效应：图书馆人人生价值的坚挺。与上一效应决然不同的是绝大多数图书馆人具有坚强的抗干扰能力，事业责任感不仅毫未动摇而且更为坚固。即使在"文革"期间，一大批真正的图书馆人仍然能够在极艰难的条件下默默地工作，维系图书馆经营之"术"，冒着危险保护藏书，并以此实现个人的人生价值。20世纪80年代以后，在商品经济的冲击下，图书馆职业似乎并不像过去那样令人羡慕，然而一大批图书馆人明明知道从事图书馆工作就意味着与"书（输）"打交道，却甘愿"书（输）"掉个人的经济利益，而不愿虚度人生，以输

(书)送知识去实现自己为振兴中华贡献毕生精力的人生价值,只图奉献不求索取。这是图书馆人优秀品质与精神的体现与反映。

透过上述表象,我们可以得到更为深刻的启示:与其说是图书馆人用自己的血和汗,倒不如说是用"图书馆精神"发展繁荣了中国图书馆事业与学术。"人—精神—事业"三位一体密不可分。业已形成的图书馆人物研究热与图书馆人外流热要求我们对于图书馆人物的研究不能仅仅局限于对某一个人物的纵向研究,而应该在更广阔的领域内对一定时期内一群人、一代人,甚至全部的图书馆人进行横向研究,以树立图书馆人集体的群象,增强图书馆事业的凝聚力。

二、图书馆人才成团现象:"图书馆四代人"及其特征

所谓"图书馆人",就是指一切曾经或正在从事图书馆理论与实践活动的人。"图书馆人才"是指那些在图书馆活动中具有一定的专业知识、较高的图书馆工作技能和能力,能够以自己的创造性劳动,对图书馆学术或图书馆事业的发展做出较大贡献的图书馆人。图书馆人才必须具备创造性、社会性、时代性、进步性等本质特性和德、识、才、学、体、胆等必要条件,他们是图书馆人中比较精华、先进的部分,是推动图书馆学术与事业发展的全部"图书馆人"的代表。

人才的成长总是与一定的社会分不开的。我们常常可以看到在一定历史时期人才辈出、人才集聚的现象。对这种人才社会现象的一个重要的人才学命题就是"人才团",学者们也通常形象地称之为"人才链"。近一个世纪,中国图书馆的"人才链"现象有两种表现形式:

第一,师徒型人才链。在图书馆人才的成长与发展中,名师出高徒的现象十分普遍。1949年以前的人才大多出自私立武昌图书馆学专科学校。1949年以后至20世纪80年代以前,又有很多出自武汉大学图书馆学系和北京大学图书馆学系。20世纪80年代以后又主要出自武汉大学图书情报学院、北京大学图书馆学情报学系、南开大学图书馆学系、中山大学图书情报学系、华东师大图书情报学系、南京大学文献情报学系、东北师大图书馆学系等。这种师承关系的连锁反应,使得我国图书馆界的每一代人都与前一代人存在着师生或合作者的关系。

第二,传统型人才链。从我国悠久的图书馆历史来看,历史上近两千年形成的传统就是重理论而轻实践、重技术而轻应用。这一点在人才的成长与发展中影响至深,每一代人都不同程度地有重视理论研究忽视实践活动,重视技术方法研究忽视推广应用的倾向。另外,外来传统也就是异域业已形成的传统,在文化传播中也会发生影响。美国图书馆学人才的传统是重应用轻理论。这一传统在20世纪初传入我国后,许多人不自觉地继承了它。苏联图书馆人才的传统是重理论轻应用,20世纪50—60年代对我国亦颇具影响。在文化交流过程中,不同文化传统的撞击,往往又会使得本国传统与异域传统相融合,形成新的传统。20世纪80年代以后成长起来的图书馆人才可以说明这一点。

据此,可以把20世纪我国图书馆人才粗略地划分为四代。

(一)奠基的第一代。20世纪初我国出现了近代图书馆,旧的藏书楼逐渐被新的图书馆

所代替。但所谓的"近代图书馆"只是名称的变换,其工作技术、方法和理论几乎完全是旧的一套,近代图书馆的发展急需一批专门人才。于是 20 世纪 20 年代诞生了中国的第一代图书馆人才。他们是我国近代图书馆事业开创与奠基的一代。这一代人有以下特征:

第一,清一色留美。20 世纪初,我国既无名副其实的近代图书馆专门人才,也无任何图书馆学教育机构。在留学热潮中,一批学子赴美攻读图书馆学,沈祖荣、胡庆生、刘国钧、洪有丰、戴志骞、袁同礼、李小缘、杜定友、杨昭悊、李燕亭等几乎都曾留学美国。第一代人的造就主要依赖美国,数量十分有限;然而,这一代人才的成长却有着较重要的意义。正如金敏甫先生在 20 世纪 30 年代所言:"民国以来,始有图书馆专家之造就,虽不能如外国之图书馆专家满布全国,然为时未多,而能得如许之人才,亦堪以自慰耳。"

第二,阅历丰富。他们对欧美图书馆事业与学术有较深的了解,归国后又投身于我国图书馆事业与学术的发展,有古代藏书楼向近代图书馆和近代图书馆向现代图书馆的转变的亲身经历。丰富的阅历激发了他们的创造力,在他们中产生了许多非凡的人才。

第三,大器早成。20 世纪 20 年代图书馆人才、近代图书馆学理论和工作技术方法的匮乏与第一代人强烈的事业心责任感的相互作用,使得他们大器早成。他们大多数在 30 岁以前就已成就卓著名声显赫,成为图书馆事业的领袖人物。如杜定友先生在 30 岁以前,就先后担任过复旦大学图书馆、交通大学图书馆、中山大学图书馆的馆长,并发表学术论文 130 余篇,出版著作近 20 部。

第四,创造力非凡。我国许多图书馆学理论和工作技术方法大都是由第一代人引进和创造的。第一个系统翻译《杜威法》的是沈祖荣和胡庆生,率先进行改杜的是刘国钧和杜定友。杜定友的《著者号码编制法》《汉字排检法》等亦为中国特色的分类与排检方法之创始。洪有丰的《图书馆组织与管理》、杜定友的《图书馆学通论》和《图书馆学概论》、刘国钧的《图书馆学要旨》等均为开创奠基之作。刘国钧还是中国图书史的奠基人。这种非凡的创造力在第一代人身上经久不衰。例如到 20 世纪 60 年代,第一个全面提出分类法与主题法理论的还是杜定友,70 年代第一个全面介绍马尔克(MARC)的还是刘国钧。

第五,贡献卓越。第一代人的非凡创造力使得他们做出了后人难以企及的卓越贡献。在 1949 年以前,沈祖荣、胡庆生创办发展了我国第一个图书馆学教育机关——文华图书馆学专科学校。杜定友、戴志骞、洪有丰、李小缘、刘国钧在全国各地举办了不少图书馆学短训班和讲习班。中华图书馆协会的成立与发展、近代图书馆学理论的创立与发展,尤其是各地图书馆的创办与发展,都无处不显示出第一代人的卓越贡献。20 世纪 50 年代以后,从《中小型法》到《中图法》,从大学图书馆专修科到图书馆学系,都和第一代人的名字联系在一起。

(二)发展的第二代。第二代人的造就基本上在 20 世纪 30 和 40 年代。他们成才的巅峰正处在新图书馆运动基本结束近代图书馆开始发展的时期。他们与第一代人虽多有师承关系,但年龄上却比较接近。在近代图书馆的发展过程中,他们与第一代人相比既有许多相似之处,又有其独到的特点。他们也经历了近代图书馆向现代图书馆的转变,并与第三代人构成师承关系。他们有下列特征:

第一,"国产化"。虽然第二代人中不少是出国留学的,如留美的桂质柏、裘开明,留日的马宗荣等,但是,他们基本上都是接受国内图书馆学教育以后再出国深造的,这与第一代人的成长过程大相径庭。更为重要的是第二代人的主体基本上都是"国产"的,其构成主要来自以下两个方面:一是近代图书馆学教育兴起以后培养出来的人才,如查修、皮高品、周连宽、吕绍虞、张遵俭、严文郁、毛坤、汪应文、汪长炳、钱亚新等;二是长期从事图书馆工作但未受过图书馆学专门教育的一大批实干家,如柳诒徵、万国鼎、王云五、王献唐、王重民、陈训慈、张秀民等,他们又大多是在其他学科造诣颇深者。这一代人在数量上大大超过了第一代人,并和第一代人共同构成了近代图书馆人才的主体。

第二,大器早成。他们与第一代人在成才的年龄上颇为相似,绝大多数在 30 岁左右就显示出了出众的才华和贡献。如姚名达 30 岁以前就撰写出版了《目录学》《中国目录学史》和《目录学年表》三部至今仍然有着巨大影响的著作。第一代人的影响和亟待发展的近代图书馆的需要使得第二代人的成长非常迅速,他们在青年时代便多已进入了图书馆事业的领袖层。

第三,注重实务。如果说第一代人在图书馆事业的发展上更加注重倡导、组织和决策的话,那么第二代人则更加注重图书馆实务。不仅许多人在青年时代就已成为图书馆的主要领导和业务骨干,而且大多一生都能努力职守,兢兢业业地工作,为近代图书馆的发展做出了许多默默无闻的贡献。正是这种实干精神,才使得第一代人的努力与希望得以实现,图书馆事业才一度得到发展。虽然作为单个的"图书馆人",他们中绝大多数人的成就难以与第一代人相比,但是他们不仅数量较大,而且各自在不同的方面都有不同程度的贡献与成就,所以其总体的成就是可以与第一代人的成就相提并论的。

(三)开拓的第三代。第三代人的造就主要在 20 世纪 50 和 60 年代,且与第二代人多有师承关系或低级合作者关系。他们成长于新中国图书馆事业的创立与发展时期,经历了由半封建半殖民地图书馆事业向社会主义图书馆事业和由传统的手工操作向现代化的转变。他们主要有以下特征:

第一,科学的世界观。如果说他们是"留苏"的一代,显然是不太恰当的。因为他们中留苏的也只不过有佟曾功、彭斐章、赵世良、鲍振西、郑莉莉、赵琦等近 10 人,还有留美的孙云畴和陈誉等;而更多的人,如周文骏、朱天俊、张琪玉、黄宗忠、谢灼华、严怡民、陈光祚、倪波、金恩晖等则是国内培养出来的,还有一大批长期从事图书馆管理工作的,如左恭、胡耀辉、丁志刚等。社会主义图书馆事业和以马列主义为指导的图书馆学理论对他们影响至深。他们按照苏联的模式发展和繁荣新中国的图书馆事业与学术。到欧美图书馆事业与学术再度冲击我国图书馆事业与学术的今天,他们仍能一如既往地在科学的马克思主义世界观的指导下结合我国国情,借鉴、引进、消化欧美图书馆理论、技术、方法和经验。科学的世界观为这一代人的成长奠定了坚实的基础。

第二,勇于开拓。从创业的角度来看,第三代人的开拓精神是颇值得赞誉的。他们不仅改造了旧中国的图书馆事业,而且还开创了新中国的图书馆事业,创立和发展了在马克思主义指导下的一系列图书馆学理论和技术方法。他们大胆地开拓和发展了一个不同于第一代人所开创的全新的社会主义图书馆事业。

第三,成就卓著。在对图书馆事业的贡献上,他们的贡献是在前两代人所取得的成就之上的升华,并且与前两代人相比可以说是有过之而无不及。他们不仅继承了前两代人开创的图书馆学教育事业,而且还把它推向了繁荣。武汉大学图书情报学院的成立,全国几十所图书馆学系(专业)的创办与发展,使得图书馆学教育事业出现了前所未有的繁荣。图书馆学、目录学、分类学、编目学、情报语言学等一大批学科面目全新且日臻完善;图书馆学著作和专业刊物,其数量之多,内容之丰富亦超越以往任何时代。从《中小型法》到《中图法》《科图法》,再到《汉语主题词表》和多项国家文献工作标准的颁布实施,基本上都是第三代人努力的结果。今天我们所能见到的绝大部分图书馆学研究成果和图书馆事业建设成就几乎都是第三代人创造的。

第四,大器晚成。由于他们成才的最佳年龄区 20—40 岁正处在"文化大革命"时期,其创造力受到了极大的压抑。十年动乱夺去了他们的宝贵年华。20 世纪 70 年代后期,新的形势和新的环境使得他们压抑了多年的创造力爆发出来,一时间成果迭出,各种荣誉与地位亦纷至沓来,使得他们在步入中年以后才成为事业与学术发展的中流砥柱。

(四)探索的第四代。第四代人基本上产生于 20 世纪 80 年代。新技术革命的冲击与图书馆事业的变革使得这一代人成为探索与希望的一代。他们主要有以下特征:

第一,将出多门。第四代人数量庞大,超越历代,其成才的渠道之多亦史无前例。他们来自 60 余所图书情报学院(系、专业)或受过"五大"(函大、电大、自修、夜大、走读)教育,组成了一个由研究生、本科生、专科生、中专生等不同层次的集合体。留学外国者不仅数量很多,而且遍及美国、日本、加拿大、澳大利亚、德国、法国和英国等国家,与前几代留学国别的单一情况形成了鲜明对比。其造就具有鲜明的多渠道、多层次的特色。

第二,视野广阔。和前辈相比,他们更加注重知识面的拓展,尤其注重吸收其他学科的先进成果。从哲学到科学方法论,从社会科学到自然科学,从国内到国外,他们都广泛地涉猎。他们往往能将问题置于宏观的背景中进行纵向和横向的研究,从哲学的高度、思辨的角度、理性的角度去观察、分析和研究,见解与观点往往比较新颖,理论性较强。

第三,富于探索。他们视野广阔并正处在思维敏锐时期,加之急切地希望我国图书馆事业达到发达国家的水平,使图书馆学成为"显学",近 10 年间,他们进行了一系列富有积极意义的探索。图书馆学研究方向的几次转变和全国中青年图书馆学情报学研讨会的召开等都显示了这一明显的特色。但是,由于一些不良社会风气的影响,使得他们中的一部分人专业思想不稳定,出现了人才流失现象。

三、社会环境:图书馆人才成长与发展的外在因素

图书馆人才以一定的方式存在于社会之中,总是要受到一定的社会关系的制约。社会环境直接影响着图书馆人才的成长。正如马克思所说:"每一个社会时代都需要有自己的伟大人物,如果没有这样的人物,它就要创造出这样的人物来。"任何历史人物都是在当时的特定环境中涌现出来的,这就是通常所说的时势造英雄。

时势造英雄有三个方面的表现:首先是时势召唤英雄。古代藏书楼向近代图书馆和近代图书馆向现代图书馆的转变都要求有能够组织领导变革图书馆事业与学术的人物。第一代人和第三代人就是在这种条件下涌现出来的。现在图书馆事业的蓬勃发展需要大量人才,可谓有志者生逢其时。其次是时势锻炼英雄。特定的历史条件提供了使英雄人物迅速成长的特殊机会,使平时默默无闻的人成为杰出的人物。20 世纪 20、30 年代和 50、60 年代,以及 80 年代图书馆事业、图书馆教育的迅速发展和良好的学术气氛都锤炼了许多图书馆人才。再次是时势筛选英雄,大浪淘沙。历史根据能否满足时代的要求以及满足的程度,把真

正杰出的人物推到历史舞台的前面,把相形见绌的置于次要地位,并淘汰落伍者。20 世纪 80 年代图书馆人才的成长正在生动地说明这一点。

四、图书馆精神:图书馆人才成长发展的内在因素

社会环境作为外在因素,对图书馆人才的成长与发展起着重要的作用。但它毕竟不是决定因素,决定的因素是内因。1988 年笔者曾提出"图书馆精神"是图书馆人才成长与发展的内在动力。现可将图书馆精神的主要内容概括为以下几个方面:

第一,爱国。爱国就是对祖国忠诚和热爱,它是中华民族的优秀传统和民族精神。近一个世纪来,图书馆界前辈之所以能够毫不吝惜地放弃国外的高薪优职毅然投身于振兴中华的洪流之中,之所以能够取得令人称誉的业绩,就是因为他们有着"国家兴亡、匹夫有责"的强烈的民族自尊、自信与自强精神。他们在成长与发展中的无数爱国主义事实已反复地证明了这一点。这种精神是我们每个图书馆人所必须具备和发扬的。

第二,爱馆。爱馆就是忠诚和热爱图书馆事业,它包括强烈的职业自爱与自豪精神和服务与牺牲精神。许多图书馆界前辈都把图书馆事业看作是一项崇高的事业,并以此为莫大的幸福和荣耀。他们从不计较图书馆社会地位的低微,更不计较个人利益的得失,始终把图书馆工作看作是提高国民素质、振奋民族精神,最终富国强民的一项事业,并为此献出了自己的毕生精力。这种精神是我们每个图书馆人所必须具备的基本的职业精神。

第三,爱人。它包含两层意思,一是热爱读者,树立读者第一的思想,努力争取读者、尊重读者,把读者工作看作是图书馆赖以生存和发展的至高无上的工作。正如杜定友先生所言,"可爱的读者,凡是要阅读书报的人,都是可爱的";只要"到图书馆的人","无老无幼,无贵无贱,都一体欢迎,毫无歧视"。今天我们提倡的"一切为了读者""为人找书,为书找人",正是这种精神的体现。二是热爱图书馆人,图书馆人既要起模范带头作用,还要尊重人才,爱护人才,见贤思齐。这一精神对于充分发挥图书馆的职能,提高图书馆的社会地位始终有着重大的意义。

第四,爱书。我国的文人学者和古代藏书家有着爱书的传统。一个世纪以来,图书馆界的前辈继承和发扬了这一传统。他们爱书如命,穷年搜讨,历尽艰辛,但又从不据为己有秘不示人。战乱年代他们冒着生命危险抢救和保护祖国的文化典籍,逝世后又毫不保留地将藏书捐献给国家,他们谱写了一曲又一曲可歌可泣的爱书故事。这种精神是我们每个图书馆人所必须具备的基本精神。

(选自《中国图书馆学报》1992 年第 2 期)

图书馆的人文传统与情报科学的技术传统

卢泰宏

依据《不列颠大百科全书》第 15 版记述，图书馆学（Library Science）作为一个术语流行开始于 19 世纪中叶，但到 19 世纪后半期才明确成为一门学科。由此可以说，图书馆学已有一个多世纪的历史。一般认为情报科学产生于第二次世界大战结束前后，至今只约有半个世纪的历史。关于图书馆学和情报科学的关系及其发展问题，长期被认为是棘手的问题，以至于关于这一问题的讨论一直延续不断。本文结合信息管理的发展需要，从学术传统角度来讨论这个问题。

一般来说，每一门学科都有自己的传统。例如，哲学中有思辨传统，物理学中有实证传统。所谓学术传统，是指在学科发展进程中一直起支配作用的学术思想，因而被认为是学科发展的"基因"。学术传统好像一条无形的主线，贯穿在学科的历史发展之中并影响着学科的未来。

那么，已有一个多世纪历史的图书馆学和仅有半个世纪历史的情报科学，其学术传统是什么？尽管图书馆学与情报科学是关系密切的两门学科，但多种事实表明，它们是两个独立发展的不同领域。分辨两者的基本学术风格，把握它们的基本学术思想，对理解两者的关系，促进两者的发展，都具有重要的意义。从信息管理角度来看，这两门学科都属于信息管理学科范围。了解两者的传统，对深化信息管理的概念框架和正确认识信息管理的发展模式，也是非常必要的。

一、图书馆学的人文传统

图书馆学的人文传统源远流长，尽管图书馆学术语的正式使用相对较晚，但在此以前已有 Library Service 和 Librarianship 两个术语来界定这个领域。那时，它的人文传统就已经表现出来。这可以从以下几个重要的事例中看出来。

图书馆史专家 D. E. 约翰逊（D. E. Johnson）在其有影响的《西方图书馆史》一书中指出"在书籍和图书馆的历史中，人的因素始终是最重要的"。被称作现代图书馆学的第一部著作，即 G. 诺迪 1627 年出版的《关于创建图书馆的建议》在谈到创办图书馆的目的时认为："如果不打算将书提供给公众使用，那么一切执行本建议前述方法的努力，一切巨大的购书开支全属徒劳。"很明显，诺迪强调的是为人服务。在《不列颠大百科全书》第 15 版"图书馆强学"条目中是这样界定图书馆的："图书馆强调的是满足读者在自己选定的时间里，个人的单独需要。正是这个特点使图书馆不同于博物馆、戏院或教室。"这意味着图书馆是突出个人因素的一种场所。

1986 年，美国隆重纪念图书馆学教育 100 周年时，M. F. 施蒂格（M. F. Stieg）强调说："人文价值观念是图书馆职业的核心。"第二年，即 1987 年，E. G. 霍利（E. G. Holley）在《步入第二个世纪》的文章中说："我们的职业基本上是一种人文职业，我们的目标实质上是人。"

如果说人文主义色彩在上述事件中已经明显出现的话，那么在图书馆学理论中，人文主义、面向人的思想已构筑了一块理论基石，强调人文传统成为图书馆学理论的一个基本点和延续不断的学术传统。下面以三位图书馆学家的有关理论来说明这一点。

（一）美国图书馆学家 P. 巴特勒（P. Butler）（1886—1953）。他的图书馆学理论有两个基本的特征：一是强调图书馆学的学科（突出 science）地位，这与 M. 杜威的追求实用（突出 service）的倾向形成鲜明的对照；二是强调人文因素。1933 年，巴特勒发表了其代表性著作《图书馆学导论》。谢拉在评论这本书时说："这是图书馆学发展中真正的里程碑。"他指出，巴特勒此书是"试图说服他的同事们在研究图书馆问题方面要更科学一些。在那些年代需要这种警告。但他从未忘记图书馆植根于人文主义之中。20 多年后，他再也不那样提了。正如他所说的，'科学得真是太过头了'。他在这两种情况下都是对的"。由此可以认为，在巴特勒的两个基本特征中，人文因素是更基本的。

在《图书馆学导论》中，巴特勒明确地强调了图书馆学的人文性质，他说："为了把图书馆学作为一门科学来建设，应该使其舍去技术的侧面。"他在这本书中以很大的篇幅分析人的读书行为、读书行为的社会因素（语言、文法、结构、符号、概念等）、图书和知识的社会性质、读书行为的个人因素、读书动机和心理分析等。巴特勒从社会心理、历史角度出发，采用系统研究方法，从理论上阐述图书、图书馆和图书馆学。其中，任一方面都极其重视人文的因素。

（二）世界著名图书馆学家，J. H. 谢拉（J. H. Shera）（1903—1982），在谢拉的身上，图书馆学的人文传统表现得更为强烈。他在其代表作《图书馆学引论》（1976 年出版）中说："尽管图书馆学在逐渐地利用各门科学的研究成果，同社会科学有密切关系，但其实质仍然是人文主义的。"图书馆事业"主要还是一个人文主义的事业。……图书馆学在其技术和服务方面日益向社会科学和自然科学靠得更近了，但我们要提醒自己记住，图书馆学始于人文主义"。

谢拉在他的另一部重要著作《图书馆学基本原理》中也阐明了类似的思想："图书馆学更接近于人文科学而不是'硬科学'，图书馆员首先应该关心的是思想，而不是物质实体。"

在谢拉的晚年，他于 1970 年美国情报科学学会第 33 届年会上发表了《图书馆学的社会关系》一文。作为学术领袖，谢拉在该文中又特别强调了人文主义思想。他说："我是一个人文主义者，在我有生之年是不会改变的。我不反对科学，也不轻视它，科学已经取得了许多成就。但是，我想现在应该是人文主义者说话的时候了，应该告诫你们，在应用数学方程式时不要忘记人这个大方程式，这才是最重要的。"

由此可以清楚地看出，谢拉的学术思想自始至终贯穿了人文主义。

（三）印度著名图书馆学家 S. R. 阮冈纳赞（S. R. Ranganathan）（1892—1972）。阮冈纳赞是世界一流的图书馆学家，虽然他的专业出身是自然科学（物理学），但在他 1931 年创业的《图书馆学五定律》中却极其充分地强调了人的因素。5 条定律的前 4 条（书是为使用的；人有其书；书有其人；节约读者的时间）都直接面对读者，跟人有直接关系。也正是因为阮冈纳赞的五定律充分体现了人在图书馆事业中的地位，而使他受到图书馆界的高度评价。

在这些图书馆学大师的影响下，图书馆界普遍认为将人和书结合起来是图书馆学最基本的哲学思想。顺便应提到的是，图书馆事业长期追求的社会公益性质的理想，也许是与图书馆学的人文传统密切相关。尽管这种理想主义至今没有充分实现，但是，面向人的指导思想已形成一种有长远生命力并且长期起作用的学术传统。

二、情报科学的技术传统

情报科学自半个世纪前的诞生之日起就与技术结下了不解之缘。例如，缩微技术应用是当时促使情报学术团体形成的主要因素。又如，被普遍誉为拉开情报科学序幕的第一篇论文，即美国 V. 布什（V. Bush）1945 年发表在《大西洋月刊》上的《与人一样思考》的论文，把利用机器、利用技术来解决问题作为学科发展的方向。

从情报科学的名称术语上也可看到这一点。例如，情报科学作为一个术语，无论是俄语的 ИНФОРМАТИКА，还是英语的 Informatics 都来源于法语的 Informatique。那么，法语中的这个术语是在什么情况下问世的呢？据了解，该词由 information 和 automatique 两词复合而成，含义为信息（处理）自动化。尽管这个词在后来的派生中被赋予延伸的意义，但是其原意却指的是利用现代信息技术，尤其是计算机技术来处理情报。这样，难怪苏联学者 A. A. 多罗德尼岑把法语的 informatique 与英语的 Computer Science 当作了同义词。由此可见，情报科学的学科名称中隐含有它的技术"血缘"。

再从情报科学的一些有代表性的定义来看，也反映了情报科学强调技术因素的传统。例如，美国情报学家 J. 司密斯认为"情报科学是一门着重于使用现代技术处理情报的学科"。日本著名情报学家北川敏南认为，情报科学的"主要对象是计算机对情报的处理过程"。另一位日本情报学家福寿敏南说："情报科学是研究信息和控制的学科。"显而易见，这些对情报科学的认识和界定都是以技术为中心和主要内容的。

下面，再从情报科学的几本公认的有影响的理论著作来看它的技术传统。1963 年，J. 贝克（J. Becker）和 R. 汉斯（R. Hays）出版了《情报的存贮与检索》一书。当时，整个情报科学以这本书为基本框架，成为教育几代情报学家的最著名的教科书。在这本有影响的重要著作中，情报的自动化处理和机器检索占据最重要的地位，技术内容是其主要内容。

20 世纪 70 年代，美国著名情报学家 F. W. 兰开斯特和 E. G. 法延合作出版了《联机情报检索》（1973 年）重要著作。这部著作体现了情报科学当时主导方向——以联机系统为象征的技术时代。这正如 J. 贝克所指出，20 世纪 70 年代是信息技术突飞猛进的 10 年。

1973 年，当时任美国情报学会主席的 J. 贝克还写了一本名叫 *The First Book of Information Science* 的有影响的书。在此书中，除了书末提到人以外，通篇都讲情报处理技术。

80 年代，情报科学的代表作是 A. 德本斯（A. Debons）等在 1988 年出版的《情报科学：一种集成观》。1989 年，该书荣获美国情报科学学会（ASIS）最佳著作奖。在这本书中，尽管作者将情报科学的主导内容从情报的存贮与检索更新为广义的信息系统，但所依赖的手段、所涉及的内容绝大部分仍是技术性的。

除了上述著作之外，在情报科学领域的论文和会议文献中，技术性质的文献也占据明显的优势。有人曾对《美国情报科学学会会刊》（JASIS）等情报科学出版物中作者的专业构成情况进行过调查,结果发现属"计算机科学"的作者为数最多。

　　情报技术的迅速发展产生了巨大的魅力。年青的情报科学在许多场合下以自己属于信息技术而自豪,甚至发展成唯我陶醉。这个领域中的不少人产生了"情报科学＝信息技术或情报技术"这样一种似是而非的认识,而信息活动的主体——人的地位却相对地被忽视,甚至被掩盖了起来。

三、信息技术冲击下的图书馆学传统

　　20世纪50年代起,尤其是70年代以来,信息技术使图书馆处于一种急剧变化、与传统迥然不同的环境之中。谢拉说:"图书馆已从书籍的世界进入了信息世界。"其中,特别是信息媒介的多元化,大大突破了图书馆原来的纸张媒介范围。先进的信息存贮检索技术使图书馆的中心问题发生了转变。由此,使得原来局限于以文献为对象、以整理和检索为主要研究内容的图书馆学显得过于陈旧和力不从心。新的信息媒介和新的传播方式与图书馆的传统形成了鲜明对照。

　　在这种背景下,图书馆学面临着来自其他领域的严峻挑战,图书馆事业的困境明显加剧。这种困难特别表现在三个方面:一是世界性的经费危机,二是图书馆的职业危机,三是图书馆的教育危机。以美国为例,一批图书馆学院和图书馆学系相继关闭。据报道,从20世纪70年代末到80年代末,美国已有12个图书馆学院停办,其中包括一些最古老、最著名的学院。这引起了图书馆界的强烈震动,所产生的两个后果是,一方面,图书馆界在过去20多年,开始不断吸收新技术,力图适应新形势,如图书馆自动化成为一大趋势。英国大不列颠图书馆、美国国会图书馆都已在相当程度上采用了先进技术,使其面貌发生了根本的变化。与此同时,相应的教育改革和课程结构调整也成为最近一二十年来的一个重要热点。另一方面,图书馆界对"明天的图书馆""未来的图书馆员"这一前景问题表现了极大关注,出现了大量论述图书馆的未来和图书馆员的未来的文献。

　　关于对未来的看法,有多种不同的意见。其中有激进观点,主张完全接受技术因素,放弃人文传统,如F. W.兰开斯特就是一个代表人物。他认为"现在的图书馆可能会完全消失"。另一位图书馆学家D.克利曼认为:"未来的图书馆没有卡片目录,甚至很可能没有书。实际上,'它'在一个特定的地点和一个规定的场所可能根本不存在。"另一些图书馆学家则抱着一种坚守固有阵地的立场,其中的许多人对到底保留什么、对什么是图书馆珍贵的遗产并不清楚。当然,也有一些学者看得较为清楚,他们对在新形势下的图书馆事业应保留什么有较为明确的看法。例如,谢拉一方面十分重视日新月异的信息技术对图书馆的冲击,他在《图书馆学引论》中专门约请他人撰写了专文;另一方面,他认为尽管现代学科之间的传统界限正在被打破,图书馆学在技术和服务方面日益向社会科学和自然科学靠拢,但图书馆学的根基和实质仍属人文科学。又如印度图书馆学家R.查卡巴蒂比斯瓦斯(R. Chakrabartibiswas)在纪念著名图书馆学家阮冈纳赞时发表了一篇有代表性的文章,认为"之所以没有被轻率地卷入自动化的浪潮里去,那仅仅是因为还保持着清醒的头脑,意识到自己对社会全面发展的义务,社会的全面发展同时还有人的价值"。所以,当"情报科学家'企图使每一个人相信科学和技术是社会的唯一救星时,他们就感到特别的不安"。他批判了对技术之外的问题没有给予足够的重视和看得太轻的观点，主张将传统和现代的精华完美地结合在一起，使它们发挥最大的作用。

从历史的观点看，图书馆在人类文明的漫长岁月中，一直是人类的骄傲，因为它象征着人类的创造力和智慧的文化成果。因此，在今天的信息技术面前，当图书馆被比喻为"电子时代的恐龙"时，问题的严重性是非常明显的。如果在回答这一问题时不考虑到图书馆学的传统，我们有时会做出过于简单的回答。

四、情报科学不能忘记人

半个世纪以来，情报科学的发展不幸地表明，这门学科存在着忘记情报活动主体——人的偏向。在很长时间里，情报科学研究的对象是物。开始是文献，后来是技术。情报科学的前身是文献工作（documentation），而文献工作研究的对象是文献。在某些情报学家的思想中，他们把交流过程作为情报科学的主要研究对象，如苏联的米哈伊洛夫。这种交流过程主要是正式的交流，亦即文献体系的交流。非正式的交流，即人与人之间的交流，只是非常简单地被提到。所以，以传播和交流为主体的情报科学仍然是研究物的。20 世纪 60 年代以后，情报技术的迅速进展创造了许多奇迹，情报技术的魅力使有些情报科学家把技术当作是唯一手段，技术的迅速发展掩盖了人的主体地位。为了说明这一问题，可用 SCU 模型简要阐述，即认为情报科学中存在三种规范：以情报源为轴心的 S 规范、以传统过程为轴心的 C 规范和以用户为轴心的 U 规范。情报科学的发展历史表明，整个学科发展呈现一种 S→C→U 演进过程。即一开始以文献源、文献规律为研究中心，接着以传播过程为主要内容，现在转向越来越关注情报的利用和使用问题。这种演进说明，在以前很长的一个过程中未注意到人的因素。

20 世纪 70 年代，新的问题开始明显暴露。例如，在传统的情报检索领域，为追求更高、更新的目标，都几乎不得不把注意力从检索方法研究转向用户研究，着重研究用户心理、用户行为、用户素质对检索效率的影响。如果不考虑用户，新的检索系统是不可能成功的。又如，20 世纪 60 年代兴起的 MIS 在 70 年代后期也不断地暴露出一些缺陷和问题。这些问题的中心在于，系统设计没有充分考虑人的因素。也就是说，信息系统设计长期以来的一个错误指导思想是：MIS 的研究是计算机的应用研究，把建立 MIS 纯粹当作技术工作。这一指导思想已经受到检讨。MIS 从"热"到"冷"，从过分期望到冷静反思，表明了一个从不重视人的因素到重视人的因素的过程。

当然，关于情报科学应重视人的因素这一观点，一些著名学者也在不同程度上有所觉察。从大量的情报科学家的论著中，我们可以发现一些片断的、但却是重要的论述：

● 图书情报界的学术大师谢拉在《情报科学的历史和基础》这篇重要的论文中说："假如我们对近 15 年这个学科的知识有所了解，那起码的一点无非就是懂得情报科学并不等于计算机加技术。从 50 年代到 60 年代早期，我们过分关注的是技术的作用，并相信技术是解决一切问题的灵药。到 60 年代末期，所期望的技术已基本实现，我们则刚刚开始意识到智力问题的复杂性。现在我们意识到，在谋求利用人类所有知识的进程中，不仅仅存在着技术、机器方面的制约，而且面临着文化的、哲学的、心理的各种障碍。"

- 创立"情报检索"(IR)专用术语的 C. N. 莫尔斯(C. N. Moors),早在 1950 年就说:"在情报检索中,接收者(而非发送者)才是活跃的一方。"

- 70 年代中期,苏联著名情报学家 A. И. 米哈伊洛夫在为切尔内所著的《情报检索理论概述》一书所写的序言中说:"40 年代末至 50 年代初提出的情报检索问题,如果最初阶段对这一问题的技术方面比内容方面曾给予更大注意的话,那么现在中心已明显转到语义方面。只有综合研究语言和思维的一系列基本问题才能继续前进。"

- 美国情报科学家 C. H. 戴维斯(C. H. Davis)在其 1980 年的《情报科学导论》序言中强调:"情报科学涵盖面甚广,无法完全详尽,但深信,情报存贮及检索过程中的要点都一一包括了,其中也涉及最重要的人文因素。这一点常常在讨论以电脑为基础的系统时被忽视。""不管使用的设备和信息系统有多么复杂,其目的都是相同的,那就是——助人。"

- 英国著名情报学家 B. C. 布鲁克斯(B. C. Brookes),在其 20 世纪 80 年代末写的《情报科学的发展》一文中说:"在西方,我觉得由于我们依赖于我们所掌握的文献计算机系统这一巨大的遗产,着迷于计算机技术,所以创造性思维往往被阻止。"

- 曾任美国情报学会主席的 Ch. T. 梅多(Ch. T. Meadow)在展望 2001 年的情报科学时说:"情报科学是一门关于人——个人或集体——的行为与情报及情报处理机之间的相互作用的科学。"

- 在 1987 年美国图书情报学教育会议上,M. F. 施蒂格(M. F. Stieg)提出,应该"将情报科学和人文主义结合起来"。

- 著名情报科学家 M. 柯亨(M. Kochen)1968 年曾说过一句明确的话:"这门学科需要多种学科和人文主义的融合。"1981 年又强调说:"我们必须注入这样的思想,情报系统主要是人的系统,基本的人类价值观必须占统治地位,人和机器不是对等的搭档。"这句话被 A. 德本斯在其《情报科学》最后一章"情报科学的未来"中特别加以引用。

当这些论述聚集在一起时,我们可以明确看到这样一个重要方向:情报科学不能忘记人。为了突出这样一种研究方向,提出了"信息人"的抽象概念,即把人的情报行为、情报意识、情报心理等各方面的特征用一个总体概念来加以研究。正如"经济人""社会人"等曾产生过不同管理模式(如 X 理论、Y 理论等)一样,"信息人"的研究很可能也对信息管理模式的构成产生作用。

五、新的发展观:两种传统的结合

从上面的分析可以看出,图书馆学和情报科学这两个关系密切的学科存在不同的传统,这种传统对这两门学科的未来发展将产生不可忽视的影响。

一般来说,传统具有封闭和排他性质。这也许是这两门学科在历史上长期有所隔离的一个内在原因。谢拉曾这样描述这两门学科的关系,他说:"情报科学并非图书馆工作的对立面,相反,这两者是天然的伴侣,图书馆员不应该拒绝这门新的知识'亲属',情报科学家也不应该对图书馆员怀有戒心,两方面都曾有过成见,而且这一情况今后还会存在。如果说,图书馆员在这个问题上更为内疚的话,那是因为他存有成见的时间更长。"

一方面,我们必须承认,这两门学科有相对独立性,不承认它们的传统差异,就不能谈到相互促进的问题，而这种促进是今天最感迫切的问题之一。尽管传统具有排他性，尽管技术因素和人文因素往往是对立的，为了全面解决人类的信息管理问题，技术因素和人文因素必须结合起来。这种结合对图书馆学和情报科学来说是一种共同的发展观，这种结合并不是不可能的。例如，情报科学中的用户研究和系统设计中的用户研究可溯源到英国早期的读者研究；在信息管理中，MIS 的兴衰表明了一种从技术因素向人文因素的靠拢和结合；IRM（信息资源管理 Information Resources Management）的兴起代表了这两种因素共同结合走向信息管理的新阶段；情报科学中的 U 规范的提出反映出情报科学不能仅仅满足于对文献、技术这样一些物的研究，而必须更注重情报活动中的人的研究。这样两种传统的结合，不仅对图书馆学至关重要，而且对情报科学也至关重要。从广义上说，这也是信息管理等领域的一种重要的趋势和指导思想。信息管理从 20 世纪 50 年代引入技术因素后，经过 30 多年的发展，已开始走向技术因素和人文因素结合的阶段。从学术思想的角度深刻地认识图书馆学的人文传统和情报科学的技术传统，也有助于对信息管理中的最新发展阶段 IRM 有一种深刻的历史的了解，从而迈入人类信息利用的新时代。

（选自《中国图书馆学报》1992 年第 3 期）

目录学研究中若干问题的思考

朱天俊

中华人民共和国成立以来,我国目录学研究所取得的成就是显著的。特别是近 10 年来,目录学虽在"困惑和冲突"中发展,但取得的成果仍不可低估。目录学理论、历史、方法诸方面的研究均有新的进展。大量目录学论文的发表,一些教材、专著的相继出版,就是这一进展的表现。据不完全统计,20 世纪 80 年代发表的目录学论文有 1695 篇,是 1949—1979 年 30 年间的 6.1 倍;出版目录学论著 17 种,比前 30 年总和还多 4 种。这一时期,目录学人才辈出,一支以中青年为主的、老中青结合的目录学研究与教学队伍已经形成,这是目录学未来的希望。现在摆在我们面前的任务是什么? 目录学向何处去? 不少同志在思考,本文就此做如下几个问题的探索,与同志们共同讨论。

一、突破固有观念,加强目录学理论建设

目录学,在中国历史上相当长时间内,被看作是"目录之学"。如同其他科学一样,目录学也是发展的。中国目录学萌芽于先秦,形成于汉代。在古代,目录学包含在广义的校雠学内。《七略》《汉志》所形成的编纂目录的传统,贯穿于古典目录之中。中国古典目录学以研究目录为主,这是很自然的。近代西学东渐,随着新文化运动兴起和马列主义在中国的传播,现代文献编纂也有了新的发展,文献检索工具已不只是限于目录单一类型。索引、文摘、辑录、综述相继产生,发挥着传递文献、知识、信息的作用。提要是构成目录的要素之一,古已有之,现在也广泛应用于学术研究和图书出版、发行与宣传之中。文献检索早已不限于查考目录。文献检索与情报检索的结合,现代科学技术的运用,使目录学内容得到充实和发展。近年来,对目录学的理解,国内已有一些新的提法。陈光祚提出的"目录学是研究文献流的整序、测度和导向的科学"一说已远远超越"目录学是研究目录工作"的范围了。目录学是"目录之学"的固有观念,已被突破。那种认为"目录学是研究目录工作发生、发展及其规律"的看法,只是目录学是"目录之学"的延伸与解说,似可商榷。

目录学理论建设从何加强?

1.从学术文化高度科学总结中国目录学遗产。研究目录学遗产,既包括对丰富的、多种类型、多种功用目录的评述和历代编制目录经验的总结;也包括古典目录学理论的探索:中国目录学产生与发展的缘由,中国目录学传统的形成过程、特点及其现实的借鉴意义。要做到这些,就必须下大功夫,从认真发掘与整理中国目录学史料做起,经过考订辨析,加以系统整理,编写历代书目解题,撰写多卷本的中国目录学史。

2.注意与加强比较目录学的研究。一个民族、一个国家的目录学是这个民族、这个国家

文化的一面镜子。要了解不同国家目录学发展的民族特点，也要了解不同国家在各个历史时期目录学发展的时代特点。对于什么是西方目录学；尤其在理论方面，若明若暗。对于苏联目录学了解得多些，但也很肤浅。近年来虽有文章介绍和译著出版，但总的说，认识还不系统深刻。至于日本目录学研究状况了解得更少，而日本学者对中国传统文化研究是很深入的，其中包括中国古典目录学研究有着显著成就。要进行国外目录学研究，就要编译资料。这一步不迈出，比较目录学研究无从谈起。开展比较目录学研究，可了解各国目录学所长，有分析的加以吸收，充实中国目录学；又可进一步认识中国目录学优于国外目录学之处，系统地向国外介绍，进行国际学术交流。

3. 开展对当前编纂文献与文献情报工作的研究。中国图书馆界过去看重书目参考工作服务。近10年来，图书馆界、科技情报界又广泛地开展了文献情报服务，并取得显著的效果。迫切需要总结经验，从中提炼出目录学理论，推动文献情报服务工作。把文献情报服务与学术研究联系起来，与当前经济建设联系起来，发展专科目录学，加强应用目录学知识的普及。

4. 尽早求得中国目录学体系的共识。关于建立中国目录学体系问题，有些论文、教材中已有所涉及，但对什么是中国目录学体系，提法不一。有的提目录学原理体系，有的提目录学理论模式。我个人认为，所谓中国目录学体系是指目录学作为一门学科的体系。此点，目前已有多种思路，几种看法。例如中华书局1982年出版的《目录学概论》。上编是目录学基础知识，下编是目录学的应用技术。编者是把目录学史作为目录学基础知识看待的，归属于上编。这是一种体系。武汉大学出版社1986年出版的电大教材《目录学》，则是依基础理论—方法技术—组织管理的结构体系展开。将目录学史知识穿插到有关部分讲授，这又是一种体系。1991年曾令霞则认为当代目录学仍处于理论体系的形成阶段。指出经验要素、理论要素、方法要素和结构要素四个方面相互作用共同构成目录学的科学体系。她把这一体系又归纳为两种模式：反映学科形成、进化过程的本体论框架与反映书目工作流程的过程论框架。按前者，她认为现已形成理论目录学、应用目录学、专科目录学。事实上，反映书目工作流程的知识可寓于学科本身形成之中，二者似可统一。

什么是体系？体系是"若干有关事物互相联系、互相制约而构成的一个整体"。目录学作为一门科学，是由目录学理论、目录学历史和目录学方法组成。它们之间有着密不可分的联系。目录学理论是目录学历史发展与目录学方法诸多经验的抽象、概括与系统化。目录学历史乃是在一定学术文化背景下所形成的理论与方法，在目录学发展过程中的表现与总结。目录学方法则是在历代与当今编纂文献与利用文献过程中逐渐形成的工作准则与规范化。由于研究的需要，目录学又可分为若干分支，与目录学理论、历史、方法共同形成目录学的体系。这些分支有的是目录学本身派生出来的，例如比较目录学；有的则是与其他学科结合形成的，例如各种专科目录学。目录学究竟按哪种标准与研究需要分哪些分支，目前还有不同看法。但观点相同、相似的多于相异的，相信通过讨论，可以取得共识。

建立现代目录学科学体系不能不考虑它与传统目录学的关系。目录学有着明显的民族文化色彩和时代特点。中国现代目录学不能脱离与传统目录学的联系。要经过研究，从传统目录学中取其精华，将其优良传统融合到现代目录学之中。这样，现代目录学的体系会更具有中国的特色。这里需要的是探索、继承与创新。

在建立中国目录学体系的过程中，要注意吸取、参考、借鉴外国目录学长期形成的学科体系。但不能照搬,照搬只能阻碍或延缓中国目录学科学体系的建立与完善。

二、联系学术文化,深入传统目录学研究

传统目录学的研究起源较早,《通志·校雠略》和《校雠通义》是中国传统目录学最早的系统理论著作。20世纪30年代,不少学者通过目录学研究,取得了丰硕的成果,例如余嘉锡的《目录学发微》、汪辟疆的《目录学研究》、姚名达的《目录学》与《中国目录学史》、刘纪泽的《目录学概论》、容肇祖的《中国目录学大纲》以及蒋伯潜《校雠目录学纂要》等。这些著作有继承郑、章传统目录学,加以理论化、系统化的;有以中国目录学为主要内容,并注意吸取西方目录学,将固有的目录学知识与图书馆编目知识融于一书的;也有突出图书分类沿革,以此阐述目录学基本知识的;还有将目录学与校勘学结合为校雠目录学的。这些著作多数则侧重中国目录学史。

20世纪50年代,北大武大图书馆学系分别编写过《普通目录学讲义》。60年代初,两系合编《目录学讲义》,1982年又合编《目录学概论》,中国目录学史仍然占有较大比重。近10年,各地出版了一些目录学著作,属于遗著的有王重民《中国目录学史论丛》(朱天俊选编)、吕绍虞《中国目录学史稿》(查继森整理);属于新著的有来新夏《古典目录学浅说》、罗孟祯《中国古代目录学简编》、曹慕樊《目录学纲要》。台湾也出版了许世瑛《中国目录学史》、昌彼得《中国目录学讲义》、李曰纲《中国目录学》。上述著作各有特点,为目录学发展做出了贡献。但从总体上看,都是以讲述古典目录发展为主的中国目录学史。

这些年来,出版或重印了一些文献学著作,如张舜徽《中国文献学》、王欣夫《文献学讲义》、吴枫《中国古典文献学》、郑鹤声、郑鹤春《中国文献学概要》等,除个别著作内容包括文献结集、审订、讲习、翻译、编纂、刻印外,不少仍然是校勘、版本、目录三位一体,其中目录部分实际是论述了中国传统目录学。近年程千帆、徐有富编著的《校雠广义》,分版本、校勘、目录、典藏四编,已出目录编,大部分内容也属于传统目录学范畴。

10年来发表的1695篇目录学论文中,据黄慎玮同志统计,中国目录学史论文476篇,占全部发表目录学论文的28%,居首位。论文作者从纵横两方面对中国传统目录学进行了研究,取得了显著成就。

怎样研究传统目录学?是仅就古典目录的源流来研究呢,还是从文化史的角度总结中国传统目录学的精义?显然按后者的思路进行研究较为合理,但研究是不够的。著名历史学家范文澜深刻指出,"《七略》综合了西周以来主要是战国的文化遗产"。"它不只是目录学、校勘学的开端,更重要的还在于它是一部极可珍贵的古代文化史"。这虽只是对一部目录的评述,但如果扩而论之,把传统目录学从文化史的高度进行研究,将是对学术巨大的贡献,将可改变整个传统目录学研究的面貌,也可影响与推动中国目录学史的研究。当前需要的是从朦胧走向自觉,从表层走向深层,从微观走向宏观。这就是说,在文化史的视野下,既注意一部部古典目录的剖析,更要重视传统目录学学科的研究。彻底弄清中国传统目录学精华与糟粕,从而明确中国目录学的优良传统,这必然可以从传统目录学的一个侧面去窥视中国传统文化,对中国传统文化是一种补充与贡献;又可以加强传统目录学的学术深度,正确总结中国目录学遗产。可喜的是,此种思路已有开端,钱振新已注意到这一问题,发表了

《传统目录学的文化角度论》，但未引起注意。近年，广西人民出版社出版了周积明新著《文化视野下的四库全书总目》，可算又是一例。作者指出以往人们对研究《总目》所持的"那种肯定《总目》的学术价值而否定它的思想价值，显然是一种文化理解上的失误"。这一使人耳目一新的见解给人以深刻的启迪。他又指出，"《四库全书总目》包蕴着丰饶广阔的'意义'，文化史家的任务，便是要将它置于一个生动的文化整体中加以还原和分析，捕获它的灵魂"。其实又何尝是文化史家呢？我认为不从文化史的角度研究传统目录学，就不可能对中国目录学史上诸多问题予以正确的解释，例如古典目录中文献分类的六分法、四分法的产生与演变的缘由等；就不能充分发掘古典目录在学术研究中的参考价值，例如宋代两部私家藏书目录晁公武的《郡斋读书志》、陈振孙的《直斋书录解题》；就不可能认识中国目录学发展的规律，从而正确吸收目录学遗产中的精华，发展中国现代目录学。

三、适应社会需要，发挥应用目录学的作用

目录学本是致用之学，应用目录学更为体现目录学这一学科特点。早在清代，乾嘉学者广泛应用目录学于古籍整理，他们或注重考订经史，正订文字，选择善本，辨别伪书，辑佚文献；或通过文献分类、提要等，揭示古籍内容，条别学术源流，反映学术兴衰。余嘉锡在《目录学发微》一书中谈到目录学的意义及其作用时指出，今举古人利用目录学之最早者数事，即：以目录著录之有无，断书之真伪；用目录考古书篇目之分合；以目录著录之部次，定古书之性质；因目录访求阙佚；以目录考之失佚之书；以目录所载姓名、卷数，考古书之真伪。

目录学在读书治学中有着特殊的作用，与史学研究关系尤为密切。柴德赓在介绍史学家陈垣的治学经验时指出，"目录学是搞学问的门径，是掌握书目、书的内容、版本以及相关书目的学问。一个人要搞学问，必须掌握目录学"。他称赞"陈垣先生目录学知识是极其丰富的，在他手里发展成为史源学，把编纂学向前推进了一步"。由此可见，目录学在查考文献与史料探求方面，可给史学工作者以一定的帮助。

应用目录学发展到现在，它的内容包括编纂文献与利用文献两方面，即：论文注释、提要、文摘、索引、书目、综述、书评的编写方法与文献检索的方法。论文注释是论文正文的补充与解释。提要是一文的介绍或评介。文摘是一文主要内容的扼要摘述。索引是查考报刊文献及图书内容的检索工具。书目是一批相关文献的揭示与记录。综述是学术或技术专题文献的综合述评。书评是对图书的鉴定、评论与介绍。至于文献检索，这是查考文献及其信息的途径、方法与过程；有广义和狭义之分。狭义的文献检索，仅指查考文献。广义的文献检索，除指查考文献外，还包括通过查考记载存贮在文献里的事实和数据。这种广义的文献检索，有些国家称之为情报检索。由此可见，文献检索与情报检索关系甚为密切。根据《中华人民共和国标准 情报与文献工作词汇基本术语》，文献检索是"从存贮的文献里查找出特定文献的过程。"可分为书目检索、情报检索和事实检索。

国内目录学新发展，如书目控制论、文献计量学也均属于应用目录学的范畴。书目控制就是通过建立书目集中管理体系，对文献流实行宏观控制，以便最有效地实施文献资源合理而充分的使用。文献计量学原称书目统计学，现亦称书目计量学，是将数学和统计学的方法运用于文献研究的一门学科，以便帮助协调与解决文献积累与利用的关系与矛盾。它包括

描述文献特征的研究与查考文献关系的引文研究。

　　文献在应用目录学乃至整个目录学研究中具有十分重要的作用。事实上，编纂文献、检索文献离不开文献研究。书目控制、文献计量学也早已突破单纯的书目研究的界线，而以文献与文献系统为对象进行研究。不了解文献就无法进行目录学研究，脱离文献的应用目录学是不存在的。

　　应用目录学领域广阔，有待开发、研究与实践。它的发展将把我国目录学大大地向前推进一步，由此总结的理论又可丰富目录学理论。

四、发扬历史传统，进行目录学知识普及

　　我国大学开设目录学课程早就开始了。20 世纪 30 年代初，著名图书馆学、目录学家刘国钧任教于南京金陵大学时，曾讲授过目录学。此后著名学者姚名达、余嘉锡、容肇祖、刘纪泽、蒋伯潜、王重民等都曾开设过目录学课程，并编著过多种教材。目录学教育一直受到教育部门的重视。中华人民共和国成立后，目录学教育得到进一步发展。它已被列为大学图书馆学、古典文献整理等专业的专业基础课。一些高校中文、历史系也开设了这一课程。文化部规定目录学为图书馆工作者业务考核的科目之一。目录学教育作为一种学科的系统教学，在数十所高校开设课程，无疑促进了目录学的发展与提高。

　　但是，我们不能不看到，目录学课程设置不平衡，甚至出现有所削弱的现象。原因是各方面的，其中之一，有同志认为目录学已过时，主张以文献学，特别是情报学代替目录学。其实，三门学科，内容虽有交叉，但各有其对象与任务。相互补充，能促进文献及其信息的传递与利用，不必也不应相互代替；具有悠久历史的中国目录学只能加强不能削弱。否则对学科建设与普及目录学知识都是不利的。

　　目录学教学要面对大学文科各专业，不要局限于图书馆学专业学生。积极发展专科目录学、应用目录学，为教学与科研服务。老一辈学者一向比较重视利用目录学研究学问，也有很多宝贵经验。读书治学过程中，借助于目录学知识，古已有之，这是好的传统，应予发扬。

　　当前中国目录学教育既有普及，也有提高的问题。没有普及，谈不上提高；不注意提高，也就不能适应社会上不同部门单位多种工作、多层次人员的需要。回忆 20 世纪 50、60 年代讲授工具书，还只是在大学课堂上；如今应用工具书检索文献，加以利用，已引起社会各界的注意了。我们要着重研究现阶段目录学教育的任务，深入社会文化、教育、学术界，使青年同志懂得从事文化教育工作与学术研究，目录学知识是不可或缺的。

　　要努力培养目录学人才，切实改进大学目录学课程的教学，尤其要增强应用目录学的教学。讲授与实习结合，使学生能扎实地掌握目录学，具有编纂文献与利用文献的能力。期望在 20 世纪末，出现一种前所未有的普及目录学教育的新局面，正如中国著名目录学家姚名达在 20 世纪 30 年代所说，"目录学成为人人所共知的最通俗的常识"。

（选自《中国图书馆学报》1992 年第 4 期）

在"低谷"表象的背后
——图书馆学学科规律与思维规律探讨

刘　迅

如果说新时期中国图书馆学的真正起步是在 1979 年的话，那么，至今已有十几年的时间了！对其间中国图书馆学的发展，人们曾不无激越地予以评说。然而，作为一个确实与这段图书馆学共过命运的人，我却觉得，在那多变的学科进程的表象背后，似乎仍然有着本质性的，且又与学科发展规律和研究者的思维规律密切相关的东西尚未被真正揭示出来。正是基于这种想法，笔者不揣冒昧，进行了如下的探讨，旨在为中国图书馆学研究走出"低谷"提供一些方法论方面的依据和参考。

一、两次"浪潮"，一种选择

对于 1979 年以来中国图书馆学走过的历程，人们曾经有过一个比较典型的评价，认为，图书馆学的研究发展经历了两次否定——以理性研究对实用研究的否定；以发展研究对纯理论研究的否定。其轨迹是从反实用研究到反理性主义思潮的兴起。我认为，对于这段图书馆学发展状况的客观描述，这个评价应该说是有一定道理的。然而，它却显得过于表象化了，其中否定一词尤其值得商榷。

究竟应该怎样更为客观准确地评价这段图书馆学发展的历史？我认为，从总体上看，新时期中国图书馆学的发展应该说是经历了两次"浪潮"，一是理论图书馆学研究的浪潮；二是发展图书馆学研究的浪潮。而这两次浪潮，就其本质来说，又都属于过去 10 年发展中的同一种选择。

为了说明这一观点，可从以下三条线索及其各自的质与量的两个方面来予以论证。

1988 年，《图书馆学通讯》刊登了范并思的"三种图书馆学"的观点。于是，人们在对图书馆学总体发展的认识过程中终于理清了三条线索。我们在考察新时期图书馆学发展的历史时，也不妨以这三条线索作为基点。

首先，我们就三种图书馆学发展的过程形式分别用近似曲线予以表述，其中根据张树华、邵巍所撰《三十五年来我国图书馆学基础理论研究的进展情况和发展趋势》绘制出应用图书馆学发展曲线；根据上海人民出版社 1989 年出版的《图书馆学、情报学、档案学论著目录》所提供的数据绘制出理论图书馆学发展曲线；根据近年来图书馆学主要刊物上发表论文情况的估测，绘制出发展图书馆学发展的近似曲线（见下图）。这三条曲线所显示的发展轨迹给我们的印象是，应用图书馆学研究由来已久，持续发展；而理论图书馆学和发展图书馆学虽崛起的时间前后各异，但其"潮峰"却都同属于过去 10 年。现在，我们再来具体分析一下新时期三种图书馆学的发展内容。

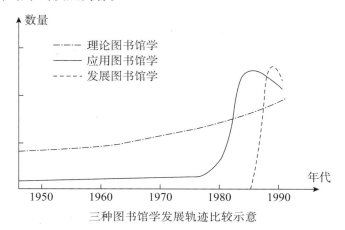

三种图书馆学发展轨迹比较示意

第一种:理论图书馆学。20世纪70年代末,当人们开始用科学的眼光来审视传统图书馆学的理论状况时,曾表现出了极大的不满。于是,理论危机——这一极具刺激性的观点便赫然出现了。这一观点的提出,吹响了理论图书馆学的进军号,于是乎,在短短的几年之间,如同摧枯拉朽,使传统图书馆学受到了致命的冲击。在这场革命性的进军中,一些新的概念被确立,学科对象得到了重新调整和完善,诸如学科性质、理论基础,以及研究方法和体系结构等空白领域先后被开拓。与此同时,图书馆学思想史研究的崛起给人们的启迪则更大,它提出了一个崭新的视角,让人们去发现图书馆学发展的本质规律。这场轰轰烈烈的理论大进军约在1984年前后达到顶峰,而后逐渐趋于平缓。因此,可以说这期间理论图书馆学经历了一场革命性的批判与建树。

第二种:应用图书馆学。与此同时,应用图书馆学的发展虽然也有长足的进展,但就其革命性建树的特征来说,却要明显逊色于理论图书馆学。我们看到,在分类法研究中,是"修订",而不是重建;在编目规则研究中,是完善,而不是要推翻;现代管理虽也及时引进了,但碍于国情和体制,许多内容显得相去甚远;计算机本应带来一场革命性的变革,但限于国力和现行经济状况,似乎至今也没有从根本上对图书馆事业构成影响。值得一提的倒是,最初从基础理论研究中走出来的藏书建设和读者研究两个领域,由于现代理论的大量引入,其进展较为明显,但它们毕竟仅是应用图书馆学众多领域中的两个方面,故还不能对整个应用图书馆学的革命性色彩构成根本的影响。因而,应用图书馆学的发展必然给我们留下这样的基本印象:在充实和完善中前进。

第三种:发展图书馆学。新时期图书馆学发展的第三条线索是由1986年发展图书馆学的崛起而被勾画出来的。发展图书馆学所关注的问题包括:图书馆体制改革;图书情报政策研究;图书馆事业发展战略和对策研究;以及行业间、地区间图书馆活动的宏观协调和文献资源共享研究等。发展图书馆学研究一经出现,就以其独有的形象在图书馆学整体领域中确立了自己的位置。但由于发展图书馆学研究的问题相当一部分是在改革大潮中被引发出来的,它们与改革发展的进程密切相关,因而1988年之后,发展图书馆学研究也出现了明显的下滑趋势。尽管发展图书馆学的"黄金时代"是短暂的,但它的成果却是全新的、革命性的、建树性的。同时,重要的倒不在于成果本身,而在于它开辟了图书馆学研究领域中又一片全新的天地。

当我们把 3 条线索中的两次浪潮都纳入新时期图书馆学发展的历史中进行共同考察时，我们不能不发现这样一件令人欣慰的现象：10 多年来，人们曾痛斥传统图书馆学中的经验描述，但却没有说从此而不要经验，取消实践，只不过是感到它的科学理论不足罢了！同时，人们也曾疾呼理论"玄"了，要降低调门，但却没有人说不要理论，只不过意在使理论更加联系事业发展的实际。这就是说，从学科发展的总过程来看，并不曾在否定自身，而是完完全全地在建树：三种图书馆学或从小到大，或从无到有，其发展过程并不存在相互否定的现象，相反，倒是在三种图书馆学交替发展的过程中，图书馆学的整体学科形象得到了完善。的确，前后交替的两次浪潮曾在形式上给人以后者在否定前者的感觉，但事实上，这又何尝不是后浪在推前浪呢？因为，面对科学发展的同一阶段：危机—革命阶段，人们的选择只能有一个，那就是开拓的建树。所不同的是，在这同一选择下的两次浪潮的交替中，图书馆学研究中心实现了转移，而唯有这种研究中心的转移，才使图书馆学有了今天的形象。

二、"低谷"——进入常规科学的表象

第二次浪潮以后，确切地说是在 1988 年以后，中国图书馆学的研究出现了相对沉寂的局面——研究气氛不像以前那样热气腾腾了，研究成果也不像前些年那样五彩缤纷了。对于这种陡然变化的情形，人们一时间手足无措，还无法揭示出其实质，只是用"低谷"一词来形容之。

究竟应该怎样看待这个"低谷"现象呢？1989 年 9 月在长春召开的全国第 4 届中青年图书馆学情报学学术研讨会恰逢其时，对这个问题进行了集中的讨论，且取得了基本一致的认识。他们认为，中华人民共和国成立 40 年来我国图书馆学理论发展成绩是主流，应充分肯定。就现阶段来说，我们的理论研究水平并没有滑坡，而是冲上了一个新的高度之后，正处在理论徘徊阶段，或者说是进入了一个持平发展的状态。处在这一时期，理论不应该也不可能有急剧的、突破性的进展。这是因为这种状态属于学科发展中的自然现象。这正好说明图书馆学理论研究经过了革命性的建树之后，目前已进入到常规科学阶段。

著名科学史家贝尔纳在总结科学发展进程的规律时这样说道："科学的历史是非常不平静的。在某些活动大爆发后，就连接某些长久休闲时期，直到重新再爆发一次。"如果说，眼下的"低谷"确属常规科学阶段，的确是"长久休闲时期"的到来，那么，研究者们多多少少表现出的不适应状态就不足为怪了。这是因为，新时期以来的图书馆学，就总体来说属于非常规科学状态，在其发展的 3 条线索中有 2 条是充满批判性和建树性的；研究者们所采用的研究方法也多是适应于非常规科学研究的。而如今，图书馆学进入了常规科学状态。处在这样的阶段，研究者们应该做些什么？怎样去做？原有的研究方法和思维方式应该做哪些调整？以及如何判定这个"长久休闲时期"的周期等，都是我们眼下应该认真思考的问题。

三、科学阶段的不可选择性与思维方式的对应性

科学的发展是有其阶段性的。当代著名科学方法大家托马斯·库恩（Thomas S. Kuhn）

就曾在其权威性著述《科学革命的结构》一书中提出了科学发展的稳态—危机—革命及其周而复始的周期性科学发展阶段划分。而这一经典性思想的形成,主要源于库恩对"规范"这一基本概念的思考。

库恩所说的"规范",是指科学共同体(Scientific Community)对一种现象范畴所持的共同的基本立场,即科学家集团约定俗成的一些科学准则。例如古代托勒密的宇宙体系理论在当时就是一种规范,近代牛顿力学原理也是一种规范。也就是说,规范"在一定时期里为以后几代的工作者规定了在某一领域中应当研究些什么问题,采用些什么方法。"规范的形成有两个标志:(一)足以空前地把一批坚定的拥护者吸引过来,使他们不再去进行科学活动中的某种竞争。(二)又足以毫无限制地为一批重新组合起来的科学工作者留下各种有待解决的问题。

库恩思想给我们的启示是,科学发展的阶段是有其规定性的。无论研究者的兴趣是什么,也无论研究者习惯于哪种规范下的研究活动,科学发展过程中固有阶段的出现都是不以人们的意志为转移的。换句话说,即科学发展阶段具有不可选择性特征。

那么,一旦我们别无选择地进入到一种新的研究阶段的时候,我们的观念和思考方法应该做哪些调整呢?

对此,库恩再次给予人们以精辟的提示。按照规范的观点,科学可分为两类:常规科学和非常科学。同样,与此相对应的科学研究也可分为常规研究和非常研究。进而,从事这两类研究分别要采取两种思维方式:一种是发散式思维(Divergent thinking),另一种是收敛式思维(Convergent thinking)。前者是一种自由奔放的思考,后者的思考则要受一定传统的约束。这两种思维是"一个钱币的两面",是"互补"的,不可偏废。只发展发散式思维,就会胡思乱想;仅有收敛式思维,又易囿于成见。库恩说,"我认为发散式思维与收敛式思维对于科学进步是同等重要的。这两种思维方式必然会发生冲突,因此要善于在两者之间保持一种必要的张力。这种张力正是我们进行最好的科学研究的首要条件"。

回想20世纪80年代以来中国图书馆学出现的两次浪潮,人们对非规范课题的研究抱有浓厚的兴趣。在研究方法的使用上,移植和类比所出现的频次为最高。因此,可以认为,在这一革命性发展阶段中,发散式思维占有主导地位,它支配着研究者的行为活动,引导他们发现问题,创建理论,走向成功。

然而,图书馆学毕竟太年轻了!目前她还没有能力产生出统治学科发展上百年的理论,当然学科发展运动的周期也是很短的。具体表现是,人们还没有来得及完全理解图书馆学革命性阶段的方方面面,更没有来得及仔细品味发散式思想的规律与绝妙之处,学科就又进入到了一个新的规范之中。

革命性阶段的出现让人惊讶倒也罢了,新的规范的出现竟然也让人感到猝不及防,这就要求我们必须思考研究者的行为问题。

四、在"规范"框架内的研究者行为

如果前述观点成立,那么也就是说,我们已经在新的规范之中了。此时,我们该做些什么? 我认为,除应对科学方法大家的一般性方法论精髓予以进一步体会和理解外,针对图书馆学的发展现状,还应具体展开如下工作。

（一）清理理论现状。图书馆学在过去10年的进展硕果累累,有目共睹。总的看,学科框架已经基本确立了。然而,留下的问题还是相当多的。诸如,现有理论、观点的精确化和规范化问题;图书馆学的客观学科位置问题;20世纪80年代以来的新观点新理论的归类划分问题;理论与实践的关系问题等。这些问题都需要我们予以认真的分析和研究,以期获得科学的、统一的认识。

（二）补充知识素养。过去10年的研究状况表明,我国图书馆学研究队伍的基本素质还有待进一步提高,有关知识素养正亟待补充。例如,对科学发展阶段不易把握的情况,说明我们应该进一步学习科学史和科学学知识;对科学的表象和科学的本质划分不清,说明我们缺乏哲学功力;一种潮流来了,我们摇摆不定,说明我们尚没有形成坚如磐石的科学定力品格;对于学科思想的演进感受不深,说明我们对历史唯物主义的精髓还没有真正掌握。

（三）积累反常现象。尽管图书馆学目前进入了一种规范,但毫无疑问这种规范所能统治的时间不会太久远。科学史告诉我们,科学之林中的那些参天大树之所以稳健非常,是因为它们的理论实在太坚实了。所以,一经进入规范,就要稳态很长时间。而年青的科学则不然,它所以发展很快,是因为它刚刚进入规范,意料之外的现象就接踵而至。图书馆学属于后者,因而我们必须开始积累反常现象,发现非常征兆。

（四）规划学科未来。人类进入20世纪的最后10年,科学也站在了两个世纪之间。在这样一个重要的历史时刻,着眼于21世纪,积极地去规划图书馆学的未来,是我们当前的重要任务之一。未来的图书馆学,是会膨胀,还是会萎缩? 她的归宿究竟是什么? 将有哪些新的血液注入其内? 又有哪些科学技术的进展会对她构成重大的影响? 诸如此类问题,都是我们在规划未来时必须思考的。

"行动,行动,行动!"此刻,我蓦然想起的是哲人费希特的话。

（选自《中国图书馆学报》1993年第1期）

从经验图书馆学到新型图书馆学

范并思

20 世纪 80 年代初，中国图书馆学开始了一场深刻全面的变革。变革的核心是使 20 世纪初创建的经验图书馆学朝着科学的、理性的新型图书馆学转化，以适应图书馆事业的发展。变革高潮迭起，持续了近 10 年时间，全方位地改变了图书馆学，包括整体构成的理论格局、理论观与方法论等。用一位古希腊哲人的话来形容这一情形是再恰当不过了：唯一不变的东西是变革本身。

一、剧烈变革的学科群

20 世纪 80 年代的变革使以图书馆工作流程为主线索的学科组织方式受到根本性冲击。理论前沿转移了，传统学科出现了分化、重组，新旧理论大交接，新的学科不断产生。为了方便，本文将图书馆学内大大小小的、成熟或不成熟的分支学科或研究领域均称为学科。

（一）新图书馆学的前沿学科群

20 世纪 80 年代的理论变革中，一批新的学科异军突起，以其理论化程度高、紧扣现代化建设和宏观思维的风格，理所当然地成为新图书馆学的前沿。这批学科主要有四个。

1. 图书馆现代化研究。一般说，图书馆现代化有两层含义：图书馆技术的现代化和图书馆事业组织的现代化。广义的图书馆现代化研究起步于 20 世纪 70 年代末。当时许多有资历的理论家在"四化"目标鼓舞下讨论此一问题。20 世纪 80 年代前期出现过两次高潮，先是 80 年代初对图书馆现代化的含义、标志、意义等问题的研究，接着是 1984 年后对新技术革命与图书馆问题的研究。1985 年后研究转入平稳，而对图书馆现代技术的研究逐步深入，并形成一个学科。它产生了巨大的效益。1986 年后电子计算机在图书馆的应用有了突破性进展。以电子计算机为核心的图书馆现代技术提高了我国图书馆工作的整体水平。

图书馆现代化研究的理论变革意义巨大。它使相当多的图书馆学家改变原有的思维方式和方法，使图书馆学在"考证"的人文科学形象和"工作描述"的经验科学形象之外，有了"试验""论证"的技术科学新形象。它也改变了许多图书馆分支学科的研究路向，带动这些学科进行相应的变革。

2. 检索语言研究。图书分类学是一门根基很深的传统学科。汉代以来，我国图书分类研究关心最多的是与类目设置、顺序有关的知识分类问题。20 世纪 70 年代末，著名的"三性""五大块"等讨论仍是知识分类问题的延续。图书分类的技术性问题虽有杜定友、刘国钧等人提出，但还是难免被转变为思想性问题的讨论。20 世纪 80 年代初，一些理论家另辟蹊径,干脆放弃图书分类的名称,在"情报检索语言"名下研究包括分类法在内的各种检索语言的技术问题。这一变革大为奏效,理论家摆脱了"三性"之类问题的纠缠,将图书分类研究纳入了"以检索效率为中心"的新领域。

检索语言一词出现于 1980 年,当时含义较窄。1981 年张琪玉《情报检索语言大纲》发表后,研究文章剧增。1984 年《情报检索语言》的出版及随后此课程的普遍开设,标志着该学科真正形成。也许有人不承认检索语言研究与图书分类的学科渊源,但这并不重要。它从图书分类中提炼出了检索效率问题,和其他标引、检索工具问题一起组成了新的学科,这就从整体上改变了图书馆学的构成。

和图书馆现代化研究相比,检索语言研究有更多的创新意义。尽管国外早有检索语言这一名词,但作为一个完整的学科建设,中国人走的是自己的路。一批最优秀的理论家,如张琪玉、侯汉清、刘湘生、丘峰,以其刻苦的治学精神和深厚的知识功底,使检索语言研究成为新图书馆学最活跃、最有创造性的前沿之一。

3. 文献资源建设研究。文献资源建设的概念是在藏书建设概念的基础上形成的。1984年全国藏书建设会议上有同志建议以文献资源建设取代藏书建设,当年肖自力撰写了论文。随后这一概念被理论界普遍认可。经"七五"期间全国范围的文献资源调查及理论工作的推动,文献资源建设研究已成为图书馆学中最热门、最有影响的一个分支。

20 世纪 50 年代末出现的藏书建设概念,经过相当缓慢的发展,到 20 年代后期方形成学科。在经验图书馆学中,这一学科主要研究单个图书馆内藏书的选择、采集、组织、复审、剔除等微观问题。宏观决策的需求引导理论界关注宏观问题。1957 年《全国图书协调方案》和 1980 年《图书馆工作汇报提纲》均涉及藏书的宏观组织问题。1981 年肖自力开始注意馆际协调藏书的宏观理论,1984 年后成为文献资源建设研究的重要内容。肖自力对文献资源建设宏观问题的关注并不全是个人兴趣,而是有决策因素的影响。

文献资源建设研究把一个单纯微观的研究领域发展为一个宏观、微观并重的领域。这种变化是经验图书馆学发展到新图书馆学的一个缩影。已有人认为这一理论的提出是"我国图书馆学、情报学理论研究的重大突破"。它对中国图书馆学还有另一重要意义。中国图书馆学的基本概念多数来自国外,从梁启超译入"图书馆"一词起,极少例外。文献资源建设概念的提出及研究领域的形成,是中国图书馆学家首次用自己的概念创立研究领域,并且没有一个术语如此科学地包容了这一领域的问题。在这一领域,中国站到了世界前列。

4. 发展战略研究。这是 20 世纪 80 年代兴起的一种新型的图书馆学研究。它的目的是为图书馆事业发展的宏观调控提供思想、政策、决策依据和方案,具有"软科学"研究性质。发展战略研究使图书馆学既摆脱"馆内科学"的局限,又避免了以往宏观课题的空洞,被人称为宏观现实问题研究。

在图书馆事业的早期,事业规模小,社会化程度不高,不需要国家对其发展进行宏观调控。传统图书馆学中没有发展战略研究。我国图书馆事业发展战略研究萌芽于理论急剧变革的 1983 年,当时有人研究了国民经济与社会发展计划中的图书馆事业。1985 年上海结合城市文化发展战略对该市图书馆事业发展战略进行研究,使该研究转入集团作战。1986 年湖南和全国高校系统分别组织图书馆事业发展战略研讨会,形成研究高潮。1988 年后发展战略研究一度出现低潮。这是从起步阶段转向实质性研究的必然现象。实质性的发展战略研究需要充分的数据准备和详尽论证,较之课题周期较传统的论文式科研要长得多,成果数量也肯定要少得多。近年来发展战略研究又见回升。《中国图书馆学报》以刊载此类文章见长。它陆续发表了《公共图书馆：繁荣与危机》等一批具有发展战略研究性质的论文。论文的数据新且翔实，分析紧扣国民经济与社会发展，提供了决策思想。中科院文献情报中心新近推出的发展战略研究成果也颇引人瞩目。

与新图书馆学的其他前沿学科相比，发展战略研究起步晚，论著数量和参与者人数不多。但我们还是愿将其当作一个新的研究领域。就社会背景而言，它是改革开放以来管理决策科学化进程的产物；就理论自身而言，则是图书馆学的对象从馆内的、技术性问题向社会的、管理性问题转变的产物。

(二)传统学科的变革

我国图书馆学的传统学科，主要有图书馆学基础、目录学，以及按图书馆工作流程或要素组成的各个分支。图书馆学基础、藏书建设、图书分类等学科的内容部分或全部转变为前沿学科的内容，大部分学科则在保留传统的学科内容的同时，努力引入新的方法，开辟新的领域，用新的科学思想改造旧的学科结构和内容。新图书馆学中，它们名称依旧，但内容已不同于经验图书馆学科。

1. 图书馆学基础。它应是整个学科的科学基础，是从各具体问题和各工作环节抽象出来具有一般指导意义的理论知识。但在经验图书馆学中，图书馆学基础教科书却有大量的对具体工作的经验描述。加上历次政治运动中图书馆学基础的"大批判"姿态，使一门应该最有理论性的学科被许多图书馆学家敬而远之。

1981年，理论界继初步清除了"左"的思想影响后，开始对经验图书馆学进行全面反思，并尝试建立新的、名副其实的基础理论。首先是彭修义提出了建立"知识学"的建议。以后周文骏的文献情报交流理论和宓浩的知识交流论均有突破性建树。1984年后，图书馆学基础研究领域形成多学派学说并存的多元化新格局。各学派学说不同程度地与传统决裂了，一批风格各异的专著或教材先后问世，向人们展示了这一领域内从结构到内容、从理论观到方法论、从思想深度到材料取舍水平的所有变革成就。

2. 目录学。它的历史远比图书馆学早。在古代，这是中外学术巨子们投身的领域。20世纪仍有余嘉锡、姚名达等学问家涉足。由于近代印刷业的兴起和出版发行体制的形成，目录学"校雠"的用武之地日减，没落也开始了。中华人民共和国成立后的大学里，目录学是图书馆学系的一门专业课，昔日"显学"竟成了年轻的图书馆学系的一分支。课堂上，教师用极大的篇幅讲目录学的历史，以它过去的辉煌告诉学生它的重要。

在理论变革浪潮冲击下，目录学根深蒂固的传统虽依然维持着，但越来越多的人在尝试使目录学由"古籍科学"变为与现代科学和文化知识交流相关的科学。在学科内涵方面，彭斐章提出了"以书目情报的运动规律为核心，探索目录学的发展规律"的全新思想，并推出了专著。在学科外延方面，人们积极开创专科文献目录学、书目控制论、书目计量学、比较目录学等新领域。在应用性研究方面，读者书目情报需求、书目情报网络、书目情报服务手段现代化等研究也很引人瞩目。今天的目录学是一个传统与现代的复杂的混合体，这本身就意味着目录学发生了巨变。

3. 图书编目研究。编目是技术性较强的工作，编目研究中有注重技术问题研究的好传统。与分类研究一样，图书编目研究也是传统图书馆学最活跃的领域之一。20世纪60年代起,西方机器编目的实践导致编目思想的变革;主要款目地位下降,标识符作用显著。20 世纪 80 年代,接触了西方新编目思想的学者开始了一场悄悄的革命:标准化运动。最先出来的《文献著录总则》向国际标准靠拢,内容完全是反传统的。直到 1989 年,还有理论家对多年前的这一标准耿耿于怀。但在当时,变革的氛围使人们对这一标准采取了既无人赞同也无人反对的姿态。这为《总则》的推行及以后其他标准问世创造了宽松的环境。新的著录格式为图书馆工作现代化作了多方面的准备,而以带有强制性的国家标准推行新格式,正是一种最有效的方法。即使仅有此一项,编目学家们的工作也无愧于这一理论变革的时代了。

4.读者工作研究。包括文献借阅、参考咨询、情报检索、图书宣传和读者辅导等众多内容的读者工作,是现代图书馆活动中最有社会意义的工作。读者工作研究可计量性强,变化快,涉及面广。在西方,这是一个吸引了众多优秀理论家的领域,大量论证式、调研式课题均出自这一领域。不知为何,我国的理论家,尤其青年理论家却不愿光顾。20 世纪 70 年代末和 80 年代初,这一领域的文献量以很高的速度增长。绝大部分文章可归入两类:讨论读者工作的定义、职能等基础问题的经院式文章,介绍某一图书馆读者工作过程的经验描述式文章。新时期的读者工作是实实在在的上了几个台阶的,读者工作理论成果与其丰富的实践相比,毕竟过于沉闷了些。直到今天,读者工作研究中仍难见到变革的主潮流。读者工作研究中具有根本意义的变革是引入数理方法。1983 年起,陆续有人用排队论、信息论、运筹学知识进行探讨。陈和平以"流道论"为核心的图书馆定量管理系列研究成果是此类研究的精华。他的工作无疑已达世界先进水平,但研究读者工作的人知道他的不多。该领域产生了许多新的学科分支,如读者学、读者心理学,它们对这一领域没有产生变革性影响。

(三) 新学科群的崛起

图书馆学是一个不断发展的学科。发展不但表现为论著数量增长和理论的深化,也表现为各个分支学科的变化。20 世纪 80 年代,出现了大量以"学"命名的新学科。80 年代后期有人对此给予严厉批评,认为喜好提出这类新学科是不务实的不良学风。客观地说,80 年代前期的理论家们面对陈旧乏力的理论和大片的理论处女地,在疾行匆匆的开拓过程中,表现得的确有些焦躁。但后来的批评者们似乎不能体会理论大变革时期人们创建新学科的真实冲动,批评时忽视了新学科潮产生的理论环境。

新学科分支在图书馆学内大量涌现,是图书馆学理论变革时期的特殊现象,可视为新图书馆学早期的一个理论特征。尽管相当一部分今天实际已不存在,另有一部分发展不稳定,前途未卜,只有少数得到理论界认可,但新学科群的崛起对图书馆学的影响显而易见。

1.交叉产生的新学科。学科间的交叉渗透是当代科学发展的大趋势。理论变革过程中,相当多的人积极吸收其他学科的知识,创建了"图书馆社会学""图书馆经济学""读者心理学"等。图书馆学是一门应用性社会科学,和其他学科交叉的结果,往往是其他学科知识在图书馆学的应用而不是相反。这是造成图书馆学新学科过多的一个原因。交叉类新学科的提出和建立,表明了图书馆学家决心走出封闭状况,跟上当代科学潮流的愿望。当然要使这些新学科成为名副其实的图书馆学分支学科,还有许多理论工作要做。

2.研究领域扩大产生的新学科。图书馆事业的发展和图书馆活动内容的扩大,导致理论领域的扩大。如随着各类型图书馆的发展,继公共、科技、高校三门专门图书馆学后,又陆续产生军队图书馆学、儿童图书馆学、乡镇图书馆学、中学图书馆学。这些图书馆学往往有专门机构支持,有稳定的研究队伍,是较有潜力的图书馆学新学科。似由于开掘不深,存在"专门"不专,缺乏特色的问题。

3. 引入新方法形成的新学科。对方法的关注是 20 世纪 80 年代理论的重要特征,它势必导致新学科出现。如国家间比较方法导致比较图书馆学,数学、统计学方法导致图书情报数学和图书馆统计学。此类新学科一般比较成功。用一种传统图书馆学不曾有的方法研究图书馆学,往往能达新的理论境界。

4. 对原有领域研究深化而形成的新学科。这里既有部分深化而形成的,如对图书馆事业的深入研究而形成的宏观图书馆学、发展图书馆学,也有对整个领域深化而形成的,如由图书馆学基础而来的理论图书馆学,读者工作研究而来的读者学。后者可以说算不上新学科,它是理论变革时期人们追求理论体系完整的一种表示。纷纷将不带"学"字的改为带"学"字的,从这点也可看到当时人们的理论心态。

5. 还有一种其实是学派学说的"新学科",如"知识学""文献信息学"。它们虽称为"学",但实际只是图书馆学基础领域的一些学派学说名称。它们也属于新图书馆学。

二、新旧交替的理论特征

学科结构和内容急剧变革的同时,理论观、思维方式和研究方法等属于科学思想的东西也发生了根本性变化,新旧观念碰撞和交接不断。新的科学思想的确立较好地保证了那些已开始变革的学科能沿着变革的路线走下去,也使一些学科结构变化不大的领域,因观念和方法的更新达到了全新的境界。

图书馆学科学思想的变革发生在整个图书馆学研究中,涉及面很广。以下四方面的变革是最有影响、最有代表性的。它们改变了经验图书馆学的四个理论特征。

(一) 从经验描述到科学精神

图书馆学论文里有一类简单介绍个别图书馆个别工作环节工作过程或体会的文章。这类文章在其他学科是不存在的。一些理论教科书中,介绍的虽是全体图书馆的工作,但其内容也是人们可从图书馆工作中直接观察简单记录而得到的结论。这在其他学科也很少见。这种科研方式可称为经验描述。经验描述是导致理论落后、脆弱的主要原因。它是一种惰性的力量,至今仍未在理论界绝迹,且时有人为其辩护。

有人以为经验描述的研究方式来自杜威。这并不正确。杜威的经验图书馆学是那个时代最优秀的图书馆学成果,其核心思想至今没有过时。他的分类法标记符号是改善工作效率的范例。他的"三最"原则:"以最小的代价,为最多的读者,提供最好的读物"(The best reading for the largest numbers at the least cost),至今仍是美国图书馆的座右铭(该原则 1988 年为 ALA 重申)。这一原则是杜威图书馆学核心思想的体现。从我国早期图书馆学著作中,不难看到杜威图书馆学的影响。可惜的是后来,特别是"文革"中,没有跟上战后世界图书馆学发展潮流,以至课题老化,方法陈旧,加上人才奇缺,终于导致经验描述的科研方式泛滥。在诸如"我馆如何为读者服务"一类文章中,不但现代科学必须具备的理性精神荡然无存,而且与杜威经验图书馆学的追求也相去甚远。

从经验描述到科学精神的转变发生在整个 20 世纪 80 年代。一批接触过现代科学方法或了解西方先进图书馆学思想的青年在这一转变中起到很大作用。1981 年芝加哥学派被介绍过来,1982 年谢拉的《关于图书馆学的基本原理》译出。刘迅的《西方图书馆学流派及其影响》正面批评以经验描述为核心的我国经验图书馆学。1984 年前后,基础领域内的各种新学派均十分注意对研究对象进行科学抽象,以科学的精神研究图书馆问题。抽象思辨、数理方法、调研论证,科学的、理性的图书馆学精神受到崇尚。尽管 80 年代后期出现过反复,但变革经验描述式图书馆学研究的潮流并未逆转。

这一变革是图书馆学理论最重要的变革。所触及的是自有图书馆学以来"致用"的科研传统所积淀的东西,也是经验图书馆学中那种与图书馆现代化建设不相适应的东西。它试图破坏传统的"理论文化",确立一种新的图书馆学精神。如此深刻的变革现在还远未完成,但新图书馆学已展示了变革的前景。

（二）从微观领域进入宏观领域

图书馆学宏观研究有两种很不相同的解释。黄宗忠《图书馆学导论》将基础理论当作宏观研究。按这种解释,图书馆学宏观研究并不晚于微观研究。我们则更倾向于陈源蒸《宏观图书馆学》中的看法,将"从图书馆事业的整体去研究各项业务的社会化问题,"及"图书馆与社会的关系""图书馆之间的关系"等当作宏观研究。宏观研究的兴起,是新图书馆学的重要理论特征。它表明图书馆学从"馆内"科学变为"社会"科学。

近代图书馆学产生于图书馆事业的早期。理论要解决的是以个体图书馆活动为中心的技术问题,而不是图书馆事业的整体组织问题。这一传统,从诺德到杜威均没有改变。20世纪 30 年代巴特勒较早发现了图书馆与社会的关系这一问题。当时的社会背景不利于巴特勒思想的传播。战后图书情报事业的迅速发展,方使他的弟子谢拉如鱼得水。从谢拉的《图书馆学导论》中可以看到西方图书馆学家对国家管理的关注。《温伯格报告》就是理论界参与图书情报政策与战略研究的典范。

改革开放前,西方图书馆学转入宏观研究的新变化并未及时引起我国图书馆学界对经验图书馆学的反思。即使在 20 世纪 80 年代前期,我国政策制定与政策研究脱节的现实仍使理论家无法真正涉足宏观领域。理论中要么是技术问题研究,要么是基础问题研究。80年代前期人们将精力过多地投向学科的对象、性质一类课题,与那时宏观研究没有兴起也有很大关系。

20 世纪 80 年代初图书馆管理和图书馆立法两个热点问题标志着微观研究已开始向宏观研究转化。但那时的研究带有过多的讨论和思辨的性质,更像是基础研究。1985 年图书馆事业发展战略研究开始后,调研、论证或研究才真正出现。发展战略和文献资源建设研究兴起后,中国图书馆学才真正完成了从微观领域到宏观领域的变革。《宏观图书馆学》一类专著的出现,标志着图书馆学的宏观研究已为理论界认可。

图书馆学从微观领域进入宏观领域是学科发展的必然,但这一发展并非研究对象的简单拓广可以实现。传统的科研方法、思想观念和科研组织方式并不能适应宏观研究。为此,需要变革经验图书馆学。从现在的情况看,宏观领域已经开辟,但习惯于微观研究的人耕种其中,收获并不可观。变革的任务还十分艰巨。

(三)从批判式研究到建设式研究

如果说我国经验图书馆学中经验描述和微观研究这两个特征与杜威的图书馆学多少有些渊源的话,那么批判式研究这一特征,则完全属于东方了。苏联的"社会主义图书馆学"即具有批判的理论风格,以后中国图书馆学继承并光大了这一风格。最初是 20 世纪 50 年代对资产阶级图书馆学的批判,50 年代末开始,这种批判似乎过头了,在很长时间里,提出新理论的文章似乎远不及批判这些理论的文章多。批判氛围中,理论建设困难重重,新思想很难产生。

20 世纪 80 年代理论变革开始后,由于传统理论与现代图书馆学思想格格不入,主张变革的人们再掀批判高潮,批判的目标是对着理论中"左"的东西和经验的东西,这次批判与以往的批判有了质的变化,理论批判的目的是为建设开道。在批判经验图书馆学的同时,新的理论也雨后春笋般出现。1985 年前后,新图书馆学理论已经可以无阻力地建立了,这时仍有一些人在反复地批判 1981 年以前的图书馆学,批判的惯性力时常诱导人们在一些概念上咬文嚼字,争论不休。1986 年建设式图书馆学的呼吁出现了。呼吁者主张以建设新理论的责任感代替批判旧理论的危机感,绕开一些一时争论不清的概念,用理论建设的实践来检验理论的真理性。

批判式研究虽然产生的时间不长,但却根深蒂固。80 年代后两年,对以往的理论探索进行批判的文章迅速增多。批评对象甚至包括标准化运动和现代化研究,也包括批判理论脱离实际的学风。比较一下国外就不难发现,这种批"学风"的文章是绝无仅有的。如果有人不同意兰开斯特的无纸社会理论,他只会写《亚述巴尼拔的永恒模式》,而不会批兰开斯特的理论中看不中用,更不会说他学风不正。对学风的批评只是一股支流,理论的总走向是由学科的发展决定的,变革在 80 年代后期没有逆转。在绝大多数学科中,人们保持着建设新理论的热情。图书馆学时常冒出对学风的批评,表明要完成从批判式研究到建设式研究转变的任务是何等艰巨。

(四)理论格局从一元化走向多元化

按照传统的认识,科学理论是高度统一的,图书馆学应有唯一的理论基础,一套相应的方法论,构成唯一的体系。体系的内容和结构是唯一的,各种术语也有权威性解释。这样的理论构成是一元的。现代科学主张多学派并存的多元化格局,多种理论体系同时存在,不同的体系不但内容与结构是多样的,理论基础和方法论也可以不同。多元化格局构造了建设式研究的基础。一般说,不同的理论体系或学派之间是无法通过相互批评而达成一致的。最终检验各种理论的,是理论的内在逻辑性、解释事物及预测事物发展的能力等。

图书馆学家曾坚信理论的统一性。刘国钧以为图书馆学可研究图书馆五要素。不同意这一主张的人首先想到的不是建立一个另外的体系与其竞争,而是要驳倒这一理论,然后再看图书馆学应该研究"矛盾"还是"规律"。这一思想方式延续到 20 世纪 80 年代。有人提出"世界 3"理论可作为图书馆学的基础,一时间有人反驳有人辩护,争辩双方谁也不去在自己选定的基础上发展理论体系,似乎不搞清这个理论基础,理论就无法发展。类似的纠纷也广泛存在于学科定义、性质、职能等问题上。

1984 年,事情有了转变。这年底杭州的基础理论讨论会上,代表们放弃了编一本大一统教材的想法。这实质上开辟了走向多元化之路。执不同见解的人可以编不同教材，以往那些概念上的纠纷也立即成为多余。关于这次会议的一篇综述提到鼓励出学派。1986 年，出现了系统地为多元化格局辩护的文章。至此，走多元化道路，通过学派建设来发展理论已成为共识。

多元化格局造就了一种宽松的理论环境，建设新理论的成功与否成了学术竞争的主要因素。没有多元化的理论格局，建设式图书馆学不可能形成。

三、科学组织方式的革命

80 年代作为图书馆学一部分的学术刊物及论著、科研机构、课题组织等因素，也有了与经验图书馆学时期完全不同的变化。这是图书馆学组织方式的一场革命。

（一）刊物革命

学术期刊是现代科学新理论的主要载体。刊物的学术水平反映着学科水平。刊物的理论兴趣和理论风格往往与学科的发展密切相关。在经验图书馆学时期，只有为数不多的几种学术刊物，刊物出版发行不规范，栏目呆板陈旧，刊名多冠以"工作""动态""通讯"。

刊物革命开始于 1979 年。1978 年创刊的学术刊物，名称和以前还没什么区别，如《黑龙江图书馆》，安徽的《图书馆工作》。1979 年起了变化。四川、辽宁、吉林的刊物分别为"学报""学刊"和"学会会刊"，天津是"工作与研究"。不仅名称令人耳目一新，而且这年创刊的刊物姿态也是积极进取的。其中《图书馆学通讯》及吉林、四川两地的刊物对当时的思想解放和 1980 年理论高潮的到来起到了极大的推动作用。那时至今，刊物革命一直在进行，地方性刊物在刊名中去掉代表地方的限定语，各种刊物选择具有理论性价值倾向的限定语，进行过这类改名的有近 20 种。"研究""探讨""论坛"一类鼓励探索的栏目受到几乎所有刊物的重视，有的还通过"笔会""专栏""专稿""编者按"等形式，有意识地引导理论高潮。变革的源头，都可看到刊物的这种主动作用，刊物的种数和年发稿量均有了跳跃式增长，质量更有突破性提高，与 20 世纪 50、60 年代的相比，不难看到它们的改变是革命性的。

（二）著作革命

社会科学中，学术专著是重大发现或经典理论的主要传播媒介。学派学说的确立，思想体系的确立，一般离不开学术专著的作用。20 世纪 80 年代前期，学术著作的数量增长也是跳跃式的。著作数量的增长繁荣了图书馆学。可是，当时著作数量增长还不具有革命性变化，人们的著作方式还没有摆脱经验图书馆学。

中国经验图书馆学的著作方式，一般说来有三个特点：由于学科具有职业教育性，因而著作往往具有教材的性质；学科的主要理论是外来的，因而译著较多；由于学科的应用性强，著作中有大量工具书及使用说明。图书馆学早期著作多兼有教材和编译两种特性，各种"仿杜"分类法是工具书，只有目录学史方面有著作例外。80 年代前期的情形也差不多，教材（含教学参考资料、自学或业务辅导资料，等）、译作（含编译）和工具书（含使用说明），再加上论文集，便构成了学术著作的主体，"著书不立说"现象十分普遍，能够成为学科经典或学派旗帜的著作极难出现。

1986年出现转机,一本薄薄的《文献交流引论》问世。这是一本有鲜明理论倾向的书。此后几年,又出现一批值得一提的著作。1987年《宏观图书馆学》,其框架不是"基础—应用"或"一般—具体"的传统学科式,而是问题,如"社会化""文献资源""计算机"等。1988年的《图书馆学原理》是一部专著式教材,"知识交流学派"的经典。1989年《图书馆定量管理》是通过对一个图书馆的流通工作进行大量研究,由此形成的系统的定量管理思想体系的著作。1986年以后开始的著作革命,目前还在进行中。

(三)机构革命

中国经验图书馆学是自发进行的,几乎没有什么科研机构,也没有什么机构来进行组织。1925年成立的中华图书馆协会对事业推动是成功的,但对学术研究几乎没有什么影响力。20世纪80年代,有三类机构对图书馆学的发展产生了前所未有的影响。

1. 1979年成立的中国图书馆学会及先后成立的各省、自治区、市图书馆学会、其他地方性或行业性图书馆学会,是图书馆学研究的重要组织者。相当大部分的学术刊物和学术会议都是由它们直接或间接组织的。学会成员的广泛分布及学会对学术活动的广泛参与,是新图书馆学组织方式的一个大变革。

2. 文化部图书馆司、全国高校图工委及各地各行业的图书馆职能管理机构,其主要职能是管理图书馆事业而不是理论研究。但在新图书馆学中,这类机构对理论研究的作用却十分明显。图书馆司组织了《当代中国的图书馆事业》的编写,该书作为《当代中国》丛书的分卷即将出版。全国高校图工委办有学术刊物,组织了学术会议,并实际上组织了全国文献资源的大型调研。职能机构的这种作用也是新图书馆学独有的。

3. 不少图书馆学院系建立了图书馆学研究所(室),一些大型图书馆内也有专门进行科研工作的机构。

各类机构组织和参与图书馆学研究,对理论的推动是巨大的。就科研组织方式而言,这是对经验图书馆学个体的、分散的研究方式的一场革命。

(选自《中国图书馆学报》1993年第2期)

中国文献学研究发展述略

谢灼华　　石宝军

　　1930 年商务印书馆出版了郑鹤声、郑鹤春的《中国文献学概要》，首先以"文献学"冠书名，"结集翻译编纂诸端，谓之文；审订讲习印刷诸端，谓之献"。此书可视为我国文献学系统论述和研究的开始。1936 年陈登原的《古今典籍聚散考》从政治、兵燹、藏弆、人事四方面考察我国文献兴衰聚散，则是中国文献史研究的滥觞。20 世纪 50 年代后期王欣夫教授在复旦大学中文系讲授文献学课程，融目录、版本和校雠学于一体，初步提出了文献学学科体系之构想。之后，冠"文献学"之书名虽不多见，但文献学研究并未沉寂。史料学、辑佚学等研究在继续进行。高等学校历史文献课程实际上是以历史史料的阅读、整理、利用为目标的教学体系。图书学、版本学的系统研究有了一批重要成果。地区性文献研究得到普遍重视，一些学者对地方文献做了比较系统的探讨，杜定友关于地方文献三类型的说法引起了广泛注意。档案文献研究也开始起步。随着科技情报事业的发展，文献研究得到重视，从编译介绍到系统成文，逐步完善和丰富了文献学研究内容。1964 年袁翰青发表于《图书馆》杂志的《科技文献的级别》等文，就有着重要的历史意义。1966 年还出现了《文献学是一门综合性科学》的专文。这是科技文献学研究的起步；显然，这方面内容远非是情报学研究范畴所能概括的。

　　20 世纪 80 年代文献学研究有关论述开始大量出现，对文献学学科体系结构及文献自身发展规律的探讨，远远突破了原有文献学研究的藩篱。古典文献学研究领域，继续围绕版本、目录、校勘等文献整理、鉴别或翻译的基本知识、方法、历史及典籍介绍诸内容进行综合性研究或专题性研究。

　　在前人对古典文献整理与利用知识和方法的基础上，人们扩大研究范围，把注意力转移到对文献之产生、发展、贮存、传递及利用规律诸内容的探讨上，注意引进国外文献学研究成果。图书情报界花大力气建立专科文献学体系。在一定意义上，专科文献学的建设走在文献学基本原理研究的前面。据初步统计，20 世纪 80 年代中期以来我国正式出版的各类文献学论著就达 300 余种。

　　诸多学术论著的出版反映出我国当代文献学研究的兴旺，显示了文献学研究队伍的一定实力。作为一门独立完整的学科体系，文献学正在逐步稳健地置身于当代科学之林。任何一门学科的发展都有自身的发展规律。现代意义上的文献科学是在我国传统文献科学的基础上建立和发展起来的。当代文献学无论在研究对象、研究内容、研究方法、学科结构建设还是学科发展史的探讨上，都继承和发展了古典文献学的成果。从这一意义上讲，我国的文献学研究可以追溯到 2000 年前《七略》的问世。文献学是一门既年青又古老的学科。

一、关于文献学研究的若干基础理论问题

20世纪80年代以来我国文献学研究呈现出两个明显的发展特点。一是人们开始注意大量引进其他学科的研究方法和学术成果，多角度探讨文献学基础理论体系；二是把文献学某些基本问题的研究引向深入，注意探索文献分布、发展和利用之规律，力求在专题理论研究上取得实质性突破。许多围绕文献和文献学定义与性质的探讨、文献和文献学与其他相应概念的关系对比研究、文献发展规律及有关文献控制与文献计量的讨论接踵而来，形成文献学基础理论研究的高潮。

（一）关于文献之定义

随着社会的发展，人们对文献概念的认识不断更新，探索从未间断。孔子、朱熹等解释文献为"典籍与贤人"，曾为后世许多学者所推崇。元人马端临在《文献通考·总序》中曾言，凡经史、会要、百家传记等书，信而有征者，谓之文，凡臣僚之奏疏、诸儒之评论、名流之燕谈、稗官之记录等，一话一言，可以订典故之得失，证史传之是非者，谓之献。20世纪50年代王欣夫把文献定义为"一切历史性的材料"，袁翰青于1964年提出文献"一般泛指具有历史价值的文章和图书"。诸家对文献概念的认识具有相似的出发点，那便是多从自身的使用角度，从文献的历史价值与外在形态上展开直观描述。为了便于与以后的概念区分，我们不妨称之为"传统的"文献概念。

随着科学技术的飞速发展，各类文献急剧增长，文献生产和交流多样化，对文献的研究范围已远远超出传统的书籍、档案等材料，扩大到声频、视频等信息传播媒体。文献工作研究者把注意力更多地集中到对文献构成要素和内在机理的探讨上。

1983年严怡民把文献定义为"用文字、图形、符号、声频、视频等技术手段记录人类知识的一种载体"。邵巍认为"文献是人类利用一定的技术手段（文字、图画、符号、声频、视频、光频等）记录人类精神生产的过程及其结果的载体"。周文骏称"文献是指以文字、图像、符号、声频、视频等为主要记录手段的一切知识载体"。王万宗定义为"用一定的技术手段把一定的信息内容记录到一定载体上形成的存储型信息传递媒介"。这些定义基本是按照"以文字、图像、符号、声频、视频等技术手段记录—人类知识信息—载体"的模式来构建的。与之对应，严怡民还认为文献"或称其为固化在一定物质载体上的知识"。邹志仁在1987年出版的《情报学基础》中，提出"凡是人类的知识用文字、图形、代码、符号、声频、视频等方式和技术手段记载在一定载体上的每一件记录，统称文献"。王秀成认为"文献就是记载在一定载体上的知识或信息"。这些似乎与前面的定义在描述角度上有所不同。乍一看来，前者的落脚点在"载体"，后者却是在"知识"或"信息"上。实质上它们都紧紧围绕这样三个条件：知识信息、载体和记录。知识信息和载体是文献的两个基本要素，记录是文献的基本特征，三者缺一不可。按照王秀成的解释，"知识信息是文献的实质内容，有形载体是文献的外在形式，记录方式是二者之联系物，三位一体不可分割"。这些基本观点，已被文献学界广泛注意，在人们对文献认识的深化过程中产生较大影响，起到了奠基作用。

1983年7月2日国家标准局颁布的《文献著录总则》（GB3792.1—83）将文献定义为

"记录有知识的一切载体"。它应有一定的权威性,因而倍受广大学者重视,但学术界仍相继开展了旨在补充和修正其不足的一系列探讨。1986年出版的南开大学等校的《理论图书馆学教程》提出文献应是指"记录有信息与知识的一切载体",沈继武、黄宗忠也都赞同这一观点。孙二虎则从文献生产发展的历史角度,认为文献一定是载体与知识的结合物,但记录着知识的载体并不一定是文献,应把文献定义为"记录有知识,且仅用于记录知识的一切载体"。

对于文献的基本构成,许多人赞成三要素说。傅群认为构成文献的三大基本要素是内容、符号和载体。他说:"文献的本质就是三者的统一,即内容的信息性、符号的单一性和载体的非生命固态性。只要同时符合这三性,都属文献范畴,只要遵循这三性,无论如何定义文献都是无关紧要的。"黄宗忠等人认为文献构成要素有四,除"内容""载体"和"方式"外,还应有"形态"。倪波等人在把文献定义为"记录有信息可作为存贮、利用或传递过程中一个单元处理的人工固态附载物"的基础上,强调信息是文献的灵魂,文献客体是相对文献信息而言,是文献存在的实体形式。文献本身表现为文献信息、文献载体、文献记录方式和文献符号系统的四维框架结构。

显然,人们对文献概念的认识在逐步深化,在描述方式、构成要素等问题上观点基本趋于一致,"文献"的总体轮廓日趋明朗。

(二)关于文献之性质

作为人类社会一种特殊的物质产品,文献有自己独特的性质。我国学者往往是从文献的构成要素及其社会作用上入手来探讨这一问题。

20世纪80年代初期周文骏便撰文指出文献是存贮知识的主体,是一种人工主体,是由人创造出来的。文献提高了人类的"视力"与"听力",是认识器官的延长和补充。我们通过阅读文献可以认识过去的历史,预测未来的世界。文献是认识世界的工具。宓浩等人在《图书馆学原理》中强调文献是知识载体的一种基本形式、普遍形式,是记录、贮存、传递、交流、利用人类知识的工具和手段。从近年发表的有关著述看,人们多都认同这一观点,并从不同方位做了描述。论及文献的本质属性,许多人都提到了它的"二重性",也有人称之为"中介性"。这表现在:文献存在的中介形态,指其非物质又非精神的特殊存在;文献运动的中介条件指其传递运动必须通过中介渠道来完成;文献功能的中介表现,其社会功能是通过对知识的传递和交流来影响、促进人们的科学认识活动。文献是连接历代人知识成果的中介媒体,是精神和物质的结合体。

1988年王余光在《武汉大学学报》发表《论文献学》,强调文献属于文化的范畴,是一个既非物质,也非精神的特殊领域,是一定物质属性(具体形态)与一定知识内容(抽象形态)的统一体。于鸣镝则认为"文献是科学活动的产物,任何科学领域里的文献都是由上、中、下三部分组成,形成一个整体,并在发展过程中保持平衡"。从信息哲学角度看,人类的一切文化成果都可以成为信息资源——文化信息,作为人类经过长期探索和选择而创造的最为理想的文化信息载体,文献的实质应该是文化信息的物化。蒋永福就曾提到"文化信息从观念型信息转变成物质型信息,实际上就是文化信息从以个体大脑为载体转变成以文献为载体的过程"。

我国文献学界也曾就文献的累积性、传递性、记录性、字符性、社会性、独立性、老化性、离散性、语义性、可计量性和价值性等诸多属性问题进行了探讨，但从总体上看，基本上是多角度的分散研究，有待进一步的系统和综合。

（三）关于文献学之定义

在《文献学讲义》中，王欣夫这样提到：文献指一切历史性的材料，凡涉及门类众多，无所不包者，可称广义的文献学，只取某一种性质的可称狭义的文献学，至少，文献学应包括认识、运用、处理、接受文献的方法，这方法要能够执简御繁，举一反三。他基本强调的是一门对历史性材料进行整理与揭示的方法科学。在最近出版的《文献学辞典·序》中，赵国璋、潘树广提出"文献学是研究文献的产生、发展、整理和利用的学科"。在他们看来，文献学一般应分为古典文献学和现代文献学。古典文献学以研究古籍的分类、编目、版本、校勘、辨伪、辑佚、注释、编纂、校点、翻译和流通为主要内容；现代文献学则侧重文献工作，运用图书馆学和情报学等学科的理论和方法，以知识的组织和检索利用为基本任务，尚在发展与逐步完善之中。应该说，这一论述并未突破习惯于对学科对象及研究内容的直观描述，基本反映并代表了我国文献学界对文献学传统的认识和观点。

科学定义是对一种事物的本质特征或一个概念内涵与外延的确切简要的说明。要对文献学给一个科学定义，必须首先对它的研究对象有清楚认识。研究对象是指人们行动或思考时作为目标的事物和认识客体。文献学界对文献学研究对象的认识不尽一致：或认为是文献；或认为是文献现象；或认为是文献和文献工作；或认为是社会的文献系统与文献工作过程；也有人认为应该是文献体系和文献工作系统。这些主要是围绕文献与文献工作——也就是人们在文献学研究中作为目标的事物或认识客体而展开；确定了这一客体，对文献学的定义、性质等问题的探讨也便有了赖以存在的前提。

邱均平认为文献学是以文献体系和文献工作系统为研究对象，研究文献情报资源的分布、结构、功能、交流和文献管理及利用的一般规律的科学。蒋永福认为文献学就是研究社会的文献现象及其理论与方法的科学，属于应用社会科学的范畴。林申清提出文献学是以文献和文献工作为研究对象，以文献的产生、发展、搜集、整理、传递、利用及其规律为主要研究内容的应用科学。谢元泰主张文献科学是研究文献发生、发展、变化规律，并运用规律指导文献活动实践的一门技术性强的综合性学科。

人们对文献学的认识存在一些不同的看法，但一种趋向可以肯定，那就是人们都在自觉不自觉地把注意力集中到了从文献本质特征的揭示入手展开研究，诸如对文献的产生、分布、交流、发展和利用规律的探讨，对社会大环境下的动态文献、文献体系及其整个文献现象的探讨等。

（四）关于文献规律的研究

面对纷繁复杂的文献，近年来人们对其规律的研究表现出了极大热情。如文献的集中与分散规律、科学文献与时间成指数函数增长的规律、文献半衰期规律、论文作者在文献流中分布不匀的规律、文献的引文规律、文献的冗余规律、文献传递律、用户选择律以及文献信息内容独立于作者规律等；既有对文献某种规律的验证、应用或补充，也有对整个文献某种规律的验证、应用或补充，也有对整个文献规律体系的系统探讨。人们从不同角度研究文献规律，形成对文献活动与现象的"立体"认识，对其内在机制与实质有了更透彻的了解。

1983 年李道隆从文献的社会运动角度描绘了文献形态变化的规律,并称之为"文献循环",这种循环实际是一种复归运动,是指科技文献由出发点经收集与加工、研究与报道和服务与社会需要三个阶段回到出发点的复归运动。它受时间、空间和力量的制约,不断在运动中增殖,有自己独特的运动模式。同年,陈光祚从整体性、有序性和动态性出发,考察了纷繁多样的科技文献呈现的体现其产生和演变规律的链式结构,认为对科技文献链中的各环节及其联系、各环节的平衡问题进行深入探讨,将有助于加深对科技情报流特性的认识。罗式胜则就文献内部所存在的各种联系归纳为著者序文献链、分类文献链、书名序文献链、同引文献链、耦合文献链以及国别、语种和部门文献链等,形成文献链结构的系统体系。这种对文献链的讨论使我们更清楚地看到科技文献的演变过程及其演变过程中各环节相互联系和制约的关系。它不是单一考察各种类型和层次的文献,而是把它们看作一个有机的整体,深入探讨各类型、各层次文献的产生和演变规律。

有人说,社会文献信息系统的三大要素是人、文献与设备,整个系统又由生产、流通和利用三大系统构成,交流主体之间的知识信息差和平衡这种"差"的需要与行为是社会文献信息系统存在和发展的内在机制;而克服系统运行过程中的障碍,则应在文献控制论的思想指导下进行。也有人认为,文献控制的实质在于利用科学的组织方法,通过对文献内涵知识信息的揭示将文献有序化,实现对文献及文献传递与利用的有效规范和管理。这种科学控制文献的思想已越来越被文献学界接受。随着文献流的不断增长,人们对文献整个状况的认识也从初始阶段的定性描述逐步发展为定量刻画;国外的普赖斯指数增长曲线、文献逻辑增长曲线等问题的讨论,也给我们以研究方法上的启迪。

实际上,自 20 世纪 60 年代中期开始,我国许多学者就已注意了文献计量的研究,并逐渐由理论研究进入了应用研究阶段。情报学界更视文献计量为研究情报学基础理论的有力工具。据统计,80 年代各类专业报刊上发表的有关文献计量研究的论文有 547 篇,其中,有关引文分析与核心期刊类的占 37.5%,集中与离散规律占 12%,文献统计与应用占 12%,文献计量通论研究占 10%,引文分析方法占 8.6%,在科技预测方面的应用占 6.7%,在人才评价等方面的应用占 6.6%,文献增长与老化率占 6.6%。罗式胜、邱均平、王崇德等人的文献计量学论著标志着我国文献计量体系系统研究上的逐步完善,预示着文献学一个分支学科的诞生。它对整个文献科学体系的建设也将有深刻的影响。

二、从专科文献学到文献科学体系的构造

一门学科的建设都有一定的发展规律,都要经过一个由简单到复杂、由分散到综合、又由综合到分散,不断从这种分—合—分的变迁中去粗取精、逐渐完善的阶段。文献科学的发展也不例外。随着人们对文献内在机制探讨的深入和各类型文献需要与利用实践的丰富,相应对各类专科文献以至从多角度对文献科学的探讨也便日趋活跃,有力地促进了文献科学体系的建设和发展。

(一)关于专科文献学

我国专科文献学的研究起步较早。传统文献学主要是对我国古典文献之目录、版本和

校雠为核心内容的专门研究;从这一点上看,我们不妨把它们划归专科文献学的范畴。张舜徽的《中国文献学》、王欣夫的《文献学讲义》、吴枫的《中国古典文献学》和罗孟桢的《古典文献学》等论著都属此类。

研究专科文献学总该有一定的系统定义或研究标准,这在目前还尚欠缺。1986 年钱建国曾在《贵图学刊》发表《概论专科文献学》,认为专科文献学的研究内容应包括学科的基础知识、学科文献知识和文献检索知识三方面,而所谓专科文献学,就是"以专科文献为研究对象,着重于探讨其内在矛盾(即规律、组成结构、分布情况、检索方法)以及专科文献的工作理论和一般规律的科学"。这是系统研究专科文献学理论问题的很有意义的初步尝试。

当然,专科文献学的发展,主要取决于社会对各类专科文献知识增长之需要。古典文献学研究的兴盛,离不开广大史学界、文学界读者对有关知识和方法的需求。1985 年上海大学文学院印行的张君炎之《中国文学文献学》一书,显然也是应该学院课程建设之需要。20 世纪 80 年代中期始我国已先后有 10 余部专科文献学论著问世,像王秀成的《科技文献学》、黄存勋等人的《档案文献学》、王余光的《中国历史文献学》、杨燕起等人的《中国历史文献学》、郭星寿的《社会科学文献学》、谢灼华主编的《人文科学文献学》、胡昌平等人的《科技文献学》等。这些著作大体是按照知识概论、专科文献源和文献检索技术的体例来安排相应内容的,多以专业文献知识和文献分布、文献源的介绍为主。王季敏等人翻译的《科技情报源》和彭湃源等翻译的《科技文献概论》两书,也基本属此体例。

还需提及的是 20 世纪 80 年代以来我国高校逐渐兴起的各类文献检索课程及其相应教材。这些教材多是以介绍文献检索方法为主,有对专业文献的系统介绍和查检示例。但就某些具体学科文献检索书籍而言,其相应内容又常常是以专业文献源的介绍及有关文献知识的系统阐述为主,不失为对应学科之文献学著述的良好参考,像苏桂亮等人的《军事文献检索》、施正洪等人的《化学化工文献检索教程》,等等。

专科文献学的研究目前呈上升趋势。参见国外在这方面的研究历史及相应成果,许多人干脆代之以情报源或文献研究,但毕竟它们在内容结构与侧重点上各不相同。正因为各学科文献的日益完善及学科研究的需要是专科文献学存在的基础,专科文献学研究的前景非常广阔。

(二)关于文献的多视角研究

现代学科发展的一个重要特点是借用其他学科的研究成果和研究方法充实和完善自身,进而得到整个科学界的共识。

灰色系统理论将系统中各因素影响大小进行量化,找出规律,提供控制系统的可靠依据,有使抽象系统实体化、量化、模型化和优化的功能。黄建东等人曾主张对文献实施相应的系统研究。在他们看来,根据系统论,可把科技文献系统作为一个灰色系统,对其增长量的实测时间序列进行随机性弱化处理,利用微分方程来拟合经随机性弱化后的新序列,从而构筑科技文献增长的动态模型,这较之指数增长模型和逻辑增长模型具有优越性,可作为科技文献增长模型的模拟。克俊豪认为在整个社会文献单位构成的系统中,可用经济手段逐步实现结构的形成和变革,在部分与部分、部分与整体:整体与社会及部分与社会之间建立起有一定约束力的直接或间接的经济联系,使整个文献系统在内部形成结构合理的有机统一体,在外部能与社会紧密联系,并在此基础上运用经济方法和手段实施控制与管理。无论是从灰色系统论角度还是借经济手段控制文献体系，两者都讲求科学模拟方法的运用。从这种角度对文献系统进一步开展细致研究还是很有意义的。

我国学者也研讨过文献交流问题。1983 年周文骏在《大学图书馆通讯》发表了《"马太效应"与文献交流》一文，认为研究马太效应的心理影响应成为讨论文献交流时的一个重要课题，因为许多无名作家的著作中，往往包含有许多有价值的科学论断和材料，而某些著名作家也不总是发表与其名望、荣誉相称的作品，荣誉加量掩盖了其真实价值，形成文献交流中一种障碍因素。李樱则系统考察了造成文献交流障碍的种种社会力量的影响，这些力量包括经济因素、心理因素等。宓浩提出文献是知识载体的基本形式，应把文献交流描述或理解为知识交流。陈源蒸认为"文献信息交流"的概念更准确一些，这种交流既非物理形态的文献传递，也非直接传递知识，而是传递作为知识表现形态的文献信息。周文骏坚持文献交流作为一个系统，包括了文献生产、服务和利用领域，文献利用归根结底是一个知识利用问题；文献交流学是一门研究文献交流全过程的科学。文献、文献交流的产生、发展、功能、内容、渠道、方法、效果，以及组织交流的相关机构等，都是这门科学的具体研究对象。他开辟了一个文献学理论研究领域的新天地。

文献物理学、文献类型学、文献社会学、文献哲学、文献保护学等专门领域的研究也自 80 年代后期以来纷纷出现。有的是专论文章或自编教材，有些已出版专著，多已登上了大学讲坛。蒋永福在发表于《情报业务研究》上的《文献之社会物理学思考》一文中提出物理学和文献学的联合，或者说用物理学的有关理论和方法来揭示社会文献现象中的特殊物理属性的学问便称"文献物理学"。文献信息生产和流通的无序性与文献信息利用的有序性要求之间的矛盾是指"文献熵"与"文献序"之间的矛盾，解决这一矛盾的根本方法就是用"负文献熵"来抵消或减少"文献熵"，提高"文献序"。叶鹰在该刊发表的《哲学文献与文献哲学论纲》一文，首次大胆提出创立文献哲学。刘家真主编的《文献保护学》一书，从文献保护学基础知识和保护文献的基本技术两个方面对相应内容进行了系统论述。卿家康的《文献社会学》（武汉大学图书情报学院 1991 年印行）讲义，从文献的社会本质与社会价值的研究入手，就其社会源流、生产、传播、消费以及社会组织和社会控制各方面展开了探讨。程磊的《文献类型学》（空军政治学院图书档案系 1988 年讲义）称文献类型学是研究文献类型发展规律的学科，属现代文献学的基础学科。在作者看来，信息时代的根本就是文献，从图书、连续出版物、特种文献到视听、缩微、机读等，已经成为人类进行知识传播、情报交流、科学研究、组织管理和文化生活诸方面必不可少的条件，开展对文献类型学的系统研究已是势在必行。

近年来种种迹象表明，传播学理论正对文献工作产生深刻影响。建立文献传播学体系，也将成为今后研究的一个重要课题。文献传播学研究的重点是探讨文献在社会信息交流中的作用与影响，研究文献的传播机理，这包括对文献传播体系结构本身在社会中、经济上直接效果的探讨等。

（三）关于文献学相关学科的讨论

研究文献学不能不涉及图书馆学、情报学、目录学、图书学等学科领域，而关于这些学科相互关系的讨论，也是由来已久。图书馆学、目录学、情报学、图书学等之所以关系密切，在于它们有共同的研究对象——文献，它们可以相互利用对方的理论、材料、方法来推进自己的发展。文献是人们从事精神交流的物质手段。使科技文献的形态目录化、文摘化、题录化和索引化,提高其有序化程度和可检索性能,也是一种优化文献存贮结构的活动。

人们对文献的描述都是建立在自身学科研究内容的基础上,足见这些学科内在的必然联系。陈光祚曾把目录学的研究对象描述为探索文献流运动的规律、内部构成的变化,特别是研究文献流的整序、测度与导向,目录学就是研究文献流宏观控制的科学;情报学则是在更深一个层次上对包含在文献中的信息及其适用性、适时性的搜集、鉴别及提供;校勘学、版本学是对单篇图书文献的微观处理。他的关于这些学科间内在联系的阐述简洁明了,很能说明问题。

1989 年年初谢俊贵的《图书学基础》出版。这是我国学者关于图书学系统研究的一个重要标志。在作者看来,图书学主要研究作为文献特例之一的图书之内容、形式,以及生产制作过程与改进过程的方式、方法。研究对象的不同,决定了图书学与文献学的不同。但图书作为文献的一种重要形式,也是文献学研究的重要内容之一,因而两学科又有密不可分的关系。1991 年出版的《图书学》一书中,作者吴平认为现代人们常把图书称为"图书文献",实际上是指图书、文献之间的交叉点。二者的作用,图书重在传播,文献重在记录保存。也有人认为,广义的图书与文献在形式上没有差异,其不同是在内容上。文献必须是有历史意义的,是有价值的,而图书是着重在传播的一个"大的概念"。文献是图书中的一个部分,文献属于图书的范畴,图书则不全是文献。还有一种意见是把图书定义为以文字、图像、公式、声频、视频、代码等手段,将信息知识记录或描述在一定的物质载体上,并能起到存贮和传播信息、知识的作用。其描述公式为"图书(一定的呈现形态)= 信息、知识 + 记录、描述方式(文字、图像、公式、声频、视频、代码)+ 物质载体 + 制作方式"。将之与文献的定义公式相对照,不难得出两者基本相同的判断,这里的"图书"正所谓"文献"而言。讨论与研究的目的和方式不同,是造成人们对图书与文献概念不同认识的主要原因之一。

文献信息理论也是图书情报学界近年来讨论的热门话题。20 世纪 80 年代中期吴慰慈等人便提出图书馆学、目录学和情报学的共同理论基础是关于文献信息的理论,三者的研究内容都包括文献工作,只是研究的广度和深度不同。文献信息理论是关于文献信息的产生、传递(加工、整理)、存贮、利用的理论,文献学与前面三学科的关系是同族关系。在当时许多人看来,文献信息学的出现,实际是传统图书馆学与传统情报学交叉结合的产物。人们一般也认可"文献信息"是这一学科的研究对象。倪波就曾强调,信息是文献的灵魂,是实现文献价值的关键,文献信息是指以文献形式被记录下来的信息,任何信息都可能被记录成文献信息。黄宗忠认为,建立文献信息学,不是要取消或合并图书馆学、情报学、档案学等,而是要使这些学科在一个共同理论的指导下,形成一个相互联系相互补充的有机整体,即建立一个完善的"大"学科体系。这样,文献学在其构想的文献信息学科体系中,只是被摆在了一个下位类目的位置上。黎盛荣也提到文献学既是文献信息学的基础理论之一,又是文献信息学的一个重要组成部分,两者是相辅相成,关系极为密切的两门学科,是一种"从属"关系。然而,他的这一论断,是在把文献学视为在传统的文献工作基础上发展起来的一门古老的科学的基础上做出的,这样,相应对比研究也就难免会要"失之毫厘"了。

（四）关于文献科学体系的构成

一门学科自身内容体系结构的健全,表明这一学科发展与建设的趋于成熟。从文献学一系列基础理论问题的讨论到文献学专门问题及其与相应学科关系的对比研究,最终会引发人们考虑文献科学体系的构造问题。

1988 年叶鹰曾构想文献学体系应分为专型文献学和专科文献学两大主要支系,前者包括图书学、期刊学、专利学、档案学等,后者指科技文献学、化学文献学、社科文献学等。谢元泰认为文献科学由研究文献变化规律的理论文献学和研究如何运用规律指导文献活动的应用文献学组成,前者包括文献理论基础、文献信息论、文献语言学、文献经济学、文献符号学、文献技术学等;后者包括文献工程学、文献情报学、文献统计学、专科文献学。蒋永福则提出文献学的研究内容包括理论研究、应用研究和专门研究。这些意见是我国文献学界在文献学科体系建设问题上的初步探讨。

周文骏的《文献交流引论》作为系统探讨文献交流理论的专著,主要就"文献""文献交流""文献交流机构和专业人员""文献交流中的读者及其需求""文献交流工作""文献交流标准化"和"文献交流障碍"等问题进行了系统研究。宓浩主编的《图书馆学原理》虽并非文献学专著,但对文献知识的阐述则占去了全书篇幅的近 1/3,并详就知识交流思想、文献载体的产生与演进、现代文献载体形态、文献流的动态特性和静态特性、文献链结构、文献引用关系结构等问题进行了系统论述和探讨。林申清认为文献学应包括文献和文献学发展史、文献类型、文献收集与整理方法、文献检索系统、文献发展规律和文献工作标准化 6 个方面。这些论述,都为我国今后文献学的总体理论研究提供了良好的参考。1990 年 11 月倪波主编的《文献学概论》出版。该书不仅就文献结构、文献信息、文献链、文献载体及形态、文献族系和文献类型进行了系统阐述,也就文献生产、文献交流、文献规律和文献工作标准化、现代化等基本问题作了深入探讨。其编撰体例,基本沿用的是概念论述—规律探讨—工作研究的模式。对文献学诸问题的阐述,既是作者多年来辛勤耕耘的结晶,也是对我国近年来文献学研究的系统总结。尽管在某些基本问题的论述和体系结构比例的安排上还有待深入,但毕竟不失为我国当代第一部系统论述文献科学的专著。正如周文骏教授在该书序中所言:她的出版,带来了我国文献学发展开始步入一个新阶段的令人鼓舞的信息。

我国关于文献学理论体系的研究起步较晚。它是在文献工作的基础上发展起来的一门社科应用科学。我们虽在文献、文献规律、专科文献学及多角度文献研究上取得了一定成果,并逐步从分散的、个别的研究上转向系统的论述与探讨阶段,但在文献学史、文献学系统研究方法、文献学应用及文献学学科体系建设方面的必要探讨仍显薄弱。文献科学发展与当代社会变革的要求还不相适应。

信息时代文献量的增长及科学技术发展所带来的文献类型的变革,是造成人们关切文献问题的重要前提;文献工作的普及与深入、文献行业的昌盛与发展,又促成人们对文献的系统化研究,人们日常的文献检索需要使行业交叉的实践领域更加开阔和多样化;文献研究队伍在扩大,文献知识的普及教育在发展,文献研究的深入,其他学科的研究方法与成果对文献研究的影响,都将导致文献科学理论体系的系统完善。如果说,20 世纪 80 年代以来我国文献学研究已打下了一定的量化基础,那么,90 年代的文献学研究就将孕育着质的突破。在文献学界广大同仁的共同努力下,我国的文献学研究一定能将取得迅速的发展。

（选自《中国图书馆学报》1993 年第 2 期）

文献学新论

周文骏　　杨晓骏

　　文献学对图书馆学情报学界的人来说,并不是个陌生的术语。国内最早以"文献学"题名的文献学专著,要算 1930 年出版的郑鹤声和郑鹤春的《中国文献学概要》。20 世纪 80 年代又出版了几本比较有影响的专著,如张舜徽的《中国文献学》,吴枫的《中国古典文献学》,王欣夫的《文献学讲义》等。这些专著论述的文献学,只是包括以目录、版本、校雠三位一体为内容的一门科学。在《中国图书馆图书分类法》(第 3 版)中,有关文献学类目的含义及在等级体系中的位置,也是以上述专著中的文献学概念为基础的。

　　文献是社会发展到一定阶段的产物,随着人类社会的发展而演化、发展。在当代社会中文献发挥着越来越重要的作用,人们对文献的研究远远超出了过去"文献学"所规定的领域,更多地注重现代文献的传递交流和文献信息的开发利用。20 世纪 80 年代,国内刊物上出现了不少探讨"文献学"的论文。1990 年 11 月,倪波主编的《文献学概论》面世,标志着我国文献学研究步入一个新的阶段。该书首次通过对文献和文献工作的论述,力求勾勒出一个不局限于传统的文献学内容的新的文献学科学体系,但使人感到美中不足的是,仍没有对"文献学"的概念做出准确的定义。

　　本文所论及的"文献学",是研究人类社会中所有文献的科学,是研究文献的特征及规律以及社会文献工作规律的一门科学。这门科学的主要研究对象是文献和与文献有关的社会活动,所以仍称之为"文献学"。它的内涵比传统的"文献学"更丰富,它的外延比传统的"文献学"更宽广,因此,冠之以"新"字以示区别。

一、文献学与古典文献学

　　文献是记录有人类观念信息的人工载体。这些载体是人们经过选择、加工制成的;在一定条件下,大多数文献可以较长时期保存。随着历史的变迁及新型文献的不断被创造,人类在历史的长河里留下了大量各种类型的文献。它们是人类知识宝库的重要组成部分,是人类宝贵的文化遗产。为了与现代社会生产的文献(现代文献)相区别,人们将古代形成并遗留下来的文献称为古典文献。在我国,按传统的说法,古典文献是指五四运动以前形成的竹简、缣帛、金文、雕版、活字版和手抄本等各种文献。古典文献大多具有一定的历史价值或科学价值,尤其对某些学科特别是历史性质的学科的研究具有重要的参考价值。专门以古典文献及古典文献工作为研究对象的古典文献学也就成为一门重要的学科。

　　随着科学技术的发展和人类知识的积累,现代文献激剧增加,古典文献在文献大家族中占的比例越来越小。现代文献的性质也发生了较大变化。现代文献工作随着社会对文献需求的增加在方法和技术等方面发生了深刻变革。实际上，主要以现代文献和文献工作为研究对象的文献学比之古典文献学已经有了许多不同的变化和发展，主要表现在：

第一，文献学的研究对象不只局限于古典文献，而是社会所产生并存在的所有类型的文献。对现代文献的研究是文献学的主流。

第二，现代文献随着科学技术的发展表现出多姿多彩、变化莫测的动态特征，对现代文献的研究也就具有动态特征，并越来越多地使用定量研究方法。文献计量学的产生和发展就是明显例证。古典文献无论在数量上还是在类型上都相对稳定，对它以定性研究为主，是相对静态的。

第三，文献的发展促进了文献工作的发展，文献学的研究领域已不再局限于文献的收集、辨伪、校勘、分类、编目、典藏等传统的内容，更注重对文献的生产、分布、交流和利用等活动规律的探讨，更注重对文献的信息、载体、记录方式等细微结构的本质的揭示。

对古典文献的研究仍是文献学的一项研究内容。文献学的建立并不排斥古典文献学的生存，相反，会用新的理论和方法去帮助和促进古典文献学的继续发展。古典文献学是文献学学科体系中的一门基础学科。

二、文献学与文献信息学

信息论的诞生为许多科学研究领域提供了新的方法论，注入了活力。在图书馆学等学科的研究中引入信息理论，对这些学科的发展和成熟是大有裨益的。大约在 1983 年前后，我国图书馆学界开始引入"信息"这一新概念，并开始探讨文献信息理论。先后有多位学者撰文倡议建立一门新的学科——文献信息学。1992 年朱建亮的《文献信息学引论》正式出版，标志着这门学科的体系结构已经初步建立。

文献学与文献信息学之间有着什么样的关系，目前还没有统一的认识。倡议建立文献信息学的学者大多认为文献学是文献信息学的一个分支，但他们所解释的"文献学"都是近似于古典文献学，或者类似于"图书学"的一门学科。在探讨文献学与文献信息学的关系之前，有必要先探讨文献与文献信息的关系。

文献是将人脑中所形成的观念信息以一定方式记载于一定物质载体上的产物。文献首先具有物质属性，即它是由一定材质的固态物质构成的。经过人们的选择和加工，各种物质载体总是具有一定的形状、大小和质地。文献的这种物质属性是文献可以被生产、运输、传递、利用或毁坏的基础。文献又具有信息属性。信息是物质的普遍属性之一，文献的载体是物质的，它本身就具有信息。同时，文献之所以由载体而转变为文献，在于文献记录有人类的观念信息。我们现在所说的文献信息已不再等同于过去在文献整理、加工中所指的近似于"文献线索"含义的"文献信息"，而是具有更广泛的含义。文献信息一方面指文献中所记载的观念信息，例如关于某学科的知识、题名、责任者名称、出版发行数据等，这些不是载体本身固有的信息，而是人们用一定的方式记录于载体之上并通过一定的符号形式反映出来的信息；另一方面是指构成文献的物质本身所固有的信息，如载体形态信息、记录符号与记录方式的信息等，这类信息也是可以通过人们的感知获取的。文献记载的观念信息是文献信息的最主要部分,是文献存在和传递的意义所在。文献信息依赖于物质载体和一定的记录符号而存在,通过载体的传递而实现文献信息的转换和交流。文献信息也随着载体或记录符号的消亡而消失。

文献是人类观念信息积累和交流发展到一定时期的必然产物。创造文献的根本目的在于存贮和交流观念信息。从这种意义上讲,文献与文献信息是密切联系、不可分割的。文献因记录有文献信息而成其为文献;文献信息也因为以文献的形式存在而成为文献信息。一旦离开了文献,文献信息就会消失或转换成其他形式的信息。

文献与文献信息又有区别。文献是人工物质与观念信息的统一体,有一定的客观存在形式。文献信息则是文献的一个方面,依赖于物质载体而存在,表面上是不可感知的,需要依靠人的意识去判断和反映。运动是物质的基本属性之一。文献是一种客观物质,通过在不同时间和空间上的运动而实现交流;文献信息则需要依附于载体而运动。同一种信息可以用多种方式记录于不同类型的载体上形成不同类型的文献,或记录于多个相同材质的载体上形成多份相同的文献,进行传播。文献的载体材质、记录方式与符号等对文献信息的交流起着较大的促进或限制作用。

文献工作是以对文献实体的管理为基础的。随着社会文献交流的发展,文献工作在此基础上不断开拓较深层次的工作,突出表现在对文献信息进行越来越多、越深入的揭示、开发和利用,例如编制各种文献检索工具、进行文献综述或评论、进行文献信息的分析研究和发展预测等,这些都是较深层次的文献工作方式。

文献学以全部文献及文献工作作为研究对象,对文献的重要构成部分——文献信息的研究当然也就成为文献学的重要研究内容之一。文献信息学是研究文献信息的现象、本质及其规律的一门科学。主要研究内容包括文献信息的概念、属性及本质,文献信息的类型和层次,文献信息与其他形式信息的相互关系,文献信息的形成及转化机制等。文献信息学是信息科学在文献学领域渗透和应用而产生的一门交叉学科。文献信息学的研究对象——文献信息只是文献整体的一个方面,并不能包容文献这个概念的全部内涵和外延。文献信息学不能取代或包容文献学,就像生物信息学不能取代或包容生物学一样。文献信息学的主要归宿应该是文献学。它是文献学学科体系中的重要组成部分,是文献学的主要基础理论分支学科之一。

三、文献学与文献交流学

文献交流是文献及其信息的传递、交换和共享。

文献是人类用来进行观念信息交流的中介。文献存贮观念信息是文献最根本的特征。文献交流是发挥文献作用的最基本的方式,是促进文献作为存贮信息的工具向认识和改造世界的工具转化的催化剂。只有通过文献交流,才能实现人们所追求的最终目的——认识和改造世界。

文献交流过程中,文献信息是交流的对象,文献载体是交流的工具。文献载体与文献信息不可分割。没有记录观念信息的空载体的交流是没有意义的,不依附于文献载体的文献信息交流也是不存在的。文献载体的不同类型与特征对文献交流活动的方式、过程及效果等有着较大的影响。脱离文献载体去研究纯粹的文献信息交流是不全面、不现实的。

文献交流是人类社会交流活动的重要组成部分，表现为文献在社会上进行时间和空间上的转移。在社会成员之间的转移，其实质是人类观念信息的交流，是对人类口头信息交流等形式的重要补充。文献交流形式上是一种物质交流，本质上是一种精神交流。

文献交流学是研究以文献作为中介的人类社会这种交流活动的过程及其规律的一门科学。文献交流的产生，文献交流的渠道、交流的方式、交流的机制、交流的效果、文献交流过程中的技术手段、文献交流中介机构的特点及它们之间的相互关系，以及贯穿于文献交流活动中的各种规律等，都是文献交流学的研究内容。

文献是一种特殊的社会现象，文献的交流性则是文献的一种重要属性，它是以文献的物质性为基础的。文献交流的现象和规律是人类社会文献现象和规律的重要组成部分。对文献交流现象与规律的研究自然也是文献学研究内容的主要方面。文献交流学是文献学学科体系中的重要构成，应属于文献学基础理论分支学科。

四、文献学与图书馆学、情报学、档案学

在文献产生初期，文献的类型比较单调，人们对文献作用的认识水平比较低，对文献的需求比较少，文献交流活动也就很少，社会的文献工作也就很简单。随着文献数量的增加及文献类型的繁杂，文献工作有了相应的发展，在文献管理方法及文献交流活动上不断深化；出现了文献工作的分工和机构的分立。档案馆与图书馆的分离、书商与图书馆的分离都是较早出现的分工，近现代则又出现了情报所。

图书馆、档案馆、情报所等不同的文献工作机构，由于自身性质和任务的差别，所进行的文献工作也是有差异的，主要表现在：

1. 工作对象的差异。图书馆按照传统的方式，主要收集和交流图书；现代文献类型的发展，已经使几乎为全社会所有成员服务的图书馆收集更多类型的文献，当然，在现阶段图书和期刊仍是几乎每个图书馆的最主要的工作对象。情报所为了面向科学研究、面向生产实践和经济建设，需要提供比较新的知识或情报服务，收藏文献以期刊论文、会议文献、政府报告、标准文献、专利文献等为主。档案馆则主要收藏有一定历史价值和科学价值的文书档案、科技档案、人事档案等，工作对象相对单一，而且有许多收藏的档案不便向社会公开，不能进行广泛交流。

2. 文献处理的差异。图书馆与档案馆对收藏的文献主要进行分类和编目处理，然后提供利用。情报所则更注重文献信息的深入揭示，如编制各种类型的检索工具以方便用户查找利用。

3. 文献服务的差异。档案馆由于档案的保密性和保存性需要，服务范围很小，服务方式也比较简单，以查阅为主。图书馆进行文献服务的方式目前以阅览、外借为主，辅以参考咨询、文献检索、文献复制等。从文献交流的角度看，图书馆和档案馆都没有充分开发所藏文献的信息资源，发挥文献的社会功用。情报所虽然发展的历史不长，但由于它产生以来一直与新的科学技术手段相结合，除了保留一些借阅、复制、文献检索等服务方式外，更强调如定题服务、联机检索、情报研究等更高质量的服务，有力地促进了文献交流。

上述差异是图书馆学、情报学和档案学各自独立成为一门学科并不断发展的主要实践基础。这三种文献工作机构尽管存在着一些差异,但在本质上都是一样的,即都是进行文献管理与促进文献交流的社会机构。它们的工作对象都是文献大家族中的成员,它们的文献处理方式在原理上是相同的,如文献分类的原理、文献著录的原理等。它们从事的服务无论采用何种方式,在本质上都是实现文献的交流,促进文献信息的开发利用。图书馆、情报所、档案馆是全社会文献工作系统的几个主要子系统。

图书馆学以图书馆馆藏文献及其工作为主要研究对象。图书馆学与文献学有着密切的亲缘关系,这不仅表现在古典文献学就是在图书馆进行古籍整理的基础上产生和发展起来的,而且表现在文献学的许多技术性分支学科,如分类学、编目学、咨询学等,也都是在图书馆学长期积累的研究成果基础上形成和发展的。但图书馆学并不能代替文献学,这是由图书馆学的研究对象的局限性决定的。图书馆学应该是文献学的一个分支。

档案学以档案及档案工作为主要研究对象。档案学的主要理论和方法从图书馆学中借鉴颇多,并由于档案这一文献类型的特殊性而有所发展。进行档案管理是因为档案中的信息具有一定的保存和利用价值,管理的根本目的不在于保存而在于利用,即在一定的条件下进行档案交流,利用其中的信息。档案学也是文献学的一个分支。

情报学的研究内容十分丰富,超出文献情报和文献情报工作范围,有着广阔的发展前景。但就目前的发展状况来说,情报学还不很成熟,还只是以文献情报及情报所或情报中心所进行的情报工作为主要研究对象。情报学中的"情报"与我国汉语中自古代就有的"情报"一词含义是不同的。情报学中的"情报"来源于日文中对英文"information"的翻译。它的另一种中文翻译则是"信息"。我国情报学的实质也可以说是研究"文献信息"现象与本质及其工作规律的一门科学。国家科委最近决定将"科技情报"更名为"科技信息",就是为了更准确地反映实际工作内涵,促进文献信息服务向社会信息产业的渗透与转化。当然,"科技信息研究所""科技信息中心"等实体的名称虽然不同,但在现阶段,其工作内容却与原来的"文献情报"工作并没有什么本质上的区别。情报学研究要继续拓宽研究领域,促进学科体系的建设和成熟。情报学的主要研究对象是文献及其工作,只是侧重点在于文献信息和新技术在文献管理与交流中的应用。情报学在目前也从属于文献学。

图书馆学、情报学、档案学都是文献学的分支学科,是文献学的理论和方法在对特定的文献类型及特定的文献工作研究中的具体体现。文献学的基础理论,如文献信息理论、文献交流理论,是图书馆学、情报学、档案学共同的基础理论,对这些学科的发展具有宏观上的指导意义;文献学的方法性分支学科,如文献分类学、文献编目学、文献保护技术等,可以在图书馆学、情报学、档案学学科研究领域中具体应用。反过来,图书馆学、情报学、档案学的研究成果的积累和发展也会丰富和发展整个文献学的理论和方法。

通过以上分析,可以得出如下结论:

文献是一种特殊的社会现象;文献工作是社会的一项重要工作,也是实现文献交流和文献信息资源共享的主要途径;文献学是研究文献的特征、规律以及社会文献工作规律的一门科学;传统的"文献学"实质上是古典文献学,是文献学的一个重要分支;文献学的研究内容十分广阔,可以说包括一切与文献有关的现象及其本质。文献学的学科体系非常丰富,绝不是用理论、专门、应用"三分法"就能划分清楚的。

文献信息学和文献交流学是文献学学科群中的两大支柱子学科,前者侧重文献内在规律的研究,后者侧重文献外在规律的研究,两者相互联系、相互依存,缺少任何一个,文献学的研究都将显得空洞和没有意义。它们共同构成文献学的主要基础理论。图书馆学、情报学、档案学都是文献学学科群中的成员,是文献学发展的基础,又是文献学理论和方法在特定状况下的具体体现。

文献学在我国还很年轻,研究内容繁杂宽广,有待于广大学者共同奉献才智,推动它的迅速发展。

（选自《中国图书馆学报》1994 年第 1 期）

中国文献计量学、科学计量学教育的兴起和发展

邱均平

文献计量学(Bibliometrics)是文献信息学与数学、统计学相互交叉和结合产生的边缘学科,它是情报信息科学体系中一个新的重要分支学科。1969年英国著名文献学家阿伦·普里查德首次提出 Bibliometrics 一词,文献计量学正式定名。几乎同时在科学领域出现了俄文 наукошетрчя、英文 Scientometrics 术语,这标志着又一门分支学科——科学计量学的正式诞生。这两个学科好像科学大家庭中的一对"孪生兄弟",研究内容相互交叉、研究方法极为相似。它们的学科教育也密切联系、相辅相成、共同发展。

1 对发展我国文献计量学、科学计量学教育的认识

1.1 缩短与国外的差距,赶超先进水平的需要

国际学术界在不断加强文献计量学、科学计量学研究的同时,十分注意开展文献计量学、科学计量学的教育。一些大学早就把它们列为必修课程。例如,美国情报科学学会设立的优秀教师奖的第一位获得者 F. W. 兰卡斯特在情报学教育方面的主要贡献就是在美国伊利诺斯大学创立和发展了情报科学的一些新课程。"目前,他又在发展一门新的课程,专门讲文献计量学,这门课程将讨论情报研究中的统计方法和引文分析在文献收集政策及其他方面的应用"。在英国的伦敦市立大学,也增设了文献计量学课,著名情报学家 B. C. 布鲁克斯生前就去讲过这门课程。日本图书馆情报大学的本科专业课程把文献计量学(计量书志学)列为主要课程之一,并指出:"在情报学中,近年来最活跃的一个领域——文献计量学,主要是试图通过对文献的定量分析来阐明情报的结构。本课程论述文献计量学的主要规律,介绍引文分析等各种方法,并讲授在各种课题研究方面(包括图书馆管理方面)的实际应用。"这一课程的普遍设立,有力地促进了这些国家图书情报教育的发展和文献计量学研究的深入,也为其他国家提供了范例。20世纪70年代以来,文献计量学、科学计量学开始在我国传播,研究迅速展开,研究人员日益增多,有关论文不断发表。但与美国、俄罗斯、英国、印度、匈牙利等国比较,显然起步晚,存在着较大差距。除了研究的深度不够、手段落后、国际交流较少外,最主要的差距是人才问题。目前,从事定量研究和定量管理工作的人才十分缺乏,而且断层现象严重。为了尽快缩短与国外的差距,努力赶超世界先进水平,必须借鉴外国的经验,适时地大力开展文献计量学、科学计量学教育。

1.2 学科建设和发展的需要

情报学、科学学都是 20 世纪 30 年代产生的新兴分支学科,目前仍在发展之中。从国内外研究的现状和学科发展的一般规律来看,定量化研究是学科发展的主要方向和趋势。情报学必然要从定性阶段向定量阶段发展。因为只有这样,才能提高情报学的科学性和精确性,有助于确立和提高情报学在整个科学体系中的学科地位。情报学如不实现定量化,它将是一堆支离破碎的技艺,而不会成为科学。在情报学的定量化进程中,文献计量学有举足轻重的作用。首先,情报学的定量化研究最初就是从文献计量学领域起步的。早在 30 年代中期,情报学形成时,定量化研究就在文献信息领域内展开,并取得了突出成果。例如,英国布拉德福在 1934 年提出了"相关论文在期刊中的分布规律"等。其次,文献计量学的研究内容和成果,是情报学定量化研究的重要组成部分,它不断丰富着情报学的理论和方法论体系。据对我国近几年来在三种主要情报学刊物上发表的定量研究方面的论文统计,文献计量学及其应用方面的研究在整个定量化研究工作中占 46.6%,在四大类论文中所占比重最大。文献计量学的发展必然推动情报学的定量化研究不断拓展和深化。再次,情报科学的学科体系建设,一方面需要完善自身的理论体系,另一方面也有赖于各专业领域或分支学科的发展。情报学发展过程中,会不断出现许多新的课题,迫切需要开拓新的专业领域,采用新的研究方法,研究分工会更细、更专门化,必然会分化和衍生出许多新的分支学科。文献计量学就是其中之一。它的研究进展和成果,丰富了情报学的理论宝库,提高了情报学的科学性和定量化程度,从而有助于学科体系的建设和完善。然而,文献计量学要进一步发展就必须建立在学科教育的基础上。在我国适时地开展文献计量学教育是学科发展的客观需要和必然趋势。

1.3 发展专业教育和培养专门人才的需要

在学校教育中,合理的知识结构是决定培养学生规格和质量的关键。一个合格的情报信息专业人才,既要掌握本学科的基本理论和基本方法,又要有较宽广的知识面。在情报信息学理论体系中,文献计量学的基本定律占有重要的地位;而文献计量学中的各种定量分析方法是情报学方法论体系中的主要组成部分。这些都是本专业学生应当学习和掌握的基本内容。同时,由于文献是情报信息工作的物质基础和主要的信息来源,又是情报信息学研究的主要对象,因此,有关文献和文献信息的分布结构、数量关系和变化规律等知识,理所当然地应该成为情报专业人才知识结构的组成部分,而这方面知识的传授和定量分析方法的训练,必须依靠文献计量学课程的专门教育才能实现。大多数国家在发展图书情报教育时都十分重视发展有专业特色的新兴分支课程。不少大学已将文献计量学课程作为本科生或研究生的专业课纳入教学计划。近几年,我国的情报学专业教育发展迅速,已经形成了初具规模、分布合理、层次齐全的专业教育体系。但也还存在一些亟待解决的问题,其中之一就是课程体系不完善,缺少内容较新、学科特色较强的专业课程。为了尽快改变这种状况,促进情报学专业教育健康迅速发展,必须普遍开设和大力发展文献计量学教育,完善专业课程体系,提高专业教育质量,培养更多的合格的专门人才。

2 我国文献计量学、科学计量学教育的兴起和发展

2.1 产生背景

我国文献计量学研究是以 1979 年发表的一篇介绍性文章为起点的。正值全国科学大会之后，科学界的学术气氛又重新活跃起来。在宽松的学术环境下，文献信息学研究出现了新转机。研究人员热情空前高涨，学术论文大量涌现，《情报科学》《情报学刊》《情报学报》等专业刊物相继诞生，形成了可喜的发展势态。正如著名情报学家杨沛霆教授在 1982 年所指出："我国情报学研究处于从经验进入计量，从定性进入定量，从专业走向综合，从量变到质变的重要历史阶段，是学术思想由沉闷进入活跃的重要时期。"近几年来，我国文献计量学的研究工作获得了较大丰收，并逐渐与科学计量学合流，取得新进展。其明显的标志，就是把文献计量学的有关知识体系化了，使文献计量学的研究由局部知识的创造进入系统知识体系的形成阶段。这就为开设文献计量学课程准备了大量素材，奠定了必要的学科基础和条件。与之不相适应的是专门人才严重短缺的问题日益暴露出来。专业人才需求呼唤着专业教育的兴起。社会需求是我国文献计量学、科学计量学教育兴起和发展的根本动力。

2.2 发展阶段

我国文献计量学、科学计量学教育的发展历程可分为三个阶段。

2.2.1 起步阶段（1983—1985 年）。这是以高等院校开设文献计量学、科学计量学课程为标志的。1983 年，武汉大学图书情报学院率先把文献计量学正式列入教学计划，并使课程计划得以实施。1984 年起，笔者在武汉大学为情报学、图书馆学、档案学专业的本科生、大专生开设了"文献计量学"课程；对科技情报干部培训班也安排了专题讲座。讲课时，采用1984 年完成的自编教材《文献计量学》及 1985 年的修订版（武汉大学印行）。笔者编著的《文献计量学》一书 1988 年已被国内 10 多所高等院校用作教材。根据教学计划，笔者又相继开设了"情报（信息）计量学研究""科学计量学与信息计量学"硕士学位课程。表 1 反映了 1983 年后的 10 年间武汉大学开展"文献计量学"教学的基本情况。

表 1　武汉大学"文献计量学"课程教学基本情况

授课专业	教学对象	听课人数	学时/班	教材	备注
情报学、图书馆学	硕士研究生	21	72	指定参考书	含科学计量学部分内容
	进修教师	11	72 或 60		
情报学、图书馆学、档案学	本科生	597	60	《文献计量学》	
图书情报管理、科技情报	大专生	1185	60 或 40		含专修班、走读班、函授班
科技情报	在职情报人员	426	30	选讲有关内容	

2.2.2 普及阶段（1986—1992 年）。到目前为止，笔者已为情报学、图书馆学、档案学专业各层次的 41 个班讲授了"文献计量学"课程，直接听课人数 2240 人。为了比较系统地收集学员的反映，1985 年在各层次教学对象中随机抽选 200 名学员，采取调查表方法进行了调查。结果见表 2。

表2 武汉大学"文献计量学"课程教学反馈调查统计 单位:%

课程设置		课程内容			课时安排		
必要	不必要	太深	合适	太浅	太多	合适	太少
100	/	11	89	/	/	81	19
开课时间		课程实习		教学效果			
大学二年级	大学三年级	必要	不必要	收获大	有收获	一般	
55	45	92	8	88	10	2	

通过1983—1985年的教学实践,可以清楚地看到:在情报学、图书馆学等专业教育中开设"文献计量学"课程不仅是必要的,而且是可行的。学员们普遍认为:开设这一课程很有必要。三年间修习这一课程的学生逐年增加,有88%的学生反映收获很大,10%的学生认为有一定收获。"文献计量学"课程在武汉大学之所以能够顺利地开展和坚持下来,并取得良好效果,除了任课教师的因素,还有两个方面的原因:一是领导具有学术远见和较强的科学洞察力,给予高度重视;二是学科发展和专业课程体系建设的客观需要。武汉大学率先开设"文献计量学"课程获得成功,培养了大批专业人才、输送了师资,而且为全国其他高等院校开设这门课程提供了可资借鉴的经验。目前我国大多数设有情报学、图书馆学、信息管理学、文献信息学等专业的学校,开设文献计量学、科学计量学课程的条件已基本具备。情报学、图书馆学等专业的学生具有较好的知识基础,许多前期课程如高等数学、线性代数、概率论与数理统计、离散数学等已经开设;即使是文科学生,也学习了一些数学基础课程,他们一般都具有文献计量学课程的接受能力。大多数情报学、图书馆学系都引进了一批理工科大学毕业的或较高层次的人才,充实了教师队伍。他们具有较扎实的理科专业基础和工作能力,对定量方面的课程很感兴趣,研究也很活跃,完全可以胜任文献计量学、科学计量学课程的教学工作。教师还可以通过教学和研究实践,继续提高自身的业务能力。《文献计量学》教材也已具备。文献计量学、科学计量学教育经过短期的起步阶段很快就进入了普及、推广和发展阶段。据调查,目前全国已有20所大学(除表3中的高校外,还有北京大学、中国科技大学、吉林工业大学、南京大学、西安电子科技大学、东北师范大学、南开大学分校、辽宁师范学院、上海大学文学院、湘潭大学、南京农业大学等)为有关情报学、图书馆学专业的本科生、大专生正式开设了"文献计量学"课程。对全国有代表性的9所高校的调查表明(见表3),"文献计量学"的授课对象覆盖7个专业,听课人数达到3084人,已经形成了一定的教学规模,收到了较好效果。

表3 全国9所高校"文献计量学"教学调查

学校名称	授课专业	学生类别	听课人数	计划学时	授课时间	主讲教师		使用教材		
						姓名	职称	名称	著者	出版社
武汉大学	情报学、图书馆学	本科生	597	60	1984—1993	邱均平	副教授	文献计量学	邱均平	科技文献出版社(或武汉大学版)
	图书情报管理、科技情报	大专生	1185	60或40	1985—1993	邱均平	副教授	文献计量学	邱均平	同上

续表

学校名称	授课专业	学生类别	听课人数	计划学时	授课时间	主讲教师		使用教材		
						姓名	职称	名称	著者	出版社
南开大学	社会科学情报、图书馆学	本科生	33	60	1992—1993	苏宜	副教授	文献计量学教程	王崇德	南开大学出版社
北京大学分校	情报学	本科生	170	60	1989—1993	徐克敏赵党志	教授讲师	文献计量学	邱均平	科技文献出版社
华东师范大学	图书馆学情报学	本科生	140	40	1987—1993	范并思	讲师	文献计量学基础	范并思	自编、油印
		大专函授生	120	40						
中山大学	图书情报	本科生	420	60	1987—1993	罗式胜	副教授	文献计量学引论	罗式胜	书目文献出版社
		本科夜大生	26	60	1990.2—1990.7	陈明先	讲师			
南京理工大学	情报工程	本科生	240	60	1988—1993	王日芬	讲师	文献计量学	邱均平	科技文献出版社
同济医科大学(武汉)	医学图书情报	本科生	54	40	1992—1993	欧阳兆明	教授	文献计量学	邱均平	科技文献出版社
湖南医科大学	医学图书情报	本科生	50	48	1990—1992	黄立锋	讲师	文献计量学	邱均平	科技文献出版社
郑州航空工业管理学院	科技情报	本科生	40	40	1993	刘晓敏	博士	文献计量学	邱均平	科技文献出版社

2.2.3 提高阶段(1993年至今)。我国设有情报学(或科技情报)专业的教学单位基本上都开设了"文献计量学"课,有的还单独开设了"科学计量学"课程。在普及的基础上,着重点要及时地放到"提高"上来。一方面,要组织修改教材,更新教学内容,努力提高教学质量和水平;另一方面要在研究生教育中普遍开设有关文献计量学、科学计量学的学位课程、在有条件的单位增设有关的研究生专业方向,努力培养高层次的专门人才。还要加强国际合作和教学交流,使我国的文献计量学、科学计量学教育尽快与国际接轨。1986年,笔者已经为武汉大学研究生讲授"情报计量学研究"课,1993年又新开设和主讲了"科学计量学与信息计量学"硕士学位课程,还准备增设"科学计量学与信息计量学"硕士研究生专业方向。北京大学、南开大学及其分校等也开设了有关文献计量学的研究生课程。武汉大学图书情报学院、郑州航空工业管理学院等单位都曾先后邀请外国专家,如美国著名情报学家 F.W.兰开斯特讲学,其中包括文献计量学、科学计量学方面的内容,听众都在200人以上。

2.3　发展模式

　　根据我国的实际情况和教育发展的一般规律,文献计量学、科学计量学教育发展模式应当包括两个方面:学校教育与社会教育。前者的教学对象是在校有关专业的学生;后者则是根据社会上在职情报人员培训和知识更新的需要进行的。其发展方针是:学校教育与社会教育相结合,普及与提高相结合。要根据不同的教学对象和培养目标,采取不同的教学方式,有侧重地学习有关内容。对研究生、大学进修教师和高级情报专家,教学方式应以专题讲座和研讨为主,授课与自学、讨论相结合;除学习教材中的基本内容外,还要求阅读国外的有关原著或原文。对大学本科生和中级情报人员,则以必修课或选修课的形式组织教学,要求系统学习教材的内容和必要的参考资料。而对大专、中专和初级情报人员来说,主要是结合专业或工作岗位有选择地学习必要的定量分析方法和定量管理知识,以便提高工作能力。目前,我国文献计量学、科学计量学教育方面,一个包括各个层次、各类对象、各种教学模式的比较完善的教学体系已经初步形成,在促进学科发展和人才培养方面正在发挥着越来越大的作用。

3　开展文献计量学、科学计量教育的体会

　　笔者经过 10 年的教学实践,感触颇深。主要体会有四点:

3.1　在教学内容上,文献计量学与科学计量学相结合有利于学科教育的发展

　　这是因为,这两个学科本来就有着许多共同的研究内容,在一个相当大的范围内是交叉的。文献计量学研究的科学文献及其数量也是科学计量学的研究对象之一;在方法上两者都要运用数学和统计学的定量方法,对科学文献进行定量的分析研究。从文献计量入手来开展科学学研究是一种有效的方法和重要途径。从研究目的来看,它们都要探讨科学活动之间的内在联系,都把科学发展的特性和规律作为自己研究的基本任务之一。同时,20 世纪 80 年代中期以来,出现了"文献计量学、科学计量学、信息计量学"(简称"三计学")的合流趋势。"文献计量学"课程中融合了科学计量学和信息计量学的内容。例如,在《文献计量学》(科技文献版)教材中,设专章论述了"文献计量学在科技管理与预测中的应用",包括科学发展特点、科学结构、科技史、科技政策、人才评价等。授课时,及时增加了计算机辅助的信息计量分析、利用电子出版物开展信息计量研究等新的内容。这样,既丰富和更新了课程内容,又拓宽了教学对象和应用范围。

3.2　循序渐进,掌握好课程深度文献

　　计量学是一门与数学、统计学相关的边缘学科,又是一个定量性的分支学科,必然涉及不少数学知识和数学模型。对数学工具的运用一定要得当,与情报学图书馆学的客观环境和需要相适应,体现循序渐进的原则。如果处理不当,就有"数学游戏"之嫌,学生不仅难以接受,而且还会产生厌烦情绪。调查发现,有 11% 的学生反映课程内容太深,主要是指涉及数学太多,对数学推导不感兴趣。他们普遍认为,对于数学工具,主要是运用其适合图书情

报领域的研究结论和方法。这些意见值得考虑和重视。

3.3 学用结合,注重理论联系实际

文献计量学本身是一门理论性较强的学科,对实际工作具有一定指导意义。教学中既要重视理论阐述又强调理论和方法的实际应用。理论联系实际主要包括两个方面:一是将课程内容与实际工作相结合。不断从实际中搜集素材充实教学内容;或者运用某一规律解释某些实际现象;采用某一数学模型对某些课题进行计算等,使教学着眼于工作和研究的实际以及文献信息定量化管理的需要。这样,使学生觉得文献计量学具体、实用,没有"玄学"之感,产生兴趣和保持较高的学习热情。二是加强课程实习这个教学环节。教学中要求每个学生都亲自动手,至少做一次文献计量分析,把课堂上所学的知识付诸实际运用,进行定量分析方法的训练,提高学生分析和解决问题的能力。也有8%的学生对此认识不足,主要是嫌手工统计太麻烦,又缺少统计工具,开设的课程太多,时间太紧等。

3.4 开设文献计量学、科学计量学课程是促进其学科发展的重要而有效的途径

宣传、普及文献计量学科、科学计量学知识和定量分析方法,提高了这些学科的知名度和吸引力。为了适应教学需要,迫使我们对已有的研究材料和成果进行系统、全面的分析、鉴别、整理、归纳,从而上升到一个新的理论层次。对一些尚未解决的课题,要求及时研究,寻找答案。通过教学还可不断发现许多新的课题、提出新的要求,促使我们去开展相应的研究,从而有力地推动了文献计量学、科学计量学的研究不断深入发展。通过文献计量学、科学计量学的课程教育,一方面培养了这些学科的专门人才,另一方面萌发了其他学科的人员对文献计量学、科学计量学的兴趣,从而投身到这些学科的研究队伍中来。这是我国文献计量学、科学计量学发展的一支重要力量。

(选自《中国图书馆学报》1995 年第 4 期)

自然语言与人工语言对应转换
——情报检索语言走向自动化之路

张琪玉

1 文献检索当前使用的两类语言工具

人类的巨大知识积累需要控制，否则不能有效利用。控制的主要方法是建立检索系统。检索系统的基本原理，一是对文献进行登录，二是对文献进行标引（揭示其主题内容），三是对文献中的知识进行组织。

目前对文献内容进行揭示和组织的语言工具分为人工语言和自然语言。自然语言是在计算机检索系统出现后才流行起来的。人工语言即情报检索语言，是根据情报检索的需要创制的，包括分类检索语言（分类号）、主题检索语言（检索词，在本文中称控制词）、代码检索语言（代码）。代码检索语言适用范围窄，故使用不多。

自然语言检索用词一般取自文献本身（题名、摘要、各级小标题、全文，但对于文献标引而言，以题名最为可取），个别由标引人员自主赋予（即自由标引，一种非依据词表的主题标引方法）。

在表达文献主题概念方面，自然语言词专指性最好，控制词次之，分类号更次之。自然语言词、控制词、分类号之间可以互相转换。这种转换，可以是等义转换，也可以是广义与狭义的转换，或近义和意义密切相关的转换。

一般而言，分类号可控制控制词（一对一或一对多），控制词可控制自然语言词（一对一或一对多）。

2 计算机检索系统的多种文献标引模式

在计算机检索系统条件下，对文献的标引模式可能有 19 种（见下表）。现对其做简略说明。

计算机检索系统中的文献标引模式

	抽取主题概念	所用语言工具	转换方式	检索时可使用的检索标识
1	人工主题分析	分类号—控制词对应表	人工转换	控制词，分类号
2	自动抽词	有自动赋词功能的分类号—控制词对应表	自动赋词	关键词，控制词，分类号

续表

抽取主题概念	所用语言工具	转换方式	检索时可使用的检索标识
3　人工主题分析	词表	人工赋词	控制词
4　人机结合抽词	有自动赋词功能的词表	自动赋词	关键词,控制词
5　自动抽词	有自动赋词功能的词表	自动赋词	关键词,控制词
6　自动抽词	有自动赋词功能的词表	自动赋词	控制词
7　人工主题分析	分类表	人工赋号	分类号
8　人机结构抽词	有自动赋号功能的词表	自动赋号	关键词,　　分类号
9　自动抽词	有自动赋号功能的词表	自动赋号	关键词,　　分类号
10　自动抽词	有自动赋号功能的词表	自动赋号	分类号
11　人工主题分析 并自由标引	编成后控制词表		自由标引词,控制词,分类号
12　人工抽词	编成后控制词表		关键词,控制词,分类号
13　人机结合抽词	编成后控制词表		关键词,控制词,分类号
14　自动抽词	编成后控制词表		关键词,控制词,分类号
15　人工主题分析 并自由标引			自由标引词
16　人工抽词			关键词
17　人机结合抽词			关键词
18　自动抽词			关键词
19　单汉字系统			无确定检索标识

　　模式 1 是对文献用人工进行主题分析,将析出的主题依据某种分类号—控制词对应表(如《中国分类主题词表》)用人工转换成控制词和分类号。

　　模式 2 是从文献中自动抽出关键词,保留关键词作检索标识,并依据某种具有自动赋词功能的分类号—控制词对应表给出相应控制词。因为控制词与分类号是对应的,所以也可用分类号进行检索。

　　模式 3 是对文献用人工进行主题分析,将析出的主题依据某种词表用人工转换成相应控制词作检索标识。

　　模式 4 是从文献中用人机结合方式抽出关键词,保留关键词作检索标识,并依据某种具有自动赋词功能的词表给出相应控制词。

　　模式 5 是从文献中自动抽出关键词,保留关键词作检索标识,并依据某种具有自动赋词功能的词表给出相应控制词。

　　模式 6 是从文献中自动抽出关键词,将关键词依据某种具有自动赋词功能的词表转换成控制词作检索标识。

　　模式 7 是对文献用人工进行主题分析,将析出的主题依据某种分类表用人工转换成相应分类号作检索标识。

　　模式 8 是从文献中用人机结合方式抽出关键词,保留关键词作检索标识,并依据某种具有自动赋号功能的分类表给出相应分类号。

模式9是从文献中自动抽出关键词,保留关键词作检索标识,并依据某种具有自动赋号功能的分类表给出相应分类号。

模式10是从文献中自动抽出关键词,将关键词依据某种具有自动赋号功能的分类表转换成分类号作检索标识。

模式11是对文献用人工进行主题分析,将析出的主题由标引人员赋予自由标引词(自由标引词属自然语言),并将其编成后控制词表(该表为自由标引词→控制词→分类号三级,起初用人工编制,以后可用机助增补)。

模式12是从文献中用人工抽出关键词,并将其编成后控制词表(该表为关键词→控制词→分类号三级,起初用人工编制,以后可用机助增补)。

模式13是从文献中用人机结合方式抽出关键词,并将其编成后控制词表(该表为关键词→控制词→分类号三级,起初用人工编制,以后可用机助增补)。

模式14是从文献中自动抽出关键词,并将其编成后控制词表(该表为关键词→控制词→分类号三级,起初用人工编制,以后可用机助增补)。

模式15是对文献用人工进行主题分析,将析出的主题由标引人员赋予自由标引词作检索标识。

模式16是从文献中用人工抽出关键词直接作检索标识。

模式17是从文献中用人机结合方式抽出关键词直接作检索标识。

模式18是从文献中自动抽出关键词直接作检索标识。

模式19是对文献中的(主要是题名或文摘中的)自然语言词逐字自动作单字索引,事实上等于不标引,因而无确定检索标识。

至于机辅标引,可归为人工主题分析—人工赋词、人工赋号一类。

3 增加自然语言与人工语言对应转换功能是情报检索语言走向自动化之路

人工主题分析的质量高于从文献本身抽词。人工抽词和人机结合抽词的质量高于自动抽词。

分类号—控制词对应表比单独的词表和分类表功能多。后控制词表严密性稍差。

人工赋词、人工赋号的准确性决定于标引人员的水平,而自动赋词、自动赋号的准确性则决定于自然语言与人工语言的对应质量。

自动赋词和自动赋号基于自动抽词,因此标引质量有些欠缺,在处理速度和成本上则有明显优势,但有小部分文献在处理时需人工辅助。

自由赋词标引与后控制词表结合,标引较易,标识专指性较好,检索效率有保证,处理速度比使用分类表和词表快,但比自动抽词、自动赋词慢。

编制后控制词表对标引人员的要求较高。

自动抽词 + 自动转换(自动赋词、自动赋号)可以有两种结果:一种是在自动转换后不再保留抽出的关键词;另一种是在自动转换后仍保留抽出的关键词。显然是保留关键词好,可多一种文献原用专指词的直接检索途径。既有关键词,也有控制词和分类号的系统,在检索中可随需要灵活选用检索标识。关键词有助于提高检准率和方便新学科、新概念的检索,而控制词和分类号都有助于提高检全率。

有不同程度的自动化。上述 19 种模式都属自动化范围。可归纳为:(1)人工标引,自动检索;(2)人机结合标引,自动检索;(3)自动标引,略加人工辅助,自动检索;(4)自动标引,自动检索。总之,在计算机检索系统中,检索(查找)过程都是在程序控制下自动进行的,但标引过程却可以是多种多样的,有许多种标引模式。

自动或半自动标引(无论是自动抽词或自动赋词还是自动分类)的处理对象都是文献本身的用词(即自然语言)。所以,自动抽词和自动转换是自动标引的主要内容。

对汉语来说,自动抽词即汉语自动分词,此项技术目前在许多学科、专业领域已达到或接近实用水平,关键在于抽词词典的编制。抽词词典看来只能分别编成专业性的,最好既有"用词词典"(抽取检索有用词),也有"非用词词典"(排除检索无用词)。抽词词典越丰富和完善,抽词的完全率和正确率越高。

自动转换必须以自然语言与人工语言的对应为前提。通过对应表将自然语言转换成人工语言。所以,把分类表和词表改造成自然语言与人工语言的对应表,是情报检索语言走向自动化的必由之路。

把词表改造成自动赋词适用的词表,实质就是增加大量自然语言词作为入口词。最好把出现在文献(特别是文献题名)中正规的和非正规的词和词组(非正规的词和词组在文献题名等特定语言环境中是可以理解的,但在普通词典和专业词典中却查不到,特别是那些作者自造的词和词组)都收录进词表,对应于控制词之下。对应可以采取等同关系和等级关系的形式。近义关系一部分可视为等同关系,一部分可视为相关关系。采取相关关系的对应,则应慎重。若一个自然语言词或词组可对应多个控制词,应特别注出。在这种词表中,自然语言词可能数倍于控制词,而且要不断补充,故最好做成数据库形式,可不断升级出新版。

体系分类表改造成自动赋号适用的分类词表——词—分类号双向对应表,较为复杂,而且还要制定自动分类规则,但实践证明是可行的。关于自动赋号分类的原理和将体系分类表改造成自动赋号适用的分类词表的方法,详见我的《分类法主题法一体化自动标引系统的基本原理和方法》一文(《图书馆论坛》),此处从略。

后控制词表实质上也是自然语言与人工语言的转换工具,与具有赋词功能的分类号—控制词对应表相似,但编制方法有所差异,其结构可多一种词的轮排表(请参看我的《论后控制词表》,《图书情报工作》1994 年第 1 期)。

《中国分类主题词表》的机读版,无论从增加自动标引功能考虑,还是从增强其机辅标引功能和在计算机系统中更充分地发挥检索功能考虑,都有必要作这种改造。若要使其具有自动赋词功能,只要将第二表改造成为自然语言词—主题词—分类号对应表即可。若要使其具有选定主要分类号的功能,则还需对第一表进行改造,但不必改动原有分类号。

人工语言在检索中的控制作用(产生于其规范化和显示概念关系)是自然语言所无法替代的。所以,自然语言检索系统并不排斥人工语言,高级的自然语言系统必然是与人工语言(或其原理)结合的。在信息高速公路上,自然语言检索将广泛应用,人工语言将成为对自然语言的强有力后控制手段,依然有它的发展前途。人工语言必须与自然语言结合起来。其结合的基本方式就是两者的对应转换。

所以，我以为，情报检索语言中增加与自然语言的对应转换功能，是它走向自动化的关键性环节，今后分类表和词表应向这个方向发展。

（选自《中国图书馆学报》1996 年第 1 期）

新世纪社科情报理论研究的走向

彭斐章　娄策群　赵　涛

在世纪之交,面对社会、经济、科技、文化、教育的发展,如何总结社科情报理论研究成果和存在的问题,抓住机遇,增强理论研究活力,迎接新世纪的挑战,是社科情报理论界必须重视的问题。

1　社科情报理论研究面临的机遇和挑战

任何一门学科的理论研究及发展都有一定的实践基础,都离不开所处的社会环境。在人类即将跨入 21 世纪之际,社科情报理论研究所处的环境发生的深刻变化,既给社科情报理论发展带来了新的机遇,又向社科情报理论研究提出了新的挑战。机遇和挑战主要来自以下三个方面。

1.1　社会科学的新动向

目前及今后一段时间内,社会科学发展出现五个新动向。一是综合化。社会科学已突破了研究对象的孤立性和研究内容的单一性,从学科间的相互隔离、封闭状态走向交叉、渗透、融合状态。社会科学各学科之间、社会科学与自然科学之间相互渗透,促进了大量边缘学科的产生与发展。二是应用化。社会科学研究正在摆脱传统思辨哲学的影响,克服重理论轻实践和理论脱离实践的现象,面向应用,注重对社会现实问题的探讨。据了解,目前国外社会科学研究中,应用研究论文占 60%。理论研究论文占 40%。我国社会科学工作者也十分注重对社会主义现代化建设与政治、科技、经济、教育体制改革等相关问题的研究,相当一部分社会科学家从事开发和对策研究。三是"大科学"化。社会科学已开始由个人单独或少数学者自发联合对一些小问题进行研究的"小科学"时期进入由众多学者自觉联合对一些大型社会问题进行研究的"大科学"时期。多个国家的数十名甚至数百名专家学者联合对带有国际性的社会问题进行研究的情况屡见不鲜。四是定量化。社会科学研究正在从运用逻辑分析方法、历史分析方法对社会现象进行定性研究转向定性分析的同时,运用数学方法和计算机设备等进行定量研究,并由此形成许多相应的边缘学科,如经济数学、经济统计学、经济计量学、文献计量学、情报计量学、科学计量学、历史计量学等。五是预测化。社会科学正在由过多地研究过去和现在逐步转向在研究过去和现在的同时,也面向未来。

社会科学发展的新动向使社科情报工作的作用日益加强,社科工作者的情报需求日益扩大与深化,要求社科情报工作的对象更广泛,内容更深入,规模更宏大,方法更科学。社会科学发展的新动向必然会引起人们对社科情报理论建设的重视,形成良好的发展氛围,也必然给正在形成且还不完善的社科情报理论带来极大的压力。

1.2　信息技术的新成就

20 世纪 50 年代，人类进入现代信息技术时代，现代信息技术得到迅速发展。为了全面实现社会信息化，抢占科技制高点，夺取国际竞争优势，美国于 1993 年率先提出了信息高速公路计划。尔后，日本、英国、法国、加拿大、韩国、新加坡等国纷纷行动起来，计划和建设信息高速公路。我国也正在加紧拟订中国式信息高速公路计划，进行以"三金"工程和其他"金"字系列工程为主体的信息基础设施建设。信息高速公路的建设和发展一方面为社科情报理论研究工作者提供了在更大范围内更快速地获取和利用有关信息资料和数据的可能，另一方面，对社科情报交流范围与模式，社科情报用户的需求心理、获取和利用社科情报的方式等都会产生重大影响，社科情报工作必将发生重大变革，从而为社科情报理论研究提出了许多需要认真研究的新课题。这既是机遇，也是挑战。

1.3　信息经济的大发展

由于人类需求的高级化、物质经济的滞胀，质能资源的短缺和信息技术的发展，本世纪60 年代以来，世界各国经济逐渐由质能经济转向信息经济，信息资源成为人类社会的主要资源，产品中的信息含量不断提高，信息产业迅速发展。

在经济信息化和信息产业化的大潮中，作为信息业重要组成部分的社科信息业必定受到极大影响，社科情报工作开始面向经济建设主战场，为经济建设服务。社科情报市场已经出现。社科信息产业正在形成。这些在社科情报工作发展中出现的新现象，和社科情报理论研究遇到的新问题，不仅拓展了社科情报理论研究的范围，而且也对它提出了新要求。

2　社科情报理论研究评述

中国的社科情报理论研究从 1975 年社科院情报研究所成立算起，至今已 20 余年。20 年对于一个学科的发展而言不算长，但 20 年来，社科情报理论研究的成果日渐丰富，层面日渐深广，研究队伍不断壮大，所取得的成绩令人瞩目。然而，毋庸讳言，研究中也存在不少问题，阻碍了社科情报理论的发展。

2.1　社科情报理论研究逐步从本质上取得独立地位，但基础理论研究相对薄弱，研究方法略显单一

20 年前尚不存在独立的社科情报理论研究。随着社会科学自身的发展，人们逐渐认识到社会科学研究本身存在着不同于自然科学的特点。这些特点直接影响社科情报需求，导致了社科情报工作与科技情报工作的许多不同特点，造就了理论研究的独特领域与对象。社科情报理论研究开始与以科技情报为主要对象的传统的情报理论研究分野，逐渐成为一个相对独立的领域。这个变化贯穿了社科情报理论研究从始至今的整个发展过程。

在社科情报理论的初创阶段，理论研究多是引进传统情报学的理论，僵化指导社科情报理论研究，而将对社科情报理论研究有重大影响的社会科学问题置于次要地位。如这一时

期出版赵惠丰等主编的《社会科学情报工作概论》就没有提及社会科学问题。可以说,这一时期,人们只是提出了"社会科学"的概念,但研究受到旧有的情报学框架的束缚,社科情报理论研究并没有取得真正独立的地位。

随着社会科学自身的发展和变革,社会科学研究对情报工作的依赖性日益增强,社科情报工作的实践经验也随之日渐丰富起来,社科情报领域的一些独特的情报行为和现象开始引起研究者的关注。20世纪90年代出版的三部专著,都对社会科学问题进行了不同程度的论述,而且不断深化。陈誉主编的《社会科学情报工作导论》和周铭德主编的《中国社会科学情报学导论》都对社会科学作为一章论述。但这两部专著都没有将社会科学问题作为一种作用于社科情报理论的能动因素,没有深入研究社科情报交流机制等一般理论问题,没有把社会科学这个基础切实带入社科情报理论问题的研究中去。直至1992年易克信、赵国琦主编的《社会科学情报理论与方法》一书出版,才将社科情报理论放入"社会科学"这个大背景之下,不再孤立地讨论社科领域情报的特点,而是力图从根本上探讨社会科学和自然科学的不同,讨论这种不同带来的社科情报的特殊性以及社科情报交流利用、组织管理等问题的特殊性。尽管这种讨论尚存在诸多不足,但我们可以看到,社科情报理论研究以社会科学为突破口,已经打破了旧有情报学框架的束缚,开始从本质上取得独立的地位,为理论研究进一步发展奠定了基础。但目前,社科情报理论研究有所"降温"。从社科情报学会会刊《情报资料工作》近几年发表的论文来看,社科情报理论研究的文章大大少于信息产业、信息经济、信息产品、现代技术等方面的文章。而在社科情报理论研究中,基础理论研究又相对薄弱。与应用研究相比,基础理论研究往往难以看出直接的实用价值,然而却具备更为长远的眼光和更为宏观的思维,是应用研究的指导和后备力量。但当前在社科情报理论界,多数研究者都愿意从事应用课题的研究,使基础理论研究留下了许多空白。基础理论研究的薄弱必然会导致一系列的后遗症:首先,会使建立于其上的应用研究缺乏可靠性;其次,导致缺乏凝聚力,从而削弱理论研究的独立性;再次,理论本身不够充实和完整,导致研究者本身理论基础欠缺,洞察力不足,研究深度和价值难以达到应有的水平。

研究方法单一是当前社科情报理论研究中存在的另一个主要问题。长期以来,社科情报理论研究受到社会科学定性化研究的影响,认为社科情报理论研究只能用定性方法。近年来,虽然应用了一些定量分析法,但往往是浅尝辄止。

2.2　研究成果数量丰富,质量有待提高

社科情报理论研究所取得的成果是丰富的。笔者对近20年来专业刊物上发表的有关论文进行了较为全面和认真的统计,学术论文609篇,且呈逐年增长的态势。在学术方面,已出版了赵惠丰主编的《社会科学情报工作概论》,梁邻德主编的《社会科学情报学》,陈誉主编的《社会科学情报工作导论》,周铭德、张志祥主编的《中国社会科学情报学导论》,易克信、赵国琦主编的《社会科学情报理论与方法》五部专著。学术专著的出版是社科情报理论研究者对建立社科情报理论体系所做的努力,尽管目前还没有一种理论体系得到所有社科情报理论研究者的认同,但从专著可以看到,理论体系的完整性和系统性都在逐步完善。

社科情报理论研究者在本领域所取得的丰硕的研究成果在一定意义上展示了学科发展速度和理论研究水平。但我们应清醒地认识到,数量并不绝对等于质量。尽管20年来有609篇学术论文,但其中真正具有一定理论价值的文章却并不很多。许多文章在内容上互

相重复,缺乏新意,对社科情报理论体系的建立和完善并无多大实用价值。这主要是因为长期以来,许多研究者主要采取定性分析法,不注意数据的收集,也不愿用统计分析法对数据进行定性和定量分析。其研究只能是一种从文献到文献的过程,是一种近似"摘抄"和"剪报"的工作,"研究"出来的成果很难有所突破,从整体上降低了理论研究的水平与质量。

2.3　社科情报理论研究领域不断拓宽,但深度有待进一步发掘

20 年来,社科情报理论研究领域在不断拓宽,研究主题不断增加。首先,社科情报理论研究通过与其他学科的交叉出现了新的研究领域和主题,如与政策科学交叉产生了社科情报政策研究,研究者在对社科情报政策做出界定的基础上,讨论了制定社科情报政策的指导思想与原则,社科情报政策的模式与类型,体系与结构,内容等。同时,还开始了对部门信息政策的研究,提出了未来的信息政策研究应将重点放在信息政策的结构以及贯彻实施方面。其次,一些已有的主题,随着环境的变化,被重新审视,发现了一些新的研究层面和研究主题。如对社科情报源的研究。1992 年之前,研究者已构建了一个完整的社科情报源结构系统。这个系统囊括了一切能生产、持有或载有社科信息而且能传递或透露社科信息的机构或物体,并探索了各类型社科情报源的含义特征。随着社会的发展,社科情报需求中产生了对主要通过大众传播媒介传播交流的动态情报的需求,于是理论研究者适时提出了"动态情报源"的概念,并对其进行研究,从而发掘了一个新的主题。再次,社科情报理论研究紧跟时代步伐,引进了新的研究主题。随着我国市场经济体制的确立,信息市场和信息产业问题受到普遍关注,社科情报理论研究者也开始研究社科信息市场的运行机制和社科信息市场经营策略等。

研究水平的高低还取决于研究深度,而在这方面,社科情报理论研究尚有不少欠缺。首先,存在这样一种现象:在最初提出一个问题时往往热情很高,而当研究逐步深入,研究难度加大时,研究者却放弃了对它的研究。如对社科情报政策的研究,主要集中在 1988—1992 年,刚开始时大家都充满热情,从政策科学的一般意义上,提出一系列问题,对这些问题的介绍和阐述完毕进入实质性问题时却纷纷放弃了对它的研究。其次,由于研究者的理论水平有限,即使研究者能准确及时地掌握社科情报活动中的热点加以研究,但也只能对研究的实际问题作一般性描述,而难以对其做出科学的解释。只重视社科情报工作中实际问题的结果,而忽视对其过程和原因的研究,这就使研究只能停留于表层,难以深入下去。

3　社科情报理论研究的走向

根据我国社科情报理论研究的现状及存在的问题和不足,面对机遇和挑战,社科情报理论研究应注重以下几个方面。

3.1　立足于"大情报"观来开展社科情报理论研究

树立"大情报"观,在"大情报"观指导下进行研究是社会科学发展综合化、应用化、"大科学"化的客观要求,是社科情报理论发展的必要条件。立足于"大情报"观,不仅仅是加强社会现象记述情报的研究,而是要从根本上改变旧的思想观念和思维模式,冲破过去"小情

报"观对人们研究视野的限制和束缚,全方位地研究社科情报及相关活动。具体来说,要做好以下五方面的转变。一是从对社科学术情报的理论研究扩展到对各类情报,尤其是社科在研情报,社科竞争情报的理论研究。二是从主要研究社会科学研究人员的情报需求和情报行为扩展到研究各类社科工作者,甚至科技工作者的社科情报需求和行为。三是从主要对社科学术情报工作原理与方法的研究扩展到对各类社科情报工作,尤其是对政务、商务、法律、金融、人才等情报工作理论与方法的研究。四是从主要对社科情报领域内小范围小问题进行局部研究扩展到对社科情报领域内的大问题进行整体性研究,尤其是对全国性、国际性的社科情报问题进行研究。五是从个人独立分散的研究过渡到集中优势、联合协作进行研究,尤其应注意多地区、多学科、多部门的联合攻关。

3.2 深化社科情报基础理论研究

基础理论是一门学科赖以建立和发展的基础,没有坚实、深厚、成熟的基础理论,就无法指导实践问题的研究,就不能建立起完善的学科体系。深化社科情报基础理论研究是世纪之交社科情报理论研究的首要任务,应从两方面着手:(1)选择好研究的制高点。制高点不仅能在更高层次上指导社科情报实践问题的研究,而且能带动社科情报基础理论其他方面的研究。我们认为,社科情报理论研究的制高点是社科情报用户研究。一方面,选择社科情报用户研究为制高点符合情报学理论发展的一般规律,即情报学理论研究重心转移是由主要研究情报源到主要研究情报交流,再到主要研究情报用户。对前二者的研究已取得了一定成果,现在应转向研究社科情报用户。另一方面,社科情报工作的各个方面、各个环节都是为了最大限度地满足用户的需求,故社科情报用户研究的成果可指导并带动社科情报理论研究的其他方面。(2)以点带面,全面深化社科情报基础理论研究。除了深入研究并科学地揭示社科情报用户的结构及变化、需求机制、情报行为及规律外,还要深化社科情报结构与功能、社科情报交流、社科情报系统、社科情报工作及管理的基本原理、社科情报方法论等基础理论的研究,要揭示社科情报在这些方面特有的、内在的规律,并以此总结出并非社科情报特有而普通情报学和科技情报学尚未发现的规律,以促进科技情报基础理论的发展,填补情报学理论空白。

3.3 扩大对社科情报实践中新问题的研究

扩大对社科情报实践中新问题的研究,既是社科情报实践的呼唤,也是社科情报理论的内在要求,是社科情报理论的生命力之所在。由于社会科学新动向、信息技术新成就、信息经济大发展的影响,社科情报实践中出现了很多社科情报理论研究没有涉及或很少涉及的新问题,如信息高速公路建设对社科情报交流和用户需求、获取和利用社科情报方式及心理的影响问题;社科情报现代化发展战略问题;由于信息经济发展而出现的社科情报市场,社科情报产业运行机制、运作方式和发展规律问题;社科情报的经济功能和经济效益的评价问题;我国改革开放不断深化和工作重心转移而产生的社科竞争情报开发与利用,社科情报管理体制改革、社科情报工作为经济建设服务、社科情报工作国际化等问题。对这些问题的研究应组织力量,增加投入,尽快形成一批应用性强、现实性好的社科情报应用理论成果。扩大对社科情报实践中新问题的研究要思想敏锐,善于及时发现新问题,及时进行研究。要有一定的超前意识和预测能力,提前对社科情报实践中将要发生的现象和将要出现的问题进行研究。

3.4　注重实证、定量和比较研究

科学的研究方法是一门学科理论建设与发展的重要保证，也是一门学科成熟与否的标志。要发展社科情报理论研究，并使之日趋成熟，必须采用实证、定量和比较等研究方法。

实证研究主要强调深入实践或通过社会调查而获得社会现象、社会活动和社会过程的实际数据，再对数据深入分析得出符合实际的理论。实证研究可以突破以往社科情报理论研究主要从文献到文献、从理论到理论的局限，是社科情报理论研究方法的重大变革。社科情报实践中提出的新问题没有现成的理论，很难从现有文献中找到相应的资料，因此，实证研究是社科情报应用理论研究，尤其是对新问题的研究必不可少的方法。此外，通过实证研究，获取实践数据，建立相应模型，才能提高其现实性和可靠性，否则，就难以对出现的问题进行科学的客观的揭示。

定量分析是采用数学方法进行理论研究，是社科情报理论走向成熟的标志和保证。虽然社会现象、社会科学和社科情报活动难以用精确的数学方法进行分析，但可以采用研究随机问题的概率统计方法、研究模糊问题的模糊数学方法、研究灰色现象的灰色系统理论等来研究。采用数学方法，不只是片面地定量分析某些问题，独立得出几个定量结论，更不能只是一些统计数字的简单罗列，而是要尽可能多地将数学方法应用于社科情报理论研究的各个领域，从建立社科文献计量理论和方法体系开始，逐步过渡到建立完善的社科情报计量学。当然，定量研究有关问题时，不能故弄玄虚，为定量化而定量化，编出一大堆既无理论依据又无实用价值甚至让人难以理解的数学公式和模型。

比较研究是根据一定条件把彼此有某种联系的事物加以对照，从而确定其异同的思维过程和方法，是借助于不同国度、不同时期、不同学科的理论，利用它们不同的实践素材来发展某一学科的开放式研究方法。比较不仅仅是国内与国外的比较，而且还应包括同一国家不同时期、不同地区的比较和相关专业领域的比较。社科情报理论研究应突破目前仅仅局限于社科情报与科技情报特点比较、国内外社科情报管理体制比较等封闭的研究，而开展全方位、多层次的比较研究，如：开展国内外社科情报用户、政策、体制、教育的比较研究（比较应在更广泛的国际范围内进行）；对我国不同历史时期社科情报用户需求、工作模式、事业建设进行比较研究；就社科情报与科技情报在本身特征、情报源特征、用户需求和行为、交流模式等方面进行比较研究。力争形成独具特色的社科情报比较理论与方法。

（选自《中国图书馆学报》1996 年第 4 期）

比较图书馆学 ≠ 图书馆事业 + 比较方法

钟守真

20 世纪 80 年代以来,我国图书馆学界对比较图书馆学的研究,无论是基础理论研究,还是应用研究都有了长足的进展,并达到了一定的水平。笔者通过《全国报刊索引》(哲学社会科学版)1980—1995 年收录的有关比较图书馆学研究成果进行统计,结果表明,近 16 年来该刊共收录比较图书馆学基础理论研究论文 105 篇,应用研究论文 335 篇。总体上讲,比较图书馆学的基础理论研究与应用研究呈现交相辉映的态势。但也应当看到,在比较图书馆学的基础理论问题上,存在着认识上的混乱,没有严格地把握比较图书馆学的学科性质,忽视了比较图书馆学与图书馆事业比较研究的区别。笔者认为,比较图书馆学并不等于图书馆事业加比较方法,它们之间是有区别的。要弄清这个问题,可以从研究对象范围和研究方法入手。

1 比较图书馆学的研究对象与范围

任何一门学科都有它特定领域的研究对象与范围,其研究内容具有一定的独立性,并与其他学科有本质区别。比较图书馆学也不例外。作为一门独立的学科,界定其研究对象与范围是一个重要的基础理论问题。自从人们提出"比较图书馆学"以来,对其研究对象与范围始终在探讨之中。由于人们认识角度和能力的差别,出现了不同的观点。大体上讲,有两种不同的认识:其一,强调比较对象必须具备多国度、多文化的特点;要对多国度、多文化的图书馆实践与理论进行比较研究;要紧密联系社会政治、经济、历史、文化、教育的状况进行研究;还包括跨学科的比较研究。其二,从广义的角度阐述比较图书馆学的研究对象与范围,认为一国之内,不同民族、不同环境下图书馆现象的相互影响、差异与同一的比较研究与各国之间的比较研究一样重要。

笔者认为,比较图书馆学的研究对象与范围是指跨越国家、民族、区域界限,不受时间限制的比较研究图书馆现象或图书馆学与相关学科所存在的差异与同一、影响与关系,达到从总体上揭示图书馆发展规律的目的。这种认识强调了以下三个方面。

第一,跨国、跨民族、跨区域界限。在这里,首先应明确"民族"的含义。《现代汉语词典》对"民族"一词是这样解释的:"(1)指历史上形成的、处于不同社会发展阶段的各种人的共同体。(2)特指具有共同语言、共同地域、共同经济生活以及表现与共同文化上的共同心理素质的人的共同体"。据此,我们可以这样理解,"民族"是历史上形成的、处于不同社会发展阶段的各种人的、稳定的共同体,他们具有共同的语言、共同的居住地域、共同的经济生活,具有在共同文化上的相同心理素质等。显然,当一个国家只有一个民族时,如日本、匈牙利等国，"民族"与"国家"是相通的。但是，当一个国家是多民族时，如中国、美国等，在这种情况下，"国家"与"民族"不能相提并论。也就是说，简单地使用"跨国界"就不贴切了。应该是"跨族界"的提法较为严谨。此外，强调"跨民族界限"还有几层含义：一是，"跨国"不能完全涵盖"跨民族"，强调后者实质上是突出不同文化之间的比较。我国是多民族国家，与西方多民族国家有着相同之处，各民族都有各自的历史、习俗、语言以及共同的生活区域。但中国与西方多民族国家又存在着不同，从文化渊源看，我国的多民族，有的隶属于伊斯兰教体系；也有的属于佛教文化体系；还有的属于儒教文化体系。而西方的各个民族大多属于基督教文化体系内，他们之间虽有差异存在，但都属于古希腊文化渊源。因而中国各民族的文化差异比起欧洲要明显，他们大都有各自的社会习俗、生产与生活方式、居住与建筑风格、宗教信仰、语言文字、心理素质等，也都有各自的特点与传统。所以，"跨民族"比较的主要含义还在于"跨文化体系"的比较。二是，在多民族国家里，不同民族的图书馆现象除有共性之外，也有差异，这种差异有时还很明显，并不亚于不同国家图书馆现象之间的区别。这里有民族与语言的关系，如我国的蒙文文献著录规则与汉文的文献著录规则，反映的就是汉族、蒙古族的文献著录现象的差异与同一。三是，同一民族的图书馆学家的学术思想或著作的比较是属于同一文化体系，如《图书馆学基础》与《图书馆学概论》的比较，尽管这种研究有其学术价值，比较研究后所得的结论，只能说明该文化体系内的一些规律性问题，它们的比较对象都属于同一国度、同一民族范围内，因而不能算是比较图书馆学的研究成果。跨区域，指的是处于不同环境下，不同区域的图书馆现象的比较，如我国大陆和台湾、大陆和香港等地区图书馆现象的比较研究。

第二，"跨学科"界限。这一点，主要是指图书馆学与非图书馆学科关系的研究。比较图书馆学同其他学科的关系，既包括图书馆学与社会科学、图书馆学与自然科学的关系的比较研究，也包含有比较图书馆学与相关比较学科关系的研究，如与比较教育学、比较法学、比较语言学、比较文学等学科的比较研究。这是由于上述学科的历史较悠久，有着丰富的资料和较成熟的理论与方法，这些对于发展中的比较图书馆学有着借鉴的价值。J. 珀利亚姆·丹顿（J. Periam Danten）在《比较图书馆学概论》中，引用了大量的比较教育学的理论与方法，给了我们许多有益的启迪。在该论著里，他指出："对比较图书馆学的研究和比较图书馆学中的研究，无一例外地具有交叉学科的性质。就连研究各种互不相同的国家性或地区性编目规则和分类体系这样高度专业性的研究，如果不注意到语义学、逻辑学、语源学和分类法的总的历史和性质的话，也是不可能做得很完善的。由此，比较图书馆学，作为学术研究的一个领域（甚至在教学中也如此），就不仅要考虑到图书馆学自身，而且要借助并需要考虑到别的辅助学科。"

此外，从图书馆学的理论基础来看，图书馆学是一门研究人类文献信息交流现象及其规律的学科，它要探讨文献信息的收集、贮存、传播、交流的内容和过程，也要探寻文献信息活动的历史形成与发展，这些都与人类知识活动的其他领域有着密切的联系。为了更好地把握图书馆学，我们不能忽略这样的联系，而比较图书馆学在这方面能够发挥它的特殊功能。我们知道，比较图书馆学的研究既包容了不同国家、不同民族的图书馆现象的比较研究，也涉及图书馆学和人类知识与活动的其他领域的关系的比较研究。它把各国、各民族形式上独立的图书馆理论与实践联系起来，形成一个整体，也把图书馆学与其他学科的关系联系起来，从知识的整体来考察图书馆学。当然，这种跨学科研究的基点是立足于图书馆学本身，是从图书馆学的角度出发去分析图书馆学与其他学科的内在联系,去探讨它们之间存在的互相孕育、互相借鉴、相互影响的联系。通过这种比较发现图书馆学与其他学科的亲和点和区别之处,揭示图书馆学与它们的联系,总结出图书馆学不同于其他学科的独特规律,从而丰富、完善图书馆学本身的学科理论。

有必要说明的是,当我们进行比较图书馆学的跨学科研究时,是否也要求同时跨越民族界限?我们的回答是否定的。例如,英国哲学家弗朗西斯·培根(Francis Bacon)在1640年发表的知识分类体系,辗转到18世纪,成为《杜威十进分类法》(Dewey Decimal Classification)的图书分类体系的源头,这是众所周知的事情。那么,从学科的角度看,培根与杜威十进分类法体系的关系探讨,应该是比较图书馆学的研究课题。同样,约翰·杜威(John Dewey)与梅·杜威(Melvil Dewey)的影响关系,也应该是比较图书馆学的研究课题。这就是说,比较图书馆学的跨学科研究并不一定拘执于跨越国家或跨越民族界限。

第三,不受时间限制的比较研究图书馆现象。我们知道,"比较"是人类思维的主要机制之一,是人类认识事物的一种方法,也就是"有比较才能鉴别"。"比较有空间比较,也有时间比较"。因而,比较图书馆学不能忽略空间和时间因素。前面提到的"跨国家""跨民族""跨区域"界限,实质上表述了比较图书馆学研究对象的空间范围问题,也就是说比较图书馆学研究是不受空间限制的,选择比较对象应考虑到跨越国家、民族、区域界限,如"中美计算机情报检索系统的比较研究""大陆和台湾信息产业的比较研究"等。而"不受时间限制"的比较,反映的是比较图书馆学研究对象的时间范围。我们可以进行"中西图书馆起源的比较",虽然图书馆起源在西方是处于希腊文化、罗马古文化时代,而中国则处于殷商文化时代。从时间系列上看,它们相距上千年,但从图书馆形态、社会性质角度看,它们有同一性。这种比较符合了跨越时间界限的条件。对同一图书馆现象进行比较研究可以不受时间的限制。当然,我们也不排除开展相同时代图书馆学家学术思想、著作的比较研究,如"刘国钧和阮冈纳赞图书馆学思想比较",在空间上,他们是不同国家的学者。他们的个人经历、学识水平、图书馆学思想、对图书馆事业的贡献等方面有着相似中的差异、差异中的同一。尽管在时间上,他们处于相同时代,但对刘氏和阮氏的比较研究,仍然可以包括在比较图书馆学的研究范围内。

经过以上分析,可以看出,比较图书馆学是有其特定的研究对象与范围的,只有被比对象符合跨国、跨民族、跨区域的要求,或者是图书馆学与相关学科关系的跨学科研究,才能纳入比较图书馆学的研究范畴。显然,比较图书馆学与图书馆事业的比较研究是有区别的。

2 比较图书馆学的方法体系

方法是人们认识事物的工具手段,是实现研究目标的途径。比较图书馆学作为一门独立的学科,要建立完善的理论体系,主要取决于研究者对图书馆现象研究的科学方法。在以往的比较图书馆学研究中,大都偏重于比较图书馆学研究方法的特殊性,强调比较方法在学科中的主要地位,忽略了人类已进入"系统综合"的时代,在"综合"的大背景下,只着眼于方法特殊性的研究,将影响比较图书馆学的发展,也会导致人们对比较图书馆学学科性质认识上的混乱。而且,也应该看到,比较图书馆学研究对象的特殊性和广延性对研究手段有相应的要求。因此，比较图书馆学研究只有在综合、选择、运用各门学科研究方法的基础上，才能寻找到新的研究视角，建立其方法系统，保证研究过程和研究结论的客观性和科学性，从而缩短完善比较图书馆学理论体系的通道。

我们认为，比较图书馆学研究方法是一个相对独立的方法系统，它是一个由多层次、多方面、多因素组成的系统结构。在这个系统中，如果从研究方法的适用域来考察，它包括一般方法、特殊方法和个别方法。所谓一般方法，是指作为根本指导原则和普遍调节手段的哲学方法，它是一切科学方法论的基础。在我国，比较图书馆学研究是以马克思主义为指导的，因此，它的方法论是建立在辩证唯物主义和历史唯物主义的基础上的。这是比较图书馆学方法系统结构中的最高层次。所谓特殊方法，是相对于一般方法而言的，即相当于一些门类学科所共有的相同性的研究方法，如适用于一些自然科学、社会科学的研究方法，也就是一般科学的研究方法。对于比较图书馆学来说，我们称之为相关方法或辅助方法。在开展比较图书馆学研究中，需要多种研究方法配合使用。这是因为现代科学技术的飞速发展，各门学科间息息相通，每门学科都是既有自己的专门方法，又适当地引进其他学科的研究方法，形成了方法多元化的态势。而且，比较图书馆学与许多社会科学，如历史、经济、政治、社会学等都有联系。在对不同国家、不同民族、不同区域图书馆现象进行比较时，不可避免地要运用这些社会科学的科学概念和方法，只有这样，才能辩证地深入到图书馆现象的本质中，并确定它们发展的规律。再有，图书馆现象的复杂性和多样性也决定了比较图书馆学研究方法的多元化。所以，在比较图书馆学研究中要注意引入相关的研究方法，如观察法、描述法、历史法、统计法、调查法、文献法、归纳演绎法、分析综合法等，从而形成一个方法群。在这个群体中，观察法、调查法、文献法、统计法是搜集、整理研究资料的常用方法；分析与综合法、归纳与演绎法是在积累资料的基础上，再进行资料的分析、归纳、演绎和综合。虽然，这些方法各具特性，相对独立，但它们有着密切联系。在具体研究过程中，往往数种方法交叉使用，单纯采用一种方法的情况是很少的。这些相关的研究方法组成了比较图书馆学方法系统结构中的第二层次。第三层次是个别方法，这是指比较图书馆学研究中所运用的专门方法或基本方法，即比较方法。比较方法是人们借助于比较来把握各种事物的共同点和差异点，揭示各种事物间相互区别的质的规定性的方法，已在各门学科研究中得到广泛应用。对任何学科的认识都不可能回避比较，科学发现通常是通过比较、分析、综合、概括、类比、想象、抽象等来实现的。尤其是对于某些学科，比较方法更具有特殊的意义。这些学科以比较方法作为专门的研究方法，从而形成了独特分支学科。比较方法最早运用于自然科学的研究中，在科学的发展中起着重大的作用。后来，比较方法被引入社会科学，于是建立了比较教育学、比较法学、比较文学、比较语言学、比较史学、比较社会学、比较图书馆学等，并成为这些比较学科的专门研究方法。比较图书馆学主要是比较研究世界各国、各民族的图书馆现象，因而它必然以比较法为主要的研究方法，比较法也成为比较图书馆学区别于图书馆学其他分支学科的重要标志。它在比较图书馆学的方法系统中占据重要的地位，并贯穿于研究的始终。虽然比较方法在比较图书馆学中具有特殊意义，但也不能过高地估价它的作用。在具体的比较研究中，孤立地运用比较方法是行不通的，这是由比较方法的客观基础所决定的。比较方法所研究的客观对象具有相似性和差异性，如果不运用其他研究方法积累丰富的资料，是无法进行比较的。同时，比较图书馆学研究的范围十分宽泛，涉及图书馆实践与理论的各个领域，以及图书馆学与其他学科关系的研究，靠单一的研究方法是很难奏效的。现代意义上的比较图书馆学研究必须是从多角度、多方面、多层次来进行，才能实现对图书馆学整体把握的目标。我们要注意到比较图书馆学研究方法的综合性、开放性的特点，以及融合各种研究方法为我所用的多样性和配伍特性。在比较图书馆学的具体研究中，要达到对事物本质特性认识的深化，必须发挥比较图书馆学研究方法系统"兼容并包"的优势，才能实现比较图书馆学研究的终极目标。

通过上面分析，我们可以看出，比较方法在比较图书馆学方法系统中占据重要地位，但在比较图书馆学的具体研究中，所运用的比较方法是具有特定的内涵的，换句话说，仅有"比较"并不等于是比较图书馆学，只有在比较过程中合理地配合使用相关研究方法，专门从事"跨国性""跨民族性""跨区域性""跨学科性"明显的比较研究，才能列入比较图书馆学的研究范围内。诸如"《中图法》与《国会法》关于图书馆学类目体系的比较""大陆、台湾图书馆学本科课程设置之比较研究""中日信息产业的比较分析""图书馆学与情报学比较研究"等，这种具有特定意义的比较研究才能称之为比较图书馆学的研究。当然，我们并不排斥图书馆事业研究中采用比较方法，例如，在研究我国图书馆的产生与发展时，可以对古代的藏书楼与近现代的图书馆进行比较研究。但这种比较，是采用历史比较法，属于我国图书馆事业发展史的比较研究，并不是比较图书馆学意义上的比较，这是很明显的。

3 区分比较图书馆学与图书馆事业比较研究的意义

搞清楚比较图书馆学和图书馆事业中的比较研究的差别，具有重要的理论意义和实践价值。从理论上讲，只有严格区分两者的界限，才能使比较图书馆学理论的研究奠定在科学的基础上，才能够把握比较图书馆学研究的内涵和外延，真正认识比较图书馆学的学科性质，从而促进比较图书馆学这一发展中的学科健康成长。

当前，由于没有很好地解决比较图书馆学与图书馆事业的比较研究的区分问题，因而，对于比较图书馆学的学科性质、学科的定义、研究对象与范围等的认识也各异，甚至对比较图书馆学是否一门学科都产生怀疑。有人认为比较图书馆学"不是图书馆学的分支学科"；"也许要创建像比较图书馆学这样一门学科是永远不可能的"。也有的站在折中的立场上明确提出："它既是一种研究方法，也是一门研究学科。"之所以产生这种认识，一方面是由于比较图书馆学是一门发展中的学科，正如丹顿在《比较图书馆学概论》一书中所指出的："我希望本书作为一个开头，能够有益于使人们认识到比较图书馆学是一个值得注意的重要领域。有益于把它建设成为一个认真研究的领域。我说'开头'，是因为……我们只不过刚刚入门。"因此，人们对其认识还不完全、不深刻。另一方面，人们在研究过程中，又往往受到丹顿在《比较图书馆学概论》中的表述的影响。他在该书第一章"术语、定义与范围"中提到："比较图书馆学，和'比较教育学'及'比较法学'一样，多少有一点用词不当……毋宁说，本质上是一种方法，一种途径。因此，更符合逻辑一些，更精确一些，我们应当使用'图书馆学中的比较研究'，这一提法。"虽然丹顿有过这样的表述，但是，他只不过认为"比较图书馆学"的称谓"多少有一点用词不当"。因而，我们不能就此下结论，有必要查考全书的内容。在该著作里，他既阐述比较图书馆学的术语、定义与范围，又分析了研究目的和意义，以及研究方法，还构设了比较图书馆学作为一门正式课程的教学大纲。而且，在该书的前言里，他明确表示："我们相信，这个领域有必要来一个大的发展，而且越来越有必要，首先是因为人与人之间的历史性隔阂进一步消失并让位给一切方面（包括图书馆学方面）进一步的合作，其次是因为我们所从事的专业不断地要求人们对它的工作有充实的了解。"这一段话，也充分表明了丹顿把比较图书馆学作为一门学科来研究的态度。同时，他在论述比较图书馆学的研究范围时还提到："对范围问题，还有必要从另一个角度……以比较图书馆学作为一个完整学科的角度来考虑。"此外，我们也应当看到，丹顿这本著作出版于 20 世纪 70 年代。十几年来，科学已突飞猛进地发展，人们对客观事物的认识有了更进一步的提高，边缘学科、交叉学科不断涌现。这一现象反映出人们对客观事物认识趋向深化，学科分类也随之越分越细。在这种态势下，图书馆学也同其他学科一样，也在不断分化、发展。考察图书馆学形成与发展过程即可发现，从它成为独立学科起，已逐步地分化为图书馆学基础、图书馆史、图书馆学史、图书馆分类学、图书馆管理学、图书馆统计学、图书馆建筑学、图书馆社会学、读者心理学等各种分支学科。在这一学科群体中，比较图书馆学已成为它的组成部分，这正是人们对图书馆学认识深化的表现。

从实践上来说，我们严格地区分比较图书馆学和图书馆事业的比较研究，可以充分地发挥研究者的能动性，以跨国、跨民族、跨区域、跨学科界限的比较意识研究世界各国图书馆现象的差异与同一、渗透与影响，进一步拓展研究者的视野，开辟图书馆学研究的新层面，增进图书馆学研究的深度，加快图书馆学科整体发展的速度。

此外，比较图书馆学对本国与外国图书馆实践与理论开展比较研究，以及对不同国家、不同民族、不同区域的图书馆现象进行比较研究，必然以世界图书馆事业为背景，以他国的图书馆现象为参照系，把本国的图书馆事业置于世界图书馆事业的大系统中，重新估价自己，重新认识自己，发扬优势，学习他国的经验，促进本国图书馆事业发展。

（选自《中国图书馆学报》1997 年第 1 期）

论信息素质教育

马海群

1　引言

在我国目前的信息化建设进程中,存在着重客体、轻主体的偏颇现象,即偏重信息资源库与信息设施、信息系统、信息网络等信息客体基础结构的建设与投入,而轻视包括信息资源的开发者、提供者、管理者、利用者在内的信息主体的教育与引导,因而在信息客体基础建设飞速发展的同时,信息主体由于缺乏相应的信息品质,在其利用掌握的信息手段参与信息产业与信息经济开发活动中引发了一系列的社会性问题,如信息虚假宣传、信息污染、信息泄密、信息恐惧症、信息侵权、信息垄断甚至信息犯罪等。信息主体环节产生的这些负面效应问题表明,我国信息产业、信息经济乃至整个信息社会的发展,不仅仅取决于群体的信息技术的装备程度、社会个体成员的信息知识与技能水平,信息素质作为社会群体,尤其是社会个体的基本品质,正日益深刻地左右着社会的文明与发展进程。因此,在国家信息化的整体建设中,必须重视信息主体的信息技术教育与信息素质教育。

信息素质虽然并不是新名词,但至今鲜有文章明确提出和提倡信息素质教育。尽管素质教育正成为教育界的热门话题,但眼下所讨论的素质教育,重点是强调初等基础教育。其实素质教育作为一种旨在促进社会个体成员德智体美全面发展的活动,其内涵远远大于基础教育,因而它必将会形成一种社会冲击力,从而波及和影响社会各行各业及各个层面。国家教委于1995年9月在武汉召开的高校加强文化素质教育试点工作研讨会上提出的加强高校学生文化素质教育的新举措,即是素质教育向全社会延伸的一种积极表现。另外在我们即将步入信息化社会的关键历史时期,还必须重视培养和发展社会个体成员的信息素质,因而有必要为信息化社会奠定坚实的社会基础。突出和强调信息素质教育,这不仅是重要的历史使命,任重道远,而且迫在眉睫。

2　信息素质及信息素质教育的含义

2.1　信息素质的含义

"素质"一词泛指社会个体成员的现实的(也包括未来发展可能性的)身心发展状况,个体所具有的各种品质则是素质的具体表现。例如《教育大辞典》认为,素质是指"公民或某种专门人才的基本品质。如国民素质、民族素质、干部素质、教师素质、作家素质等,都是个体在后天环境、教育影响下形成的。"广义的素质虽然不能直接与知识和能力画等号,但是它已与知识和能力交织在一起，共同形成个体的既有的基本品质。因而，信息素质可以广义的理解为在信息化社会中个体成员所具有的各种信息品质，包括信息智慧（涉及信息知识与技能）、信息道德、信息意识、信息觉悟、信息观念、信息潜能、信息心理等。

有必要进一步说明的是，本文所概括的"信息素质"一词与"信息知识、信息能力"严格地说是有区别的：后者强调的是个体具备的、带有客观性的、发掘与利用社会信息源的基本技能，前者所强调的则是个体最基本的、更具有主观性的、认识和判断信息的基本品质。"信息素质"实际应是"信息知识、信息能力"的基础。由于现代社会个体成员的主观品质往往与客观能力复杂地交织在一起，共同塑造着个体的基本品质，故而往往又难于将二者严格区分开来。因此，如果作最广义的理解的话，则可以认为"信息素质"包涵"信息知识、信息能力"的含义。事实上，国外从 20 世纪 70 年代起就有人提出"information literacy"这一概念，从字面上可以将其译为"信息文化"，国内也有人译成"信息素养"，类似于本文的"信息素质"。英文的 information literacy 的含义，也随着时间的推移而发生着变化。例如最早提出 information literacy 一词的美国信息产业协会（IIA）主席 Paul Zurkowski 于 1974 年的一次全国性会议上，将其概括为"利用大量的信息工具及主要信息源使问题得到解答的技术和技能"；1979 年美国信息产业协会也把它解释为"人们知道在解决问题时利用信息的技术和技能"。到了 80 年代，information literacy 的内涵进一步扩展和明确，不仅包括各种信息技术和技能，而且涉及了个体对待信息的态度，如信息需求意识、确定与利用信息的愿望、对信息价值的评价与判断、对信息合理与准确的利用、信息的接受与评估等。进入 90 年代以后，国外开始关注有关 information literacy 的教育问题，并出现了一系列讨论与研究文章。由此可以看出，信息素质及其教育问题同样是国外的一个研究热点。然而本文所论述的"信息素质"的重点并非"信息知识、信息能力"，而是个体的信息主观品质，如信息意识、信息觉悟、信息道德等，这正是目前国内外有关"信息素质"研究的一个薄弱环节。

2.2　信息素质教育的含义

素质教育的定义多种多样，但都强调人的个性发展与全面发展。信息素质教育作为整个素质教育体系中的一个方面，其根本目的也必然是促进个体的身心发展，具体来说，它是一种旨在根据社会信息环境，培养和提高个体的信息觉悟、信息观念、信息主体意识、信息主动精神、信息心理素质并激发个体信息智慧和信息潜能的活动。这里所讲的信息素质教育并不排斥信息专业知识教育和信息能力教育，相反，它为知识教育和能力培养奠定了更坚实的基础。

3　信息素质教育的意义

3.1　信息素质教育的提出适应了社会发展大潮流

从 20 世纪中叶起，人类开始创造一个崭新的社会形态，即被越来越多的国家和人士所承认的信息化社会。尤其是 90 年代以来，全球所有工业发达国家和致力于现代化的发展中国家都采取不同方式迎接信息化社会的到来。所谓信息化社会"是一个其生活质量、社会变化和经济发展越来越多地依赖于信息及其开发利用的社会。在这个社会里，人类生活的标准、工作和休闲方式、教育系统和市场都明显地被信息和知识的进步所影响",信息日益成为社会发展的决定性力量和主导因素,要求社会群体和个体都必须具有高度的信息觉悟、强烈的信息意识和正确的信息价值观等良好的信息素质。只有通过系统完整的信息素质教育,社会群体和个体成员才能更好地适应社会发展的大潮流。

3.2　信息素质教育符合人的自身发展的需要

信息需求是人类生存发展的一大基本需求,尤其在当今信息革命浪潮推动下的信息社会中,每个人都有必要研究和了解信息的性质及作用,培养良好的信息素质,具备精明的信息头脑。人类认识与改造世界的过程实际上就是通过信息器官输入信息、加工信息、输出信息的过程。信息技术及其系统的发展,扩展和延长了人类的各种信息器官,同时也为人类更好地发挥其主体能动性开辟了更广阔的空间。信息素质教育的主要任务正是为了促进社会个体成员信息智慧、信息心理的发展,培养其信息观念、信息主动精神、主体意识和信息头脑等素质的提高,它既符合人的自身发展的需要,又能促进人类通过利用信息技术系统与劳动对象相互作用而形成一种新的社会生产方式,即信息化的社会生产方式。

3.3　信息素质教育有助于推动全社会的信息化进程

所谓信息化,"就是在国民经济的各部门和社会活动的各领域普遍利用先进的信息技术系统,从而大大提高社会劳动生产率和工作效率以及大大改善人民物质生活和文化生活质量的过程",可见全社会的信息化是以信息技术系统的采用为基础的,而信息技术系统的应用方式和应用程度则与人类的信息素质密切相关。或者说,与新的信息技术系统相适应的新的社会生产方式的形成,是与信息主体的信息素质密不可分的。

3.4　信息素质教育是信息专业教育的一大趋势

信息(情报)教育在我国已有多年的实践,然而信息素质教育一直未被引起充分的重视,讨论的较少,但它正在成为人们关注的热点。根据《中国大百科全书——图书馆学、情报学、档案学》卷中专家的观点,情报教育是"培养情报工作人员和情报用户以提高社会利用情报能力为宗旨的社会活动",情报教育事业的发展趋势之一是"重视培养情报用户,提高社会情报意识,以适应未来信息化社会的需要"。这种针对社会信息用户的信息素质教育,正是信息专业教育的一大发展趋势。在信息化社会中,不论什么专业人才,都有必要具备良好的信息素质,因而信息素质教育有可能导致教育观念的大变革。

4　信息素质教育的特点和内容

4.1　信息素质教育的特点

(1)信息素质教育是一种促进个性全面发展的教育。信息素质教育不仅着眼于个性的信息智慧、信息潜能的开拓,而且注重其信息觉悟、信息观念、信息道德、信息意识及信息心理的培养,因而它与传统的单一性专业教育、"授技型"教育相比,具有综合性和全面性的特点。

（2）信息素质教育是人才的基础教育。作为一个新的教育重点，信息素质教育决不仅限于信息专业教育的范畴，它实际是各专业教育的基础教育，是各专业人才的基础教育。这是因为在信息化社会中，只有具备良好的信息主体意识、信息心理素质和信息智慧，才能更好地应付和面对瞬息万变的信息环境。因而社会各行各业人员都需要具备良好的信息素质。

（3）信息素质教育是一种终身教育。在个体的各个发展阶段，信息素质教育都是不可或缺的，不论是中小学教育、大学教育，还是工作岗位的在职培训与教育都离不开它。于是信息素质教育便成为一种普遍性的终身教育。

4.2　信息素质教育的内容

信息素质教育的目的是促进社会个体的全面发展，它与信息知识教育、能力培养又有着密切关系，因而其内容涉及面较广，这里着重探讨四个重要方面：

（1）信息意识教育。信息意识既是信息主体对信息的认识过程，也是其对外界信息环境变化的一种能动的反映，因此，信息意识对信息主体的信息行为必然起着控制性作用，信息意识的强弱则直接影响到信息主体的信息行为效果。信息意识包括信息主体意识、信息获取意识、信息传播意识、信息保密意识、信息守法意识、信息更新意识等多种形式，它们都是个体适应环境、实现自我发展的重要基础，是信息素质的最重要组成部分，其中信息主体意识是目前环境下最有必要强调与发展的一种意识，因为在信息化社会中，随着信息技术与手段的不断完善，社会个体的主体性得到空前的解放，完全有可能以社会个体为主体中心，通过该主体的创造性、自主性、独立性活动去实现社会的进步。信息主体意识教育是信息意识教育的一个重点，其核心内容是倡导与培养社会个体成员在信息活动中的独立性、自主性，从而真正形成信息主体的主人翁精神。

（2）信息道德教育。信息道德是指整个信息活动中的道德，是调节信息创造者、信息服务者、信息使用者之间相互关系的行为规范的总和。信息道德教育既面向信息创造者，又面向信息服务者和使用者。信息道德教育的目的是促使社会个体遵循一定的信息伦理与道德准则来规范自身的信息行为与活动。其内容包括：信息主体的活动目标应与社会整体目标协调一致；承担相应的社会责任和义务；遵循信息法律与法则，抵制违法信息行为；在信息活动中坚持公正、平等、真实原则；尊重他人知识产权；正确处理信息创造、信息传播、信息使用三类主体之间的关系；恰当使用与合理发展信息技术，既保守群体信息秘密，又尊重个体个人隐私等。

（3）信息观念教育。信息观念是指人们关于信息的看法，对待信息的态度，对信息本质的特征、价值的认识等。信息观念教育的核心是信息价值观教育，目的是在整个社会中形成"信息就是资源""信息就是财富""信息是商品""信息有偿"等基本的信息价值观念。

（4）信息觉悟教育。信息觉悟在本文中特指信息主体对自身信息行为基本权利的一种自我认识，它主要表现为个体对信息民主和信息自由的体验和追求。任何社会成员都有着为自身生存和发展而进行信息输入和信息输出的权利，因而信息民主和信息自由是信息化社会中有关信息的基本人权，它包括信息主体所享有的保守个人秘密信息的权利、从政府及有关社会组织机构自由获取信息的权利、在承担一定义务的同时自由传递和使用信息的权利、利用国家信息工具的权利以及参与信息活动的权利等。信息觉悟教育有利于强化信息主体意识，有利于促进信息个体参与社会信息活动的积极性主动性，也有利于推进国家信息体制和机制的规范化与合理化。

除此之外,信息素质教育还可包括信息主动精神教育、信息智慧与潜能教育、信息批判性思维教育和信息心理素质教育,塑造信息主体在应付与面对信息化社会方面所应具有的兴趣、情感和心理承受能力,等等。并且,随着信息化社会的发展,信息素质作为传统文化素质的延续和拓展,信息素质教育必将成为一个重大的战略性课题,信息素质教育的内容也必将在实践中不断深化。

(选自《中国图书馆学报》1997 年第 2 期)

图书馆与网络信息资源

黄纯元

1 引 言

  笔者在另一篇拙文中曾经提到今后的图书馆不仅要提供馆内信息资源而且要提供馆外信息资源的服务。这里所提到的馆外信息资源实际上包括两个方面。一个是本图书馆以外的其他图书馆的信息资源，另一个是通过计算机网络可以获得的网络信息资源。如何开发和利用网络信息资源，深化和拓展图书馆服务是当前图书馆学情报学研究的一个热点。从图书馆学情报学角度，研究网络信息资源的主要目的有两点。一是如何把网络信息资源的服务有机地纳入现有的图书馆服务中去。这里既包括如何在网络环境中提供和开展图书馆服务的问题，也包括利用网络信息资源补充和提高图书馆满足读者信息需要的能力。二是如何运用和贡献图书馆学情报学在组织文献信息与书目控制方面的研究成果和长期的经验积累，积极参与对网络信息的研究，提高网络信息资源管理的有序化。这方面的研究目前主要涉及 3 个领域：数字图书馆的研究；网络信息资源的书目控制的研究；图书馆如何开展国际互联网络服务的问题。本文要探讨的是图书馆如何开发和利用网络信息资源的问题。特别是重点讨论开发和利用网络信息资源所涉及的一些基础性的理论问题，即什么是网络信息资源，哪一些网络信息资源是图书馆开发和利用的重点，图书馆开发和利用网络信息资源的过程中可能涉及的几个主要难点。

2 网络信息资源的定义和分类

  近年来国际互联网的迅速普及促进了网络信息资源数量的飞速增长。对于这样一种日益增长的信息资源究竟用什么概念来表达它？有的从"虚拟现实"这一用语中引申出来，相对于现有的图书馆文献资源而言，把计算机网络中存在的信息资源称为"虚拟资源"（virtual resources）。也有的使用"联机资源"（online resource）一词。尽管这个词容易和以往的商用联机检索服务混淆，但是，由于现在的许多联机检索系统实际上已经通过国际互联网来提供各种信息服务，所以，可以认为两者之间的区别已经变得不那么重要了，完全可以以往的联机网络提供的信息资源的延伸和扩展这个意义去理解它。日本的一些图书馆情报学研究人员则比较倾向于使用"网络信息资源"这一用语。

  我们认为"网络信息资源"和"虚拟信息资源"或"联机信息资源"在本质上并没有根本的区别。但是，"网络信息资源"要比上述两个概念更直观、更准确地表达了我们所讨论的对象。近年来,"网络经济""网络社会"等一些概念已经逐渐被大家接受,这些概念反映了20世纪90年代的社会和经济发展的新特征。"网络信息资源"这一概念则能够更直接地表达在这样一种新的社会和经济环境中的信息资源的时代特征。

尽管"网络信息资源"作为一个新的专业用语已经开始比较频繁地出现在图书馆情报学的文献上,但是它还没有作为一个图书馆情报学的专业术语,也没有一个权威性的统一的定义。但是从字面上讲,网络信息资源一般可以理解为"通过计算机网络可以利用的各种信息资源的总和"。由于这个概念实际上是随着国际互联网的普及而导致的网络信息资源的开发和利用的社会需要这样一个特定的背景下产生的,因此它实际上是指"通过国际互联网可以利用的各种信息资源"。

根据冯承柏和王崇德的研究,"信息资源"这一术语不同于"信息源",它是指一个经过人类的开发和加工的,是表示业已制度化了的事物,具有明显的社会属性。我们认为,在研究网络环境中的信息资源的问题上,信息资源和信息源的这种区别也是很重要的。通过网络而可以获得信息的各种信息来源并不能全部都能归入到信息资源的范围中去。

通过国际交互网可以利用的信息资源是多种多样的。从来源上看,有政府的、国会的、研究机构、大学、公司企业、社会团体、个人等;从内容上看,有反映政府国会的政治性文件、学术研究报告,经济活动的信息(广告、商情、企业情况等)、历史文献资料、文学艺术、娱乐性等。从形式上看有文本式的文件,例如各类的电子出版物(电子期刊、通讯杂志、图书),也有计算机软件(从大型机到个人计算机用的)、图像文件、声音文件等。有一些研究人员从图书馆情报学的角度对网络信息资源进行类型化和体系化的研究。

比如,日本的户田慎一把网络信息资源分成七类:(1)电子期刊,电子通讯期刊,图书的文本;(2)论文的抽印本,技术报告;(3)法律文件,判例,政府出版物;(4)数值数据,统计资料,实验数据;(5)软件;(6)图像数据,声音数据;(7)数据库。户田慎一的分类实际上是沿用了图书馆情报学对非网络环境中的文献资料类型分类的方法,只是把它延伸到了网络环境中去了,但是他并没有充分揭示网络信息资源分类的特点。

网络信息资源区别于非网络信息资源的一个重要的特点,是网络信息资源的存取(access)和利用方法的多样性。在非网络环境中文献资料的存取和利用则相对比较单一。而且,网络环境下的存取信息资源的方式和这些方式所能获取的信息资源的类型和范围有着密切的关系。比如通过远程登录方式和通过网络新闻小组所能获取的信息资源的类型和范围是有很大的区别的。因此,在讨论信息资源的分类时不能脱离网络的存取手段。有的研究者则从网络信息资源的存取方式来力图区分网络信息资源的类型。海野敏认为网络中的信息存取方式尽管使用了比较复杂的技术,但是,它所要达到的功能却是简单地模拟和再生人类传播方式。所以,他使用了模拟非网络环境中信息存取方式的方法对网络信息资源进行归类。提出了以下六种网络信息资源的类型。

(1)邮件型。邮件型的信息存取方式是以电子邮件和电子邮件群体服务(mailinglist)为代表的。电子邮件群体服务的群体的主题和功能是非常多样化的。既有各种最尖端的科学技术内容也有娱乐性的内容。它也可以作为电子期刊的订阅和分发。

(2)电话型。它是指特定的个人或群体为对象即时传播信息的方式。代表性的手段有会话(talk)和交互网中继对话(IRC—Internet Relay Chat)。这两种工具都能帮助人们在网络上通过文字交往实现同时的信息传播。后者还能提供同时有几个人进行文字对话。除此以外,在国际互联网上还有许多用图像或图像文字方式传播的工具和软件。与邮件型相比,这种信息工具能够提供即时的信息传播。有人设想今后图书馆可以利用这种方式进行网络上的参考咨询服务。

(3)揭示板型。它是以不特定的大多数网络利用者为对象的非即时的信息传播方式。比较具有代表性的是网络新闻和匿名 FTP。海野敏把匿名 FTP 归入揭示板型的理由是,它本质上是一种对外公开的、提供各类文件的一种存取信息方式,网络利用者可以无须登记就可以自由地获得公开开放文件。

(4)广播型。这是目前正在开发的,可以在网络上向特定的多数的利用者即时提供图像和声音的信息的传播方式。

(5)图书馆型。以上类型的信息存取方式主要是一次性的信息。在交互网上还存在着类似于图书馆的藏书那样既有一次文献也有二次文献的信息存取方式。也就是说,通过对一次信息进行有系统的组织来提供各种信息。比较有代表性的是目前使用比较广泛的 Gopher 和 WWW 等。

(6)书目型。主要用于检索网络信息资源的各种检索工具,是提供二次信息为主的存取方式。比如查人物机构团体的 finger 和 Wnois,查 FTP 文件的提供者的 Archie 和 WAIS,以及在 WWW 上的 Yahoo,Infoseek 等。

海野敏的分类尽管是考虑到了网络信息资源的特点,但是比较粗糙,有的地方也不尽合理。比如,在自己的计算机终端上通过通信线路去利用网络上的其他计算机,比如说我们想要查找国外某一个图书馆的 OPAC 目录,或检索各种联机检索系统时,最常用的方法就是利用远程登录。但是这种比较常用的方法却在他的分类体系中没有合适的位置。另外,信息资源的类型和存取方式也不一定一一对应。有的信息既可以通过 WWW 上查到,也有可能通过 FTP 或电子邮件的方式获得。所以通过存取方式来对信息资源进行体系化是有明显缺陷的。

从目前的研究状况来看,还没有形成一个比较系统的对网络信息资源的分类方法——既能考虑到人们检索利用信息资源的习惯,同时也能反映网络信息存取的特点。但是,我们还是能够比较粗略地对网络信息资源进行区分。

我们认为,网络环境中的信息传播只是非网络环境中的信息传播功能的一种延伸和发展。它所要实现的基本目的和功能在本质上和非网络环境中的信息传播是一致的,只是实现的手段和环境不同。和非网络环境中的信息传播一样,网络环境中也存在通过使用共同的软件进行会话、交谈、会议、信件往来等纯粹私人的或集团性的传播方式,同时也存在着有社会集团所控制的、各类社会组织所提供的、比较制度化的传播的方式。这就好比情报学在区别科学交流的过程时使用了两个基本概念——正式交流过程和非正式交流过程一样,不同的传播方式下所能提供的信息源是有所区别的。我们把前一种方式所传播的信息源和后一种信息传播方式相比,相对来说是比较流动的、即时性的和变化的,我们且把这一类的信息资源可以称之为不稳定的信息资源,包括从先端科学前沿的研究同行的交换信息到大学生们之间的聊天,而把后一种信息传播方式则可看作是非网络环境下的印刷信息传播制度——出版、发行、图书馆、信息机构——在网络上的延伸。包括在 WWW 等网络上各社会组织(政府、大学、研究机构、图书馆)所提供上网的各类机构的信息、对印刷文献资源进行数字化以后提供上网的各种信息资源,研究团体或其他组织运营的网络杂志,各种联机检索系统(营利的或非营利的)在网络上提供的各种数据库检索,图书馆在网上提供的 OPAC 目录,等。"稳定性的信息资源"的特点是:(1)从信息来源上讲,由一定的机构运营,相对来说,信息资源的提供比较安定;(2)从信息内容来讲,经过一定的加工和处理,相对来说,信息的精度和准确度是可以信赖的;(3)从信息存取的方式来讲,有比较稳定的存取途径和手续,可以重复进行操作。尽管这样分类还是非常粗糙的,但是它对于探讨和理解图书馆如何开发和利用网络信息资源还是有启发意义的。

3 图书馆服务的对象领域

网络信息资源具有数量大、来源和传播的方式多样化,而且信息资源本身又处于一种经常变化和流动的状态等特点。对图书馆的现实活动来说,不可能把所有的网络信息资源都列为开发和利用的对象。因此,无论从图书馆的服务范围还是从网络信息资源本身的特点来讲,都有必要对图书馆开发网络信息资源的对象领域或重点有所界定。

如果把网络环境和非网络环境、网络利用者和非网络利用者、网络信息资源和非网络信息资源、"稳定的信息资源"和"不稳定的信息资源"这几对关系用图来表示(省略了非网络环境中的不稳定信息源的部分,见图 1)的话,我们认为,现代图书馆是同时处在网络环境和非网络环境之中的。它的服务对象应当包括网络利用者和非网络利用者。它所提供的信息资源是"稳定的信息资源",包括了网络信息资源和非网络信息资源(既有由非网络信息资源转化为网络信息资源的,也有由网络信息资源转化为非网络信息资源的)。我们把图书馆开发网络信息资源的对象领域定位在"向读者(包括网络利用者和非网络利用者)提供各种稳定的信息资源上"。

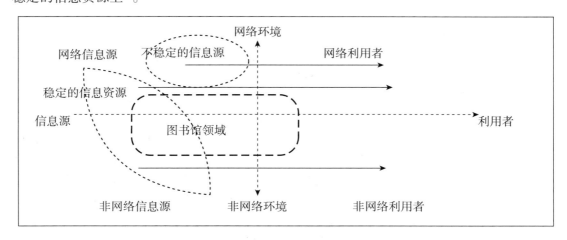

图 1　几对概念的关系示意

为什么要把图书馆开发和利用的网络信息资源限定在稳定的信息资源呢？这首先是图书馆的特点所决定的。历史上,现代的图书馆制度是由近代科学发展的背景下形成的"科学发表—出版—发行—图书馆"这样一个印刷世界环境中的传播制度发展而来的。中山茂认为 17 世纪学术刊物的出现是近代科学产生,即从"争论的学问"发展成为"客观的学问"的一个重要标志,他认为"期刊这种学术发表的媒体出现之前,所谓的科学仅仅是一种注释和编纂的学问"。他的理由是期刊的出现标志着新知识的公布、传播、社会的客观评价的机制的形成。现代图书馆制度的形成也是一样,它是积累、保存和"自我复制"各类"社会化""客观化""制度化"了的知识载体——印刷文献的需要,是人类知识发展到一定阶段的必然结果。所以,今天图书馆的文献资源的结构和它的服务模式的形成并不是偶然的。在整个人类信息传播多样化发展的历史过程中,图书馆逐渐形成了担负着积累、保存、传播人类信息资源的核心部分——具有社会化、客观化、制度化了的那部分的信息资源——的社会职能这样一个特点。图书馆的这个基本特点,并不会因为信息传播环境的转变而发生本质变化。这是我们讨论图书馆开发和利用网络信息资源的基本的出发点。

其次,必须考虑到网络信息资源的开发和利用与图书馆运作模式相适应的问题,现有的运作服务模式是建立在非网络环境的基础之上的。尽管20世纪70年代以后图书馆开始引入了各种商业联机检索服务,但是由于联机检索服务所提供的网络信息资源以及服务对象的有限性,因此它所提供的服务并没有对图书馆现有的运作方式产生比较大的冲击力。90年代以后迅猛发展的国际互联网上的庞大的信息资源和多样化的信息服务已经开始对图书馆运作产生比较大的影响。目前国内外的图书馆对交互网的对策主要停留在积极地把馆藏的信息资源转化为网络资源,在网上为网络利用者开展和拓展各类图书馆的服务上。但是,如何在图书馆里开展网络信息资源的服务,把网络中丰富的信息资源转化为图书馆信息资源的一部分,提供给非网络利用者在内的广大读者,却是一个有待探索的难题。这对于目前计算机普及程度还很低的发展中国家的图书馆业来说尤为重要。如果我们把这种服务仅仅理解为在图书馆的一角设置连接交互网的计算机终端,让读者自由利用的话,那么对现有的图书馆运作模式并不会有太大的影响。如果要把网络信息资源和图书馆的文献资源建设结合起来,把网络信息资源服务和图书馆读者服务和参考咨询服务结合起来,把网络信息资源的处理和图书馆内部业务结合起来的话,必然产生哪些网络信息资源更适合于现有的图书馆服务的问题。对于图书馆这样一个制度化了的公共信息服务的社会机构来说,它所提供的信息资源必须是相对来说可以信赖的,或者说有一定的精度的。其次,图书馆信息资源的提供要具有连续性,可重复进行,它所提供的信息必须是相对稳定的信息来源。实际上,国际互联网上流动的信息资源中有相当大的一部分缺乏这样一些特性。所以,在现实的图书馆服务中可以说有相当一部分网络信息资源是很难纳入到现有的服务框架之中。这就好比图书馆的文献资源也并不是所有社会上的文字印刷品都全盘皆收一样。这是我们把"稳定性的网络信息资源"作为图书馆开发和利用的主要对象领域的第二个理由。

4 主要的难点

要把提供网络信息资源纳入到图书馆工作的范围中去,存在以下几个难点。

首先是网络信息资源的书目控制问题。Dempsey认为,图书馆要提供网络信息资源服务必须要有3个基本条件:(1)信息存取手段,比如FTP,gopher,WWW,以及相应的其他一些存取手段;(2)元数据,用以识别信息资源的所在及其属性的记录,"它既包括文档名、URL等信息源的记录数据,也包括图书馆系统等人工加工以后的种种构造化的数据记录";

(3)连接国际互联网的信息系统本身。对图书馆来说,即使有了可以使用国际互联网的信息系统和相应的存取手段,也并不一定能很方便地检索利用到自己所需的信息。而目前所采用的 URL 等各种记录网络信息源的方法,信息资源内容的识别度还很低。再加上信息提供的计算机名称或者文件名称的频繁更换,或者文件更换了但文件名称不变的现象并不少见,更增加了这方面的利用困难。20 世纪 90 年代以后,随着国际互联网络的信息资源的数量急剧膨胀,信息来源越来越多样化,信息资源的组织和书目控制的研究逐渐引起了重视。比如,1991 年 10 月开始,OCLC 在美国教育部的赞助下对国际互联网络的信息资源的书目控制的可行性进行了调查。接着又开展了对"给国际互联网编目"(Cataloging the Internet)的研究课题,特别是对网络信息资源能否应用 USMARC 格式和 AACR2 的可行性进行调查,并提出了方案,进行了各种实验和评价。但是,由于 OCLC 只是一个民间性的书目利用的网络,国际互联网络也是一个民间主导的分散的网络,因此要施加对国际互联网络书目控制的影响力,必须要有其他广大信息机构的协助和支持。在目前的情况下,针对网络信息资源的书目控制的各种研究还只是停留在方案的阶段,都还没有形成体系化、标准化。目前网络信息资源的状况,就好比只有藏书的索书号,而没有藏书目录体系的图书馆一样。

第二个难点是网络信息资源的选择问题。网络环境下信息传播的发展形成了一个超越国界、社会制度、文化的"虚拟的网络空间世界"。随着使用网络传播的"网络市民"数的增加,任何网络市民既可以是信息的受信者同时又是信息的发信者,谁都可以提供信息(日本学者公文俊平把使用计算机网络进行传播的人群起了一个新词:netizen,即网络市民的意思。他们一般具有较高的文化水准、较高的信息创造和获得能力,年纪轻,在信息社会里起到舆论领袖的作用)。但是网络上还没有形成如同非网络环境中的社会评价和控制的机制。网络的信息传播同时又是超越国界的,各个国家对允许信息自由传播的标准又不相同,而目前对外来信息传播监控的技术手段还跟不上网络本身的发展。对外来不良信息限制与抵制还比较困难。这种情况对于在"现实的非网络印刷世界"的基础上建立起来的"发表—出版—发行—图书馆制度"是一个极大的挑战。因为在变成图书馆藏书之前,印刷文献实际上已经在一定程度上经过了"社会的过滤"。网络信息资源中的相当的一部分则缺乏这种必要的社会过滤,和印刷信息相比,其内容非常繁杂、混乱、缺乏规范,精度低,信息污染比较严重,实际上只有一部分的信息资源才能够真正用于图书馆的读者服务之中。如何在日益膨胀的信息资源中挑选出适合图书馆服务的那部分网络信息就显得比较困难。选择网络信息资源的复杂性还在于在信息资源的多样化背景下如何建立适应本馆的网络信息资源体系的问题。鉴别和选择网络信息资源要远远比图书馆的选书作业复杂和困难得多。

第三个难点是网络信息资源的积累与保存的问题。印刷文献信息资源的保存问题主要靠图书馆来解决。而网络信息资源的积累与保存则缺乏这种社会的机制。印刷文献资源作为文化资源各国都采取了永久保存的方针,而网络资源则没有采取永久保存的制度。有的网络信息资源瞬息即逝,有的有了新版本而将老版本的信息删除掉了,以前曾存在的信息资源过了一段时间以后再也找不到了。当然,这并不是说所有的网络信息资源都需要保存下来。但是,具有保存价值的一部分信息资源,特别是没有印刷版本只有网络版的那些自然科学、社会人文科学的电子文献、电子学术杂志、学会的通讯期刊等的社会性保存是一个极为重要的问题。目前对这类信息资源的保存主要是信息资源的提供方面,而不是社会利用的方面。如果印刷文献只靠出版社来保存而不是图书馆这样一个社会性的利用机构来保存的话，其结果既不能建立一个安全可靠的保存体系，又不能建立稳定的提供利用的社会渠道。同样的道理，网络信息资源也需要这样一个社会性的积累和保存机制，保证社会持久性地、安定地、重复地利用。如何建立这样的机制，图书馆又如何来发挥它的作用，是亟待解决的重要课题。

5　结　论

　　网络信息资源是一个多样化的、复杂的综合体，图书馆不可能将所有的网络信息资源都纳入到自己的服务范围之中。在网络上流动着的相当一部分信息资源，由于缺乏稳定性和可靠性，不能满足图书馆服务必须具有的安定性、信赖性、重复性的要求。因此，我们认为，图书馆提供网络信息资源服务必须考虑到图书馆的特点和运作模式的特点，把开发和利用的重点放在具有稳定性的信息资源方面。与此同时，图书馆要真正地提供网络信息资源的服务，还必须要解决网络信息资源的书目控制，建立网络信息资源的评价和选择的科学的方法和程序，形成网络信息资源的社会性积累和保存制度这 3 个基本难题。

　　对于在非网络环境中建立起来的图书馆来说，开发和利用网络信息资源是一个重要的挑战。目前为止的图书馆学和情报学的理论研究是以文献信息资源（也就是非网络的信息资源）为基础建立起来的。网络信息资源和目前占主流的文献信息资源具有不同的特性和相应的管理和利用方法，因此它的研究不仅丰富和扩大了传统的图书馆学情报学的研究领域，而且对图书馆学情报学的一些基本的概念（比如说文献的概念，文献信息资源的概念、利用的概念、资源建设等）和相应的理论框架提出了解释，促进图书馆学情报学的理论框架的重构。

（选自《中国图书馆学报》1997 年第 6 期）

图书馆学研究对象的认识过程
——兼论资源说

徐引篪　霍国庆

1　引言

图书馆学研究对象是图书馆学认识和研究的逻辑起点,是贯穿图书馆学认识和研究历程的重要内容。可以说,图书馆学研究对象认识与研究的每一个进展,都带来了图书馆学的飞跃发展,并因而促进了图书馆学学科体系的不断更新与完善。

图书馆学研究对象规定着图书馆学研究的内容,对图书馆学研究对象的认识则规定着特定图书馆学体系的深度与水平。纵观古今中外,在对于各种图书馆学理论体系进行阐明时,凡是高水平的、影响深远的著作,都是特定时期对图书馆学研究对象有独到认识的著作。巴特勒(Pierce Butler)的《图书馆学导论》与谢拉(Jesse H. Shera)的《图书馆学引论》相比,也许很难说谁的水平更高一些,但可以肯定,它们都是特定时期领导潮流的代表作,都是对图书馆学研究对象作了新的解释的开创性论著。

图书馆学研究对象既是图书馆又不是图书馆。从逻辑学的意义上讲,“图书馆学的研究对象是图书馆”,如同动物学的研究对象是动物一样无懈可击。但同样从逻辑学的角度分析,这个命题又存在同义反复的问题,因而需要二次定义。这就是说,我们并不否认“图书馆学研究对象是图书馆”这一命题的正确性,但要判断一个研究者对图书馆学研究对象的实质性观点,我们必须分析他对图书馆的进一步解释,这也是本文所采用的方法论原则。

对图书馆学研究对象的认识是一个连续的发展的过程,在这个过程中,存在着许许多多种不同的观点。据刘烈的统计,仅 80 年代中期之前就有 50 余种。诚然,这些观点多多少少总有些重复。若舍去重复,经合理归类并予以综合概括,我们可以把这一认识过程大致划分为四个阶段,而上述种种观点也可以各得其所地纳入有关阶段之中。图书馆学研究对象认识过程的四个阶段为:

(1)表象的具体的认识阶段(19 世纪初至 20 世纪 20 年代);
(2)整体的抽象的认识阶段(20 世纪 20 年代至 60 年代);
(3)本质的规律的认识阶段(20 世纪 60 年代至 90 年代);
(4)深入的整合的认识阶段(20 世纪 90 年代至今)。

2　表象的具体的认识阶段

“图书馆学”一词最早是由德国图书馆学家施莱廷格(M. W. Schrettinger)于 1807 年提出

来的。从那时起到 20 世纪 20 年代,图书馆学研究对象的认识大都局限于图书馆的某一方面、某一层次或某几个浅显的要点上,局限于可以感觉到的具体的图书馆工作方面。这个阶段我们称之为表象的具体的认识阶段,该阶段具有代表性的观点是"整理说""技术说"和"管理说"。

"整理说"的代表人物是施莱廷格。他在 1808 年出版的《试用图书馆学教科书大全》一书中认为,"图书馆学是符合图书馆目的的整理方面所必要的一切命题的总和",并据此认为图书馆学的研究对象是"图书馆整理",其主体内容是图书馆的配备和目录的编制。"整理说"在我国也有着悠久的历史。几乎可以说,20 世纪之前的中国图书馆学思想史就是关于图书馆整理特别是目录学的历史。

"技术说"也是一种影响深远的观点,至今仍有很大市场。早在 1820 年,另一位德国图书馆学家艾伯特(F. A. Ebert)就在其著作《图书馆员的教育》中指出,"图书馆学应研究图书馆工作中的实际技术","图书馆学是图书馆员执行图书馆工作任务时所需要的一切知识和技巧的总和"。"技术说"的集大成者是美国图书馆学家杜威(Melvil Dewey),他在《十进分类法》第一版导言中曾宣称,他不追求什么理论上的完整体系,而只是从实用的观点出发来设法解决一个实际问题,其中最重要的是"能轻而易举地分类排列并指出架上的图书、小册子,目录里的卡片,剪贴的零星资料和札记,以便及时对这些文献进行标引"。杜威对于图书馆学的认识由此可见一斑。

"管理说"在英国有着深厚的基础。帕尼兹(A. Panizzi)和爱德华滋(E. Edwards)是这一学说的早期代表人物。帕尼兹被誉为"图书馆员的拿破仑",在图书馆管理和实践方面多有建树。爱德华滋则享有"公共图书馆运动精神之父"的盛誉,他不仅对图书馆法有深刻的认识,而且在图书馆管理的诸多方面均有独到见解,其《图书馆纪要》一书就堪称 19 世纪的"图书馆管理学"理论大全。在现代英国,《图书馆学基础》(First Steps in librarianship)一书的作者 K. C. 哈里森(K. C. Harrison)与另一种《图书馆学基础》(The Basics of Librarianship)的作者宾厄姆(R. Beenham)均持"管理说",他们的著作均以"管理"为主线去阐明问题。"管理说"在美国和我国也有较大的影响,美国的图书馆管理学更多的是现代管理理论在图书馆中的应用,我国早期(20—30 年代)关于图书馆学研究对象问题的探讨中,"占主流的是有关图书馆管理的观点"。

除上述几种观点外,"工作说"和"方法说"也是该阶段有代表性的观点。但无论是哪一种观点,都未能反映图书馆学研究对象的全貌,用黄宗忠的话来说,这些观点"都只反映了图书馆的某一部分,或是图书馆学某一分支学科的研究对象,从部分来说是对的,但它们显然不能代替图书馆学的研究对象,也不能全面地反映图书馆的本质、职能、特征、动力、发展规律"。进一步分析,图书馆主要是由可见的实体部分和不可见的读者需求部分所组成的,在图书馆学发展的初期,人们首先感知和认识到实体部分及其最重要的技术方法(包括整理方法)、工作和管理等要素是必然的,也是符合科学发展规律的;只有当内部和外部的多种条件具备之后,图书馆学研究者才会关注读者,并形成整体的认识。表象的具体的认识阶段也给我们留下了一个重要启示,那就是,技术方法(含管理方法)无论如何是图书馆学的核心之一。从某种程度上讲,图书馆是由技术牵引的。图书馆学也正是在这个意义上具有方法学科的性质。

3 整体的抽象的认识阶段

到 20 世纪 20 年代,经过一个多世纪的发展,图书馆学已具备了全面突破的绝大部分条件,这是需要巨人也一定会出现巨人的时期,这是科学史上已多次印证了的一种现象。美国物理化学家威尔逊(E. B. Wilson)是这样概述的:"相信做出一项发现仅仅是由于发现者的智慧,这是人类天性的表现。而实际上,大多数的发现,99% 是自然发展的必然结果。经常有这样的情况,有两个或更多的科研人员,分别地几乎是同时地宣布相同的发现,这并不是单纯的巧合"。图书馆学在这个时期的发展再次证实了这条发展规律。列宁(В. И. ленин)、巴特勒、阮冈纳赞(S. R. Ranganathan)、杜定友等人几乎同时开始将图书馆置于社会大系统中去考察,他们坚信,图书馆技术固然重要,但作为社会产物的图书馆对社会的反馈——为读者服务——更重要,图书馆正是在与社会大系统发生输入—输出交换的同时,才能形成一个"发展的有机体",而所有这些观点也是该阶段图书馆学研究的主要特征,我们称之为整体的抽象的认识阶段。

列宁在其一系列的讲话、书信和文件中提出了一整套有关图书馆发展和建设的原则,他充分肯定了图书馆活动在社会发展中的重要作用,并就衡量图书馆的价值标准发表了精辟的见解。"列宁关于图书馆是社会组织的有机组成部分的观点,图书馆应遵循一般社会发展规律的观点,成为探讨图书馆学研究对象问题的指导思想之一。"事实上,周文骏和金恩辉的这一概括本身就可看作是列宁关于图书馆学研究对象的认识。

巴特勒是试图将科学方法系统地引入图书馆学研究的第一人。他这种做法直到 20 世纪 90 年代还有人仿效。巧合的是,巴特勒的《图书馆学导论》是美国图书馆学一代宗师杜威去世后两年才出版的,这两件事情正是美国图书馆学史上一个旧时代结束和一个新时代开始的标志。巴特勒出语惊人,他这样来定义图书和图书馆:"图书是保存人类记忆的社会机制,而图书馆则是将人类记忆移植于现在人们的意识中去的社会装置。"(Books are one social mechanism for Preserving the racial memory and the library one social apparatus for transferring this to the consciousness of living individuals.)巴特勒的图书馆定义本身是引入科学方法来认识图书馆学研究对象的结果。

阮冈纳赞被誉为"印度图书馆学之父",他于 1931 年公开发表了《图书馆学的五法则》,并大胆地做出了"图书馆是一个生长着的有机体"的科学论断。阮冈纳赞对图书馆学研究对象的认识比列宁的论述、巴特勒的分析似乎又进一步,它具有更为丰富的内涵。当然,上述三种观点就其精神实质而言是一致的,它们将图书馆置于社会大背景中进行考察,从而获得了有关图书馆的整体认识,我们姑且称之为"社会说"。

在研究图书馆学发展史的时候,我国一些研究人员常常未能准确评价我国图书馆学家在世界图书馆学发展中的地位。其实,无论就认识深度还是认识时间,杜定友都不逊色于同时代其他各国的图书馆学家。早在 1925 年,杜定友就出版了《图书馆通论》,他谈到,"图书馆的功用,就是社会上一切人的记忆,实际就是社会上一切人的公共脑子。一个人不能完全地记着一切,而图书馆可记忆并解答一切。"杜定友的论述与巴特勒相比没有什么区别,它只不过是用中国白话文表述而已。1932 年,杜定友进一步提出了"图书馆有书、人、法三个要素"的所谓"要素说"，具体化了自己对图书馆学研究对象的认识。1934 年，中国近代图书馆学史上的另一位代表人物刘国钧出版了《图书馆学要旨》一书，形成了图书、人员、设备和方法的"四要素说"，并在 1957 年发表的《什么是图书馆学》一文中进而发展为读者、图书、领导与干部、工作方法、建筑与设备的"五要素说"。"要素说"是我国图书馆学家对于图书馆学的贡献，从某种意义上讲，"要素说"本身是一种反论，当人们开始探讨一个事物的组成要素时，他们真正的目的则是探讨事物整体发展规律。

德国图书馆学家卡尔斯泰特(P. Karstedt)和我国台湾学者王振鹄也可以认为是本阶段的代表人物。卡尔斯泰特在 1954 年出版的《图书馆社会学》一书中认为，图书是客观精神的载体，图书馆则是客观精神得以传递的场所，这种观点与巴特勒的认识相似。王振鹄的《图书馆学论丛》虽然出版于 1984 年，但其观点却停留在整体认识阶段上，他认为，"图书馆就是将人类思想言行的各项记录加以收集、组织、保存，以便于利用的机构"。对这个定义，台湾赴美学者周宁森是这样评论的，"这个定义下得极为精达，但它只包括了图书馆的静态作用；如果将这个定义的后半段改为：'加以收集、组织、保存，并善加传播，以诱导便利读者，尽量利用的机构'，便能更好地表达图书馆的动态功能"。周宁森的评论是恰当的，他的修补使王振鹄的观点更加完整和富有动感。

20 世纪 20—30 年代是产生图书馆学大家的时期，从那时起到 60 年代，居于主流的观点主要是"社会说"和"要素说"，这两种潮流化的观点都具备两个特征：一是整体认识，二是抽象认识。这两个特征也是该阶段对于表象认识阶段的进步与发展。但同样由于时代和条件的限制，该阶段的认识只是在认识的广度及科学性方面进展较大，而在认识深度的挖掘，也即对图书馆本质和规律的认识方面未能进一步取得突破。整体认识阶段在图书馆学的发展过程中是一个极为重要的阶段，它担负着使图书馆学成为科学的使命，它所启动的学科建设工程现在仍未竣工，这个工程也许需要几代人的努力。整体认识阶段和各种观点也有着很强的生命力，无论是巴特勒的理论、阮冈纳赞的法则、列宁的指示，还是我国学者的要素分析，它们都是目前各种图书馆学理论必不可少的要素，它们甚至已转化成了一种图书馆学的认识论。

4　本质的规律的认识阶段

历史的发展常常有着惊人的相似之处。到 20 世纪 60 年代，由于以计算机技术为核心的信息技术的迅速发展及其在图书馆的应用，新的"技术论"重新登场；但由于经过了整体的抽象的认识阶段，新的"技术论"也戴上了理论的面纱，它更多地表现为一种"技术决定论"。当然，作为整体认识阶段的延续，理论研究在该阶段居于主导地位。该阶段的主要观点有"交流说""矛盾说"和"新技术说"，主要的代表人物有谢拉、丘巴梁(О. С. чубаръян)、兰开斯特(F. W. Lancaster)、克劳福特(Wale Crawford)、戈曼(M. Gorman)、黄宗忠、周文骏等。

"交流说"是情报学与图书馆学相结合的产物。谢拉可谓是交流说的集大成者，他是 20 世纪后半叶美国图书馆学和情报学两个领域的跨学科领袖人物。谢拉的"社会认识论"的实质就是交流，他认为，"交流不仅对个人的个性十分重要，而且对社会结构，社会组织及其活动也是重要的，所以它成了图书馆学研究的中心内容"。谢拉的另一段话有助于说明"交流说"的由来:"传统的图书馆文化现在正面临着挑战,或至少在受到一种新的文化分支——'情报学'的冲击。在这场刚刚开始的冲突中,两者本身都可能发生变化。"谢拉的说明证实了我们的推论,即"交流说"的出现是情报学反作用于图书馆学的结果。

丘巴梁是苏联图书馆学的一代宗师,曾荣获《功勋文化工作者》的称号。他在其《普通图书馆学》中开门见山地指出:"苏联图书馆学是一门把图书馆过程作为群众性交流社会思想的一种形式的社会科学"。丘巴梁的表述虽然带有苏联政治文化的色彩,但其实质是"交流说"无疑。

"交流说"在我国的发展是20世纪80年代之后的事情。由于众所周知的原因,60至70年代是我国图书馆学相对封闭的时期,这种封闭导致了"矛盾说"的出现,这也是我国学者的独特认识。"矛盾说"的主要代表人物是武汉大学教授黄宗忠,他在1962年发表的《试谈图书馆的藏与用》一文中,提出了"藏与用"是图书馆的特殊矛盾的观点,虽然他在80年代出版的《图书馆学导论》中又提出了"图书馆学的研究对象是图书馆"的观点,但透过这个命题的表象,其实质依然是"矛盾说"。"矛盾说"试图通过图书馆的特殊矛盾来探索图书馆的本质和规律,这是真正意义上的规律性认识,至于以《图书馆学基础》一书为代表的所谓"规律说"不过是"整体认识"的一种变化,"其基本论点是:图书馆事业是图书馆学的研究对象",从我国图书馆学的发展来看,"规律说"只是一个短暂的过渡,它很快被"交流说"所取代和淹没了。

我国的"交流说"大约又可分为"文献交流说""知识交流说"和"文献信息交流说"三种观点。"文献交流说"的代表人物是北京大学教授周文骏,他在1983年发表的《概论图书馆学》一文中指出:文献"首先是一种情报交流的工具。图书馆利用文献进行工作,所以说图书馆工作发展的历史,基本上是利用文献这个情报交流工具进行情报交流工作的经验的结晶。"周文骏的文献交流说在其1986年出版的《文献交流引论》中得以展开和发展,但这已超越图书馆的范畴了。"知识交流说"以宓浩等人编著的《图书馆学原理》为主要代表作,该书认为,"图书馆是通过对文献的收集、处理、贮存、传递来保证和促进社会知识交流的社会机构"。"文献信息交流说"则以南开大学图书馆学系等集体编写的《理论图书馆学教程》为主要代表作,该书认为,"文献信息交流是图书馆工作的出发点和归宿","图书馆学是研究图书馆进行文献信息交流理论和方法的学科"。除上述三种观点外,北京大学教授吴慰慈的"中介说"也可认为是一种交流说观点,吴慰慈认为:"图书馆便是帮助人们利用文献进行间接交流的中介物。"图书馆工作的实质,就是转换文献信息,实现文献的使用价值和部分价值(内容价值)。"交流说"在我国台湾地区也很盛行,著名学者顾敏、周宁森等在自己的著作中都引入了资讯科学和传播科学的理论方法,从而形成了交流说的观点。

本质认识阶段的另一代表性观点是"新技术说"。这是一种技术决定论,兰开斯特是最著名的代表人物。从20世纪70年代开始,兰开斯特在一系列的论著中阐述了自己对图书馆的认识,他在《电子时代的图书馆和图书馆员》一书中指出:"实际情况是,通过电子存取的能力,图书馆正在'被解散'。根据对未来进展的预测,这个过程将会以更快速度继续下去(这就是说,纸印刷出版物将要让位,电子出版物将最后全部取而代之)……除了收藏旧印刷记录的档案馆和提供娱乐消遣方面的阅读材料的机构之外,现在这种类型的图书馆将会消失。"那么,未来图书馆又是什么样子呢?兰开斯特在另一本专著《走向无纸信息系统》中作了回答,未来的图书馆也就是电子信息系统。另两位美国图书馆学家克劳福特和戈曼不完全同意兰开斯特的观点，他们认为，印刷品将长期与其他媒体共存互补，图书馆固然在寻求也应该寻求走出"围墙"的途径，但图书馆将是一个包括印刷文本在内的多媒体中心。"新技术说"在20世纪90年代随着"虚拟图书馆"概念和技术的发展而呈现出盛行之势，在英、美及我国的一些图书馆学教育单位，计算机技术类课程的比例已超过了传统图书馆学课程的比例，这也是人们对图书馆学研究对象认识的一种间接的表现。

本质认识阶段三种观点的共同之处在于，它们都深化了对图书馆学研究对象的认识，如果说表象认识阶段局限于图书馆的某个方面或某几个方面，整体认识阶段局限于图书馆结构及外部联系的展开，那么本质认识阶段则深入到了图书馆内部的文献、知识和文献信息层面，而图书馆—文献—文献信息的认识顺序正是揭开图书馆"斯芬克斯之谜"的必然途径。同时，"新技术说"还顺着时间轴的方向将图书馆学引向未来，并开辟了未来图书馆学这一新领域。当然，这三种观点也都有着明显的缺陷，"交流说"超越了图书馆学的学科范围，"矛盾说"未能理清图书馆的所有关系，"新技术说"显然夸大了技术的作用。本质认识阶段的各种观点都不同程度地触及了图书馆的本质，然而，对事物本质的认识是一个渐进的过程，事物的本质本身也在逐渐地发生着变化，有鉴于此，我们对图书馆学研究对象的认识仍将继续下去。

5 深入的整合的认识阶段

对本质的认识过程不会终结，相反，这是一个不断深入的过程。20世纪90年代，虽然居于主流地位的仍然是"交流说"和"新技术说"，但一种新的观点已顽强地破土而出，这就是"资源说"。

"资源说"的出现与信息资源管理这一概念密切相关。作为一种理论，信息资源管理产生于70年代后期的美国，其主要生成领域是政府部门的文书管理领域和工商行业的企业管理领域。信息资源管理的实质是将信息视为一种战略资源并加以管理、开发和利用，借以提高一个组织的生产率与竞争力——这里主要涉及一个观念的转变问题。信息资源管理的核心是整合过程，它从组织整体的角度审视信息资源，通过引进现代化信息技术对所有信息资源实现集成管理，以最大限度地避免重复和提高效率——这里主要涉及一个行动的问题。信息资源管理于80年代初期传入英国并在那里演变为"信息管理"理论。与此同时，英国专业图书馆协会（Aslib）改名为"信息管理协会"（The Association for Information Management），这是图书馆学领域的又一次重大变革（第一次重大变革是情报学与图书馆学的分离），它表明"资源说"已登上了图书馆学的舞台。

图书馆学"资源说"的正式亮相是在美国图书馆学家切尼克（B. E. Chernik）1992年出版的《图书馆服务导论》一书中。切尼克谈到，"许多人可能将图书馆定义为一个简单的藏有许多书的建筑物，其他人则可能进一步对这些藏书做些解释——有些人为娱乐而读书，有些人为学习而读书——其中一些人可能还知道藏书是以特定方式排列的，然而，可能只有很少的人会想到图书馆是为利用而组织起来的信息集合，而这正是最恰当的图书馆定义"。接着，切尼克又用了一章的篇幅来谈图书馆资源（Library Resources）——为利用而组织起来的信息集合。切尼克的观点是我们迄今为止所发现的最早的"资源说"，从某种意义上，它开启了一个新的阶段,而巧合的是,这也是"信息高速公路"开始酝酿和启动的时间,是"新技术说"趋于鼎盛的时间。切尼克的"资源说"还多少带有一些不自觉的成分,也就是说,他还未能自觉地真正地从资源的意义上来审视图书馆,并以此为基点来建立自己的理论体系。但值得肯定的是,切尼克的观点已突破了"交流说"和"新技术说"的局限,并从而为图书馆学研究对象的认识进一步深化奠定了基础。

我们认为,任何一种理论学说的发展都是一种螺旋式的进化过程,高级形态是对低级形态的否定和扬弃,低级形态则是高级形态的基础和合理的内核。将这种认识推广到图书馆学研究对象的认识过程中,那么,"资源说"无疑是一种高级的理论形态,它内含着"整理说""社会说""交流说"和"新技术说"等各种不同层面观点的合理要素,它不排斥这些观点,也不能取代这些观点,但它又确确实实是最接近图书馆本质的观点。就此而言,我们赞同"资源说"。

6 图书馆学的研究对象是信息资源体系及其过程

6.1 从"图书馆学"一词谈起

在探讨图书馆学的研究对象之前,我们有必要谈谈"图书馆学"这一学科名称。从某种意义上说,"'图书馆学'一词的创造实属悲剧,因为一门学科只能以其研究的内容命名而鲜有以机构命名的,譬如有法学而没有法院学,有烹调学而没有饭店学,有美学而没有美人学,等等。以机构命名的模糊性,导致了关于图书馆学研究对象的长期的喋喋不休的争论"。展开来讲,以机构命名的不科学性主要表现在三个方面:

(1)不准确性。学科名称应是对学科研究对象准确而简明的概括,正如毛泽东所言,"科学研究区分,就是根据科学对象所具有的特殊的矛盾性。因此,对于某一现象的领域所特有的某一种矛盾的研究,就构成某一门学科的对象。"也就是说,学科名称应该反映学科研究对象的本质特征,而不应是简单地重复事物名称,尤其是当这种事物为一个具体的社会机构时,人们的思维常常会受这一具体社会机构的影响,而忽略这一具体社会机构的本质因素。

(2)不稳定性。学科名称具有稳定性是学科建设与发展所必需的条件,以机构命名容易使学科名称随机构名称的改变而发生变异,并从而导致学科发展的危机。事实证明,"图书馆"改名为"文献情报中心"以及"图书情报学系"易名为"信息管理系"等行为,已对图书馆学学科建设带来了极大影响。

(3)局限性。学科研究对象应是一类普遍的社会现象或自然现象,映射学科研究对象的学科名称也应具有这种普遍性,而以机构(或具体事物)命名容易将学科研究范围局限于这一机构的视野内。譬如,"烹调"是一种普遍的社会活动,并不在乎这种活动发生于饭店或是居民家中;"美"是事物的一种普遍属性,若以"美人学"来表述美学则势必束缚研究人员的手脚。再从人类社会发展的角度考察,图书馆也许只是一个历史名词,是博物馆—档案馆—图书馆—信息资源中心这一发展链的一个环节,以"图书馆"命名学科将意味着这一学科早晚会消融到其他学科中去。

图书馆学研究中存在的诸多问题皆可溯源于施莱廷格的"创造"。我们并不否认施莱廷格的贡献,但我们也不赞成以机构名称为一个学科命名,鉴于"图书馆学"一词已存在了将近

200年，本文仍沿用图书馆学这一术语，然而，我们将努力揭示这一学科的本质内涵，并尽力为它寻找一个恰如其分的名称，事实上，历代图书馆学家就是这样做的。

剖析图书馆学研究对象的认识过程，可以发现，图书馆学家们主要是采用"剥离"的方法来认识图书馆学研究对象的：第一步，他们将"图书馆"从社会大系统中剥离出来，将图书馆规定为移植人类记忆的社会装置；第二步，他们将"文献（或图书）"从图书馆中剥离出来，从而创造了"交流论"；第三步，他们又将"文献信息（或知识）"从文献中剥离出来，从而形成了"文献信息交流说"或"知识交流说"。然而，第三次的剥离仍然不彻底也不完整，形象地说，"文献信息"这一果实仍带着文献的"皮毛"，它本身又有内容信息、形式信息及内容信息的信息之分，这样就容易导致新的模糊性；"知识"则仅是文献信息的一部分，一般认为，知识是系统化的信息，而记载于文献上的信息并非必然就是系统化的信息。因此，我们需要对第三次剥离进行再认识。

6.2　图书馆的实质是一种动态的信息资源体系

对图书馆本质的认识是一个逐步深化的过程，就此而言，第三次剥离的方向是正确的，问题的关键在于"文献信息"本身存在疑点：文献信息与文献的区别何在？图书馆学领域所界定的"文献"概念能否为其他学科领域所接受？"文献信息交流"能否涵盖电子图书馆或虚拟图书馆？社会其他领域的文献信息交流现象是否也属于图书馆学的范畴？显然，"文献信息交流说"未能回答这些问题，它事实上也无法回答这些问题。要揭示图书馆的本质，我们不仅要撇开图书馆的表象，而且也要撇开文献的表象，要将图书馆的外层剥离得干干净净，让图书馆赤裸裸地呈现在人们面前；这时，图书馆就如切尼克所言，不过是"为利用而组织起来的信息集合"而已，借用"信息资源"概念，图书馆也就是一种信息资源体系。

信息资源是可利用的信息，是经过人类开发与组织的信息的集合，"开发与组织"正是信息资源可利用性的表征。以开发程度为依据，信息资源可划分为潜在信息资源和现实信息资源两大类，潜在信息资源是指个人在认知和创造过程中储存在大脑中的信息资源，现实信息资源则是指潜在信息资源经个人表述之后能够为他人直接利用的信息资源。现实信息资源本身又可依据表述方式而划分为口语信息资源、体语信息资源、实物信息资源和文献（广义）信息资源四部分。在现代社会，由于先进的信息技术的发展与应用，潜在信息资源的开发呈现出加速的态势，现实信息资源之间的界限则越来越模糊，多媒体就是现实信息资源趋于统一的产物。而随着这种趋势的明朗与发展，在人类社会特定时期出现的、被赋予了特定含义的"文献"一词已不能用来指称图书馆所处理的全部信息资源，相应地，与文献同义而称谓不同的"文献信息"也将逐渐演变为一个历史名词。

从图书馆的角度来审视信息资源，人类所开发和创造的多种多样的信息资源是互为联系的，是一个完整的统一体。作为总体，信息资源体系对应于人类全部的认识成果；作为部分，信息资源体系是特定范围内各种信息资源的集合，信息资源体系还可以根据不同用户群的需求结构进行各种组合变化。图书馆学就是研究作为总体的信息资源体系及其不同的组合变化形式的。具体地讲，作为图书馆实质的信息资源体系具有下述特征：

（1）信息资源体系是对应于用户需求而存在的。作为总体的信息资源体系（即全球图书馆网络）所反映的是全人类的信息需求，建立这样的体系一直是图书馆人所追求的最高理想；作为个体的信息资源体系（具体的图书馆）所反映的则是特定用户群的信息需求。不言而喻,图书馆的存在是为了满足用户的信息需求,只要能达到这个目的,文献信息资源也好,口语信息资源(讲座等)、实物信息资源也罢,均可收集并加以利用。当然,图书馆不会无原则地不加区分地随意采集信息资源,图书馆所采集的信息资源彼此之间有着种种联系,这些联系使本来相互独立的信息资源形成了一个整体,这就是信息资源体系,其结构是与用户群的需求结构相对应的。用户群是由具有相同特征(如性别、年龄、民族、学历、职业、兴趣、社区等)的若干个体用户所组成:作为个体,每个用户的需求是全面的,是一个微型的需求体系;作为群体,若干个体用户的信息需求经过整合之后形成一种新的需求结构,这种结构虽不能覆盖个体用户的全部信息需求,但却可以覆盖特定群体的主要信息需求,这正是图书馆信息资源体系形成的基础。

(2)信息资源体系是以信息资源为核心的系统结构。其中,各种信息资源是内容元素,用户群体的信息需求结构是内在的逻辑结构,有关理论方法是外在的软结构,有关技术设备是外在的硬结构,有关人员及其活动则是实现内容与结构整合并形成信息资源体系的动因。信息资源体系内含着图书馆的特殊矛盾,即信息资源的有限性与用户需求的无限性的矛盾;信息资源体系的运动过程就是寻求解决这一矛盾的过程。

(3)信息资源体系是图书馆的工作核心。图书馆的规划工作是为了设计信息资源体系,图书馆的采访、分类、编目和目录组织工作是为了形成信息资源体系,图书馆的资源建设和保障工作是为了维护信息资源体系,图书馆的资源评价与补充、网络研究、技术引进等工作是为了发展信息资源体系,图书馆的借阅、咨询、检索、研究辅导等工作则是为了开发信息资源体系。信息资源体系是图书馆员工的工作对象,是他们思考和观察的客观存在,也是他们行动的目标。

(4)信息资源体系是动态发展的,援引阮冈纳赞的描述,它是一个发展的有机体。就其发展的内因而言,信息资源的有限性与用户信息需求的无限性之间的矛盾是主要的推动力量;就其外因而言,社会大系统的变化、科学知识的进化、文化教育的普及与提高、信息技术日新月异的变化等都是发展的诱因。"生命在于运动",这条规律同样也适合于信息资源体系。

综上所述,图书馆可定义为:针对特定用户群的信息需求而动态发展的信息资源体系。

6.3 信息资源体系及其过程是图书馆学的研究对象

图书馆学的研究对象是图书馆,图书馆是一种动态的信息资源体系,所以,图书馆学的研究对象是动态的信息资源体系。换个角度讲,信息资源体系的动态性是通过信息资源体系的发展过程来体现的,这一发展过程又分为形成阶段、维护阶段、发展阶段、开发阶段等四个主要阶段。信息资源体系形成阶段的主要任务包括确定基本的用户群及其需求结构、寻找与需求结构相对应的信息源、从信息源中获取所需的信息资源、对信息资源进行序化等;信息资源体系维护阶段的主要任务包括合理储存已序化的信息资源、定期检查作为支持系统的硬件设备和软件程序、紧急处理各种突发性故障、积极预防各种隐患等;信息资源体系发展阶段的主要任务包括追踪用户需求的变化、评价信息资源体系、调整和优化信息资源结构、保持与外界的联系、适当引进先进的信息技术、参与或合作建立图书馆网络等;信息资源体系开发阶段的主要任务包括提供高质量的信息资源服务、开发多样化的信息产品、发展友好的用户界面和服务方式、开展积极的市场营销、培养用户的信息意识和强化用户的信息技能等。需要说明,信息资源体系不同于信息系统,信息系统多是以技术为中心的,而信息资源体系则是以资源为中心的；信息资源体系及其过程使图书馆区别于其他信息系统，因此构成了图书馆学的研究对象。

信息资源体系及其过程作为图书馆学的研究对象，深化了"交流说"，丰富了"新技术说"。如前所述，"交流说"的局限性主要表现在过于注重过程研究而忽略了交流对象的研究和扩大了图书馆学的研究范围而模糊了与其他学科的界限两个方面。而引入"信息资源体系及其过程"，一则可以明确交流对象，二则可以明确图书馆交流的特色，以政府部门的公文交换为例，它虽然是一种信息资源交流活动，但却不是以信息资源体系为条件的交流活动。就"新技术说"而言，它过分夸大了技术的作用，因而在一定程度上混淆了图书馆学的对象与手段，迷失了行动的目标；若引入"信息资源体系及其过程"，则有助于摆正技术的位置，明确行动的目标，丰富研究的内容。

信息资源体系及其过程作为图书馆学的研究对象，也有助于使图书馆学区别于相近的同族学科。以发行学为例，它主要关心的是社会的热点信息需求和恒常信息需求，在不违反社会规范的前提下它的主要目标是赢利，因此它不以信息资源体系作为交流的必要条件和主要手段；以情报学为例，它主要关心的是情报（一种再生的信息资源）的检索、分析、综述、研究和快速服务，它一般以图书馆为依托而不另建信息资源体系，信息资源的利用才是它的主要目标；以文献学为例，它主要关心的是文献的历史、编纂方法、版刻鉴别、流传过程、校勘、考订等，其重点在于文献的形式和方法研究，而不是内在信息资源的交流，更不是信息资源体系的建设；以档案学为例，由于档案馆是图书馆的低级形态，图书馆逻辑地内含着档案馆的合理要素，因此，档案学与图书馆学没有质的区别而只有发展程度和方法手段的区别。具体地讲，档案学是研究特定信息资源体系及其过程的学科，作为其研究对象的信息资源体系是特定范围内产生的信息资源积累的结果。至于信息资源管理学，则可以近似地看作是图书馆学的高级形式，图书馆学只是它的一个应用分支，是信息资源管理学科体系中专门研究信息资源体系及其过程的分支学科。

信息资源体系及其过程作为图书馆学的研究对象，还有助于保持图书馆学学科建设的稳定性。一方面，信息资源体系及其过程是一种普遍的社会现象，它不受具体图书馆或图书馆名称的限制，这样，图书馆学学科建设就不会因图书馆机构的变换而受到毁灭性的冲击。另一方面，信息资源体系及其过程也是一种发展现象，档案馆时期是一种相对低级信息资源体系（结构简单，运动节奏缓慢，运动周期较长），图书馆时期是一种高级的信息资源体系（结构较为复杂，节奏加快，周期缩短）。展望未来，即便图书馆被更高级的形式所取代，图书馆学也只需相机适应调整而不会发生学科建设的断档。

信息资源体系及其过程是一种普遍的社会现象，这决定了图书馆学的社会科学性质。根据科学定义的一般要求，图书馆学可定义如下：图书馆学是一门研究信息资源体系及其过程的社会科学。

7　结束语

在历史的长河中，图书馆可能只是一种历史现象。回溯过去，所谓的古代图书馆，其实是档案馆与图书馆的混合体，其中档案馆的成分还要多一些；面向未来，所谓的虚拟图书馆虽然冠有"图书馆"的称谓,但其实质与传统意义上的图书馆相去甚远。可以说,传统的图书馆学是特定历史时期以印刷文本为主体的图书馆实践的合理化,它不可能解释过去也无法预测未来。为此,我们进行了大量探索,最终发现,只有撇开图书馆的称谓和表象,从信息资源体系的角度来认识图书馆,才能将"图书馆的过去、现在、未来整合为一个连续的统一体",才能对图书馆这一社会现象做出科学的合理的解释和预测。我们还将以此为导引构建"现代图书馆学理论",我们将努力探索一种适应网络环境、面向未来的理论体系,我们坚信,严谨的理论探索将会为实践带来福音。欢迎各位同仁批评指正。

（选自《中国图书馆学报》1998 年第 3 期）

图书馆学基础理论的抽象建构

叶 鹰

目前，图书馆事业和图书馆学正处于一种近乎矛盾的状态：一方面，电子图书馆（Electronic Library）、数字图书馆（Digital Library）、虚拟图书馆（Virtual Library）等新生事物蓬勃发展、方兴未艾；另一方面，图书馆学基础理论贫困交加、进展艰难，国内外图书馆学界似无良策。这二律背反的现象既表现出理论的滞后，也预示着理论的突破，本文就是从一种新的角度探索图书馆学理论的突破方向。

1 图书馆的抽象定义

用传统图书馆概念去理解虚拟图书馆等新生事物确实勉为其难，因此应该依据当代事实理性地重新界定图书馆的含义。

我们知道，我们指的虚拟图书馆不过是因特网一些信息链的集合，许多软件的库函数也叫图书馆。因此，我们可以将信息的这种有序集合称为图书馆。同时，考虑到图书馆自古以来就是一种客观存在的实体，占据一定的时间和空间，不宜在定义上使人看不见摸不着地全部"虚化"，故图书馆可以这样定义：图书馆是有序化信息相对集中的时空。

这样，传统的书刊文献保存机构自然是图书馆，这里相对集中的有序化信息是书刊文献；磁盘、光盘上的有序化数字信息也是图书馆，即数字图书馆，这里相对集中的有序化信息是二进制编码静态数字集合；因特网上的有序信息集合也是图书馆，即虚拟图书馆，这里相对集中的有序化信息是二进制编码动态数字组合。而且，在这样的定义下，新型的图书馆的规模可以用信息量的字节数精确计量，可以将图书馆按其集中的有序化信息量的字节数划分为 MB 量级图书馆、GB 量级图书馆、TB 量级图书馆等，并可将其分别与传统的小、中、大型图书馆相对应。

由"有序化信息相对集中的时空"定义的图书馆是抽象图书馆，研究抽象图书馆的科学即为抽象图书馆学。

2 图书馆学研究对象问题

图书馆学研究对象当然是图书馆本身，过去，由于图书馆定义的狭隘性，图书馆学研究对象定位于图书馆本身有碍图书馆学的发展，约束了理论思维。现在，上述抽象图书馆的定义为图书馆学的研究发展提供了广阔的前景，以"有序化信息时空"作为研究对象的图书馆学范围将极其广泛。从宏观而言,在人类所有信息的集合中,凡能找到有序化规律的,就可将其纳入广义图书馆学的研究范围。从微观而言,一本书刊、一盘磁带、一块磁盘上记录的有序化信息自然也属于图书馆学研究范围,由此发现的规律无疑会丰富狭义图书馆学的内容。

不过,作为传统图书馆学根基的文献信息学仍然是图书馆学研究的基本对象,这是图书馆学赖以成立的基础,还是应该特别强调的。

3 从定义看图书馆学的研究内容

既然图书馆是有序化信息相对集中的时空,那么图书馆学就应以研究优化这种有序化信息时空并有效利用为己任。这种研究可以是从理论上探讨有序化信息时空的结构、组合、规律等,即构成理论图书馆学的研究内容;也可以是从实用角度研究有序化信息的收集、整理、分类、标引、编辑、存贮与检索等一系列技术和方法,即构成实用图书馆学的研究内容;同时,研究有序化信息时空的构造也就包括研究图书馆建筑,而研究整体协调与优化则蕴含图书馆管理的内容。

这样,根据前述图书馆的抽象定义,可以将图书馆学的研究内容划分为理论图书馆学和实用图书馆学,后者包括传统图书馆学的采购、分编、存贮与检索等具体内容;而传统图书馆建筑则可纳入图书馆构造研究,图书馆管理则可归入图书馆整体协调与优化研究。图书馆构造研究和图书馆整体协调与优化研究作为抽象图书馆学的两项独立研究,与理论图书馆学和实用图书馆学一道构成抽象图书馆学的实体内容。

4 图书馆函数的引进

对于传统图书馆来说,藏书量、读者量、年度经费数量等都是必要的统计参数,可是,对于抽象图书馆来说,这些统计参数、计量指标却失去了意义。一般而论,对包括传统图书馆、数字图书馆和虚拟图书馆在内的抽象图书馆普遍适用的参量以图书馆流入和流出的信息量最具典型意义。

设抽象图书馆流入信息量为 i、流出信息量为 I,i 流经图书馆后变成 I,故可引入一图书馆函数 L,使

$iL = I$　　(1)

亦即:

$L = I/i$　　(2)

直观上看,L 是相当于流出信息量与流入信息量之比,当 $L > 1$ 时,表明信息流经图书馆后有增殖,图书馆对信息有增强效应;而当 $L < 1$ 时,表明信息流经图书馆后有衰减,图书馆对信息有阻塞效应;若 $L = 1$,则图书馆形如虚设,对流经信息不起作用。图书馆学研究就是要力争使 $L > 1$ 和避免 $L < 1$。这也构成未来评价图书馆优劣的一项基础指标:$L > 1$ 的图书馆优,且愈大愈优。

式(1)体现的图书馆函数的含义是 L 系图书馆吞吐信息的能力,一般情况下,L 应是图

书馆内部结构的函数,当把图书馆内部结构参量与图书馆输入输出信息相联系时,可望揭示图书馆理论与实践的优化方向。

维持有序化信息时空,即图书馆生机永在的必要条件是信息输入与输出,这也是图书馆存在的基本价值,图书馆函数的引进恰好定量描述了这一特点。

5　图书馆方程

将式(2)写成函数形式:

$L = L(I, i)$　　　(3)

这是从抽象图书馆信息输入输出表现功能角度看到的图书馆函数形式,可称为外观图书馆函数。另一方面,还应找出从抽象图书馆内部结构角度得到的内观图书馆函数形式,使二者结合构成图书馆方程。

从传统图书馆着眼,表征其内部构成和性能的指标不外人力、财力、物力三要素,并可分别用人员数量、资金数量、设备数量进行具体测度。但对数字图书馆、虚拟图书馆等抽象图书馆来说,用人、财、物指标就难以测度,因此,必须另找可以表征抽象图书馆内部构成和性能的通用性参量。

一般而言,人必拥有知识、物必包含知识,各类图书馆都收藏有知识,故可以用知识量作为表征抽象图书馆内部构成和性能的一个指标;又由于设备和资金都象征着技术水平,各类图书馆也都有技术成分,故可以用技术水平作为表征抽象图书馆内部构成和性能的又一指标。

这样,设 K 表示抽象图书馆拥有的知识量,T 表示抽象图书馆的技术水平,则反映抽象图书馆内部结构的内观图书馆函数形式应为

$N = N(K, T)$　　　(4)

设 $N(K, T)$ 与 $L(I, i)$ 之间的函数关系为

$N(K, T) = F[L(I, i)]$　　　(5)

或

$L(I, i) = f[N(K, T)]$　　　(6)

式(5)和式(6)就构成图书馆基本方程。

通过确立优化目标如 max I 或 max L 并求解具体图书馆方程,可望揭示出抽象图书馆的最优化状态参量。

关于图书馆函数和图书馆方程的数理性质和抽象图书馆学的含义还有待深入研究,这一方式方法实际上是将图书馆学基础理论问题抽象化为研究有序化信息时空的优化问题,而在特定约束条件下求解图书馆方程则成为一种与精密科学研究相类似的具体研究形式。

总之,这一从图书馆定义到图书馆方程的抽象理论,其核心思想是将图书馆抽象化为有序化信息时空,而将图书馆学基础理论抽象化为研究有序化信息时空的优化问题。希望能对图书馆学基础理论研究有所启示和对新兴实践工作有所指导,以利促进图书馆学的精密化和将图书馆学理论研究引向深入。

(选自《中国图书馆学报》1998 年第 3 期)

大学信息管理专业培养目标的思考

倪晓建

1 培养目标的演进

最初的图书馆学教育目标非常单纯，即专门为图书馆培养工作人员。杜威认为，图书馆从业人员应该同医生、律师以及教师一样，接受正规的教育与训练。在他的努力下，1887 年在哥伦比亚大学创立了世界上第一所图书馆学校。当时杜威坚信，图书馆学校必须依附于一个大的学术图书馆，专业的学习训练要与实务相结合，以至于当时的授课采取学徒制形式。在这种实用教育思想的指导下，此后陆续建立的图书馆学专业，其课程紧密地围绕图书馆工作的业务类型设置。据 1919 年威廉森对 15 所美国图书馆学校教育的调查，核心课为编目、图书选择、参考工作、分类、图书馆行政 5 门。这种以培养图书馆专业人员为教育目标的职业教育办学模式，一直影响着世界各国图书情报学教育目标的制定。

我国的图书馆学教育直接受到美国的影响。1920 年，美国图书馆学专家韦棣华创办了武昌文华图书馆专科学校，开始了中国正规的图书馆学教育。由于韦棣华女士的直接主持以及当时我国图书馆学家多数曾留学美国，图书馆专科学校的培养目标基本上与美国一样，为图书馆培养业务熟练、动手能力强的工作人员。其后建立的上海国民大学图书馆学系（1925 年）、南京金陵大学图书馆学系（1928 年）、国立社会教育学院图书博物馆学系（1942 年）、北京大学图书馆学系（1947 年），培养目标都带有浓厚的职业教育色彩，没能突破为图书馆这一具体机构培养人才的藩篱。

1949—1978 年的 30 年间，北京大学、武汉大学两所大学图书馆系的培养目标，由于社会政治的原因，几经变化。20 世纪 50 年代向苏联学习提出培养图书馆学专家的目标，"文革"期间提出培养无产阶级接班人和普通劳动者的口号。图书馆学教育和其他学科一样走过一段弯路，但基本目标是：培养省、市、自治区以上公共图书馆、科学院系统图书馆、高等学校图书馆，以及国家机关、大型厂矿企业图书馆工作人员和图书馆学专业师资。在这一培养目标指导下，课程设置上虽然对旧的教育内容进行了改造，增加了马列主义政治理论课，在专业教学中增加了马克思主义文化理论和社会主义图书馆工作的方针政策及读者工作的内容，在教学计划中增设了自然科学方面的课程，但是，总体的课程设置和教学内容带有明显的工作流程和工作经验的色彩。鉴于当时国家实行的是计划经济体制，毕业生分配实行计划分配，图书馆工作采取手工操作方式，所以这一时期培养的 1800 名毕业生基本上能够适应各类图书馆开展业务工作的需要。

1978 年，武汉大学图书馆学系设立的情报专业，开始了我国情报学教育历程。1980 年以后，北京大学、吉林大学、山东大学、湖南大学、西安交通大学、西安电子科技大学、中南矿业学院、白求恩医科大学、中国医科大学、同济医科大学、南京农业大学相继设立情报专业。此外，其他数十所图书馆学系也都引进了情报学的内容，实行图书情报一体化，系名也多改为图书馆学情报学系或图书馆情报学系，分文理科招生。专业的融合造成培养目标的宽泛和模糊，或游离于图书馆学、情报学之间，或把图书馆学与情报学两者结合。在目标培养及知识结构方面比前一时期有了长足的进步。各系普遍认为学生应具备三方面知识，即本专业的业务知识；另一学科的专业知识；外语知识。为了达到这一目标，提高学生就业竞争能力，一些综合院校积极采取对策。如北京大学曾采取前两年到生物、物理、计算机、数学等系科学习，后两年回本系学习专业课程的办法；有的学校则采取主辅修制来解决学生知识结构不合理的问题。但由于教育体制及管理方面的诸多原因，未能坚持下来。工、农、医、技术类院校的情报专业目标比较明确，即为本行业情报部门输送人才。普通科技情报系科要求学生能承担文献信息的分析、加工和管理工作，具有熟练的计算机应用开发技术，其课程主要由基础自然科学知识、计算机知识、情报业务知识三部分组成。武汉大学情报学系要求学生重点学习和研究以科技信息为中心的各类信息的获取、加工及存储传输的理论、原理和方法。要求学生既掌握情报学基础理论，又掌握现代情报技术。学生毕业后能从事情报专业教学和科研工作，能从事实际的情报工作和科技管理工作。可以看出，这一时期比较重视学生基础知识、理论研究的能力，同时对技术方法的训练也给予高度重视。初步构建起多种知识结构及能力素质的目标体系。学生的去向从原来的单一各级各类图书馆扩展为包括图书馆、情报所在内的各类情报、信息、咨询行业。

1990年以来，毕业生分配制度实行双向选择，为毕业生就业提供了广阔的空间；计算机技术迅速发展，传统手工处理文献信息逐渐被新的信息技术所取代，信息部门对信息人员提出了更高的要求；特别是1992年易名潮，引起了全国的震动，各系普遍关注本专业的方向及培养目标和课程设置的改革。为此，国家教委专门分别主持召开了图书馆学、情报学专业系主任联席会，研讨图书馆情报学教育改革问题。为了制定"八五"计划、规范专业教育标准，国家教委在广泛征求专家意见的基础上，制定了本科科技信息专业目录，提出了业务培养目标，即本专业培养具有较坚实的外语、数学和计算机软件基础知识，掌握情报学的基本理论、基本技能和专门知识，受到良好的科学思维和情报应用研究的基本训练，能够从事各类情报业务工作、计算机情报应用软件和其他软件研究开发，以及有关专业科研、教学工作的高级专门人才。在培养要求上认为：本专业学生主要学习外语、数学、计算机软件、情报理论和技术，以及某个科技领域的专门知识，运用数学和计算机软件的知识和方法，进行情报收集、处理和服务，接受计算机情报应用软件和其他软件的研制开发技能的训练。在能力方面应具备：①较坚实的数学基础和良好的外语训练；②熟练的计算机情报应用软件的研制开发技术；③对某个科技领域有较为广泛的了解；④具有情报收集、处理和服务的理论知识和实践能力。

回顾我国专业教育目标的发展过程，大致经历了四个阶段：以图书馆业务部门为中心目标的职业教育阶段（1920—1949年）；围绕图书馆工作需要而延伸课程的专业教育阶段（1950—1979年）；图书馆学情报学相结合的融合教育阶段（1980—1990年）；注重信息技术及数理基础知识应用的能力教育阶段（1991年以后）。

由于国家信息基础设施（NII）在全世界的风起云涌，作为信息服务业培养人才的教育部门面临着时代的挑战。面向21世纪信息社会的人才需求市场，不少专家学者和单位感到形势非常严峻,纷纷对信息管理人才的培养提出自己的见解和方案。

2 培养目标的讨论

在近年的研究和探讨中,对信息管理人才的培养目标主要形成以下一些见解。

一是认为信息管理专业的培养模式应以通才为方向。信息管理工作需要多方面知识的支持,既需要信息管理专业的收集、整序、研究开发方面的专业知识,以及良好的中外文表达阅读能力,还需要具备多学科知识。所以一些人认为,要想提高信息服务水平,必须培养结构合理的“通才”。吴慰慈、周庆山两先生认为,信息管理专业教育培养模式宜于以通才模式为发展方向。这一观点的形成主要受美国图书情报教育体制的影响。美国学者威廉森强调:“大量的图书馆技术培训并不能使一个缺乏通才教育的人成为成功的图书馆员。”此外,在我国学术界的其他学科也有不少学者认为,大学本科应该培养“通才”。复旦大学校长杨福家说,大学本科应该是“通才”教育,“培养专家”是大学毕业以后的事情。在综合性大学里,特别应该注意文、理科之间的交叉,也完全可以交叉。

二是认为应该培养信息管理方面的专门人才。认为四年时间极为有限,在教委规定的3000学时里主要进行专业知识的学习和技术能力的训练。北京大学、武汉大学、北京师范大学等院校的教学计划基本上都做出了培养专门人才的规定。北京大学规定培养德智体全面发展的,能从事科技、文化、教育、商业、市场管理等领域的信息收集、加工、处理、咨询、系统分析与设计以及经营的高级专门人才。武汉大学规定为工商企业、党政机关、新闻出版、科技文化等部门的信息机构培养德智体全面发展的,有从事信息咨询和信息系统管理,并具有科技能力的专门人才。北京师范大学的目标为培养德智体全面发展的能在各行业从事信息处理、咨询、系统设计及开发的专门人才。

三是认为应培养复合型人才。认为图书情报学培养复合型人才是由专业工作性质的技术性、学术性、教育职能、情报职能决定的。谭祥金先生认为,根据社会的需要和专业的特点,我们的目标应该是培养德才兼备的从事信息资源管理的复合型、应用型人才。并进一步解释说,所谓复合型,首先是淡化图书馆学、情报学、档案学的界限,使这些学科逐渐融合与升华。其次是其他相关学科渗透,认为由于信息资源是人类社会长期积累的一种智力资源,涉及多种门类的知识,从事信息资源管理就要要求学生有较广博的知识,应与社会学、教育学、管理学、传播学、经济学、计算机科学、中国语言和外国语等相关学科结合。

四是认为应该培养专业工作者。不少学者认为,信息管理专业教育应围绕着本专业的业务特点和服务行业培养人才。张晓林先生认为,培养能在各类企业、教育机构、科学研究机构、政府部门及其信息部门进行或管理信息开发、组织、分析和服务工作,能在社会信息机构、新闻、公关、经纪等部门进行和管理信息开发组织、分析和服务工作的专业工作者。孟广均先生认为,在智育方面应是培养能够利用现代技术和方法,将分散在各处的新近文献和信息组织成有价值的文献情报资源,予以最佳管理,并向用户提供优质文献情报服务的人才。南京大学1993年提出以培养信息服务业(包括图书、情报、档案工作部门)专业人才的培养目标。台湾各大学的目标多为培养学生具备图书与资讯科学专业知识,图书馆利用与服务的技能。马费成先生认为,培养目标应该从学科知识体系和社会对人才的需求两个方面来考虑。在新的技术环境中,图书情报工作要求承担知识信息组织的任务,同时成为高速信息网络导航员、协调员和管理员。杨沛超先生认为,应强调素质教育,使学生德智体美在更高层次上有机结合、和谐发展,由"知识型"人才培养转向"创造型"人才培养。

上述一些观点及其他同行的一些见解,为制定 21 世纪的培养目标提供了宝贵的资料。原则地讲,各家在培养目标的表达上没有原则的不同,只是对学生的知识结构、能力特点等所强调的侧重有所差异而已。

在讨论培养目标的同时,对学生的知识结构、能力结构及毕业去向也提出一些看法。认为学生在知识结构方面应是多元的知识系统,具体包括:理、工、农、医或财经类某一学科的知识;熟练的计算机技术;扎实的情报学专业知识;精通一门外国语;文理兼容的知识领域。在学生的能力结构方面,认为应具备应用现代科学技术方法进行信息系统的分析、维护、设计和评价的能力;信息研究、加工及文字表达能力和信息服务的公关和社会活动能力;熟练使用电脑的操作和应用能力;英语听、说、读、写的能力;进一步学习现代科技知识的能力。在学生素质能力方面,为了迎接 21 世纪的到来,国内外学者对大学生的素质极为关注,华东师范大学前校长袁运开提出 8 个方面的要求,即进取、创新精神;较强的适应能力和跟上时代发展;更高的思想品德和对社会、祖国、人类负责的高度责任感;扎实宽厚的知识基础和基本技能;适应科技发展趋势的合理知识结构;与科技发展相适应的能力结构;某些个人特长;国际交流语言和能力。信息管理专业主要应具有对信息分析综合的能力,正确的预见能力,开拓和创造能力,合作精神及责任感。在学生的培养去向方面,认为应培养信息经纪人、信息导航员、信息主管、信息工程师、信息分析研究咨询专家。有的人认为培养去向应有分工,综合性院校侧重于培养研究人员和师资;师范类院校侧重于培养高校图书馆工作人员;理工农医类院校侧重于培养各专业的工作人员。

3 培养目标的思考

我国已步入信息社会化时代。社会的发展,科技的进步,经济的腾飞,无不依赖信息资源的科学开发和深层次的利用。江泽民同志说,四个现代化,哪一化也离不开信息化。并指出:"我们的经济工作正在实现经济体制和经济增长方式的两个根本性转变,在这种新的形势下,我们的教育工作必须进一步解决好两个重要问题,一是教育要面向适应现代化对各类人才培养的需要,二是要全面提高办学的质量和效益。"(在接见四所交通大学负责人时的讲话)国家教委副主任周远清在谈到高等教育改革时指出,要提倡注重素质教育,素质的内涵包括思想道德素质、文化素质、业务素质、身体和心理素质。担负着为信息部门培养人才的信息管理专业,面向 21 世纪制定培养目标的时候,要把培养高质量的具有现代信息技术和适应人才市场需要的专业人才放在重要位置,同时要特别注意专业知识结构及能力素质的培养。在进行专业教育的同时拓宽学生的知识领域。

教育目标是根据一定社会的政治、经济、科技、文化发展的要求和受教育者身心发展状况确定的。它是教学内容、课程设置的依据,也是评价和检查教学质量和效果的依据。我国社会主义高等教育总的培养目标是培养德智体诸方面全面发展的社会主义事业的建设者和接班人。信息管理专业在业务上的培养目标可概括为:培养具有扎实的数学、外语和计算机技术的基础知识,系统掌握信息管理的基本原理和技能,熟练运用以计算机为主的现代信息技术的能力,能够从事各类信息部门信息的处理、分析、咨询、管理的开发研究型人才。

知识结构方面应该:

具有良好的外语能力和数学基础;

具有熟练的现代信息技术应用开发知识;

具有系统的信息管理专业知识;

具有某一学科背景知识及较宽泛的人文知识。

能力结构方面应该具有:

信息的快速准确采集能力及分析综合能力;

应用现代计算机技术进行信息系统的分析、维护、设计和评价能力;

外语的听、说、读、写能力和汉语的表达写作能力;

组织管理协调、公共关系、社会调查及信息产品营销能力。

素质结构方面应该:

具有敏锐的洞察力;

具有系统分析与综合思维能力;

具有较强的自学、科研和创造能力;

具有开拓奉献精神和责任感。

上述培养目标及知识、能力、素质结构的拟定,主要依据及指导思想是:

（1）通才与专才的关系

专业的通才教育可以给学生较宽泛的知识,使学生具有良好的文化素质,能适应实际工作的各种需要,为学生将来的发展提供良好的基础。专业的专才教育培养方向明确,业务知识具体,针对性强,通才与专才的培养模式各有利弊。根据我国的教育体制及未来社会人才市场对学生的要求,专业培养目标应在通才与专才的结合上寻求一种融合的模式。实行通才教育和适度的专才教育结合,大力加强毕业生对社会的适应性。

（2）人才市场的预测

专业教育是为社会培养人才的。在制定专业教育计划,规定教育目标时,必须正视社会对人才的需要,明确人才市场对专业人才需要的知识结构及规格。信息管理专业担负着为各类信息部门培养从事信息资源组织、管理、开发人才的任务。据来自信息部门的意见和对人才市场的调查,他们欢迎既有系统专业知识又有某一学科背景知识的"双料"人才,同时需要学生具备熟练的计算机操作和应用开发能力,精通一门外国语。此外,对学生的事业心、责任感、研究和创造能力也提出不同程度的要求。

近年来信息管理专业毕业生就业去向比以前有了很大的变化。原来主要分配到各级各类图书情报部门,这种情况主要与我国的分配制度及经济体制有关。将来国家的分配制度将更加灵活,国家的经济体制改革将进一步深化,学生的就业渠道和方式将更加开放。包括图书情报单位在内的各种信息中心、咨询中心、数据中心、网络中心等为毕业生提供了广阔的择业市场。

为了给学生就业提供更广泛的选择空间,为了满足人才市场对信息专业人才提出的知识技能要求,在制定培养目标时必须兼顾学生各方面的知识及综合素质的培养。

（3）专业的科学定位

一个专业之所以能够立于学科之林，界定的依据主要取决于它研究对象的矛盾特殊性。信息管理是研究信息的构成、分布、功能、组织、利用及社会信息活动的规律，它需要利用计算机科学、数学、管理科学、经济学等学科的技术和方法，有效地对信息资源进行搜索、组织、传递和服务。技术的改变不能改变学科的性质。信息管理专业与其他学科之间的关系是一种借鉴、利用和服务关系。学科之间的交叉，只能丰富学科的内容，而不会改变学科的性质。正如陈光祚先生指出的，技术不是"主宰者"而是"服务者"，这种关系是不能本末倒置的。鉴此，在培养目标及知识结构中应强调专业理论和方法的学习。专业知识是我们区别于其他学科，确定信息管理学科性质的根本。

（4）信息技术的发展

21 世纪，以计算机为主的信息技术将被广泛应用到各个学科领域。面向 21 世纪的专业教育必须正视用于信息处理和服务的信息技术手段。信息的处理与加工，随着计算机技术的发展，将进入知识信息组织阶段；信息的检索与获取，随着计算机和网络通信技术的进步，将更多地通过网络实现；信息的管理与服务随着网络化、数字化环境的形成，将改变原有的资源共享模式；信息的传输与交流，随着信息高速公路的开通将更加便捷和高速。面对这样一个快速发展的信息环境，必须加强学生计算机技术的培养和训练。

（选自《中国图书馆学报》1998 年第 3 期）

知识组织的研究范围及发展策略

王知津

现在,人们普遍认识到知识整序的必要性。在古代,图书馆员和哲学家被排斥在知识整序领域之外。后来,百科全书的作者和教育家开始从事这项活动。接着,文献学家和情报学家加入到这个行列中。再后来,术语学家也开始参与这件事。现在,人工智能的代表和专家系统的生产者、超媒体专家以及教育界同行也对运用知识组织的方法产生了浓厚兴趣。

当分类系统及其词语产物——叙词表仍在被图书馆员和情报学家有效使用时,应该说,他们对代表最新技术的这些工具的认识还相当肤浅。也许,他们认为,借助于一致理论或具有普遍应用原则的整序系统是很难捕获知识的。

目前,ISKO(国际知识组织学会)正致力于这方面的工作,并且表示,在过去几十年分类法和叙词法研究中所发展起来的理论基础完全可以用于各种知识组织和表示各种一般的和特殊的系统。

知识组织的理论基础是:对知识进行的任何组织都必须建立在知识单元的基础上,而知识单元无非就是概念。概念由概念元素组成,概念元素也叫概念特征。确切地说,这是一些因素,依靠这些因素,可以构建概念系统(分类系统就是这样的概念系统)。知识不能靠自己组织和表示,除非用知识单元及许多词语或句子的可能组合来表示。这种观点在许多文章中都有所反映,也许与阮冈纳赞的分面分类理论有关。就这一理论背景的知识而言,可能很容易地构建再现性分类系统或分面叙词表,并且便于与术语学领域的同行们进行非常必要的合作。

因此,我们这里所面临的是许多世纪以来汇集、深化和日益成熟的大量知识,而这些知识只有在今天才被认为是独立的知识领域,这些领域必须找到自己在社会中的恰当位置,并且要求在科学系统中也这样反映。

70年前,H. E. Bliss在《知识的组织和科学的系统》一书中所提出的观点,现在似乎正成为所有人的一种计划:透彻理解这种知识的合力及其人类未来的潜力。

1 知识组织的研究范围

自1974年起,《国际分类法》杂志就开始刊登有关文献的最新书目,该杂志的副刊名为"致力于概念理论、系统术语学和知识组织",这表明,该刊的范围正越来越多地超出"分类"这个词所表达的范围。的确,这已经包括了我们认为应该属于知识组织领域的所有书目,而且还常常带有摘要。这些书目来自大约300种杂志以及有关的专著和会议录,涉及的领域十分广泛，如情报科学（包括档案学、图书馆学、一般文献工作、数据与博物馆文献工作），计算机科学/信息学（包括程序设计、联机技术、人工智能、专家系统），语言学与术语学，系统研究等。

1993 年《国际分类法》杂志改名为《知识组织》，当时，没有必要再改变或扩大其书目范围。《知识组织文献分类系统》的一级类目和二级类目如表 1 所示：

表 1　知识组织文献分类系统（大纲）

0　形式部类	**32　主题分析**
01　书目	33　分类与标引技术
02　文献评论	34　自动分类与标引
03　词典与术语	35　手工与自动排序
04　分类系统与叙词表	36　编码
05　期刊与连续出版物	37　重新分类
06　会议报告与会议录	38　索引生成与程序
07　教科书	39　分类与标引评价
08　其他专著	
09　标准	**4　通用分类系统与叙词表**
	41　通用系统一般问题
1　知识组织的理论基础及一般问题	42　国际十进分类法（UDC）
11　整序与知识组织	43　杜威十进分类法（DDC）
12　知识组织中的概念学	44　LC 分类法与 LC 标题表
13　知识组织中的数学	45　布利斯书目分类法
14　系统论与知识组织	46　冒号分类法
15　心理学与知识组织	47　图书馆书目分类法
16　科学与知识组织	48　其他通用分类系统与叙词表
17　知识组织中的问题	49　（暂空）
18　分类法研究	
19　知识组织历史	**5　特殊对象分类系统（分类学）**
	51　形式与结构
2　分类系统与叙词表——结构与构造	52　能源与材料
21　分类系统与叙词表一般问题	53　宇宙与地质
22　分类系统与叙词表的结构及元素	54　生物
23　分类系统与叙词表构造	55　人类
24　关系	56　社会
25　数字分类学	57　经济与技术
26　标记代码	58　科学与信息
27　分类系统与叙词表维护、更新和存储	59　文化
28　标引语言之间的兼容性和一致性	
29　分类系统与叙词表评价	**6　特殊主题分类系统与叙词表**
	61　形式与结构
3　分类与标引（数学）	62　能源与材料
31　分类与标引理论	63　宇宙与地质

续表

64	生物	82	数据分类与标引
65	人类	83	题名分类与标引
66	社会	84	一次文献分类与标引(85 除外)
67	经济与技术	85	图书(书后)分类与标引
68	科学与信息	86	二次文献分类与标引
69	文化	87	非书资料分类与标引
		88	主题领域的分类与标引
7	语言与术语的知识表示	89	特定语言的分类与标引
71	自然语言与知识组织关系一般问题		
72	语义学	9	知识组织环境
73	自动语言处理	91	职业与组织的一般问题及机构
74	语法问题	92	知识组织中的个人与机构
75	联机检索系统与技术	93	国家和国际分类与标引组织
76	专业词汇与词典问题	94	(暂空)
77	术语学问题	95	知识组织的教育与培训
78	面向主题的术语工作	96	法律问题
79	多语种系统与翻译问题	97	知识组织中的经济问题
		98	用户研究
8	应用分类与标引	99	知识组织工作标准化
81	一般问题、目录、规则、索引		

一级类目 0 是指文献的形式;1—3 是知识组织的构成;4—6 是知识组织的应用;7—9 是影响、应用和环境。其中,7 是来自用语言和术语表示知识的外部影响,8 是分类与标引对不同数据、语句(题名)、文献的应用,9 是把特定领域知识带到"外部"。

二级类目下又划分出三级类目。这是一个系统化的分面分类表,几乎可用于各个主题领域,同时也容易记忆。

《知识组织文献分类系统》(前名《分类文献分类表》——CLC)已经作为《国际分类与标引书目》的结构。该书目于 1982—1985 年出版,反映了 1950—1982 年间的文献。到目前为止,已经出版了 1—3 卷,包括 0—3 组文献;4—5 卷正在出版中,包括 4—6 和 7—9 组文献。

在知识组织文献分类系统的许多位置上,与知识领域的通用分类系统建立了联系,这个通用分类系统叫作"信息编码分类表"(ICC),分成 0—9 共 10 个一级类目,如表 2 所示。它们可以出现在知识组织文献分类系统中的某些类目,比如,类目 5、6、78、82、88 以及以 8 结尾的子类的许多其他位置。

表 2　信息编码分类表

0	一般形式概念	04	性质与特征
01	理论与原则	05	人物
02	物体与部件	06	机构
03	活动	07	技术生产

08　应用与限定	45　畜牧科学
09　合成与分布	46　农业与园艺学
	47　林业与木材科学技术
1　形式与结构领域	48　食品科学与技术
11　逻辑	49　生态学与环境科学技术
12　数学	
13　统计学	5　人类领域
14　系统论	51　人类生物学
15　组织学与技术	52　卫生学与理论医学
16　计量学	53　病理学与专门医学
17　控制论(控制与自动化)	54　临床医学与自然治疗
18　标准化	55　心理学
19　测试与检验	56　教育学
	57　职业、劳动与休闲
2　能源与材料领域	58　运动与娱乐
21　力学	59　家务与家庭生活
22　物理学与物质	
23　普通物理学与技术物理学	6　社会领域
24　电子学	61　社会学
25　物理化学	62　国家与政治
26　理论化学	63　行政管理
27　化学技术与工程	64　财政金融
28　能源科学与技术	65　社会援助与社会政治
29　电力工程	66　法律
	67　地区规划与城市学
3　宇宙与地质领域	68　军事科学与技术
31　天文学与天体物理学	69　历史
32　航空与航天研究	
33　基础地学	7　经济与技术生产领域
34　大气科学与气象学	71　一般经济学与国民经济
35　海水与海洋学	72　企业管理
36　地质科学	73　技术与一般工程
37　矿业	74　机械工程
38　材料科学与冶金学	75　建筑
39　地理学	76　商品学与技术
	77　车辆科学与技术
4　生物领域	78　运输技术与服务
41　基础生物科学	79　服务经济学
42　微生物学与培养	
43　植物生物学与栽培	8　科学与信息领域
44　动物生物学与饲养	81　科学学

续表

82	信息科学	9	人文与文化领域
83	计算机科学与技术	91	语言学
84	信息一般问题	92	文学与语文学
85	通信科学与技术	93	音乐
86	大众传播学	94	美术
87	印刷与出版	95	表演艺术与戏剧
88	通信工程	96	文化科学(人类文化学等)
89	符号学	97	哲学
		98	非基督教与神秘学说
		99	基督教与神学

"信息编码分类表"也划分到第 3 个层次。

知识组织的研究领域也可从 ISKO 历届大会的会议主题和会议论文的题目中得到进一步的理解,因为这些都是该领域中活跃人物的理解,具有参考价值。第 1 届国际 ISKO 大会的主题是"知识组织工具与人类交往"(1990 年,德国达姆斯特塔);第 2 届是"知识组织与认知范式"(1992 年,印度马德里斯);第 3 届是"知识组织与质量控制"(1994 年,丹麦哥本哈根);第 4 届是"知识组织与变革"(1996 年,美国华盛顿)。此外,还有地区性会议以及 ISKO 各国分部举行的学术会议。这些会议之后都编印和出版了会议录。

2　知识组织的发展策略

到目前为止,知识组织是图书馆员和情报人员的特定研究领域,该领域可以成为以下三大用户群所必须学习掌握的方法:

(1)愿意对自己的生活和学习采取有意识方法的人们。对于每个大学生来说,知识组织的知识应当作为一门课程讲授,这无论在什么地方都应当是可行的。我们确信,就知识组织的知识而言,大学生得到方法的装备,自如地去组织他们自己的学习以及未来的职业,这比迄今为止的其他做法都好得多。

(2)学习教育学的学生。采用非常特殊的方法,向他们讲授知识组织,这对他们的未来职业工作是非常重要的。也就是说,采用最优方法把他们的教育资料传递给他们未来的学生。现在,这一工作在德国大学的教学法研究所已经开始了。

(3)所有协助政治、工业和社会领导者的人都应当掌握。

不过,上述所有相关人员运用知识组织方法都有待于采取某些措施,而这些措施是为考虑知识组织和开展知识组织活动提出来的,这些措施应当包括:

(1)进一步发挥 ISKO 成员的作用。ISKO 已在许多国家或地区建立了分部,到目前为止,世界上已有 43 个国家或地区加入了这个组织,还应当进一步扩大。各个国家或地区的 ISKO 成员现在大约有 400 人,成员也应当进一步扩大。加强该组织的活动,为共同的奋斗目标提供强有力的组织保证。

(2)编写材料。知识组织的教材应当包括知识组织的理论与方法,也要涉及特定学科领域里的知识组织,如果有可能的话,翻译成世界几种主要语言。

（3）培训教师。应当在大学建立培训学院或举办讲座,在国家、地区和国际 3 个层次上培训未来的知识组织教师。

（4）学术会议。应当针对知识组织领域的最新课题,定期举办学术会议,出版会议录,并且力争让 ISKO 每个成员都能得到该领域自己感兴趣的最新会议论文。

（5）最新研究。应当建立研究中心,并同术语学家合作（如借助于维也纳的 INFO-TERM）,确认新概念、它们的术语及其与现有术语之间的关系,保持叙词表和分类系统稳定地更新,并用适当的方法出版这些结果。1988 年,UNESCO 出版的术语集《INTERCOCTA 手册：国际社会科学术语百科全书》就属于这项工作。

（6）转换中心。应当建立特殊分类系统和一般分类系统之间的转换中心,作为概念系统的协调中心,以便于交换现有概念和新概念。这种中心也可建立 6 种现有通用分类系统之间的兼容。

（7）知识组织领域同行调查。人名录不仅要包括 ISKO 成员,而且也包括致力于知识组织领域工作的所有人,应当定期出版。

（8）最新情报。知识组织领域中的杂志、简讯和连续出版物应当发表该领域所进行的研究与开发工作的结果,并向同行传播。

（9）知识组织概念系统。相关文献的分类系统带有类似叙词表索引,应当便于该领域的最新调查,特别要便于必要的检索。

（10）最新文献调查。出版知识组织各种相关文献的最新书目。

3 结 论

一般认为,信息是活动中的知识,同时,知识是经过整序和提炼的信息。我们生活在信息泛滥的世界,这个世界急需把信息整序、提炼成可以获取和利用的知识,不仅包括个人知识,也包括人际的、客观的和公共的知识。

知识组织是在图书馆学、情报学的分类系统和叙词表研究的基础上发展起来的,然而,对知识组织的研究已经引起人工智能、专家系统、超媒体、术语学、教育学等领域的关注,因为知识组织所研究的最小单元是概念及其词语表达。

知识组织的研究领域十分广泛,这可以从知识组织文献分类系统反映出来,该系统又可以与信息编码分类表联系起来。

知识组织不但是图书馆员和情报人员的特定研究领域,而且还可以成为其他用户所需要的方法。在知识组织研究领域中,仍有许多工作要做,开展这些工作都是可能的。目前,ISKO 的规模还比较小,我们每个人都应当为共同的目标而积极工作,直到得出某些结果。

在我国,知识组织应当引起足够的重视。建议将中国图书馆学会下设的与分类、标引等有关的专业研究委员会,适当调整为知识组织专业研究委员会,扩大其外延,进一步发展内涵,积极开展学术研究活动;在高等院校图书馆学专业和信息管理专业以及档案学专业开设知识组织课程,至少可在研究生中开设;出版知识组织方面的专著和教材。

（选自《中国图书馆学报》1998 年第 4 期）

回顾过去　展望未来　开拓前进
——建设面向 21 世纪的图书馆学学科体系

吴慰慈

　　1997 年 7 月 30 日至 8 月 1 日,中国图书馆学会在昆明召开了第五次会员代表大会,选举产生了第五届理事会,同时开始筹建新一届学术研究委员会。这次代表大会总结过去,规划未来,研究确定了《中国图书馆学会"九五"期间工作规划和 2010 年远景目标》,指出了学会跨世纪发展的方向。中国图书馆学会第五届学术研究委员会工作总的指导思想是:在邓小平理论伟大旗帜的指引下,统一认识,明确方向,全面贯彻落实中国图书馆学会第五次会员代表大会提出的各项学术研究任务,大力开展图书馆学学术研究和学术交流活动,促进图书馆学优秀成果的大量涌现,为建设面向 21 世纪的图书馆学学科体系不断开拓前进。

　　本文主要谈三个问题。一是回顾第四届中国图书馆学会以来图书馆学学术研究和学术交流活动的有关情况;二是探讨当前和今后一段时期内图书馆学研究面临的任务;三是提出关于发展我国图书馆学学术研究,建设面向 21 世纪的图书馆学学科体系的建议。

1　第四届中国图书馆学会学术研究的简要回顾

　　开展学术研究和学术交流活动是中国图书馆学会的基本任务,也是学会在图书馆界确立学术权威性、产生凝聚力的依托和源泉。自 1992 年第四届中国图书馆学会理事会成立以来,学会充分依靠并组织会员、图书馆学专家学者紧紧围绕学科建设和图书馆事业发展中的重要课题开展学术研究和交流活动,取得了丰硕的学术成果。其中最值得一提的是 1996 年北京第 62 届国际图联大会,此次大会国内参会代表 900 多人,经国际图联执委会批准发表了 58 篇论文,向国外展示了我国图书馆学研究的成果,也给国内图书馆学界提供了一次与国际图书馆界同仁进行全方位学习与交流的机会。此外还有由学会、学术委员会或专业组名义单独或联合召开的 20 多次全国性专业会议,从事业发展战略、图书馆自动化管理、文献信息服务、检索语言、古籍版本、图书馆建筑、读者服务工作、少数民族地区图书馆、目录学、专业教育和培训、信息技术等方面组织和引导了图书馆学的研究活动,强化了学术研究的气氛,提高了学术水平,锻炼了队伍,产生了一批有价值的研究成果。

　　1992 年以来,我国的图书馆学学术研究体现了如下三个方面的新变化:

　　变化之一是把图书馆学的研究空间从文献信息管理和知识交流拓展到了信息、信息产业和信息服务业的领域,并由此带来了一系列理论和观念上的新变化。

　　20 世纪 90 年代初国家提出关于加快发展第三产业的政策,强调了发展信息咨询服务业,加强信息资源开发利用,推进信息的社会共享的任务。1992 年 9 月,国家科委决定将科技情报更名为科技信息,随后一些院校的图书馆学情报学专业系科也更名为信息管理系或其他类似名称。这次更名不仅促进了图书馆学专业系科的教学改革,而且使图书馆学研究在以往的知识交流和文献情报管理理论的基础上进一步拓展,着眼于从信息管理和信息服务的角度去认识图书馆,把图书馆置于社会信息系统的大框架中去研究它的本质、职能、属性和社会定位,更加注意研究图书馆作为信息服务主体的服务模式和服务活动。

变化之二是大量把信息技术,主要是把计算机技术、远程通信技术、多媒体技术、高密度存储技术应用于图书馆的实践,开展了电子图书馆的研究,使得图书馆现代化技术研究从自动化管理领域向数字化、网络化、虚拟化方向推进了一步。

1993 年,美国建设信息高速公路的计划在世界范围内引起了巨大的反响,我国图书馆界对电子图书馆的研究也表现出很大热情。事实上,随着社会的信息化,电子信息技术彻底改变了信息的记录形式及其传递方式,从而使图书馆开始进入了数字化、网络化的建设阶段。电子图书馆必然成为图书馆学界的研究热点,也成为图书馆学与其他信息技术领域跨学科发展的新兴领域。在实践中一些图书馆开始收藏电子文献,建立电子阅览室,开展网上服务。IBM、OCLC 等公司与国内一些高校联合开发应用性的数字图书馆技术。国家重点科研课题"数字式图书馆试验项目"已经立项并着手开展研究工作。在理论工作中开展了关于电子图书馆对图书馆信息资源建设、技术服务和用户服务、图书馆管理、检索技术等方面影响的研究。

变化之三是在研究图书馆事业宏观现实问题方面着重研究了图书馆如何深化改革,适应信息化社会和社会主义市场经济的需要等问题。

20 世纪 80 年代中期开始的图书馆事业发展战略研究使得人们开始关注宏观现实问题,从而架起了理论与实践相结合的桥梁。1992 年,中国共产党十四大提出建立和完善社会主义市场经济体制的战略目标,图书馆学研究结合新的形势探讨了图书馆如何在市场经济条件下深化改革、加强管理、提高效益等问题。现在,大家已经取得了这样的共识:图书馆事业要在扩大规模的基础上,以图书馆现代化建设为中心,开发利用馆藏文献信息资源,开展信息咨询服务,提高服务水平、服务质量和办馆效益,走内涵发展的道路。

上述回顾进一步说明,图书馆学是一门实践性很强的学科,是一门致用的科学,图书馆学研究不能游离于图书馆事业的实践之外,因而它与技术、经济和社会发展有着密切的联系,离开或割裂了这种联系,图书馆学研究就无法开展下去。所以,中国图书馆学会一贯强调要结合图书馆学学科建设和图书馆事业发展中的现实问题开展学术研究活动,这个宗旨不能丢弃。谢拉曾说过,图书馆学研究不能缺乏对现实变化的敏感性。图书馆学界要关注现实,研究现实,要从技术上和理论上探索解决宏观现实问题的出路,从而为我国图书馆事业发展做出实实在在的贡献。在此基础上,要继续推进图书馆学基础理论研究,提高图书馆学理论的前瞻性和指导力。

2 图书馆学研究面临的任务

图书馆学研究首先要关注信息化的问题,这不仅指社会信息化的问题,还包括图书馆自身信息化的问题。随着信息技术的飞速发展,尤其是信息基础设施的建设和因特网的普及,信息、信息产业和信息服务在全球经济发展和社会全面进步中的重要性越来越大。值得注意的是，现在政府首脑机关和新闻媒体都在大力宣传"知识经济""信息产业"，这说明 20 世纪 70 年代提出的信息经济理论在今天的中国已经与国民经济和社会发展的实践开始结合。计算机的普及和信息基础设施的高速发展对信息资源开发利用提出了迫切要求。图书馆作为社会信息资源库，应该在信息资源开发利用方面抓住机遇，及时转变观念，转换角色，充分利用现代电子信息技术实现从自动化向数字化、网络化的现代图书馆的转型。这里不仅有软、硬件的问题，有技术设施和技术标准方面的问题，有知识组织和检索语言的问题，有图书馆信息资源开发利用和数据库建设的问题，还有图书馆员观念转变的问题。可以说，在信息化时代，图书馆的属性、职能都会发生变化，图书馆员的角色也会发生变化。这些课题的提出对整个图书馆学研究和教育都提出了新要求。

随着社会主义市场经济体制在我国逐步建立，如何深化图书馆事业改革，有效地运用市场机制来推动图书馆事业的繁荣和发展成为迫切需要解决的问题。但是，我国的图书馆事业现今仍然面临着经费短缺、藏书数量质量下降、技术发展水平和服务水平落后于其他信息部门等困难，制约着图书馆在信息时代发挥应有的作用，使图书馆在众多雨后春笋般兴起的以市场机制运作的信息咨询企业面前缺乏竞争力。对图书馆的投入不足是一个重要原因，但不是唯一原因。除了投入还有管理体制的问题，有运行机制的问题，有立法的问题，有服务模式的问题。关于图书馆改革的研讨虽然已经开展了很多年，取得了一些成果，但这项研究并没有结束，要继续把这方面的研究深入开展下去，要出新成果，为图书馆事业的改革实践提供科学的决策咨询。

图书馆肩负着信息、教育和文化的职能，是科学普及、社会教育和信息传播的重要社会机构，是实施科教兴国战略、进行思想道德和文化建设的重要力量。党的十四届六中全会通过的《中共中央关于加强社会主义精神文明建设若干重要问题的决议》明确指出：图书馆是政府兴办的公益性事业单位，应给予经费保证；要重点建设好大中城市的图书馆。我们图书馆学界要认真学习、贯彻党的十四届六中全会和十五大精神，要像十五大报告所说的那样，抓住机遇而不可丧失机遇，开拓进取而不可因循守旧，针对图书馆事业发展中亟待解决的理论和实践问题开展学术研究，建设面向 21 世纪的图书馆学学科体系，为我国图书馆事业的建设和发展做出贡献。

3 关于发展我国图书馆学学术研究的建议

1997 年中国图书馆学会第五次会员代表大会通过的《中国图书馆学会"九五"期间工作规划和 2010 年远景目标》，是今后一段时期内开展图书馆学研究和学术交流活动的指导性文件。这个文件提出，要进一步确立以中国图书馆学会为开展学术研究和学术交流活动的主渠道，确立学会在图书馆学研究领域的学术权威性，使之发挥导向作用；要提高图书馆学学术研究和学术交流活动的质量；要大力促进中青年图书馆学学者的成长；要与台、港、澳地区积极开展学术交流活动；要密切与国外图书馆界尤其是与国际图联的联系等。我们要把这些要求贯彻到今后的学术工作中去，认真进行落实。

20 世纪即将过去，21 世纪即将来临。在世纪之交，我们回顾过去，展望未来，更加明确了自己肩负的重任,也对未来充满信心。21 世纪是信息的世纪,是知识的世纪,图书馆在未来世纪中必将发挥更大的作用,在社会信息、教育和文化事业中充当必不可少的重要角色。科学的实践需要科学的理论为指导。图书馆事业的进一步发展需要图书馆学有个大的发展。让我们树立一个奋斗目标,那就是:要为建设面向 21 世纪的图书馆学学科体系而不懈努力,促进图书馆学优秀成果的大量涌现,推动图书馆事业迈向新的成功。

我国现在的图书馆学学科体系很大程度上是继承近现代图书馆学思想形成的。90 年代虽然也有学术争鸣,也有新的学科知识内容和观点的诞生,但是理论总结和系统化工作做得不够。有些图书馆学研究停留在对现象的描述上,不能深化下去;有些研究工作对相关学科的知识内容充满了热情和友好,把它们源源不断地引入图书馆学领域,但吸收消化工作做得不够,对图书馆学本质的特有东西挖掘不够,发展不够。所以,建设面向 21 世纪的图书馆学学科体系是一项重要而迫切的任务。

建设面向 21 世纪的图书馆学学科体系,要深化图书馆学基础理论研究,给它注入新的观念和新的内容。要研究数字化、网络化带来的图书馆要素、本质、属性、职能、基本矛盾、发展规律等方面新的变化,继续探索图书馆学的理论基础,探索图书馆学研究的方法论体系,构建图书馆学全新的学科知识系统,以基础理论研究指导图书馆学学科建设的全局。

建设面向 21 世纪的图书馆学学科体系,要发展图书馆现代化技术研究。尤其要发展图书馆特有的技术,如知识组织、网络信息检索、数字图书馆建设以及相关的协议、标准、规范等。要研究计算机网络环境下图书馆网络化建设中的系统建设、资源建设、组织建设等问题,研究网络环境中的数据库建设、著作权保护、电子文献传递、图书馆信息咨询服务等新问题。

建设面向 21 世纪的图书馆学学科体系,要面向世界,发展比较图书馆学研究。要更多地参与国际图联的活动,要积极与国外以及我国台、港、澳地区开展学术交流。要更多地研究不同国家和地区图书馆事业的管理体制和运行机制,关注图书馆法制建设问题。要深刻挖掘不同国情条件下图书馆事业发展水平不同的内在原因,摆脱比较图书馆学研究停留在现象描述的低水平状态,在比较中找到可以借鉴的经验和做法。

建设面向 21 世纪的图书馆学学科体系,要充分发挥年轻学术力量的作用。年轻人知识结构新,接受新事物、新思想速度快,这是他们的优势。近几年我国培养了一批图书馆学情报学的硕士和博士,要在学术交流活动和论文发表方面给予他们更多的机会,充分发挥他们的作用,为图书馆学研究注入新鲜活力。

建设一个面向 21 世纪,适应信息化新形势,指导图书馆未来发展的崭新的图书馆学学科体系,是图书馆事业发展的需要,也是时代赋予中国图书馆学会学术研究委员会的重任。我们相信,经过全国图书馆学界同仁的不懈努力,这个目标一定能够尽快实现,中国的图书馆事业也一定能够在新的世纪再创辉煌。

（选自《中国图书馆学报》1998 年第 5 期）

影响当前中国图书馆事业发展的四个问题

谭祥金

中华人民共和国成立 50 年,特别是改革开放 20 年以来,我国图书馆事业得到了巨大的发展,但也存在不少问题。微观上,普遍感到资金不足、设备陈旧、馆舍拥挤、队伍不稳定,也许各馆问题不同,程度有异,但家家都有一本难念的经。宏观上,也存在着体制、法治、规划等问题。我认为,技术、服务、合作和管理是影响当前我国图书馆事业发展的主要问题,应当引起关注。

1 关于应用新技术

图书馆的变革来源于信息技术革命,图书馆只有应用新技术,并建立与此相适应的运行机制,才能跟上时代的步伐。图书馆的自动化、网络化、数字化、虚拟化是依次必经的发展阶段,没有实现自动化和网络化,高谈数字化和虚拟化是不现实的。所以从技术上说首先要实现自动化。这里有一个重要的问题是,中国应该有自己的图书馆自动化应用软件,中国有 5000 年的文明,其文字和文献有自己的特点,中国又是一个发展中国家,图书馆自动化的投资是有限的。所以,中国图书馆自动化不可能也不应该依赖国外进口的应用软件,国外的应用软件也不一定完全适用于中国。即使国外现在最先进的系统,都有汉化的问题,在中国应用也要适应中国图书馆的实际,才能取得好的效果。前不久我国部分重点高校与几家国外的公司洽谈,准备引进他们的图书馆自动化集成系统,即使是优惠价格也都在 100 万元人民币以上,每年的维护费至少需投入 10 多万元。如果有这样的财力,又需要购买,当然是可以的,但绝大多数图书馆是难以承受的。20 世纪 80 年代中期以后,我国一些馆在各自为政分散发展状况下,开发出 100 多个集成系统,不少是低水平的重复。在经过了"适者生存"的竞争以后,现在应集中支持一些比较成熟的系统推广使用,并在使用中提高,使其达到国际水平,才是符合国情之路。

其次是在有条件的地区,尽快建立地区性的图书馆网络,实现联机编目、馆际互借和联机检索。在此基础上创造条件建立全国性的网络系统。网络化的重要问题是标准化,从某种意义上说没有标准化就没有网络化。数据不能共享,建设网络也没有意义。广东的几个集成系统几乎同时进行研制,功能大体相同,但采取了不同的数据格式,由于数据不能共用,无法实现联网。现在一些馆一方面在努力推广自己的系统,扩建自己的数据库,另一方面又在给今后的网络化和资源共享造成障碍,这种状况不能再继续下去了。

再次是要重视数据库的建设。所谓数据库是各种相关数据的集合,只有当信息与知识以数据库的形式出现时,才能形成规模,发挥效益。要正确处理"路、车、货"的关系,所谓

"路"，就是通信线路，所谓"车"，就是计算机硬件和软件，"货"就是数据库。如果路建好了没有车在路上跑，是极大的浪费，有车跑还要看车上装的是什么货。从因特网目前情况看，网上丰富的信息资源许多是有价值的信息。但相对来说，知识信息较少，而广告、娱乐、购物、旅游及其他方面的信息很多，仅公告牌系统服务就有数千种之多，这种服务很赚钱。甚至一些色情和暴力的东西也奔涌在互联网上。造成这种状况的原因之一，是由于图书馆界参与较晚，提供知识信息不多。我国一直都是重硬件轻软件忽视数据库，已经造成被动，应当从中吸取教训。最近国家教委以清华大学为中心，建立了国家教育科研网，后来发现网络上跑的车不多，现在又以北京大学为中心，建立文献资源保障体系，要求各校图书馆建设数据库输送到网络上，这是明智的举措。图书馆是人类知识宝库，应该在提供知识方面发挥更大作用，图书馆利用网络不只是"取"，更重要的是"供"。图书馆应该积极建设各种类型的数据库，加速馆藏文献的数字化，把自己有特色的文献资源输送到网络上。国外已经形成数据库产业，我们形成规模的数据库很少，所以加速建设数据库既是我们的责任，也是发展我国图书馆事业的重要方面。

2 关于图书馆服务

图书馆是国家投资的，国家的财富是社会大众创造的，图书馆理应为社会大众服务，国外叫为纳税人服务，我们叫为人民服务，这个道理大家都承认。但是，图书馆服务却一直是我们的薄弱环节。近年来提倡"读者第一""服务至上"的呼声在我国图书馆界比较强烈，不少图书馆工作者有许多感人的事迹。但从整体看，我国图书馆界还没有完全树立一切为了读者的服务观念，对谁是主人、藏与用、主动服务与被动服务、方便自己还是方便读者等问题并没有真正解决，离"满腔热情"和"千方百计"的要求还相差较远。有些图书馆员颠倒了"公仆"与"主人"的关系，认为读者是来求我的，对读者摆出"主人"的架势，甚至刁难。有的同志对读者有一种"厌烦感"，似乎读者越少越好，不来更好。有些图书馆的一些规章制度不是为了使读者更好地利用馆藏，而是为了方便自己，甚至卡读者，某些条文生硬粗鲁，使人难以忍受……

这些作为影响了图书馆在社会上的形象，也违背了图书馆的根本宗旨。为什么会产生图书馆？就是因为人类在社会实践中生产了大量知识，产生了文献，为了保存和交流记录在文献上的知识，就产生了图书馆。图书馆工作就是将知识从分散到集中，从无序到有序，从贮存到传播的过程。图书馆从产生的那一天开始，就与人类的知识活动有着内在的、本质的联系。人类的知识活动包含三个环节：知识创造、知识交流和知识利用。而知识交流是联系知识创造和知识利用的纽带，知识交流的目的在于知识共享。任何知识最初只是"私人知识"，不通过传播输送到社会上就不能转化为"共享知识"，只有通过传播，使其在社会上流传和应用，才能实现它的价值，推动社会的发展。图书馆正是担负这种使命的一种社会组织，图书馆的主要职能不是本身创造知识，也不是自身利用知识，其根本任务是把知识与社会的需求联系起来，起到知识交流的中介作用，成为社会知识生产和社会知识利用的桥梁。把知识与社会需求结合起来，是图书馆学基本的哲学思想。"为书找人，为人找书"是我们职业最简明的表述，也就是为人找到需要的书，为书找到需要的人。当然这里所讲的书，包括各种载体的文献,也包括网上的资源,找的方法也是多种多样的。过去图书馆工作的重点是放在文献的收集、整理、贮存等方面的技术加工上,对读者的服务重视不够。现代社会文献品种和数量剧增,人们面临浩如烟海的文献信息不知所措,出现了所谓"信息爆炸"与"知识饥渴"的矛盾,即我们被信息所淹没,但却找不到所需要的知识。这是社会需求和图书馆管理水平的矛盾在新的条件下的反映。图书馆只有加强服务才能缓解和解决这一矛盾。另一方面,由于现代技术在图书馆的应用,图书馆工作者可以从烦琐的手工劳动中解放出来,把工作的重点放在对读者的服务上。所以,许多图书馆都是努力吸引读者利用图书馆,并满腔热情、千方百计搞好服务工作。良好的服务能造成人们对图书馆的依赖。美国的一位图书馆学家做过一次调查,回答"遇到问题首先想到去图书馆寻找解决办法"的占被调查者的19%,这是非常令人鼓舞的数据。而在我国,不知道图书馆为何物者也大有人在。据《经济学家》周刊1998年9月12日报道,美国图书馆协会委托盖洛普民意测验研究所进行的民意测验表明,1/1的美国人拥有图书馆的借书证,1997年有64%的美国人至少去过一次图书馆,1/10人的至少去过25次。他们到图书馆做什么呢? 50%以上的人去看报纸或查阅资料,20%的人去上因特网,20%的人使用计算机。81%的人是为了到图书馆借书。1994年美国公共图书馆的总藏量为6.246亿册,总流通量为15亿册,流通率为233%,全国人均借阅量为3册。我国公共图书馆1995年总藏量为3.285亿册,总流通量为1.1814亿册,流通率为26%,全国人均借书不足0.1册。这些数据说明了我们在服务方面的差距。图书馆工作本身不是社会生产力,而是作为社会知识交流系统中的一个环节,将知识传播到知识利用活动之中,通过自己的工作,加速科学知识转化为生产力,创造社会财富。图书馆之所以成为一种社会事业,其根本原因是图书馆工作的本质属性是知识性、中介性和社会性。我们通过各种手段收集、加工、贮存知识的目的,就是为了知识的传播,只有传播才能交流,只有交流才能体现它的中介性和社会性。因此,我们必须搞好服务工作,努力开发信息资源。现在衡量一个图书馆的作用主要是对信息资源的开发与利用,而不是在于馆藏的数量和馆舍的规模。列宁早就说过:值得公共图书馆骄傲和引以为荣的,并不在于拥有多少珍本,而在于使图书在人民中间流传,吸引了多少读者,如何迅速满足读者要求。我们常说,领导对图书馆不重视,社会对图书馆不理解,这是问题的一面,但另一面倒是应该问问自己,我们对社会做了些什么,有多大的贡献? 我们只有用良好的服务才能造成社会对图书馆的依赖,从社会的依赖引起社会的重视,从社会的重视促进事业的发展。我认为,在目前树立真诚地为读者服务的观念,比期盼信息高速公路的建设还要重要。因为有了这样的观念,有了事业心和责任感,具备良好的职业道德,在艰苦条件下也可能取得良好的成绩。否则,条件再好也可能一事无成。

3　关于图书馆合作

图书馆合作是我国图书馆事业迫切需要解决的重大课题。图书馆合作是近代图书馆的产物,开始是在手工条件下进行的。电子计算机和现代通信技术在图书馆的应用,各种数据高密度存储和远距离传输,使图书馆的合作进入到一个新的阶段,可以利用图书馆网络进行合作建设馆藏、合作编目、馆际互借和文献检索等工作,实现资源共享。在当今世界上,任何一个图书馆都不可能满足社会的所有需求，必须进行馆际合作。对此，从理论上说，大家是认同的，但实际上就是另外一回事情了。

以文献资源建设为例，目前我国没有建立社会文献资源保障体系的机制，而是各馆独自进行本馆的馆藏建设。目前，各类型图书馆都面临书价上涨和经费不足而导致的书刊资料入藏量大幅度下降的困境。据统计，自 1985 年以来，全国公共图书馆的藏书以每年减少 100 万册的速度下降，国家科委信息司管辖的文献信息机构的文献入藏量 1994 年比 1986 年下降了 80%，高等院校图书馆的入藏量也在大幅度下降。这种状况连国家图书馆——北京图书馆也不能幸免。在这种情况下，理应加强合作，用有限的经费购买更多的品种，走共同建设、共同使用的道路。奇怪的是重复建设现象相当严重。以北京地区为例，在十几平方公里的范围内，北京大学图书馆外文原版期刊为 1200 种，其中 418 种与北京图书馆重复，约占 1/3；清华大学图书馆 400 多种外文期刊中与北京图书馆重复的 219 种，约占 1/2；科学院图书馆 900 多种外文期刊，与北京图书馆重复的有 643 种，达到 2/3，这种情况各地都有。典型的例子是前一阶段争相购买《四库全书》影印本，全国各图书馆究竟买了多少不得而知，仅哈尔滨一市就有 12 套，经费达到 88 万元。天津购进 12 套，耗费 100 多万元，其中包括市政府资料室，市农业银行资料室等基层单位。有一些县馆为了买《四库全书》，千方百计争取特批经费。从使用的角度看，这样大型昂贵的图书，在一个城市有 1—2 部也就够了，但在一些人看来，有了一套《四库全书》就有了镇库之宝，至于有多少人用是无所谓的。这说明封建藏书楼的思想在我国图书馆界还有较深的影响，也说明资源共享的意识是多么的淡薄。现在购买光盘也是各自为政，结果是一些品种你买我也买，而有些品种大家都不买。

如此简单的道理，图书馆界的领导者们是懂得的，但为什么出现这些奇怪的现象呢？原因是复杂的。

首先，从体制上说，我国各类型图书馆隶属于不同的行政管理部门，即使是同一类型的图书馆也没有制定统一的规划和相应的规范，形成了"条块分割，各自为政"的格局，给图书馆的网络化和资源共享造成困难。

其次，从观念上说，我国图书馆界受"小农经济"和"封建藏书楼"思想影响较深，习惯于闭关自守，讲求"自给自足，无求于人"，盲目追求"大而全"或"小而全"，对资源共享的意识较差。

其三，从实践上说，由于开展合作的机会不多，协作水平低，人们没有领略到资源共享的好处，对合作不放心，害怕合作不能满足要求，甚至丧失本身的利益，对合作缺乏信心，从而存在许多顾虑。

从长远看，如果我国图书馆界不从"小农经济"的思想束缚中解放出来，图书馆事业的发展就没有希望。因此，必须加强合作，建设图书馆网络，走资源共享的道路，在这方面有许多事情要做。

首先要加强宣传。要用分散存在的弊病和合作成功的实例使人们改变观念，使之产生合作的愿望。在此基础上进行实践，开始时条件可能不够完善，规模也不大，关键是迈出第一步，以后不断扩大和完善，如果没有开始的实践，就不可能有今后的发展，所以迈出第一步是至关重要的。

其次是建立强有力的管理机构。一般需设置管理委员会，负责宏观的规划和协调，对重大问题做出决策，其办公室负责日常工作。还要成立技术委员会和用户委员会，技术委员会负责网络的技术与标准问题,用户委员会对网络的工作进行监督与咨询。参加管理机构的人员应该有强烈的事业心,有一定的专业知识和管理能力。

再次是建立健全的机制。由于网络成员众多,涉及面广,有许多矛盾需要解决,各方的利益需要协调,网络的正常运转不能仅靠良好的愿望,要有健全的机制保证网络的正常运转和健康发展。在建立机制时,有几条原则是值得注意的。

第一是目标一致原则。所有成员都应有合作的愿望,为了共同的目标参加网络,为共同的事业做出贡献,做到"利益共享,风险同担"。对于实际工作中出现的差异和产生的冲突通过友好协商加以解决,始终保持目标的一致性。

第二是平等互利原则。不论规模大小,层次高低,所有成员在网络中都是平等的伙伴关系,既承担责任又享受权利,要使每个成员的合理利益得到满足,从而积极参加网络的活动,增强网络的凝聚力。

第三是遵守规范原则。网络应该制定所有成员必须遵守的标准,这是网络顺利开展活动不可缺少的条件。从某种意义上说,没有标准化就没有网络化。

第四是综合协调原则。网络是一个复杂的综合体,在处理各个要素的关系时,不能顾此失彼,要综合平衡,协调发展。只有这样,资源共享之路才会越走越宽广。

当然,实践中还会出现一些问题,只有在实践中去解决。在图书馆合作问题上,我们的当务之急是具备一定条件后先干起来,在游泳中学习游泳。千里之行始于足下,第一步不迈出去就会永远处于原地。《光明日报》1998 年 11 月 6 日发表了一条消息,说北京图书馆与北京大学、清华大学签署了合作协议,将实现文献资源共享。还说此项合作,将为全国图书馆与教育科研单位资源共享起到示范作用。并说这一合作是在国务院领导的关怀下促成的,说明高层领导关注这个问题。我们期待着不久的将来,图书馆合作的成果会遍布祖国大地。

4 关于图书馆管理

长期以来,我国图书馆管理属经验管理范畴。现代科学技术在图书馆的应用使图书馆的馆藏体系、工作程序和服务方式等方面发生了深刻的变化,其管理也应随之变革。1978 年召开中共十一届三中全会以后,改革的浪潮遍布祖国大地,面对改革所带来的震撼与希望,图书馆员的思想纷繁复杂。在严峻的现实面前,图书馆管理进行了一些改革,如建立管理机构、颁布行政法规、进行评估和表彰、试行馆长负责制、实行岗位责任制、试行目标管理、改革人事制度、开展有偿服务等。

20 年来我国图书馆管理的改革,虽然取得了一定的成绩,但到目前为止,从整体上看,管理水平较低,与实际的要求和形势的发展有较大的差距,主要原因在于一些重大的和深层次的问题没有触及。为了提高管理水平,促进事业的发展,需要在以下一些重大问题上进行深入的改革。

（1）要以人为本。世界上一切事物中,人是最宝贵的。列宁说,图书馆员是图书馆事业的灵魂。这句话揭示了图书馆员在图书馆事业中的作用与地位。其实道理也很简单,因为图书馆的各项工作都是人干的,事业的兴衰,工作的好坏,在很大程度上取决于人。所谓"以人为本"，就是图书馆的管理者在思想上和行动上要明确地、坚定地抓住调动人的积极性这个核心，把队伍建设作为图书馆的根本性工作。在这方面，实践中问题不少，理论研究也很薄弱，加强对人的研究和管理是形势和事业发展的需要，是我国图书馆管理必须重视的问题。

（2）要以法治馆。图书馆法在图书馆事业的生存和发展中，有着非常重要的作用。图书馆法律是国家对图书馆各种规范的总和，是国家意志的体现，是管理图书馆的依据和指导方向。它保障人民享有利用图书馆的权利，对图书馆履行职能提供保证。到目前为止，我国还没有制定图书馆法，只是由政府主管部门制定了一些条例，这些条例虽然曾起到积极作用，但它们毕竟不是国家立法机关制定的具有法律效力的规范，因而没有很强的约束力。就当前情况看，中国图书馆管理在许多方面是"人治"而不是"法治"，依法治馆是现代图书馆管理的指导思想，从"人治"走向"法治"是我国图书馆管理的重要课题。

（3）要健全机制。从管理角度看，所谓机制是建立一定的制度，按照一定程序处理各种事务，防止个人随心所欲，而把管理纳入法制的轨道。我国图书馆管理的许多弊端，就在于没有健全的机制。目前急需建立的机制有：

人员管理机制：只有建立健全的人员管理机制，让人在公平的环境里竞争，在机会均等的条件下表现自己，真正做到人尽其才，各尽所能。只有这样才能建设一支具有良好的思想和业务素质、结构合理的工作人员队伍。

激励机制：人的行为是某种动机引起的，而人的动机是可以激发的。我国图书馆界比较重视各种行政事务的管理，而忽视对人的激励，这是一个严重的缺陷。必须建立激励的机制，调动全体人员的积极性。

竞争机制：传统观念认为，平静是图书馆的一大优势，但过于平静会使图书馆失去活力。只有建立竞争机制，才能给图书馆造成一种你追我赶的环境，有利于优秀个人和群体脱颖而出，有利于事业不断前进。在竞争时应该坚持平等、公开和整体原则，才能收到良好效果。

还有前面已经谈到的合作机制，这里就不多说了。

（4）改革体制。现在我国实行"条块结合"的管理体制，有不少弊病。根据我国实际情况，实行"中央统一指导，地方宏观调控，图书馆具体管理"的体制较好。中央在全国性的立法和方针政策上给予指导，宏观管理的任务交给地方政府。因为中国是一个大国，各省市的差异较大，而且人权和财权在地方，地方政府建立统一的主管部门，对本地区各类型的图书馆进行宏观管理，主要是统筹规划、组织协调、检查监督，但不干预图书馆的具体事务。图书馆作为一个实体，应实行馆长负责制，让其在法规的范围内行使职权，不受干扰，并把主要精力放在履行职能和事业的发展上。

（选自《中国图书馆学报》1999 年第 3 期）

论图书馆的法治环境

李国新

法治建设是图书馆事业繁荣发展根本保证的观念,在界内已达成相当的共识。但是,图书馆法治建设的内涵是什么?国内截至目前的研究,几乎全部集中于"图书馆法"(实际上是图书馆专门法)的制定上,把图书馆的法治建设等同于图书馆专门法的制定。仅仅制定图书馆专门法能否产生这样的功效?通过对发达国家图书馆事业发展法律保障机制的深入研究,我的结论是:不能。为什么不能?最简单的理论解释是,图书馆事业是一项社会性事业,图书馆是一个社会性机构,它的运营、发展和社会生活的方方面面密切相关,而图书馆专门法仅仅是主要用于规范图书馆自身的专门法律。

图书馆事业法律保障机制的建设,目标定位应该是营造图书馆的法治环境。图书馆的法治环境,简单地说,就是对图书馆服务以及与图书馆的生存、运营、发展密切相关的所有方面具有高效能、全方位、综合性保障功能的法律体系。在这个法律体系中,图书馆专门法是重要的,但不是唯一的;相对来说,对与图书馆活动相关方面、相关领域的法律规范比图书馆专门立法更为重要。具体说,一个称得上为图书馆事业的发展提供"法治环境"的图书馆法律保障体系,我认为至少应该包括在四个方面相互联系、相互配套、相辅相成的法律法规:一是图书馆专门法,二是图书馆相关法,三是图书馆行业自律规范,四是与图书馆相关的国际条约、协定等。

1 图书馆专门法

图书馆专门法是主要用来规范图书馆自身活动的法律。中国学者截至目前所进行的"图书馆法"研究,基本就处于这一层面。放眼世界,不论任何国家,图书馆专门法都是整个图书馆法律保障体系中基本和重要的组成部分,但从理论上说,这部分法律法规的数量却不会多,因为与图书馆开展活动相关的方面、领域,远比图书馆自身多得多。如日本目前与图书馆有关的法律法规总数已达近 200 件,但图书馆专门法只有三件:《图书馆法》《学校图书馆法》和《国立国会图书馆法》。

不同国度的图书馆专门法,其具体规定有所不同,但现代图书馆专门法体现的本质精神是一致的,即体现现代图书馆观念。换言之,现代图书馆观念,是现代图书馆专门法的"理论平台"。所谓图书馆专门立法,实际上是以法律的力量和权威来引导整个社会确立现代图书馆观念,实现现代图书馆观念的法律制度化。观念之于立法之所以重要,根本的原因在于离开现代图书馆观念,就不会有图书馆的现代化运营,而现代图书馆观念,从本质上说,是现代社会保障公民生存权、学习权、认知与表现自由权、参政权、闲暇享受权等政治理念的体现,远不是一个完全物化的图书馆设置与否的问题。现代图书馆观念的核心内容是什么？主要之点应该是：

（1）图书馆的服务性。为所有公民提供资料与信息，是现代图书馆承担的最主要的任务。提供资料与信息的过程，就是一个服务的过程，这种服务应该是主动适应需求的全方位、多层次的服务。17世纪德国图书馆学家G. W.诺德提出图书馆不应只为特权阶层服务，而应"向一切愿意来图书馆学习的人开放"，已经开启了图书馆服务观念的现代意义。当代学者对图书馆服务的理念做了更明确的阐释："就是在任何时候、任何地点、为任何人提供所需要的资料。"如今，网络环境下的数字图书馆为这一理念的实现开辟了前所未有的广阔前景。

（2）图书馆的民主性。民主性源于现代民主社会"主权在民"的理论。按照这一理论，社会的健康发展，政体的有效运行，基础是所有国民具备基本的价值判断能力和履行社会义务的能力，因此开发民智和普及知识与情报就是社会发展所必须支付的成本。前者主要体现为现代社会中义务教育制度的普遍确立，后者便主要体现为图书馆的设立。这也是目前世界上有学者把图书馆的性质等同于实施义务教育的学校的理论根据。

民主性在现代图书馆运营中的体现主要是两个方面：一是图书馆在整体上肩负着保障所有公民自由地获得所需要的任何资料信息的责任，即图书馆是一个保障公民实现资料信息获得权的机构。联合国教科文组织1972年修订的《公共图书馆宣言》对此的表述是："公共图书馆必须敞开大门，不分民族、肤色、国籍、年龄、性别、宗教、语言、地位、学历，面向所有社会成员免费、公开地开放。"二是图书馆自身的运营、管理体制必须是民主的，如建立图书馆运营的"市民参与"制度，建立收集方针的"成文化""公开化"制度等。

（3）图书馆的免费制。免费制是民主性的必然要求。既然通过设立图书馆以普及知识与情报是现代社会运行、发展的必需成本，那么，这笔成本自然需要由社会的全体公民承担。承担的方式是公民通过纳税的形式向社会支付，然后通过社会的管理者——国家或地方政府交付给图书馆。图书馆向公民提供服务时的免费，实际上是在回应公民通过纳税已经支付费用的委托。

自从19世纪美国学者首先提出公共图书馆实行免费服务的主张以后，到19世纪末，欧美国家大都采用了这一原则。1972年联合国教科文组织进一步确认了这一原则："公共图书馆完全依靠公共资金维持运营，不得向任何人直接征收接受图书馆服务的费用。"目前，公共图书馆免费提供服务作为一种国际惯例依然被世界大多数国家奉行着。我国近年来也有学者明确提出，"公益性和无偿性"应是图书馆专门法体现的"基本原则"之一。

（4）图书馆员的专业性。图书馆员必须了解读者，必须了解资料，必须能把读者和资料联系起来，这就决定了图书馆员必须掌握相应的专业知识和专业技能，即所谓图书馆员的专业性。图书馆员的专业性具有自己的特殊性与独立性，或者说，其他职业集团的专业性无法替代图书馆员的专业性，因此，图书馆发展到现代以后，逐渐确立所有图书馆都应该在专业职务的基础上运营的理念，具体表现，就是普遍建立图书馆员的专业职务职级制度。

2 图书馆相关法

图书馆相关法主要是指两个层面上的与图书馆活动相关的法律法规：一是图书馆活动

适用的其他法律法规，二是其他法律法规中有关图书馆的规定。相关法的完善程度，是图书馆法治环境优劣程度的极其重要的指标。

相关法规关注到图书馆要比图书馆专门法的制定更为艰难。因为相关法律的关注本身，就说明整个社会对图书馆的认知程度较高，说明现代图书馆观念在社会上的普及程度较高，而要做到这一步，从整体上说就远比图书馆界自身的观念变革艰难得多。但是，由于图书馆活动的高度社会性，如果没有一大批与图书馆专门法配套衔接、相辅相成的相关法对图书馆的综合保障，所谓图书馆的法治环境就无从谈起。

从国外的经验看，大凡图书馆法治环境较为完善的国家，最重要的标志之一就是图书馆相关法的配套完善，比如日本。在日本的图书馆法律体系中，图书馆相关法的数量达 80 多件，与图书馆的运营、服务、设施建设相关的专门性法律法规中，大都有专门针对图书馆的规定。如日本的《著作权法》中有专门的"在图书馆的复制"一节。学校教育与学校设置标准一类法律法规中，规定了图书馆在学校的"必置制"。《地方自治法》规定了地方政府设置和管理图书馆的责任，原则规定了包括图书馆在内的"公共事务"所需要的经费"由地方政府全额负担"，在配套规章中，又明确了"图书馆费"列入地方预算。在《地方交付税法》及其配套规章中，"图书馆费"也被明列为专门科目。在《地方财政法》及其配套规章中，"图书馆建设费"被规定为可以通过"地方债"的形式加以筹措。这样，主要通过以《地方自治法》为核心的地方行政、财政法律法规，形成了对图书馆经费投入的法律保障机制。图书馆的建设与地域开发、城市规划密切相关，因此日本的此类法律法规中也大都有关于图书馆的规定。如在城市及周边地区开发整治的法律中（像《首都圈整治法》《近畿圈整治法》《中部圈开发整治法》等），图书馆被明确界定为"基础性的教育文化设施"，是开发整治计划必须重点规划的对象之一。对处于特殊地区的图书馆，相关法律则规定给予特殊保护。如《关于军事设施周边地区生活环境整治的法律》规定对包括图书馆在内的"教育文化设施"给予整治补助金；《大雪地区对策特别措施法》《关于对灾害多发地区实施特别财政援助的法律》《孤岛振兴法》《山村振兴法》一类"地域振兴法律"中，大都规定国家对这些地区的图书馆建设与整治给予特别的财政援助。《土地征用法》规定图书馆作为基础性、公益性的教育文化设施，享有征用土地的优先权。《城市规划法》将图书馆明确界定为"城市设施"，在城市的规划、建设中被置于优先地位。在建筑标准类法律法规中（如《建筑基准法》），图书馆被界定为"特殊建筑物"，执行较高的技术标准。图书馆周边环境的保护，被纳入环境保护类法律的规范范围。如对优美环境加以保护的《城市公园法》规定，图书馆是为数极少的可以在公园内设置的"公园设施"。相反，在对环境污染加以限制的法律中，对图书馆周边地区的污染限制标准更为严格。如《噪音限制法》及其配套规章规定图书馆周边区域的分时、分等限制标准；一部专门化程度很高的《关于防止公共机场周边区域飞机噪音污染的法律》，则确立对包括图书馆在内的"供一般民众学习、集会的设施"防治噪音污染给予经济补偿的原则。残疾人保护法律对面向残疾人的图书馆服务做出规定。如《残疾人基本法》规定包括图书馆在内的公共设施，必须在设施的构造、设备的配置方面，充分考虑残疾人利用的特殊需要；规定图书馆在日常服务中，必须有面向残疾人提供情报服务的具体措施。《身体残疾者福利法》将"视听残疾者情报提供设施"列为法定的残疾人七大"康复援助设施"之一，据此还制定了盲文图书馆和听觉残疾者情报提供设施的设备及运营标准。此外，像《邮政法》及其配套规章规定了图书馆通过邮局向残疾人邮寄外借著作物实行免费或邮资优惠的制度。《医疗法》及其配套规章规定了图书馆是大型"综合医院"的"必备设施"，其法律地位与医院里的病理检查设施、病理解剖室、研究室等同。《统计法》及其配套规章把图书馆列入法定的由政府负责实施的"指定统计"范围，图书馆的统计指标成为反映国家教育文化水平的重要统计指标之一。在为数众多的税法中（如《地方税法》《租税特别措施法》《登记许可税法》《关税税率法》等），大都规定图书馆在税收上享有豁免或优惠。就连"风俗业"（即色情业）限制法律中也注意到了对图书馆的保护。如《关于对风俗营业的限制及营业正当化的法律》及其配套规章规定，包括图书馆在内的教育文化设施周边 200 米的范围，是"风俗相关营业的禁止区域"。《旅馆业法》规定，学校、儿童福利设施、包括图书馆在内的社会教育设施周边 100 米的范围内，"不得开办各种类型的旅馆设施"。

以上列举足以说明图书馆活动高度的社会性，图书馆相关方面的广泛性。可以设想，缺少了哪一方面的法律保障，图书馆活动都会受到一定程度的影响，但任何一部图书馆专门法都无法将其囊括无遗，无法具有如此广泛的规范力。

相比之下，到目前为止，中国学者有关图书馆法治建设的研究还没有把思路和眼光投向这一方面，中国与图书馆活动相关方面的现行法律法规还基本上没有关注到图书馆。就以近年来界内学者谈论较多的著作权与图书馆的关系来说，照我的看法，现行的《中华人民共和国著作权法》实际上与图书馆的关系不大。因为与图书馆关系密切的著作权，诸如著作者的复制专有权、出借专有权、展示专有权、播放专有权，以及这些权利在图书馆的合理使用，在现行的《著作权法》中或者未确认，或者语焉不详。现行《著作权法》只是在第 4 节"权利的限制"中有一条明确针对图书馆的规定："图书馆、档案馆、纪念馆、博物馆、美术馆等为陈列或者保存版本的需要，复制本馆收藏的作品"，被视为合理使用。须知，在图书馆的复制，主要并不是"为陈列或保存版本的需要"的复制，而是满足利用者需求的复制。现行《著作权法》恰恰是在与图书馆关系最为密切的方面，没有对著作权在图书馆的合理使用做出规范。近年来，国内法学界已有学者注意到了这一问题，并提出修改建议。

3 图书馆行业自律规范

行业自律规范不是法律，只能说是行业性的"社会誓约"，国外有学者称其为"准法律"，或行业"自主性、自立性规范"。

从国外看，纳入图书馆法律体系的行业自律规范主要是两方面：一是图书馆界作为一个整体以现行"实定法"为依据对图书馆自身权利、责任的确认和公示，表现形式是由代表机构向社会发布图书馆权利（或图书馆自由）宣言，如美国的《图书馆权利宣言》，日本的《图书馆自由宣言》。二是图书馆员作为一个职业集团向社会公示图书馆员为完成图书馆所承担的责任、履行图书馆对公民的义务而应具有的职业道德、专业素养、行为准则，表现形式是由代表机构向社会公布图书馆员伦理规范，如美国的《图书馆员伦理纲要》，日本的《图书馆员伦理纲领》。

图书馆的责任和权利是什么？ 美国图书馆协会 1980 年修订的《图书馆权利宣言》确认的要点是：(1)图书馆提供所有人关心、需要的图书及其他图书馆资料。图书馆资料不能根据作者的出身、经历或见解不同而受到排除。(2)图书馆提供反映各种观点的资料和情报。

不能由于观点的不同而剔除图书馆资料。(3)图书馆拒绝干涉和检查。(4)图书馆和一切抵抗压制表现自由、思想自由的个人、团体合作。(5)图书馆不能因为利用者的出身、年龄、经历、观点的不同而拒绝或限制其利用图书馆的权利。(6)图书馆在公平的基础上向利用者提供设施、设备。日本图书馆协会1979年修订的《图书馆自由宣言》确认的要点是:(1)图书馆具有收集资料的自由。(2)图书馆具有提供资料的自由。(3)图书馆为利用者保守秘密。(4)图书馆反对一切检查。可见,图书馆的权利或自由,是基于图书馆保障国民资料获得权的社会责任,在本国宪法的框架内拥有的一种政治权利、政治自由。图书馆对自身权利和自由的确认,实际上是图书馆对利用者做出的"誓约",表明了图书馆在完成自身责任时的意志与态度,它最终保障的是图书馆利用者的权利和自由。

图书馆员的职业伦理规范是什么? 美国图书馆协会1981年修订的《图书馆员伦理纲要》的要点是:(1)图书馆员在日常工作中通过熟练、正确、公正、亲切的服务,给利用者提供最高水平的图书馆服务。(2)图书馆员抵制来自任何团体和个人的对图书馆资料的干涉。(3)图书馆员承认利用者查找、参考、借阅资料属于个人秘密,并严守这种秘密。(4)图书馆员在工作中遵守应有的程序,认可机会均等的原则。(5)图书馆员在工作中明确区分个人的态度、意见与图书馆团体的意志、主张。(6)图书馆员在工作中回避能够带来个人或金钱利益的行为。日本图书馆协会1980年公布的《图书馆员伦理纲领》则涉及了如下五个方面:(1)图书馆员对自身职责的态度。(2)图书馆员的责任。(3)图书馆员作为本馆成员之一的权利与义务。(4)图书馆员对馆际合作的态度。(5)图书馆员对学术文化发展的态度。图书馆员的伦理规范被认为是与图书馆的自由权利有着"表里一体""相辅相成"的关系。自由权利是图书馆实现自身承担的社会责任所必须,但仅靠图书馆员的"个人行为",自由权利无法完整实现。因此,组成职业集团的每一个图书馆员个人,就必须具有和自由权利相一致的价值取向和行为准则,这就形成了图书馆员的伦理规范的核心内容。如果说对自由权利的确认是图书馆向社会的"誓约",那么,伦理规范的公示,则是图书馆员向社会的"誓约"。

有日本学者认为,以图书馆自由权利的确认、图书馆员伦理规范的确认为主的行业性自律规范,"是图书馆法律体系的基本内容之一",是图书馆法治建设不可缺少的内容。为什么这么说呢? 首先,法律规范不是万能的,法律规范必然有空白,因此,法律承认约定俗成的规范的补充作用;其次,行业自律规范是依据现行有效的法律制定的,与法律的精神一致;更重要的是,行业自律规范表明了图书馆作为一个整体,图书馆员作为一个职业集团,明确认识到了自身承担的社会责任的重要性,愿意自觉地把自己置于整个社会的监督之下,并认为这种监督,"是社会对图书馆员这个职业集团产生信赖","图书馆员自身不断进步的起点"。从这个意义上说,自律性的规范虽然不具备严格意义上的法律约束力,但它却体现了一种自觉意志,同样具有法治的意义,因为它同样会带来秩序。这就是发达国家的图书馆法律体系将行业自律性规范纳入其中的原因所在。

在中国,有关图书馆的自由权利与图书馆员伦理规范的研究还是空白。我们或许有过"服务公约",或许有过"服务承诺",但立意与目标、内容与功效与此显然有别。并不是说我们需要全盘照搬洋人的行业性规范来为中国的图书馆法治建设"填空"。国外的经验给我们的启示在于,图书馆的法治环境,应该是多元法治。专门法、相关法的法律规范是重要的,基于自觉意志的自律规范、社会誓约同样不是可有可无,相反,是一个完善的法律体系所必需。因此,在中国图书馆法治建设过程中,有必要对中国的图书馆权利与自由、图书馆员伦理规范展开研究，逐步形成共识，以使其在界内发挥应有的引导观念、凝聚力量、规范行为的作用。

4　与图书馆相关的国际条约、协定等

中国的图书馆法治环境，当然首先要具有中国特色，但在全球化趋势日益凸现的今天，也不能不考虑国际惯例，不能不顺应国际潮流，不能不具备国际法基础。因此，与图书馆有关的、具有国际指导作用的国际条约、协定、宣言、章程等，既应该是我们制定图书馆专门法的重要参照，又是我们的图书馆事业以开放的姿态走向世界的重要指针。

从国外的经验看，与图书馆关系较为密切的国际条约、协定等，主要有四大类：一是与图书馆的自由权利及公民自由利用图书馆的权利相关的国际公约，如《经济、社会及文化权利国际公约》《公民及政治权利国际公约》《儿童权利国际公约》等；二是有关图书馆服务、建设、发展方向的国际宣言、标准、指针，如联合国教科文组织公布的《公共图书馆宣言》和《学校图书馆媒介服务宣言》《IFLA 公共图书馆标准》《面向听觉残疾者的图书馆服务的 IFLA 指针》等；三是有关出版物国际交换的条约、协定，如《关于出版物国际交换的条约》《关于国家间政府出版物及政府文书交换的条约》等；四是与图书馆关系密切的著作权保护方面的国际条约，如《伯尔尼保护文学及艺术品公约》《世界版权公约》《关于设立世界知识产权机构的条约》等。

中国图书馆界过去对相关的国际条约、协定等的整理与研究还很不够。制定中国的图书馆法律，建设中国图书馆的法治环境时，必须考虑怎样有机地融合与容纳国际条约、协定的主旨精神，特别是那些中国政府已经签署参加的国际条约、协定，从而使中国的图书馆法治环境成为一个开放的、与国际接轨的环境。图书馆界在这方面应给予更多的关注。

（选自《中国图书馆学报》2000 年第 3 期）

我国信息资源共享的战略分析

黄长著　霍国庆

1　我国图书馆信息资源共享的进展

　　图书馆信息资源共享的历史可以追溯到 18 世纪,当时在资本主义生产关系发展较早的英、法、德等欧洲国家已出现了图书馆信息资源共享活动,如 18 世纪后期德国著名诗人歌德在主持魏玛公国图书馆馆务时就与耶拿大学图书馆建立了馆际互借关系。但总的来说,在 20 世纪 60 年代之前,图书馆信息资源共享还只是处于渐进的量变阶段,图书馆彼此之间可以共享的资源以及实际的共享范围都是有限的;图书馆信息资源共享发展的里程碑是计算机技术和现代通信技术特别是作为两者结合形式的网络信息技术在图书馆的利用,现代信息技术使图书馆信息资源共享进入了一个从量变到质变的跨时空信息资源共享阶段。现代信息技术在两个方面促进了图书馆信息资源共享的质变:其一,现代信息技术使图书馆之间的信息资源共享扩展为信息资源生产者、信息资源服务部门、信息用户与图书馆之间的广泛的信息资源共享,真正突破了空间对信息资源共享的制约;其二,现代信息技术的发展诱发了观念的变革,"信息资源"概念的出现标志着社会已不再把传统的文献简单地视为一种财产,不再以拥有多少文献来衡量图书馆或信息资源机构的价值,相反,人们是以文献中所蕴含的信息资源能够给自己带来多少效益来衡量文献和图书馆的价值的。

　　我国图书馆信息资源共享以 1957 年为界可以分为两个时期:1957 年之前是零星的、局部的和自发的共享时期,1957 年之后则进入大规模的、全局的和有组织的共享时期。区分两个时期的标志就是 1957 年国务院颁布的《全国图书协调方案》。该方案决定,在国务院科学规划委员会下设图书小组,由文化部、高等教育部、中国科学院、北京图书馆等单位的代表和若干图书馆专家组成,负责全国为科学研究服务的图书工作的全面规划和统筹安排;建立全国和地方的中心图书馆委员会,其中,在北京和上海分别建立第一、第二全国中心图书馆委员会,在武汉、沈阳、南京、广州、成都、西安、兰州、天津、哈尔滨九个城市分别建立地区中心图书馆委员会,在各省市区分别建立省级中心图书馆委员会,这些中心图书馆委员会负责具体规划、实施全国的藏书协调工作;组织编制全国图书联合目录,等等。《全国图书协调方案》开创了我国图书馆信息资源共享的新局面,但这种良好的发展态势很快被席卷全国的政治运动无情地粉碎了,此后直到 80 年代初,我国各省市区才又陆续恢复了中心图书馆委员会,并逐步组织和开展了一些诸如文献采购协调、集中编目、馆际互借等共享工作;然而全国和地区中心图书馆委员会却未能恢复。作为一种补偿,1987 年由文化部、国家科委、国家教委、中国科学院、国防科工委、中国社会科学院等 15 个部委联合成立了全国部际图书情报工作协调委员会。该委员会成立后最突出的成绩是组织了全国文献资源调查与布局的研究工作,但它远没有达到人们所预期的效果。如果说 1957 年《全国图书协调方案》的颁布是我国图书馆信息资源共享的第一个分水岭,那么 90 年代因特网的出现就是第二个分水岭。因特网使我国图书馆信息资源共享进入了资源层面的全球信息资源共享新时期,我国图书馆界信息资源共享的许多重大事件都发生在这个时期。

上海是我国图书馆事业非常发达的地区之一,同时也是信息资源共享初具成效的地区之一。早在 1977 年,上海就组建了区县两级公共图书馆和 12 个系统的 270 个单位参加的外文书刊采购协调网;1980 年,上海图书馆协作委员会成立,这是最早恢复的地方中心图书馆委员会;1988 年,上海高校图书馆联合成立了申联文献信息技术公司,开展集中采购和编目工作,成效显著,以至于把上海图书馆也引来加盟。90 年代中期,上海图书馆和上海科技情报研究所的合并重组为上海地区图书馆信息资源共享提供了新的契机,1994 年上海图书馆等 19 家图书馆不失时机地成立了"上海市文献资源共建共享协作网"(目前协作网成员馆已扩充到 27 个),从而使上海地区图书馆信息资源共享活动又上了一个台阶;1999 年,该协作网制定了 1999—2001 年三年规划,明确了上海市文献信息资源共享的指导思想、目标、实施原则、实施内容和实施措施,计划用 3 年时间建成由上海市公共、高校、科研等系统的图书馆和情报机构组成的文献信息资源网络系统,三年大见成效,服务上海,服务全国。

北京是我国图书馆最为集中、最为发达和种类最全的地区。北京地区的信息资源共享具有多元并举的特点,地方性的共享与行业性的共享或分或合,复杂多样。1993 年,作为北京中关村地区"中国教育与科研示范网(NCFC)"的一部分,由中国科学院文献情报中心、北京大学图书馆和清华大学图书馆共建的"中国科学院、北京大学、清华大学图书情报网络(APTLIN)"项目开始启动,1997 年结项,成功地实现了在 NCFC 上三馆的联机公共检索服务、联机联合编目和馆际互借,这是建立在网络信息技术平台上的区域信息资源共享系统,奠定了尔后北京地区乃至全国图书馆信息资源共享的实践基础,大大提升了我国图书馆信息资源共享的层次。在 APTLIN 的基础上,中国科学院文献情报中心又启动了"中国科学院网上文献信息共享系统工程"项目,该项目第一期工程已于 1998 年结束,基本上实现了该中心与中国科学院上海文献情报中心、武汉文献情报中心、成都文献情报中心、兰州文献情报中心及其覆盖范围内各所之间的互联,实现了局域网、城域网、广域网上的文献信息共享;1999 年,该项目第二期工程方案通过论证,第二期工程的重点是强化文献信息资源的数字化、服务方式的网络化、管理的自动化,以及科技信息资源的快速获取和有效综合利用等方面的工作,建设全方位的网上文献信息保障系统,为中国科学院知识创新工程的实施提供文献信息保障服务。

高校图书馆是我国图书馆领域的一支中坚力量,高校图书馆在许多方面一直走在图书馆行业的前列,在信息资源共享方面自然也不例外。进入 20 世纪 90 年代后,为了落实"科教兴国"战略,经国务院批准,国家计委、国家教委和财政部联合颁布了《"211 工程"总体建设规划》,高校图书馆系统随即开始筹建配套的"中国高等教育文献保障系统(CALIS)",其目标是在国家教育部的统一领导下,以中国教育与科研网(CERNET)为依托,在 20 世纪末通过文献信息服务网络和文献信息资源的数字化建设,初步实现系统的公共检索、馆际互借、文献传递、协调采购、联机合作编目等功能,基本建成中国现代高等教育文献保障体系的基本框架。其具体建设项目包括三级服务框架建设、文献数据库建设、关键技术研究等。其中,CALIS 的"全国中心—地区中心—高校图书馆"三级保障结构是 20 世纪 70 年代末期之后我国图书馆信息资源共享的第一个较为完备的全国性解决方案。该方案设全国中心四个,即文理中心(北京大学图书馆)、工程中心(清华大学图书馆)、医学中心(北京医科大学图书馆)、农学中心(中国农业大学图书馆);地区中心七个,即华东南地区中心(上海交通大学图书馆)、华东北地区中心(南京大学图书馆)、华中地区中心(武汉大学图书馆)、华南地区中心(中山大学图书馆)、西北地区中心(西安交通大学图书馆)、西南地区中心(四川大学图书馆)、东北地区中心(吉林大学图书馆);地区中心之下覆盖目前已进入"211 工程"的101 所大学并最终链接所有的大学图书馆。其华北地区中心由 CALIS 管理中心兼代。

我国图书馆信息资源共享的大戏是 20 世纪末拉开序幕的。1998 年国庆节过后,李岚清副总理和江泽民总书记先后视察了国家图书馆,并做了重要指示。国家最高决策层对图书馆事业的关注极大地激发了广大图书馆工作者的热情和积极性。在李岚清副总理的亲自过问下,1998 年年末国家图书馆、北京大学图书馆、清华大学图书馆和中国科学院文献情报中心先后签署了资源共建共享合作协议。1999 年岁首,在国家图书馆的倡议下,全国 100 多家图书情报单位的负责人聚首国家图书馆召开了"全国文献信息资源共建共享协作会议",通过了"文献信息资源共建共享倡议书",诚邀全国图书情报单位加盟,按照"资源共享,优势互补,互利互惠,自愿参加"的原则,建立以国家级文献信息资源网络为主导,地区级文献信息资源网络为基础的全国图书馆文献信息资源共建共享网络。其具体的工作内容包括:建立各具特色的馆藏体系;协调外文书刊文献的订购;实施全国网上联合编目;合作进行馆藏文献数字化;充分利用网络开展服务;加强并完善馆际互借业务;扩大业务交流和培训;建立协调机构。这次会议倡议建立的三级协作网络的框架结构为:(1)建立由国家图书馆、首都图书馆、上海图书馆、广东省中山图书馆、四川省图书馆、辽宁省图书馆和甘肃省图书馆组成的全国协作网联络组;(2)以各大区为单位建立区域协作网,其中,首都图书馆为华北区协作网中心,辽宁省图书馆为东北区协作网中心,上海图书馆为华东区协作网中心,中山图书馆为华中区协作网中心,四川省图书馆为西南区协作网中心,甘肃省图书馆为西北区协作网中心;(3)各省市区根据实际情况可建立省级协作网。就这次会议所设计的三级协作网络架构来看,似乎没有更多地兼顾其他系统图书馆和情报系统在协作网中的地位,是公共图书馆的协作网络。1999 年 10 月,由国家图书馆牵头在济南召开的第 6 届全国省、自治区、直辖市和较大城市图书馆馆长联席会议上,又就资源共建共享的基本模式、协调机构、运作经费及有关实际协作事宜进行研讨,取得了一致,使此项工作有了新的进展。

在 21 世纪就要到来的时候,图书馆遇到了百年不遇的发展良机。然而,机遇只是一种可能性,问题的关键在于如何把可能性转化为现实性,如何抓住机遇使图书馆工作迈上一个新台阶。就此而言,李岚清副总理提出的数字图书馆建设和信息资源共享恰是摆在我们面前的两个世纪性课题。"面向 21 世纪的图书情报工作网络化研究"项目实际上就是要解决这两个课题的一些基本问题。

2 图书馆信息资源共享的平台建设

图书馆信息资源共享及其前期工作信息资源配置(相当于共建)事关"科教兴国"的百年大业,需要所有图书馆人全身心地投入、认真地准备、真诚地合作、务实地工作、无私地奉献,需要从最基础的平台建设做起,切忌一味地务虚和炒作。就图书馆信息资源共享的操作和运行而言,需要3种必备的平台,即技术平台、管理平台和法规平台。

图书馆信息资源共享的技术平台在此特指网络环境中的信息资源共享活动的计算机和通信体系结构,其组成元素包括计算机系统、系统和应用软件,以及电子通信网络等。其中:计算机系统或称硬件系统,是图书馆信息资源共享平台的物质基础。软件系统是图书馆信息资源共享系统的中枢控制部分,主要包括系统软件和应用软件两大类,系统软件(也称通用软件)是支撑计算机硬件运行的指令的集合,而应用软件(也称专用软件)则是支持特定的业务活动的指令集,图书馆软件就是一种应用软件,它事实上是现代图书馆管理思想的程序化。需要指出,目前多数图书馆软件只是传统图书馆工作流程和管理思想的一种模拟,这样的软件不能够适应网络环境下信息资源共享的需要,适合网络时代需要的软件应该建立在图书馆业务流程重组、网络思维和共享模式的基础上。电子通信网络是图书馆信息资源共享平台的神经系统,是联结所有硬件并使之协同作用的物质基础,有局域网、城域网、广域网之分。每一个图书馆内部的网络都相当于一个局域网(有的图书馆如高校图书馆网络有时往往是母机结构局域网的一部分),一个城市(或一个地区)内部的图书馆网络互联形成的网际网相当于城域网,城域网之间互联则形成城际网(广域网的一种)。我国图书馆信息资源共享的技术平台建设应有选择地优先发展城域网,然后实现城域网互联,最终以城际网为核心形成辐射广大农村地区的全国图书馆信息资源网络。技术平台建设的关键是要解决规划问题和标准问题,网络规划要兼顾当前需要和长远发展,要着眼于国际接轨,要为未来发展预留空间;网络标准则要侧重兼容和规范化,确保国际标准、国内标准以及各行业系统条例和细则的兼容,确保用户界面、数据格式、数据库建设规则、信息交换协议等的统一。或许在技术平台建设的某些方面我们可以借鉴我国台湾地区图书馆界的做法。据台湾友人介绍,台湾地区图书馆系统曾在调查和论证的基础上对图书馆硬件和软件的配置做了具体规定,各馆买哪个厂家的产品无所谓,关键是必须符合有关的配置规定。由于台湾地区图书馆齐心协力、一致遵守规定,以至于一些计算机厂商不得不专门为台湾地区图书馆定做机型,图书馆为此还能享受折扣优惠,可谓一举两得。

图书馆信息资源建设的管理平台在此主要指信息资源共享观念体系、协调组织、管理方法和程序等"软件基础"。图书馆信息资源共享的实现需要有一个观念基础,应提倡和推行全局观念、资源观念、合作观念、双赢(win‒win)观念、投入产出观念、创新观念和服务观念,应通过图书馆馆长研讨班等活动首先强化决策者的共建共享意识,应通过调整图书馆评估标准(如不再以馆藏数量而是以馆藏特色和协作系数作为衡量一个图书馆的主要标准)等方式改变图书馆的资源配置方向和内容,应通过小范围的、局部的共享实践为广大图书馆提供直观感受信息资源共享优越性的机会,应通过宣传、报道、学习、研究等各种手段把上述种种观念内化为所有图书馆人的共识,从而为全面的信息资源共享扫清认识障碍。图书馆信息资源共享的协调组织是管理平台建设的关键。中华人民共和国成立后尤其是改革开放后的实践证明,由政府出面成立行政性的官方协调机构是不现实的,信息资源共享主要是一种自愿行为,协调机构的组成必须能够体现共享各方和各个层面的利益,必须能够体现协商的性质,否则就易于流产。同时,图书馆信息资源共享协调组织组建的程序也要体现自愿和互利的原则,条件成熟的地区可以先成立、多开展一些活动,条件不成熟的地区可以暂缓,绝不能强求划一,挫伤成员馆的积极性。至于图书馆信息资源共享的管理程序和方法,一般可以视为协调组织的产物,具体内容涉及成员馆的评估和吸纳、成员馆义务和权利的规定、共建共享规划的制定、共建共享标准的确定和监督实施、共建共享规划的制订、共建共享活动的组织和调控、重大事件的决策程序、成员馆纠纷的仲裁、共建共享经费的预算和决算、协调委员会的权限及其任期和选举等。这些程序和方法均应体现公平、科学、民主的原则,经所有成员馆协商和讨论后确定。在这个问题上,美国 OCLC 的一些做法可供我国图书馆界借鉴。管理平台虽然是一种软平台,但其重要性不亚于技术平台,可以说,目前制约我国图书馆信息资源共享的最主要的因素不是技术而是管理,管理的问题一旦解决了或者说管理的水平若能够上一个台阶,那么,图书馆信息资源共享就会有飞跃性的发展。

图书馆信息资源共享的法规平台泛指各种与信息资源共建共享有关的法律和规章制度,由于规章制度逻辑上属于管理平台的范畴,在此主要讨论超出协调组织权限的政府政策和法律问题。事实上,信息资源共享是一个需要多行业参与和协动的社会活动,图书馆仅是其中的一个环节,为了协调不同行业之间的利益和职责,就需要政府出面制定相应的政策和法规,规范各方的行为,确保各方的利益不受侵害。譬如,美国政府从 20 世纪 50 年代起就开始着手制定种种促进信息资源共享的法规和政策报告。1958 年形成的"贝克(Baker)报告"主张建立联邦政府科学信息局,将政府和非政府的信息机构合并成统一的信息网络,由国家级的指导机构来支持、协调和补充现有的信息计划等;1966 年通过的《信息自由法》规定联邦政府机构应公开除本法 9 项豁免条款之外的所有记录,法院对政府机构拒绝提供信息的做法有权重新审核等;1974 年通过的《个人隐私法》就政府对个人信息的采集、获取、使用和保密等问题做了详细的规定;1976 年通过的《阳光下的政府法》再次强调政府政策信息的公开化,规定公众有权获取政府决策过程中最充分的可以使用的信息等;1980 年通过的《文书削减法》旨在推行信息公开和流通政策,指导各级政府部门最大限度地开发和利用政府信息;1990 年美国图书馆和信息科学委员会通过的《公共信息准则》要求联邦政府在公共信息的完整性、传播、复制、发行、检索、利用和保存等方面确保公众能够充分利用的权利;1993 年通过的《美国国家信息基础设施:行动计划(NII)》明确提出要把高速光缆联结到每一个家庭、学校、医院、企业和政府机构,要保护所有美国人以能够承受的价格享用信息资源;1995 年通过的《文书削减法》修正案再次提出要确保公众能够及时、平等、公平地利用信息产品和服务,严禁政府部门限制或管制公众利用、转售、再传播公共信息,严禁政府部门对转售或再传播公共信息收费,严禁政府部门收取超出传播成本的用户费用,等等。从上述部分美国有关法规和政策可以看出美国政府在实施信息资源共享方面所做的大量细致的工作及其良苦用心,同时也可以觉察到实现信息资源共享征程中的艰辛和阻力,美国政府的多项法规反复强调政府信息的公开以及公众利用政府信息的权利绝不是无由而发。对此,我们要有充分的思想和心理准备,要有足够的信心和耐心,要有打持久战的意识,要善于推动政府政策和法规的制定,要善于利用政府和法规信息资源共享创造良好的环境和条件,要善于利用政策和法规保护正当的信息资源共享活动及其权益。

如同唱戏不能没有戏台,体育比赛不能没有赛场,图书馆信息资源共享也不能没有平台。平台是图书馆信息资源共享活动的承载体,平台的建设取决于将要开展的活动,然而平台一旦建立起来就会反作用于其承载的活动,就会促进或制约图书馆信息资源共享活动及其效果,如建立在手工操作和文献载体馆际互借基础上的信息资源共享活动与建立在高速网络和信息资源(内容)传递基础上的信息资源共享活动相比就不可同日而语,而依靠经验管理的信息资源共享活动与依靠管理科学和法规的信息资源共享活动相比也不可同日而语。需要指出，技术平台建设和管理平台建设的规律有所不同，技术平台的建设是一次性或周期性的，当技术平台建立起来之后，在相当长的时期内面临的主要是技术平台的维护和改进，所以技术平台的规划、选型和配套建设一定要从长远着眼，要尽量关注技术的先进性和兼容性；而管理平台的建设则是持续性的，是日积月累而成型的，需要时时注意改进，不断趋向更高的水平。我国信息资源共享现在基本上还处于建设平台的时期。近两年来不少单位都提出了自己的数字图书馆研究计划或项目，这是建立技术平台必不可少的前期准备工作，但应该加强沟通和合作，不要在同一水平重复建设。同时要注意管理平台的建设，不要造成技术平台建设和管理平台建设的脱节。

3　图书馆信息资源共享的基础建设

　　图书馆信息资源共享的基础建设是指在技术平台和管理平台上运行的业务活动，这些活动又是信息资源共享的基础工作。形象地说，图书馆信息资源共享的过程类似于卡通片中"超人"组合的过程。在卡通片中，需要的时候许多人可以合而为一，成为一个智慧和能量超群的"超人"；但是并非什么人凑在一起都可以是一个超人，只有心心相通、协力对敌的朋友才能组合为超人，否则若有一两个离心向敌的人，超人恐怕就要倒霉；至于超人是否还是人，可以说既是又不是，超人具有人的所有特征，但又超越了人的极限。图书馆信息资源共享也如此，每个图书馆就相当于超人形成前的普通人，而加入共享行列的所有图书馆所组成的整体就好比一个"超人"，但只有每一个成员馆都能齐心协力，这个整体才会像"超人"；至于这个整体还是不是图书馆，也可以说既是又不是。以信息资源共享为纽带所形成的图书馆整体是人类智慧及其结晶的聚变，无论从形式到内容都已不是原来意义上的图书馆。如果说有关系的话，只能说这个整体是图书馆进化或蜕变的产物。图书馆必须走"超人"的路，在图书馆能够成为超人之前，必须首先做一些基础的工作，主要包括合作馆藏建设、联机联合编目、网上文献传递、在线信息咨询等，这些基础工作正是造就"超人"的实践前提。

　　合作馆藏建设是图书馆信息资源共享的核心任务，缺失这一条，图书馆信息资源共享就无从谈起。合作馆藏建设的前提信息资源配置的协调，目标是一体化文献信息资源体系和网络信息资源体系的形成。令人欣喜的是，我国图书馆领域已认识到了合作馆藏建设的重要性，如上海地区文献资源共建共享协作网和中国高等教育文献保障系统都把建立特色数据库作为工作的重点之一，由全国100余个图书情报机构发起制定的《文献信息资源共建共享倡议书》更是明确提出要建立各具特色的馆藏体系，呼吁各协作单位按学科专业、文献类型、出版国别及文献语种实行分工购藏，共建分布合理、保障有效的全国文献资源体系。然而，合作馆藏决不会在一朝一夕之间建成，对此，信息资源共享的发起者和参与者都要心中有数，要有坚持不懈的信念。我们认为，合作馆藏建设方面还应做好以下几方面的工作：（1）要根据成员馆的服务对象、馆藏基础、经费多少、人员结构等多方面因素决定它们的收藏重点和特色，这项工作难度非常大，但一定要做，而且要坚持做下去；（2）采购合作不要局限于外文书刊，要扩展到中文书刊乃至所有信息资源的配置方面；（3）在文献信息资源建设方面一定要有所为有所不为，要集中有限的经费购置本馆分工范围内的文献信息资源；（4）在协商的基础上,交换、调整各成员馆利用率或闲置的文献信息资源,共建贮藏图书馆;(5)加强文献信息资源数字化的合作,建立特色数据库体系;(6)协调文献信息资源建设和网络信息资源建设,逐步将重复购置比率降低,构建各具特色、资源互补、有机组合的一体化信息资源体系。

联机联合编目是网络时代图书馆信息资源共享的必要前提,其重要性无论如何强调都不会过分。相对而言,联机联合编目技术目前比较成熟,所缺乏的只是成员馆之间的合作而已。如中国科学院文献情报中心开发的集中式联机联合编目系统就是一种适合共享的解决方案,利用该方案各馆可以保持自己完整的文献库,同时又能够与一个负责集中管理的中心数据库相连,建立实时的数据传送机制,中心数据库存放多馆联合目录、规范文档、主题词表等集中管理数据;当某一成员馆编目时,首先查询联机联合目录库,如果中心数据库能查到相关记录,则加入本馆馆藏字段并将该记录远程套录到本馆的库中;如果中心数据库没有查到相关记录,则在中心数据库挂号(ISBN)并在本馆计算机系统中加工形成编目数据,这样,存入本系统的同时也传送到远程的中心数据库中。这样的联机联合编目系统不仅能够保证各馆编目数据的标准化和规范化,也能够为合作馆藏建设和用户集中查询提供便利,或许,其最大的优越性还在于极大地节减了成员馆的编目人员,从而在提高质量之余节减了大量的成本。当然,目前图书馆所顾虑的可能主要是裁减的编目人员如何安置,这确实是一个难题,但或早或晚减员增效都将是图书馆领导层必须面对的现实。

如果说联机联合编目是图书馆对图书馆的资源共享行为,是一种 A to A 的模式,网上文献传递则是图书馆对用户的资源共享行为,属于 A to B 的模式。网上文献传递需要着重解决以下几方面的问题:(1)硬件和软件的配置要采用国际通用的标准协议;(2)要在用户访问集中的大型图书馆之间铺设专用的宽带网,以解决目前上网速度慢的老大难问题;(3)成员馆之间要统一接口和用户界面;(4)要提供简便易用的多途径检索系统和界面友好、功能强大的搜索引擎;(5)逐渐增加网络信息资源的入藏量,为用户网络查询、浏览、下载提供更多的选择;(6)建立镜像服务站点,分流用户,以便就近查询和下载;(7)研究开发自动信息资源搜索系统,利用人工智能技术,通过各种链接,自动搜索网络上的有关资源,自动进行分类加工和处理;(8)联络数据库服务商和网络内容提供商(ICP),经信用评估和签约后作为后备的信息源,为急需信息资源又愿意付费的用户提供服务,这种模式也称为 A to C to B 模式。网上文献传递所实现的是面向全人类的无限的信息资源共享,而基于文献传送的传统的馆际互借相对而言主要是面向特定群体(如科研和决策群体)的有限的信息资源共享,从这个意义上推论,未来基于文献的信息资源共享仍将是一种"奢侈消费",是面向图书馆重点用户群的,而面向大众的信息资源共享将是基于网络的,其前提是图书馆的信息资源开发活动。

在线信息咨询是最宜于通过网络提供的图书馆服务项目,是未来满足大众信息需求的主要方式,因为人们需要的是信息资源而不是文献载体。在线信息咨询的前提是图书馆信息资源的开发或再生,其实质是以信息产品的开发为核心的信息交流过程。在线信息咨询要求有一支知识结构合理、善于把握用户信息需求及其变化、擅长信息分析和综合、长于口头交流和书面交流、熟练掌握网络应用技术的咨询队伍,要求有一个互动的咨询页面和一个实时更新的动态咨询数据库,要求有一个适合信息用户的信息产品系列,从长远看,还要求有一个为信息用户所接受的具备一定知名度的品牌。在线信息咨询将利用集中布局在城市的信息资源通过因特网、有线电视网络、电话网络为散布在我国城乡的居民提供所需的信息产品和信息服务,这应该是适合我国国情和网络时代发展趋势的信息资源共享道路,这也是符合信息资源分布的"集聚和扩散规律"的。在此,集聚是指信息资源及其机构的集聚,扩散则是指信息服务和信息产品的扩散,集聚与扩散的辩证统一最终解决了信息资源配置的效率和公平的矛盾。可以推测,在线信息咨询将是未来图书馆业务活动的主体,在线信息咨询的扩张在某种程度上改变了图书馆的性质,使图书馆加入了信息资源生产的行列,这是历史的必然和生存的需要。正如我们前面所做的分析,由于网络信息资源配置趋向信息资源生产者,单纯的信息资源中间服务机构如图书馆等将面临巨大的生存压力,发展在线信息咨询正是缓减这种压力的策略,是一种"适者生存"策略。但需要指出,图书馆进入信息资源生产领域不是要谋求与出版商或数据库生产商的前向整合,图书馆的竞争优势集中在信息资源的二次开发方面,这是图书馆在线信息咨询的重点,也是图书馆在网络环境中生存的支点和发展的增长点。

如果说平台建设为图书馆信息资源共享提供了舞台,那么基础建设所提供的共享业务活动就是直面观众的唱戏活动,这出戏唱不唱得起来,唱得好与坏,关键在于活动的内容是否吸引人、各种角色配合的程度以及活动策划和组织的水平,从这个意义上说,图书馆信息资源共享的基础活动还应包括共享之前和共享过程的策划活动以及共享的组织活动。策划活动相当于研究与开发活动。我们认为,图书馆信息资源共享群落似应共同组建一支研发队伍,主要任务是市场调研、政策研究、关键技术研究、标准和规划制定、高层次培训等,这支队伍相当于图书馆信息资源共享群落的快速反应部队。至于共享的组织和运作则与共享的管理平台有关,取决于共建共享协调组织的权威和效率,取决于共建共享组织所制定或依据的解决方案。图书馆信息资源共享的基础活动只有根据精心设计和严格论证的解决方案来组织,才能真正变成一场生动活泼、引人入胜的"大戏"。

4 图书馆信息资源共享的解决方案

图书馆信息资源共享没有固定的模式,两个或两个以上的图书馆之间通过交流、协议、合作、一体化等方式开展互利互惠的信息资源服务活动都可以称之为信息资源共享,所不同的只是各种形式的信息资源共享的解决方案及其效果。我国目前就存在着不同类型、不同层面、不同范围的图书馆信息资源共享,如高校系统的 CALIS、上海地区文献资源协作网、中国科学院网上文献信息共享系统、国家图书馆牵头拟建的全国文献信息资源共建共享协作网络,以及全国各地不同系统图书馆的馆际互借网络、集中编目网络或采购协调网络等。现在我们提出一种全国图书馆信息资源共建共享的解决方案,要点包括:

(1)建立图书馆信息资源共建共享论坛。鉴于我国目前已经存在着各种各样的信息资源共建共享网络,完全超越这些网络另建一个全国性的图书馆信息资源共建共享网络是不现实的,所以,可行的做法是建立一个全国性图书馆信息资源共建共享论坛。这个论坛由国家信息化工作领导小组下的信息资源组负责,成员包括现在各地区和各行业主要的信息资源共建共享网络的主任单位、国家级文献信息资源中心、地区级文献信息资源中心,以及各省市区文献信息资源协调机构的负责人,如果需要,并经过论坛成员的讨论确认,可以设立一个论坛常设机构来处理日常事务。论坛可以定期或不定期开展活动,可以建立一个网站用于成员之间的经常性沟通;论坛的议题可以务虚也可以务实,当前不妨务虚的多一些,侧重讨论既适合我国国情又能够与国际接轨的共建共享体制、模式及其所需的政策、法规等议题,磨合一段时间后再讨论规划、方案和实施等较具操作性的议题;论坛就共建共享过程中的大事进行磋商,就发展方向、远景目标、中长期计划和年度计划等进行决策,就共建共享的推行和实施向国家有关部门提出建议、报告、议案或方案;论坛为已有的共建共享网络提供咨询,定期交流、讨论、协调不同网络之间的计划及其实施情况,引导、支持和促进网络之间的互联;论坛每年可以举行一次扩大会议,邀请非成员馆和各种协作单位参加。论坛是一个松散型组织,是一个政策咨询组织和协作协调组织,但同时也是一个过渡性的组织,一旦条件成熟,论坛应该过渡为组织更加严密的协商机构,以期加强和加速我国图书馆的信息资源共建共享。

(2)确定"拥有"型图书馆。论坛今后一段时间内的主要任务之一就是在调查取证的基础上确定一批"拥有"型图书馆。所谓"拥有"是相对于"存取"而言的。"拥有"型图书馆是指通过购藏信息资源来满足本馆用户乃至网络用户的信息需求的图书馆,"存取"型图书馆则是指主要利用其他成员馆或信息提供者来满足本馆用户的信息需求的图书馆。随着网络的迅速扩张和网络信息资源的急剧增加,多数基层的普通图书馆的"拥有"功能将逐渐萎缩,"拥有"功能将集中到一批布局合理的大中型图书馆,这些图书馆的辐射范围将覆盖我国的绝大部分居民点,将能够为我国城乡的广大居民提供文献阅览服务、基于文献和网络的信息咨询服务,以及网络信息资源服务。论坛将要决定的就是哪些图书馆能够和应该成为"拥有"型图书馆。"拥有"型图书馆实际上就是一个个或大或小的共建共享网络的核心,它的周围生存着一群"存取"型图书馆,"存取"型图书馆依托"拥有"型图书馆的资源提供服务,相当于"拥有"型图书馆伸出的触角,已经不能算是完全意义上的图书馆或者说只是一种"虚拟图书馆"。譬如,我国多数企业就不必建立专门的图书馆,企业员工一般的文化、求知和闲暇需求可以也应该通过公共图书馆来满足,企业技术、业务、管理和战略方面的信息需求可以与"拥有"型图书馆合作建立一个"虚拟图书馆"来满足。至于我国广大的乡村地区,可以围绕县级公共图书馆建立共建共享网络,由县公共图书馆通过有线电视网络提供网络信息资源服务和通过邮政系统提供必需的借阅服务。"存取"型图书馆本身就是信息资源共建共享的产物。

(3)建立图书馆闲置信息资源调配网。论坛今后一段时间需要着重解决的另一个问题是建立图书馆闲置信息资源调配网。由于目前我国图书馆评估定级的导向性错误,许多图书馆宁肯让利用率极低或多年无人借阅的书刊资料闲置也不愿意将书刊资料调配给需要它们的图书馆。据来自图书馆的信息,一般图书馆的藏书利用率为40%—50%,经常利用的藏书仅占20%左右。如果此说属实,那么我国图书馆有将近半数的文献资源处于闲置状态,这无论从何种角度来看都是一种极大的浪费。试想,这些闲置的文献资源若调配到信息资源贫乏的广大乡村地区特别是乡村中小学,该有多少渴望知识的人将沐浴在知识的阳光下?然而,图书馆视书刊资料为一种财产的观念不会一朝改变,对此,一方面要修改图书馆评估定级标准并大力宣传共享理念,另一方面要通过信息资源共建共享的实践达到潜移默化的效果。建立图书馆闲置信息资源调配网本身就是一种共建共享活动,其最终目的是实现信息资源的均衡分布。可以利用现有的图书馆网络来建立闲置信息资源调配网,调配可以是有偿的,也可以是无偿的,可以通过论坛进行,也可以彼此直接在网上洽谈,可以无方向地依需调配，也可以指向性地捐献给某一地区或某一具体的图书馆。论坛还可以建立图书馆闲置信息资源调配基金，用以鼓励和支持图书馆之间的闲置信息资源调配活动。

（4）确立分层次共享模式。就我国目前的文献资源基础和经济实力而言，还不能充分满足每一个人的信息需求，在信息资源共建共享的过程中应区分重点用户和一般用户，并提供不同深度和范围的服务。如《上海市文献信息资源共建共享计划（1999—2001）》就明确提出要集中成员馆的综合优势，优先完成以下任务：一是针对国家和本市重大标志性的科技、经济和社会发展及精神文明建设的项目，精选其中100项，实行全方位跟踪服务；二是结合上海跨世纪人才培养的需要，挑选100名中青年优秀人才，为其提供文献信息专题服务。上海市的做法是值得效仿的，在建立图书馆信息资源共建共享网络时，各成员馆需要就重点服务的信息用户达成协议，网络将优先重点满足这些用户的信息需求，一般用户的信息需求将主要靠本馆的文献信息资源和共享网上的网络信息资源来满足；具体实施时，用户的类别还可以细分（也不宜太细），这样将形成更有层次的共建共享服务体系。分层共享模式也可以对应于"拥有"型图书馆和"存取"型图书馆，其中，"拥有"型图书馆主要满足重点信息用户的信息需求，同时也向一般信息用户开放；"存取"型图书馆主要满足一般信息用户的信息需求，也可为重点信息用户提供服务。

（5）发展无边界共享国际网。在社会范围内，图书馆只是信息资源流程的一个环节，其主要功能是储存人类所开发和积累的信息资源，故有人脑外化装置的美誉。在网络社会到来之前，由于信息资源交流环节之间的明确分工，图书馆的地位无法取代，但因特网的出现使图书馆陷入尴尬境地，图书馆上游的信息资源生产商纷纷进入网络，直接提供信息服务，图书馆下游的信息用户尤其是网络时代成长起来的用户则纷纷转向网络或其他信息渠道寻求所需信息，图书馆还有没有生存价值？美国的兰开斯特等人试图回答这个问题，提出了"图书馆消亡论"，此论虽然没有得到图书馆界的认同，但却足以警醒许多还陶醉在"知识宝库论"中的图书馆人。无疑，网络时代信息资源生产、组织、存储、开发、传递诸环节之间的界线已越来越模糊，将来还会进一步发展为一种无边界的信息资源交流体系，图书馆信息资源共建共享也要遵循这个规律。无边界共享意味着每一个具体的图书馆与其他图书馆的一体化，意味着图书馆与出版商、广播电视部门、情报部门、经济信息系统、专利标准部门、档案馆系统、网络信息公司以及信息用户等的一体化，意味着我国信息资源交流体系与世界信息资源交流体系的一体化，意味着分工与合作的统一，意味着信息资源哲学意义上的回归——通过网络实现了大交汇和大碰撞的全人类的信息资源将服务于全人类。无边界共享也意味着信息资源交流过程诸环节不同程度的融合，图书馆一方面将通过文献信息资源的二次开发和数字化进入信息资源生产商的行列，另一方面仍将承担采集、储存、开发和提供各种类型的信息资源及其产品的使命，同时图书馆还将是未来信息用户遨游网络信息海洋的领航者。

（6）实施渐进共享解决方案。无边界共享毕竟是一种理想或者说远景目标，就当前的现实而言，我国图书馆信息资源共建共享宜采用渐进共享解决方案。所谓渐进共享解决方案，是指先建立一个或几个核心网，然后通过核心网吸引本地区乃至外地区的图书馆加盟，最后再通过核心网的互联实现全国范围内的信息资源共建共享。屈指数来，上海地区文献资源协作网可以算是一个核心网，北京地区可以在国家图书馆、北京大学图书馆、清华大学图书馆和中国科学院文献情报中心4个超大型图书馆共建共享协议的基础上吸纳中关村地区的高校和科研图书馆形成一个核心网，珠江三角洲地区的中山图书馆、中山大学图书馆、深圳图书馆等若能携起手来也可以组建一个核心网,这 3 个核心网可以先发展起来,通过网络的效益和优势吸引本地区图书馆参与,实施滚动发展;其他地区如武汉地区、西安地区、成都—重庆地区等也有发展核心网的条件,目前宜多做一些准备工作。高校系统的 CALIS 虽然也不错,但是一个比较松散的网络,且跨度太大,建议其成员更多地融入地方图书馆信息资源共建共享网络,中国科学院的文献情报中心系统和中国社会科学院的文献信息中心系统也如此。核心网之间目前可以通过电信系统的网络实现互联,将来有条件时可以在核心网之间铺设宽带光纤网。我们认为,我国现在还不具备很快建成一个全国范围的信息资源共建共享网络的条件,如果操之过急,反而会"欲速则不达"。

信息资源共享是人类的理想,但信息资源共享不会自动实现,人类狭隘的部门意识、行业意识、地区意识、小团体意识等思维定式以及作为这些意识的表现形式的政策、法规、制度等无不制约着信息资源共享前进的步伐。因此,我们要克服这些狭隘的意识,然后再通过自己的信息资源共享实践循序渐进地影响周围的人们和环境,最终完成人类的信息资源共享大业。

（选自《中国图书馆学报》2000 年第 3 期）

知识集合初论
——对图书馆学研究对象的探索

王子舟

在图书馆学界，每个有学术良知的人都会感受到图书馆学面临着危机。危机的根源来自于一些元问题的失解与误解。其中研究对象问题上存在的某些陈旧、偏狭的观念，是导致图书馆学步履艰难的主要根源。以往人们对研究对象的各种阐释，都曾为自己所处时代暗暗规定了基本思维范式，使图书馆学的"科学共同体"能够围绕某些命题顺利展开研究。但是，思维范式一旦保守僵化，必然形成对学科发展的阻力。我们认为，当今图书馆学研究对象应转向知识集合。

1 人类知识主要来自客观知识世界

哲学家罗素曾指出："知识是属于正确的信念"。换言之，知识就是正确的认识。

1.1 知识积累与传承是人类进步的根本动因

人类与动物的区别究竟在何处？依马克思劳动创造人的观点，人一旦依靠自己的劳动创造出所需生活资料时，一方面它就具有了能动性，能主动与外界进行物质能量交换，实现生命的自我生长、增殖；另一方面说明人摆脱了环境对自然生命的控制而具有了自主性，变成支配自己生命及生命活动的主人。还有一种观点认为：人与动物的分野在于人能进行知识积累，每一代人都能学习、吸收前辈的知识（包含技能），并且发展这些知识；而动物则不然，每一代都必须从头开始。因此，人类随知识呈几何级的发展，最终进入了文明社会，走出并远离了动物家族。这两种观点，在深层含义上是有同一性的，但从知识社会学的角度，后者更简单明晰地说明了问题，易于被人接受。它表明，知识的积累与传承是人类进步最根本的动力。

1.2 知识积累体现于客观知识的增长

人类知识分主观知识（存在于大脑中的知识）与客观知识（存在于脑外载体中的知识）。早期人类知识的积累，在文字发明以前，主要通过语言与动作示范，因此，知识积累是线性的，知识的流向是从主观知识到主观知识。而文字发明后，知识积累变成散射方式。知识的流动又开辟出从主观知识到客观知识再到主观知识这样一个广阔的途径。这是人类进化史上的革命性飞跃。文字使图书这种客观知识的存在变成现实。美国图书馆学家巴特勒说图书"是保存人类记忆的一种社会装置（Social mechanism）"，这句话之深意在于，人在发明机械以延展自己手脚的功能时，也发明了图书来延展自己的大脑功能。而且这后者并不比前者晚出。主观知识存在于个体大脑之中,对于每一个个体来说,主观知识的增长是有限的,同时还易于消亡。而客观知识是以纸张、磁带、光盘等为载体的,它的增长是无限的,也不易于消亡。因此,人类知识的积累主要通过主观知识的客观化来实现。客观知识呈几何级增长,终于使人不断感受到,除了主体自我的世界、物理客体的世界长期二元对立外,现在面前还横亘着一个庞大的客观知识的世界,即波普尔所谓的"世界3"。

1.3　人类获取知识主要来自客观知识世界

知识来自于实践,这是过去人们熟知的观念。其实,在文明社会中,主体知识更多的是来自客观知识世界。因为从客观知识世界中获取知识,主体可以脱离具体客体的束缚,能在较短时间里,从客观知识世界获得别人历经几十年艰辛劳动所取得的知识成果,提高认识效率。此外,主体一旦脱离具体客体的束缚,在认识范围上可超越时空,得知古往今来、天下四方的大事。正因有了客观知识,人才无须事必躬亲。波普尔提出过两个思想实验曾在图书情报学界广为流传:假如人类遭到灭顶之灾,人以外的文明世界全部毁坏殆尽,但只要图书馆还存在,那么文明还可马上迅速恢复。假如图书馆也毁坏殆尽,那么人类就只能从早期原始状态重新开始过渡了。其义表明,人类累积起来的知识,主要是客观知识,也主要存在于图书馆这样专门保存与传播知识的社会机构中。随着人的社会化程度越来越高,任何一个个体要想获取知识必须从已经社会化了的客观知识世界中去获取。

2　知识集合是人类获取知识的主要媒介

如何从浩如烟海的客观知识世界获取到自己所需的知识,这是人类不断努力解决的重要问题。

2.1　知识集合的基本内容与特征

知识集合是把某些客观知识按一定原则有序组合起来的集成体,其目的是使人们从中获取知识。在客观知识世界中,存在多种多样的知识集成体,比如图书馆、百科全书、辞典、索引、书目、年鉴、知识数据库等,它们都是知识集合。客观知识的载体有多种多样,陶器、建筑、机器等都凝聚了一定的客观知识内容,但这些载体主要用途并非贮存、传播知识。只有文献是专用于贮存、传播知识的人工载体。每一个单元文献可视为一个知识元素。根据数学集合论(Set theory)原理,如果用 U 代表社会文献(即客观知识世界),用每个自然数代表单元文献(即知识元素),那么社会文献的集合可以表达:U = {1,2,3…,n…}。如果把社会文献视为全集(用 U 来表示),那么贮存在图书馆中的单元文献就是这个全集的一个子集(用 A 表示),分布在图书馆以外的零散文献也是这个全集的一个子集(用 B 表示)。用文氏(Venn)图表达为:

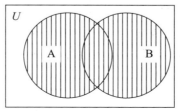

A∪B,即集合 A 与集合 B 是一个并集:U = A∪B。如果用 x 表示文献元素,那么:

$x \in A \cup B \Leftrightarrow x \in A$ or $x \in B$

表明图书馆馆藏文献与社会零散文献是有相互重复等同者的。如图书馆藏有《飘》这部小说,社会零散文献中也有《飘》。

在现实世界中,通常图书馆馆藏文献是一个真实的知识集合,同时又是一个有序集,而社会零散文献不是真实的知识集合,也不是一个有序集。因此,假设将此两个子集分列表示,我们会发现:

A = ｛1,2,3,4,5,6,7,8,9…,n…｝

B = ｛8,2,5,9,3,1,4,7,6…,n…｝

在一个元素有序的集合中,我们要找到其中一个元素是非常容易的,而在一个元素无序的集合中,找到其中一个元素就相当困难。如果这个无序集又是庞大的无限集,那么很有可能出现找不到所需元素的情形。此时,图书馆作为一个有序的知识集合,其存贮知识与检索知识的功能立刻就完全显现出来了。因此,有序是知识集合的基本特征。

把知识元素汇集起来有序化,是为了形成知识集合,有序的知识集合才具有检索与获取知识的效用,所以,知识集合的存贮知识与检索知识的基本功能是共生的,它也是知识集合两个最本质的属性。对一个完整的知识集合来说,集合体已经不等于其中的任何一个元素,正如美国学者巴克尔(Stephen Barker)所言:一个哲学家的集合,"它的每一个元素是一个哲学家,但是所有哲学家组成的集合本身却肯定不是哲学家"。因此,当美国诗人麦克施利问:一本书与图书馆其他书籍放在一起之后,它变成了超过一本书的某种东西了吗? 图书馆学家谢拉答:当然是这样,花环的整体美是每个花朵构造的。由此看来,知识元素一旦有序排列而成集合,根据系统论的观点,知识集合作为一个完整的系统就获得新的独立存在价值,它成为客观知识世界中一个奇特的家族。在这个家族中,图书馆作为知识集合体,它是文本性客观知识集合,文本性客观知识是客观知识的原生状态,因此文本性知识集合也可称为原生态知识集合,它是一种最基本的知识集合。从单个的图书馆来看,它似乎仅收藏了一部分原生态知识元素,但从整个社会的图书馆全部来看,它却几乎包容了人类的所有的原生性客观知识。除了原生态知识集合外,知识集合家族中还有加工性客观知识集合,即对原生态知识进行某种摘取或提炼,加工而形成的知识集合,也可称再生态知识集合。如各种书目就是将原生态知识元素特征(题名、责任者、主题、分类号等)摘取而形成的再生态知识集合;百科全书则是原生态知识内容经过提炼、浓缩而成的再生态知识集合;年鉴则是对新增的某类客观知识进行加工的再生态知识集合。此外,还有索引、辞典等等,它们也都属于再生态知识集合。原生态知识集合与再生态知识集合都具有知识集合的基本共性。因此,它们应属家族同类而受到同等的重视。

2.2 人类获取专指性知识主要通过知识集合

每个人的一生都是使知识增长的一生。通常情况下,人获取知识的活动可大致分为两个时期:被动接受知识(即为了继承前人知识成就)时期与主动寻求知识(即为了在前人基础上创新)时期。在被动接受时期里,长辈教导、学校教育是主要形式,客观知识主要通过教育形式使受教育者得到吸吮,主动阅读、选择阅读只是辅助方式。随着年龄和受教育情况的变化,人就进入了主动寻求知识的时期。对某类或某种客观知识的搜集、研究,完全出自主体自主的选择。采集、阅读成了获取知识的主要形式。可以说,知识集合所起的作用主要发生在这后一时期(当然在前一时期也在发挥作用,而且现代社会往往忽略这一作用)。在主动寻求时期里,人们面对无序的多如恒河沙砾的客观知识世界,往往无所措手足,唯一的方法就是通过知识集合,去寻找自己所需的知识内容。那些知识集合的创造人,如图书馆馆员、工具书编纂家、数据库建库者等知识工作者(knowledge worker),此时起了知识向导的作用,历史选择他们成为社会舞台上最崇高的角色扮演者。

在当今时代,知识的含义较以往要更为丰富。1997 年,国际经济合作与发展组织(OECD)在《以知识为基础的经济》专题报告中所阐述的知识为四个方面:Know—What(即"知道什么"的知识,亦即关于事实的知识);Know—Why(即"知道为什么"的知识,亦即关于规律、原理的知识);Know—How(即技能知识);Know—Who(即知道"谁有知识"的知识)。前两类知识应该说主要属于客观知识世界,它们被称为可编码的知识,即可组成知识集合。后两类属于主观知识世界,是一种意会知识(Tacit Knowledge),是一种实践智慧,解决问题的能力。尽管意会知识不包括在古代、近代知识观中,而在当代受到了高度重视,但不可否认,这部分的知识的积累与增长,离不开可编码知识的能量与营养的输送,同样也离不开知识集合给予的帮助。

3 图书馆学研究对象应转向知识集合

以往人们对图书馆学研究对象的认识,经历了从局部到整体,从经验直觉到理论抽象、从封闭研究到开放考察这样一个由浅入深的过程。但是至今仍未很好地解决这一问题,致使图书馆学的发展步履艰难。

3.1 20 世纪 80 年代以前研究对象的缺陷

19 世纪初图书馆学建立之时,图书馆学研究对象被人们认为是从事图书馆工作所具有的知识与技能的总和(简称"总和说")。这方面的代表人物有德国的施雷廷格、艾伯特等。这种认识反映出西方图书馆发展到近代,文献的组织与整理已精细化、复杂化、系统化而使知识、技术的含量越来越多,非设专门学问而无从下手。"总和说"虽属经验上的总结,但它最早为图书馆学设定了研究对象,为图书馆学的建立做出了不朽的贡献。而且"总和说"寓意图书馆学有理论与应用两部分,这种观念成为图书馆学日后发展的一种基本思维范式,影响至深。

20 世纪以后,随着工业社会对人文化素质的高度要求,市民阶层、公共意识的兴起,图书报刊数量的激增,世界各国图书馆事业也得到迅速发展。图书馆事业的组织、管理、法规、专业队伍的培养、图书馆布局及馆际互借等新的命题在以往研究对象中无所归属,因此,人们便把图书馆学研究对象从图书馆的知识与技能,扩展并逐步转移到了图书馆事业上(简称"事业说")。"事业说"在苏联与中国长时期地占据了主导地位。50 年代刘国钧先生倡导的"事业说",以及后来出现的"矛盾说""规律说",虽然表述有所不同,但都是探寻"图书馆事业的"矛盾、规律,仍属"事业说"。80 年代所谓的"抽象图书馆""层次说""活动说""过程说",并未能离此宗旨。

但是,随着时代的发展,"总和说"与"事业说"的局限性也就渐渐显露出来。它们的根本缺陷在于未揭示出图书馆的实质。就像各种各样的灯，虽然人们找到了一个抽象的词汇"灯"可以涵盖一切灯，但如果未能进一步抽象出其本质"照明工具"，那么对灯的研究就不会落实到"如何更好照明"这样的命题上。图书馆学研究对象的"总和说"，因其强调"技能"因素，导致图书馆学技术化倾向恶性发展。因此才出现了 20 世纪 30 年代美国图书馆学理念派对这种技术化倾向的全面反动与抵抗。"事业说"虽然较"总和说"视野更为开阔，甚至把图书馆与社会发生联系，但却把图书馆学关闭在"图书馆"的大门之内。"事业说"的范式特征在于：其一，"凡有关图书馆的……"才能构成图书馆学，因此，图书馆管理学、图书馆统计学、图书馆建筑学、图书馆色彩学等，无论良莠高下，皆挤入图书馆学这只"筐"中。不但没有提高图书馆学学科的地位，也未能解决技术层次过低的问题。其二，"图书馆学是图书馆事业的学问"，所以，知识、知识积累、知识传播、获取知识、知识增长等重大的、涉及图书馆命脉的问题反倒遭到了忽视。

3.2　20 世纪 80 年代之后研究对象的发展与不足

80 年代初期，我国图书馆学界悄然兴起对"知识"的研究。随着美国谢拉的社会认识论、苏联米哈依洛夫的情报交流理论以及英国哲学家波普尔"世界 3"观念的引进，不久，宓浩等学者们提出了知识交流理论（简称"交流说"）。"交流说"把图书馆定位于知识交流的中介，试图把图书馆学研究对象从图书馆转移到客观知识世界。这种努力获得了巨大反响，一时间，知识、交流、阅读等主题概念得到高扬。但"交流说"的弱点也是明显的。其一，"知识交流＋图书馆"是其理论结构，拼合痕迹过于显露，并未对以往范式形成破坏性的冲击力。其二，尽管表达了图书馆与知识、知识交流的相互关系，但未充分揭示图书馆内部活动的本质和机理，即忽视了知识组织的问题。

90 年代以后，随着西方信息资源管理理论的传入，以及信息经济、知识经济思潮的迭起，"信息资源说""知识组织说"也开始逐步亮相，"信息资源说"把图书馆视为信息资源体系，而且不仅是一个可重复使用的社会资源体系，同时还是一个有机发展的动态体系，可谓触及了图书馆的本质，但是持该说的一些学者认为这个体系包括文献信息、口语信息、实物信息、多媒体信息，内容跨科技、商品、金融、工农业等，这就使得图书馆学研究对象变得更加宽泛、空疏。而且"信息资源说"含有以信息资源管理理论取代图书馆学的深层意向，因此从某种程度上说，它不但未能促使图书馆学获得生机，反倒给图书馆学加深了危机。与此同时，"知识组织说"却以冷静求实的姿态，在近两年来引起图书馆学界同仁的注目。"知识组织说"成长于以往图书情报理论之中，文献分类理论、知识交流理论、情报组织理论是其三大来源。该说强调客观知识的组织过程，因此弥补了"交流说"的缺陷，同时，该说还认为知识组织目标就在于通过知识整序克服信息泛滥与知识无序状态，任务是使客观知识得到控制及有效提供。尤其是把图书馆视为知识组织系统，这就充分揭示出图书馆的本质，成为转移图书馆学研究方向的重要推力。

3.3　知识集合与知识组织的异同

从理论上分析，知识集合与知识组织有许多相同部分，但也有一些差异。相同之处在于：二者指称的都是人类客观知识；二者都强调知识的有序化过程（即知识组织过程）；二者均以有效提供知识为其宗旨。不同之处在于：其一，二者虽然都继承了前人的合理思想作为自己的理论基础,但"知识集合"还明确借鉴了集合论、系统论,并成为其重要理论根据之一。其二,"知识组织"强调的重点在于整序的"过程"("组织"一词基本词性也是动词),"知识集合"不但强调"过程",而且强调"结果",即知识集合在客观知识世界中的独立存在的意义。其三,客观知识的组织过程是一个复杂的程序,图书馆学研究的许多命题主要来自其中,但知识组织过程的归宿是形成知识集合,知识集合更有利于作为一种特殊的社会现象成为一门社会科学的独特的研究对象。其四,人们获取客观知识主要是通过知识集合,知识是怎样组织起来的,获取者通常情况下并不深究。如果把知识集合比作商品,那么,各种知识集合的质量、功用、对不同知识消费者的满足度,这些都将成为知识组织者与知识消费者的关切点。因此,知识集合能为图书馆学开辟新的研究领域,找到力学理论中相互作用着的"力"的支点。

基于以上理由,知识集合命题在目前更应引起图书馆学研究的重视。

4 知识集合对图书馆学发展将会产生的影响

4.1 有助于厘清图书馆学的研究范畴

知识集合是一个明确的概念,图书馆学确定了知识集合为其研究对象,这就与知识学、知识社会学有所区分。图书馆学仅研究客观知识的集合(知识如何组织、形成集合、有效提供),而知识的产生、如何运用,以及社会后果等都不是图书馆学研究的重点。教育学与图书馆学虽都有向人们传递客观知识的功能,但教育学是通过"传道授业"的方式,图书馆学却是通过"知识集合",二者也可明显划分出来。至于图书馆学的"同族学科",文献学研究单元文献知识或宏观文献知识状态,也不研究知识集合。情报学如果也以知识集合为其主要研究对象,那么在今后发展中就会与图书馆学逐渐融合。

4.2 有助于拓宽图书馆学研究领域

以往图书馆学范式中最为僵化之处在于把研究思维囿于"图书馆"这个圈子之中。近十几年来编纂的教材,篇章节目几乎都涉及图书馆的性质、图书馆的职能、图书馆的事业、图书馆类型、图书馆网络、图书馆管理、图书馆现代化、图书馆的未来等等。以为只有"图书馆的……"才具有图书馆学意义。至于什么百科全书、丛书、类书、书目、索引、辞典、数据库等,只不过是图书馆的下位的、低位的事物。而知识集合理论认为,图书馆作为知识集合,只不过是其中重要的一种(即原生态知识集合),那些大量的再生态知识集合也都对人们索取知识发挥着重要功能。因此,应将它们提升到与图书馆同一学术层面来研究。这样,就可以改变图书馆学以往过于简单、狭小的"平方结构",无形中拓展了图书馆学的研究空间。此外,任何一种知识集合都与知识获取者是有界面关系的,如何使界面友好,这也是图书馆学研究的另一巨大空间。

4.3 有助于提高图书馆学的学术地位

因为以往图书馆学仅研究"图书馆",画地为牢,图书馆学也就成为图书馆学专业教师及图书馆馆员"独享学问",与其他社会人群没太大关系。这样的学问对不进图书馆的人来说,毫无用处,就是与图书馆打交道的读者,也大可不必知道所谓图书馆的性质、职能、类型……才可以得到图书馆的服务,远离人们切身生活的学问,当然要受到社会的冷落。但是知识集合理论认为，不管人们是否有所意识，其实他都在经常与知识集合打交道。一个人有可能不去图书馆，但他在家庭或单位也会常常使用辞典、书目、数据库等各类知识集合体。图书馆学作为研究知识集合的学问，与医学极为相似。医学是通过药物医治人的生理疾病的，图书馆学是通过知识集合医治人的知识疾病的。图书馆学朝这样的思路发展，必然会引起全社会的重视。

4.4　有助于纯化图书馆学内容体系

以往图书馆学的弊端之一就是图书馆与图书馆学分不开，以为凡是有关图书馆的事项都属于图书馆学。故而在学科体系中，存在大量低层次、非科学的内容。许多人甚至以为其他学科或方法在图书馆中的运用，就可构成图书馆学内容，如图书馆建筑学、图书馆美学、图书馆环境学、图书馆统计学（工作量统计）、图书馆管理学（人事管理）等。其实这些皆非图书馆学。引进其他学科或方法，如果不研究知识集合，不解决知识集合的问题，那就不应属于图书馆学内容。因为图书馆是一个复杂社会机构，它们本质是知识集合。虽然，支持这个集合成为现实，还需要各种条件，如人、财、物、馆舍等。这些条件与知识集合都有一定的疏离，是可划界的，如果不从知识集合的角度去探讨条件的意义，单纯以条件为研究命题，那么是毫无意义的。仍以医学为例，医院与医学可谓联系相当紧密，但研究医院，研究医院的建筑、环境、美感、工作统计、财务会议、人事管理等等，这些皆非医学，它们属于各自原有的学科。图书馆学只研究知识集合，凡与知识集合无关的内容，如图书馆的一般性工作量统计、图书馆的人事行政管理，怎么能进入图书馆学范围之中呢？另外，以往的图书馆学还强调研究图书馆事业的发展，而图书馆事业的发展从根本上说，是由国家政策决定的。图书馆学研究得再好，建议再多，如果政府政策不改变，那又有什么用处？图书馆事业的发展是社会文化进步的问题，它与知识集合的发展不是完全重叠的命题，因此，它应该属于社会学、文化学研究的范畴，图书馆学应逐步将其让渡出去，减少对它的研究投入。

4.5　有助于摒除图书馆学中的空疏学风

传统图书馆学因为没有知识集合这样明确的研究对象，未能把如何组织知识、如何形成知识集合、如何对使用者发生效用当作重要论域，因此就会出现一些学术泡沫现象，即随着时局之转移而不断地跟随热点。例如市场经济热潮来了，许多研究者大谈图书馆与市场接轨；信息经济热潮来了，又都争言图书馆应办成信息产业；虚拟图书馆出现了，又忙着论证未来图书馆的演化及前景。这些纷杂如雪片的文章，不能说没有一点真知灼见，但空泛虚浮者众多，最终只能造成虚假知识的污染。这也从另一侧面表现出，图书馆学缺乏真实、恒久的核心命题所带来的危害是严重的。长期以来，由于研究对象的错位，图书馆学研究者只好在理论上空谈，有多少作为求学、治学之利器的知识集合实体是出自图书馆学研究者之手呢？

总之，本文所提及的图书馆学存在的弊端，是阻碍图书馆学发展，甚至使图书馆学难以成为一门真正学科的巨大障碍。克服这些弊端，迈越这样的障碍，并不是树立起一个正确的研究对象就可以全面解决的。但是，毋庸置疑，选择出比较合理的研究对象，这将对图书馆学的健康发展起着重要的促进作用。

（选自《中国图书馆学报》2000 年第 4 期）

数字化图书馆的元数据体系

林海青

1 元数据的概念与特征

关于元数据的一个有名的陈述是,元数据是关于数据的数据(data about data)。这当然不是一个精确的元数据的定义,但勾勒出了它的一个本质特征,就是元数据是数据的抽象,是用来描述和规定数据特征、相互关系以及相应操作的数据的集合。元数据也是数据,相对普通数据而言,元数据是更高一个层面的数据。在论及数字化图书馆时,广泛讨论的元数据概念,本质上说是计算机科学中的面向对象理论与方法的继承与扩展,同时也汲取了传统图书馆信息处理技术的经验。

目前一种观点认为元数据和传统的图书馆编目体系没有区别,它主要来自图书馆界。其中一篇文献关于元数据的阐述可以说是这种观点的典型表述:"元数据是关于数据的数据,所以它提供了诸如著作的作者、创作的日期、与相关著作的关联等基本信息。一个公认的元数据形式是图书馆的卡片目录索引。"更有人认为,元数据和编目数据只是同一事物的不同说法而已。另一种观点强调元数据是一种关于网络资源或其他资源的机器可理解性(machine understandable)信息,并且认为机器可理解是关键。它是一种不同于图书馆编目的全新概念。这种观点主要来自图书馆界以外的领域,特别是计算机界。这两种对元数据的认识差异源自于各自所习惯关心的侧重点的不同。另一篇文献阐述了这种区别,认为信息专业人员(当然包括图书馆员)主要关心的是怎样把描述信息和把什么信息写入元数据中去,而非图书馆界则关心数据的结构,即需要建立哪些数据项而不是这些数据项的内容。但是,事实上,元数据结构的确立和怎样给元数据赋值,即元数据的使用规则,是元数据不可分割的两个方面。数字化图书馆一方面是图书馆传统文献处理技术的延伸,另一方面也是现代信息技术发展的结果。所以数字化图书馆元数据建立在传统技术和现代技术两个基础之上呈现出以下基本特征:

(1)元数据首先是一种编码体系,特别是指根据某种标准来对文献中的词及其他元素进行编码,从而揭示、描述文献的这些基本元素。元数据提供了一种框架体系和方法来描述、表征数字化信息的基本特征,并通过一整套公用的编码规则,将来源各异的数字化资源归纳到一个标准的体系中。数字化图书馆可以利用这种标准的编码框架体系管理、交流、传播和组织数字化信息。

(2)元数据是用来描述数字化信息资源,特别是网络信息资源的编码体系,这导致了元数据和传统的基于印刷型文献的编目体系根本区别。数字化信息具有传统印刷型信息所不具备的基本特征和属性,是机读型信息,必须借助计算机及其网络读写和传播;是分布式的,这些信息可能并不存储在同一个地方,而可能分布在不同的数据服务器上;具有严格的格式化特征。元数据不仅要描述数字化信息的内容特征,而且更要描述数字化信息的这些基本属性,使得数字化信息得以被有效传播、交流和利用。

（3）元数据的最为重要的特征和功能是为数字化信息资源建立一种机器可理解框架。元数据主要是为了帮助计算机系统获得并理解数字化信息的基本特征,这些基本特征包括系统特征、内容特征、权利特征诸方面。所谓计算机可理解就是指利用元数据体系,使得计算机系统可以自动辨析、分解、提取和分析归纳数字化信息资源的基本特征。

根据以上讨论,我们可以这样来界定元数据:元数据是一种用来描述数字化信息资源,特别是网络信息资源的基本特征及其相互关系,从而确保这些数字化信息资源能够被计算机及其网络系统自动辨析、分解、提取和分析归纳（即所谓机器可理解性）的一整套编码体系。

2　数字化图书馆的元数据体系及其作用

数字化图书馆的元数据体系就是数字化图书馆中所有信息描述方法,即各种元数据结构及其实现模块的总和,是数字化图书馆的基础结构。元数据体系构建了数字化图书馆的逻辑框架和基本模型,它决定了数字化图书馆的功能特征、运行模式和系统运行的总体性能。数字化图书馆的运作,无论是存取过程还是检索过程,都是以元数据为基础实现的。

元数据体系在整个数字化图书馆系统中是一个十分重要的功能结构,它是数字化图书馆系统的管理和控制层,它可以被看作一个数据地图,指引数字化图书馆的数据存取。在数字化图书馆的信息发现、信息检索和信息组织诸方面,元数据都起着十分重要的作用。

元数据在数字化图书馆中的主要作用是为分布式数据发现和检索奠定基础。数字化图书馆的元数据体系所起的作用取决于数字化图书馆的基本目标和框架。曾有文献阐述了斯坦福大学的数字化图书馆项目中,元数据体系在整个数字化图书馆中的基础性作用。在斯坦福大学数字化图书馆项目中,元数据体系主要是为了满足系统四个方面的需求:资源自动发现（Automated Resources Discovery）;提问陈述（Query Formulation）;提问自动翻译（Automated Query Translation）和结果分析（Result Analysis）。当然,每个具体项目中的元数据体系所承担功能可能是不相同的,但是由于数字化图书馆的分布性特征,决定了元数据体系的 4 个基本功能范畴:描述功能、整合功能、控制功能和代理功能。

2.1　描述功能是元数据的基本功能

和传统情报检索语言一样,元数据的描述功能有三个方面:（1）是描述数字化信息的基本特征,使得数字化图书馆系统能够通过元数据体系,自动搜索到数字化信息。从数字化图书馆的发展现状看,数字化图书馆首先是一个搜索引擎,它能够帮助用户发现存在于互联网络上的数字化信息。元数据体系就为数字化图书馆自动信息发现提供了可能。它能为系统自动分析处理数字化信息提供按图索骥的框架。（2）是描述提问内容,数字化图书馆本质上是一个基于互联网络的文献信息检索系统,其基本原理还是将用户提问与信息特征进行匹配来实现文献信息查找功能,所以需要利用和描述文献内容特征相同的描述系统来描述提问。数字化图书馆的元数据体系为用户描述提问建立了表达的框架,元数据系统将帮助用户有效、合法地表达提问,向用户展示数字化图书馆的检索途径和方法。（3）为数字化信息组织建立了描述平台。元数据系统还规范了数字化信息的表达形式和存储结构,由于元数据系统的建立并得到越来越广泛的认同,无论是包含在数据中的元数据还是和数据分立的元数据,都已成为数字化信息的组成部分。

2.2　整合功能

是指数字化图书馆元数据体系将外部的各种元数据系统,通过建立映射、翻译等方法整合成一个元数据系统的过程。从元数据发展现状看,人们已建立了许多种元数据方案,对于不同的数据类型也有相应的元数据系统来描述。同时,由于使用不尽相同的元数据系统,各种数字化图书馆系统和网络信息检索系统的检索方法和检索界面亦不尽相同,数字化图书馆的重要功能就是提供一种接入和用户界面服务,使得用户可以通过一个数字化图书馆的一个界面,访问互联网上的其他数字化图书馆和信息库。元数据体系就承担了转换、解释各种元数据系统的功能。数字化图书馆的元数据整合是一个双向的过程,一方面将用户的提问翻译成不同的元数据系统的表达形式,从而可以分别自动查找相应的数字化图书馆系统和其他网络信息库。另一方面,元数据体系还要将用不同种类的元数据系统描述的检索结果用一种元数据系统表达出来。

2.3　控制功能

元数据的规范控制功能包括信息内容的规范化描述、规范标引和信息评估等方面。元数据体系可以通过标准描述框架来规范化描述数字化信息,如万维网联盟（W3C）制定了《资源描述框架》来描述万维网上的数字化信息。只有通过规范化描述才能保证数字化信息在不同的系统中交换,分布式的数字化图书馆才得以实现。同时,元数据还可以存放规范化的标引信息,用一种规范化的受控语言来揭示主题,有效地组织数字信息。从数字化信息资源组织现状看,对信息的主题正向着受控和非受控两种方法并举的方向发展,特别是随着图书馆界的参与,利用受控情报检索语言来描述数字化信息越来越得到重视。

信息评估是数字化信息控制的重要方面。由于互联网的开放性,数字化信息的生产处于无序状态,在互联网上可以说无用信息和有用信息共存,有益信息和有害信息混杂。所以对数字化信息的评估就十分重要了。对网络上信息的评估也是通过元数据系统实现的。我们可以通过元数据系统来记录数字化信息的评价数据,如可以利用 < META > 标记来设置数字化信息的内容等级。

2.4　代理功能

在网络环境下,尽量减小无效数据的传输对于节省网络资源,提高网络传输效率具有十分重要的意义。元数据的代理功能可以有效地节省网络资源。这是因为元数据是数字化信息资源的一种描述,记录了数字化信息资源的基本特征,可以基本反映信息的概貌,同时,元数据和数据相较,其数据量要小得多,可以作为完整信息的代理。用户在使用数字化图书馆时先获得元数据的内容,可以决定是否进一步获取数据。这对于检索一些大文件,如声音、图像、视频文件尤显其对于节省网络资源的意义。元数据的代理功能对于检索非结构性的信息也具有十分重要的意义。从目前计算机科学发展看,人们还没有找到检索诸如声音、图像、视频文件等非线性、非结构性的信息的有效途径。一个常用的也是可行的方法是通过元数据将这些信息的特征记录下来,将非结构性的数据特征用结构性的元数据描述出来,使得元数据成为非结构性数据的代理,从而使得这些数据可以被很好地检索到。

3 元数据体系的外部体系

元数据体系的外部系统是数字化图书馆外部的元数据环境,即各种独立于具体系统的、被广泛承认的、通用的元数据标准的总和。随着互联网的高速发展,建立通用的元数据系统已成为一个热点,以至于有人认为,问题不在于没有元数据,而是我们有太多的互为竞争的元数据。关于元数据系统的发展现状,有文献作了详尽的阐述。在众多的元数据方案中,OCLC 的都柏林核心(Dublin Core)、美国联邦地理图像数据委员会的《数字化地理空间元数据内容标准》(Content Standard for Digital Geospatial Metadata—CSDGM)等都已经较为成熟并得到广泛认可。

无论是简单结构的都柏林核心还是复杂结构的 CSDGM,元数据系统都是具有完整结构。元数据的结构模型可以分解成标识、构成方式、句法和规范控制四个部分。

3.1 元数据的标识

是元数据系统的基本组成部分,是用来表征数据特征的各种元素的总和。该部分建立了一个数据描述框架,如都柏林核心的标识部分就是题目、建立者等 15 个基本元素。元数据标识的组成结构,大体可以分成三个部分:数据描述部分主要描述数据本身的特征;环境描述部分主要描述数据的环境特征,如什么样的格式就对应需要什么样的处理软件;权利描述部分主要描述数据的知识产权特征,即合法使用数字化信息的基本规则。

元数据标识的组成具有一定的格式,即各种元素的基本排列方式。英国图书馆和信息网络办公室将元数据的格式划分成三种类型:(1)简单格式是一种特定的互联网络搜索引擎专用的元数据格式,它只是描述信息的位置特征。简单格式的元数据主要由非结构化的元数据数据项组成,特别是那种从数字化信息资源中自动析取出来的数据项,这种数据项没有严格的外在语义控制,不支持对字段的检索。我们检索 Yahoo 时就能感受到这种格式的主要特征。当我们输入一个检索条件时,得到的检索结果是一种层次化的,指向信息地址的,不定长、线性的数据链。(2)结构化格式则是一种正在形成中的信息描述标准,它主要由结构化的数据项组成,它由完整描述数字化信息资源的必备数据项组成,如作者、创建时间等。这种元数据格式具有严格的数据结构,形成一个字段型的、结构化的数据项组织。这种元数据格式支持字段检索,如用户可以专门检索著者项、题目项等,进而支持建立在字段基础上的布尔检索。(3)富格式是一种国际标准的数据格式。MARC 格式是一种典型的富结构元数据格式。富格式具有严格的语义规则和完整的信息描述手段,它有严格的格式规定和详尽的字段,能够精确、完整地描述信息资源。由于结构的复杂性,富格式的元数据系统主要是面向专业人员的,只有训练有素的专业人员才能有效准确地利用富格式元数据来描述信息特征。

元数据标识集的另一个特征是标识具有等级结构,CSDGM 的标识体系就典型地体现了这个特征,如 CSDGM 具有复合元素,复合元素下又会有复合元素,这样就构成了一个等级体系。MARC 格式也是这样。对于像都柏林这样的元数据系统,也可以视为只有一个等级的等级结构。元数据标识的等级结构由信息的基本属性决定,由于信息结构的复杂性,映射在元数据标识体系中,形成了标识体系的等级特征。

3.2　元数据的两种基本构成方法:分立式构成和一体式构成

分立式元数据构成将元数据和数据分离开,形成两个单独的又相互关联的数据实体。分立式的元数据系统由于和数据实体分开,其优点十分明显:分立式元数据可以有效地代理多媒体信息等大对象数据,将结构化的字符型数据代替非结构化的、非字符型的信息,如可以用文字信息将图像的主要特征通过元数据系统描述出来,形成结构化的元数据,以便有效地检索使用。同时也有效地减少了网络传输量,提高了网络传输效率。它的一个直观的现实模型是《中国期刊网专题全文数据库》,该数据库中的全文文献以扫描图像格式存储,用户通过元数据系统检索得所需文献的基本信息,然后再下载全文图像文件,利用专用浏览器阅读全文。MARC 格式存储的书目数据也是一种分立式的元数据结构。分立式元数据系统可以有效地避免元数据扩大数据长度的问题。分立式元数据比较适用于信息收集整理机构通过元数据体系有效地揭示、组织数字化信息。一体式元数据构成是将元数据和数据实体结合在一起,形成一个整体。这种方法主要是便于信息创建者自行建立元数据,使得数字化信息资源能够有效地被诸如搜索引擎、数字化图书馆等网络信息搜寻者搜寻到。一体化元数据系统是以分布式信息存储与交换为特征的互联网络发展的产物。由于互联网的开放性,使得基于互联网的数字化信息的组织和利用变得十分困难。利用一体化的元数据,让信息作者自行描述信息特征是一个有效的解决方案。

3.3　元数据的语法规则规定了元数据表达信息的基本方法和规则

元数据语法的核心是怎样将元数据融入互联网通用语言中去,也就是说,怎样通过互联网通用语言来表达元数据。元数据系统和通用标记语言的结合主要包括两个基点:(1)将元数据具体描述成通用标准标记语言(SGML)的文献类型定义(DTD)。(2)将元数据映射到标记语言,如 HTML 的标记中去。在都柏林核心建立初期,人们就认识到元数据语法的重要性,1996 年在英国瓦威克大学召开的第 2 次都柏林核心工作组会议的主题就是讨论都柏林核心的语法问题。OCLC 瓦威克工作组建立了一个瓦威克框架(Warwick Framework),在元数据的语法方面主要解决了用通用标记语言特别是 HTML2.0 来表达元数据。CSGDM 也定义了一个 SGML 的 DTD,同时提出了严格的表述方式。HTML 的发展为元数据的表达提供了更大、更规范的空间,HTML4.0 版的 < META > 标记更加规范,使得元数据的表达也愈加规范。关于元数据语法的一个重要发展,就是万维网联盟提出的资源描述框架(RDF)。它是使结构性元数据得以编码、交换和重用的基础结构。RDF 是 XML(扩展标记语言)的一种应用。XML 需要利用结构性的约束方法来明确传递语义。所以建立在 XML 上的资源描述将更加严格和明确。

3.4　元数据的规范控制法

本质上说,元数据系统的句法就是元数据规范化的一个组成方面,但是对元数据各种标识的赋值的规范化控制也是十分重要的。赋值的规范化控制就是指通过建立某种规范化方法控制元数据标识的取值，以保障标引和检索的一致性。规范化方法主要通过枚举取值范围实现。元数据的规范化控制主要由词表和值组成，并通过对词表的规定，引入了词表所对应的规则。

元数据的发展已从各自为政的战国时代向着标准化、结构化的方向发展。随着互联网特别是万维网的兴起，建立标准的、被人们共同遵守的元数据系统已成为人们的共识，其中元数据方案的标准化已得到普遍重视，元数据的重用和各种元数据的互换已成为元数据发展的趋势。RDF 附加地提供了一个方法来建立人类可读的和机器可处理的元数据词汇，并通过这些词汇的设计，鼓励不同信息团体的元数据表的重用和扩展。结构性约束的 RDF 推动和支持结构性元数据的统一编码和交换，从而提供了不同资源描述团体所定义的元数据包具有互换性。RDF 的提出，为元数据的发展提供了一个规范化的框架。国际标准化组织最近成立了一个元数据工作组，研究建立元数据的全球性的标准，并颁布了相关的国际标准：数据元素的专业化和标准化（ISO 11179）。国际标准化组织的介入，将大大推动元数据标准化的进程。随着元数据系统的发展，建立各种元数据系统之间的相互转换关系和方法成为规范数字化信息，保障数字化图书馆功能实现的重要条件。建立一套元数据系统的注册登记制度，及其相应的技术实现手段和相应标准已引起人们的广泛重视。

4 元数据体系的内部结构

元数据体系的内部结构主要是数字化图书馆系统本身的元数据处理方法和体系结构，不妨称之为数字化图书馆元数据管理系统。元数据管理系统是整个数字化图书馆系统的重要组成部分，其基本功能是为数字化图书馆的运行建立基础。元数据内部结构和外部系统是同构的。元数据管理系统勾画了数字化图书馆的整体轮廓。元数据管理系统的这种地位是由数字化图书馆系统的基本结构决定的。数字化图书馆是依附于互联网络的。其基本结构是客户机服务器结构。数字化图书馆本质上说是一个数据服务器，用户端上的浏览器是系统的客户端，它们之间的数据传输通过公认的协议进行。数字化图书馆的元数据管理系统成为这两者沟通的桥梁。无论数字化图书馆的数据的物理存储结构是怎样的，元数据系统建立了一个存取数据的逻辑框架，它就像一个交换器，控制着数据的存取。

元数据管理系统的组织结构及其实现方法取决于数字化图书馆系统的基本目标和体系结构。如斯坦福大学数字化图书馆是一种分布式的、异类连接的、基于代理的数字化图书馆系统，它的元数据管理系统由四部分组成：属性模型代理（attribute model proxies）、属性模型转换器（attribute model translators）、查询代理的元数据摘要（metadata facilities for search proxies）和元数据仓库（metadata repositories）。在这里，数字化信息资源首先被分成属性和属性的值两部分，属性的集合称之为属性模型。US-MARC 就是一种属性模型。属性模型代理就是基于某种属性模型基础上的数据集，是一种由属性定义的信息集合。由于斯坦福大学数字化图书馆是一种分布式的、异类连接的，基于代理的数字化图书馆系统，这就需要属性模型转换器将各种不同的属性及其属性值相互翻译、转换。查询代理的元数据摘要则同时结构化地描述查询代理所提供可存取的数据集以及查询代理所能够提供的查询能力。如通过查询代理元数据摘要可以了解某一个查询值在数据集的某一属性中出现多少次等信息,而不是获得信息本身,这样可以帮助查询者进一步修正检索策略。它还能向查询者提供某个属性可以接受的检索方式,如是否接受关键词查询等。而元数据库则存储了其他三个部分的信息,它可以从其他三个部分获得元数据信息,也允许其他三个部分直接向一个或多个元数据库提交元数据信息,这样就形成了一个本地的元数据仓库。

数字化图书馆元数据管理系统的桥梁作用决定了它的基本结构。为了实现数字化图书馆和外界信息环境的沟通,元数据内部系统和外部系统必须是同构的。这种同构关系实际是将外部元数据系统映射到数字化图书馆的内部体系中的方法。为了建立同构关系,元数据管理系统的结构包括六个组成部分。

(1)基准元数据系统。是指某个数字化图书馆标准的元数据系统,它的作用是:首先,作为基准元数据,组织标识数字化图书馆中的数字化信息资源,揭示这些信息资源的基本特征,使之成为可检索的有序体系,无论数字化图书馆的数据是怎样按何种物理结构存储的,基准元数据系统都控制着数据的存取。其次,基准元数据将描述用户的查询提问,将用户提问规范为系统认可的标准形式。第三,基准元数据将成为数字化信息的一部分通过互联网络传递到客户端、其他数字化图书馆和网络搜索引擎等网络信息发掘工具。数字化图书馆系统的基准元数据是一个较为复杂的结构,它可以被定义成几种基本元数据类型:知识描述型元数据(Intellectual Metadata)、结构型元数据(Structural Metadata)和存取控制型元数据(Access Control Metadata)。知识描述型元数据用来描述、发现和鉴别数字化信息对象,如MARC、都柏林核心等,它主要描述数字化信息资源的主题、内容特征。结构型元数据描述数字化信息资源的内部结构。相对知识描述型元数据而言,结构型元数据更侧重于数字化信息资源的内在的形式特征,如目录、章节、段落等特征。存取控制型元数据是指用来描述数字化信息资源能够被利用的基本条件和期限,以及指示这些资源的知识产权特征和使用权限。以上3种类型元数据的划分,得到数字化图书馆界的共识,如美国国会图书馆的数字化图书馆计划和密西根大学的数字化图书馆项目都采用了这个分类方法。除这3种元数据类型外,内部元数据系统还应有第4种类型,就是评价型元数据,主要描述和管理数据在信息评价体系中的位置。

(2)元数据字典。是一种用于各种元数据体系到系统基准元数据系统相互转换的对照表,它描述了各种元数据的基本特征,构建了各种元数据与基准元数据系统的对应关系。其基本作用是为系统的转换模块提供转换依据。各数字化图书馆系统的元数据字典结构的设计可能有所不同,但一般说来,其中的每一条记录都包含元数据名称、元数据标识名称、子标识数据集、规范控制表、对应基准元数据标识和唯一的指示键等主要字段。其中,指示键是系统中用来表示元数据字典记录的唯一的编号,它和元数据的记录构成一一对应关系。元数据字典和基准元数据系统构成了一对多的关系。

(3)数据属性集。是指数字化图书馆存储数据的属性总和。它一方面是系统的数据字典,记录了系统数据的所有特征,描述了数字化图书馆的数据结构;如在数据属性集中存放了系统数据的表名称、字段名称、类型、长度、索引键等基本属性。另一方面,它和系统的基准元数据体系建立起对应关系,将每一种数据都和相应的基准数据对应起来,从而使得基准元数据体系可以控制、代理系统数据的物理存取。数字化图书馆的数据结构不必机械地和基准元数据保持一致,如系统的基准元数据系统可以采用都柏林核心,但数据结构则可建立在 MARC 基础上，元数据管理系统可通过数据属性集将数字化图书馆的数据结构和基准元数据相对照，保障它们之间的可互换性。

（4）数字化信息源特征集。数字化图书馆每一次信息查询都可能是对若干个分布在不同地方并利用互联网连接的数字化信息源的检索操作。这就需要描述各个数字化信息源的基本特征，特别是其基准元数据体系。数字化信息源特征集也是一种元数据系统，只不过它描述的对象是信息源，即信息的集合而不是每一个具体信息。数字化图书馆系统可以通过信息源特征集来确定各信息源所采用的元数据体系，将用基准元数据表达的查询式转换成各个信息源所采用元数据表达式，从而决定各个信息源的检索方法并解释检索结构。

（5）转换模块。以上四个部分可以说是数字化图书馆元数据管理系统的静态参照表，它们记录了元数据管理系统的各种对应关系，而实现各种元数据之间的相互转换，则是通过元数据管理系统的转换模块实现的。转换模块提供了实现各种元数据之间相互转换、翻译的方法。相对于静态的对照表，转换模块是以它们为基础的、由专门程序实现的动态的过程。

（6）维护模块。是数字化图书馆元数据管理系统中，对各种静态对照部件和动态转换过程进行管理的模块。维护模块可以对各种对照表进行添加、删除、修改等动态管理，保证元数据管理系统的可扩展性和可维护性。

虽然元数据内部结构在实际系统设计上可能形态各异，但是，这六个组成部分是元数据管理系统的基本功能构成，它们实现了数字化图书馆对元数据的处理过程。

5 元数据体系的设计原则

在实际设计过程中，元数据体系设计具体的方法和方案可有多种选择，例如可以将元数据字典设计成一维的单表结构，也可设计为相互关联的多表结构。但无论具体设计方案有何不同，也要和其他计算机系统设计一样，遵循普遍的设计原则和方法。由于元数据体系的基本作用是控制数字化图书馆系统和外界进行数据交换，因此，标准性、完备性和可扩展性应该成为所有设计原则中最重要的内容。

所谓标准性是指在数字化图书馆元数据体系的设计过程中，应该以被广泛认可和遵循的标准体系为依据。元数据体系设计的核心是基准元数据系统的确定。在选择基准元数据系统时，应该选择由权威机构或组织制订的、被广泛认可和使用的元数据方案。要考虑所选择的元数据系统是否是正式的标准，如是否是国际标准、是否是业内标准等。

完备性是指数字化图书馆的元数据体系应该能够解释和兼容大多数数字化图书馆所涉及主题领域中，获得公认的元数据方案。有太多的元数据系统方案，它们都在一定领域内被广泛使用着，甚至成为业内的标准。只有兼容这些被广泛使用的元数据系统，才能够实现数字化图书馆作为一种开放性的、分布式的、跨领域的数字化信息资源管理和检索系统的基本功能。由于数字化信息的多样性，用于描述不同类型数字化信息资源的元数据是不同的，所以，数字化图书馆系统为了能够兼容不同种类的信息类型，也必须兼容相关的元数据系统。

和元数据体系设计的完备性原则相关的是可扩展性原则。为了保证元数据体系是完备的，要求其具有扩展的可能性。元数据系统是一个发展活跃的领域，新的元数据方案会不断出现,老的方案会不断修改完善。数字化图书馆的生存环境是一个不断变化的环境,新的信息源也会层出不穷。这就要求系统能够允许将新的方案或新的信息源注册到系统中,也要求系统能够修改更新已注册的元数据方案。

(选自《中国图书馆学报》2000 年第 4 期)

关于建设中国数字图书馆工程的问题

周和平

20 世纪 90 年代以来,随着因特网的迅猛发展,高新技术的日益普及,特别是知识经济的兴起,人们逐渐认识到作为知识经济基础的信息的重要性,认识到谁掌握了信息,谁就掌握着发展经济的主动权。因此,对网上信息的有序组织越来越引起世界各国的重视。在这种情况下,数字图书馆应运而生,并逐渐成为各国竞相投入的一个热点。近一二年,国内也出现了数字图书馆热,在理论研究方面不断深入,一些图书馆乃至网络公司也纷纷打出建设数字图书馆的牌子,热衷于探讨和实践。

然而,数字图书馆是一个高科技的宏大的系统工程,必须站在全局的高度,统一规划,并以国家的核心工程统领整个系统建设。如果各行其是,盲目上马,势必造成人力、物力、财力浪费,难以奏效,后果严重。因此,在认真调查研究的基础上,国家图书馆于 1998 年 7 月提出了建设中国数字图书馆工程的意见,希望把它作为中国数字图书馆的核心工程,带动全国的数字图书馆建设健康有序地发展。这一意见得到文化部的支持和批准。同年 10 月,李岚清副总理视察国家图书馆,在听取了关于中国数字图书馆工程的汇报后,表示赞成建设中国数字图书馆工程。他明确指出:"图书馆未来的发展模式是数字图书馆,国家图书馆二期工程应当建成数字图书馆。"同时要求:"数字图书馆的建设要采用新思路进行。"2000 年 6 月 1日,他又就中国数字图书馆工程问题做了重要批示:"建设数字图书馆的主要目的,是有效利用和共享图书信息资源,有巨大的社会效益。国家图书馆应为我国数字图书馆的核心,要防止重复建设,对方案要认真论证,精心实施。"李岚清副总理充分肯定了中国数字图书馆工程,对这一工程和全国的数字图书馆建设作了明确指示,指明了我们工作的方向,坚定了我们建设好中国数字图书馆工程,并以此统带起全国数字图书馆建设的信心。

下面就建设中国数字图书馆工程的有关问题,作一粗浅阐述。

1 中国数字图书馆工程项目的提出及内容

1.1 项目的提出

近几年来,国际上数字图书馆的发展引起了国内有关单位的高度重视,不少科研单位、图书馆、高等院校等相继对其进行了跟踪调研和技术研发。1995 年,为掌握国际上数字图书馆的发展状况,国家图书馆安排专人负责跟踪并进行相关技术的研发。从 1996 年以后,国家图书馆与有关单位合作向文化部、国家计委和国家"863"计划项目组等单位申请数字图书馆的科研课题。但是,由于经费投入十分有限,工作进展不理想。另外,按照 1982 年的新馆设计,国家图书馆的书库也已趋于饱和,需要立即着手进行二期工程的建设,而二期工程按何种思路进行设计是首先要论证的关键问题。为此,国家图书馆组织人员进行专题调研,认为需要进行较大规模的数字图书馆建设。

1998 年 7 月 20 日,国家图书馆向文化部提出申请,要求在国家立项实施"中国数字图书馆工程"。8 月 13 日,孙家正部长批示,要求就该工程作进一步论证后,报国家有关部门。此后,孙部长曾多次就如何实施该工程做出了具体指示和要求。

9 月 3 日和 29 日,文化部先后召开了两次院士专家研讨会。期间,国家图书馆还组织了若干不同主题的专家座谈会。与会者一致认为该工程对我国实施科教兴国策略,发展知识经济具有重大意义,应列入国家级重大项目给予支持。

10 月 2 日,李岚清副总理来国家图书馆视察,在听取数字图书馆工作汇报后,赞成建设中国数字图书馆工程,明确指出图书馆未来的发展模式是数字图书馆,国家图书馆的二期工程应当建成数字图书馆。同时要求数字图书馆的建设要采用新思路进行。

1999 年 1 月 28 日,文化部在国家图书馆召开党组会议,决定了工程建设的有关事宜。

2 月 25 日,在经过广泛调研和修改后,国家图书馆再次向文化部递交实施中国数字图书馆工程的建议书,并着手进行工程的可行性研究。

根据李岚清副总理关于数字图书馆建设要有新思路的指示,国家图书馆从 1998 年年底开始调研采用企业管理、股份制经营、市场化运作的方式,滚动发展数字图书馆事业的可行性,提出组建数字图书馆经营管理公司的设想。1999 年 2 月 25 日,国家图书馆向文化部提出成立"中国数字图书馆有限责任公司"的请示,得到部领导的肯定,并积极向国家经贸委等部门申请。1999 年 4 月 14 日,李岚清副总理圈批同意由国家图书馆组建"中国数字图书馆有限责任公司",2000 年 2 月,完成了公司的注册工作。

为理顺关系,协调发展,经过多方协商,成立了以文化部为召集单位,有 21 个部委单位参加的"中国数字图书馆工程建设联席会议",成立了以胡启恒、李国杰两院士为首席专家的专家顾问委员会。

2000 年 4 月 5 日,联席会议第 1 次会议在国家图书馆召开。孙家正部长到会对中国数字图书馆工程建设做了重要指示。4 月 22 日,联席会议召开第 2 次会议,听取工程前期工作和制定规划的说明。

为了使中国数字图书馆工程的建设有规划、有组织、科学有序地进行,国家图书馆建议,在中国数字图书馆联席会议办公室组织下,本着"资源共享、联合建设、优势互补、互惠互利、自愿参加"的原则,建立中国数字图书馆联盟,为各文献资源拥有单位直接参与中国数字图书馆建设提供更多的合作、交流机会。同时,更好地使数字图书馆技术研发、资源建设以及销售服务形成规模、体系。现已有近 30 家图书馆愿意参加中国数字图书馆联盟,还有更多的单位也有意参加,目前正在积极联系中。

6 月 1 日,李岚清副总理对数字图书馆建设做出重要批示:"建设数字图书馆工程的目的,是有效利用和共享图书信息资源,有巨大的社会效益。国家图书馆应为我国数字图书馆的核心,要防止重复建设,对方案要认真论证,精心实施。"

1.2　中国数字图书馆工程的主要内容

中国数字图书馆工程建设包括两部分:一是包括中国数字图书馆国家中心在内的国家图书馆二期工程建设;二是组织全国数字图书馆资源建设和数字图书馆技术研发、集成和运行等,该部分的一期(2000—2005 年)计划在全国建设 10 多个超大规模的数字资源库群,总容量不低于 20TG。

1.2.1　国家图书馆二期工程(中国数字图书馆国家中心)

建设中国数字图书馆国家中心、现代化书库、多功能读者服务区等附属设施用房。可以为中国数字图书馆工程建设打下一个良好的基础,促进数字图书馆的发展。

1.2.2　全国数字图书馆资源建设和技术研发

1.2.2.1　工程的指导思想和建设目标

(1)指导思想:统筹规划,需求牵引,科技创新,滚动发展。

统筹规划:中国数字图书馆工程是跨地区、跨行业、跨部门,需要长期建设的宏大系统工程,必须强化管理。要统一规则,统一标准,防止重复建设。在此基础上,联合并协调组织全国图书馆等信息单位分步实施,携手共建,达到事半功倍的效果。

需求牵引:数字图书馆建设的核心是中文信息资源。其建设内容要适应社会的需求,要从社会所急需的文化、科技和教育等方面人手,循序渐进,使数字图书馆真正发挥应有的作用,促进数字图书馆的发展。

科技创新:数字图书馆是采用现代高新技术所支持的创新工程。它要采用人工智能、海量存取、多媒体制作与传输、自动标引和电子商务等各种技术,为读者提供方便、高效的服务。只有通过科技创新,才能保障数字图书馆的不断完善。

滚动发展:数字图书馆建设不是少数单位所能够完成的,也不可能一蹴而就。它是一项长期而艰巨的任务,需要政府的大力支持。但是,仅仅依靠国家的投入是不够的。在数字图书馆建设中,应实现社会效益与经济效益的统一,找出两者最佳结合点,采取各种措施,实现滚动发展。

(2)建设原则:中国数字图书馆工程建设应坚持公益性为主、资源建设为核心、统一标准规范、避免重复建设和实现工程建设民族化等原则,保证工程的顺利进行。

公益性为主:中国数字图书馆工程是政府行为。其目的是要在互联网上展示我国的历史、文化,宣传改革开放以来所取得的成就,为国家建设提供信息。因此,工程建设具有极强的公益性,各种活动与措施都要围绕公益性的落实与延续而展开。

资源建设为核心:数字图书馆建设的核心是以中文为主的各种信息资源,传输手段要依靠国家建设的骨干通信网络系统,不再进行网络建设的投资,要集中力量,建设各类数字资源库。

统一标准规范:数字图书馆是一项新生事物,在建设过程中必须统一标准规范,避免出现各自为政、互不兼容的现象发生,保证数字图书馆建设的科学、有序。

避免重复建设:在数字图书馆建设过程中,要认真汲取以往的教训,加强联合与沟通,强化管理,避免出现重复建设。

实现工程建设民族化:数字图书馆应用系统建设要坚持采用国内已有成熟技术与引进国外先进技术相结合的原则,开发具有自主版权的数字图书馆系统,实现中国数字图书馆工程的民族化。

(3)建设目标:中国数字图书馆工程的建设目标是:在互联网上形成超大规模的、高质量的中文数字资源库群,并通过国家骨干通信网向全国及全球提供服务;总体技术与国际主流技术接轨。

计划到 2005 年,建设 10 多个中文数字资源库;联合引进若干国内需要的国外专题数据库;实现全国大部分地区图书馆文献资源的联机采编及馆际互借;完成开发具有中国特色的数字图书馆应用系统;培养一批高水平的专业人才队伍,持续发展中国数字图书馆工程。

1.2.2.2 工程建设主要内容

(1)数字资源建设

数字资源建设是数字图书馆建设的核心。要采取多单位联合机制,本着先易后难、分步实施、协同开发、不重复建设的原则进行。

计划在工程第一期(2000—2005 年),完成 10 多个主题的数字资源库的建设,包括:中华文明史资源库、中共历史资源库、中国国情资源库、中国科技资源库、中国教育资源库、中国医药资源库、知识宝库(科普教育资源库)、农业资源库、名人资源库、中国艺术资源库、中国旅游资源库、中国经济信息资源库,等等。

此外,还要引进若干国外专题数据库。根据国内图书馆等信息提供单位的需要,通过联合采购的方式,集中引进若干国内建设急需的国外专题数据库,提供国内教育和科研等用户使用,补充数字图书馆数字资源建设的不足。要实现全国大部分地区图书馆等信息提供单位文献资源的联机采编和馆际互借。联机采编不仅可以为图书馆等信息提供单位节约成本,更重要的是所生产的书目数据将为数字图书馆建设提供不可缺少的元数据。而图书馆之间的馆际互借是充分发挥国内图书馆馆藏资源作用的有效手段,是数字图书馆建设的有机组成部分。

(2)系统开发

中国数字图书馆工程系统将按一种逐次发展的系统模式来组织,计划分为两个阶段。

第一阶段:初步实用系统。2002 年完成并投入使用。其内容为:

开发实用的数字资源编辑加工系统,统一加工模式和方法,为进行数字资源库生产性加工提供软件保障。

完成数字图书馆第一代初步实用系统的开发。在采用国内外已有技术的基础上,开发出具有自主产权的初步实用系统。

系统将实现小规模可扩展的知识网络,包含不少于 5 个分布式资源库,实现跨库无缝查询,向用户提供声、像、图、文等多媒体内容,实现小量智能软件的集成。

完成全国部分地区图书馆等信息单位联机采编及馆际互借系统的开发,并投入使用。

第二阶段:先进实用系统。计划在工程开始后的第 3 年内试用,第 4 年以后正式使用。其内容为:

采用多代理分布式人工智能技术建造中大规模、可扩展的数字图书馆系统,由于其技术难度大,应由我国一流的科研单位进行攻关性研制,其成果提供给中国数字图书馆工程使用。

同时,系统应配置并行处理高端服务器,以及高效智能多级存储系统,支持并行算法的搜索引擎,以实现高效查询及跨多平台、跨系统、跨语种、个性化界面等功能。

(3)标准与法规

标准与法规是实施中国数字图书馆工程的基础,必须在充分调研的基础上,结合建设内容,逐步推出相关的标准与法规。其总体要求是:制定关系中国数字图书馆工程资源描述、标识、查询、交换和使用的标准与规范,并最终形成中国数字图书馆所需的标准与法规体系。

（4）人才培养

人才是保证数字图书馆建设持续发展的关键。要通过建设数字图书馆，在全国各地图书馆等信息提供单位培养一大批资源加工与管理、系统开发与维护、知识产权使用与保护以及数字图书馆运营与管理等方面的专业人才队伍，保证数字图书馆持续不断地顺利进行。

1.2.2.3　实施步骤

根据工程建设内容拟分三个阶段实施。

（1）准备和实验阶段（2000 年）

制定中国数字图书馆工程建设规划和规划实施方案。

成立中国数字图书馆联盟。

向国家申报中国数字图书馆工程立项。

确定第一代中国数字图书馆工程应用系统的体系结构。

提出第一批数字图书馆建设需要的标准与法规，供工程建设进行试点使用。

组织第一批中国数字图书馆工程成员单位，按照统一的标准规范，开始进行小规模数字资源加工。

进行中国数字图书馆工程项目招投标工作。

以"中国实验型数字式图书馆"和"中关村科技园区数字图书馆群"为先导，启动中国数字图书馆工程。

（2）初步实用阶段（2001—2002 年）

确定中标项目和单位，签订项目管理合同，建立执行检查管理机制。

在总结并推广已有工作基础上，全面开发建设资源库群，在 2002 年年底前，数字资源总容量达到 10TB。

初步确立中国数字图书馆工程建设所需的标准规范体系。

集成部分"863"成果，完成第一代中国数字图书馆工程应用系统并投入使用。

配置并行处理高端服务器，完成调试。

通过"中关村科技园区数字图书馆群"的实施，带动中国数字图书馆工程的全面建设。

（3）规模型成长阶段（2003—2005 年）

完成 12 个资源库群的规模建设，数字资源总容量不低于 20 个 TB。

开发完成并推广使用第二代中国数字图书馆应用系统，并积极跟踪国际发展动态，使应用系统不断完善。不断追踪国际数字图书馆技术发展的最新动向，就系统下一步发展目标及必须进行的研究开发项目提出建议。

继续跟踪国际数字图书馆技术标准规范动态，补充并更新已初步形成的标准体系。

1.2.2.4　运作方式

中国数字图书馆工程是政府工程。为解决工程建设过程中的各种问题，需要相关部委和单位的大力支持。

（1）管理架构

为理顺关系，协调发展，组建"中国数字图书馆工程建设联席会议"（以下简称联席会议）。其职责是：宏观规划工程的建设方向；协调工程的资源建设；协调国产高新技术和高性能设备在工程建设中的推广和使用；协调工程建设中知识产权问题等事宜。"联席会议"由有关部门、相关单位领导组成，文化部是"联席会议"的召集单位。

"联席会议"下设办事机构——中国数字图书馆工程建设联席会议办公室,对外称"中国数字图书馆工程建设管理中心",该中心设在国家图书馆。其职责是:组织起草工程建设规划和编制实施方案,申请国家专项资金,筹集其他资金;按项目合同管理方式组织全国性的资源建设和技术研发;组织制定技术标准和有关规范;负责联席会议的日常工作等。

为保证中国数字图书馆工程建设科学有序地进行,组建中国数字图书馆工程专家顾问委员会。其职责是:协助"联席会议"对工程所涉及的规划及实施方案、资源建设、技术路线、标准规范和知识产权等关系到全局性的重大问题给予咨询和指导。

(2)运行架构

中国数字图书馆工程是跨地区、跨部门、跨行业的宏大系统工程。为便于组织管理,计划在国家图书馆设立中国数字图书馆国家中心。同时,根据数字图书馆建设需要以及我国图书馆等信息提供单位现状及发展趋势,计划组建若干个分中心和地区中心。

(3)运作模式

工程建设将采取项目合同制管理模式,通过招投标方式确定各个项目的承担单位,以合同的方式明确双方的责、权、利,以法律手段确保数字图书馆建设的正常进行。探索、研究并确定能够保障中国数字图书馆工程持续发展的机制。

中国数字图书馆工程建设需要大量资金,除依靠中央政府和地方政府的投入外,各个参加单位需要通过其他途径筹措一定比例的配套资金,发挥政府和民间的多种积极性。

2 建设中国数字图书馆工程的重要意义

2.1 建设数字图书馆是保障我们在知识经济中实现跨越式发展的一个机遇,同时也是一个挑战

当今,世界开始进入知识经济时代,信息已经成为发展经济的主要推动力。数字图书馆是知识经济的重要载体,同时,数字图书馆也是创新工程,它将改变以往信息存储、加工、管理、使用的传统方式,借助网络环境和高性能计算机等实现信息资源的有效利用和共享。它的建设不仅将使我国拥有在知识经济中参与国际竞争的坚实文化保障系统,而且为21世纪技术创新体系的建立提供了充足的信息流通环境,使我国在21世纪各国综合国力的竞争中抢占先机,掌握发展的主动权,实现跨越式发展。因此,我们要抓住建设数字图书馆这一历史机遇,全力以赴迎接这一挑战。以数字图书馆建设推动我国经济、文化和科技等方面发展。

2.2 国际上数字图书馆的发展形势督促我们必须立即着手开展大规模的数字图书馆建设

进入90年代中期,互联网得到迅速发展。为在新世纪抢占政治、经济主导权,各国纷纷提出发展经济的战略措施。1993年美国提出了"国家信息基础结构"(NII)行动计划,继而提出了建设"全球信息基础设施"(GII)的主张;1994年欧盟宣布在欧洲建立信息社会的计划,确定了欧洲信息社会应用领域;俄罗斯在1994年成立了俄联邦信息政策委员会,俄杜马1995年通过了《俄罗斯信息、信息化和信息保护法》;日本、加拿大、法、英、南非等国家也都

以政府行为采取了相应的对策和行动。为在竞争中处于领先地位，不少国家和地区的图书馆在政府的大力支持下积极行动起来，配合 NII 的建设开展数字图书馆的研究和建设，并取得相当的成效。例如：

在美国，数字图书馆建设走在世界各国的前列。并且，对于建设数字图书馆的意义也日益重视。美国政府"国家计算、信息、通信指导办公室"（NCO for CIC），自 1994 年以来每年发表一本"蓝皮书"，这是一种正式的重要研究与发展的官方报告。近年来，报告对数字图书馆战略意义的描述越来越重视。1995 年的蓝皮书"用于国家信息基础设施的技术"列出了九项 NII 应用的国家级挑战，数字图书馆列为第 1 位。报告指出，数字图书馆是无墙的知识中心的基础，并强调数字图书馆技术将被用于所有其他的国家级挑战应用之中。1996 年蓝皮书"高性能计算和通信：用于未来美国信息的基础"介绍了 18 个在美国进行的数字图书馆项目状况及 IP 地址。1997 年蓝皮书"推进信息技术的前沿"明确将数字图书馆列入有效技术之中。1998 年蓝皮书"用于 21 世纪的技术"则又将数字图书馆在 CIC（计算、信息、通信）的六个研究发展重点项目中名列于第 1 位。

现在，美国数字图书馆项目中的"美国 NSF/DARPA/NASA 数字图书馆倡议"已全部完成，该项目共六个子项目，涵盖大规模文献库、空间影像库、地理图像库、声像资源库；另一个项目"美国国家数字图书馆项目"也已完成，它包括美国历史及文化科技成就，有 15 个研究图书馆与档案馆参加。其他项目也进展较快。

由法、日、美、英、加、德、意、俄八个国家的图书馆组织实施的 G8 全球信息社会电子图书馆项目，信息资源含各国文化历史精华，计划 2000 年前后完成。

此外，法国国家图书馆数字化工程，数字资源已达 3000GB 以上，书目数据 830 万条。英国国家图书馆存储创新倡议，共 20 个项目，大部分已完成，并在因特网或馆域网上提供服务。日本小规模试验型数字图书馆项目，包括国家联合目录 880 万条数据的网络试验、数字图书馆实践试验和日本国会图书馆 1000 万页馆藏的数字化。俄罗斯在经济尚未全面恢复的情况下，政府计划在 1999—2004 年每年出资两亿卢布支持数字图书馆研究。新加坡政府提出了"2000 年图书馆发展计划"，打算建立一个"无边界电子图书馆网络"，把全新加坡的公共图书馆和约 500 多个学术与专业数据库连接起来，图书馆将成为名副其实的信息检索点、交换节点和"无边界电子图书馆网络"的传递纽带，作为全国的智力中心，源源不断地向公众传输信息。

从以上所述可以看出，这些国家和地区对于数字图书馆的投入有以下特点：

其一，各国在数字图书馆项目或其网络工程中，均由国家投资建立了小规模数字图书馆试验基地，为直接取得第一手经验，提供了充分的试验条件。

其二，组织国家级的资源单位（如国家图书馆、国家档案馆、国家博物馆）将其资源精华，发展为数字式资源库。这些资源库具有极强的本国特色，并通过因特网向全球传播。

其三，组织国家级资源，发展多媒体历史资源库，利用光盘或网络对中小学生及广大公众进行生动的爱国主义教育。

其四，政府信息的数字化资源在美、日得到优先发展，促进了政府与国民的沟通。

目前，世界经济正向全球一体化方向发展，这就更加剧了全球的信息化。世界各国图书馆界都看到了这一点，因此都在奋力抢占建立数字图书馆这个知识信息收集、贮存和传输的制高点。形势逼人，我们要发展，在建立数字化图书馆方面，也必须抢先。

2.3 中国数字图书馆工程是我国数字图书馆建设的核心工程,具有统带全国数字图书馆建设的重要作用

数字图书馆是以信息技术为基础的高科技系统工程,其结果将是用数字化把全国的图书馆,以至于全世界图书馆的信息资源连为一体。因此,数字图书馆的建设系统规划,不能一哄而上,各行其是。如果规划不好,造成多头建设,就会形成多个体系而难于统一的局面,就会违背数字图书馆建设的初衷。国家图书馆是国家总书库,是国家信息资源的中心,在数字图书馆建设方面,她也应当是核心,这是历史赋予她的使命。李岚清副总理的批示特别强调了这一点。前述美、英、法、日等国家在数字图书馆建设上,也都是以国家图书馆为核心来开展工作的。国家图书馆承担的中国数字图书馆建设工程,就是国家在全国数字图书馆建设中的核心工程,它具有统领和带动全国数字图书馆建设的作用,全国的数字图书馆工程都应当统一在这个工程的宏观架构之中。应当这样说,中国数字图书馆工程搞好了,全国的数字图书馆建设就会搞得快,搞得好。从这一点看来,建设中国数字图书馆工程的意义是不可估量的。

3 建设中国数字图书馆工程已具备了一定的基础与条件

3.1 国家骨干通信网的建设为数字图书馆工程提供了网络平台

数字图书馆传输的内容是以文本、语音和影像等多种媒体为主,这就需要网络系统能够提供足够的带宽。

中国计算机公用互联网(ChinaNet)是国家电信的骨干通信网,为保证带宽不成为网络的瓶颈,他们计划在年内使国内主要的 IP 干线达到 2.5G—10G,其国际出口总带宽将从目前的 485M 提升到 1.5G。中国教育科研网(CERNET)将建成全国的光纤高速骨干网,八个大区节点之间的带宽将达到 622M—2.5G,地区级主干达到 155M—622M,整个项目将于 2000 年 12 月 31 日验收。在此基础上,各大城市校园网之间将以 100/1000M 连成城域网,大学附近的中、小学可通过大学的校园网接入教育网。

中国科学技术网(CSTNet)将建设国内高速骨干网,中关村地区要建成高带宽的网络,京区到北郊的院所机关将进行高速网的改造。国际出口带宽在去年的基础上,计划将国际出口带宽扩展到 45 兆。

中国金桥网(ChinaGBN)在今年 3 月完成了国际出口带宽的首次扩容,已经从以前的 22 兆带宽增至 67M,提高近 3 倍。按计划,今年 5 月份吉通将开通上海到美国的 45M 国际出口,7 月份开通广州到香港的 45M 出口,10 月又将增开上海至美国的 45M 国际出口,从而使得金桥网的出口带宽在今年达到 155M。目前,吉通骨干网的路由器已升级到千兆位。

目前在北京建设的互联网交换中心,使得上述四大骨干网间的互联带宽可达到 155M。

中国网通公司互联网(CNCNet)采用密集波分复用光纤通信技术与 IP 技术建设 7000 多公里的光纤,把分布在全国 15 个城市的网络骨干节点连接为一体,是目前世界领先的全光纤 IP 优化超大容量的国家高速骨干网络。骨干网络建设将实现 8×2.5G 的带宽。

我国的有线电视网(CATV)覆盖面广,现已有 8000 万的用户,是全球最大的有线电视

网。我国 CATV/HFC 网（光纤同轴混合网）的光纤部分是双向的，可以在此光纤网上利用多余的光纤架构实现独立于 CATV/HFC 网的宽带 IP 网。采用 10/100/1000 兆以太网和千兆线速路由交换机来构建宽带 IP 网，实现数字图书馆传输多种媒体的要求，并借助它将数字化信息传递到千家万户。

数字图书馆建设与应用将充分利用这些已有的网络平台，不再进行网络通信网的投资。

3.2　国内有较强的软件技术力量，可与之进行合作开发与研究

通过近年的工作，我国的软件开发能力得到很大的提高。数字图书馆的系统开发和专项研究，可以采用国家"863"计划的研究成果以及中科院和高校的有关研究成果。据了解，曙光公司、方正公司、北大和清华等都有一些成果是该工程可以采用的。数字图书馆的建设在很大程度上要依赖软件技术的发展，中国数字图书馆工程的建设要立足于国内开发，但是也不排斥国外先进技术的使用，要本着引进、吸收、消化、发展的原则利用国外的先进技术来缩短开发周期，加速发展我国的数字图书馆建设。

3.3　国内相关数字图书馆课题的研发为实施工程提供了宝贵经验

目前，国内有许多单位开展了数字图书馆研究和试验，取得了一批成果。这些都为建设中国数字图书馆工程提供了宝贵经验，例如：

辽宁省图书馆的数字化图书馆项目，是该馆在 IBM 数字图书馆系统的基础上，由东北大学阿尔派软件公司作系统集成和二次开发。IBM 数字图书馆在推出其产品后，就将其定位在网络环境下多媒体信息的综合管理解决方案。该方案有内容的创建与获取、存储与管理、权限管理、访问及查询和信息发布五个功能。

上海图书馆利用扫描方式，将古籍善本进行数字化加工，在馆内提供读者使用。该馆还通过互联网主页，将有关上海的老照片、音乐、名人演讲录音以及科技知识等内容提供用户使用。

上海交大图书馆将音乐乐谱进行数字化处理，可以从简谱翻译为五线谱，并可以进行相关检索，对音乐方面的数字图书馆进行了探索。

清华大学图书馆承担了由该校等 14 所高等院校和科研单位承担的《国家"九五"重点科技项目（攻关）计划"计算机信息网络及其应用关键技术研究"》的子课题"数字化图书馆异质数据源的存贮，获取与阅读"的开发研究工作。该系统在开发海量信息服务系统方面有着广阔的应用前景，目前在清华馆的一些信息服务中已经开始发挥作用。

北京大学图书馆拟将馆藏古籍珍本进行数字化加工，包括影像采集、文字识别、计算机存储和网络检索技术等，是一项划时代的、全新的综合技术集成。另外，还有网上视频点播（VOD），多媒体电子出版物的收藏、管理和利用，网上教学参考书等内容。

此外，中国数字图书馆发展战略研究、SGML 的图书馆应用、中国试验型数字图书馆研究、知识网络——数字图书馆系统工程、中关村科技园区数字图书馆群软课题研究、以中国高速信息示范网为运行环境的中国数字图书馆应用系统研究和中国数字图书馆试验演试系统研究等研发项目，也都为建设中国数字图书馆工程提供了宝贵经验。

4 国家图书馆的有关工作

国家图书馆在进行有关数字图书馆课题研发工作的同时,还在以下几方面进行了工作,为中国数字图书馆工程建设创造条件。

4.1 千兆位馆域网建设

当今,随着多媒体信息日益丰富,对于网络传输的要求也越来越高。国家图书馆只有建设一个宽带、高速的计算机网络系统,才能为实现国家图书馆的各项职能奠定坚实的基础。

为使此次馆域网建设达到预期目的,经过长时间的研讨,提出了网络建设发展规划;经过多方论证,我们选择了千兆位以太网技术,并于 1998 年 10 月至 1999 年 1 月进行了馆域网建设。此次千兆位馆域网设置了 1673 个信息点,主干网达到千兆,通过交换方式,每个信息点独享 10M。至此,国家馆的网络建设上了一个新台阶,采用的技术水平达到了国际接轨、国内领先。

2000 年,国家图书馆将进行馆域网的二期工程,扩充网络设备,增加计算机,组建视频点播系统(VOD),为数字图书馆提供更加坚实的基础。

4.2 多网互联建设

通过互联网延伸我馆服务,是当今社会对国家图书馆的基本要求,也是数字图书馆的前期基础工作。国家图书馆自 1995 年开始进行对外联网的建设。1995 年年底,使用微波天线对接清华大学连通中国教育科研网。1996 年年初,通过微波天线连通中国公用计算机网和原国家电子工业部网。1997 年 10 月,为庆祝馆庆 85 周年暨新馆开馆 10 周年,在北京电信局的大力支援下,铺设了专线光纤,实现了 2M 连接中国公众多媒体通信网,进而连接互联网。1999 年 3 月 1 日,通过北京电话局光纤与国务院办公厅开通了 100M 的通道,使国务院各级领导可以使用国家馆提供的网上信息服务。为落实李岚清副总理关于开展资源共享的指示,1999 年 4 月 1 日,国图与设在中央电视台发射塔下面的广电信息网络中心实现了 1000M 互联,为日后通过该网向全国传递信息奠定了基础。1999 年 4 月 18 日,国图利用北京有线电视台的光纤与清华大学开通了 100 兆的通道,与清华与北大之间通过宽带 IP 实现了相互访问。4 月 28 日,又通过清华大学连通了与中科院的宽带 IP 网络,使国图与中科院之间也实现了高速互访。

目前,国家图书馆正在与金桥网、网通网(CNCNet)就实施高速互联进行洽商,预计不久的将来即可实现。

4.3 数字文献的生产与服务

国家图书馆的数字化资源建设主要在 3 个方面进行。

第一,抓紧馆藏文献书目数据的制作。已完成 1949 年以来的中文书目数据近 100 万条,完成 1992 年以来的西文书目数据近 30 万条,正在抓紧进行馆藏民国时期中文图书、古籍、舆图和金石等文献书目数据的制作。同时,还在进行一批如"中国年鉴信息"等专题数库的制作。

第二，馆藏印刷品文献的数字化。1999 年 3 月，国家图书馆组建了文献数字化中心，每天可加工全文影像数据 20 万页。1999 年共完成了 4000 万页。

第三，馆藏缩微制品数字化。已建立了数字化扫描系统，前期目标是将民国时期中文期刊胶卷数字化，并上网服务。

第四，馆藏珍贵文献数字化。

4.4　近期的主要工作

一是积极争取工程立项；二是向中国数字图书馆工程建设联席会议和专家工作委员会传达李岚清副总理的重要指示；三是按照国家计委的建议和意见，与中国国际工程咨询公司一起，抓紧修改中国数字图书馆工程立项建议书；四是加紧筹备并召开数字图书馆应用技术交流会和数字图书馆国际研讨会；五是继续扩大中国数字图书馆联盟，建立登录网站。

（选自《中国图书馆学报》2000 年第 5 期）

走向知识服务：寻找新世纪图书情报工作的生长点

张晓林

跨入 21 世纪时，传统图书情报工作面临知识经济和网络化数字化的双重冲击。这不仅要求我们在现代技术基础上改造图书情报系统、在更广泛和更丰富的资源条件下进行信息服务，而且需要我们重新审视知识经济和现代信息环境对图书情报工作的要求，重新定位我们的核心能力，重新定位图书情报工作的突破口和生长点。

1 现代信息环境对图书情报工作的挑战

以网络化数字化为代表的现代信息环境为发展图书情报工作提供了良好机遇，但同时，这种环境作为一种崭新的生产力基础，又强烈地冲击着传统图书情报工作长期所依赖的信息交流和信息服务环境。例如：

（1）信息网络的普及、信息资源的数字化、信息系统的虚拟化使信息检索和获取变得日益方便、普遍和简单化，使用户能比以前方便得多地直接搜寻、检索和获取所需信息，从而导致信息服务"非中介化"，导致我们曾引以为骄傲的许多传统业务工作的非专业化和非智能化，导致传统图书情报工作的技术内涵和智力内涵的相对下降。

（2）在市场经济和信息技术的促进下，各类网络化信息服务系统逐步确立其网络信息服务主流地位，各类 Metadata 及基于它们的资源组织体系不断完善，以出版商、发行商、检索服务商和网络化信息服务商主导的虚拟信息系统正将包括文献收藏、检索、传递在内的全面信息服务直接提供给最终用户，导致学术信息交流体系和信息服务市场的重组。这将使图书情报机构进一步丧失曾经"被俘获"的用户、市场和地位，在用户信息活动和社会学术信息交流体系中传统的主导地位将被削弱甚至丧失（从而被"边缘化"），不能再依靠资源、地理、行政地位、技术与系统复杂性等来维持市场和维持地位。

（3）现代信息环境必然带来用户信息行为的变化。例如，科学研究的网络化数字化生存。要求科研人员以信息技术和信息网络为基础进行信息收集、交流、分析、重组和发布；基于信息技术和信息系统的现代教育方式，将传统的以教师、教材、教室为核心的教学过程转变为以信息资源和信息系统为核心的信息交流过程；企业的网络化运营，要求企业通过管理信息系统、内部网和互联网全面支持产品和技术开发、经营管理、电子商务、市场开发等业务，形成新的基于信息系统的企业形态；知识型机构及其知识管理，又提出知识的捕获、组织、发现和利用等功能，并要求建立共享知识、创造知识的环境和支撑机构。这些正在急剧改变用户进行信息交流的基础方式、用户信息需要的性质和内容。图书情报服务面临如何在这样的环境下为用户提供有价值和关键性服务的问题。

2 知识经济对图书情报工作的冲击

几乎所有从事图书情报工作的人们都在欢呼知识经济给图书情报工作带来的机遇，但人们往往忽视了知识经济对图书情报工作的严重挑战。例如：

（1）知识经济的显著特征在于知识成为生产力的关键要素，在于产品和服务的日益信息化知识化。产品和服务的价值及其竞争力更主要体现在其信息和知识含量，而不是占用的简单劳动时间或消耗的资源数量。显然，仅仅"付出辛勤劳动"或"花费许多时间"可能会继续获得道义上的尊重，但已难以让人们承认其市场价值；仅仅在占有资源（尤其是垄断性占有）的基础上提供资源，虽然可迫使人接受其服务，但难以让人信服其服务的智力内涵和服务者的智力水平，而且这种资源上的"不可或缺"一旦被打破，这种服务就会迅速丧失市场基础。提高产品和服务的信息化和知识化已成为市场竞争和生存的主要手段，这在信息产业尤为突出。然而，长期以来，图书情报服务的主流是劳动密集型和资源依赖性工作，即使现在的自动化管理系统和网络化检索与流通系统也没有从根本上改变这种情况。这就为图书情报机构参与知识经济下的市场竞争埋下了严重隐患。

（2）由于信息资源分布的不均衡和信息获取的困难性，信息检索与传递曾经成为用户研究、学习和管理过程的重要环节和主要成本之一，信息检索与传递服务对于用户来说成为关键性服务之一。我们依赖这样的服务来建立"专业"地位和市场。然而，随着现代信息环境的形成，传统的信息资源不均衡和信息获取困难得到极大改变，信息检索与传递走向非中介化、非专业化和非智力化，其在用户活动中的影响逐步边缘化。这时，用户关注的愿意花力气花成本的已不再是简单地获取文献，而是如何从繁杂的信息环境中捕获和析取解决所面临问题的信息内容，将这些信息融化和重组为相应的知识或解决方案，并进一步将这些知识固化在新的产品、服务或管理机制中。为此，用户需要更加直接融入解决问题全过程、更加针对具体问题和个性化环境、更加直接帮助他们解决问题的服务。显然，以文献检索和传递为核心的服务很难进入这种环境的主流，必须注入新的内涵和内容才能维持其在用户信息活动中的智力贡献、效益贡献和影响层次。

（3）知识经济下的竞争是知识和知识创新能力的竞争。但更深刻的，是社会机构核心能力的知识含量和如何不断发展核心能力知识含量的竞争。正是这个核心能力保障了产品和服务的竞争力，创造了主要的社会贡献、利润来源和市场地位。但是，传统图书情报工作的核心能力主要体现在文献组织、检索与传递，而它的相对重要性及其竞争力已受到极大挑战。因此我们有必要重新审视和定位核心能力，提高核心能力的知识含量，提高核心能力对用户活动的支持层次和力度，确保我们能提供用户所需的关键性服务，确保我们的核心能力在信息服务市场占据主导性功能层次、具备全局性影响和作用、具备明确和独特的知识与技能，从而保障图书情报服务的市场有效性和市场竞争力。

（4）知识经济下竞争的性质发生了变化。在传统工业化社会，市场环境不均衡和知识不对称造成一个机构取得相对优势的机会，从而依赖占有的资源、环境优势、知识和信息来分割市场和业务。但现在，信息网络使市场融为一体，传统的市场环境不对称和知识不对称逐渐弱化，任何机构都很难长期垄断知识及相关产品、服务和市场，传统"业务范围"和优势被不断打破或消除,任何机构都可通过开发或集成产品、服务和系统来重组市场。这时,竞争变成"重新认识市场和重新定位"能力的竞争,变成发展自己核心能力去开发市场的竞争。图书情报机构也处于市场环境中,必须考虑如何根据生产力和市场环境变化来改造和发展核心能力,并通过这个核心能力去创造和发展市场。

3 建立"知识服务"核心能力,重新定位市场和地位

网络化资源和系统为我们扩展传统文献信息服务确实提供了新的机遇和潜力,但它不能从本质上改变我们在竞争中的态势,不能提供在新兴的和未来的市场中的制高点。因此,我们有必要重新分析(甚至重新定义)图书情报机构的核心能力和市场定位,使之适应新的用户需求环境、适应市场竞争,具有可持续发展潜力。

(1)长期以来,人们习惯将图书情报机构的核心能力定位于所拥有的文献资源上,但随着网络资源的发展和知识本身的老化,这些具体资源已难以构成有效的能力基础。另一种理论将信息资源管理(包括对网络化信息资源的管理)作为我们的主要能力,但随着虚拟信息系统的发展、学术信息交流体系的重组、信息检索和传递的非中介化非专业化非智力化,单纯的信息资源管理也难以维持其智力内涵,难以提高信息服务对用户的贡献程度,难以有效切入用户知识应用和知识创新的核心过程。笔者认为,我们应将核心能力定位在知识服务,即以信息知识的搜寻、组织、分析、重组的知识和能力为基础,根据用户的问题和环境,融入用户解决问题的过程之中,提供能够有效支持知识应用和知识创新的服务。

(2)上述定位基于我们对图书情报服务立身之本的重新审视。我们的核心能力不在于所拥有的资源,而在于我们具备的利用广泛信息资源为用户创造价值的知识和能力。而且,在我们的知识和能力中,能为用户创造最大价值,当前和未来用户最需要,能为我们产生最大"回报"或"利润",在网络化数字化信息服务市场最具竞争潜力的部分,不是关于信息检索与传递服务或"信息资源管理服务"的知识和能力,而是直接支持用户知识应用和知识创新过程的有关知识和能力。我们通过积极挖掘和发展这方面的知识和能力,提高这些知识和能力本身的知识和技术含量,发展基于这些知识和能力的服务,可以使我们在更高层次、更直接方式、更关键性活动和更全面过程中支持用户的知识应用和知识创新,从而提高服务的智力内涵和有效性,并利用知识服务来驾驭变化和迎接竞争。

(3)什么是知识服务?知识服务首先是一种观念,一种认识和组织服务的观念。从观念上看,知识服务之所以不同于传统信息服务,至少在于:

——知识服务是用户目标驱动的服务,它关注的焦点和最后的评价不是"我是否提供了您需要的信息",而是"是否通过我的服务解决了您的问题"。传统信息服务的基点、重点和终点则是信息资源的获取和传递。

——知识服务是面向知识内容的服务。它非常重视用户需求分析,根据问题和问题环境确定用户需求,通过信息的析取和重组来形成恰好符合需要的知识产品,并能够对知识产品的质量进行评价,因此又称为基于逻辑获取的服务。传统信息服务则是基于用户简单提问和基于文献物理获取的服务。

——知识服务是面向解决方案的服务。它关心并致力于帮助用户找到或形成解决方

案。因为信息和知识的作用最主要地体现在对解决方案的贡献,解决方案的形成过程又是一个对信息和知识不断查询、分析、组织的过程,因为知识服务将围绕解决方案的形成和完善而展开。与此对应的传统信息服务则满足于具体信息、数据或文献的提供(最多提供综述性质的服务)。

——知识服务是贯穿用户解决问题过程的服务,贯穿于用户进行知识捕获、分析、重组、应用过程的服务,根据用户的要求来动态地和连续地组织服务,而不是传统信息服务的基于固有过程或固有内容、"铁路警察各管一段"的服务。

——知识服务是面向增值服务的服务。它关注和强调利用自己独特的知识和能力,对现成文献进行加工形成新的具有独特价值的信息产品,为用户解决他的知识和能力所不能解决的问题。它希望使自己的产品或服务成为用户任务的核心部分之一,通过知识和专业能力为用户创造价值,通过显著提高用户知识应用和知识创新效率来实现价值,通过直接介入用户过程的最困难部分和关键部分来提高价值,而不仅仅是(甚至不再是)基于资源占有、规模生产、"劳务"服务等来体现价值。

(4)除了观念变化外,知识服务在服务方式上也将发生根本转变,例如:

——知识服务将是融入用户之中和用户决策过程的服务,而不是基于信息机构的服务,不是游离于用户之外的服务。它将要求用户和服务人员的联系更明确更紧密,要求像特聘法律顾问、主管医师、项目监理等一样形成有形的具体的"用户的服务人员"关系,要求建立针对具体用户或用户过程的服务责任制。

——知识服务将是基于专业化和个人化的服务,而不是"批发"性的服务。"专业化"要求按照具体专业或课题领域来组织和实施服务,保证对用户问题和用户环境的把握,保证知识服务的质量。"个人化"要求针对具体用户的具体需要和过程提供知识服务,保障对用户的了解和联系,保障对用户决策过程的跟踪和全面信息服务。

——知识服务将是基于分布式多样化动态资源、系统的服务,而不是基于固有资源或系统的服务。它将是虚拟化的服务,充分调动和集成各种资源、系统和服务来支持知识服务的功能和过程,因此它不属于也不局限于某一个图书馆或系统。

——知识服务将是基于集成的服务,而不是依靠大而全的系统或服务。它将通过开放式服务模式,通过系统集成、服务集成、团队工作等多种方式联合、协调,利用多种知识、资源、人员、系统、服务来组织和提供知识服务。

——知识服务将是基于自主和创新的服务,不再是标准化和事务性工作。它要求知识服务人员根据每一次的实际情况动态地搜寻、选择、分析、利用各种知识,动态地设计、组织、安排和协调有关服务工作和产品形态,要求具有自主的管理意识和权利,具有创新精神、研究能力和管理能力,同时要求建立相应的组织管理机制。

4　知识服务的运营模式

尽管对知识服务的理论和实践都尚在摸索之中,但根据其他类型知识性服务的经验和国内外图书情报机构对知识服务的探索,我们可对知识服务的基本运营模式进行初步描述。它们可能包括:

(1)基于分析和基于内容的参考咨询服务。这种服务以图书馆参考咨询服务为基础,将咨询服务的阵地置于图书情报服务的前沿和中枢来体现其中心地位(前沿化和中枢化),通过将咨询人员按专业分工来保证他们对专业知识和专业资源的把握(专业化),通过按咨询问题类型分工来促进核心咨询服务的分析性和智力内涵(智力化),通过集成化地组织馆内外咨询资源和技术系统来提高咨询服务的效率(集成化),通过提供强有力的分析组织技术与工具来保障咨询服务对内容的有效分析和对信息的重组(内容化),通过稳定的个人化的经常性接触和跟踪服务来建立用户对咨询服务的信任。

(2)专业化信息服务模式。这种模式按照专业领域来组织图书情报服务和信息服务,从而提高信息服务对用户需求和用户任务的支持力度。例如:国外许多大学图书馆实行的垂直组织方式,打破按照业务流程安排人员的方式,让具体图书馆员全面负责一个专业领域的信息资源建设、信息分析组织、参考咨询、用户教育等工作。西南财经大学图书馆的学科文献信息中心方式,组织专门部门负责专门学科领域的需求分析、信息资源分析、信息检索和报道、参考咨询服务、课题服务,而由图书馆其他部门提供采购、编目、流通、技术系统等方面的支持。清华大学图书馆的院系信息服务联络员方式,将图书馆员分配到各个院系作为它们的信息服务联络员,负责与该院系有关的信息需求跟踪分析、信息资源建设、信息检索与咨询服务、用户教育、用户信息系统建设咨询等工作。西南财经大学的专业信息服务网站方式,按照不同专业建设相应的专业网站,将专业信息资源导航、专业化网络检索工具、图书馆资源检索、专业论坛、专业研究和会议动态、专题文献报道、专业咨询频道等集成在这个网站上,使其成为新型的"专业信息服务中心"。许多图书馆还建立了课题信息服务顾问方式,为重要用户和重要任务分配专门的信息服务顾问,保障个人化联系、一站式服务以及服务的预期性和智能化。

(3)个人化信息服务模式,强调针对具体用户的需要和过程提供连续的服务。这种模式一方面体现在参考咨询等以解决用户的具体问题为基础的灵活服务中,另一方面也将融入系统和组织体制中。例如:建立图书情报系统的个人化界面(与搜索引擎的个人化主页相似),针对具体用户提供专门的"系统"界面(例如在用户接入系统时为具体用户提供动态的量身定做的新书通报、定题选报、新闻服务)。开发信息服务系统的个人化处理功能,根据用户知识和使用情况分析检索要求,优化检索过程,选择检索结果,并将个人化界面和用户利用的其他服务集成起来,形成"用户个人的图书馆"。协助用户开发个人化的信息资源系统,并利用图书情报机构的系统能力支持或联结这类信息资源系统,例如个人或课题 Web 网站、专业化信息导航系统、专题信息产品及其支持系统等。许多图书馆已经开展的为专家或课题组的专门信息服务,也是个人化信息服务的有效形式。

(4)团队化信息服务模式。由于知识服务对知识和能力的要求,知识服务往往是依靠多方面人员形成团队来开展。它可能包括两种方式。一是依靠团队力量来组织和提供服务。例如将资源开发、信息组织、参考咨询、用户教育和信息技术等方面人员组织成工作小组,或者将不同专业领域甚至不同图书情报机构的信息服务人员组织到团队中,或者吸收用户或外部专家参加团队,利用多方面知识来提供高质量高效率的知识服务。另一种情况是加入到用户团队中,作为用户团队处理信息、应用知识、解决问题的内在成员来进行服务。例如为课题组、专家个人、课程或专业学术活动配备信息助手(当然,我们需要长期和良好的服务质量来赢得用户信任并保障有效交流)。

（5）知识管理服务模式。即从用户目标和环境出发，进行知识的收集与捕获管理。包括：对外部知识的跟踪、搜索、检索和获取，对内部知识——尤其是隐含知识的跟踪和捕获；进行知识的组织和检索管理，利用信息技术和数据库技术，在纷杂的信息流中发现新的知识点及知识间的联系，将其组织到按照一定知识体系组织的数据库中，并通过计算机技术和网络技术使员工能方便地检索有关数据与知识；进行知识交流和知识匹配传送管理，通过数据库、计算机群件系统、工作流控制系统等方法，促使员工的问题和知识更方便地被其他员工所知晓和利用，促进员工间及时广泛地交流和共享知识，促进知识寻求者与知识源之间、知识寻求者与知识提供者之间的及时准确的匹配和传送。进行知识利用的管理，利用专家系统、专门分析工具、决策支持系统等支持员工对知识的分析和运用，利用管理系统将知识的应用有机融合在日常生产经营过程中，并将所产生的新知识迅速地组织到整个知识管理体系中。进行知识共享和知识创新环境的管理，建立和发展各种管理手段和机制来鼓励员工共享知识和进行知识创新。

当然，有效的知识服务将是上述各种模式和其他可能模式的动态选择与组合。

需要指出，知识服务并不排斥以藏书建设、文献编目、文献检索、文献流通阅览为基础的传统图书情报服务，更需要网络化信息服务。只不过这些服务将不再体现图书情报工作的核心能力、专业取向和标志性内容，将主要作为辅助性的后台服务来支持知识服务，而知识服务将是我们的旗帜、发展杠杆、市场卖点、竞争基础和"利润"之所在。

5 通过竞争和创新迎接知识服务的挑战

由于历史局限，现有图书情报服务离知识服务的要求还有很大距离。但是，我们应该通过竞争创新来抓住知识服务的机遇，从而为 21 世纪的竞争争取有利的出发点。

（1）勇敢开拓和竞争知识服务市场。我们必须转变自己的市场观和竞争观。没有任何市场会成熟等待我们去收获，也不会有任何市场会等我们准备好了才成熟。市场的出现靠开发和引导，市场的发展靠竞争，而竞争的关键在于创新，在于我们能否提出有足够洞察力、概括性、吸引力的市场概念来深化认识、引导消费和开拓市场。信息产业近些年提出了诸如网络门户、电子商务、电子政府、虚拟社区等新市场概念，尽管也许确有浮躁之嫌，但正是这些概念塑造了注意力焦点、投资热点、发展重点和市场潮流。我们长期习惯的"国家事业"、政府行为驱动、行政事业管理等运营模式已经不适应知识经济和开放市场。我们应该学习市场运作和企业运营手段，通过创造和竞争来发展市场，通过有效的服务来证明自己，通过有力的营销来开拓市场，建立新的整体运营模式。

（2）依靠机制创新、服务创新和结构重组来开展知识服务。在知识经济环境下，机制创新、服务创新、系统集成、结构重组成为发展服务和市场的基本手段，成为任何知识型机构生存和发展的基本脉络。面对知识服务，图书情报机构面临太多挑战，但我们在信息资源管理、信息与知识加工、用户联系、与信息产业的整体联系等方面具有相当优势，目前在知识服务市场与所有可能竞争者相比并不处于劣势，关键在于不能墨守成规，甚至不能循序渐进，而必须超前思维、超常规发展、超韧性变革，通过大胆实验、创新和重组，以新的思维、功能组合、组织结构和人力资源配置来竞争知识服务的主流地位。我们应记住：注意力经济只惠顾那些市场领潮人,知识经济下只有偏执狂才能成功。

（3）寻求支持知识服务的组织管理机制。组织机制体现了对工作内容及其组织方式的认识。传统的层级式结构和部门分工代表了基于事务和过程、追求操作效率、追求秩序和标准化的工作环境。但在知识服务中,我们面临的是基于知识及其灵活应用、围绕用户目标而不是事务过程、与用户保持密切和连续接触、动态利用多方面资源和功能、需要在模糊和非常规情况下进行自主决策的工作环境,是追求自主性、渴望专业权威、崇拜创新、依赖动态合作、要求基于贡献和成就的价值评估和回报制度的知识工作者。因此,我们需要进行组织结构的再造,建立有别于层级结构的、支持知识服务的组织机制和管理模式,例如基于团队结构、蛛网结构、倒金字塔结构、动态组织和虚拟组织的知识型学习型机构形态以及与之相适应的基于用户和市场评价、基于变化、基于培育知识资本的管理方式。只有这样,才能为知识服务提供基础运行条件、为知识服务人才提供基本成长环境。

（4）寻求新的支持知识服务的技术机制。传统的图书馆自动化系统（乃至它们的网络化扩展）所支持的仍然是以文献检索和传递为核心的信息服务,而知识服务却需要一个新型技术基础。这个技术基础应该充分支持基于虚拟资源体系的服务集成,充分支持基于内容的数据检索、信息内容分析和动态集成,充分支持数据挖掘和知识发现,充分支持个性化、专题化和智能化服务,充分支持以用户为中心的信息交流、知识析取和知识应用,充分融合用户信息资源和信息系统。这时的技术系统将不再是基于图书馆（甚至不是基于网络化数字信息资源体系）,而是将信息资源体系融入其中的围绕用户和用户过程的、灵活调用各种资源和功能的新型知识管理系统。它将要求新的结构、技术和运行模式。现有文献信息自动化系统的潜力和发展将取决于是否有效融入这种新型技术机制。

（5）寻求产业联盟和跨产业合作来壮大基础和提高实力。知识经济环境下的产品和服务开发中,仅仅通过自我生长和积累已不能适应市场的竞争强度和发展速度;技术引进、服务集成、系统整合、知识同盟、公司购并等,已成为积累和抢占市场的主要手段。我们在发展知识服务时,也应从以独立机构为基础转移到以合作体系为基础,建立与整个学术信息交流体系和信息产业各类成员的工作链和合作机制,建立有效利用和整合各专业学科信息、人力和系统资源的能力,利用别人的发展来更快地发展自己。

（6）寻求基于实践和管理机制的知识服务人力资源开发之路。人才是发展知识服务的关键,但这里我们也需要转变思维。一方面,"人才"只有在实际工作中才能得到真正的培养和发展,应大胆地让知识服务本身来培养和发展人才;另一方面,什么样的管理机制将塑造什么样的员工,我们应反思传统管理机制对人才发展和机构知识资本发展的影响,积极探索与知识型机构相适应、有利于人才发展的管理与激励机制,不要再让僵硬的管理窒息原本生机勃勃的人力资源;再一方面,当我们用知识服务来改造和引导图书情报服务时,将把优秀人员从事务性操作和管理中解放出来,成为真正的利用自己的知识、能力和智慧来提供服务的专业工作者,这本身将创造巨大的推动和激励作用。当然,专业教育体制也需要积极探索,将教育的主流从为文献管理培养就业者转变到为知识服务培养可持续发展的人才上。

（选自《中国图书馆学报》2000 年第 5 期）